KB119651

정신재활

William Anthony · Mikal Cohen
Marianne Farkas · Cheryl Gagne 공저

신성만 · 손명자 · 김준영 공역

학지사

정신재활의 아버지로 불리는 William Anthony의 *Psychiatric Rehabilitation*(2nd ed.)을 번역하는 것은 다른 좋은 책들을 번역하는 것과는 사뭇 다른 과정이었다. 마치 독실한 기독교인이 성경을 번역해야만 하는 것과 같은 부담감과 두려움이 번역 과정 내내 계속되었다. 그러한 부담감은 단지 내가 William Anthony가 가르치던 보스턴 대학교에서 그의 수업을 듣고 박사학위를 받았기 때문에 생기는 부담감만은 아니었다. 정신사회재활의 기본적 철학과 틀을 제시하고 정립해 온 저자와 그의 동료들의 수십 년간에 걸친 각고의 노력과 땀이 고스란히 배어 있는 이 책의 깊이와 무게 때문이었다. 그러한 부담감 때문에 몇 번이나 번역을 포기하고자 했고, 과연 정신재활의 이 복잡하고 어려운 함의가 제대로 번역될 수 있을까 많이 고민하기도 했다. 7~8년을 끌어 오면서도 만족할 만한 끝이 보이지 않을 즈음 역자들의 욕심과 두려움이 세월의 무게를 담은 현실의 필요와 서로 타협하기 시작했다. 여러분이 들고 있는 바로 이 책이 그 결과물이다.

정신장애를 경험하고 있는 사람들의 재활을 돕는 전문가들에게 있어서 이 책은 세계적으로 인정받고 있는 가장 중요한 기본서다. 1판에 이은 2판에서는 정신재활의 기본 철학과 원리에 입각한 재기모델(Recovery model)을 실제로 적용하여 도출해 낸 효과성에 대한 다수의 연구 결과들이 함께 제시되어 있으며, 보스턴 대학교의 연구팀을 비롯한 전 세계의 수많은 연구자들과 정신재활 전문가들의 연구와 경험이 오롯이 녹아들어 있다. 그래서 이전 판에 비해 더해지거나 바뀐 내용이 상당하다.

이 책의 초판을 번역하셨던 손명자 교수님이 지난한 번역 과정을 함께해 주셨고,

서울대학교 대학원에서 사회복지를 전공한 김준영 선생이 새롭게 역자진으로 산고의 고통을 함께해 주었다. 스승과 제자 3대가 함께 힘을 모아 이 번역 과정을 견뎌 냈다는 데 나름 또 다른 의미가 있다고 생각한다.

오랜 세월을 기다려 주신 학지사 김진환 사장님과 편집진에 미안한 마음과 감사한 마음을 전한다. 그분들이 이 일에 소명의식을 지니지 않고 '비지니스'라 생각하셨다면 절대 할 수 없는 '기다림'이었다는 것을 역자들은 잘 안다. 번역 과정에 도움을 준 제자들, 박철 선생, 배다현 선생, 이숙현 선생에게도 고마움을 전한다. 마지막 교정에 힘을 보탠 박영규, 김이삭에게도 고마움을 표한다.

어머니들이 아기를 낳을 때마다 그 몸서리쳐지는 고통에 다시는 아기를 가지지 않겠다고 다짐하지만 다시 또 아기를 낳는 것은, 자라 나는 아이를 바라보는 보람이 그 산고의 고통을 잊게 해 주기 때문이 아닐까? 모쪼록 이제 세상에 내보내는 이 책도 성장하면서 정신장애를 경험하는 분들의 재기와 정신사회재활에 소중한 역할을 담당해 주기를 간절히 바라 본다.

2014년 포항에서
역자 대표 신성만

이 책의 개정 작업을 시작하면서 저자들은 정신재활 분야에서 이루어진 변화에 대해 놀라움을 금할 수 없었다. 1990년대 이전에는 일반적으로 사용되지 않던 용어들이 이제는 정신재활 분야에서 일상적으로 쓰이고 있다. 그 예로는 재기, 행동관리 의료, 역량강화, 지원 주거, 지원 교육, 지원 고용, 이중진단, 소비자 운영 서비스 프로그램, 참여행동연구 등이 있다. 저자들은 수많은 최신의 연구 논문과 출판물을 검토하였고, 이들을 개정판에 인용하고 참고하였다. 이 책을 읽는 독자들은 정신재활 분야에 대하여 역사적이고 시의적이며 미래를 관망할 수 있는 통합적인 시각을 얻게 될 것이다.

우리가 당면한 미래는 정신장애를 가진 많은 사람들이 정신질환의 부정적인 영향에서 벗어나 성장하며, 자신을 위해 의미 있고 목적 있는 삶을 구축하는 재기의 시대를 약속하고 있다. 저자들은 정신재활의 실천이 정신장애를 가진 사람들이 재기해 가는 여정에서 도움이 될 수 있기를 희망한다.

개정판의 작업을 마무리하면서 저자들은 앞으로 이루어야 할 일들을 깨달아 가며 다시 한 번 커다란 기대감으로 전율하였다. 우리는 이 책이 과거에 이루어진 작업에 대한 증거뿐만 아니라, 미래에 이루어져야 하는 일에 대한 나침반과 촉진제로서의 역할을 잘 감당하기를 소망한다.

William Anthony, Mikal Cohen

Marianne Farkas, Cheryl Gagne

이 책의 초판 발행 이후, 십여 년이 흘러 개정판을 출간하게 되었다. 1990년부터 2001년까지는 정신재활이 정신질환의 심각한 결과로부터 재기하고자 고군분투하는 사람들의 삶에서 중요한 분야로 자리 잡는 시기였다. 보스턴 대학교 정신재활센터는 정신재활 분야에서 이루어진 작업들이 성공적으로 완수되는 데 커다란 기여를 하였다.

보스턴 대학교 정신재활센터는 1970년대부터 정신재활 분야에서 선구적인 역할을 감당해 오고 있다. 정신재활센터는 국립정신건강연구원(NIMH)의 지역사회지원 제도(CSS) 및 신체재활 분야와 그 맥을 함께하며, 관련 분야에 만연해 있는 신화를 불식시키고자 힘쓰고 있다. William Anthony의 리더십과 함께 정신재활센터는 정신재활 철학을 개발하였고, 그에 대한 정의와 관련 모델을 구축하였으며, 기능적 진단을 위한 전략을 세우고, 정신재활적 특성을 평가하기 위한 연구 도구를 제공해 왔다. 정신재활센터의 직무자들은 지역사회 프로그램과 주 정부 기관과 협력하면서 현존하는 서비스 제도의 괴리를 좁혀 나가고, 정신재활을 주류 치료 과정에 통합하고자 하였다. 정신재활 기술론의 개발을 통해 구축된 구조화된 훈련 모듈과 응용 교육 전략이 정신재활 실천의 지속성과 충실도를 더하여 주었다.

이 책을 통해 독자는 최신의 연구 경향과 새로운 방법론 및 변화하는 실천현장에 대한 충분한 이해를 얻게 될 것이다. 각 장의 내용은 깊이 있고 광범위하게 다루어졌다. 이 책의 목적은 재활 실천의 향상을 비롯하여, 생존을 위해 매일매일 고투하고 있는 사람들을 위한 통합적인 돌봄 체계의 발전을 촉진하는 데 있다. 더불어 개정판에서는 장애를 가진 사람들의 하위 집단, 그 예로 정신장애를 가진 노숙인 집단, 다른 문화적 배경을 가진 집단, 고령자 집단, 중독 또는 여타의 신체장애 등 이중진단을 받은 사람들을 위한 전략을 제공하고 있다.

이 책은 긍정적인 태도와 행동에 초점을 두는 전인적인 관점으로 정신장애를 가진 사람을 조명하여 새 천 년을 위한 정신재활의 비전, 기능력 향상 및 증상 감소를 돕는 정신건강제도의 수립, 소비자가 주요한 역할을 감당하는 정신건강제도의 개발, 고난도의 기술을 가진 인력의 양성에 대하여 논하였고, 마지막으로 '재기의 비전'을 지향하는 돌봄 체계의 확립으로 끝맺고 있다.

이 책의 초판의 추천사에서 Lee Bachrach는 1961년의 '정신건강 의결안'에 포함된 서약에 대해서 언급하였다. Bachrach 박사는 서서히 진행된 정신재활의 발전 과정을 연구 주제로서 가치를 지니는 기술이자 예술이라고 묘사하였다. 또한 활력이 넘치는 새로운 서비스와 삶의 질에 대한 초점이 돌봄의 연속성이 결핍된 현재의 정신건강제도에 대한 보상이라고 기술하였다. 이러한 발전에 힘입어 오늘날의 정신재활센터는 편협한 의료모델을 대신하여 재활이 주요 모델이 되어 모든 돌봄의 기반으로 기능하는 새로운 세상을 만들어 가기 위해 소비자들과 그 가족들 모두와 함께 협력해 나가고 있다.

Courtenay M. Harding, Ph. D.

성공적인 책은 성공적인 삶처럼 수많은 사람들의 도움으로 가능한 것이다. 비록 모든 이들이 기억되는 것은 아니지만 말이다. 여기서 우리는 우리에게 도움을 준 많은 분들의 이름을 기억해 보고자 한다. 더불어 이들 외에도 많은 분들의 도움이 있었음을 밝힌다.

무엇보다도 먼저 정신재활센터와 함께해 온 정신장애를 가진 사람들과 그 가족들의 뜻깊은 공헌에 감사 드린다. 이들은 우리가 개인적으로나 전문적으로 성장할 수 있도록 도와주었다.

또한 정신재활센터에 근무하는 동료들이 우리에게 아낌없이 제공한 지대한 공헌에 대해서도 감사 드리고자 한다. Karen Danley는 정신재활의 고용 분야가 발전하는 데 기여하였으며, 그 영향력은 그녀의 사후에도 우리가 서비스 전달에 관한 지식을 개발하고 연구 역량을 향상시키는 데 여전히 지속되고 있다. 지난 수십 년 동안 연구가 진행되는 과정에서 Sally Rogers가 보여 준 리더십은 정신재활 영역에 관한 우리의 이해를 보다 깊이 있게 하는 데 기여하였다. LeRoy Spaniol은 정신재활 분야에서 가족의 역할을 강조하고 재기의 개념을 개발하면서 정신재활 분야가 진일보하는 데 공헌하였다.

Judi Chamberlin은 우리가 소비자/생존자 관점을 유지할 수 있도록 격려하였다. Art Dell Orto가 보스턴 대학교 정신재활센터와 재활상담학과에서 발휘한 리더십은 우리의 작업이 유연하게 진행될 수 있도록 촉진하였다.

더불어 현재 정신재활센터에서 근무하고 있는 동료들—Lisa Bellafato, Kevin

Berner, Carol Crawford, Maureen Dillon, Ralph D'Agostin, Marsha Langer Eillison, Kerri Hamilton, Dorl Hutchinson, Larry Kohn, Lena Lawson, Asya Lyass, Kim MacDonald-Wilson, Bob Miglionico, Patricia Nemec, Debbie Nicolellis, Maria Restrepotoro, Ilina Rosoklija, Zlatka Russinova, Rob Salafia, Moria Slyne, Anne Sullivan Soydan, Doe West, Nancy Wewiorski, Joseph Wyse, Blanca Yanulis—에게 감사를 전한다. 우리의 동료들은 오랜 시간에 걸쳐 정신재활 분야가 발전하는 데 직접적으로 돕거나 지원하였다.

이 책이 출간되는 데 주요한 기여를 해 준 정신재활센터의 동료들의 이름을 불러 보고자 한다.

- Joe Jelenovic과 D. J. Cash는 원고의 모든 내용을 성실하고 세심하게 타이핑하였다.
- Lisa Anspacher는 원고를 교정하고 참고문헌을 철저하게 확인하였다.
- Harold Maio는 원고의 전체를 훑어보며 어휘를 교정하였다.
- Kathy Furlong-Norman은 원고가 완성되는 과정을 훌륭하게 진행시켰다.
- Sue McNamara는 자원하여 이 책을 마지막으로 교정하였다.
- Linda Getgen은 뛰어난 재능을 활용하여 이 책을 디자인하였다.

차 례

서 론

변화를 위한 리더십　　349

미래의 비전　　365

CHAPTER | **01**

서 론

프랭클린이 영감을 얻기까지 얼마나 많은 천둥이 울렸던가! 뉴턴이 영감을 얻기까지 얼마나 많은 사과가 그의 머리 위로 떨어졌던가! 자연은 언제나 우리에게 암시를 준다. 암시는 계속해서 주어진다. 그리고 우리는 갑자기 영감을 얻게 된다.

_Robert Frost

정신재활 접근법을 구성하는 본질적인 요소들은 백여 년 이상의 오랜 기간 동안 여러 가지 방법을 통해 충분히 암시되어 왔다. 정신재활 접근법이 제시하고 있는 여러 가지 요소들은 우리의 관심을 끌다가도 관심에서 벗어나는 식으로 되풀이되어 오다가, 정신건강 분야가 여러 발달 단계를 거치게 되면서 갑작스럽게 각광받게 되었다. 특히, 지난 20년간은 정신재활 분야에 대한 관심이 폭발적으로 증가하는 것을 목도하는 시기였다.

1980년대는 이전의 탈기관화 시대에서 재활의 시대로 변화하는 과도기였다. 1980년대는 탈기관화 시대의 끝을 알리는 종소리와 함께 재활의 시대를 재촉하는 종소리가 울려 퍼졌다. 1990년대는 정신재활이 정신건강의 세 가지 주요한 분야가 되는 예방, 치료, 재활의 한 분야로서 정당한 위치를 차지하게 된 시기였다.

최근처럼 재활이 관심의 중심에 서기 이전에는 탈기관화 문제가 오랫동안 전문 연구지와 대중적인 출판물에서 자주 거론되어 온 데 반해, 재활에 대한 논의는 한정된 공간에서만 이루어져 왔다. 그러나 이제는 많은 서방 선진국들의 관심이 탈기관화에서 재활 쪽으로 이동해 가는 실정이다.

탈기관화와 재활의 차이를 보면, 탈기관화는 건물이 어떻게 기능하는가에 초점을 맞추었지만, 재활은 사람이 어떻게 기능하는가에 관심을 두고 있다. 탈기관화가 건물을 폐쇄시키는 것에 초점을 두었다면, 재활은 삶을 열어 주는 것에 초점을 맞추고 있다. 탈기관화는 환자의 속박을 풀어 주는 데 초점을 두었지만, 재활은 개인적으로 필요한 지원을 받을 수 있도록 하는 데 초점을 둔다. 탈기관화는 사람을 자유롭게 하는 데 관심을 두었지만, 재활은 그 사람이 자유 속에서 삶을 누리도록 하는 데 관심을 집중시키고 있다.

건물을 비우는 데 중점을 두었던 탈기관화와는 달리, 삶의 질을 향상시키는 데 중점을 두는 재활에 관심을 가지고 많은 사람들이 받아들이게 되는 것은 어찌 보면 당연한 일이다. 흥미롭게도 입원 환자의 수와 입원 일수를 줄이고자 하는 탈기관화의 목적은 재활에 의해서도 실현될 수 있다. 더 나아가 재활의 명확한 가치와 원리는 전문가들이 이러한 성과를 달성할 수 있도록 안내해 주기도 한다.

종합적으로 분석해 보면 탈기관화는 정신장애를 가진 사람들을 지역사회로 옮겨 탈기관화가 사람들이 병원 문을 열고 떠날 때 단순히 약물 처방을 해 주는 것이었다면, 재활은 지역사회의 문을 열어 사람들이 일상생활에 대처하는 방법을 개발할 수 있도록 도와준다.

왔다는 하나의 주요한 성과로 귀결될 수 있는데, 재활이 가져올 수 있는 성과에 비하면 상대적으로 쉬운 작업이었다고 할 수 있다. 탈기관화가 사람들이 병원 문을 열고 떠날 때 단순히 약물 처방을 해 주는 것이었다면, 재활은 지역사회의 문을 열어 사람들이 일상생활에 대처하는 방법을 개발할 수 있도록 도와준다. 과거 우리는 관심의 초점을 탈기관화에 두었다. 하지만 지금 우리 앞에는 현재의 활동들을 안내하여 미래에 대한 전망을 제시해 주는 재활이 있다. 이제 탈기관화는 역사의 일부가 되었다. 이전 시대처럼 정신장애를 가진 수많은 사람들을 기관에 수용하는 것은 경제적으로 불가능하다. 관리의료의 시대를 살아가는 현대사회가 그 값을 쉽게 지불하지는 않을 것이기 때문이다.

정신재활의 분야

정신재활의 사명은 장기적인 정신장애를 가진 사람의 기능력을 향상시켜, 그 사람이 선택한 삶의 환경 속에서 지속적이고 전문적인 개입을 최소한으로 받으면서도 성공적이고 만족스러운 삶을 영위할 수 있도록 도와주는 것이다(Farkas & Anthony, 1989). 이러한 사명을 달성하는 데는 두 가지 방법이 있다. 하나는 내담자가 효율적으로 기능하는 데 필요한 구체적인 기술을 개발하는 것이고, 다른 하나는 내담자가 현재 가지고 있는 기능력 수준을 강화하는 데 필요한 지지체계를 개발하는 것이다.

정신재활(psychiatric rehabilitation)이라는 용어는 이제 북아메리카의 정신건강 분야에서 치료 전문가들의 전문용어와 행정가들이 프로그램을 설명하는 용어로서 일상적으로 사용되고 있다. 정신재활은 1990년대를 거쳐 오면서 지속 가능하고 믿을 수 있는 서비스로서의 위치를 차지하기 시작하였다.

이제는 정신재활이라는 용어가 지나치게 많이 사용되고 있어 어떤 것이 재활이고, 어떤 것이 재활이 아닌지를 언급할 필요가 생겨나게 되었다. 정신과적(psychiatric)이란 말은 재활의 초점인 장애를 기술하기 위해 선택된 것이지, 정신과 의사들이 치료를 해야 한다거나 정신과적인 치료 방법을 사용해야 한다는 것을 의미하지는 않는다. 심각한 정신장애나 손상을 가진 사람들에게 심리치료를 시행하는 것만을 정신재활이라고 하지는 않는다. 심리치료가 정신장애를 가진 사람들에게 유용하고 중요한 서비스지만 정신재활과 동일한 것은 아니다. 재활(rehabilitation)이라는 용어는 특정한 환경에서 기능력을 향상시키는 데 초점을 둔 접근법을 일컫는다. 이러한 점에서 정신재활 분야는 신체재활 분야와 같은 철학을 공유하고 있다.

> 이제는 정신재활이라는 용어가 지나치게 사용되고 있어 어떤 것이 재활이고, 어떤 것이 재활이 아닌지를 언급할 필요가 생겨나게 되었다.

　현재의 연구자들과 실무자들의 노력에 따라 정신재활이 실천 가능하고 신뢰할 수 있는 연구와 실천 분야로서 명맥을 유지할지, 아니면 단순히 역사적인 용어로만 남을지가 결정될 것이다. 현재 많은 정신건강 전문가들은 현존하는 치료 접근법들을 보완하기 위해서 재활 접근법이 필요하다는 것을 잘 알고 있다. 그러나 이 같은 필요성의 인식이 곧 정신재활을 잘 이해하고 있다는 것을 의미하지는 않는다. 정신건강 분야의 대부분의 영역에서 정신재활을 나름대로 실시하고 있고, 관련 연구와 개념을 다루는 다양한 논문이 광범위하게 전문 연구지에 실리고 있기 때문에 최근까지도 정신재활을 명확하고 구체적으로 정의하고 이해하는 것이 어려웠다.

　이 책에서는 먼저 정신재활 분야의 현재 상태를 점검하게 될 것이다. 본문을 통해 정신재활의 역사적 발달 과정과 오해에 대해 거슬러 설명하고, 정신재활의 현 위치에 대해서는 연구 자료와 개념적 토대, 기저에 있는 철학, 기술론 및 현재 행해지고 있는 실천의 측면에서 개관해 보고자 한다. 또한 정신재활 기술론을 분명하게 설명할 것인데, 이는 다음의 과제들을 더욱 부각하기 위함이다.

- 실무자를 위한 종합 훈련
- 임상 절차와 프로토콜의 개발
- 실천에 대한 모니터링과 평가
- 프로그램의 개발과 반복 실시
- 정신재활의 본질적 요소에 대한 실증 연구

• 정신건강 서비스 제도에 포괄적인 정신재활 접근법의 통합

정신재활이 필요한 사람들

정신재활은 단순히 자신의 생활에 대해 불만족하거나 불행하다고 느끼는 사람 혹은 '사회적으로 불리한 처지에 있는' 사람을 위한 것이 아니라, 심각한 정신과적 장애를 경험하고 있는 사람에게 초점을 두고 있다. 심각한 정신과적 장애를 가진 사람은 수행해야 할 기능(예: 가족이나 친구들과 이야기를 나누는 능력, 취업을 위해 면접을 보는 능력)과 감당해야 할 역할(예: 직장인, 학생)을 제대로 해 나가지 못하도록 만드는 정신질환을 가진 것으로 진단받아 온 사람들이다.

이러한 대상 집단에는 다양한 하위 집단이 포함되는데, 초기 성인기 집단(예: Bachrach, 1982b; Harris & Bergman, 1987b; Pepper & Ryglewicz, 1984), 소수자 집단(Ruiz, 1997), 노숙인(예: Farr, 1984; Salit et al., 1998) 또는 빈곤층(예: Ware & Goldfinger, 1997), 노년기 집단(예: Gaitz, 1984), 신체장애와 심각한 정신장애를 중복적으로 가진 사람(예: Pelletier, Rogers, & Thurer, 1985), 발달장애인(예: Eaton & Menolascino, 1982; Reiss, 1987), 중독자(예: Foy, 1984; Mercer-McFadden, Drake, Clark, Verven, Noordsey, & Fox, 1998; Struening & Padgett, 1990; Talbot, 1986) 등이 그 예가 된다.

이 책에서 소개하고 있는 정신재활의 철학과 기술론은 이와 같은 하위 집단의 사람들에게 적절하게 사용될 수 있다. 대상 하위 집단이 연령(예: 노년층, 청년층)에 의한 분류 혹은 거주 유형(예: 노숙인, 독립 주거 형태의 아파트), 문화 또는 부가적 진단(예: 신체장애, 발달장애, 중독)에 따른 것인지와는 상관없이, 정신재활 접근이 추구하는 역할 수행과 능력의 향상은 이와 같이 재활이 필요한 다양한 하위 집단 모두에게 유용하게 적용될 수 있다. 특수한 집단에 재활 서비스를 제공하는 전문가들은 정신재활의 전문성뿐만 아니라 대상 집단과 관련된 구체적인 지식과 경험을 갖추고 있어야 한다.

> 특수한 집단에 재활 서비스를 제공하는 전문가들은 정신재활의 전문성뿐만 아니라 대상 집단과 관련된 구체적인 지식과 경험을 갖추고 있어야 한다.

대상 집단에 대한 정의

1970년대와 1980년대 초기에 북아메리카에서는 심각한 정신과적 장애를 규정하려는 시도가 여러 번 있었다. 그 결과 몇 가지 정의를 바탕으로 합의된 정의를 도출하게 되었다. 이는 다시 세 가지 정의로 발전하게 되었는데, 국립정신건강연구원(National Institute of Mental Health: NIMH)의 지역사회지원프로그램(Community Support Program: CSP)에서 사용하는 정의, Goldman(Goldman, Gattozzi, & Taube, 1981)의 '심각한 정신질환'에 대한 정의, 재활서비스관리국(Rehabilitation Service Administration: RSA)의 장애에 대한 정의다.

지역사회지원프로그램은 '만성 정신질환'을 대상 집단으로 규정해 왔다. 만성 정신질환(chronically mentally ill: CMI)이라는 용어는 비관적인 전망을 내포할 뿐만 아니라 낙인을 찍는다는 이유로 더 이상 사용되지 않고 있다. NIMH는 수년 동안 수행된 CSP 연구들을 토대로 이 서비스의 대상이 되었던 성인 내담자들에 대한 조작적 정의를 내렸다(National Institute of Mental Health, 1980). 이 정의는 정신장애를 가진 사람들의 중요한 특징을 포함하고 있으며, 정신건강 분야에 강력한 영향을 미친다는 점에서 주목할 만하다(〈표 1-1〉 참고).

정신질환을 가진 사람들에 대한 또 다른 실용적인 정의는 Goldman과 동료 학자들(1981)이 제안한 것으로, 여기서는 심각한 정신질환을 진단과 장애 정도 및 기간의 관점에서 서술하고 있다. Goldman 등(1981)은 '심각한 정신질환'을 가진 집단을 기간이 장기적이면서(예: 지원 주거 돌봄을 받는 기간) 중도 혹은 중증도의 장애(예: 기능의 제한)를 보이는 심각한 정신병(예: 전형적으로 정신증)을 가지고 있는 사람들로 정의하였다.

재활서비스관리국에서 정의한 '장애'의 개념은 1973년에 개정된 「재활법」에 서술되고 있는데, 이 법안에서는 장애를 "상당한 기간 동안 다양한 서비스가 필요한 상태"라고 정의하고 있다. 장애를 일으키는 이유가 되는 특정한 손상을 정신질환이라고 한다면, 장애는 한 사람의 활동이나 기능력에 제한을 가하는 신체적 혹은 정신적 상태로 정의된다. 1973년에 개정된 「재활법」에 따라 심각한 장애를 가진 사람들이

| 표 1-1 | 지역사회지원프로그램(CSP): 대상 집단의 정의 |

1. 정신질환으로 초래되는 심각한 장애

　　CSP 내담자들은 전형적으로 다음 준거 사항 중 최소한 한 가지 조건에 부합한다.

- 일생 동안 최소한 한 번 이상 외래 서비스를 이용하는 것보다 더 집중적인 정신과 치료를 받은 적이 있음(예: 응급 서비스, 대안적 재가 돌봄 서비스, 부분 입원 또는 병원 입원)
- 병원 입원 외에 최소한 2년 이상 지속적으로 구조화된 주거 돌봄 서비스를 이용한 경우가 적어도 한 번은 있음

2. 손상된 역할 기능력

　　CSP 내담자들은 전형적으로 최소한 2년 이상 지속적 또는 간헐적으로 다음 준거 사항 중 최소한 두 가지 이상의 조건에 부합한다.

- 실직, 보호작업장의 취업 또는 현저히 제한된 기술과 빈약한 취업 경력을 가지고 있음
- 퇴원하여 지역사회에서 생활을 유지하는 데 공적인 재정 지원이 필요하고, 도움을 받지 않고서는 상등한 지원을 얻어 낼 수 없음
- 개인적인 사회적 지지체계를 구축하거나 유지하는 능력이 매우 저하됨
- 기본적인 생활 기술에 도움이 필요함
- 부적절한 사회적 행동을 표출한 결과로 정신건강제도와 법률제도의 개입이 요구됨

출처: National Institute of Mental health(1980). *Announcement of community support system strategy development and implementation grants* (pp. iii, iv). Rockville, MD: Author.

서비스 이용에 우선권을 가지게 되었다.

　　앞서 언급한 각각의 정의는 정신질환이라는 진단과 장기간의 유병 기간, 기능 및 역할의 제한 등과 같은 요소들을 공유하고 있다. 정신과적 장애를 가진 사람의 특징에 관한 일치된 의견이 있기는 하지만, 아직까지 이 특징에 대해서 명확하게 합의된 조작적 정의는 내려지지 않고 있다(Bachrach, 1988a). 이 책에서 초점을 맞추고 있는 사람들이 보이는 주된 특징은 Goldman이 서술한 장기적인 장애를 초래하는 심각한 정신질환을 말한다. 전통적인 분류법을 초월하는 이러한 측면은 상당한 직업적 또는 사회적 결함을 보이며 스트레스원에 대해 신경증적 반응을 나타내는 집단을 나타낸다(Summers, 1981).

　　미국정신의학회에서 발간한 『정신장애 진단 및 통계편람』(1994) 제4판에서는 정

신장애를 분류하는 데서 기능 및 역할 수행의 중요성을 인정하고 있다. 여기서는 성인 진단 범주[예: 정신분열병,[1] 기분장애, 성격장애]에서 심각도에 대한 정도를 진단할 때 특별히 사회적, 직업적 기능상의 어려움을 포함시킨다. 예를 들면, 정신분열병의 진단 기준에는 사회적, 직업적 기능 저하와 관련하여 다음과 같이 명시하고 있다. "……발병 이후 직업이나 대인관계 또는 자기관리와 같은 하나 이상의 주요한 생활 영역의 기능 수준이 발병 이전과 비교하여 현저히 감소되어 있는 경우"(p. 285) 주요 우울장애 진단 기준에도 다음과 같이 제시되어 있는 것을 볼 수 있다. "증상은 사회적, 직업적 또는 다른 영역의 기능 손상을 유발하여 임상적으로 심각한 스트레스 또는 손상을 일으킨다."(p. 327) 성격장애에 대한 보편적인 진단 기준은 다음과 같다. "증상의 지속적인 발현은 사회적, 직업적 또는 다른 중요 기능 영역에 임상적으로 심각한 스트레스 또는 손상을 가져온다."(p. 633)

이러한 정의가 의료적 정의든, 재활적 정의든 또는 정신건강적 정의든, 실증적 정의든 상관없이 정신질환을 가지고 있는 사람들에 대한 정의는 자신의 생활, 학습 및 직업 환경에서 효과적으로 기능하지 못하는 측면을 포함하는 것으로 보인다(Adler, Drake, Berlant, Ellison, & Carson, 1987; Dion & Anthony, 1987; Pepper & Ryglewicz, 1988). 정신재활 접근을 통해 이득을 얻는 사람들은 바로 이런 사람들이다.

> 이러한 정의가 의료적 정의든, 재활적 정의든 또는 정신건강적 정의든, 실증적 정의든 상관없이 정신질환을 가지고 있는 사람들에 대한 정의는 자신의 생활, 학습 및 직업 환경에서 효과적으로 기능하지 못하는 측면을 포함하는 것으로 보인다.

심각한 정신질환 및 정신과적 장애에 대한 정의가 합의점을 찾아가고 세분화되어 가면서 이러한 상태에 있는 사람들의 수를 보다 정확하게 파악할 수 있게 되었다. 물질남용 및 정신건강 서비스관리국(Substance Abuse and Mental Health Services Administration: SAMHSA)은 정신장애를 정의하는 데 기능력 기준을 포함하고 있다. "……생활상의 주요 활동 중 하나 이상의 활동을 상당히 제한하거나 방해하여 기능상의 손상을 야기하는 진단 가능한 정신적, 행동적, 정서적 장애"(IAPSRS, 1997)

---

1) 정신분열병에 대한 사회적 편견을 감소하고자 정신분열병을 대신하여 조현병(調絃病)이라는 명칭이 사용되고 있다-역주.

SAMHSA는 '심각하고 지속적인 정신질환'이라는 용어를 사용하고 있는데, 이것은 이 책에서 사용하는 '정신과적 장애'와 유사한 것이다.

SAMHSA는 정신과적 장애를 조작적으로 정의하여, 역학 자료를 통해 실태를 파악하면서 다음 준거 중 한 가지에 부합하는 경우를 '주요 기능 손상'으로 정의하였다.

1. 지난 12개월 동안 자살을 계획하거나 시도한 적이 있는 경우
2. 기대되는 생산적인 역할을 하고 있지 않는 경우
3. 생산적인 역할을 수행하는 데 심각한 어려움이 있는 경우
4. 사회적으로 완전히 고립되어 사회적 관계 속에서 친밀함을 누리지 못하고, 다른 사람들을 신뢰하지 못하며, 사회적 지지체계가 결핍되어 심각한 대인관계의 손상이 있는 경우(IAPSRS, 1997)

이러한 정의에 기초하여 SAMHSA는 미국 인구의 약 2.6%가 심각하고 지속적인 정신질환 또는 정신장애를 가지고 있는 것으로 추정하였다. [그림 1-1]은 심각하고 지속적인 정신질환(serious and persistent mental illness: SPMI)을 가진 사람, 심각한 정신질환(serious mental illness: SMI)을 가진 사람 또는 그 밖의 정신질환을 가진 사람들의 비율과 수치를 시각적으로 보여 주고 있다. 정신건강서비스센터(Center for Mental Health Services, 1998)에 의해 보다 최근에 수행된 평가 자료들은 심각한 정신질환을 가진 사람의 비율이 실제로는 더 높을 것으로 추정하고 있다. 기관들에 따라

> 기관들에 따라 추정된 수치들이 조금씩 차이가 나기는 하지만, 이러한 통계를 통해 알 수 있는 것은 미국 내에 정신장애를 가진 사람들의 수가 상당하며, 이것은 곧 미국의 재정 문제와 직결된다는 사실이다.

추정된 수치들이 조금씩 차이가 나기는 하지만, 이러한 통계를 통해 알 수 있는 것은 미국 내에 정신장애를 가진 사람들의 수가 상당하며, 이것은 곧 미국의 재정 문제와 직결된다는 사실이다. 예를 들면, 정신장애를 가진 사람들은 민간 또는 공공의 정신장애 관련 프로그램을 장기간 이용하게 된다. 이러한 프로그램을 유지하는 데는 막대한 비용이 드는데(Salkever, Goldman, Purushothaman, & Schinogle, 2000), 미국이 정신질환 관련 프로그램에 들이는 총 비용은 연간 1,500억 달러(약 165조 원)에 이르는 것으로 추정되고 있다(Garske, Williams, & Schiro-Geist,

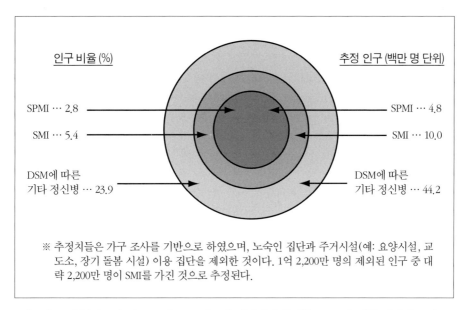

인구 비율 (%)

SPMI … 2.8

SMI … 5.4

DSM에 따른
기타 정신병 … 23.9

추정 인구 (백만 명 단위)

SPMI … 4.8

SMI … 10.0

DSM에 따른
기타 정신병 … 44.2

※ 추정치들은 가구 조사를 기반으로 하였으며, 노숙인 집단과 주거시설(예: 요양시설, 교
도소, 장기 돌봄 시설) 이용 집단을 제외한 것이다. 1억 2,200만 명의 제외된 인구 중 대
략 2,200만 명이 SMI를 가진 것으로 추정된다.

**[그림 1-1] 볼티모어 시 ECA/NCS 자료에 기반하여 추정한 DSM에 따른 심각하고 지
속적인 정신질환(SPMI), 심각한 정신질환(SMI), 기타 정신병의 일 년 유병률
및 추계 인구(만 18세 이상)**

출처: International Association of Psychosocial Rehabilitation Services(1997). *New Prevalence
Estimates of Serious Mental Illness*, *3*(1). Columbia, MD: Author.

1999).

심각한 정신질환이 현재와 미래에 미치는 영향을 측정하고자 하는 노력이 세계
곳곳에서 현저히 증가하고 있다. 국제적으로 새롭게 사용되고 있는 지표인 '장애보
정생존년(disability-adjusted life year: DALY)'은 특정한 질병으로 인해 조기에 사망하
거나 장애를 얻어 상실하게 된 건강한 날들을 연수로 환산하여 측정한다. DALY를
통해 질병을 측정하면서 얻게 된 가장 의미 있는 결과는 심각한 정신장애에서 비롯
된 부정적인 영향이 새롭게 관심을 받게 되었다는 점이다. 예를 들면, 우울증은 보
통 국제 건강 순위에 언급되지 않는 경향이 있다. 하지만 최근에 측정한 DALY에서
우울증은 세계인의 정신건강에 네 번째로 큰 영향을 미치는 것으로 확인되었으며,
2020년에는 그 순위가 두 번째로 높아질 것으로 예상되고 있다(Knox, 1996; Karel,
1996).

오랫동안 정신재활은 정신분열병을 가진 사람들을 돕는 것과 관련되어 왔다. 이 것은 1970년대 후반, 탈기관화하기 힘들 것으로 여겨졌던 입원 환자(대개 정신분열병을 가진 사람)를 중심으로 재활이 이루어졌기 때문이다(Bachrach, 1986a). 그런데 많은 입원 환자들이 지역사회로 돌아가고 지역사회에서 보다 많은 재활 서비스들이 제공되기 시작하면서, 재활은 정신분열병뿐만 아니라 다른 심각한 정신질환(예: 심각한 우울증, 성격장애, 중복장애, 중독 관련 장애)을 가진 사람들을 돕는 것과 관련되기 시작하였다.

요컨대, 1970년대부터 심각한 정신질환을 설명하는 데는 한 사람의 직업, 사회, 주거상의 역할에 미치는 부정적인 영향이 언급되어 왔다. 이러한 '심각하고 지속적인 정신질환'에 대한 이해와 설명이 지난 수십 년 동안 점진적으로 동의를 얻어 가면서, 동시에 정신재활 분야 역시 부각되고 있다. 정신재활은 내담자의 역할 수행 측면의 개선을 특별히 강조하는 유일한 정신건강 서비스이며, 심각한 정신질환의 부정적인 결과를 손상, 기능 저하, 장애, 불이익의 측면으로 이해하는 개념 모델에 기초하고 있다(정신재활의 기저가 되는 개념 모델에 대해서는 제4장에서 자세하게 다룰 것이다). 이 책은 정신재활이 진단된 병명보다 사람에게 초점을 두고 있다는 것을 강조하기 위해 '심각한 정신과적 장애를 경험하고 있는 사람' 또는 '정신장애를 가진 사람'이라는 용어를 사용할 것이다. 또한 본문에서 설명하고자 하는 역할에 따라 '소비자/이용자' '내담자' '환자'라는 용어를 적절히 사용할 것이다.

> 정신재활은 내담자의 역할 수행 측면의 개선을 특별히 강조하는 유일한 정신건강 서비스이며, 심각한 정신질환의 부정적인 결과를 손상, 기능 저하, 장애, 불이익의 측면으로 이해하는 개념 모델에 기초하고 있다.

치료와 재활, 그 밖의 다른 서비스 개입 간의 구별

1970년대와 1980년대에는 정신재활이 특별히 기여한 측면을 명확하게 구분하고 발전시키기 위해, 정신재활 개입과 정신과적 치료 개입을 분명히 구별하는 것이 대단히 중요한 과업이 되었다. 이 과정에서 정신재활과 정신과적 치료가 상호 보완적인가 아니면 대립적인가를 놓고 혼란이 있었다.

최근의 경향은 치료와 재활 개입이 서로 보완적인 역할을 하며, 정신재활 개입과 정신과적 치료는 일정 부분 겹칠 수도 있다는 것을 보여 주고 있다. 실제로 정신과적 치료와 정신재활의 절차가 서로 연결되어 있거나 동시에 실시되고 있다. 치료 기법과 재활 기법이 동일한 프로그램 내에서 실시되기도 하고, 동일 기관 내에서 별개의 프로그램으로 실시되기도 한다. 때로는 동일한 실무자가 정신과적 치료와 정신재활을 함께 제공하기도 한다.

그러나 정신재활 분야가 정신과적 장애를 가진 사람들의 필요에 효과적으로 부응하려면 치료와 재활은 구별되어야 한다. 만일 정신재활 분야가 계속해서 정신과 치료의 보조적 치료법 정도로만 인식된다면, 정신재활 개입의 효과성은 그 가치를 인정받지 못하게 된다. 과거에 정신재활은 정신장애에 대한 접근법으로 거의 고려되지 않았다. 치료가 종결되고 난 이후에 혹은 치료가 실패로 끝났을 때 대안 정도로 고려되는 경우가 대부분이었다. 소위 정신재활 프로그램이라고 불리는 많은 프로그램들이 정신재활의 기술론보다는 오히려 치료 기법을 독립적으로 사용하였다. 많은 '재활' 장면(예: 집단 주거시설)에서는 내담자에게 도움을 주는 주요한 방법으로 약물치료와 개인치료, 집단치료(때로 완곡하게 '집단 토론'이라고 명명함)를 병행하는 경향이 있었다. 또한 재활 연구에 의해 진단명 자체는 의료진에게 재활 개입을 처방하거나 재활 성과를 예언해 주는 적절한 정보를 제공해 주지 못하는 것으로 확인되었음에도, 정신재활 실무자들까지도 빈번히 정신의학적 진단에 과도한 관심을 가졌었다. 나아가 재활 서비스를 제공하는 의료진들도 정신재활 기술론의 숙련도가 아니라, 흔히 치료적인 기법을 이용하는 훈련도에 따라 선발되었다.

> 과거에 정신재활은 정신장애에 대한 접근법으로 거의 고려되지 않았다. 치료가 종결되고 난 이후에 혹은 치료가 실패로 끝났을 때 대안 정도로 고려되는 경우가 대부분이었다.

재활 프로그램을 보다 면밀히 검토해 보면 치료와 재활 간의 차이가 실천 현장에까지는 확장되지 않았다는 것을 확인할 수 있다. 사실상 재활 서비스는 대개 치료 모델을 평가하는 방법으로 평가되었다. 재활 프로그램에 정신치료가 포함되어 있거나 연봉이 높은 치료 자문가들을 많이 두었을 때 좋은 평가를 받을 수 있었다. 이는 **치료가 재활보다** 계속해서 우위를 차지하고 있었음을 암시하는 것이다. 정신재활 장면에 종사하는 전문가들이 잡무처럼 보이는 정신재활 업무가 아닌, 치료 행위를 하는 것으로 인정받고 싶어 했던 것은 결코 놀라운 일이 아니었다.

재활 전문가는 그가 정신과 의사, 재활상담가, 심리학자, 사회복지사, 간호사, 작업치료사 중 어디에 속하든 상관없이, 다음의 질문에 답할 수 있어야만 했다. '나는 정신과적 장애를 가진 사람들을 위하여 (약물치료나 정신치료로 분류되는 것이 아닌) 어떠한 도움이 되는 접근을 효과적으로 실행할 수 있는가?' 정신재활 분야는 '……아닌 것'에 의해서보다는 '……인 것'에 의해서 규정될 필요가 있었다.

〈표 1-2〉는 전통적으로 인식되고 있는 치료와 재활 간의 차이점을 개관해 놓은 것이다. 〈표 1-2〉의 첫 번째 칸에는 재활의 사명이 구체적인 환경에서의 기능력을 향상시킨다는 것, 재활 개입은 기저의 어떤 인과 이론 없이도 가능하다는 것, 재활 개입의 초점은 과거의 원인이 아니라 현재의 기능과 미래의 목표에 있다는 것, 재활 진단은 당사자의 기술과 환경적인 지원에 초점을 맞춘다는 것, 재활 개입은 재활 진단을 토대로 하여 기술을 개발시키고 지원을 증가시키려 한다는 것, 재활의 역사적인 뿌리는 인적자원 개발, 직업재활, 특수교육과 학습이론적 접근법, 신체재활 및 내담자 중심 치료 등에 바탕을 두고 있다는 것을 보여 주고 있다. 〈표 1-2〉의 두 번째 칸은 치료적 접근의 강조점을 열거하고 있다.

과거에는 일반적으로 정신과 치료와 정신재활의 기본적 차이를 철학적 관점에서 서술해 왔다. 재활은 지역사회에서 기능할 수 있도록 한 사람의 능력을 복원시키는 방법으로, 그 사람의 자원에 초점을 맞추면서 강점을 개발하는 쪽으로 지향해 왔다. 반면에 정신과 치료는 환자의 증상을 감소시키기 위하여 취약점에 초점을 맞추면서 주로 그 사람의 증상을 완화시키는 쪽을 지향해 왔다.

안타깝게도 1970년대와 1980년대에는 이러한 철학적 차이가 실천 현장까지 연결되지 못했다. 정신재활 실천은 치료법을 보완하기보다 치료와 유사하게 실행되는 경우가 대부분이었다. 정신재활 실무자들에게 구체적인 정신재활 기술과 지식을 교육시킬 수 있도록 설계된 훈련 프로그램이 존재하지 않았거나, 주로 치료법에 관한 이론과 기법의 범주 속에서 교육되었다. 치료와 재활 간의 철학적 구분은 정신재활의 실천에 있어서 재활하는 장소가 치료하는 장소와 다를 수 있다는 정도까지만 영향을 끼쳤다.

표 1-2 전통적으로 인식되어 온 재활과 치료 간의 차이점

	재 활	치 료
사 명	구체적인 환경 속에서 기능력을 개선시키고 만족감을 증대시킴	치유, 증상 감소 혹은 치료적 통찰 개발
기저의 인과 이론	인과 이론 없음	개입의 성질을 결정하는 여러 인과 이론을 토대로 함
초 점	현재, 미래	과거, 현재, 미래
진단 내용	현재와 미래에 요구되는 기술 및 지원 평가	증상 및 원인 평가
주요 기법	기술교육, 기술 프로그래밍, 자원 조정, 자원 수정, 연계	정신치료, 약물치료, 행동치료, 약물관리 훈련, 증상관리 훈련
역사적 근거	인적자원 개발, 직업재활, 신체재활, 내담자 중심 치료, 특수교육, 심리교육 및 사회학습적 접근	정신역동이론, 물리의학, 조작적 조건형성

1990년대에는 정신재활이 보다 광범위하게 실제 치료 장면에 받아들여졌다. 그런 가운데 정신재활이 치료 외의 다른 서비스 개입(예: 사례관리, 위기 개입)과 어떻게 다른지에 대한 다양한 의문들이 제기되었다. 서비스들은 각 서비스를 통해 소비자가 얻고자 하는 성과와 그러한 성과를 도출하기 위한 서비스 제공 절차에 따라 구분될 수 있다. 치료와 재활을 비롯하여, 정신장애를 가진 사람들을 위한 필수적인 서비스들을 종합적으로 개념화하게 되었다. 정신장애를 가진 사람들을 지원하는 이러한 통합 서비스 체제를 지역사회지원제도(Community Support System: CSS)라고 한다 (Turner & Shifrin, 1979). 1990년대에 들어 미국의 정책 개발자들은 정신장애를 가진 사람들을 위한 주요 서비스에 대하여 CSS의 관점을 확고히 취하게 되었다. 1980년대와 1990년대에 시작된 미국 대부분의 정신건강제도는 CSS의 개념을 따르고 있다 (National Institute of Mental Health, 1987)(제2장과 제10장에서 CSS에 관해 설명할 것이다).

보스턴 대학교 정신재활센터는 CSS의 틀 안에서 지속적인 정신질환을 가진 사람들의 필요와 바람을 충족시키는 데 반드시 필요한 서비스를 개선시켜 정의해 왔으

> 서비스들은 각 서비스를 통해 소비자가 얻고자 하는 성과와 그러한 성과를 도출하기 위한 서비스 제공 절차에 따라 구분될 수 있다.

| 표 1-3 | 정신건강제도의 기본적 서비스 |

서비스 분류	특 징	성 과
치 료	증상 및 고통 완화	증상 완화
위기 개입	긴박하거나 위험한 문제의 통제 및 해결	개인의 안전 보장
사례관리	내담자가 필요로 하고 원하는 서비스 확립	서비스 제공
재 활	내담자의 목표와 관련된 내담자의 기술 및 지지체계 개발	역할 기능
질적 향상	내담자가 만족스럽고 보람된 활동에 참여하도록 함	자기 발전
권익 옹호	내담자의 권리 유지 옹호	동등한 기회
기초 지원	내담자의 생존에 필요한 인력과 장소 및 물자 제공(예: 쉼터, 음식, 건강관리)	개인의 생존 보장
자 조	자신의 삶을 스스로 선택하고, 자신의 의견을 표현하는 훈련을 함	역량강화
안녕/예방	건강한 생활양식 증진	건강 상태 증진

출처: Cohen, Cohen, Nemec, Farkas, & Forbess(1988). *Psychiatric rehabilitation training technology: Case management*. Boston, MA: Boston Universtity, Center for Psychiatric Rehabilitation.

며(Anthony, 1993; Cohen, Nemec, Farkas, & Forbess, 1988), 이러한 서비스 개입의 본질적인 성과를 확인해 왔다.

〈표 1-3〉에서 보여 주듯이, 정신재활은 정신재활만의 독특한 성과(예: 역할 수행)를 도출해 낸다는 측면에서 여타의 주요 서비스들과 구별될 수 있다. 또한 정신재활은 당사자의 목표에 따른 기술과 지지체계를 강조한다는 점에서도 다른 서비스와 구별된다. 정신재활 서비스는 치료뿐만 아니라 정신장애를 가진 사람들의 재기를 돕는 데 중요한 역할을 하는 다른 개입법들을 보완한다.

정신재활 서비스는 치료뿐만 아니라 정신장애를 가진 사람들의 재기를 돕는 데 중요한 역할을 하는 다른 개입법들을 보완한다.

정신재활 접근법의 필요성

심각한 정신과적 장애를 가진 사람들에게 서비스를 제공하는 정신재활 접근법의 필요성을 증명하는 자료는 많이 있다. 사실상 정신재활은 다양한 분야의 사람들과 조직, 즉 가족이나 자조 집단, 권익 옹호 집단, 국립정신건강연구원, 재활서비스관리국, 대다수의 주립정신건강 기관들이 관심을 가지고 있는 접근법이다. 더욱이 심각한 정신과적 장애를 가진 사람들에게 포괄적인 재활 활동이 필요하다는 것을 입증하는 자료가 상당 기간 동안 제시되어 왔다(Solomon, Gordon, & Davis, 1983; Wasylenki, Goering, Lancee, Fischer, & Freeman, 1981). 그러나 역설적이게도 정신재활은 대학의 정신건강 전문 교육자들에게 큰 흥미를 끌지 못하고 있다(Anthony, Cohen, & Farkas, 1988; Bevilacqua, 1984; McReynolds, Garske, & Turpin, 1999; Shera & Delva-Tauiliili, 1996; Talbot, 1984)(재활교육에 관한 심층적인 논의는 제8장 참고).

미국정신장애인연맹(National Alliance for the Mentally Ill: NAMI)은 심각한 정신과적 장애를 가진 사람들의 가족을 위해 대변인 역할을 해 오고 있다. Spaniol이 NAMI 회원들을 대상으로 실시한 최초의 전국 실태 조사(Spaniol & Zipple, 1988) 및 여타 여러 연구들(Castaneda & Sommer, 1986)은 가족들이 양질의 사회재활 및 직업재활 서비스를 절실히 필요로 한다고 보고하였다. 마찬가지로 소비자의 권익을 옹호하는 사람들을 대상으로 한 조사(Lecklitner & Greenberg, 1983)에서도 심각한 정신과적 장애를 가진 사람들에게 가장 큰 영향을 미친다고 생각되는 한 가지 전략은 '재활 접근법을 강조하는 것'임을 보여 주고 있다(p. 428).

탈기관화 운동의 결과로 인해 재활 서비스의 개선에 대한 필요성이 극적으로 가시화되었다(Farkas & Anthony, 1981). 주립병원의 가용 병상 수가 2/3로 감소되면서 주거지가 병동에서 번화가의 뒷골목으로 옮겨진 사람들의 숫자가 크게 늘어나게 되었다.

탈기관화 대상자들 중 일부가 지역사회에서 생활하는 데 기능적인 한계가 있다는 것이 분명해졌다. 1977년 NIMH는 탈기관화에 대한 대응으로 지역사회지원프로그

램(CSP)에 착수하였다. 이 프로그램은 연방 정부와 주 정부가 협력하여 심각한 정신
과적 장애를 가진 사람들에게 지역사회 차원의 서비스를 제공하기 위한 전략을 탐
색하기 위해 개발되었다. 이러한 노력이 지역사회지원제도(CSS) 설계의 시초가 된
다. 초기에 CSP의 서비스를 제공받은 사람들을 대상으로 한 전국 자료는 이 집단이
기능적으로 심각한 한계를 가지고 있다는 것을 보여 주고 있다. 예컨대, 이들의 평
균 연간 수입은 3,900달러였고, 50%가 사회보장연금을 받고 있었다. 대략 10%가 경
쟁력 있는 직장을 가지고 있었으며, 실업자 중 9%만이 적극적으로 일자리를 찾고
있었다. 그리고 12%만이 결혼을 한 것으로 확인되었다. 또한 71%는 다른 사람들과
함께하는 여가활동에 거의 또는 전혀 참가한 적이 없었는데, 이것은 일을 하지 않는
다고 해서 그것이 여가활동으로 대체되는 것이 아니라는 것을 시사한다(Goldstrom
& Manderscheid, 1982). CSP 서비스를 이용하고 있는 사람들을 대상으로 실시한 보
다 최근의 조사에서도 비슷한 수준의 기능적인 한계를 확인할 수 있었다(Mulkern &
Manderscheid, 1989).

　　Spaniol이 수집한 NAMI 조사 자료도 연구 참여 집단이 기능적으로 한계를 가지
고 있다는 것을 증명하고 있다. 내담자 가족들의 보고에 따르면, 정신과적 장애를
가진 가족원 중 5%만이 전일제의 경쟁력 있는 직업을 가지고 있다고 한다. 내담자
의 92%가 고등학교 교육을 받았고, 60%가 고등학교 졸업 후 직업훈련원이나 대학
을 다녔다는 점을 고려할 때, 내담자의 가족들이 개선된 재활 서비스를 바라고 있다
는 것은 그리 놀라운 일이 아니다(Spaniol & Zipple, 1988).

탈기관화 시대의 도래 이후,
심각한 정신과적 장애를 가
진 사람들의 기능과 역할 수
행에 관한 자료에는 재활의
필요성이 반영되고 있다. 하
지만 아직까지 현실에서는
재활 서비스의 제공이 일반
화되지 않고 있다.

　　탈기관화 시대의 도래 이후, 심각한 정신과적 장애를 가진 사람들
의 기능과 역할 수행에 관한 자료에는 재활의 필요성이 반영되고 있
다. 하지만 아직까지 현실에서는 재활 서비스의 제공이 일반화되지
않고 있다. 예컨대, 두 개의 주립병원에서 퇴원한 550명의 환자들을
대상으로 일 년간 실시된 추적조사(Solomon et al., 1983)를 통해 대부
분의 환자들이 여러 유형의 사례관리와 개인치료 및 약물치료를 받
은 반면, 소수의 환자들만이 재활 서비스를 이용했다는 것을 알 수
있다. "환자들이 지금보다 더 많은 재활 서비스를 제공받는다면 훨씬 더 많은 사회

적, 직업적 재활 서비스의 이익을 얻을 수 있을 것이다. 환자들이 퇴원할 때 사회복지사들이 평가한 것을 보면, 재활 지향적인 서비스를 실제로 이용한 사람들보다 훨씬 더 많은 수의 내담자들이 재활 서비스를 필요로 한다는 것을 알 수 있다."(Solomon et al., 1983: 39) 탈기관화 이후에 수행된 또 다른 연구에서 Spivak과 동료들(1982)은 장기간 동안 지역사회정신건강센터에서 서비스를 이용한 99명의 사람들을 인터뷰하였다. 연구 결과는 연구 참여자들이 "교육적, 재정적, 직업적으로 낮은 성취를 보이는 경향(약 2/3는 일을 할 수 있다고 판정받았음에도, 주 20시간 이상 일하는 사람은 13%에 불과했다)이 있다."(p. 241)라고 보고하였다. 연구자들은 이 자료들이 '과업의 성취와 기술의 개발'을 강조하는 재활 접근의 필요성을 시사하고 있다고 주장하였다. 주립 시설에서 퇴원한 환자들의 기능 수준을 보고하는 자료와 전 세계에 걸쳐 정신장애로 인해 상실한 장애보정생존년(DALY)을 지표로 반영하는 최근의 자료들은 정신재활 서비스가 필요하다는 현실을 강력하게 입증하고 있다.

앞으로의 전망

여러 가지 자료들과 조사 연구의 결과들은 재활 서비스가 향상되어야 할 필요가 있다는 것을 시사하고 있다. 앞으로 10년 동안 이루어질 정신재활의 단기적인 성장은 재활 서비스의 필요성을 검증해 주는 자료를 근거로 이루어질 것이다. 21세기에는 서비스의 효과성에 관한 실증연구들—재활 분야가 성장함에 따라 행해지는 연구—에 기초하여 정신재활 서비스가 지속적으로 발전해 나가기를 바란다.

> 21세기에는 서비스의 효과성에 관한 실증연구들—재활 분야가 성장함에 따라 행해지는 연구—에 기초하여 정신재활 서비스가 지속적으로 발전해 나가기를 바란다.

이제 재활 접근법은 정신건강 서비스 제도 안에서 충분한 입지를 확보한 단계에 이르렀다. 정신과적 장애를 가진 사람들의 다양한 필요가 적절하게 충족되지 못하고 있음은 명백한 사실이다. 이제 정신재활 분야는 정신건강제도에 대하여, 궁극적으로는 정신건강제도 속에서 서비스를 이용하는 사람들을 위해 의미 있는 기여를 할 준비가 되어 있다. 그러나 정신재활 분야의 궁극적인 효과성은 정신재활을 실천하는 사람들의 개선된 태도와 지식과 기술, 정신재활이 실천되는 프로그램의 구조, 정신재활 실천을 지원하는 서비스 제도의 특성에 달려 있다. 다음 장에서 확인하게 되겠지만 이러한 영역들에서 상당한 진전이 이루어지고 있다.

CHAPTER 02

연구의 개관: 역사적 오해

자신이 틀렸던 것에 대해 전혀 부끄러워할 필요가 없
다. 그것은 어제보다 오늘 더 현명해졌다는 것을 달리
표현하고 있는 것이기 때문이다.

_Jonathan Swift

정신재활 분야는 정신건강에 관한 잘못된 오해 때문에 어려움을 겪기도 했지만, 연구를 통해 지속적으로 새로운 사실을 발견하며 발전해 나가고 있다. 이 장에서는 정신건강과 재활의 역사적 발달에 대해 논의하고자 하는데, 특별히 현재의 정신재활 실천에 미친 긍정적인 영향에 초점을 맞추기로 한다. 또한 정신재활 접근의 수용을 지연시켜 왔던 열다섯 가지 오해를 제시하고, 과거와 현재의 연구에서 얻은 지식에 비추어 이들을 검토해 볼 것이다. 현재에는 정신질환으로부터 재기할 수 있다는 가능성이 인정을 받으며 과거의 오해들이 불식되고 있다.

이 장에서는 역사적 발달 과정을 특별히 정신재활의 관점으로 설명하고 있다. 제1장에서 언급하였듯이, 정신재활의 사명은 장기적인 정신장애를 가진 사람들의 기능력을 높여서, 본인이 원하는 환경 속에서 전문가의 도움을 최소한으로 받으면서도 성공적이고 만족스럽게 생활할 수 있도록 도와주는 데 있다. 본질적으로 정신재활의 성과란 당사자가 선택한 생활, 학습 및 직업 환경 속에서 보다 잘 기능하고 만족을 얻는 것을 의미한다. 이를 달성하는 과정에는 그 사람의 역량을 강화하는 것과 그가 처한 환경 속에서 보다 많은 지원을 받도록 지지체계를 개발해 주는 일이 포함된다. 다시 말하면, 사람들이 변화할 수 있도록 도와주고, 그들이 살아가고 학습하고 일하는 환경의 조건들이 변화될 수 있도록 도와주는 것이다. 다음에서 살펴볼 관련 역사의 발전은 정신재활 분야의 성장에 중요한 것이기 때문에 자세히 기술하고자 한다.

관련 역사의 발달

정신재활은 무척 오랜 기간에 걸쳐 세계 여러 지역에서 발전되었다. 유럽의 경우, 정신재활의 뿌리는 1930년대에 있었던 사회정신의학(Van der Veen, 1988; Basaglia, 1982)과 제2차 세계대전 이후 사회 전반에 걸쳐 나타난 진정한 민주화를 위한 정치적 노력(Basaglia, 1982; Saraceno & Togononi, 1989; 1995)에서 찾아볼 수 있다. 아시아에서 정신재활에 대한 개념이 형성된 것은 10~20년 정도밖에 되지 않았으며, 아프리카는 이제 막 정신재활의 개념이 구성되기 시작하는 단계에 있다(Mandlhate, 1999). 미국의 경우, 정신재활 접근법이 법적 기반을 갖추고 신뢰할 만한 개입법으로 수용된 것이 비록 최근의 일이지만 그 기원은 19세기에서 찾아볼 수 있다.

정신재활 접근과 가장 관련 있는 미국의 일곱 가지 역사적인 발전은 다음과 같다.

1. 도덕적 치료 시대
2. 주 정부의 직업재활 프로그램에 정신장애를 가진 사람들을 참여시킨 것
3. 지역사회정신건강센터의 발달
4. 정신사회재활센터 운동
5. 지역사회지원제도의 성장
6. 소비자 운동의 출현
7. 비용 절감을 지향하는 관리의료 서비스 제도의 발달

도덕적 치료 시대

정신재활과 일치하는 몇 가지 관점들이 1800년대 소위 도덕적 치료 시대에 표면화되기 시작하였다. 19세기 도덕적 치료가들은 현재의 정신재활 실천의 일부로 자리 잡은 몇 가지 치료 원리들을 강조하였다. 도덕적 치료에서는 정신장애를 가진 사람의 직업, 여가 및 사회적 활동을 살펴보면서 종합적으로 평가할 것을 강조하였다. 정신재활에서도 내담자의 직업이나 부업 및 사회적 기능 영역을 진단하고 개발한다. 또한 구조화된 활동이 언어적 치료가 제공하는 것 이상으로 내담자에게 치료적 도움을 줄 수 있다는 점을 인정하는 도덕적 치료와 마찬가지로, 정신재활 개입도 내담자가 지금까지와는 다르게 활동하도록 하는 데 목표를 두고, 단순한 언어적 치료가 아닌 '일련의 활동'을 목표에 도달하기 위한 수단으로 활용하고 있다.

주 정부의 직업재활

주 정부의 직업재활 프로그램은 원래 신체장애를 가진 사람들의 재활을 위해 계획되었다. 1943년에 「직업재활법」이 개정되면서 정신장애를 가진 사람들도 재정적인 지원과 직업재활 서비스를 받을 수 있게 되었다. 이 개정법은 정신장애를 가진 사람들도 재활 절차에 참여해야 한다는 생각에 합법성을 부여하였으며, 직업 기술을 향상시키고자 하는 정신재활의 실천적 근간을 마련해 주었다. 이제는 주 정부 기관의 서비스 건수 중 20% 정도가 정신장애를 가진 사람들에게 할애되고 있으며(Rehabilitation Services Administration, 1995), 정신질환은 주 정부가 제공하는 직업재활 프로그램 이용자들이 가지고 있는 장애 중 두 번째로 많은 유형으로 보고되고 있다(Stoddard et al., 1998).

현재 직업재활 개입법은 정신재활 분야의 역사와 발전에 필수적인 부분이 되었다. 직업 활동은 파운틴 하우스의 정신재활 모델에서 중요한 위치를 차지하고 있다(Beard, Propst, & Malamud, 1982). 지난 수십 년간 재활의 초점이 당사자의 직업적 성과에서 다양한 환경(예: 거주지, 사회, 교육)과 어떻게 상호작용하는가 하는 측면으로 이동하기는 했지만, 정신장애를 가진 사람들의 직업재활을 위해 재정적 지원과 서비스가 제공되었다는 점은 정신재활을 실천하는 데 많은 도움이 되어 왔다.

지역사회정신건강센터

지역사회정신건강센터(Community Mental Health Centers: CMHC)가 심각한 정신장애를 가진 사람들에게 필요한 종합적인 서비스를 제공해 주지 못했다는 점을 지적하는 연구들이 꾸준히 보고되어 왔다(Bassuk & Gerson, 1978). 탈기관화 운동의 영향으로 장기적인 정신장애를 가진 매우 많은 사람들이 지역사회 내에 거주하게 되었지만, CMHC 이용에 있어서 우선권을 가지고 있지는 않았다. 하지만 내담자의 집과 일터 가까운 곳에서 치료와 지원을 받아야 한다는 CMHC의 개념은 정신재활의 개념과 일치하는 것이다. 또한 위기 상황에 처해 있는 사람들을 그들이 속해 있던 환경으로부터 격리시키지 않고 바로 그곳에서 즉각적으로, 그리고 가능한 한 오랫동안 지속적으로 개입해야 한다는 CMHC의 개념 역시 정신재활의 실천 원리에 포함되어 구체화되었다. 정신재활과 CMHC의 초기 방향성이 잘 부합하지 않았음에도 불구하고, CMHC의 혁신적인 주장 몇 가지는 정신재활의 중요한 부분을 차지하고 있다.

정신사회재활센터

Grob(1983)과 Rutman(1987)은 정신사회재활센터의 기원에 관한 연구를 수행하였다. 파운틴 하우스와 호라이즌 하우스와 같은 초기 센터들은 과거에 환자였던 사람들이 서로 도움을 주고받을 목적으로 설립되었는데, 이들은 일찍이 시카고에 있는 트레시홀드, 버지니아 주의 페어팩스에 있는 정신재활을 위한 사회센터, 보스턴에 있는 센터클럽, 마이애미에 있는 펠로우십 하우스, 클리블랜드에 있는 힐 하우스, 로스앤젤레스에 있는 포틸스 하우스와 같이 종합적이고 다차원적인 서비스를 제공하는 정신사회재활센터를 탄생시키는 원동력이 되었다. 이러한 클럽에서는 정신재활의 철학이 실천되고 있다. 정신재활 접근의 기본 신조이기도 한 이 재활센터들의 기본 운영 원리는 재활 접근법이 정신장애를 가진 사람들의 역량을 강화시키기 위해 설계되어야 한다는 것이다. 처음부터 이 센터들은 정신장애를 가진 사람들을 환경에 굴복시키기보다는 그 환경에 대처해 나갈 수 있도록 도와주는 전략을 강조했고(Wright, 1960), 증상을 감소시키는 것보다는 건강을 증진시키는 것을 강조해 왔다(Leitner & Drasgow, 1972). Beard의 말을 빌면, 이 센터들의 근본 신념은 심각한 정신장애를 가진 사람들도 생산 능력을 가지고 있다는 것이다(Beard et al., 1982). 서비스 이용자를 센터의 운영에 책임 있는 역할을 감당하는 구성원으로 보게 되었다는 사실은 동료 참여, 동반자라는 정신재활의 기본 가치를 더욱 발전시켜 나갔다. 이러한 센터들의 성공은 동료 참여가 실천 가능하며, 경험적 근거를 기반으로 하고 있음을 증명한 셈이다.

정신사회재활센터가 발전하면서 정신재활 접근법의 목표는 당사자가 원하는 환경 속에서 행동 변화를 일으키도록 하는 데 초점을 맞추게 되었다. 이 센터들은 처음부터 언어적인 치료를 통해 달성되는 치료적 통찰을 일으키는 데 가치를 두지 않았다(Dincin, 1981). 대신, 정신 내적인 요인보다는 현실적인 요인 쪽으로, 그리고 비록 장애가 여전히 남아 있다 하더라도 특정한 환경 속에서 내담자의 수행 능력을 향상시키는 쪽으로 나아갔다(Grob, 1983).

정신사회재활센터는 정신재활 접근법을 발전시키는 데 중요한 역할을 담당해 오고 있다. 정신사회재활 실천 현장의 지속적인 양적 증가로 멀지 않은 미래에 그 영향력이 더욱 확대될 것이다. 정신사회재활센터는 정신재활의 철학이 실제화되는 장소이며, 관련 학술 연구가 점진적으로 확대되어 실시되고 있는 환경으로 자리매김하고 있다(예: Anthony, Brown, Rogers, & Derringer, 1999; Brown, Ridgway, Anthony, & Rogers, 1991; Macias, Kinney, & Rodican, 1995; Rogers, Anthony, Toole, & Brown, 1991).

> 정신사회재활센터는 정신재활의 철학이 실제화되는 장소다.

지역사회지원제도

정신재활 분야와 관련된 또 하나의 혁신적인 사건으로는 제1장에서 언급한 지역사회지원제도(Community Support System: CSS)의 출현이 있다. 1980년대에 초기 CSS 문헌이 널리 검토되면서 그 결과가 여러 연구에 기술되고(Test & Stein, 1978; Test, 1984; Braun et al., 1981; Bachrach, 1982a) 재발견되었다(Hoult, 1986). CSS의 개념은 탈기관화 후 지역사회에 살게 된 장기적인 정신질환을 가진 사람들의 다양한 요구에 부응하기 위해 개발되었다(Stroul, 1989; Test, 1984).

CSS가 실시된 지 10년 후, Test(1984)는 CSS 관련 문헌을 검토하고 다음의 결과를 보고하였다.

1. 보다 광범위한 CSS는 병의 재발을 예방하는 데 더욱 효과적이다.
2. 정신사회 영역에서 집중적이고 직접적인 지원과 교육을 제공하는 CSS는 사회 적응에 중요한 변화를 유도할 가능성이 높다.

3. 포괄적이면서도 집중적인 지원과 교육을 제공하는 CSS가 가장 긍정적인 결과
   를 보장하지만, 어떤 사람들에게는 재발을 촉진하기도 한다.

CSS와 정신재활 접근법은 모두 심각한 정신장애를 가진 사람들에게 초점을 맞추고 있으며, 이들을 돕는 데 근간이 되는 재활 철학과 일련의 기초 원리를 공유하고 있다. 제도의 기능적 측면에 중점을 두는 CSS는 정신재활 접근이 제공될 수 있는 가장 적절한 환경이 어떤 것인지 알려 준다. 또한 역사적으로 정신재활 개입의 요소들은 CSS의 주요 내용과 상당 부분 일치하는 것으로 밝혀졌다(Mosher, 1986). 요약하면, CSS와 정신재활 접근은 초점과 철학, 서비스 전달 환경, 개입전략 등의 여러 측면에서 공통점을 지닌다고 할 수 있다(CSS에 대한 심층적 논의는 제10장 참고).

소비자/생존자의 영향

1980년대에는 소비자/생존자 운동이 정신건강 분야에서 널리 인정받기 시작하였고(Chamberlin, 1978, 1984; Zinman, 1982), 1990년대에는 보다 발전된 모습을 보이기 시작하였다. 사회적으로 영향력을 잃고 도외시되었던 다른 많은 집단들처럼, 정신건강 서비스를 경험했던 사람들은 조직을 이루어 제도에 도전하면서 대안을 찾아 나서기 시작하였다. 그들이 기울인 초기의 노력은 '우리는 혼자가 아니다', '정신과 환자 자유전선', '해방 프로젝트', '정신과 환자 권리연합', '정신병원의 폭력에 대항하는 네트워크' 등의 당사자 지지 집단 및 정치적 권익 옹호 집단의 형성으로 드러났다(Zinman, 1982; Chamberlin, 1990). 정신병원의 억압에 반대하고 환자들의 인권을 보호하기 위해 매년 열리는 학술대회와 정신병 네트워크 뉴스지와 매뉴얼의 출간 등을 통해 집단 간의 의사 교류가 더욱 촉진되었고(Chamberlin, 1990), 당사자 운동의 선두에 있던 지도자들은 다양한 이슈들에 관한 소비자/생존자의 관점을 정리하여 발표하였다(Chamberlin, 1978; Deegan, 1992, 1996; Fisher, 1994; Frese, 1993; Knight, 1997; Leete, 1989; Manos, 1993; Rogers, 1995; Sharac, Yoder, & Sullivan 1995; Unzicker, 1989; Walsh, 1996; Zinman, 1982; Zinman, Harp, & Budd, 1987). 소비자/생존

자들은 정치/법 제도에 강력한 영향을 미쳤고(예: Rogers vs. Massachusetts), 정신건강 전문가 집단에 자신들을 포함시켜 줄 것을 요구하였다(Chamberlin, 1990; Chamberlin & Farkas, 1998). 집단의 규모와 영향력이 커지면서 소비자/생존자들이 운영하는 프로그램들이 국립정신건강연구원(NIMH)의 일부였던 지역사회지원프로그램(Community Support Program: CSP)의 인정과 지원을 받게 되었다. 소비자/생존자들은 정신재활 분야에서도 지원을 받았는데, 이러한 지원은 정신과적 장애를 가진 사람들의 강점을 개발하고, 역량강화와 자기 선택의 가치에 힘을 실어 주었다.

　Chamberlin(1984)은 소비자/생존자 운동의 초기 발달 과정을 추적하면서 이 운동이 정신재활 원리를 지지하고 있음을 잘 설명해 주었다. Chamberlin이 설명한 바와 같이, 대안적인 소비자 서비스 모델은 당사자의 역량을 강화하고 변화를 촉진한다.

　　　이 집단에 속한 사람들은 자신을 제한하는 사고방식을 갖고 있을 수 있다. 그러나 성장과 변화를 최대화시킬 수 있는 환경 속에서 당사자들은 수동적인 의존 상태에서 벗어나 의사결정 과정에 참여할 수 있게 된다. 회원들은 여전히 전통적인 정신과 서비스를 받으면서 생겨난(또는 강화된), 스스로를 제한적으로 인식하는 시각을 가지고 단체에 참여하거나 서비스를 이용할 것이다. 회원들을 긍정적으로 기능할 수 있게 하는 유일한 접근은 과거 환자였던 사람들이 긍정적인 역할 모델이 되어 주는 내담자 주도의 대안책뿐이다. 가장 중요한 열쇠는 '선택'이다. 과거 환자였던 사람들은 어디에서 살 것인지, 어떤 형태의 주거를 할 것인지를 스스로 선택할 수 있어야 한다. 독립적인 생활 기술을 잃어버린 사람들은 그런 기술을 재학습 해야 하는데, 이상적인 방식은 과거에 환자였던 사람들 중 그러한 역할을 성공적으로 수행하고 있는 사람을 역할 모델로 삼아 배우는 것이다. 지속적인 돌봄과 감독을 원하는 사람들은 다양한 생활환경을 찾아가서 가장 마음에 드는 환경을 선택할 수 있어야 한다(Chamberlin, 1984: 58).

　이 인용문에서 주목할 만한 것은, 정신재활 접근법과 일치하는 용어(역량, 변화, 선택, 재교육, 감독)다. 정신재활은 이러한 부분에서 소비자/생존자 운동과 조화를 이루며 소비자/생존자 집단의 강력하고 일관된 지지를 얻을 수 있었다.

관리의료

관리의료는 최근에 등장한 분야로서, 비교적 짧은 역사를 지니고 있다. 관리의료에 대한 정의에는 여러 가지가 있다. 본질적으로 관리의료는 비용을 절감하고, 특정집단의 이용을 보장하며, 돌봄의 질을 높이기 위해 조직된 서비스 네트워크를 의미한다. 1990년대에는 행동관리의료가 기하급수적으로 팽창하였다. CSS가 돌봄의 철학이듯, 관리의료 역시 돌봄에 관한 철학 또는 접근법이다. 그렇기 때문에 관리의료는 비용 절감, 책무성, 과정 및 성과에 대한 측정 등과 같은 그만의 가치 체계를 가지고 있다.

유감스럽게도 '관리의료'라는 용어는 전달체계 유형[예: 건강관리기구(HMO)], 보상전략(예: 인원수별 계산), 비용 절감 전략(예: 이용률 평가) 등 관리의료의 일부 측면만을 설명하며 부정확하게 사용되어 왔다. 관리의료를 정의하면서 몇 가지 두드러지는 특징만을 강조하는 것은 CSS를 단순히 대안적인 서비스 제도의 하나로 정의하는 것과 같다. 두 가지 접근은 모두 돌봄을 위한 것이며, 혹자는 놀랄지도 모르겠지만 관리의료의 가장 특징적인 가치(비용 절감, 책무성, 측정)는 CSS와 대립하는 것이 아니다.

> 관리의료 접근에 기반을 둔 서비스 제도가 가지는 문제점은 관리의료 리더십이 응급치료 모델을 채택하면서 정신과적 장애를 가진 사람들을 위한 장기적인 재활의 필요성을 이해하지 못하는 데서 발생한다.

정신재활 분야도 측정과 책무성을 강조한다는 면에서 관리의료와 동일한 가치를 추구한다. 관리의료 접근에 기반을 둔 서비스 제도가 가지는 문제점은 관리의료 리더십이 응급치료 모델을 채택하면서 정신과적 장애를 가진 사람들을 위한 장기적인 재활의 필요성을 이해하지 못하는 데서 발생한다(정신재활 서비스를 포괄하는 CSS에 관리의료를 통합하는 것에 관한 정보를 얻으려면 제10장과 제11장 참고).

미국의 역사적인 발전과 국제적인 발전과의 관계

전 세계적으로 정신재활이 발전해 온 방식은 미국에서의 발전 방식과 매우 흡사하다. 탈기관화의 정도는 각 나라마다 다르지만, 미국을 비롯한 대부분의 나라에서는 탈기관화에 대한 반응으로 정신재활이 발달되었다(Bennett & Morris, 1982; DeHert, McKenzie, Pieters, Vercruyssen, & Peuskens, 1997; Farkas & Anthony, 1981; Farkas, 1996; Rochefort & Goering, 1998; Semba, Takayanagi, & Kodama, 1993; Wasylenki, Goering, & MacNaughton, 1994; Williams, 1993). 이탈리아 북부에서는 CPS로, 네덜란드에서는 RIAGGS로, 여러 다른 나라에서는 지역사회정신건강센터 등의 이름으로 다양하게 불리기는 했지만, 지역사회에 기반을 둔 정신건강 서비스는 일반적으로 탈기관화 시행을 위한 노력에 뒤이어 출현했던 것이다(예: Stefansson, Culberg, & Steinholtz, 1990; Wasylenki, Goering, & MacNaughton, 1994). 많은 나라에서는 '지역사회화'의 분위기에서 정신사회 클럽하우스들이 발전되었고, 오랫동안 정신재활의 동의어처럼 사용되어 왔다. 정신과 서비스 이용자들의 유러피언 네트워크(ENUSP)와 Basis-beraad와 같은 소비자/생존자 집단은 서비스 전달에 관한 논쟁이 소비자/생존자들과 그들의 가족들에게 의미 있고 이해 가능한 성과로 이어지도록 영향을 미쳤다. 캐나다정신건강연합회는 정신건강에 문제를 가진 사람들이 안정된 주거와 직업을 가질 수 있도록 지원하기 위하여 정신재활 서비스가 제공되어야 한다고 주장해 왔다(Canadian Mental Health Association, 1999). 정신재활은 이러한 역사적인 발전 과정을 통해 새로운 파트너로 부상하고 있다.

산업화되지 않은 국가들이 대부분인 남반구에서도 여러 유사한 흐름이 생겨나고 있다. 하지만 이러한 나라들 대부분에서는 자연적인 도움이나 자원을 사용하면서 지역사회 중심의 서비스(Nagaswami, 1995)를 제공하는 것이 심각한 정신장애를 가진 사람들의 필요에 부응하는 첫 번째 모습이다. 몇몇 국가들(예: 네팔)(Shrestha, 1988)에서는 주로 입원을 통해 심각한 정신장애를 가진 사람들의 필요에 부응하였지만, 대규모의 기관 수용화는 어떠한 제도상의 방식으로도 나타나지 않았다. 그러므로 탈기관화 운동이 정신건강제도의 필수적인 발달 과정은 아니었다. 미국이나 캐나다, 호주 등에서는 정신재활이 정신과가 아닌 분야의 전문가나 비전문가들의 활동에 의해 주도되었다는 점에서 약간의 차이를 가진다(Clarke, 1999). 말하자면, 유럽과 다른 여러 나라에서의 정신재활은 대부분 정신의학 영역 안에서 일어났던 것이다.

정신재활은 각기 다른 지역에서 각기 다른 시기에 발전해 왔다. 북아메리카의 경우, 정신사회 클럽하우스가 생긴 지는 약 50년이나 되었지만 정신재활이 전반적으로 발전되기 시작한 지는 30년이 채 되지 않았다. 일본은 병원 중심의 제도에 이제 막 정신재활을 포함하기 시작하는 단계에 있으며(Thara, Deva, & Takashi 1999; Semba et al., 1993), 인도는 그 역사가 10년 정도 되었다(Thara, Deva, & Takashi, 1999). 다른 차이점들은 국가의 정치적, 문화적 제도의 차이에 기인하는 경우가 많다. 예를 들어, 이탈리아의 경우 정신재활이 인권을 위한 정치운동이었다면(Mosher, 1983; Righetti, 1994), 미국의 경우는 소비자/생존자들의 역량강화 과정에서 그들의 정치적 역량이 점차적으로 증진된 것이다. 그러나 정신재활의 출현에 영향을 준 역사적 사실이 무엇이든지 간에 몇 가지 역사적인 오해를 해결하지 않고서는 다음 단계로 발전할 수 없을 것이다.

과거의 오해 일소하기

정신재활 분야를 보다 발전시키고 정신건강 기관이 정신재활의 철학과 기술론을 채택할 수 있도록 촉구하기 위해서는 많은 오해들을 풀어야만 할 것이다. 이 오해들은 정신재활의 발전을 지연시켜 왔을 뿐만 아니라, 정신건강 분야 전반에 걸쳐 걸림돌이 되어 왔다. 1960년대부터 1980년대까지의 연구들은 이러한 믿음들이 잘못된 것임을 입증하였다. 그러나 1960년대와 1970년대의 연구들이 이후 20~30년간 실천 현장에서 보편적으로 적용되지 않았다는 사실은 정신건강 분야에서 발생한 이례적인 사건은 아니었을 것이다(Stein, 1992). 최근의 연구들은 이러한 오해의 본질을 더욱 분명하게 하고 있는데, 〈표 2-1〉에서 제시하고 있는 오해들로 인하여 정신재활의 발전이 더 이상 방해를 받아서는 안 될 것이다.

역사적인 관점에서 이러한 오해가 미친 영향을 이해하는 것은 정신재활 분야의 성장을 위해 매우 중요하다. 물론 이러한 오해가 명시적으로 언급되지 않았다고 하더라도, 이제 막 성장하고 있는 정신재활 접근법에 대한 정신건강 분야의 잠재적인 인식을 이끌어 왔던 것이다. 예를 들어, 정신건강 분야에서는 퇴원 후 재활을 할 필요가 없다는 오해가 만연하였다. 즉, 약물치료와 여러 유형의 입원치료만이 지역사회 재활 성과에 영향을 미친다는 생각은 오해인 것이다. 전문가들은 시간제한적인 지역사회 기반의 치료 환경이 정신장애를 가진 사람들에게 유용하며, 제한된 시간 동안 이루어지는 병원치료보다 더욱 효과적이라는 믿음을 갖게 되었는데, 이것은 결코 사실이 아니며 오해다. 또 다른 오해는 정신과적 진단명과 증상의 양태가 재활 계획과 성과를 예측하고 처방하며 기술하는 데 유용한 것으로 믿게 하였다. 끝으로, 재활 성과가 치료비나 전문가의 자격증 같은 요인과 밀접하게 관련이 있다는 인상 또한 오해에서 비롯된

> 또 다른 오해는 정신과적 진단명과 증상의 양태가 재활 계획과 성과를 예측하고 처방하며 기술하는 데 유용한 것으로 믿게 하였다.

표 2-1　15가지 오해

1. 정신장애를 가진 사람들은 재활하거나 재기하지 못한다.
2. 약물치료를 잘 따르기만 하면 그것만으로도 재활 성과에 영향을 미칠 수 있다.
3. 정신치료, 집단치료, 약물치료와 같은 전통적인 입원 환자 치료는 재활 성과에 긍정적인 영향을 미친다.
4. 환경치료, 토큰경제, 태도치료와 같은 입원 환자 치료는 재활 성과에 긍정적인 영향을 미친다.
5. 병원 장면에서 실시되는 작업치료는 취업 성과에 긍정적인 영향을 미친다.
6. 지역사회 치료 기관에서 한시적인 치료를 받는 것이 병원에서 한시적인 치료를 받는 것보다 더 좋은 재활 성과를 낳는다.
7. 정신장애를 가진 사람들은 지역사회에 있는 치료 기관을 잘 이용하고 있다.
8. '어디에서 치료받는가'가 '어떻게 치료받는가'보다 더 중요하다.
9. 정신과적 증상은 장래의 재활 성과와 높은 상관이 있다.
10. 내담자가 받은 진단명은 장래의 재활 성과에 관한 중요한 정보를 제공해 준다.
11. 내담자의 증상과 기술 간에는 높은 상관이 있다.
12. 특정한 환경(예: 주거 장면)에서 내담자가 기능하는 능력은 다른 유형의 환경(예: 직업 장면)에서 기능하는 능력을 예측하는 지표가 된다.
13. 전문가는 재활 성과를 정확하게 예견할 수 있다.
14. 내담자의 재활 성과는 그 사람과 관계를 맺고 있는 정신건강 전문가의 자격증에 따라 달라진다.
15. 재활 성과와 개입 비용 간에는 정적인 관계가 있다.

것이다. 이러한 열다섯 가지 오해들은 정신건강 정책, 절차, 전문가 훈련에 보이지 않게 작용하면서 정신재활 분야의 발전을 지연시켜 왔다. 그러나 이러한 오해의 영향이 점진적으로 감소해 가면서 정신재활의 역사적인 발전이 이루어지고 있다.

15가지 오해

• 오해 1: 정신장애를 가진 사람들은 재활하거나 재기하지 못한다.

이 오해는 쉽게 이해가 된다. 실제로 병원을 떠난 사람들 대부분이 추가적으로 치료를 받기 위해 병원으로 되돌아오는 일이 흔히 되풀이되었다. 더구나 병원에서 퇴원한 사람들 중 소수만이 경쟁력 있는 직업을 가졌다.

예를 들어, 많은 연구들에서 약물치료나 개인치료, 집단치료 등과 같은 전통적인 병원 서비스를 이용하고 있는 정신과 입원 환자들을 대상으로 재발 기저율을 추정해 보았다. 이 연구들은 실시 기간, 표본, 지리적 위치, 기관의 유형에서 차이가 있었지만, 매우 유사한 결과를 보고하였다. 이 결과에 따르면, 일 년 동안의 재발률은 35~50%이고, 3~5년간의 재발률 추정치는 65~75%에 달한다(Anthony, Buell, Sharratt, & Althoff, 1972; Anthony, Cohen, & Vitalo, 1978). 취업에 관한 문헌을 개관한 연구들도 과거에 입원 경험이 있는 정신과 환자들의 취업 성과에 관해서 실망스러운 자료를 제시하고 있다(Anthony et al., 1972, 1978; Anthony & Nemec, 1984). 취업 자료에 대한 초기의 문헌 연구에서는 대략 20~30%의 이전 환자들이 일 년 동안 전일제 근무를 하고 있거나, 일 년 후 추적조사 시에 취업 상태에 있었음을 보여 주었다. 보다 심각한 장애를 가진 정신과 내담자에게 초점을 맞춘 후기의 연구에서는 15% 이하의 취업률이 보고되었으며, 한 연구에서는 퇴원을 준비하는 장기 환자들의 취업률이 0%임을 보여 주기도 하였다(Farkas, Rogers, & Thurer, 1987).

초기에 수행된 정신재활의 성과에 관한 연구에서는 재입원과 취업이라는 두 가지 성과 측정치가 거의 독점적으로 사용되었는데, 여기에는 분명히 장점이 있었다. 이 측정치들은 객관적이고, 일반인에게도 잘 이해되었으며, 경제적 이익의 측면에서 쉽게 제시되었을 뿐만 아니라, 유사한 성과 측정치를 사용한 다른 연구들과 비교가 가능하였다. 물론, 여러 가지 장점에도 불구하고 이러한 성과 기준에는 몇몇 단점이 있었다. 현재의 성과 연구에서는 보다 다양한 성과 측정치들이 사용되고 있다(제3장 참고).

제3장에서 보고되고 있는 정신재활 연구에서는 정신장애를 가진 사람들의 취업률이 세 배로 증가하고 재입원율도 현저히 감소하는 것으로 나타났다. 그러나 1980년대 전반에 걸쳐서, 그리고 DSM Ⅲ-R이 공식적으로 발표되었을 때까지 심각한 정신장애, 특히 정신분열병 형태를 가진 정신장애는 계속해서 악화되는 질병이라는 믿음이 팽배해 있었다(American Psychiatric Association, 1980: 185). 겉보기에는 정확한 진단적 진술인 것 같은 이러한 생각은 사실은 오해였으며, 정신재활이 받아들여지는 것을 방해하였다.

병이 지속적으로 악화된다는 가정은 질병 자체의 특성에 의한 것이라기보다는 장애를 가진 사람들이 어떤 환경에서 어떤 치료를 받는가와 관련이 있다(Harding, Zubin, & Strauss, 1987). 질병의 만성화에 영향을 미치는 환경 요인에는 장기간의 입원, '환자' 역할의 채택, 기술과 지지체계 개발 활동의 결여, 경제활동 기회의 감소, 낮은 사회적 지위, 약물치료의 영향, 직무자의 기대, 희망의 부재 등이 있다. 이러한 환경 요인들은 재활 접근법에 의해 개선될 수 있으며, 정신재활 개입이 병의 만성화를 막을 수 있는 이유를 설명한다. 최근의 한 연구는 장애의 만성도와 증상이 높은 상관관계를 보이지 않는다는 논리적 연장선상에서 희망감의 정도와 증상의 심각도 사이에 연관성이 없다는 것을 밝혀냈다(Landeen, Pawlick, Woodside, Kirkpatrick, & Byrne, 2000).

Harding(1994)과 동료 연구자들은 지난 수십 년간 자신들의 연구를 포함한 다수의 연구 결과(Harding, Brooks, Ashekaga, Strauss, & Breier, 1987a, 1987b)를 검토한 후에 질병이 항상 악화되는 것은 아니라고 시사한 바 있다. "만성화의 원인으로 질병 자체보다 당사자와 그 질환이 상호작용하는 수많은 환경 등 다양한 사회적 요인이 관련이 높은 것으로 보인다."(Harding, Zubin, & Strauss, 1987: 483) Harding 등이 수행한 이러한 연구들은 재기의 비전에 경험적 근거를 제시하며 오랫동안 지속되어 온 오해를 불식시켰다. 정신질환이 지속적으로 악화된다는 개념에 반대하는 것이 재기(Recovery)의 개념이다. Harding은 보다 최근의 연구(DeSisto, Harding et al., 1995a,

1995b)를 통해 두 개의 주에서 생활하는 내담자들이 장기간에 걸쳐 경험한 변화의 양상을 비교하였다. 정교하게 고안된 30년에 걸친 이 종단 연구에 따르면, 내담자들의 재기의 성과 차이는 정신재활 프로그램이 운영되는 각 주의 정신건강제도의 차이에 의한 것일 수 있다.

신체 질병과 장애를 다루는 분야에서는 장애로부터 재기한다는 개념이 오래전부터 보편적으로 사용되어 왔던 것에 반해(Wright, 1981), 정신건강 분야에서 재기 개념은 1990년대까지 실천 현장과 연구 장면 모두에서 거의 주목을 받지 못하였다(Spaniol, 1991). 신체적 질병 또는 장애로부터 재기한다는 개념은 고통이 모두 사라진다거나 모든 증상이 제거되고 기능이 완전히 복구된다는 것을 의미하지 않는다(Harrison, 1984). 예를 들어, 신체 마비 증상이 있는 사람은 척추가 완전히 회복되지 않은 상태에서도 재기를 꾀할 수 있다. 이와 마찬가지로 정신질환을 가진 사람 역시 병이 '치료'되지 않거나 완전히 회복되지 않는다 해도 재기가 가능하다(Fisher & Ahern, 1999).

> 재기는 당사자의 태도, 가치, 감정, 목표, 기술, 역할을 변화시켜 가는 개인만의 독특한 과정이다. 이것은 질병으로 야기되는 한계와는 상관없이 만족스럽고, 희망이 있으며, 주변에 공헌하는 삶을 살아가는 방법이다. 재기는 정신질환의 파괴적인 영향을 극복하는 과정 가운데 당사자가 삶의 새로운 의미와 목적을 만들어 나가는 것을 뜻한다.

정신건강 장면에서 재기의 개념은 소비자/생존자 관련 문헌에서 최초로 소개되었고, 또 가장 많이 언급되었다(Anonymous, 1989; Deegan, 1988; Houghton, 1982; Leete, 1989; McDermott, 1990; Thomas, 2000; Unzicker, 1989). 재기는 당사자의 태도, 가치, 감정, 목표, 기술, 역할을 변화시켜 가는 개인만의 독특한 과정이다. 이것은 질병으로 야기되는 한계와는 상관없이 만족스럽고, 희망이 있으며, 주변에 공헌하는 삶을 살아가는 방법이다. 재기는 정신질환의 파괴적인 영향을 극복하는 과정 가운데 당사자가 삶의 새로운 의미와 목적을 만들어 나가는 것을 뜻한다(Anthony, 1993).

• 오해 2: 약물치료를 잘 따르기만 하면 그것만으로도 재활 성과에 영향을 미칠 수 있다.

50여 년 전 약물치료가 출현했을 때 더 이상 재활이 필요하지 않을 것이라고 생각하는 사람들이 있었다. 많은 사람들은 약물치료에 대해 맹목적으로 신뢰하면서 궁극적인 해답이 제시되었다고 생각했다. "(이 새로운 약들은) 거의 모든 정신질환 문제에 대한 해결책으로서 큰 기대를 모았다. 새로운 약들이 만병통치약으로 여겨지면서, 기존의 대부분의 치료법을 사라지게 하고 정신질환을 근절시킬 수 있는 방법으로 이해되었다. 대중적인 출판물은 이 약들의 효능에 대한 극적인 사례들로 가득 차게 되었다."(Felix, 1967: 86)

　　근래에 들어서는 1990년대에 사용되었던 신약을 포함하여 약물치료를 통해 성취 가능한 목표가 그리 극적이지만은 않다는 것을 인식하게 되었다. 약물치료를 통해 달성할 수 있는 목표에는 일부 정신과적 증상을 감소시키고, 증상에 따른 강박이나 감금을 줄이며, 내담자가 다양한 형태의 치료 활동에 참여하는 시간을 늘리고, 정신병원 퇴원율을 높이며, 만족감을 주고, 지역사회에서 시간을 보내고, 다른 서비스에 대한 반응성을 향상시키며, 약물의 부작용을 감소시키는 것 등이 있다(Bergen, 1997; Bondolphi et al., 1998; Franz, Pluddemann, & Gallhofer, 1997; Wahlbeck et al., 1999). '오해 1'과 관련해서 지적하였듯이, 정신장애를 가진 대다수의 사람들은 약물치료를 통해서 재활되고 있지 않다. 처음 항정신성 약물이 발견된 지 수십 년이 지난 후에도 약물치료가 내담자의 강점과 특성을 강화한다는 증거는 거의 없다. 약물치료만으로는 직장을 얻기 위해 면접을 하거나, 친구들과 대화를 나누거나, 다른 사람의 감정에 반응하거나, 컴퓨터 프로그램을 개발하는 능력을 향상시킬 수는 없다. 게다가 미국과 영국 및 프랑스에서 실시한 초기의 연구들은 약물치료를 더 잘 따른다고 해서 재발의 위험이 유의하게 감소하는 것이 아니라는 사실을 확인시켜 주었다(Schooler & Severe, 1984).

> 처음 항정신성 약물이 발견된 지 수십 년이 지난 후에도 약물치료가 내담자의 강점과 특성을 강화한다는 증거는 거의 없다. 약물치료만으로는 직장을 얻기 위해 면접을 하거나, 친구들과 대화를 나누거나, 다른 사람의 감정에 반응하거나 또는 컴퓨터 프로그램을 개발하는 능력을 향상시킬 수는 없다.

　　약물치료와 재활치료는 여전히 상호 보완적인 개입법으로 간주되고 있다. 그렇지만 약물치료에 더욱 순응한다고 해서 정신재활에 대한 필요성이 사라지는 것은 아니다. 약물치료와 관련해서 중요하게 기억해야 할 점은 치료 약을 복용하는 사람이 보다 더 적극적으로 재활의 과정에 참여하기를 원한다는 것이다(Menditto, Beck, Stuve, Fisher, Stacy, Logue, & Baldwin, 1996).

• 오해 3: 정신치료, 집단치료, 약물치료와 같은 전통적인 입원 환자 치료는
재활 성과에 긍정적인 영향을 미친다.

이 오해는 '오해 1, 2'와 관계가 있다. 정신장애를 가진 사람들은 약물치료와 전통
적인 치료에 의해 재활되는 것으로 여겨져 왔다. 우리가 알고 있듯이, 이러한 전통
적인 입원 환자 치료 방법은 재활 성과에 별다른 영향을 미치지 못한다(Anthony 등이
1972년에 최초로 고찰함). 증상의 감소 혹은 치료적 통찰의 제공이라는 목표를 위해
설계된 치료법이 의도된 목표 이상을 해낼 수 있다는 증거는 거의 없다.

몇 가지 입원 환자 치료 기법이 병원 환경 내에서 내담자들의 행동을 극적으로 향
상시켜 주었다는 연구 결과를 얻기도 하였지만, 그 기법들이 지역사회에서의 기능
력 증진에도 유사한 효과를 나타냈다는 증거는 존재하지 않는다. 병원에 입원해 있
을 때의 단순한 행동이 지역사회에서의 비교적 복잡한 행동과 크게 상관을 가지지
않기 때문일 것이다(Erickson, 1975; Erickson & Hyerstay, 1980). 장애를 가지고 있지
않은 사람들의 행동과 마찬가지로, 정신장애를 가진 사람들의 행동은 대부분 그 행
동이 일어나는 상황에 따라 결정된다. 따라서 병원 환경에서 요구하는 행동이 지역
사회에서 기능하기 위해 요구되는 행동과 반드시 유사하다고는 볼 수 없다.

• 오해 4: 환경치료, 토큰경제, 태도치료와 같은 입원 환자 치료들은 재활 성
과에 긍정적인 영향을 미친다.

사람들은 전통적인 치료가 재활에 별다른 영향을 미치지 않는다면, 혁신적인 치
료 접근이 효과가 있을 것이라고 생각하게 되었다. 내담자가 깨어 있는 시간 대부분
을 치료적인 목표에 부합할 수 있도록 전체 병원 환경을 구조화하고자 하는 새로운
치료법이 제시되었다. 이러한 절차(환경치료, 태도치료, 사회학습치료, 토큰경제 등 여러
가지로 서술되고 있다)는 이론적인 토대나 변화를 촉진하기 위해 사용하는 기법 면에
서 서로 차이가 있었지만, 내담자의 병원 환경을 치료적으로 구조화한다는 점에서
는 비슷하였다.

재활의 관점에서 보면, 이 프로그램들은 보다 근본적인 차원에서 유사점을 가진
다. 즉, 이 접근법들은 모두 병원 내에서의 행동에 긍정적인 영향을 미치는 것으로

확인되었지만, 지역사회 적응 수준에 대해서는 효과성을 입증하지 못하였다. 이러한 접근법들의 성과에 대한 연구는 대체로 내담자들이 병동에서 보이는 행동의 변화를 분석하는 것으로 국한되어 왔다(예: Foreyt & Felton, 1970). 그러나 당시 포괄적인 특성을 가지고 지역사회 프로그램과 연계되어 있던 몇 가지 혁신적인 입원 프로그램들이 내담자들의 지역사회 생활에 영향을 준다는 것이 확인되었다(Becker & Bayer, 1975; Carkhuff, 1974; Heap, Boblitt, Moore, & Hord, 1970; Jacobs & Trick, 1974; Paul & Lentz, 1977; Paul & Menditto, 1992; Waldeck, Emerson, & Edelstein, 1979). 이 접근법들은 치료자가 스스로를 치료 프로그램의 중요한 도구로 여기고, 내담자로 하여금 지역사회 통합에 필요한 기술을 향상시켜 나가도록 돕는 데 일차적인 초점을 둔다는 특징이 있다.

연구자들은 이러한 혁신적인 치료법들이 약속하는 매우 희망적인 치료 효과를 입증하기 위해 병원 밖에서의 기능력에 영향을 미치는 요인들의 효과성을 연구해 왔다. 하지만 이러한 치료법들이 입원 상황에 기반을 두고 지역사회 프로그램과 연계되지 않는 경우에는 재활 성과에 영향을 미치지 못하였다.

• 오해 5: 병원 장면에서 실시되는 작업치료는 취업 성과에 긍정적인 영향을 미친다.

Kunce(1970)는 작업치료에 대한 문헌을 검토한 뒤, 입원 환자의 작업치료가 재활 성과에 영향을 미칠 수 있다는 가설이 기각되었다고 결론지었다. 그는 정신장애를 가진 사람들이 작업치료에 참여하든지 참여하지 않든지 간에 33%는 취업하게 될 것이라고 추정하였는데, 이러한 결론은 그보다 앞서 제시된 기준율에 관한 자료와 일치한다. 초기의 한 연구(Walker, Winick, Frost, & Lieberman, 1969)에서는 두 가지 형태의 작업치료를 비교 연구하였는데, 6개월 이후의 추수 연구에서 양쪽 집단의 36%가 6개월 중 어느 특정한 시기에 보통의 경쟁력 있는 직업을 가지고 있었음을 보고하였다.

동시대의 연구자들(Barbee, Berry, & Micek, 1969)은 작업치료가 병원 기관에 대한 의존성을 부추길 수 있다고 주장하였다. 연구 결과에 따르면, 작업치료에 참여한 사람들은 통제 집단보다 더 오랫동안 병원에 머물러 있었다. 2년간의 추적조사가 진행되는 동안 작업치료에 참여한 집단의 46%와 참여하지 않은 집단의 23%가 같은 병원에 재입원하였다. 그러나 모든 종류의 정신과 시설에 재입원한 사례들을 검토하였을 때, 집단 간 차이는 유의미하지 않았다. 10~15년 뒤에 실시된 연구들은 심각한 정신장애를 가진 사람들의 직업재활 관련 문헌을 검토하면서 더욱 낮은 취업율을 확인하였으며, 병원에서 이루어진 작업치료가 정신장애를 가진 사람들의 취업 성과에 미치는 효과성을 증명하는 연구는 없었다고 보고하였다(Anthony et al., 1978; Anthony, Howell, & Danley, 1984). 이 오해는 이미 널리 알려졌기 때문에, 이제는 입원 기간 동안의 작업치료가 퇴원 후 취업을 촉진하는 데 필요한 유일한 방법이라는 주장을 찾아보기란 쉽지 않다. 과거에는 표준이었던 이러한 가정이 이제는 예외적인 생각이 되었다.

> 이제는 입원 기간 동안의 작업치료가 퇴원 후 취업을 촉진하는 데 필요한 유일한 방법이라는 주장을 찾아보기란 쉽지 않다. 과거에는 표준이었던 이러한 가정이 이제는 예외적인 생각이 되었다.

• 오해 6: 지역사회 치료 기관에서 한시적인 치료를 받는 것이 병원에서 한시적인 치료를 받는 것보다 더 좋은 재활 성과를 낳는다.

이것은 확실히 밝혀야 할 큰 오해다. 병원 프로그램이 재활 성과에 긍정적인 영향력을 미치지 않는다는 사실을 인정하는 것은 비교적 쉬운 일이었다. 많은 사람들은 병원에서 시도하는 거의 모든 프로그램이 지역사회에서 보다 잘 시행될 수 있다고 믿어 왔다. 그러나 일반적으로는 그렇지 않다.

정신장애를 가진 사람들이 병원에 입원하는 것과 대안적인 기관을 이용하는 것 간의 효과를 비교한 문헌은 드물 뿐만 아니라 그 결과들은 다소 불일치한다. Test와 Stein(1978)은 일련의 연구들(Davis, Dinitz, & Pasamanick, 1974; Herz, Spitzer, Gibbon, Greerspan, & Reibel, 1974; Langsley, Machotka, & Flomenhaft, 1971; Langsley & Kaplan, 1968; Michaux, Chelst, Foster, & Pruin, 1972; Mosher & Menn, 1978; Pasamanick, Scarpitti, & Dinitz, 1967; Polak, 1978; Rittenhouse, 1970; Stein & Test, 1978; Test & Stein, 1977; Wilder, Levin, & Zwerling, 1966)을 고찰하였다. 다른 나라에서 실시된 후속 연구들(예: Hoult, Rosen, & Reynolds, 1984)을 비롯하여 이 연구들은 다양한 성과 변인, 즉

병원 밖에서 머무는 기간과 재입원율, 정신과적 증상, 정신사회적 기능력(예: 역할 수행, 취업, 사회적 기능력), 내담자의 만족도 측면에서 지역사회의 여러 대안적인 치료법과 입원치료를 비교하였다. Test와 Stein(1978)은 성과 척도의 설계와 특성을 비교하여 방법론적 한계를 탐색하고, 다양한 치료 양식과 치료 기간 그리고 여러 가지 성과 측정 방법을 주의 깊게 비교해 본 후, 특정한 성과 측정치에서 그 결과가 유사하다는 것을 확인하였다. 즉, 그들은 지역사회의 치료법이 처음에는 병원에서 보내는 기간을 감소시켜 주었지만 일 년 후에는 차이가 없어지고, 지역사회의 대안적인 치료법과 병원에서의 치료 간에 증상 감소의 정도에서 차이가 없었으며, 정신사회적 기능력의 변화 정도에서도 차이가 없었다고 결론을 내렸다.

Dellario와 Anthony(1981)는 Test와 Stein(1978)이 인용하지 않은 다른 연구들을 고찰하여 유사한 결론에 도달하였다. 즉, 일단 치료를 중단하게 되면 증상 감소와 정신사회적 기능력, 도구적 기능력, 개인적인 적응에 있어서 두 가지 치료 장면(지역사회와 병원) 간에 유의한 차이가 없었다. 재입원과 병원에서 보낸 시간, 취업에 관해 보고되었던 초기의 차이는 치료 종결 후 18개월경에 모두 사라져 버리는 경향이 있었다. 몇몇 예외가 있기는 하였지만(예: Weinman, Kleiner, Yu, & Tillson(1974)의 연구에서는 24개월째에 재입원율에서 유의한 차이가 있었다), 경험적 근거의 비중을 따져 보았을 때 지역사회 대체 치료법의 유형에 관계없이 지역사회에서의 한시적 치료가 병원 내에서의 한시적 치료보다 치료 효과의 지속성 측면에서 더 나은 점이 없다는 결론을 내릴 수 있을 것이다. 또한 장기적인 성과에 직접적으로 영향을 미칠 수 있도록 설계한 개입법이 없는 한, 치료 장면이 병원이든 지역사회 기관이든 관계없이 그 어떠한 성과 지표에 있어서도 지속적인 향상을 기대할 수 없다는 것이 분명하게 확인되었다.

초기의 두 가지 고찰 연구(Dellario & Anthony, 1981; Test & Stein, 1978)가 내담자의 만족도 측면에서 지역사회 장면을 선호하는 쪽으로 유의한 차이를 보고하고 있는 것은 흥미로운 일이다. 이러한 결과는 소비자의 만족도가 중요한 성과 변인임을 상기시켜 주는 것이다. 그렇지만 만족도의 차이는 프로그램의 차이를 반영하는 것이 아니라, 지역사회 프로그램이 내담자에게 상대적으로 보다 많은 자유를 허용한다는 사실을 반영하는 것일 수도 있다.

이 두 가지 문헌 연구를 토대로 정신재활에 관한 한 가지 원리가 탄생하였다. 즉, 정신장애를 가진 사람은 자신이 원하고 필요로 하는 장기적인 재활 개입을 받을 기회를 가져야 한다는 사실이다. 오늘날 미국에서는 병원 기반 치료와 지역사회 기반 치료를 비교하는 연구가 거의 이루어지지 않고 있다. 그러나 다른 나라에서는 적어도 어느 것이 비용 측면에서 더 효과적인가 하는 문제에 대한 논의가 지속되고 있다(Weich & Lewis, 1995; Knapp, Beecham, Koutsogeorgo-poulou, Hallam et al., 1994). 근래에 들어 보다 적절한 연구 주제는 지역사회 지원의 양과 기간의 적정 수준에 대한 질문이 될 것이다(Ryan, Sherman, & Robinson, 1999).

• 오해 7: 정신장애를 가진 사람들은 지역사회에 있는 치료 기관을 잘 이용하고 있다.

병원 서비스 이용자에 비해 지역사회 서비스 이용자들이 보다 높은 서비스 이용 만족도를 보고하였지만, 막상 1970년대와 1980년대에 수행된 연구들을 살펴보면 지역사회 서비스를 이용한 사람들이 그리 많지 않았다는 것을 알 수 있다. 문제는 정신건강제도가 정신장애를 가진 많은 사람들에게 지역사회 치료를 받아들이고 지속적으로 치료를 받도록 설득시키지 못하는 데 있었다. Wolkon (1970)은 퇴원 환자를 지원하는 지역사회 기관에 연계된 사람들 중 대략 2/3가 치료를 받으러 오지 않았다고 보고하였다. 연구에 따르면, 정신치료와 약물치료에 대한 탈락률이 6개월 무렵에는 42%, 일 년 무렵에는 56% 그리고 2년 무렵에는 69%로 늘어났다(Stanton et al., 1984). 정신사회재활센터의 이용 탈락률은 추적 기간에 따라 달랐다. Bond, Dincin, Setze 및 Witheridge(1984)는 3개월 무렵의 탈락률이 25% 이상임을 발견했고, 대부분 이용자 스스로가 서비스 이용 여부를 선택했음에도 첫 9개월 동안의 탈락률이 50%를 상회했음을 보고했다. Wolkon과 Tanaka(1966)의 자료에서는 1년 동안 정신사회재활센터의 이용 탈락률이 60%임을 나타내고 있다. Sue, McKinney 및 Allen(1976)이 제시한 통계치도 실망스럽기는 마찬가지인데, 19개의 정신건강 시설을 이용하는 13,450명의 내담자들 중 40%가 1회기 이후 서비스 이용을 중단하였다고 보고하였다. Klinkenburg와 Calysyn(1999)은 보다 최근의 연구에서 퇴원 환자의 40~60%가 사후관리를 받지 않았다고 보고하였다. 지역사회 정신건강 서비스 기관은 서비스의 주요 이용자를 결정하는 것뿐만 아니라, 서비스 이용자들이 실제로 치료를 받으러 오고 지속적으로 서비스를 이용하도록 하는 방법을 분명히 해야 할 필요가 있었다. 내담자들은 병원과 지역사회를 잘 통합시켜 놓은 프로그램들에도 낮은 참여율을 보이고 있었다(6개월 동안 36%가 서비스에서 탈락하였다)(Owen, Rutherford, Jones, Tennant, & Smallman, 1997). 이러한 상황에서는 입원 당시부터 입원 환자들에게 사후 치료 기관 임상가들을 직접적으로 연계시켜 주는 것이 우선적인 해결책이 될 수 있다(Olfson, Mechanic, Boyer, & Hansell, 1998).

정신건강제도 차원에서 다양한 사후관리 서비스가 도입되었지만, 내담자들의 저조한 서비스 이용으로 인하여 성과치는 기대만큼의 성과를 보여 주지 못하였다. McNees, Hannah, Schnelle 및 Bratton(1977)은 테네시 주의 세 개의 카운티에서 사후관리 프로그램을 개발하여 이 프로그램이 재발에 어떤 영향을 미치는지 알아보고자 하였다. 비록 전체 카운티 차원의 통계치에서 재발률의 감소가 현저하게 나타나지는 않았지만, 사후관리 프로그램을 접하지 않았던 사람들보다는 사후관리 프로그램을 접했던 사람들의 재발률이 낮게 보고되었다. 프로그램을 끝까지 해내느냐 하는 것도 재활 성과와 상관이 있는 것으로 나타났다. 잘못된 오해가 널리 받아들여졌던 1970년대와 1980년대와는 달리, 현재에는 서비스 탈락률이 지역사회를 기반으로 하는 프로그램의 성과를 측정하는 척도로 인정되고 있다. 특히, 관리의료가 보편화되어 가는 요즘은 서비스에서 조기 탈락하는 사람들에 대한 자료를 수집하는 것이 프로그램의 성과를 측정하는 중요한 척도로 받아들여지고 있다. 1970년대와 1980년대에는 탈락률에 대한 자료가 수집되었던 적이 별로 없었을 뿐만 아니라, 이는 소비자/생존자가 제대로 기능하지 못하고 있음을 반영하는 지표(예: 동기화되지 않고 잘 기능하지 못하는 사람들의 수)로 받아들여졌다. 그러나 현재에 프로그램 중도 탈락률은 프로그램이 얼마나 성공적인가, 즉 '정신장애를 가진 사람들에게 그 프로그램이 얼마나 관심을 불러일으키고 유용한가?'를 나타내는 중요한 지표로 인식되고 있다.

• 오해 8: '어디에서 치료받는가'가 '어떻게 치료받는가'보다 더 중요하다.

이러한 진술은 앞에서 제시된 오해에서 비롯된 것이다. 입원 기관 치료에 비해 지역사회에 기초한 대안적 치료가 갖는 상대적인 효과성에 관해서 질문한다는 것은, '어디에서 서비스를 이용하는가'가 정신재활의 효과성을 결정하는 주요인이라는 의미를 갖는다. 그러나 여러 증거들은 치료를 종결한 이후에, 병원에서 치료받은 내담자들과 지역사회 기반의 대안적 치료 기관에서 치료받은 내담자들 간에 별다른 차이가 없음을 분명하게 보여 주고 있다. 이러한 발견은 '어디에서 서비스를 이용하는가'가 '어떤 서비스를 어떻게 이용하는가'보다 중요하지 않을 수 있음을 시사한다.

어디에서와 어떻게의 비교에 관한 논쟁은 종종 병원과 지역사회 기관의 비교에 관한 논쟁으로 귀착되기도 하는데, 이 논쟁이 극단으로 치달았을 때는 정신장애를 가진 사람들이 모두 병원에 입원하거나 시설에 입소해야 한다거나, 반대로 모든 정신병원의 문을 닫아야 한다는 주장이 제기되기도 하였다.

> 재활 프로그램이 병원에서 시작되어 지역사회와 연계되는 것이 재활 성과에 긍정적인 영향을 줄 수 있음에도, 정신재활을 지지하는 사람들은 재활 개입을 위해서는 지역사회가 더 좋은 장소라고 주장해 왔다.

재활 프로그램이 병원에서 시작되어 지역사회와 연계되는 것이 재활 성과에 긍정적인 영향을 줄 수 있음에도, 정신재활을 지지하는 사람들은 재활 개입을 위해서는 지역사회가 더 좋은 장소라고 주장해 왔다. 정신병원 입원 환자에 대한 편견은 상당히 강하고 오랫동안 지속된다. 대부분의 나라에서 정신병원은 조롱과 두려움의 대상이다. 이러한 문제와 함께 대단히 현실적인 다른 이유를 들자면 장기적인 정신질환을 가진 사람들은 지역사회 속에서 살기를 원한다는 점이다(Center for Psychiatric Rehabilitation, 1989; Marks, 1992). 그렇지만 많은 지역사회 프로그램들이 병원치료와 마찬가지로 지역사회의 지원이나 재활의 방향성에 있어서 불확실성을 경험하고 있다. 연구 자료들은 대다수의 지역사회 프로그램들이 병원과 마찬가지로 필수적인 재활 사명의 표명, 기록 보관, 개입 전략 및 전문적으로 훈련받은 직무자의 배치 측면에서 어려움을 호소하고 있음을 보고하였다(Farkas, Cohen, & Nemec, 1988).

병원 치료와 대안적인 지역사회 기반 치료에 대한 상대적인 효과성 문제는 두 가지 수준에서 질문해 볼 수 있다. 그것은 서로에 대한 효과성과 자체의 잠재적 기능에 대한 효과성이다. 여기서는 후자가 보다 적절한 질문이 되는데, 병원과 지역사회 기반 접근은 상호 배타적이거나 대립적인 것이 아니라, 정신재활 성과와 관련되는 여러 가지 기준에 상호 보완적으로 영향을 주는 것으로 인식되어야 한다.

• 오해 9: 정신과적 증상은 장래의 재활 성과와 높은 상관이 있다.

아주 초기에 수행된 많은 연구들은 정신과적 증상에 대한 다양한 측정치와 앞으로 독립적으로 생활하고 일할 수 있는 능력 사이의 상관 관계가 약하다는 것을 보여 주었다(Ellsworth, Foster, Childers, Arthur, & Kroeker, 1968; Gaebel & Pietzcker, 1987; Green, Miskimins, & Keil, 1968; Gurel & Lorei, 1972; Möller, von Zerssen, Werner-Eilert, & Wuschenr-Stockheim, 1982; Schwartz, Myers, & Astrachan, 1975; Strauss & Carpenter, 1972, 1974; Wilson, Berry, & Miskimins, 1969). 때때로 증상 유형과 재활 성과 간에 관계가 있음을 보고하는 연구가 있기는 하지만(McGlashen, 1987), 유의미한 관계가 거의 또는 전혀 없다는 증거가 압도적이었다. 예컨대, 어떠한 증상이나 증상 유형도 당사자의 작업 수행과 일관적이고 정규적인 관계를 보이지 않았다.

이러한 오해를 불식시키는 데 근거가 되는 지난 수십 년간의 연구 중에서 어떤 경우에는 기대와 상반되는 자료를 얻기도 하였는데, 예를 들어 Wilson 등(1969)은 장래의 직업 수행이 높은 수준의 공격성 및 우울증과 관계가 있음을 발견했다. 그러나 초기에 수행된 관련 연구들을 모두 분석해 보면, 직업 수행은 긴장, 고통/소외감, 반사회적 행동(Lorei, 1967), 우울, 불안, 편집증적 적대감, 와해된 사고(Ellsworth et al., 1968)와 상관이 없고, 경계심, 지남력, 방어의 사용(Green et al., 1968), 불안, 적대감의 언어적 표출, 우울증(Gurel & Lorei, 1972), 사고장애, 우울증, 메마른 정서(Strauss & Carpenter, 1974), 혼란, 조증, 우울증(Schwartz et al., 1975), 전반적인 정신병리 상태(Möller et al., 1982)와도 상관이 없다는 것을 알 수 있다. Turner(1977)는 일찍이 "내담자가 직업 역할을 수행하는 역량은 병리의 유무나 정도로 설명될 수 없다."(p. 39)라고 결론지은 바 있다.

정신재활센터에서 실시한 보다 최근의 연구(Regenold, Sherman, & Fenzel, 1999)에서도 취업 성과와 정신과적 증상 간의 관계를 밝히고자 하였다. 이들 사이에 어떠한 관계성도 확실히 나타나지 않았다는 사실이 많은 정신재활 실무자들을 당황하게 하였는데, 왜냐하면 전문가들은 직관적으로 두 변인 간에 관계성이 있을 것이라고 생각해 왔기 때문이다. 일반 문헌과는 달리, 정신재활센터에서는 직업 목표를 가지고 정신사회 재활 프로그램에 적극적으로 참여하고 있는 사람들만을 대상으로 연구를 진행하였다(Anthony, 1994). 이 연구에 따르면, 직업재활 프로그램에 적극적으로 참여하는 사람들로 표본을 한정했을 때 정신과적 증상과 취업 성과 간에 어느 정도 상관이 있음을 알 수 있다(Rogers, Anthony, Cohen, & Davies, 1997). 그러나 앞서 제시한 인용문에서 밝혔듯이, Turner(1977)의 결론은 여전히 유효하다(Anthony, Rogers, Cohen, & Davies, 1995).

• 오해 10: 내담자가 받은 진단명은 장래의 재활 성과에 관한 중요한 정보를 제공해 준다.

이것은 '오해 9'에서 비롯된 것이다. 정신과적 증상과 재활 성과 간에 일관된 관계가 없다는 앞서의 발견 때문에, 우리는 진단과 장래의 독립적인 생활 및 직업 기능력을 비롯해 여타의 기능적 활동 사이에 유의미한 관계가 없다는 사실을 예상할 수 있다(Ikebuchi et al., 1999). 1960년대와 1970년대에 수행되었던 수많은 연구들이 이를 입증하고 있다(Distefano & Pryer, 1970; Douzinas & Carpenter, 1981; Ethridge, 1968; Freeman & Simmons, 1963; Goss & Pate, 1967; Hall, Smith, & Shimkunas, 1966; Holcomb & Ahr, 1986; Lorei, 1967; Möller et al., 1982; Pietzcker & Gaebel, 1987; Sturm & Lipton, 1967; Watts & Bennett, 1977; Wessler & Iven, 1970). 한 연구에서는 양극성 정동장애를 가진 사람들의 재활 성과가 상대적으로 더 좋아질 것이라는 가설을 세웠는데(Dion, Cohen, Anthony, & Waternaux, 1988), 양극성 정동장애로 병원에 입원한 경험이 있는 사람들에 대한 재활 성과는 정신분열병으로 입원했던 사람들의 재활 성과와 유사하였다. 특정한 증상보다는 오히려 병의 장기적인 속성이 재활 성과에 영향을 미치는 공통 요인인 것으로 보인다.

1990년대에 수행된 연구들은 정신분열병 형태의 진단이 취업과 부적 상관을 보인다고 주장하였다(Arns & Linney, 1995; Mowbray, Bybee, Harris, & McCrohan, 1995).

그러나 회귀분석을 통해 여러 가지 예언 변인을 분석한 결과, 취업(Drake et al., 1999; Goethe, Dornelas, & Fischet, 1996; Man Hong Siu, 1997)과 재발(Appleby et al., 1993; Schalock et al., 1995; Zani et al., 1999)을 예측하는 데 있어 기능 수준 측정치에 비해 진단이 덜 중요한 역할을 하며, 동기와 준비도에 관한 요인들이 더욱 정확한 예측을 하는 것으로 확인되었다(Man Hong Siu, 1997; Mowbray et al., 1995; Regenold, Sherman, & Fenzel, 1999)(준비도에 관한 더 많은 정보는 제5장과 제6장 참고). 미래의 생활 상황을 가장 잘 예측하는 요인은 이전의 생활 상황이다(Arns & Linney, 1995; Postrado & Lehman, 1995; Song, Biegel, & Johnson, 1998). 재발에 관하여 보다 최근에 수행된 몇몇 연구들은 진단과 재발 사이에 중요한 관계가 있음을 보고하였지만 (Haywood et al., 1995; Pandiani, Banka, & Schacht, 1997; Mojtabai, Wilholson, & Neesmith, 1997), 다른 연구들은 두 변인들 간의 유의미한 관계를 확인하지 못하였다 (Swett, 1995; Swigar et al., 1991).

정신재활의 관점에서 볼 때, 『정신장애 진단 및 통계편람(제3판)』과 후속 개정판 (American Psychiatric Association, 1980, 1987)은 이전 판에 비해 정신재활 실천에 관한 한 미약한 수준의 개선이 있었을 뿐이다. 전반적 평가척도(지난 일년간 가장 높은 적응적 기능력 수준, 축 Ⅴ)와 내담자의 환경에 대한 전반적 평가(심리사회적 스트레스원의 심각도, 축 Ⅳ)를 포함시킨 것은 인정할 만하지만, '특정 임상 장면과 연구에 사용하기 위하여'라는 임의적 범주로 제한하고 있다는 점은 안타까운 일이다. 여기에는 내담자의 기술 기능력에 대한 정보가 전무할 뿐만 아니라, 내담자가 상호작용하기를 원하거나 필요로 하는 환경을 구체화하는 방법이 포함되어 있지 않다. 편람의 서론에 기술되어 있듯이, 제3판은 좀 더 서술적이면서 치료 계획 수립의 단계에서 사용될 수 있도록 개선된 것이지만, 정신재활 실무자들에게는 예언적 혹은 진단적 가치가 제한된 정보만을 수집하도록 한다. DSM-Ⅳ(American Psychiatric Association, 1994)는 이전의 개정판과 유사한 목적으로 개발되었지만 경험적인 증거에 근거하고자 보다 노력하였다. 아마도 후속 연구들에서 보고되는 정신분열병과 재활 성과 간의 통계적으로 유의한 상관관계는 DSM-Ⅳ가 실증적인 기반을 갖추고 있다는 점에 일정 부분 기인할 것이다. 그러나 장기적인 정신장애를 가진 사람들을 재활하게 하는 데 사용되는 자료로서 이전의 DSM이나 현재의 DSM은 여전히 재활 실천에 관련된 진단적인 정보를 충분하게 제공해 주지 못하고 있다.

진단명과 재활 성과 간에 유의미한 관계가 없다는 것을 입증하는 유용한 자료가 매우 많지만, 때로는 반대의 결과가 제시되기도 한다. 정신과적 진단이 한 사람의 재활 전망과 계획에 관련되는 주요한 정보를 거의 제공하지 못한다는 사실은 놀라운 일이 아니다. 이는 정신과적 진단체계가 증상 유형을 범주화하기 위해 개발된 것이지, 정신장애를 가진 사람들의 재활 전망에 관한 정보를 제공하고자 의도된 것이 아니기 때문이다.

내담자에게 정신과적 진단명을 붙이는 것 역시 문제가 되고 있다. 특히, 정신과적 진단체계가 신뢰할 만하고 타당한지 그리고 진단명이 정신장애를 가진 사람에게 이익보다는 손해를 주는 것이 아닌지에 관한 논쟁이 빈번하게 일어나고 있다. 정신과적 진단명과 관련된 문제점들을 떠나서라도, 초기 재활 연구를 통해 정신과적 진단체계가 정신재활 접근법을 위해 제공해 주는 정보가 거의 없다는 점이 지적되고 있다.

그렇다고 해서 이 말이 전통적인 정신과적 진단가가 정신장애를 가진 사람을 진단하고자 하는 목적으로 수집한 정보를 재활 실무자가 활용할 수 없다는 뜻은 아니다. 재활 실무자가 재활 성과와 관련해서 필요한 정보를 어떻게 수집하고 평가할 수 있는지에 대해 정신건강 또는 임상 전문가들을 교육할 수 있다. 무엇보다 재활 실무자는 내담자가 가지고 있는 목표, 기술, 기술 결점, 관심사, 중요한 타인들과의 상호작용 측면에서 확인된 정보를 전통적인 진단가에게 요청해야 한다. 이러한 정보 중 몇 가지는 정신과적 진단 면접을 하는 동안 수집될 수 있다. 재활 실무자들은 진단가들에게 이러한 정보를 요청하는 데 적극적인 태도를 보여야 하며, 단지 증상과 진단명에 관한 정보에만 만족해서는 안 될 것이다.

• 오해 11: 내담자의 증상과 기술 간에는 높은 상관이 있다.

재활 실천은 내담자의 기술을 평가하는 것을 가장 중요하게 여긴다. 이것은 내담자가 가지고 있는 증상을 진단하는 것과는 전혀 다른 과정이 되는데, 기술을 측정하는 것과 증상을 측정하는 것 간에는 거의 관계가 없기 때문이다. 기술과 증상 간에 관계가 없다는 것은 기술이나 증상 중 하나를 치료의 초점으로 두어 개입하되, 양자 모두를 측정한 연구들을 통해 가장 분명하게 알 수 있다. 예를 들어, 입원과 약물치료가 증상에 영향을 미치기는 하지만 내담자의 재활기술에는 거의 영향을 미치지 못한다는 것은 잘 알려진 사실이다(Anthony et al., 1978; Ellsworth et al., 1968; Englehardt & Rosen, 1976). 특히, Ellsworth와 동료 연구자들(1968)은 병원 치료가 유의미하게 증상을 감소시키지만, 도구적 역할 수행에 변화를 가져오지 못한다는 것을 확인하였다. 이러한 논점을 다른 관점에서 검토한 Arthur, Ellsworth 및 Kroeker(1968)는 병원에 재입원하는 것이 증상과 관계가 있지만, 도구적 행동과는 관계가 없다는 사실을 발견했다. Englehardt와 Rosen(1976)도 약물치료에 대한 문헌 고찰을 통해 약물치료가 증상에 영향을 미치기는 하지만 "정신분열병 환자들의 직업 수행에 직접적인 영향을 미친다는 증거는 아직까지 부족하다."(p. 459)라고 결론지었다. 20년 후에 수행된 연구(Bond & Meyer, 1999)의 결론 역시 새로운 약물치료가 도입되기 전에 실시된 이전의 개관 연구들과 일치한다. "비전형적인 항정신성 약물이 역할/기능 수행에 미치는 영향에 대한 연구는 아직도 대단히 초기 단계에 있다."(Bond & Meyer, 1999) Turner(1977)는 개관 연구를 통해 얻은 결과를 다음과 같이 요약하였다. "직업 실패나 직업 수행이 일차적 혹은 전반적으로 증상 유무의 결과로서 일어난다는 가정은 연구 결과와 완전히 상반되는 것이다."(p. 36)

비록 증상이 악화되고 있더라도 기능적 성과의 향상은 가능하다(Brekke et al., 1999). 따라서 어떤 사람의 정신병리에 대한 정보가 그 사람의 기능적인 능력(Ikebuchi et al., 1999; Townes, 1985)이나 기술을 배우는 능력을 말해 주지는 않는 것이다. 이러한 사실은 재활 진단적 접근법이 독자적인 영역으로서 지속적인 성장이 가능하다는 것을 시사한다. 정신과적 진단이 정신과 치료에 선행되는 것과 마찬가지로, 내담자의 목표와 관련된 기술과 지원에 초점을 맞춘 재활 진단이 재활 개입에 선행되어야 한다.

최근의 연구들은 증상과 기술 간의 관계성을 보다 명확하게 검증하고자 한다. 예를 들어, 증상을 서로 다른 방식으로 범주화(예: 양성 증상과 음성 증상)하면 증상과 기술 간에 어느 정도 상관이 있음을 보여 줄 수도 있을 것이다. 그렇지만 이러한 시도가 재활 개입을 위해서 재활 진단이 필요하다는 사실을 부정하지는 못할 것이다.

• 오해 12: 특정한 환경(예: 주거 장면)에서 내담자가 기능하는 능력은 다른 유형의 환경(예: 직업 장면)에서 기능하는 능력을 예측하는 지표가 된다.

지역사회 환경 내에서 내담자가 가지는 여러 기능력에 대한 추정치가 연구되어 왔다. 이러한 추정치에는 사회적 적응에 대한 전반적인 평정치, 지역사회 적응에 대한 평정치 및 재발 측정치 등이 포함된다. 연구자들은 수십 년간의 연구들을 토대로 하여 한 영역에서의 기능력이 다른 영역에서의 기능력과 거의 혹은 전혀 관계가 없다는 결론을 내렸다(Avison & Speechley, 1987). 1980년대부터 서로 다른 두 개의 기능 영역에서 얻은 측정치 간에 거의 또는 전혀 관계가 없다는 가정은 이미 연구의 표준이 되었으며(Anthony & Farkas, 1982; Schwartz et al, 1975), 특정 기능 영역에 대한 가장 훌륭한 성과 예언 지표는 바로 그 기능 영역에 대한 사전 측정치라고 보았다(Anthony, 1979; Möller et al., 1982).

Ellsworth 등(1968)이 수행한 대규모의 연구에서는 상황 그 자체가 정신장애를 가진 사람들의 기능력에 대한 강력한 결정 요인이라는 것을 보여 주었다. 이 연구에서는 병원에서의 적응 평정치와 지역사회에서의 적응 평정치 간에 전혀 관계가 없다는 것이 발견되었다(Ellsworth et al., 1968). 이에 앞서 Forsyth와 Fairweather(1961)도 병원에서의 적응 측정치와 지역사회의 적응 측정치가 서로 상관이 없다는 비슷한 연구 결과를 보고하였다.

초기 몇 년간 많은 연구자들이 재발과 퇴원 후의 취업 간에는 관계가 매우 적거나(Forsyth & Fairweather, 1961; Freeman & Simmons, 1963; Gregory & Downie, 1968; Lorei & Gurel, 1973), 혹은 전혀 관계가 없다(Arthur et al., 1968; Wessler & Iven, 1970)고 보고하였다. 재발과 취업 간에 강한 상관성이 없다는 사실은 추적조사 기간 동안 지속적으로 일을 하고 있다고 확인된 사람들을 재발한 것으로 분류하지 않는다는 점을 고려할 때 다소 의외다. 그럼에도 상당히 많은 사람들이 일을 하면서도 여전히 재발을 경험하며, 또 어떤 사람들은 일을 할 수는 없지만 재발하지 않는다.

또 다른 연구자들은 직업 기능력의 측정치와 다른 평가치들이 독립적이라는 점에 주목하였다(Gaebel & Pietzker, 1987). 1,400명 이상의 심각한 정신장애를 가진 내담자들을 대상으로 실시한 Tessler와 Manderscheid(1982)의 연구에서는 보수를 받는 직업과 사회활동 간에(r=.11), 그리고 보수를 받는 직업과 기본적인 생활기술 간에(r=.16) 상관이 매우 낮다는 결과를 보여 주면서 "이 결과는 지역사회에의 적응이 비교적 독특하고 독립적인 차원을 가진다는 관점을 지지하는 것이다."(Tessler & Manderscheid, 1982: 206)라고 결론지었다. 주립 기관의 직업재활 내담자들을 대상으로 한 여러 연구들을 통해 직업 차원과 다른 적응 측정치 간에 관계가 없다는 것이 재확인되었다. Bolton(1974)의 연구 결과에서는 직업 성공 측정치가 자기보고 식의 심리 적응 변화와 상관이 없다는 것을 보여 주었는데, 이러한 결과는 Bolton(1978)과 Growick(1979)의 반복 연구에서도 나타났다.

Strauss와 Carpenter(1972, 1974)는 성과 예언 지표를 검토하면서, 특별히 네 개의 성과 차원, 즉 직업, 증상, 사회적 관계, 입원 필요성에 초점을 맞추었다. 이 연구자들은 정신장애를 가진 사람들의 기능을 평가할 때 각각의 영역을 개별적으로 고려해야 한다는 결론을 내렸다. 상황 특수성의 개념을 검토한 여러 연구들(Lorei & Gurel, 1973; Walker & McCourt, 1965)에서도 병원에서의 작업활동과 이후의 취업 간에 상관이 없음을 발견하였다. Walker와 McCourt(1965)는 병원에서 작업활동에 참여한 환자들 중 26%만이 퇴원 후 취직을 했는데, 더 놀라운 것은 병원에서 작업활동에 참여하지 않았던 환자들 중 20%도 추적 기간 동안에 취업 상태에 있었다는 것이다.

연구 결과들을 종합해 보면, 한 사람의 직업 역량은 그 사람의 일상적인 비직업적 기능력으로부터 추론할 수 없으며, 반대의 상황도 마찬가지라는 것을 알 수 있다.

• 오해 13: 전문가는 재활 성과를 정확하게 예견할 수 있다.

전문가는 내담자의 퇴원 후 취업과 통계적으로 유의한 상관이 있는 행동의 다양한 측면들을 평정기록지에 기록할 수 있다. 하지만 전문가가 이러한 평정치를 사용

전문가는 내담자의 퇴원 후 취업과 통계적으로 유의한 상관이 있는 행동의 다양한 측면들을 평정기록지에 기록할 수 있다. 하지만 전문가가 이러한 평정치를 사용하여 정확하게 예측하는 방법을 알고 있다는 증거 자료는 없다.

하여 정확하게 예측하는 방법을 알고 있다는 증거 자료는 없다. 말하자면, 전문가가 임상적인 예견을 할 때 내담자의 어떠한 행동에 초점을 맞추어야 하는지 알지 못한다는 것이다. 이것은 전문가가 과거의 행동이나 현재의 기술이 아닌, 진단명과 증상에 너무 많이 의존하고 있음을 반영하는 것이다.

만일 예측의 정확도를 높이는 데 목적을 둔다면, 정신장애를 가진 모든 내담자들은 재발하거나 실직하게 될 것이라는 식으로 간단하게 예견함으로써 장기적인 예측력(3~5년)을 향상시킬 수 있을 것이다. '오해 2'를 논의하면서 제시한 기저율을 사용하면 이러한 예측은 대략 75% 이상까지 정확해질 수 있다. 그러나 분명한 점은 정신재활 실무자의 진단체계는 모든 사람이 실패할 것이라고 예견하는 것보다 더 상세해야 한다는 것이다. 예측 기술을 정교하게 만드는 잠정적인 방법은 정신장애를 가진 사람들 자신이나 중요한 타인들이 기대하는 기술 수준과의 관계 속에서 당사자가 가진 현재의 기술 지표에 더욱 예리하게 초점을 맞추는 것이다(Anthony, 1979).

따라서 전문가들이 어떤 사람의 재활 성공 여부에 관해 논의하는 것을 들을 때는 주의가 요구된다. 이 전문가들이 상황을 초월하여 행동을 예견할 수 있다고 가정하고 있는가(오해 12), 아니면 증상에 대한 지식을 토대로 해서 기능력에 대한 지식을 가정하고 있는가(오해 11)? 어떠한 경우든 전문가는 오해를 하고 있는 것이다.

• 오해 14: 내담자의 재활 성과는 그 사람과 관계를 맺고 있는 정신건강 전문가의 자격증에 따라 달라진다.

여러 다양한 분야(예: 간호학, 정신의학, 사회복지학, 작업치료, 재활상담, 심리학, 레크리에이션 치료)에 종사하고 있는 전문가들이 정신재활의 실천에 참여하고 있다. 그러나 내담자의 재활 성과는 이러한 자격증에 따라 결정되는 것이 아니다(Anthony & Carkhuff, 1976). 간호사가 사회복지사보다 더 낫다고 할 수 없으며, 사회복지사가 심리학자보다 더 낫다고 볼 수는 없다. 물론 법적인 이유로(가장 흔히 관련있는 것은 약물치료나 심리검사) 특정한 프로그램에 대해서는 구체적인 자격증을 가진 전문가를 고용해야 한다. 하지만 자격증에 따라 프로그램에 인력의 직종(예: 작업치료사, 심리학자, 재활상담가)을 지정하는 것은 실증적으로 타당하지 못하다. 인력은 긍정적인 성과를 만들어 내는 기술을 근거로 해서 각 프로그램에 배치되어야 한다. 실무자의 기술과 자격증 간에 관계를 추정하는 것은 불가능하다. 진단명이 우리에게 내담자의 기술에 관해 이야기해 주지 않듯이, 전문 학위(예: RN, PhD, MS, MD)가 실무자의 기술에 관해 말해 주지 않는다.

재활 절차를 통해서 심각한 정신장애를 가지고 있는 사람을 도와주는 데 필요한 기술은 특정한 전문 영역에 국한되지 않는다. 즉, 배타적인 전문 영역의 문제가 아닌 것이다. Carkhuff(1971)는 비전문가, 준전문가, 동료, 자원봉사자, 평전문가, 부전문가 등으로 불리는 사람들을 구별하여 **기능적 전문가**라는 용어를 만들어 냈다. 이러한 명칭으로 불린 사람들로는 대학생, 정신과 보조원, 지역사회 재활보조원, 소비자, 내담자의 부모 등이 포함된다. 즉, 정신건강 분야에서의 '기능적 전문가'는 공식적인 자격증을 소지하고 있지 않지만 일반적으로 '정신건강 전문가가 담당하는 기능을 수행하고 있는 사람'이라고 규정할 수 있다. 정신재활 분야에서 수행되는 이러한 기능에는 기술교육, 기술 프로그래밍, 자원 조정, 개인적 지원 등이 포함된다.

> 재활 절차를 통해서 심각한 정신장애를 가지고 있는 사람을 도와주는 데 필요한 기술은 특정한 전문 영역에 국한되지 않는다. 즉, 배타적인 전문 영역의 문제가 아닌 것이다.

• 오해 15: 재활 성과와 개입 비용 간에는 정적인 관계가 있다.

어떤 기관이 높은 임금을 받는 직무자를 두고 값비싼 시설을 갖추고 있다고 해서 반드시 더 좋은 재활 성과를 얻는 것은 아니다. 1970년대와 1980년대에 수행된 연구들은 비용과 성과 간에 유의한 관계가 없음을 보여 주었다(Dickey, Cannon, McGuire, & Gudeman, 1986; Gorin, 1986; Grinspoon, Ewalt, & Shader, 1972; Walker, 1972). 정신건강과 재활을 위한 재정적 지원이 거의 이루어지지 않는 개발도상국에서 심각한 정신장애를 가진 사람이 보다 나은 성과를 나타내는 반면, 이와는 대조적으로 수많은 정신건강 및 재활 서비스가 풍부하게 제공되는 산업화된 국가들에서 그러하지 않다는 사실은 이 원리를 국제적으로 입증하고 있다(Rosen, 1985).

약물치료와 값비싼 정신치료를 결합한다고 해서 약물치료만을 실시했을 때보다 증상이 더 완화되는 것이 아니라는 사실은 비용과 성과 간의 낮은 상관관계를 설명하는 근거가 된다. 어떤 형태의 치료도 수행 능력에 크게 효과를 미친다는 것을 보여 주지 못하고 있다. 장기적인 내담자가 지속적으로 정신치료를 받을 때 치료 비용은 증가하겠지만, 그렇다고 해서 반드시 성과가 좋아지는 것은 아니다(Grinspoon et al., 1972). 한 예로, 1960년대에 병원에서 퇴원한 지 한 달이 되는 내담자들의 사회적 장애를 연구한 것을 살펴보면, 하루 입원비와 내담자가 사회에 적응하는 것 사이에는 관계가 없다는 것을 알 수 있다. 오히려 하루 입원비가 가장 비쌌던 병원에서 퇴원한 환자들은 가장 싼 병원에서 퇴원한 환자들보다 사회적으로 잘 적응하지 못하였다(Walker, 1972).

역사적 교훈을 통해 정신건강제도 속의 재활 접근 옹호자들은 재활 접근을 채택하는 이유로 비용 절감을 내세워서는 안 된다는 것을 배웠다. 포괄적으로 잘 운영되는 재활 접근법은 부가적인 이익을 창출해 내는 동시에, 부가적인 비용을 발생시킬 수 있다.

요 약

정신재활 분야가 진보해 가면서 이 분야의 발전을 저해해 왔던 많은 오해들이 사라져 가고 있다. 이 장에서 논의한 15개의 진술들이 오해임을 증명하는 대부분의 연구들이 20~30년 전에 수행되었다는 사실은 그리 놀랄 만한 일이 아니다. 앞서 언급했듯이, 새롭게 축적된 정신건강 분야의 지식이 실제에 응용되기까지는 상당한 시간이 걸리기 때문이다.

혁신적인 미래로의 도약은 오해를 버리는 데서 출발한다. 여전히 정신재활에 관해 배워야 할 것들이 무궁무진하다. 과거 우리는 잘못된 가정을 가지고 일을 하면서도, 마치 우리가 실제로 행하고 있는 것보다 더 많은 것을 알고 있다는 듯이 행동하였다. 그 예로, 우리는 치료받고 있는 장소가 개입 방법보다 중요하고, 약물치료만으로도 재활 성과에 영향을 줄 수 있으며, 실무자가 가지고 있는 자격증이 실제로 수행할 수 있는 기술보다 더 중요한 것처럼 여기고, 정신과 진단이 내담자의 재활에 유용한 처방 도구라고 생각해 왔다. 이러한 오해에서 벗어날 때 재활 실무자들은 진정으로 정신재활의 사명—정신장애를 가진 사람이 전문가의 도움을 최소한으로 받으면서 스스로가 선택한 생활, 학습, 직업 및 사회적 환경에서 성공적으로 기능하고 만족할 수 있도록 도와주는 것—에 초점을 맞출 수 있을 것이다.

불과 몇 년 전까지만 하더라도 우리 사회에서는 다운증후군을 가진 사람은 평생 동안 보호시설에서 살아야 한다는 생각이 만연하였다. 오늘날 이러한 생각은 더 이상 당연한 것으로 여겨지지 않는다. 시간이 지나면서 장애의 본질적인 특성이 변형된 것일까? 아니면 환경(치료 및 사회 환경)이 달라진 것일까? 재기를 희망하며 임상적, 사회적 측면 모두에서 집중적으로 정신재활을 실천할 때 심각한 정신장애를 가진 사람들의 '만성성'과의 싸움에서도 좋은 결과를 거둘 수 있을 것이라 기대한다.

다음 장에서 제시하겠지만, 정신재활은 실증적인 연구를 바탕으로 권위 있고 신뢰할 만한 분야로 자리매김하면서, 현존하는 치료 양식과 통합된 접근 방법으로 그 입지를 굳히고 있다. 정신재활은 현행 치료법을 보완하면서 정신건강 서비스 제도 속에서 필수적인 서비스로, 그리고 정신건강 전문가들의 주요 개입법의 중요한 요소로 인식되어야 할 것이다.

CHAPTER 03

연구의 개관: 현재의 상황

과학은 기껏해야 상식에 지나지 않는다. 즉, 관찰에 대해서는 엄격할 정도로 정확하며, 논리적 오류에 대해서는 무자비하다.

_T. H. Huxley

정신재활 분야의 초기 연구들이 정신재활에 대한 오해를 줄여 나가는 데 기여하였다면, 최근의 연구들은 정신재활의 현실을 규정하고 미래를 예측하는 데 도움을 주고 있다. 이 장에서는 정신재활을 특징짓는 대상 집단과 성과 그리고 개입법의 유형에 초점을 두고 문헌을 고찰하였다. 이러한 개관은 현재와 미래의 정신재활 연구를 논할 수 있는 토대를 제공한다.

정신재활 연구

제1장에서 언급하였듯이, 정신재활의 **대상 집단**은 심각한 정신질환으로 인해 장애를 가지게 된 사람들이다. 심각한 정신장애에 대한 정의는 다양하다. 이 장에 포함된 연구에서는 국립정신건강연구원의 지역사회지원프로그램(Community Support Program: CSP)에서 사용하고 있는 정의와 재활서비스관리국(Rehabilitation Services Administration: RSA)과 Goldman(Goldman et al., 1981)의 '심각한 정신질환'에 대한 정의에 부합하는 사람들에게 초점을 맞추었다(제1장에서 논의함).

정신재활에서 중요시하는 **성과**는 다른 정신건강 서비스들의 성과들과 비교해 볼 때 상당히 독특하고 구체적이다. 정신재활은 궁극적으로 생활, 학습, 직업 및 사회 환경 속에서 정신장애를 가진 사람들의 역할 수행이나 지위를 향상시키려고 노력한다. 물론, 증상의 감소, 기술 수행의 증가, 서비스 이용의 변화와 같은 중요한 부수적인 성과도 있기는 하지만, 정신재활 서비스의 목표는 역할 수행에 변화를 일으키는 것이다.

제1장(〈표 1-3〉 참고)에서 볼 수 있었던 것처럼, 정신재활에서 발견되는 역할 수행의 성과는 다른 서비스의 성과들과 구별된다. Cohen, Nemec, Farkas 및 Forbess(1988)에 의해 최초로 정리된 개념적 정의에 따르면, 여타 서비스 제도에서 획득되는 성과는 다음과 같다.

- 치료 = 증상 완화
- 위기 개입 = 개인의 안전 보장

- 사례관리 = 서비스 제공
- 질적 향상 = 자기 발전
- 권익 옹호 = 동등한 기회
- 기초 지원 = 개인의 생존 보장
- 자조 = 역량강화
- 개인의 안녕/예방 = 건강 상태 증진

물론 각각의 개입법은 다른 개입법들이 목표로 두는 성과에 서로 영향을 미칠 수 있다(예: 정신재활은 여가 활동에 대한 만족이라는 부수적인 성과를 낼 수 있다) (Holzner, Kemmler, & Meise, 1998). 그러나 각 서비스 요소가 기여한 점을 명확히 하기 위해서는 개별 서비스만의 독특한 성과를 구별하는 것이 중요하다. 특히 연구를 수행하고자 할 때는 각 서비스가 이루고자 하는 성과를 분명하게 구분하는 것이 필수적이다.

정신재활의 성과가 갖는 또 다른 독특한 점은 기술 수행과 역할 수행의 구분이라 할 수 있다. 정신재활에서 기술 수행은 취업 면접 기술, 시간 관리 기술, 대인관계 기술과 같은 영역을 포함한다. 기술 수행을 측정하는 이러한 척도들은 사실은 과정 척도다. 내담자는 주어진 역할을 좀 더 성공적으로 수행하기 위해 기술을 습득한다. 그러나 여러 가지 이유로 기술 수행의 향상은 재활의 근본적인 성과인 역할 수행을 대신하여 측정하는 대체 척도로 사용될 수 없다. 첫 번째로, 역할 수행의 향상은 기술의 향상 없이도 일어날 수 있기 때문이다(예: 지지적이고 수용적인 환경을 만들어 주는 것). 두 번째로, 기술이 향상되더라도 역할 수행의 향상을 가져오는 정도는 아닐

> 본질적으로 기술의 변화와 역할의 변화를 측정하는 것은 매우 다른 것이며, 정신재활이 궁극적으로 꾀하는 성과는 역할 수행의 변화다.

수 있으며, 목표한 기술이 역할 수행과 별 관련이 없는 것일 수도 있다. 본질적으로 기술의 변화와 역할의 변화를 측정하는 것은 매우 다른 것이며, 정신재활이 궁극적으로 꾀하는 성과는 역할 수행의 변화다(Anthony, 1992).

본 연구에 사용된 개입법들은 내담자의 기술 변화나 내담자의 환경적 지원의 변화 또는 양자의 변화를 강조하고 있다. 정신재활에서는 내담자의 기술과 환경적 지원을 변화시킴으로써 역할 수행에 긍정적인 변화가 생길 것이라고

가정한다. 따라서 이 장에서는 연구자가 자신이 사용한 개입법을 '정신재활 개입법'이라고 부르든 부르지 않든 간에, 기술 개발과 지원 개발 개입법을 포함하고 있는 연구라면 모두 고찰하였다.

요약하면, 이 장에서는 기준에 부합되는 연구들, 즉 규정된 내담자 집단과 재활 성과 척도 그리고 재활 개입법에 초점을 맞춘 연구들을 고찰하였다. 연구의 대상이 된 집단은 심각한 정신장애를 가진 사람들로 구성되었고, 성과는 내담자의 향상된 역할 기능을 포함하며, 개입법은 내담자의 기술과 환경적 지원을 개발하기 위해 설계된 것이다.

문헌 고찰에 포함되지 않은 중요한 개입법 연구

여기서는 기술 개발과 지원 개발 개입법에 있어서 몇 가지 연구 유형을 다루고 있지 않는데, 특히 ① 사회기술훈련, ② 가족심리교육을 포함시키지 않았다. 이 영역들을 제외시킨 이유는 이 영역들이 어느 정도 분명한 연구의 초점이 되어 있어서, 정기적으로 문헌 개관이 출간되고 있기 때문이다(Benton & Schroeder, 1990; Dilk & Bond, 1996; Penn & Mueser, 1996). 이들을 고찰해서 얻은 결과는 이미 일반 정신재활 문헌에 포함되어 있다(Anthony, 1979, 1998; Anthony, Cohen, & Cohen, 1984).

사회기술훈련

사회기술훈련(social skills training: SST)은 포괄적인 재활 프로그램 속에서 구체적인 표적을 가진 구성 요소가 될 때 가장 큰 효과를 갖게 된다. SST의 방법론은 정신재활 개입법의 기술교육 부분에 통합될 수 있다(기술 개발 개입법에 대한 더 자세한 논의는 제7장 참고). 섬세하고 정밀하게 수행된 SST에 대한 연구들(예: Kopelowicz el al., 1997; Liberman et al., 1998; Marder et al., 1996)은 일반적으로 재활의 성과(예: 역할 수행의 변화)보다는 기술 수행의 변화에 더 초점을 두고 있다.

가족 개입

역사적으로 재활 철학은 종합적인 재활 접근 속에 가족을 포함시킬 것을 강조해 왔다(Power & Dell Orto, 1980; Agnetti, Barbato, & Young, 1993). 신체장애나 발달장애를 가진 사람들을 다루는 재활 실무자는 가족을 가치 있는 재활 자원으로 활용한다. 이러한 측면은 재활 전문가의 수가 적고, 가족이 사회구조의 중심 단위로 기능하는 나라에서 특히 두드러지게 나타난다(Pearson & Phillips, 1994; Nagaswami, 1995; El Islam, 1982). 이와는 대조적으로, 산업화된 나라에서는 정신장애를 가진 사람들을 다루는 정신건강 실무자들이 가족을 자원으로 인식하는 속도가 더뎠다(Spaniol, Zipple, & Fitzgerald, 1984). 구조화된 가족 개입법이 개발되면서(예: North et al., 1998) 정신장애를 가진 사람들을 재활하는 데 가족이 자원으로 포함될 가능성이 확대되고 있다(가족 문제와 재활에 대한 더 자세한 논의는 제8장 참고).

정신장애를 가진 사람의 주거, 교육 및 직업 상태

정신재활 개입법이 정신과적 장애를 가진 사람들의 성과에 미치는 영향을 고찰하기에 앞서, 이들이 처한 전형적인 주거, 교육 및 직업 상태에 대해 생각해 볼 필요가 있다. 즉, 특정한 성과를 목표로 하는 재활 개입을 받지 못하는 내담자가 특정한 환경에서 보이는 기능력의 기저율에 대한 이해가 필요한 것이다.

주거 상태

역사적으로 정신장애를 가진 사람들의 주거 상태는 재입원율과 주거 장소라는 두 가지 방법으로 평가되어 왔다. 제2장에서 언급한 것처럼 일상적으로 사용되고 있는 재입원 측정치는 내담자의 생활에 대한 적응 문제라기보다 다양한 변인들에 의해 영향을 받을 수 있기 때문에 이 측정치를 사용하는 것은 계속적으로 비판을 받고 있다(Anthony et al., 1972, 1978; Bachrach, 1976a; Lyons et al., 1997). 정신장애의 진행 과정, 병원이나 관리의료 회사의 가입 정책, 지역사회 서비스의 질과 같은 변인들은 내담자의 재발에 영향을 미칠 수 있다(Lyons et al., 1997). 문헌들을 종합적으로 고찰하다 보면, 추적 기간이 길수록 재입원율이 점차 증가한다는 것을 확인할 수 있다. 제2장에서 언급하였듯이, 6개월 무렵의 재입원율은 대략 30~40%이고, 12개월 무렵에는 35~50%, 5년 무렵에는 65~75%에 이른다(Anthony et al., 1972, 1978). 이후의 연구(Hafemeister & Banks, 1996)에서는 재입원율이 병원마다 차이가 있음을 밝혔으나, 그러한 차이는 기존에 보고된 기저율을 크게 벗어나지 않는다(6개월=22~50%, 1년=32~57%, 2년=43~64%).

안타깝게도 주거 장소에 관해서 연구들 간의 주거 자료를 비교하는 것은 쉽지 않은 일이다. 이는 각각의 연구가 주거 유형을 서로 다르게(예: group home, transitional home, foster home)[1] 정의하고 있기 때문이다. 따라서 심각한 정신장애를 가진 사람들이 보이는 독립적인 생활 상태의 전형성 정도를 정확히 추정할 수 없는 실정이다. 초기의 연구에서 지역사회지원프로그램에 참여하고 있는 내담자들을 여러 지역에서 표집하였을 때, 이들 중 40%는 개인 주택이나 아파트에 살고 있고, 12%는 요양시설에 살고 있었으며, 10%는 가정 위탁 돌봄을 받고 있었다. 나머지 다른 주거 범주에 해당하는 곳에서는 각각 10% 미만이 살고 있는 것으로 나타났다(Tessler & Goldman, 1982). 이와 유사한 표본을 대상으로 한 후속 조사 연구에서는 57%가 개인 주택이나 아파트에 살고 있었고, 구조화된 지역사회 시설에 거주하는 사람들의 비율이 유의하게 낮다고 보고하였다(Mulkern & Manderscheid, 1989). 심각한 정신질환을 가진 사람들을 위한 국가계획안(U.S. Department of Health and Human Services, 1980)에서는 지역사회에서 거주하는 사람들 중 38~50%가 요양시설에, 그리고 19~21%가 가족과 함께 살고 있는 것으로 추정했다. 노숙인이면서 동시에 심각한 정신장애를 가진 사람들의 추정치를 보면, 전체 노숙인의 1/3 정도가 정신장애

---

1) Group home: 정신장애를 가진 사람을 위한 집단 주거시설
　 Transitional home: 정신장애를 가진 사람을 위한 일시적 집단 주거시설
　 Foster home: 감독자가 보호자 역할을 하는 정신장애를 가진 사람을 위한 집단 주거시설

를 가진 사람들이다(Dennis et al., 1991). 미국정신장애인연맹(NAMI)에 소속되어 있
는 정신장애를 가진 사람들의 가족들을 대상으로 수행한 최초의 전국실태조사에 따
르면, 대략 30%의 내담자가 가족과 함께 집에서 생활하고 있으며, 15%가 지역사회
주거시설에서, 그리고 18%가 병원에 입원해 있었다(Spaniol et al., 1984). 이러한 연
구들에서 분명히 알 수 있는 것은 주거지의 유형과 정의가 연구마다 달라서 독립적
인 생활 상태를 전국적으로 평가하기 어렵다는 것이다.

지역사회 내에서 생활하는 장애를 가진 사람들의 사회적 생활은 매우 제한적으로
이루어진다(Champney & Dzurec, 1992; Kaye, 1998). 정신장애를 가진 사람들의 가족
들과 서비스 제공자들은 정신장애를 가진 사람들이 감독을 받는 환경에서 생활할
것을 격려하는 데 반해, 정신장애를 가진 당사자들은 대부분 대다수의 사람들과 마
찬가지로 아파트나 주택에서 독립적으로 살기를 원한다(Holly, Hodges, & Jeffers,
1998; Minsky, Riesser, & Duffy, 1995; Rogers, Danley, Anthony, Martin, & Walsh, 1994).

교육 상태

심각한 정신장애를 가진 사람들의 교육 상태는 1980년대까지 학술적인 관심을
거의 받지 못하였다. 그러나 관련 연구 자료들은 심각한 정신장애를 가진 사람들 중
상당수가 고등교육을 받았다는 것을 명시하고 있다. 특정 표본을 대상으로 한 연구
에 따르면, 심각한 정신장애를 가진 사람들 중 52~92%가 고등학교를 졸업했고, 이
들 중 15~60%는 대학을 다녔던 것으로 나타났다. 예컨대, NAMI의 조사연구
(Spaniol et al., 1984)에 따르면, 연구 표본의 92%가 고등학교를 졸업했고, 59%는 대
학을 다닌 적이 있으며, 17%가 대학을 졸업했다. NAMI에서 조사한 표본은 경제
적 측면에서 중류층 내지 중상류층에 속하였기 때문에 이 연구의 결과가 비교적
높은 교육 수준을 보고하고 있기는 하지만, 뉴욕 시에 소재하고 있는 파운틴 하
우스에서 실시한 임시취업 프로그램(Transitional Employment Program: TEP)에 참여
한 내담자들을 대상으로 한 연구 자료에서도 약 70%가 고등학교를 졸업했고, 48%
가 대학을 다닌 적이 있으며, 14%가 대학을 졸업한 것으로 나타났다(Fountain

House, 1985). 이러한 수치는 뉴욕 시의 일반 시민과 비슷한 양상을 나타내는 것이다. 파운틴 하우스의 이용자들을 대상으로 TEP 프로그램을 실시한 보다 최근의 연구에서는 이용자의 47%가 고등학교 이상의 교육을 받았다고 보고하였다(Macias, Kinney, & Rodican, 1995). 캐나다의 토론토에 있는 병원에서 퇴원한 지속적인 정신장애를 가진 사람들 505명을 대상으로 한 연구에서는 72%가 고등학교를 졸업했고, 16%가 대학을 다녔던 것으로 보고하였다(Goering, Wasylenki, Lancee, & Freeman, 1984). 지역사회지원프로그램에서 실시한 두 개의 연구에서는 내담자들의 53~55%가 고등학교를 졸업했고, 19~23%가 그 이상의 교육을 받은 것으로 보고하였다(Mulkern & Manderscheid, 1989; Tessler & Goldman, 1982). 직업 프로그램에 참여하기로 선택한 사람들 중에서 약 70%가 고등학교 졸업자로 추정된다.

정신장애를 가진 사람들이 점차 전문직이나 관리자 급의 직무를 수행할 수 있게 되면서 교육에 대한 관심이 증가하고 있다(Russinova, Ellison, & Foster, 1999). 정신장애를 가진 사람들은 높은 수준의 교육을 받고자 하는 욕구와 이에 필요한 지적 능력을 갖추고 있지만, 대부분은 교육받는 것을 중단한다. 정신건강상의 문제에서 비롯된 요인 외에도 고등교육을 받는 데는 여러 가지 방해물(재정적 지원의 부족, 교수와 친구들의 정신질환에 대한 이해 부족, 정신질환이 발병하면 의무적으로 학업을 중단할 것을 명시하고 있는 학교의 내규 등)이 있다. Mowbray와 Megivern(1992)은 중등교육 이상의 교육과정에 등록한 내담자들을 표본으로 하여 그들의 경험을 보고하였다. 학교에 계속 다니는 데 필요한 도움이 무엇인지를 물었을 때, 당사자들은 높은 중요도 순으로 재정적 지원, 과외지도 서비스, 특수학급 편성, 교통, 대필 도우미, 수강 지원 서비스가 필요하다고 말했다.

직업 상태

1970년대부터 1990년대에 걸쳐, Anthony와 동료 연구자들은 정신병원에서 퇴원한 사람들의 경쟁력 있는 직업 취업률에 대한 연구를 정기적으로 수행해 왔다(Anthony et al., 1972, 1978; Anthony, Howell, & Danley, 1984; Bond & McDonel, 1991; OMH

Quarterly, 1998). 제2장에서 언급하였듯이, 이 자료들은 정신병원에서 퇴원한 사람들 중 20~30%가 전일제의 경쟁력 있는 직업을 갖고 있다는 일관된 결과들을 보고하고 있다. 그러나 지속적인 정신장애를 가진 사람들만을 조사할 때는 전일제와 시간제의 경쟁력 있는 직업의 취업 수치가 대략 15% 또는 그 이하로 떨어질 것이다. 예컨대, 경제적으로 중산층이거나 상류층에 속하고 교육 수준이 높은 특성을 가지는 지속적인 정신장애를 가진 사람들이 참여한 NAMI의 조사연구에서는 전일제 취업률이 대략 5%로 나타났다(Spaniol et al., 1984). Farkas, Rogers 및 Thurer(1987)는 1979년 탈기관화의 대상이 되었던 주립병원의 장기 입원 환자 54명을 추적했다. 5년 후, 이들 중 경쟁력 있는 직업을 가지고 있던 사람은 아무도 없었다. Tessler와 Goldman(1982)은 지역사회지원프로그램 이용자들 중 11%가 전일제나 시간제의 경쟁력 있는 직업을 가지고 있다고 보고했다. Mulkern과 Manderscheid(1989)는 지역사회지원프로그램 이용자들이 참여한 이후의 조사연구에서 경쟁력 있는 직업의 취업률이 10%가 채 안 되었음을 보고하였다. Wasylenki와 동료 연구자들(1985)은 연구에 참여하고 있던 입원 환자 표본 중 11%가 입원 전에 직장에 다니고 있었다고 보고했다. Dion, Cohen, Anthony 및 Waternaux(1988)는 양극성장애로 입원한 환자들을 추적한 결과, 병의 심각도가 직업 성과에 영향을 미친다는 증거를 발견하였다. 이들은 6개월의 추적조사를 통해, 최초로 입원한 환자들 중 64%가 경쟁력 있는 직장에 취업한 데 비해, 이전에 한 번 이상 입원한 경험이 있는 사람들 중에서는 33%가 취업을 하고 있다는 것을 확인하였다. 흥미롭게도, 전체 표본에서 각 개인의 기대치에 부합하는 직업 수준, 즉 이전의 근무 경력이나 교육 수준에 비추어 봤을 때 기대할 수 있는 직업 수준에 맞게 기능하는 사람은 20%에 불과했다. 미국에서 다른 유형의 장애를 가진 사람들의 실업률이 약 67%인 것에 비해, 정신장애를 가진 사람들의 실업률은 85~92%에 달한다(New York State Office of Mental Health, 1998).

정신재활 연구 분야의 개관

여기서는 앞서 언급한 문헌 고찰의 포함 기준에 부합하는 실증 연구들을 연구 장소, 성과 척도, 개입법의 유형, 연구 설계, 성과라는 주요한 차원을 중심으로 구성하였다. 정신건강 연구지와 재활 연구지에 게재된 것으로서 정신재활에 관련된 모든 연구들을 포함시키고자 많은 노력을 기울였다. 물론 몇몇 관련 연구들은 본 문헌 고찰의 시점에서 이용할 수 없었는데, 연구지가 인쇄 중에 있거나, 연구지에 제출 준비 중이거나, 연구를 지원한 기관에 이제 막 보고되었기 때문이다. 몇 가지 데이터베이스를 컴퓨터로 검색하였다. 분류 작업이 완료되지 않은 가장 최근의 연구지들도 읽었으며, 정신재활 연구에 대한 주요 재원(NIMH, CMHS, NIDRR)과 접촉해서 최근에 완료된 연구들에 관한 정보를 얻었다. 고찰된 연구들 대부분은 지난 30년 내에 이루어진 것인데, 이는 1970년대 중반 이전에는 정신재활의 평가를 위한 기초 자료가 거의 없었기 때문이다.

관련 문헌 고찰

Anthony와 동료 연구자들은 서비스를 이용하는 대상, 개입법, 성과라는 포함 기준을 만족하는 초기 연구들을 연대순으로 검토하였다(Anthony, Buell, Sharratt, & Althoff, 1972: Anthony & Margules, 1977; Anthony, Cohen, & Vitalo, 1978; Anthony, 1979; Anthony, 1980; Anthony & Nemec, 1984). 1960년대와 1970년대에는 정신재활 연구에 대한 지원이 매우 취약했기 때문에, 이러한 초기 연구들은 대부분 사전사후 연구 설계 또는 준실험 연구 설계 방식을 취하고 있다. 초기 정신재활 연구들은 재활 개입에 참여한 내담자들에게 상당한 변화가 있었음을 보고하고 있다. 비록 연구 방법론이 정밀하지 못한 면이 있었지만, 이 연구들은 1990년대 이전까지 정신재활에 관한 지식의 가장 큰 출처가 되었다(Anthony, 1998).

1990년대에는 정신재활에 관한 수많은 문헌들이 검토되었고, 보다 많은 실증 연구들이 검토 과정에 포함되었다(Barton, 1999; Bond, Drake, Becker, Mueser, 1999; Cook, Pickett, Razzano, Fitzgibbon, Jonikas, & Cohler, 1996; Farkas, 1999a; Mueser, Drake, & Bond, 1997). 정신재활 연구자들은 가능한 한 좋은 연구들을 폭넓게 검토하고자 하였다. 문헌 검토 결과, 연구자들은 상당히 유사한 결론에 도달하였는데, 즉 기능력 향상에 초점을 두는 기술 및 지원 개발 개입법들이 여타의 개입법들에 비해 확연히 더 나은 성과를 낸다는 것이다. 예를 들면 다음과 같다.

> 문헌 검토 결과, 연구자들은 상당히 유사한 결론에 도달하였는데, 즉 기능력 향상에 초점을 두는 기술 및 지원 개발 개입법들이 여타의 개입법들에 비해 확연히 더 나은 성과를 낸다는 것이다.

"최근에 수행된 대부분의 연구들은 정신재활이 표준적인 정신약물치료와 함께 사용될 때, 심각한 정신질환을 가진 사람들의 기능력을 향상시키고 삶의 질을 증진시킬 수 있다."(Mueser, Drake, & Bond, 1997: 130) "……지원 고용의 효과성에 대한 연구들은 긍정적인 성과를 보고하고 있다."(Bond, Drake, Becker, & Mueser, 1999: 18) "지속적인 치료(재활과 정신약물)는 내담자가 더 나은 기능을 수행하는 데 효과적인 것으로 보인다."(Cook et al., 1996: 101) "……종단적 성과 연구들은 정신사회재활의 효과성과 효능을 강력하게 뒷받침해 준다. 그러나 개입전략을 정교화하기 위해서는 보다 심도 있는 연구가 필요하다."(Barton, 1999: 530)

연구 장소

정신재활 연구들은 다양한 장면에서 실시되어 왔는데, 가장 보편적인 곳은 정신사회재활센터와 병원이었다. 기타 현장으로 지역사회정신건강센터와 각 주의 직업재활국이 있다. 초기의 많은 연구들은 둘 이상의 장면에서 정신재활 개입법을 실시하였는데, 병원과 지역사회의 연계(Paul & Lentz, 1977; Wasylenki et al., 1985), 정신건강 프로그램과 직업재활 프로그램의 협력 연계(Dellario, 1985; Rogers, Anthony, & Danley, 1989)가 여기에 속한다. 많은 단일 기관(예: 정신사회재활센터)에서는 취업 현장과 같은 기관 밖의 장소를 사용했다(Fountain House, 1985). 재활 개입법이 주로 둘 이상의 장면에서 이루어진다는 사실은 서비스 제공 계획안을 수립하는데 있어 종합적이고 협동적인 접근이 필요하다는 것을 시사한다.

많은 정신재활 연구 문헌들은 현장의 요구에 따라 직업 환경에 초점을 맞추고 있다. 이것은 부분적으로 재활이라는 용어가 직업적인 맥락, 즉 신체장애를 가진 사람들에 관한 직업재활에서 유래하기 때문이다. 그러나 정신건강 분야 내에서의 재활은 주거 환경에도 초점을 맞추고 있는데, 주거 공간에서의 성공과 만족은 정신과적 상태를 향상시키거나 악화시키는 데 밀접하게 관련된 요인이 된다. 이러한 사실은 초기 연구들에서 관례적으로 수집한 재발률에 관한 자료에도 반영되어 있다(Anthony et al., 1972, 1978). 고찰된 연구들은 정신재활 분야가 직업 환경과 주거 환경에 관심을 가지고 있다는 것을 보여 준다. 이와 대조적으로, 연구에서 사용된 성과 측정치의 유형(예: 재발률)에서 알 수 있듯이 1980년대 중반까지 교육 환경과 사회 환경에 관한 연구는 드물게 수행되었다(Center for Psychiatric Rehabilitation, 1989; Unger & Anthony, 1984; Unger, Danley, Kohn, & Hutchinson, 1987).

성과 척도

정신재활 분야에서는 성과를 측정할 때 단순히 재발률과 취업률에 의존하는 것에서 벗어나게 되었다. Anthony와 동료 연구자들(1972)은 최초로 정신재활 분야의 문헌들을 포괄적으로 고찰하면서, 오로지 관례적으로 수집된 유일한 자료 유형인 재발률과 취업 성과만을 보고한 연구들에 의존해야 했었다. 이 초기 연구들에서도 재활 환경에 따른 성과 척도(이 경우에는 재발률과 취업률) 간에 관계성이 적다는 것, 그리고 관심이 가는 다른 모든 성과들을 알아보기 위해서는 보다 정교한 척도가 필요하다는 사실을 제언하고 있었다(Anthony et al., 1972).

초기에 정신재활에서 사용하고 있는 성과 척도에 대한 방대한 문헌들을 고찰하면서 Anthony와 Farkas(1982)는 다음과 같이 결론을 내렸다.

1. 내담자가 한 가지의 성과 척도에서 보인 변화를 가지고 그 변화와 관련이 있을 것으로 보이는 다른 측정치들도 영향을 받았다고 말할 수 없다(예: 직업 수행 능

력에서의 변화는 정신사회적 수행 능력에서의 변화와 상관이 없을 수 있다).

2. 내담자가 한 가지 척도에서 긍정적인 효과를 보여도 다른 성과 척도에 대해서
는 그와 관련하여 부정적인 효과를 보일 수 있다(예: 기술의 향상은 불안 증가와
관련된다. 또한 현실 검증력이 높아질 때 우울증이 증가하기도 한다).

따라서 1980년대부터 정신재활 분야의 연구자들은 정신재활 개입법이 보다 다양
한 성과들에 미치는 영향에 대해 연구할 필요가 있다는 것(예: Saraceno, 1995)을 인
식하였다. 더하여 어떤 개입법이 특정적으로 목표로 하지 않은 성과에까지 영향을
미친다고 가정하지 않도록 하는 일에 도전해 왔다. 일반적으로 최근의 연구 문헌들
은 이러한 지침을 지키고 있는 것 같다.

정신건강 분야에서 정신재활 성과에 대한 연구들은 다소 이례적인 면모를 갖추고
있다. 이는 정신재활이 목표로 한 많은 성과들이 관찰 가능하며 이해하기 쉽고 대중
에게 가치가 있기 때문이다. 1970년대와 1980년대에는 기술 개발과 지원 개입을 위
한 다양한 방법들이 지역사회에서 지내는 전체 일수(Cannady, 1982; Paul & Lentz,
1977), 소득(Bond, 1984), 장애연금의 감소(Jensen, Spangaard, Juel-Neilsen, & Voag,
1978)와 취업(Turkat & Buzzell, 1983)과 같은 가시적이고 직접적인 성과 기준에 영향
을 미쳐 왔음이 확인되었다.

최근의 연구들에서 사용한 성과의 유형을 살펴보면 성과를 측정하는 척도들
이 개선되어 왔음을 알 수 있다. 직업 상태의 측면을 보더라도, 취업을 단순히
'그렇다/아니다'로 측정하던 것에서 취업 전 활동(예: 직업학교), 임시 취업, 지원
취업, 시간제 취업, 전일제 취업(Fountain House, 1985), 소득에 대한 만족도(Drake
et al., 1999), 자존감(Ellison, Danley, Bromberg, & Palmer-Erbs, 1999), 직무 만족도
(National Institute of Handicapped Research, 1980), 생산성(Hoffman, 1980), 직업 유지
기간(Chandler, Levin, & Barry, 1999), 도구적 역할 기능(Goering, Farkas, Wasylenki,
Lancee, & Ballantyne, 1988)과 같은 취업 유형을 측정하며 보완해 나가고 있다. 주
거 상태에 대해서도 단순히 재발률만을 측정하던 것이 지역사회에서 지내는 전
체 일수(예: Cannady, 1982), 주거 형태에 따라 시간을 보내는 정도(Brown, Ridgway,

Anthony, & Rogers, 1991), 사회 적응도(예: Linn, Caffey, Klett, Hogart, & Lamb, 1979), 친구 수와 활동 수(예: National Institute of Handicapped Research, 1980; Vitalo, 1979), 고립감(Stein et al., 1999), 독립 생활 정도(예: Mosher & Menn, 1978), 지역사회 적응 만족도(예: Katz-Garris, McCue, Garris, & Herring, 1983), 삶의 질(Shern et al., 2000), 정신사회 기능(Brekke et al., 1999), 사회기술(예: Aveni & Upper, 1976; Jerrell, 1999)과 같은 척도로 거의 대체되었다.

정신재활 연구에서 성과 척도가 점차 정교해지면서(예: 향상 정도를 한 시점에서 '예/아니요' 범주 척도로 측정하기보다 종단적 접근을 취하여 시간의 흐름에 따라 측정하는 것), 정신재활 개입에 대한 연구 성과들이 보다 명확해지고 구체화되었다. 예를 들어, 재입원율에서 변화를 보이지 않는 연구들이 지역사회 생활 유지(Beard et al., 1978)와 도구적 역할 기능(Goering et al., 1988)에서 긍정적인 결과를 보고하고 있다. 여러 연구에서는 추적 기간이 길어질수록 더욱 극적인 성과가 나타났다. 이에 대한 예로는 다음과 같은 것들이 있다. Goering과 동료 연구자들(1988)이 수행했던 6개월에서 2년의 추적 연구 기간 동안 연구 참여자들은 지속적으로 도구적 역할 기능이 향상되고, 사회적으로 더 잘 적응하게 되었다. 또한 9개월까지는 명확하게 드러나지 않았던 취업 경향성이 15개월이 지나면서 나타나기 시작하였다(Bond & Dincin, 1986). 또 다른 연구에서는 정신장애를 가진 사람들이 임시 취업장에 배치된 후 사후 관리 기간이 길어질수록 직업 성과가 좋아지는 것으로 나타났다(Fountain House, 1985).

초기의 정신재활 연구에서는 교육 상태를 검증하는 경우가 드물었다. 그러나 학업 수행 역량을 지닌 많은 청년들이 정신과적 장애를 가지게 되면서 학업을 중단하고 있다(Spaniol et al., 1984; Unger & Anthony, 1984). 교육 영역에서의 기능을 향상시키기 위해 고안된 재활 개입법에서는 학위과정 입학, 학위과정 프로그램 수료, 수강 과목, 전문가/교육 자격증 프로그램 수료, 새롭게 학습한 학문적 기술, 학점, 성취도 검사 점수, 고용 상태 등의 교육지위 성과척도를 사용하여 성과를 평가할 수 있다(Mowbray, Brown, Sullivan Soydan, & Furlong-Norman, in press).

성과 측정에 대한 관심이 증가하면서 정신재활과 관련된 여러 영역들에서 발전이 이루어지고 있다. 먼저, 관련 연구들은 당사자의 결정과 선택을 강조하는 정신재활의 철학과 일치하게, 성과 정보를 제공하는 주요하고 직접적인 원천이 정신장애를 가진 사람이라는 것을 확인해 왔다(Boothroyd, Skinner, Shern, & Steinwachs, 1998). 많은 성과 측정 척도들과 도구들은 정신장애를 가진 사람들에게서 프로그램의 효과에 대한 정보를 수집하고 있다. 다음으로, 역량강화(Rogers, Chamberlin, Ellison, & Crean, 1997)와 삶의 질(Greenley, Greenberg, & Brown, 1997; Van Nieuwenhuizen, Schene, Boevink, & Wolf, 1997), 지역사회 기능(Dickerson, 1997)과 같은 영역의 성과를 측정하는 새로운 도구들이 계속해서 개발되고 있다(Cuffel, Fischer, Owen, & Smith, 1997).

평가 도구가 양적으로 증가하면서 많은 연구자들은 성과 측정 도구의 유형을 범주화하여 보다 적은 수의 영역으로 정리해 가는 작업을 수행해 왔다. Docherty와 Streeter(1996)는 재활 성과를 측정하는 일곱 가지 영역, 즉 증상, 사회적/대인 관계 기능, 직업 기능, 만족도, 치료 이용도, 건강 상태, 건강과 관련된 삶의 질 등을 제시하였다. Dickerson(1997)은 지역사회 기능 영역에서만 11개의 성과 분류, 즉 일상생활 활동, 사회적 기술, 재정 관리 능력, 사회적 지지, 직업 기술, 삶의 만족도, 가족 관계, 가족 구성원의 부담, 여가 시간 활용, 신체적 건강관리, 개인적 안전 등을 제시하였다. Srebnik과 동료 연구자들(1997)은 성과척도를 가장 간단하게 네 가지 영역(만족도, 기능, 삶의 질, 임상적 상태)으로 분류하였으며, 이것은 다른 여러 범주들을 포괄한다. 성과 범주는 연구자와 프로그램 개발자들이 개입법의 목표를 개념적으로 더 잘 이해할 수 있도록 돕는다.

성과 측정에 대한 원리는 점진적으로 개선되어 왔다(Smith, Manderscheid, Flynn, & Steinwachs, 1997). Blankertz와 Cook(1998)은 정신재활에서 성과척도를 선택하고 사용하는 데 유용한 원리를 다음과 같이 제시하였다.

- 성과는 '실제 생활에서 일어나는' 행동을 측정해야 한다.
- 변화에 대한 성과 측정은 정신재활 과정의 장기적인 특성에 근거를 두고 있어

야 한다.

- 사용된 성과 척도는 다른 척도들과 비교될 수 있어야 한다.
- 성과 측정은 서비스를 이용하고 있는 당사자에게서 정보를 수집한 것이어야 한다.
- 성과 측정은 내담자의 삶의 여러 영역에서 일어나는 정신질환의 영향과 재활의 결과를 반영해야 한다.
- 성과 척도는 기관의 주요 활동의 방향성을 반영하는 것이어야 한다.
- 성과 측정은 반드시 이해관계자들(직무자, 서비스 이용자, 가족 등)의 협조를 얻은 후에 진행되어야 한다.

개입법의 유형

개입법은 내담자의 기술을 개발하거나, 지원을 증진시키거나, 두 가지 모두를 제공하는 경우에만 문헌 고찰에 포함시켰다. 그러나 정신재활 개입법을 조사하는 데 있어서 몇 가지 분명한 제한점이 있었다. 첫째, 많은 개입법들이 후속 연구를 위해서나 임상 실천에 있어서 반복 실행을 할 수 있을 만큼 충분하게 자세히 기술되어 있지 않았다. 단순히 개입 현장을 안다고 해서 구체적인 개입법에 관한 정보를 알 수 있는 것은 아니다. 연구지의 지면 제한 때문에 개입법에 관한 정보를 함축해야겠지만, 대부분의 논문에 언급된 참고문헌조차도 반복 연구를 고무시킬 만한 어떠한 자료(예: 요강이나 비디오테이프)도 첨부하지 않고 있다. 예외적인 정신재활 연구들 (Anthony, Cohen, & Farkas, 1990)이 있는데, 보스턴 대학교의 Cohen과 동료 연구진들이 개발한 기술론(예: Anthony, Cohen, & Pierce, 1980; Goering, Wasylenki et al., 1988; Lamberti, Melburg, & Madi, 1998; National Institute of Handicapped Research, 1980; Shern et al., 1997 참고), 파운틴 하우스의 임시 취업 접근법(Fountain House, 1985; Macias, Kinney, & Rodican, 1995), Liberman의 사회기술훈련(Liberman, Mueser, & Wallace, 1986; Liberman et al., 1998), Paul의 사회학습 접근법(Paul & Lentz, 1977; Paul, Stuve, & Cross, 1997), Azrin의 구직기술 프로그램(Jacobs et al., 1984), Stein과 Test의

ACT 프로그램(Santos, Henggelar, Burns, Arana, et al., 1995; Stein & Test, 1978), Drake 의 IPS 직업 모델(Drake, Becker, Clark, & Mueser, 1999; Drake, McHugo, Becker, Anthony, & Clark, 1996)이 그 예가 된다.

두 번째 문제는 연구에서 기술 개발 개입과 지원 개입이 각각 재활 성과에 미치는 독특한 공헌점을 분리해 내기가 어렵다는 점이다. 지원 개입법이란 전형적으로 당사자의 필요에 대해 편의를 도모해 주는 지원 프로그램(예: 생활 지원) 혹은 내담자들이 비지지적인 환경적 요구에 대처해 나갈 수 있도록 지원하는 조력자(예: 지원 조력자는 개인상담, 동료애, 권익 옹호, 실제적인 충고를 제공한다)를 의미하는 것이다. 어떤 지원 프로그램과 지원인들은 심각한 정신과적 장애를 가진 사람들에게 기술을 배울 수 있는 기회를 제공한다. 어떤 프로그램들은 학습을 촉진하는 환경을 제공하여 기술 개발을 도모할 수 있게 하고, 또 어떤 프로그램들은 보다 구조화된 공식적인 기술교육 프로그램을 제공하기도 한다. 연구의 측면에서 조명해 볼 때, 기술 개발 개입법과 지원 개입법은 서로 불가분하게 연결되어 있다. 지금까지의 연구에서는 이 두 가지 개입법의 상대적인 장점을 검증하기 위한 방법론과 연구자의 의지가 부족하였다. 최근의 연구들은 내담자가 기술을 배울 수 있을 뿐만 아니라 지원을 받을 수 있는 기회를 함께 제공하는 재활 개입법이 선호된다고 제언한다.

연구 설계

좀 서서히 진행되기는 했지만, 개입의 성과 유형들이 보다 정교해지면서 정신재활 연구들이 엄격한 연구 설계를 바탕으로 진행되어 갔다. 연구 참여자들을 실험집단과 통제집단에 무선 할당하는 방법을 사용한 연구들(예: Atkinson et al., 1996; Bell & Lysaker, 1997; Blankertz & Robinson, 1996; Bond, 1984; Bond & Dincin, 1986; Chandler et al., 1996; Dincin & Witheridge, 1982; Drake et al., 1996; Drake et al., 1999; Paul & Lentz, 1977; Ryan & Bell, 1985; Shern et al., 1997; Wolkon, Karmen, & Tanaka, 1971) 또는 짝지어진 실험집단과 통제집단을 이용한 연구들(Beard, Malamud, & Rossman, 1978; Goering, Wasylenki et al., 1988; Hoffman, 1980; Matthews, 1979; Mosher

& Menn, 1978; Vitalo, 1979; Wasylenki et al., 1985)이 이미 수행되었으며, 현재에는 이러한 방법들이 선호되고 있다. 엄격하게 통제된 실험 연구들에서 얻은 긍정적인 성과는 유사 실험 설계에서 얻은 성과들과 결코 다르지 않은 것으로 보고된다.

그러나 대다수의 정신재활 연구 문헌에서는 연구 설계상의 결함이 쉽게 드러난다. 합리적이고 인과적인 추론이 가능하도록 설계된 연구는 여전히 부족하다. 많은 연구들은 부적절한 표본의 크기, 표본에 대한 불완전한 기술, 치료 접근법의 구체성과 재연 가능성의 결여, 사용된 개입법에 적합한 성과 척도의 부족이라는 연구 설계상의 문제를 안고 있다. 더구나 대다수의 연구들은 단일 집단을 이용한 사후 검사 설계만을 사용하고 있다.

그럼에도 불구하고, 이러한 비실험 연구들도 가치가 있다고 할 수 있다. 이 연구들은 최근에 등장하고 있는 실험 연구들에 대하여 경험적이고 개념적인 기초를 마련해 주고 있다. 즉, 이들은 유용한 자료를 보유하고 있으며, 연구 결과들을 기반으로 실험 연구가 가능한 구체적인 개입법을 개발할 수 있도록 한다. 대부분의 선행 연구들은 탐색적인 것으로 간주되는데, 실험적 검증에 앞서 개입법이 가진 실제적인 중요성을 알아보았다고 할 수 있다. 이러한 관점에서 볼 때, 정신재활 분야는 앞으로 부가적이고, 비판적이며, 실험적인 연구를 수행해야 할 필요가 있으며, 이제는 그러한 준비가 되어 있다.

성 과

물론 앞서 논의한 연구 설계상의 결함 때문에 성과를 논의하는 것 역시 한계가 있다. 그러나 전체적으로 볼 때 정신재활 분야에서 수행된 연구들은 재활 개입법이 서비스를 이용하는 내담자들의 재활 성과를 향상시켜 준다고 제언하고 있다. 이 연구들은 구체적인 재활 프로그램의 유형을 기준으로 하여 나누어 볼 수 있다.

아주 초기의 재활 연구들은 두 가지 다른 현장이나 기관 간의 연계 프로그램을 운영할 때 긍정적인 결과를 얻게 된다고 보고하였다. 이러한 협력 프로그램에는 병원과 지역사회 협력 프로그램(Becker & Bayer, 1975; Jacobs & Trick, 1974; Paul & Lentz,

1977; Wasylenki et al., 1985), 정신건강 프로그램과 직업재활 협력 프로그램(Dellario, 1985; Rogers, Anthony, & Danley, 1989)이 포함되어 있다. 병원 장면을 기반으로 하는 협력 개입법이 지역사회에서의 재활 성과를 이끌어 낼 수 있다는 점은 특히 주목할 만하다. 제2장에서 언급하였듯이, Dellario와 Anthony(1981)는 자신들의 연구 문헌을 비롯하여 Kiesler(1982) 그리고 Test와 Stein(1978)의 개관 연구들을 고찰한 것을 토대로, 병원 돌봄과 지역사회 돌봄은 서로 비교될 수 없는 것이며, 실천 장소가 어디든지 간에 기관이 표명하고 있는 사명을 비교해야 한다고 결론지었다. 물론 이것은 각 기관이 목표로 하는 성과를 구체적으로 진술한 사명선언문을 의미하는 것인데, 실제로는 많은 기관들이 이를 명시하지 않고 있다(Farkas, Cohen, & Nemec, 1988). 그럼에도 불구하고 병원 돌봄을 지역사회 돌봄으로 대체할 때는 임의적인 시간제한 없이 재활 프로그램을 제공하는 노력이 따른다. 특정한 장면에서 제공되는 서비스의 효과성을 결정하는 요인은 그 장면이 전반적인 지역사회 지원 제도와 갖는 관계성일 것이다. 공공 정신병원의 이용이 지속적으로 감소하고 있고, 대부분의 공공 정신건강제도들이 계속해서 지역사회 기반의 서비스를 강조하더라도 정신병원 자체는 공공 정신건강제도 속에서 중요한 부분으로 남아 있게 된다. 가장 극적인 변화로 종합병원의 이용이 증가하고, 개인 정신병원이 성장한 것을 들 수 있다. 이러한 경향은 적절한 서비스를 제공하는 데 있어 잠재적인 문제를 내포하는데, 이것은 이 새로운 기관들이 흔히 장기적인 정신과적 장애와 정신재활 접근 그리고 지역사회 지원제도에 대하여 한정된 경험만을 가지고 있기 때문이다.

정신건강제도 속에서 병원이 갖는 역할에 대한 정책상의 논란이 지속되는 가운데, 적어도 몇몇 병원 장면들이 재활 지향적으로 변하고 있는 것은 희망적이다. 현재에는 전통적인 치료 프로그램을 정신재활 프로그램으로 전환할 수 있는 기술론이 개발되어 있다(Anthony, Cohen, & Farkas, 1987; Farkas, Cohen, & Nemec, 1988; Hart, 1997). 연구들에 따르면, 내담자가 서비스를 이용하는 여러 현장 내(병원과 지역사회)에서 기술과 지원 양자를 통합적으로 개발시켜 주는 재활 접근을 제공하는 것이 가장 효과적인 것으로 알려져 있다.

정신건강과 직업재활이 협력하는 개입법에서 긍정적인 직업적 성과가 나온다는 사실은 기존의 서비스들 간에 협력이 이루어질 때 이익이 발생한다는 것을 시사한다. 비용 절감의 시대에 이러한 정보는 현존하는 서비스 요소들의 효과를 증대시킬 수 있도록 동력을 제공한다. 보다 효율적으로 서비스를 전달하는 것은 내담자의 치료 성과를 향상시키는 과정이 될 것이다. 기관 간의 협력에 관련된 어려움을 극복하는 또 다른 방법은 두 가지 서비스를 하나의 기관에서 제공하는 것이다. Drake는 정신건강 프로그램과 직업 프로그램을 한 지붕 아래 두게 될 때, 각 기관에서 프로그램을 제공하는 것보다 더 나은 직업적 성과를 낸다고 밝혔다(Drake, McHugo, Becker, Anthony, & Clark, 1996).

정신사회재활센터가 계속해서 발전하면서 이 센터들에서 수행한 연구들이 점차 중요성을 가지게 되었다. 정신사회재활센터에서 수행한 몇 가지 연구로는 임시취업 프로그램(TEP)에 관한 연구들을 들 수 있다. 임시취업 프로그램은 현재 미국 전역의 수 많은 정신사회재활기관에서 시행하고 있는 혁신적인 직업 훈련이다(Fountain House, 1985). 전통적인 임시취업 프로그램에서 정신사회재활센터의 회원(내담자)은 일반 사업체에서 견습 수준의 일을 하도록 배치된다. 모든 직무 배치는 임시적인데 (3~9개월), 보통은 반나절 동안 일하며 정신사회재활센터의 감독을 받게 된다(Beard et al., 1982). 임시취업 프로그램은 영구적인 직장을 확보하는 데 필요한 자신감과 취업 추천서 및 작업 습관을 개발하기 위해 설계된 것이다.

1980년대까지 임시취업 프로그램의 효과를 검증한 연구는 거의 없었다. 일반적으로 관련 연구들은 정신사회재활센터의 서비스를 이용하는 사람들의 직업 성과를 검토해 왔는데, 이들 서비스에는 임시취업 프로그램이 포함되어 있었다. 아주 초기의 연구에서 Beard, Pitt, Fisher 및 Goertzel(1963)은 실험집단의 연구 참여자들과 비교집단의 연구 참여자들의 취업율 간에 유의미한 차이가 없다고 보고했다. 무선할당 통제집단 설계 방식을 취한 Dincin과 Witheridge(1982)는 9개월 무렵의 추적 조사에서 취업 면에서 성과 차이가 없었다는 것을 발견했다.

임시취업 프로그램에 최소한 하루 이상 참여한 파운틴 하우스 회원들을 대상으로 한 추적 연구가 수행되었다(Fountain House, 1985). 임시취업 프로그램에 참여한 527명에 대한 연구 결과는 임시취업 프로그램에서 보낸 시간에 따라 취업 성과가 증가한다는 것을 보여 주었다. 임시취업 프로그램을 시작한 지 적어도 42개월이 된 회원들 중에는 36%가 경쟁력 있는 직업을 가지고 있었다. 12개월과 24개월이 되 었을 때의 취업률은 각각 11%와 19%였다.

정신사회재활센터인 트레시홀드에서는 두 가지 임시취업 유형에 관한 연구를 실 시하였는데, 촉진적 임시취업 프로그램과 전통적 임시취업 프로그램에 대한 것이다. 전통적 임시취업 프로그램에 참여한 사람들은 촉진적 임시취업 프로그램에 참여한 사람들보다 사전 직업 현장에 최소 4개월 정도 더 오랫동안 남아 있어야 했다. 15개 월 후의 추적조사에서 촉진적 임시취업 프로그램과 전통적 임시취업 프로그램 조건 에서 각각 20%와 7%의 취업률을 보여 주었으며, 이것은 동일한 기간의 파운틴 하 우스에서의 취업 수치에 가까운 것이다(Bond & Dincin, 1986).

파운틴 하우스에서 실시한 임시취업 프로그램의 연구 결과는 임시취업 프로그램 이 취업에 중요한 영향을 미친다는 것을 제언하고 있다. 임시취업 프로그램에 참여 하기 전에 장기간 파운틴 하우스를 이용한 사람들이 더 오랫동안 첫 번째 임시취업 프로그램에 참여하는 것으로 나타났다(Macias, Kinney, & Rodican, 1995). 한편 트레시 홀드에서 실시한 연구에서는 이전에 직업 경험이 있었던 사람들이 더 많이 임시취 업 프로그램에 참여하며, 직업을 얻는 데 필요한 시간이 단축된다고 보고하였다.

정신재활에 대하여 특정한 접근법을 취하는 체계적인 종단 연구들을 보면, 훈 련 또는 과정 매뉴얼을 참고로 하여 반복 실행이 가능한 개입법('개입법의 유형'에 서 다룬 개입법)을 사용하는 경향이 있다. 여기에는 재활 개입법이 포함되는데, 그 예로는 보스턴 대학교에서 개발된 정신재활 실무자 훈련기술론(Anthony, Cohen, & Pierce, 1980; Cohen, Danley, & Nemec, 1985; Cohen, Farkas, & Cohen, 1986; Cohen et al., 1988; Cohen, Farkas, Cohen, & Unger, 1991)을 기초로 한 선택-획득- 유지 프로그램 모델(Danley & Anthony, 1987), Paul이 개발한 사회학습 프로그램 (Paul & Lentz, 1977; Paul, Stuve, & Cross, 1997), Stein과 Test(1978)가 개발한 ACT 프 로그램 모델 등이 있다. Becker와 Drake(1993)의 개별 배치 및 지원 모델은 비교 적 최근에 개발된 재연 가능한 정신재활 접근법이다. 제9장에서는 잘 알려진 프 로그램 모델들의 예와 이러한 프로그램 모델의 토대가 되는 연구들을 제시하고 있다. 일반적으로 직업적 성과를 강조하는 모델들은 취업 성과를 3배로 증가시킬 수 있다(30~55%가 취업하였다). 일상생활과 사회적인 영역에 초점을 두는 프로그램 모델들은 재입원율을 약 2/3로 감소시킬 수 있다(1년에 0~15%). 모든 프로그램 모델들은 삶의 질, 자존감, 만족도와 같은 척도들에 긍정적인 영향을 미칠 수 있다.

결 론

척도, 연구 설계, 개입법을 기술하는 데 있어서 분명히 한계를 가지고 있지만, 현재의 연구들을 비롯하여 많은 연구들을 고찰한 결과는 정신재활 접근이 재활 성과에 긍정적인 영향을 준다는 것을 보여 준다. 이 연구들 대부분은 기술 개발과 지원의 요소들을 다양하게 결합하고 있는데, 이 시점에서 각각의 요소들이 재활 성과에 독특하게 기여하고 있는 점을 구분하여 설명하기는 불가능하다. 일찍이 1974년에 Anthony와 Margules는 관련 문헌들을 고찰한 뒤, 심각한 정신과적 장애를 가진 사람들이 증상을 가지고 있음에도 중요한 기술을 배울 수 있으며, 이러한 기술을 지역사회 지원과 적절히 결합하면 재활 성과에 영향을 미칠 수 있다는 잠정적인 결론을 내렸다. 25년 후, 정신재활 연구들은 보다 많은 자료와 정교한 연구 설계 그리고 포괄적인 문헌 검토를 기반으로 하여 동일한 결론을 내리고 있다.

> 일찍이 1974년에 Anthony와 Margules는 관련 문헌들을 고찰한 뒤, 심각한 정신과적 장애를 가진 사람들이 증상을 가지고 있음에도 중요한 기술을 배울 수 있으며, 이러한 기술을 지역사회 지원과 적절히 결합하면 재활 성과에 영향을 미칠 수 있다는 잠정적인 결론을 내렸다. 25년 후, 정신재활 연구들은 보다 많은 자료와 정교한 연구 설계 그리고 포괄적인 문헌 검토를 기반으로 하여 동일한 결론을 내리고 있다.

현재와 미래의 연구 과제

정신재활을 연구하는 데는 아직도 많은 문제들이 남아 있다. 가장 중대한 문제는 여전히 재활 개입법에 대한 재연 가능한 실험 연구가 요청되고 있다는 점이다. 20여 년 전 Mosher와 Keith(1979), Goldberg(1980), Meyerson과 Herman(1983), Keith와

Matthews(1984)는 모두 정신재활 접근법에 관한 엄격하게 통제된 과정 연구와 성과 연구가 필요하다고 제언하였다. 이후로, 특히 최근 들어 많은 연구들이 수행되고 있지만, 여전히 정교하고 엄격하게 설계된 연구가 요구되고 있다.

정신재활 분야에서 앞으로의 연구가 매우 중요한 이유는 지역사회정신건강센터와 새로운 관리의료 조직들이 지역사회 내에 있는 장기적인 정신과적 장애를 가진 사람들을 대상으로 새로운 치료 방법을 시도하는 서비스를 확장하고 있기 때문이다. Larsen(1987)이 국립정신건강연구원(NIMH)에서 자금을 지원받아 실시한 연구에서는 1980년대에 최고의 성장을 보였던 정신건강 서비스들이 주로 지역사회 내에 있는 장기적인 정신과적 장애를 가진 사람들, 즉 정신재활 접근을 가장 잘 받아들일 수 있는 사람들을 대상으로 했던 서비스들이었다고 지적했다. 1990년대에 관리의료 접근도 이와 동일한 방향성을 가지고 확대되었다(Cummings, 1998; Shaffer, 1997). 문서를 통해 장기적인 정신장애를 가진 사람들의 치료에 많은 비용이 발생했다는 것이 증명되고 있으며, 점점 더 많은 정신건강 전문가들이 정신과적 장애를 가진 사람들을 위한 정신재활 서비스를 개발하고 있다.

앞으로의 정신재활 성과 연구에서 극복해야 할 가장 어려운 문제 중의 하나는 실제적이고, 의미 있으며, 신뢰도와 타당도를 확보한 성과 척도를 개발해야 한다는 것이다. 전문 학술지의 공간적인 제약 때문에 종종 새롭게 개발된 도구들이 충분히 자세하게 기술되지 않는 경향이 있다. 그 결과, 측정을 반복하는 것이 재활 개입(이 또한 제대로 기술되지 않는 경우가 많다)을 반복해서 시행해 보는 것만큼 어려워 보인다. 초기의 연구들에서는 사용된 도구가 무엇인지 언급하지 않은 경우도 많아 표준화된 도구를 개발하는 작업을 더욱 어렵게 한다.

후속 연구에서는 도구의 신뢰도와 타당도를 기록하지 않는 경향이 반드시 개선되어야 한다. 타당도에 비해 신뢰도가 좀 더 자주 보고되는 경향이 있는데, 이것은 모호하게 정의된 복잡한 행동에 대해 수렴타당도와 공존타당도를 수립하는 것이 쉽지 않음을 반영하는 것으로 보인다. 실제로 행동척도에 대한 타당도는 거의 고려되지 않고 있다(Wallace et al., 1980). 또한 과거에 성과 연구에서는 급성 집단을 평가하기 위해 개발된 도구들이 장기적인 장애를 가진 집단에 적용되는 경우가 많았다. 이것은 각 집단에 맞게 특성화된 도구들이 부족했기 때문이다. 연구자들이 직접적인 변화에 대한 측정치(예: 워크숍에 참여한 일수) 이외의 것을 포함시키기 시작하고, 또한 표준화된 평가 기술을 다른 집단들에 응용하기 시작하면서 신뢰도와 타당도 문제가 발생하였다.

연구자들은 모두 기술 개발 개입의 일반화 정도를 평가하기 위한 척도가 개발되어야 한다고 입을 모아 말한다. 훈련을 거쳐 습득된 기술이 실제 환경에서도 적용되는지에 대한 평가와 더불어, 재활 성과를 측정하는 척도와 정적 상관을 이루는 기술척도를 개발할 필요가 고조되고 있다. 오래전에 Paul과 Lentz(1977) 그리고 Griffiths (1973)는 이러한 점을 고려하여 기술척도를 개발하였다. Power(1979)와 Redfield(1979)는 임상적 빈도기록체계와 시간표집 행동점검표를 가지고 입원 환자의 행동 측정을 기반으로 하여 예측타당도를 보고하였다. 각각의 도구들은 10년에 걸쳐 Paul과 동료 연구진에 의해 발전되고 표준화되었다. 이 도구로 측정한 퇴원 전 점수를 통해 퇴원하는 사람이 지역사회에서 보이는 역할 수행 정도를 상당히 정확하게 예측할 수 있다 (Paul, 1984).

정신장애를 가진 사람들의 직업 행동을 측정하기 위해 고안된 표준화된 직업행동검사(Griffiths, 1973, 1974; Watts, 1978)는 폭넓은 행동 영역을 평가한다(예: 도구/장비를 사용한다, 자발적으로 대화한다, 지시를 빠르게 이해한다). 각 항목들은 강점(예: 새로운 일을 찾아 나선다)에서 약점(예: 일이 주어지기를 기다린다)의 연속선상에서 평가된다. 이 척도는 높은 신뢰도와 예측타당도를 보여 주고 있다. 보다 최근에는 근무 시간과 소득의 측면에서 미래의 직업 성공을 예측하는 직업행동지표가 개발되었다(Bryson, Bell, Greig, & Kaplan, 1999).

1980년대와 1990년대에 정신재활 장면에서 기능 평가의 사용이 증가하였다면, 최근에는 기술 기능의 전반적인 단계를 측정하는 성과척도에 대한 관심이 높아지고 있다(Slaton & Westphal, 1999). 그러나 앞서 언급한 것처럼, 기술 수행은 과정척도이지 성과척도가 아니기 때문에, 이러한 기술 기능 평가는 성과척도로서 본질적인 결함을 지닐 수밖에 없다. 아무리 기술 평가가 완전하고 포괄적이라고 할지라도 이것은 상태를 측정하는 척도와는 같지 않다. 물론 이러한 도구들은 변화를 측정하고자 하는 노력의 첫 단계가 되겠지만, 여전히 불완전할 수밖에 없다. 주거 욕구와 관련된 기능 수준을 측정하는 도구를 200개 이상 검토한 Ridgway(1988)와 다양한 영역에 걸쳐 주요한 기능 평가 도구들을 검토한 Anthony와 Farkas(1982)는 표준화된 도구들의 타당도와 의미성 측면에서 볼 때 각 항목들이 구체적이지 않고, 당사자가 선호하는 주거와 작업 환경과의 관련성이 부족한 점을 주요한 결점으로 지적하였다.

> 정신장애를 가진 사람들의 성과를 측정하는 분야는 정신장애를 가진 사람들과 행동관리의료 조직이라는 두 가지 의미 있는 정책의 국면에 들어서면서 활성화되고 있다.

정신장애를 가진 사람들의 성과를 측정하는 분야는 정신장애를 가진 사람들과 행동관리의료 조직이라는 두 가지 의미 있는 정책의 국면에 들어서면서 활성화되고 있다. 현재에는 그 어떤 시기보다도 성과 측정이 정신건강 부처, 정신장애를 가진 당사자, 서비스 제공자, 그리고 납세자에 의해 서비스의 질을 보장하고 개선하며, 성과를 평가하고, 정신재활을 포함한 서비스의 가치를 증명하는 하나의 방법으로 인식되고 있다.

정신장애를 가진 사람의 영향

정신장애를 가진 사람들이 자신들에 관한 연구 결과들에 점점 더 관심을 보이게 되었으며, 결과적으로 연구 활동을 비롯한 행동보건의 모든 영역에 영향을 미쳐 미국 연방정부의 정책을 변화시키는 데 기여하고 있다(SAMHSA, 1993). 참여행동연구(Participatory Action Research: PAR)는 연구의 대상이 되는 사람들을 연구팀의 정식 일원으로 포함시키기 위해 개발된 연구 방법론이다(Nelson et al., 1998; Rogers & Palmer-Erbs, 1994). 정신장애를 가진 당사자들은 연구 문제부터 성과 도구에 이르기까지 연구의 모든 영역이 발전하는 데 있어 주도적인 역할을 해 왔다. PAR 방법론에 의해 개발된 도구의 예로 역량강화척도(Corrigan, Faber, Rashid, & Leary, 1999; Rogers, Chamberlin, Ellison, & Crean, 1997; Wowra & McCarter, 1999)가 있다.

최근에는 정신장애를 가진 사람들이 핵심적인 성과 자료와 연구 개입법을 그들의 관점에서 검토하고, 평가하며, 확인하는 데까지 발전하였다. Campbell(1998)은 다양한 연구팀에 의해 규명된 몇 가지 성과 영역을 요약하여 제시하였는데, 그 성과 지표는 다음을 포함한다.

- 자조의 성과   이익과 비용의 측면에서의 자조적 접근의 효과
- 안녕 및 인간성의 성과   삶의 질, 자유, 안전, 사생활 등
- 역량강화의 성과   자존감과 자기효능감
- 재기의 성과   내담자의 삶의 극대화와 질병의 최소화
- 부수적이거나 부정적인 결과   바라지 않은 결과 또는 서비스의 부작용
- 만족과 불만족의 성과   정신장애를 가진 사람들이 서비스와 그 결과에 대해 가지는 시각

또한 Campbell(1998)은 고려해야 할 필요가 있는 다른 성과들을 규명하였는데, 여기에는 내담자가 살고 있는 환경(빈곤, 차별), 서비스 이용자의 다양성, 선택의 기회, 도움을 제공하는 사람과 서비스를 이용하는 사람 간의 관계가 포함된다. 정신장애를 가진 사람들의 성과 지표에 대한 관점은 정신재활의 가치 및 원리와 조화를 이루면서, 성과 지표에서 중요한 것이 무엇인가에 대한 새로운 주안점과 시각을 갖게 해 준다. 정신재활 분야는 성과 영역을 확인하는 과정에서 이 분야가 돕고자 하는 당사자들의 관점을 반영할 필요가 있는 것이다.

> 정신장애를 가진 사람들의 성과 지표에 대한 관점은 정신재활의 가치 및 원리와 조화를 이루면서, 성과 지표에서 중요한 것이 무엇인가에 대한 새로운 주안점과 시각을 갖게 해 준다.

관리의료의 영향

성과 측정은 현재 대부분의 행동관리의료 계약에서 요구되고 있다. 정신장애를 가진 사람들을 위한 여타의 서비스처럼, 정신재활 서비스도 재활 서비스 자체가 성과에 영향을 미친다는 것을 증명할 수 있어야 한다. 관리의료 접근법이 공공 행동보건 영역에 도입되면서 연구자들이 성과 연구를 수행할 때 소위 '근거 중심' 서비스를 확인

하도록 자극하였다. 본질적으로 근거 중심 서비스란, 실험설계 기반의 연구들이 특정한 성과를 얻는 데 효과성을 가진다고 밝힌 서비스를 말한다. Hughes(1999)는 이러한 근거 중심이라는 개념이 정신재활 분야에서 가지는 의미에 대해 기술하였다. 다른 서비스 분야와 마찬가지로, 정신재활 분야의 초기 연구들은 기술적이고 일화적이다. 그럼에도 이러한 연구 근거들은 정신재활 분야의 초기 성장을 이끌어 나갔다. 이후에 많은 프로그램 평가 연구들과 조사연구, 상관관계 연구, 준실험 연구들이 등장하였는데, 이들은 정신재활의 긍정적인 성과들을 보고하였다. 1990년대까지 정신재활 분야에서 이루어진 실험 연구가 거의 없었으나(Anthony, 1998), 현재는 정신재활 서비스에 대한 사람들의 요구가 증가하면서 이 영역이 계속해서 성장하고 있다.

'근거 중심' 서비스로 고려되기 위해서는 그 서비스에 대해 실험설계를 사용한 다수의 연구들이 수행되어야 하며, 이것은 본질적으로 다음의 요소들을 포함한다.

- 통제집단과 실험집단에 대한 무선 할당
- 평가자가 집단 내에 누가 속해 있는지를 알지 못하는 상태에서 결과를 평가함(이중 맹목)
- 개입법에 대한 명확한 기술과 전달
- 연구 참여자를 포함하거나 배제하기 위한 명확한 기준
- 통계 분석을 정당화할 정도의 충분한 연구 참여자의 수

흥미롭게도 엄격한 실험설계를 사용하는 연구가 요구되는 상황임에도 불구하고, 모든 의학적 치료의 20%만이 '근거 중심' 실천의 기준을 만족시킨다(Hughes, 1999). 현재 정신재활은 재활의 가치를 증명해 오고 있지만, 이것은 잘 통제된 실험 연구를 통한 것이 아니다. 이것이 가능해질 때까지, 정신재활 서비스에 대한 재정 지원의 결정은 현존하는 연구들을 비롯하여 다음의 요인들을 토대로 내려져야 할 것이다. "이 개입은 서비스 이용자의 필요를 다루고 있는가? 우리는 서비스의 목표와 잠재적인 성과에 가치를 두고 있는가? 서비스의 부정적인 효과에 대한 어떤 증거가 있는가? 과학적 증거의 장점은 무엇인가? 단기간과 장기간에 걸쳐

이 서비스들이 미치는 재정적인 영향은 무엇인가?"(Hughes, 1999: 12) 그리고 끝으로, 이러한 가치 있는 결과를 다른 방법으로 이끌어 낼 수 있는 보다 강력한 과학적인 근거가 있는가? 마지막 질문에 대한 경험적인 답은 분명히 '없다'다.

또한 관리의료 접근은 개입의 비용에 대한 관심을 새롭게 자극하였다. 불행하게도 비용이라는 척도를 사용한 성과 연구들은 흔하지 않다(Bond, Clark, & Drake, 1995; Clark & Bond, 1995). 하지만 그중에서도 직업 성과 영역은 비용의 측면에서 가장 많이 연구되어 왔다(Rogers, Sciarappa, MacDonald-Wilson, & Danley, 1995).

Rogers(1997)는 직업적 개입의 비용 편익을 조사한 연구들 즉, 서비스 이용자와 납세자 그리고 사회에 제공하는 서비스의 이득이 치루어지는 비용에 비해 더 나은지에 대한 연구들을 검토하였다. 비용 효과성 연구들과 다르게, 비용 편익 연구들은 각 개입이 비용과 이익을 동시에 발생시킨다는 관점을 가지고 조사를 수행한 것이다. 한 예로, 프로그램 참가자들(즉, 서비스 적격성을 가진 사람들)에게는 이익이라고 생각한 것이 사회에는 비용 부담이 될 수 있다. 또한 Rogers(1997)는 비용 편익 연구를 수행할 때 포함되는 기본 단계의 틀을 세웠는데, 이 연구는 지금까지의 연구들이 결론을 이끌어 내기가 얼마나 어려웠는지를 두드러지게 보여 주었다. 그러나 Rogers(1997)는 비용의 측면에서 지원 고용 프로그램이 참여자들이 받는 임금을 증가시키고, 대안적인 서비스의 이용을 감소시킨다는 결론을 내렸다.

1990년대에 성과 측정에 대한 관심이 증가하면서 권익 옹호 집단, 인증 기관, 무역협회, 정부 등의 조직들이 다양한 성과 측정 체계를 개발하였다. 행동보건의료 분야에서는 정신건강서비스센터, 미국정신장애인연맹, 미국 행동보건의료협회와 같은 수많은 기관들이 서비스의 효과를 여러 관계자들의 관점에서 평가하기 위해 '기록카드'를 개발하고 있다. 성과 지표로 사용될 수 있는 요인들에 대해 다양한 의견들이 제시되고 있다.

미국정신건강행정협회(American College of Mental Health Administration: ACMHA)는 모든 측정 체계에 포함된 필수 지표들이 무엇인지 알아내고자 하는 흥미로운 시도를 하였다. ACMHA는 행동보건의료에 속한 주요 인증 기관(예: CARF, the Rehabilitation Accreditation Commission, the Council on Accreditation, the Joint

Commission on the Accreditation of Healthcare Organizations, the National Committee on Quality Assurance, the Council)의 대표자들과 수차례 만남을 가졌다. 어떤 경우에는 서로 경쟁 관계에 있는 이러한 인증 기관들이 각기 독특한 입장에서 척도를 개발하고 사용하는 데 영향을 주고 있다(Mental Health Weekly, 1998).

ACMHA의 후원 하의 인증 기관들은 측정의 세 영역—① 성과(서비스는 효과적이다), ② 과정(서비스는 서비스 이용자들의 필요에 적합하게 제공된다), ③ 접근성(서비스 이용자들은 그들이 필요로 하는 서비스를 제공받을 수 있다)— 에 동의하였다.

각각의 영역은 다양한 지표들을 가지고 있는데, 직업과 학교(서비스 이용자들은 직업 또는 학교에 생산적으로 몰두한다), 돌봄의 경험(서비스 이용자들은 서비스 제공자들이 반응적이고 민감하다고 인지한다), 서비스의 편리성(서비스 이용자들은 서비스가 매우 편리하다고 인식하고 경험한다. 즉, 이용 가능한 서비스가 가까이에 위치해 있으며, 편리한 시간에 제공된다)이 예가 된다(American College of Mental Health Administration, 1997). 지표를 분류하는 데 있어 각 지표에 포함되는 요소에 대한 동의를 이루어 내는 것은 가능했지만, 가장 어려운 과제인 각 지표를 측정하는 구체적인 도구와 기준을 정하는 일에는 아직까지 합의가 이루어지지 않고 있다.

모든 측정 체계에 포함되어야 하는 핵심 지표와 척도를 설정하는 것은 여러 가지 면에서 이익이 된다(Eddy, 1998). 핵심 지표들은 측정 과정 자체를 편리하게 만들고, 서비스에 대한 의사결정 과정에 힘을 부여하며, 더 많은 정보를 가지고 선택할 수 있도록 할 것이다. 정신재활의 관점에서 볼 때 이러한 지표들은 서비스 제공자들이 어떤 의미 있는 목표에 집중하도록 하고, 프로그램의 향상을 목적으로 프로그램 간의 비교를 가능하게 할 것이다.

요 약

정신재활 영역에서 실험연구에 대한 필요성이 제기되어 왔으며, 그에 따라 점진적으로 많은 연구들이 수행되고 있다. 이 과정에서 측정과 연구 설계에 관한 문제가 논쟁의 대상이 되고 있다. 현재에는 많은 정신재활 개입법들이 신뢰성 있게 관찰되고 모니터링될 수 있도록 그 실행 과정이 세부적인 수준에서 기술되고 있다. 따라서 연구자들은 연구 중인 개입법이 어떤 수준으로 실행되고 있는가에 대한 자료를 수집할 수 있다. 이제는 개입법이 충분히 기술되고 있어, 결과가 유망해 보이는 개입법은 서비스 현장이나 임상 연구 프로그램에서 반복적인 실시가 가능하다.

최근에는 정신장애를 가진 사람들과 행동관리 의료기관의 영향으로 정교하게 설계된 정신재활 성과 연구들이 불가결하게 되었다. 정신장애를 가진 사람들과 납세자들 그리고 관리자들은 정신재활의 성과와 비용을 알고 싶어 한다. 안타깝게도 비용이라는 척도를 이용한 성과 연구들은 매우 희귀하다. 직업 성과 영역은 비용의 측면에서 가장 많이 연구되어 왔다고 할 수 있다.

그러나 정신재활 분야에서 연구 기반의 서비스가 모든 것을 말해 주고 있는가 하는 점에서 주의해야 한다. 1990년대에 들어선 시점에서 Anthony(1991)는 정신재활 분야에 속한 모든 것이 연구 가능한 것인가에 대한 의문을 제기하였다. 현재로서 연구가 불가능한 것은 재활 서비스가 정신장애를 가진 사람들에게 제공되어야 하는지 아닌지의 여부에 관한 것이다. 우리는 정신장애를 가진 사람을 위한 재활 접근법을 가치 있게 여기고, 이것이 제공할 기회를 신뢰하거나 또는 그 반대편의 입장에 선다. 이 질문은 경험주의가 아닌 휴머니즘에 대한 질문이며, 이는 정신재활에 대한 연구가 매우 중요하다는 주장과 모순되지 않는다. 일단 정신재활의 가치에 헌신하기로 한 이상, 중요한 연구 과제는 어떻게 하면 재활을 가장 효과적이고 효율적으로 수행할 수 있을까가 되어야지, 재활의 기회를 제공할 것인가 말 것인가가 되어서는 안 될 것이다. 정신장애를 가진 사람들이 재활 서비스를 이용할 수 있도록 기회를 제공하는 것은 오랫동안 신체장애를 가진 사람들이 재활의 기회를 갖는 것과 비교되어 왔다. 정신재활 개념은 이제 막 확립되었다고 할 수 있다. 그리고 이것은 연구 결과에 기초하여 세워진 것은 아니다. 정신재활의 기회를 제공해야 한다는 것은 마치 미국 독립선언문을 작성한 사람들의 믿음처럼 이유를 댈 필요가 없는 당연한 믿음이다.

> 현재로서 연구가 불가능한 것은 재활 서비스가 정신장애를 가진 사람들에게 제공되어야 하는지 아닌지의 여부에 관한 것이다. 우리는 정신장애를 가진 사람을 위한 재활 접근법을 가치 있게 여기고, 이것이 제공할 기회를 신뢰하거나 또는 그 반대편의 입장에 선다. 이 질문은 경험주의가 아닌 휴머니즘에 대한 질문이 되는 것이다.

요컨대, 혁신적인 재활 프로그램에 대한 고찰에 따르면, 반복될 수 있고 측정 가능한 정신재활 개입의 실험 연구가 가능한 일일 뿐만 아니라 실제적으로도 점차 정규적인 작업이 되고 있다. 기대한 대로 정신재활 분야는 시간이 지나면서 점점 더 경험적으로 그 근거를 쌓아 가고 있다.

CHAPTER 04

철 학

은유의 본질은 한 가지 일을 다른 입장에서 이해하고
경험하는 것이다. ……우리는 은유가 인간 이해의 정수
이며, 우리의 생활 속에서 새로운 의미와 새로운 현실
을 만들어 내는 기제라고 생각한다.

_Lakoff & Johnson

정신재활의 근본적인 철학은 은유나 비유를 사용하면 좀 더 이해하기가 쉬울 것이다. 정신과적인 재활을 신체적인 재활(예: 척수가 손상되었거나 심장병이 있는 사람들을 재활시키는 것)에 비유하여 설명하게 되면 정신재활을 좀 더 쉽게 이해할 수 있게 된다. 이렇게 비유를 사용하면 정의나 개념을 나열하는 것보다 훨씬 기억하기가 쉬워지기 때문이다. 적절한 이미지는 개념에 대한 이해를 돕는다. 정신재활의 이해와 관심을 높이고, 정신재활에 대한 헌신을 촉구하는 데 신체재활에 대한 이미지는 도움이 된다. 물론 신체재활과 정신재활의 분야와 주요 서비스 대상자가 정확히 같은 것은 아니지만 말이다(예: 심각한 정신질환은 신체적인 표식이 없고, 완전한 회복의 가능성을 가진다). 우리 사회는 신체장애를 가지고 있는 사람들을 재활하도록 돕는 것을 매우 가치 있는 일로 여긴다. 그렇다면 정신장애를 가진 사람을 재활하도록 돕는 것이 사회적으로 가치가 적은 일이라고 할 수 있을까? 신체재활에 대한 비유는 대중의 마음속에 분명하게 자리 잡고 있어 정신재활에 대한 이해를 돕는 데 사용될 수 있다.

> 적절한 이미지는 개념에 대한 이해를 돕는다. 정신재활의 이해와 관심을 높이고, 정신재활에 대한 헌신을 촉구하는 데 신체재활에 대한 이미지는 도움이 된다. 물론 신체재활과 정신재활의 분야와 주요 서비스 대상자가 정확히 같은 것은 아니지만 말이다.

또한 신체재활에 대한 비유는 재활을 실천하는 데 관계되는 다른 많은 학문 분야에서 정신재활이 갖는 의미를 분명하게 알 수 있도록 한다. 신체장애와 정신장애 간에는 분명한 차이가 있지만 유사성도 많다. 예를 들어, 신체장애를 가진 사람과 정신장애를 가진 사람들은 모두 역할을 수행하는 데 장애를 가지고 있으며, 오랜 기간 동안 다양한 서비스를 필요로 한다. 그리고 신체장애와 정신장애는 완전히 회복될 수도 있고, 그렇지 않을 수도 있다(Anthony, 1982, 1993).

정신재활을 설명하기 위한 비유로 신체재활을 사용하는 데는 다음과 같은 몇 가지 장점들도 있다. 신체장애는 정신장애보다 낙인이 덜 찍히는 것으로 여겨진다. 또한 사람들은 신체장애가 있는 사람이 재활한다는 사실을 더 믿을 만하고 이해하기 쉬운 일로 받아들인다. 따라서 신체장애의 비유를 들어 정신장애를 설명하면 정신재활 분야가 보다 적절하게 느껴지고 받아들이기 쉬워질 것이다.

이제는 정신건강 전문가들도 심각한 정신장애를 가진 사람들을 대할 때 재활 철학이 어떻게 영향을 미칠 수 있는지를 이해하기 시작했다. 그러나 정신재활의 철학을 현장에서 실천하기 위해서는 훈련받은 인력과 효과적인 프로그램이 필요하다.

재활모델

지난 10여 년간 재활의 근간이 되는 철학에 대해 의견의 일치가 이루어졌다. 〈표 4-1〉은 정신재활 철학의 토대가 되는 재활모델을 제시하고 있다.

> 단순히 질병 그 자체보다는 질병으로 인한 결과를 다루는 데 더 관심을 기울이는 정신재활 분야는 정신건강 분야 전반에 걸쳐 심각한 정신질환이 가져다주는 총체적인 충격에 대하여 보다 통합적으로 이해할 수 있게 해 주었다.

단순히 질병 그 자체보다는 질병으로 인한 결과를 다루는 데 더 관심을 기울이는 정신재활 분야는 정신건강 분야 전반에 걸쳐 심각한 정신질환이 가져다주는 총체적인 충격에 대하여 보다 통합적으로 이해할 수 있게 해 주었다. 정신재활 분야는 1980년에 보고된 세계보건기구(World Health Organization: WHO)의 질병의 결과에 대한 분류(Frey, 1984)를 사용하여 심각한 정신질환의 영향을 기술하는 개

표 4-1   **재활모델: 심각한 정신질환의 부정적 영향**

단 계	I. 손 상 (impairment)	II. 기능 저하 (dysfunction)	III. 장 애 (disability)	IV. 불이익 (disadvantage)
정 의	심리적, 생리적, 해부학적 구조 또는 기능이 상실되거나 어떤 이상이 생긴 상태	정상이라고 생각되는 방식과 범위 내에서 활동 수행 능력이 한정되거나 부족한 상태	정상이라고 생각되는 방식과 범위 내에서 역할 수행 능력이 한정되거나 부족한 상태	한 사람의 (연령, 성, 사회문화적 요인에 따른) 정상적인 활동 수행과 역할 이행을 제한하거나 방해가 되도록 기회가 결핍된 상태
예	환각, 망상, 우울	직무적응기술 부족, 사회기술 부족, 일상생활수행능력(ADL) 부족	취업을 하지 못함, 거주지가 없음	차별 대우, 빈곤

출처: Anthony, Cohen, & Farkas (1990). *Psychiatric rehabilitation*. Boston, MA: Center for Psychiatric rehabilitation.

념적인 틀을 만들었다(Anthony, 1982).

1980년대 정신재활 옹호자들은 정신질환이 정신적 손상이나 증상의 원인이 될 뿐만 아니라 당사자에게 심각한 기능 저하와 장애 그리고 핸디캡을 초래한다는 점을 강조했다(Anthony, 1982; Anthony & Liberman, 1986; Anthony, Cohen, & Farkas, 1990; Cohen & Anthony, 1984). 정신건강 정책 입안자들과 달리, 세계보건기구(Wood, 1980)는 당시에 이미 질병이나 손상뿐만 아니라 질병의 결과(장애와 핸디캡)를 포함하는 질병모델을 발전시키고 있었다. 또한 WHO는 지속적인 노력을 통해 손상, 활동, 참여라는 용어들을 개념화하였다(World Health Organization, 1997). WHO의 분류체계에 기초하여 이 용어들을 손상(impairment), 기능 저하(dysfunction), 장애 (disability), 불이익(disadvantage)이라는 용어들로 재정의할 수 있다(〈표 4-1〉 참조). 이러한 심각한 정신질환의 부정적인 영향에 대한 개념화 작업은 이후 정신재활 모델로 널리 알려졌다(Anthony, Cohen, & Farkas, 1982).

역사적으로 정신건강 치료는 손상 단계에 개입해 왔다. 신체치료와 심리치료는 병리의 징후와 증상을 완화하고자 노력한다. 일반적으로 치료는 병을 경감시키는 방향으로, 재활은 건강을 극대화시키는 방향으로 향하고 있다(Leitner & Drasgow, 1972). 손상된 것을 제거하거나 억제한다고 해서(즉, 치료한다고 해서) 자동적으로 역할 수행이 향상되는 것(즉, 장애가 감소되는 것)은 아니다. 마찬가지로, 장애가 줄어든다고 해서 자동적으로 손상이 감소되는 것은 아니다(Strauss, 1986). 중요한 것은 지속적이거나 심각한 손상(예: 주요우울증, 당뇨병, 뇌졸중)이 항상 영구적인 장애를 의미하는 것은 아니라는 사실이다. 다만, 손상은 영구적인 장애가 될 수 있는 위험성을 높인다.

정신재활의 임상 실천은 신체재활과 마찬가지로 두 가지 개입전략, 즉 ① 내담자 기술 개발과 ② 환경적 지원 개발로 구성되어 있다. 정신재활의 실천은 재활의 기본 철학을 따른다. 즉, 장애를 가진 사람은 자신의 생활, 학습, 사회 및 직업 환경이 요구하는 역할을 수행하기 위해서 기술과 환경적인 지원을 필요로 한다는 것이다. 임상적 재활은 정신장애를 가진 사람이 직접 접하는 환경 속에서 그들이 사용하는 기술과 자원을 변화시켜 주면 스스로가 선택한 특정 역할을 해내는 데 필요한 활동을 보다 잘 수행할 수 있게 될 것이라고 전제한다. 정신재활모델의 개념으로 표현하면, 기능 저하를 완화하는 개입법은 장애를 감소시키는 것으로 간주된다.

임상적 재활 개입법에 더하여, 정신장애를 가진 사람들은 사회적 재활 개입법을 통해 장애를 극복하도록 도움을 받을 수 있다(Anthony, 1972). 사회적 재활은 정신장애를 가진 사람들이 상호작용하며 살아가는 체계의 변화를 꾀한다. 사회적 재활은 임상적 재활과 달리 각각의 내담자를 위한 독특한 기술이나 지원에 초점을 맞추지 않는다. 대신 정신장애를 가진 사람들이 스스로 선택한 환경에서 보다 성공적이고 만족하도록 도와줄 수 있게 사회를 변화시키는 데 초점을 맞춘다. 즉, 그들이 경험하는 불이익에 초점이 맞추어져 있는 것이다(Mehta & Farina, 1997; Penn & Martin, 1998). 사회적 재활 개입법의 예로는 미국의 Targeted Job Tax Credit Legislation,[1] 장애를 가진 사람들을 위한 사회보장 프로그램 내에서의 작업 유인가의 변화, 장애를 가진 근로자들을 취업시키기 위한 유럽식 쿼터 제도의 개발을 들 수 있다. 더 최근의 예로는 「미국 장애인법」(1990)과 정신적 손상을 가진 사람과 신체적 손상을 가진 사람들 사이에 의료 혜택을 평등하게 만들기 위한 노력을 들 수 있다. 이러한 사회적 개입은 장애를 가지고도 성공적으로 살아갈 수 있다는 것이 개인적 측면의 문제(손상, 기능 저하, 장애 등)라기보다는 사회적 측면의 문제(부적절하거나 차별적인 건강, 사회, 경제 체제)와 더 밀접하게 관련이 있다는 점을 보여 준다는 데서 중요하다고 하겠다.

임상적 재활 개입과 사회적 재활 개입은 상호 배타적인 것이 아니다. 실제로 1973년에 개정된 「직업재활법」(이 법은 임상적 재활 개입을 명한 것이다)에서도 사회적 재활의 가치를 인정하고 있다. 이 개정안은 연방 정부와 협력하여 사업을 이행하는 계약자들의 차별 철폐 조처에 관한 원칙을 수립하였으며, 또한 시설 접근성에 있어서 정부를 모범적인 고용주로 규정하고자 했다(Stubbins, 1982).

---

1) 장애를 가진 사람을 고용하는 기업체의 세금감면제도–역주.

정신재활의 기본 가치와 원리

　정신재활이 광범위하게 받아들여지면서, 재활모델의 기저에 깔려 있는 가치와 원리가 더욱 분명해지고 있다. 재활의 가치는 정신재활의 기본적인 신념을 반영하고 있으며 이 분야의 지침이 된다. 재활의 가치는 경험적인 기초에 의한 것이라기보다는 내재적인 중요성이 고려되는 특성이자 관점이 된다. 〈표 4-2〉는 정신재활의 발전과 실천에 반영되는 여덟 가지 재활의 가치를 제시하고 있다.

　정신재활의 첫 번째 주요 가치는 인간 지향이다. 재활은 사람을 포함하는 과정이다. 재활은 '환자' 역할이나 진단적 명칭 또는 질환보다는 전인적인 인간, 즉 당사자의 흥미, 가치, 재능, 희망, 두려움과 관련성이 높다. 예를 들어, 어떤 사람이 10년 전에 학교를 중퇴한 경험 때문에 입학 면접을 하는 것을 두려워할 수 있다. 재활 실무자는 무엇보다 내담자가 자신의 두려움을 병리학적인 증후군으로 보기보다는 동일한 상황에서 누구나 보일 수 있는 일반적인 반응으로 생각할 수 있도록 도울 것이다.

표 4-2	주요 재활 가치
인간 지향	진단적인 명칭이나 질환보다는 전인적인 인간에 초점을 둠
기능력	일상생활 활동을 수행하는 기능에 초점을 둠
지 원	원하거나 필요한 만큼 도움을 제공하는 것에 초점을 둠
환경적 특정성	내담자가 생활하고 학습하고 사회활동을 하며 일을 하는 특정한 환경에 초점을 둠
참 여	재활의 모든 측면에서 재활 당사자를 완전한 파트너로 참여시킴
선 택	재활의 전 과정에서 내담자의 선호에 가치를 둠
성과 지향	내담자의 재활 성과에 얼마나, 어떤 영향을 주었느냐는 관점에서 재활을 평가함
성장 가능성	현재 기능력의 수준에 관계없이 내담자가 경험하는 성공과 만족도의 향상에 초점을 둠

출처: Farkas, M. D., Anthony, W. A., & Cohen M. R. (1989). Psychiatric rehabilitation: the approach and its programs. In M. D. Farkas & W. A. Anthony (Eds.), *Psychiatric rehabilitation programs: Putting theory in to practice* (p. 8). Baltimore: Johns Hopkins University Press.

어떤 사람은 자신의 진로에 대해 불분명하거나 충동적일 수 있다. 인간 지향의 가치를 고수하는 재활 실무자는 이 사람에게 명확함이 부족한 것을 판단력 결핍의 증상으로 진단하기보다는, 결정을 내리는 데 필요한 탐색 활동을 확인해 나가는 작업을 수행할 것이다. 인간 지향의 가치란, 내담자와 실무자의 상호작용이 서로를 존중하는 두 사람의 관계 속에서 이루어짐을 의미한다. 실무자는 관계를 형성하거나 재활을 위해 내담자가 노력하고 있는 부분을 확인하기 위해서 자신의 경험과 선호를 드러내기도 한다. 어떤 측면에서 내담자는 단순히 전통적인 경계 영역 안에서 관계를 유지하기보다는, 정보와 기술을 제공하면서 실무자를 돕는 스승이 되기도 한다. 다만 원조 관계는 도움이 필요한 사람을 최우선적으로 고려한다. 분명히 이러한 관계는 실무자가 자신의 정서적인 문제에 대한 도움을 받기 위한 것이 아니기 때문이다.

두 번째로, 재활은 기능력의 개선을 위해 설계된다. 재활의 초점은 증상의 감소나 통찰력의 증진보다는 기능력의 개선에 있다. 기능력은 내담자의 결점과 강점 모두를 포함한다. 정신재활은 부정적인 행동을 통제하는 개입법이 아니라 긍정적인 행동을 발전시키는 개입법에 초점을 둔다. 그러므로 성공이란 일상생활에서의 활동 수행에 대한 것이지 신비롭거나 비밀스러운 것이 아니다. 일상의 활동에 초점을 두는 것은 대부분의 사람들에게 쉽게 이해된다. 또한 기술 형성의 가치는 정신재활이 치유에 초점을 두거나 모든 사람들이 동일한 수준의 인간관계에 이르도록 하는 것이 아님을 의미한다.

세 번째 가치는 지원을 제공하는 것이다. 대부분의 실무자들은 자신을 도움을 제공하는 사람으로 본다. 정신재활에서는 내담자가 필요로 하고 원하는 만큼 도움이 제공된다. 지원이 제공되는 정도는 내담자가 얼마나 많이 지원받기를 원하느냐와 관련 있다. 대부분의 사람들은 도움을 지원으로 경험하는 정도와 기간에 대한 선호도를 가지고 있다. 자신이 원하는 만큼 지원이 이루어지지 않거나 선호하는 방식이나 특정 시기에 주어지지 않을 때, 내담자는 그 도움을 지지받은 경험으로 여기지 않을뿐더러, 오히려 방해로 생각한다.

> 대부분의 사람들은 도움을 지원으로 경험하는 정도와 기간에 대한 선호도를 가지고 있다. 자신이 원하는 만큼 지원이 이루어지지 않거나 선호하는 방식이나 특정 시기에 주어지지 않을 때, 내담자는 그 도움을 지지받은 경험으로 여기지 않을뿐더러, 오히려 방해로 생각한다.

네 번째 가치는 환경적 특정성이다. 장애를 가지고 있든 가지고 있지 않든 간에 사람들은 다양한 환경에 따라 다르게 반응하는 경향을 가진다. 예를 들어, 어떤 사람은 직장에서 동료와의 차이를 잘 이해할 수 있지만 상대적으로 가정에서는 가족과의 차이를 이해하는 데 어려움을 겪을 수 있다. 정신재활은 내담자가 선택한 특정 환경에서 요구하는 사항과 관련하여 그 사람을 평가하는 데 초점을 둔다. 정신재활은 특정한 주거, 학습, 직업 및 사회 환경에서 내담자가 상호작용하는 능력을 개선하도록 돕는 것과 관련이 있는데, 이러한 환경은 자연적으로 주어지는 환경이거나 주거, 학습, 직업 및 사회 환경에서 '실재하는 세계'의 환경이다.

다섯 번째 가치는 참여다. 사람들은 자기자신 또는 비슷한 문제를 가진 사람에게 영향을 주는 다양한 활동들에 참여할 권리를 갖는다. 실무자가 내담자의 참여를 목표로 삼는 것과 재활이란 사람과 함께하는 것이지 사람에게 하는 것이 아니라는 신념을 갖는 것이 중요하다. 참여의 가치는 재활 프로그램이나 서비스를 개발하는 방식에서도 나타난다. 즉, 정신장애를 가진 사람이 프로그램 설계 과정에 참여할 수 있도록 기회를 제공하고 있으며(즉, 프로그램 활동, 규칙과 정책), 제도 수준에서는 내담자가 재활 프로그램의 전달에 영향을 미치는 의사결정에 참여할 수 있도록 노력하고 있다. 이러한 재활의 핵심 가치로 인하여 재활 실무자들은 정신장애를 가진 사람들과 관련이 있는 모든 영역에서 당사자들과 협력하여 제도 전반에 대한 그들의 영향력을 옹호할 수 있다.

여섯 번째 가치는 선택이다. 사실 정신장애를 가진 사람은 그가 살고 있는 지역의 시민이다. 일반적으로 시민권은 자신이 살 곳과 일할 곳, 공부할 학교를 선택할 권리를 가지는 것을 포함한다. 게다가 대부분의 나라에서 시민권은 자신이 어떠한 삶을 살 것인가를 선택할 수 있는 권리를 의미한다. 이와 동일한 권리가 주어질 때까지 정신장애를 가진 사람의 시민권은 충족되지 못할 것이다. 정신재활 접근법은 내담자가 원하는 어떠한 수준의 선택이라도 할 수 있도록 기술과 지원을 제공한다. 예를 들어, 정신재활 프로그램에서 내담자는 어떤 환경 속에 던져지기보다는 선택할 수 있는 권리를 갖게 된다. 자기결정의 가치가 지니는 본래적인 품격을 떠나서라도, 정신장애를 가진 사람이 생활하고 학습하며 사회화하고 직업 활동을 하는 곳을 선택할 수 있도록 하는 것은 실제적인 사안이 된다. 선택이 명시적이든 함축적이든 간에, 다른 모든 사람들이 그러하듯 정신장애를 가진 사람도 자신이 선택한 곳에서 성공하기 위해 더 노력하는 법이다.

정신재활에서 나타나는 일곱 번째 가치는 성과 지향이다. 정신재활은 단순히 서비스를 제공하기 보다는 관찰 가능한 성과를 지향한다. 재활의 목표는 내담자에게 상담과 지원 서비스를 제공하는 것이 아니라, 그가 선택한 환경에서 성공과 만족감을 증가시킬 수 있도록 돕는 것이다. 프로그램 평가의 측면에서, 성과 지향의 가치는 정신재활 프로그램이 단순히 서비스의 제공(즉, 제공되는 서비스의 수, 시간)을 측정하지는 않는다는 것을 의미한다. 대신, 정신재활의 성과는 내담자가 선택한 환경에서 그가 경험하는 성공과 만족도의 수준에 의해 결정된다. 성공은 선택한 환경의 요구에 대한 당사자의 반응 능력이라는 관점에서 측정되는 것이고, 만족도는 그 환경에서 당사자가 보고한 경험의 관점에서 측정되는 것이다.

재활이 지닌 마지막 가치는 사람의 성장 가능성에 대한 믿음이다. 첫 번째 가치에서 언급되었듯이, 정신재활의 목표는 내담자를 고정된 어느 수준에 유지시키는 것을 넘어서는 것이다. 재활의 초점은 현재 기능력의 수준에 관계없이 선택한 환경에서 내담자가 경험하는 성공과 만족도에 있다. 모든 사람들은 성장 가능성을 가진다. 재활의 기본적인 메시지는 심각한 정신장애를 가진 사람들조차도 '가능성을 지니고 있다는 믿음'을 갖는 것이다(Beard et al., 1982: 47). 퇴보의 위험이 있는 경우에는 현 수준을 유지하는 것에 일시적인 초점을 두는 것이 필요할 수도 있다. Strauss(1986)는 재기의 과정에는 또 다른 개선의 단계로 나아가기 전에 정체기에서 얼마간의 시간이 소요될 수도 있음을 언급했다. 내담자가 스스로를 안정화하도록 돕는 것은 중요하다. 그러나 유지는 일시적인 목표다. 재활 실무자들은 결코 재활의 전 과정에서 유지를 강조해서는 안 된다.

정신재활의 가치에서 심각한 정신장애를 가진 사람들을 재활시키기 위해 설계된 다양한 프로그램에서 작용되는 일련의 원리를 유도해 낼 수 있다. 대부분의 재활 프로그램과 재활 장면의 기초가 되는 일련의 원리는 구체화가 가능하다. 그러

자기결정의 가치가 지니는 본래적인 품격을 떠나서라도, 정신장애를 가진 사람이 생활하고 학습하며 사회화하고 직업 활동을 하는 곳을 선택할 수 있도록 하는 것은 실제적인 사안이 된다. 선택이 명시적이든 함축적이든 간에, 다른 모든 사람들이 그러하듯 정신장애를 가진 사람도 자신이 선택한 곳에서 성공하기 위해 더 노력하는 법이다.

나 여러 정신재활 서비스 환경에서 일하는 실무자들이 다양한 학문적 전문성을 가지고 있어, 정신재활의 기초 원리를 특정화하는 작업은 쉽지 않다. 정신재활에 기본이 되는 원리를 규명하게 되면 다양한 정신재활 기관과 재활모델 그리고 그 안에서 실행되는 서로 다른 학문 분야 간에 공통성을 찾아낼 수 있을 것이다(Cnaan, Blankertz, Messinger, & Gardner, 1988). 1980년대 Beard (Beard et al., 1982), Lamb(1982), Dincin(1981), Grob(1983), Anthony(1982) 등은 저서들을 통해 정신재활의 필수적인 원리를 구성하는 요소가 무엇인지에 관한 합의가 이루어져 가고 있음을 시사하였다.

다음의 원리는 정신재활 실천의 근간이 되고 있으며, 실천 장면이나 실무자들의 전문 분야를 초월하여 활용되고 있다. 〈표 4-3〉은 정신재활의 아홉 가지 기본 원리를 제시하고 있다.

9가지 원리

1. 정신재활의 일차적인 초점은 정신장애를 가진 사람의 역량과 능력을 향상시키는 데 있다.

앞서 제시하였듯이, 재활은 일차적으로 병을 완화시키기보다는 건강을 극대화하는 쪽으로, 즉 단순히 증상을 감소시키기보다는 건강을 유도하는 방향을 지향하고 있다. 역사적으로 신체재활은 증상과 병리를 경감시키기보다는 능력을 증진시키는 데 강조점을 두었다. 병을 최소화하거나 억제한다고 해서 자동적으로 기능적인 역량이 증가하는 것이 아니라는 말은 잘 알려진 재활의 격언이다. 다시 말하면, 굴복하는 것보다는 대응하는 것, 즉 장애에 대해 난감해하고 절망에 빠지기보다는 오히려 의미 있는 적응이나 변화를 위해 도전하는 것을 강조한다(Wright, 1980). Dincin(1981)은 정신재활이 성장을 유도하는 기회를 제공해 준다고 말한다. 재활의 첫 번째 원리를 일컫는 단어들(예: 성장, 생산성, 건강, 대처, 기술, 능력, 역량)이 즐비하지만, 이러한 용어들은 이 원리가 내포하고 있는 의미를 명확하게 전달하고 있다.

표 4-3	정신재활의 기본 원리

1. 정신재활의 일차적인 초점은 정신장애를 가진 사람의 역량과 능력을 향상시키는 데 있다.
2. 정신재활이 내담자에게 주는 이익은 그들에게 필요한 환경 속에서 행동을 향상시켜 주는 것이다.
3. 내담자의 의존성을 지원함으로써 결과적으로 내담자의 독립적인 기능력을 증대시킬 수 있다.
4. 정신재활의 두 가지 기본적인 개입 방법은 내담자의 기술을 개발하는 것과 환경적인 지원을 개발하는 것이다.
5. 정신재활은 정신장애를 가진 사람의 주거, 교육 및 직업적 성과를 향상시키는데 초점을 둔다.
6. 내담자가 자신의 재활 과정에 적극적으로 참여하고 관여하는 것이 정신재활의 핵심이다.
7. 일반적으로 장기적인 약물치료는 재활 개입에 대한 보완책으로서 필요조건이 되기는 하지만 충분조건이 되는 경우는 드물다.
8. 정신재활은 다양한 기법을 사용하므로 절충적이라고 할 수 있다.
9. 희망을 가지는 것은 정신재활의 필수 요소다.

2. 정신재활이 내담자에게 주는 이익은 그들에게 필요한 환경 속에서 행동을 향상시켜 주는 것이다.

치료적인 통찰이 생기도록 하는 것은 정신재활의 일차적인 목표가 결코 아니다 (Anthony, 1982; Dincin, 1981). 정신재활은 정신 내적인 요인보다는 현실적인 요인을 강조하며(Lamb, 1982), 특정한 환경 속에서 무언가를 하는 내담자의 능력을 향상시키는 것을 강조한다. 여전히 장애가 있다고 하더라도, 재활을 통해 그 사람이 특정한 환경의 요구에 적응할 수 있도록 도와주고자 한다(Grob, 1983). 정신재활은 신체재활과 마찬가지로, 환경 내에서 어떤 행동을 수행할 수 있는 당사자의 능력에 초점을 맞춘다. 예를 들어, 시각장애인의 재활 성과는 시력보조장치 없이 활동하는 방법을 배우는 것만이 아니라, 어떤 필요한 환경(예: 집, 직장)에서 이러한 기술을 응용하여 사용하는 것이다. 따라서 성과란 환경과 밀접하게 연관되어 있는 것이다. 마찬가지로, 정신재활 전문가들은 단순히 기술(예: 대화 기술)을 향상시키는 방향으로만 일할 것이 아니라, 내담자가 지금 기능하고 있거나 앞으로 기능하게 될 구체적인 환경의 요구(예: 지역사회에 거주하는 것, 임시 작업장에 배치

되는 것)와 관련해서 기능력을 향상시키는 방향으로 나아가야 한다.

3. 내담자의 의존성을 지원함으로써 결과적으로 내담자의 독립적인 기능력을 증대시킬 수 있다.

지원이 제공되는 주거, 교육, 사회 및 직업 장면은 지원이 제공되지 않는 장면보다 내담자의 의존성을 더욱 증가시킨다. 이러한 장면들은 재활 개입이 주어지는 일반적인 환경이 된다. 과도한 의존심을 갖게 할 위험성에 대한 인식과 함께 정신재활 철학이 분류하고 있는 의존성의 유형을 잘 이해하고 있어야 한다(Havens, 1967). 한정된 수의 정신건강 관련 인력과 장면에 의존하는 것은 재활의 첫걸음이 되며, 이러한 의존은 본질적으로 파괴적인 것이 아님을 기억해야 할 것이다(Dincin, 1981).

때때로 몇몇 정신건강 프로그램에서는 독립심의 중요성이 부각되어 의존성의 가치가 절하되고 있다. 그러나 재활의 관점에서 보면, 의존성이란 단어는 '나쁜 말'이 아니다(Anthony, 1982). 사람이나 장소, 활동 혹은 사물에 대한 의존은 지극히 정상적인 삶의 부분이다. 우리 대부분은 주어진 역할을 수행하기 위해 전문가에게 의존하기도 하고, 비전문적인 사람에게 도움을 받기도 한다. 아마도 의사, 치과의사, 베이비시터 혹은 배관공은 우리가 고용하는 전문가이거나 우리의 가족 혹은 친구일 것이다. 우리는 다른 중요한 필요에 집중하기 위해서 단기간 혹은 장기간 동안 이들에게 의존하게 된다. 때때로 우리는 이들에게 집중적인 지원을 받기도 하지만, 또 어떤 때는 거의 지원을 받지 못하기도 한다. 컴퓨터, 기차, 건강보험, 종교, 노후 연금과 같은 일상적인 사항, 물건, 활동 등은 성공적이고 만족스러운 일상생활을 영위하기 위해서 대부분의 사람들이 의존하는 지원의 예가 된다. 이러한 관점에서 볼 때 전적으로 '독립적인' 사람은 없다.

신체장애를 가진 사람을 대상으로 하는 개입법에서는 종종 신체장애를 가진 사람들로 하여금 특정한 환경에서 사람이나 사물에 의존하도록 격려하는데, 이를 통해 그가 다른 환경에서 더욱 효과적으로 행동할 수 있기 때문이다(Kerr & Meyerson, 1987). 특수한 상황에서 특정한 사람이나 사물에 의존하도록 스스로를 허용하는 것

자체가 생소하거나 거부감을 느끼게 할 수 있기 때문에 주변의 격려가 요구된다. 대개의 의존은 일반적일 수 있지만, 내담자의 사적인 생각이나 감정을 밝혀내는 치료자에게 의존하는 것이나, 환자의 사적인 신체적 필요를 돌보아 주는 개인 간병인에게 의존하는 것은 그렇게 일반적이지 않다. 한 가지 기능 영역에서의 의존은 내담자가 다른 영역에서 자유로워질 수 있게 한다(Peters, 1985). 예를 들어, 사지가 절단된 사람은 일을 하기 위해 옷을 입을 수 있도록 도와주는 간병인에게 의존해야 전일제 직무를 유지할 수 있을 것이다. 신체재활에서의 의존성은 정도의 문제로서, 환경에 따라 또는 환경 내에서 자연스럽게 달라질 수 있는 것이다.

신체적 손상을 가진 사람이 자신의 환경 내에 있는 사람이나 사물에 의존하는 것은 유익한 것이다. 예컨대, 사지가 절단된 사람이 휠체어에 의존한다고 해서 비판받지는 않는다. 이러한 사람들의 신체적 의존이 가능하도록 하기 위해 사회적 편의시설이 개발되고 있다. 교정하지 않은 시력이 좌우 모두 2.0인 사람들만 운전할 수 있다는, 즉 안경을 쓴 사람은 운전면허를 취득하는 것이 금지된다는 법규가 생겨났을 때 일어날 수 있는 논쟁을 상상해 보라.

정신재활의 기술론을 사용하여 내담자가 전문가로부터 완전한 독립성을 획득하도록 하는 것에는 한계가 있다. 더욱이 사람이나 장소, 활동 또는 사물에 대해 의존하는 것은 정상적인 일인 것이다. 특정한 시기에 어느 정도의 의존성을 갖도록 하는 개입법, 예컨대 자격이 있는 사람이나 보조 기구를 활용하도록 하는 개입법은 사실상 다른 시기에 다른 환경에서 내담자의 기능력을 극대화할 수 있도록 하는 것이다 (Weinman & Kleiner, 1978).

4. 정신재활의 두 가지 기본적인 개입 방법은 내담자의 기술을 개발하는 것과 환경적인 지원을 개발하는 것이다.

신체재활이든 정신재활이든, 당사자를 개선시키거나 그 사람의 환경을 개선시키려는 개입법은 바로 재활 장면에서 오랫동안 사용되고 검증되어 온 재활의 이중적인 초점을 나타낸다(Wright, 1980). 내담자의 변화에 초점을 둔 방법에는 일반적으로 그가 처한 환경에서 보다 효율적으로 기능하는 데 필요한 특정 기술을 배우도록 하는 것이 포함되어 있다. 환경적인 변화에 초점을 둔 방법은 일반적으로 환경을 수정하여 내담자가 현재 기술 기능력을 사용할 수 있도록 편의를 도모하고 지원하는 것을 포함하고 있다.

전통적으로 신체재활 실무자들도 내담자에게 이 두 가지 유형의 개입법을 사용해왔다. 예를 들면, 물리치료사는 하반신이 마비된 사람에게 새로운 기술(예: 휠체어에서 침대로 몸을 옮기는 방법)을 가르치거나, 그의 현재 기술 수준에 보다 적합하도록 환경을 바꾸어 준다(예: 경사로 혹은 휠체어가 들어갈 수 있는 목욕탕을 만드는 것).

신체재활에서 사용되는 접근법과 마찬가지로, 정신장애를 가진 사람을 대상으로 하는 재활 접근법에서도 기술을 습득하거나 환경을 수정하는 데 초점을 맞추고 있다. 정신재활 접근법은 재활 성과와 가장 강한 상관이 있는 것이 증상이 아니라 당사자의 기술이라는 연구 문헌을 토대로 하고 있다. 더불어 재활 연구들이 계속해서 알려 주고 있는 사실은 정신장애를 가진 사람이 자신의 증상이 무엇이든지 간에 신체적, 정서적, 지적 기술을 배울 수 있다는 점이다. 더욱이 이러한 기술을 사용할 때 지역사회 내의 지원과 적절히 통합되면 내담자의 재활 성과에 중대한 영향을 미칠수 있다(Anthony, 1979; Dion & Anthony, 1987).

정신재활 장면은 기술 습득이나 환경 수정을 얼마나 체계적으로 하는가에 따라 차이가 있다. 기술 습득과 환경 수정을 비공식적으로 경험하면서 운영해 나갈 수도 있고(Beard et al., 1982; Dincin, 1981), 계획적이고 체계적으로 해 나갈 수도 있다(Cohen, Vitalo, Anthony, & Pierce, 1980; Cohen, Danley, & Nemec, 1985). 또 어떤 장면에서는 지원 개발을 강하게 주장하는 반면(Beard et al., 1982), 어떤 장면에서는 내담자의 기술 개발에 보다 초점을 두고 있다(Azrin & Philip, 1979).

> 정신재활 장면은 기술 습득이나 환경 수정을 얼마나 체계적으로 하는가에 따라 차이가 있다. 기술 습득과 환경 수정을 비공식적으로 경험하면서 운영해 나갈 수도 있고, 계획적이고 체계적으로 해 나갈 수도 있다.

5. 정신재활은 정신장애를 가진 사람의 주거, 교육 및 직업적 성과를 향상시키는데 초점을 둔다.

재활은 정신장애를 가진 사람이 사회 안에서 가치 있는 역할을 획득하거나 되찾을 수 있도록 한다. 다섯 번째 원리의 기초가 되는 '환경적 특정성'의 가치가 의미하는 것은 정신재활이 세입자, 주부, 부모, 지역사회 구성원, 학생 혹은 근로자 등과 같은 '역할'에 초점을 두고 있다는 점이다. 이러한 역할들이 특정한 물리적 환경 내에 자리 잡고 있기는 하지만, 하나의 구체적인 환경 장면으로 제한되지는 않는다. 예를 들어, '부모' 혹은 '지역사회 구성원'이라는 한 사람의 생활 상황은 아파트라는 특정 방식으로 구조화된 공간 안에서 다른 사람들과 함께 생활하거나 혼자 살아가는 것을 일컫지만, 이 사람의 전체적인 생활환경은 사회적 장면, 이웃, 가정, 동네 상점들까지 포함하는 것이다. 어떤 사람의 직업이 배달원이라고 할 때, 이 사람의 근무 환경은 사무실과 배달용 트럭 그리고 고객 회사 등이 되며, 직업을 통해 성공과 만족을 얻기 위해서는 특정한 기술이 요구된다. 재활에 대한 연구를 보면, 대다수의 사람들이 원하는 실제적인 성과는 이러한 역할과 함께 제대로 된 집, 알맞은 직업, 온당한 교육 등의 환경 장면이라는 사실을 밝히고 있다(Shepherd, Muijen, Deane, & Cooney, 1996; Rogers, Walsh, Masotta, & Danley, 1991).

주거 관련 사항을 어느 정도까지 정신재활 업무의 일부로 삼을 것인지에 대한 의견은 국가마다 다르다. 많은 국가들에서는 '재정착'이나 '병원에서 지역사회로의 전환'이라는 생각 자체가 자동적으로 새로운 생활환경의 개발이나 최신의 주거재활이라는 이슈를 만들어 낸다(예: Shepherd, 1998). 어떤 국가들에서는 사회적, 정치적 구조가 시민을 위한 강력한 안전망을 제공한다. 따라서 정신장애를 가진 사람의 '온당한 집에 대한 공통된 열망'은 미국과 같이 사회적 안전망이 공고하지 못하고 노숙자 문제가 심각한 걱정거리가 되고 있는 나라에서는 중대한 사안이 되지 못한다.

교육 성과는 최근에 들어서야 견고하게 자리를 잡게 된 주제다. 미국 사회에서 고등교육은 사회적 출세라는 '아메리칸 드림'을 추구하는 사람들에게 최우선적인 수단이 된다. 상위 교육을 받기로 결정하는 것은 자신의 인생을 되찾기 위해 한 걸음을 내딛는 것이다(Farkas, 1996). 매사추세츠 주에서 수행한 욕구 조사에 따르면, 설문에 응답한 314명 중 62.3%가 추후의 교육을 위한 지원을 바라고 있었다(Rogers et al., 1991).

정신장애 분야는 정신장애를 가진 사람의 재활에서 직업 혹은 직업과 유사한 활동이 매우 중요하다는 신념에 기반하고 있다(Cnaan et al., 1998; Connors, Graham, &

Pulso, 1987; Harding, Strauss, Hafez, & Lieberman, 1987). 국제 학술지에 출간을 한 많은 저자들이 직업 성과를 정신재활의 최우선 과제이거나 중요한 성과 중의 하나로 꼽고 있다(예: Bennett, 1970; Borzaga, 1991; Costa, 1994; Eikelmann, 1987; Harding, 1994; Lysaker & Bell, 1995; Mantonakis, Jemos, Christodoulou, & Lykouras, 1982; Savio & Righetti, 1993; Semba et al., 1993; Seyfried, 1987; Eikelmann & Reker, 1993; Dick & Shepherd, 1994; Shepherd, 1998). 재활의 원리에는 직업의 가치가 반영되어 있으며, 또한 정신재활 분야의 발전에서 직업 프로그램은 필수 불가결한 요소가 된다(예: Cochrane, Goering, & Rogers, 1991). 오래전에 Brooks(1981)가 지적하였듯이, 재활의 핵심은 일이다. 정신재활에서 직업적 성공이 갖는 중요성은 일찍이 파운틴 하우스의 지지를 받았다. 일은 파운틴 하우스 접근법의 핵심이며, 모든 활동의 근간이 된다. 파운틴 하우스 접근법의 개발자들은 "일, 특히 수입을 얻을 수 있는 일자리를 갖는 기회는 모든 인간의 생활에서 지극히 생산적이고 통합적인 힘이 된다."(Beard et al., 1982: 47)라고 믿는다.

  마지막으로 한 가지 언급할 것이 있는데, 재활의 초점을 주거재활과 교육재활 그리고 직업재활의 성과에 둔다고 해서 인생의 사회적인 측면이 지닌 중요성을 배제한다거나 무시하는 것이 아니라는 점이다. 우정, 데이트, 여가 활동, 스포츠 활동은 성공적인 생활을 하고, 무엇을 배우거나, 직장에서 성공적이고 만족스러운 성과를 성취해 내는 것과 관련이 있다. 사회적인 일이나 사교 활동을 잘 해내는 것은 매우 중요한데, 특히 심각한 정신장애를 가진 사람이 가지는 고립감을 극복하는 문제에서는 더욱 그러하다(Paterniti, Chellini, Sacchetti, & Tognelli, 1996; Thornicroft & Breakey, 1991; Thornicroft, 1991). 그러나 대부분의 경우에 사회생활이란 숙련된 사회 기술을 형성하는 것과 만족스러운 생활환경이나 직장과 학교 상황에서 발생하는 사회활동과 사회적인 지원을 바탕으로 이루어진다. 예를 들면, 도심의 아파트에 거주하는 지역사회 구성원의 역할에는 공원에 산책하러 가자거나 저녁에 영화를 보러 가자고 친구를 초대하는 기술이 포함된다. 이 세상에는 영원히 지속되는 상황이나 역할이란 존재하지 않는다. 하지만 이런 활동들은 한 사람이 만족하면서 성공적으로 살아가는 능력의 일부분을 반영한다. 따라서 이 활동들은 그 사람이 갖는 '주거' 성과의 일부분을 구성하는 것이다. 또한 어떤 사람이 만족하고 성공적인 직장인으로서 생활하기 위해서 동료와 함께 점심을 하거나 퇴근 후에 사회적 관계를 맺을 수 있다. 그러나 어떤 사람들에게는 특정한 사교 모임의 회원이 되는 것이 실제로 바라는 중요한 역할이 되기도 한다. 모임의 구성원이 되는 것, 한 예로 어떤 모임에서 회계 담당자가 되는 것에는 신체적, 정서적, 지적으로 요구되는 조건들이 상당 기간 지속된다. 따라서 재활은 이러한 요구를 분석하여 한 사람이 특정한 사회 환경 속에서 만족하면서 성공적으로 살아가는 방법을 개발시켜 줄 수 있다.

6. 내담자가 자신의 재활 과정에 적극적으로 참여하고 관여하는 것이 정신재활의 핵심이다.

정신장애를 가진 사람의 참여에 가치를 두는 것은 정신재활을 당사자가 이끌어 가는 과정이 되도록 노력하게 한다. 즉, 정신장애를 가진 사람과 실무자 사이의 관계는 재활의 전 과정에 걸쳐 이루어지는 적극적인 협력 관계인 것이다. 초기 연구 문헌들은 내담자와 실무자가 가지고 있는 재활의 목적이 상이하다는 것을 보여 준다(Dellario, Goldfield, Farkas, & Cohen, 1984; Makas, 1980). 또한 배우는 사람의 참여가 없이는 도움(Carkhuff, 1969)이나 교육(Aspy & Roebuck, 1977)을 제공하는 것 자체가 어렵다는 것을 말해 준다. 따라서 정신재활의 진단과 개입 단계는 내담자의 관점에 토대를 두고 있다(Anthony, Cohen, & Farkas, 1982).

내담자의 참여를 유도하기 위해서는 재활 과정에 대한 설명과 이해가 요구된다. 재활 개입은 신비하게 보여서는 안 된다. 실무자는 반드시 재활의 신비성을 거두어 내도록 끊임없이 노력해야 한다. 정신장애를 가진 사람은 재활되는 것이 아니다. 그들은 자신의 재활 과정에서 스스로 적극적이고 용기 있는 참여자가 되어야만 한다(Deegan, 1988: 12). 이것은 재활이 '어떠한 도움 없이도 자신이 선호하는 것을 설명하거나 스스로 결정을 내릴 수 있는', 소위 기능 수준이 높은 사람에 의해서만 이루어질 수 있다는 것을 의미하는 것이 아니다. 대신에 기능 저하의 정도와 상관없이, 정신장애를 가진

> 실무자는 반드시 재활의 신비성을 거두어 내도록 끊임없이 노력해야 한다.

사람이 재활에 참여하는 데 필요한 기술이나 지원을 제공해야 할 책임이 재활 실무
자에게 있다는 것을 의미하는 것이다. 장애의 정도가 광범위할수록 더 오랜 재활 과
정이 필요할 것이고, 더 오랜 준비 시간이 요구될 것이다. 어떤 사람에게는 단지 의
자에 앉아 일정 시간 동안 다른 사람에게 주의 집중을 하도록 하는 행동수정 프로그
램이 필요할지도 모른다. 또 어떤 사람에게는 집중적으로 신뢰관계를 형성하거나
재활 준비도를 개발하는 기간이 필요할 수 있는데(Cohen, Forbess, & Farkas, 2001),
여기서의 주된 목적은 재활 과정에 흥미를 갖도록 하거나 도움을 제공하는 사람과
어느 정도의 관계를 맺도록 도와주는 것이 된다. 또 다른 사람은 재활 과정 자체에
참여하기 위해 요구되는 기술과 지식을 배울 수 있다. 일례로, 이 사람은 재활 목표
를 설정하는 과정에서 어떻게 결정하고 선택하는지를 배우게 된다(Cohen, Farkas,
Cohen, & Unger, 1991). 어떤 사람에게는 참여를 장려하는 과정을 안내하는 방식에서
변형이 필요할지도 모른다. 예를 들면, 재활 과정의 어떤 단계를 전달하기 위해
글 대신 그림을 사용하거나, 불안해하는 내담자에게 사무실에 앉아 있기를 요
구하는 대신에 산책을 하면서 면담을 하거나, 내담자를 한 시간 내내 붙잡고 있
는 대신 15분 동안만 만나는 것 등이 가능하다.

　　내담자의 참여에는 다른 내담자를 위한 서비스를 계획하고 제공하는 일이 포함된
다. 이러한 수준으로 더 많은 내담자들이 참여하도록 요청하는 현상은 미국에서뿐만
아니라 호주(Rosen, 1985)와 캐나다(Trainor & Church, 1992) 등과 같은 나라들에서도
10여 년이 넘는 기간 동안 주목을 받고 있다(소비자가 운영하는 정신건강 서비스와 권익
옹호 활동에 대해서는 제8장에서 강조하고 있음). 파운틴 하우스에서는 회원(내담자)들이
파운틴 하우스 접근법에서 맡아 할 수 있는 여러 가지 역할을 증대시키고 풍부하게
할 수 있도록 고안된 회원훈련 프로그램을 실시해 왔는데, 이 프로그램은 다른 회원
들을 위한 아웃리치 서비스, 회원 교육, 권익 옹호, 평가 연구 등을 포함하고 있다
(Beard et al., 1982; Wang, Macias, & Jackson, 1999). 마지막으로, 적극적인 참여의 원리
를 실현화하는 또 다른 방편으로 프로그램 및 제도 행정가들은 정신장애를 가진 사
람이 정신건강이나 재활 전문가로 고용될 수 있도록 내담자의 경력 개발을 지원하
고, 제도적인 지원이 제공될 수 있도록 노력해야 한다(Mowbray et al., in press).

7. 일반적으로 장기적인 약물치료는 재활 개입에 대한 보완책으로서 필요조건
이 되기는 하지만 충분조건이 되는 경우는 드물다.

약물치료는 지난 수십 년간 장기적인 정신과 치료를 요하는 거의 모든 사람
들에게 제공되어 왔다. 1974년에 Ayd(1974)는 90%에 달하는 입원 환자들이 적
어도 한 가지 이상의 신경이완제를 처방받았다고 보고했다. Dion, Dellario 및
Farkas(1982)는 매사추세츠 관할 지역에서 심각한 장애를 가진 입원 환자와 퇴원 환
자의 표본 중 96%가 적어도 한 가지 이상의 신경이완제를 복용하고 있음을 발견하
였다. 마찬가지로, Matthews, Roper, Mosher 및 Menn(1979)은 처음으로 입원한 젊
은 정신분열병 환자들 모두가 지역사회정신건강센터의 입원병동에서 약물치료를
받았다고 보고했다. 일반적으로 입원치료를 받는 90~100%의 정신과 환자들이
신경이완제로 치료를 받는 것으로 나타났다.

어떤 사람들이 약물치료를 필요로 하거나 원하지 않는다는 사실 그리고 어떤 혁
신적인 치료 프로그램이 약물치료를 하지 않더라도 동일하거나 더 좋은 치료 효과
를 낸다는 증거에도 불구하고, 약물치료는 보편적으로 사용되고 있다. 1976년에
Gardos와 Cole은 유지 약물을 복용하는 퇴원 환자들 중 50%가 유지 약물을 복용할
필요가 없다고 결론지었다. 신경이완제의 복용에 대한 많은 연구들도 이와 유사한
결과를 보고하고 있다. 보통 신경이완제를 복용하는 사람들 중 20~50%가 재발을
보고한 반면, 위약을 복용한 사람들 중 20~30%는 재발하지 않은 것으로 보고되었
다. Lieberman과 동료 연구자들(1998)은 정신분열병을 가진 사람들의 30~60%
정도가 전형적인 항정신성 약물치료에 반응하지 않거나 부분적으로만 반응한다고
추정했다. 이러한 발견들은 상당한 수의 내담자들이 신경이완제의 복용 없이 잘 활
동할 수 있는데도 계속해서 신경이완제를 복용하고 있다는 것을 시사하고 있다. 많
은 내담자들은 신경이완제를 복용하지 않더라도 잘 기능할 수 있기 때문에, 혹은 적
극적인 재활 프로그램이 약물의 필요성을 줄여 주기 때문에 신경이완제를 필요로
하지 않는다(Carpenter, Heinrichs, & Hanlon, 1987; Matthews et al., 1979; Paul, Tobias,
& Holly, 1972).

이러한 개입법 연구에 더하여, 대다수의 문헌 고찰에서는 보다 적은 용량의 신경

이완제로도 같은 약물의 훨씬 더 많은 용량과 동일한 효과를 낼 수 있다고 지적해 왔다(Bergen, 1997). 수십여 년 전 지연성 운동장애에 대한 특별위원회(1979)에서는 규칙적인 신경이완제 복용의 필요성을 확인하기 위해 휴약기(약을 먹지 않는 기간)를 가져 볼 것과 신경이완제의 양을 감소시키기 위해서 용량을 낮추어 먹어 보는 시범 시행을 제안하였다(Kane, 1987). 어떤 내담자에게는 유지 약물을 복용하기보다는 간헐적으로 신경이완제를 복용하도록 하는 새로운 접근 방법이 연구되어 왔다(Carpenter, McGlashan, & Strauss, 1977; Carpenter, Heinrichs, & Hanlon, 1987; Herz, Szymanski, & Simon, 1982).

증상을 치료하고 부작용을 줄이는 데서 새로운 약물이 현저하게 발전하고 있다고 해도(Buchanan et al., 1998; Kane et al., 1988; Pickar et al., 1992) 장기적인 약물치료가 재활 개입의 보완책으로서 충분조건이 될 수 없다는 일곱 번째 원리의 중요성은 약화되지 않는다. 오히려 이러한 신약들이 재활과 다른 서비스의 제공 가능성을 보다 향상시키는 듯하다(Viale et al., 1997). 즉, 새로운 약을 처방받은 사람이 다른 서비스에 보다 적합하고 더 많은 이익을 얻는 것으로 보인다(Menditto et al., 1996). 그러나 사회적, 직업적 기술에 대한 약물의 효과는 직접적으로 드러나지 않는다. 더하여 약물은 지역사회 지원 서비스 중 일부로 여겨지고 있다(Aquila, Weiden, & Emanuel, 1999; Bond & Meyer, 1999; Falloon et al., 1998).

정신약물학에 대한 많은 연구가 이루어졌음에도, 최근의 문헌을 고찰해 보면 약물이 재활 성과에 미치는 효과, 즉 내담자가 특정 환경에서 기능하는 능력에 대한 효과에 대해서는 거의 주의를 기울이지 않고 있음을 알 수 있다(Bond & Meyer, 1999; Wahlbeck et al., 1999). Docherty, Sims 및 van Kammen(1975)은 유지 신경이완제 치료 연구를 고찰하면서 31개의 연구 중 4개만이 신경이완제가 증상이나 재입원이 아닌 다른 차원에 미치는 효과성을 측정하였다는 것을 확인하였다. Englehardt와 Rosen(1976)은 약물치료만으로는 주거 환경이나 직업 환경에서 내담자가 활동하는 능력을 다루기에는 불충분하다고 주장하였다. 지난 수십 년 간의 연구들은 정신장애를 가진 사람을 위한 약이 주로 증상에는 효과가 있지만, 직업과 주거상의 성과에는 효과가 없다는 의견을 지지해 왔다(Dixon, Weiden,

Torres, & Lehman, 1997). Englehardt와 Rosen(1976)의 약물치료와 재활 성과 간의 관계성에 대한 주장은 지난 20년 동안 실증적인 도전을 받아 본 적이 거의 없다.

약물치료와 재활 간에 입증할 만한 관계가 적다는 것은 그리 놀랄 만한 일이 아니다. 단순히 약물치료만으로는 한 사람이 지역사회 내에서 살아가고, 배우고, 사회활동을 하고, 일을 하는 데 필요한 기술과 에너지 및 지역사회의 지원을 개발할 수 없는 것이다. 증상 행동에 대한 약물치료의 효과가 재활을 할 수 있도록 준비시킨다는 생각이 들기도 한다. 특히, 새로 나온 약물의 경우가 그러한데 약물치료와 재활 간의 관계를 약간 다른 방식으로 볼 수도 있다. 즉, 재활 개입법이 약물치료를 하지 않거나 줄일 수 있도록 지원해 주는 것으로 생각될 수 있다. 말하자면, 일단 약물치료를 통해 내담자가 재활할 준비가 되면, 성공적인 재활 개입법이 그 사람이 약물치료를 줄일 준비를 할 수 있도록 도울 것이다.

> 약물치료와 재활 간에 입증할 만한 관계가 적다는 것은 그리 놀랄 만한 일이 아니다. 단순히 약물치료만으로는 한 사람이 지역사회 내에서 살아가고, 배우고, 사회활동을 하고, 일을 하는 데 필요한 기술과 에너지 및 지역사회의 지원을 개발할 수 없는 것이다.

정신재활의 실천과 연구에 관련하여 약물에 대한 두 가지 이슈가 있는데, 치료 강요와 약물 비순응을 둘러싼 논쟁이다. 정신재활 분야에서는 선택과 자기결정 및 참여에 가치를 두고 있으며, 재활은 정신장애를 가진 사람과 함께하는 것이지 그들에게 행하는 것이 아니다라는 철학에 기초를 두고 있다. 치료 강요와 비자발적 참여는 정신재활의 철학에 위배된다. 사실상 강요된 재활이란 말은 모순적인 것이며, 재활이 될 수 없는 것이다. 비록 공포스러운 수준이 아니더라도 정신재활은 여전히 강요와 비자발적 참여가 일어나는 서비스 제도 안에서 운영되고 있다(Barrett, Taylor, Pullo, & Dunlap, 1998). 그러나 이성적인 사람들은 강요의 유익에 대해 동의하지 않고 있으며(Chamberlin, 1998; Fisher, 1998; Johnson, 1998), 실험 연구에서도 비자발적인 참여의 영향력에 대해 조사하고 있다(Cournos, McKinnon, & Stanley, 1991). 치료 서비스 범위 내에서 강요된 치료에 대한 토론과 연구가 뜨겁게 진행되고 있지만, 강요된 치료를 감소시키려는 노력은 '선택'에 높은 가치를 두고 있는 재활이 수행해야 할 책무인 것이다.

치료 강요에 관한 이슈로 약물 비순응 문제와 약물을 거부할 수 있는 권리가 있다. 역사적 자료를 고찰해 보면, 평균적으로 페노티아진에 대해서는 48%, 항불안제나 항우울제에 대해서는 49%, 리튬에 대해서는 32%가 약물을 거부했음을 보여 준다(Barofsky & Connelly, 1983). 심각한 정신질환에 대해 처방된 약물치료의 거부 비율은 약 40%로, 이는 신체장애에 대해 처방된 약물치료의 거부 비율과 비슷한 수준이다(Kuipers, 1996). 본질적으로 강제성과 결속될 수 없는 정신재활 분야는 약물치료와 강제 치료의 거부 문제와 관련을 맺어 왔다. 정신재활 실무자들에게는 강제성이 선택 사항이 아니기 때문에 내담자를 협력적 재활 모험에 끌어들이기 위해 작업해야 한다. 무엇보다도 재활의 관점에서는 어떤 사람이 치료를 거부하는 이유를 단지 그 사람의 결함 때문인 것으로 가정해서는 안 된다. 또한 정신재활은 환경적 요인에도 초점을 맞춘다. 강제성을 피할 수 있는 분위기를 조성하는 환경적 요인에는 치료 제공자와 소비자 사이의 치료적 동맹 또는 치료적 협력 관계를 개선하는 것(Barrett et al., 1998; Fenton, Blyler, & Heinssen, 1997; Johnson, 1998)과 내담자에게 약물치료의 대안을 탐색하도록 이끄는 것(Barrett et al., 1998; Matthews et al., 1979)이 포함될 수 있다. 더 나아가 약물의 유해한 부작용에 대해서도 약물의 이점과 비교하여 솔직하게 언급하고, 마찬가지로 비정신과적 치료의 실상에 대해서도 숨김없이 논의해야 한다(Chamberlin, 1998; Kemp et al., 1998). 이와 관련해서 약물치료에 대한 내담자의 태도는 솔직하게 확인될 수 있는데(Awad & Hogan, 1994; Garavan et al., 1998), 이것은 내담자 참여의 가치에 부합하는 것이다. 약물 복용에 대한 지원이나 지원의 부족을 내담자가 어떻게 인식하느냐에 대한 것도 논의되어야 할 또 다른 중요한 사안이다(Fenton et al., 1997).

　Stawar와 Allred(1999)는 약물치료를 중지하는 이유에 대해 소비자와 직무자 간의 차이를 연구했다. 흥미로운 점은, 약물치료를 중단하는 이유에 있어서 직무자들에 비해 소비자들이 인지적이고 대인관계적인 요인을 언급한 비율이 더 높았다는 것이다. 내담자들이 제시한 이유로는 '단순히 잊어버려서', '먹고 나면 너무 힘들어서', '다른 사람들이 나를 낙심시켜서', '너무 혼란스러워서' 등이 있었다. 각각의 이유들은 구체적인 개입이나 논의의 대상이 될 수 있다. 특히, 소비자 중 1/3(직무자 중에는 거의 없었음)이 약물 중단의 이유가 '너무 혼란스러워서'라고 응답한 사실은 주목할 만하다. 상호 동의한 약물 복용을 따르게 하는 것은 정신장애를 가진 사람에게 가르칠 수 있는 기술이 된다. 약물치료자들도 재활 진단이 약물치료의 필요성과 관련되는 어떤 부가적인 정보를 제공해 주는지를 생각해 보고 싶을 것이다. 아마 내담자의 기술 수준과 제공받을 수 있는 지원의 정도에 따라 내담자의 약물치료에 대한 반응을 일부 예견할 수 있을 것이다.

요약하면, 약물치료가 재활을 하는 데 필요하기는 하지만 충분한 보완 요소가 되는 경우는 드물다고 할 수 있겠다. 재활의 관점에서 보면, 약물치료는 유용한 서비스이기는 하지만 재활 프로그램 전부를 대신하기는 어렵다. 치료적 관점에서 약물치료자는 재활 실무자와 마찬가지로, 내담자의 재기라는 맥락에서 자신이 제공하는 서비스를 바라보아야만 한다. 재기를 지향하는 제도에서 약물치료는 더 이상 모든 서비스를 결정하는 주요 동력이 되지 못한다. 약물은 증상을 감소시키는 것뿐만 아니라 재기를 촉진하기 위해 고안된 제도의 한 구성 요소로 고려되어야 할 것이다. 약물치료의 궁극적인 목적은 단순히 증상을 감소시키는 것이 아니라, 한 사람이 자신의 삶에서 의미와 목적을 발전시키고 증상으로 인한 방해를 최소한으로 받으면서 지역사회에서 기능할 수 있도록 도움을 주는 서비스 체계의 일부가 되는 것이다. 이를 통해 치료를 담당하는 임상가는 치료 과정에 내담자를 참여시키고, 그가 존중감과 존엄성을 가지고 치료 과정에 임하게 하여 재기의 가능성을 높일 수 있는 것이다. 이러한 실천이 충분하지 못하다면 재기의 가능성 또한 경감될 것이다.

8. 정신재활은 다양한 기법을 사용하므로 절충적이라고 할 수 있다.

지금까지 이루어 온 재활의 철학(즉, 가치와 원리)과 성과는 정신재활 실천의 안내자가 된다. 재활은 성과 지향이라는 가치에서는 일관성을 가지지만, 어떠한 이론(예: 성격이론, 정신분석학)에도 얽매이지 않는다. Grob(1983: 278)은 정신재활의 특성을 "이론에서는 절충적이고 적용에 있어서는 실용적"이라고 묘사하였다. Dincin(1981)은 정신재활을 실행하는 것이 정신질환의 원인에 대한 어떤 특정 이론을 수용하는 것에 따라 달라지는 것이 아니라고 하였다. 정신재활의 실천에서는 재활의 가치와 일치하고, 의도하는 목적에 효과적인 기술이 어떠한 이론적 토대를 두고 있더라도 자유롭게 수용되고 있다. Hogarty(1999)는 발달이론이 정신재활의 연구와 실천에 어떻게 적용될 수 있는지에 대한 실용적인 예를 보여 준다.

9. 희망을 가지는 것은 정신재활의 필수 요소다.

재활은 모든 사람들이 성장 잠재력을 가지고 있다는 신념에 가치를 두고 있으며, 그에 따라 희망이 필수적이라는 원리에 가치를 두고 있다. 재활은 미래지향적이며, 미래에 대한 희망감을 새롭게 하거나 되살아나게 하여 현재의 과제를 이끌어 간다. Dincin(1981)은 정신재활 장면의 분위기가 희망감이 가득 차고 미래지향적이어야 한다고 주장한다. 파운틴 하우스에서는 '미래에 대한 희망적 견해'를 주입시키려고 노력한다(Beard et al., 1982: 49).

초기의 신체재활 실무자들(Wright, 1960)과 정신치료 실무자들(Frank, 1981)은 재기 과정의 결정적인 요인으로 희망과 긍정적인 기대의 중요성을 인정해 왔다(Deegan, 1988). Anthony, Cohen 및 Cohen(1983)은 나아짐에 대한 통계적 확률이 어떻든지 간에, 내담자가 갖는 나아짐에 대한 희망이 어떠한 재활 개입에서도 중요한 요소가 된다고 주장하였다. 반대로, 나아짐에 대한 희망이 없는 경우에는 정신재활을 실천하는 데 문제가 발생된다. Russinova(1999)는 실무자들에게 '희망을 불어넣는 능력'의 개념에 대해 소개했는데, 이는 정신장애를 가진 사람에게 희망을 불어넣고 유지시킬 수 있는 실무자의 능력을 의미한다. 무망감이 재활 장면에 스며 들어가 실무자의 태도를 오염시켜 버리면 정신재활을 실천하는 과정 동안 발생하는 끝없이 어려운 요구들이 실무자를 압도해 버리기 때문에 얻을 수 있는 성취 가능성마저 줄어들게 된다. 희망을 대변해 주는 요인들은 정신재활 연구를 통해 측정할 수 있다(Landeen et al., 2000; Littrell, Herth, & Hinte, 1996).

앞서 신체재활과의 은유에서 언급하였듯이, 지속적이거나 심각한 신체적 손상(예: 당뇨병, 뇌졸중, 관절염)이 자동적으로 장기적인 장애를 불러일으키는 것은 아니다. 그것은 단지 어떤 특정한 영역에서 지속적인 장애의 위험을 증가시킬 뿐이다. 예컨대, 하반신 불수인 사람은 걷는 것에서 기능 저하를 보이기 때문에 소방수가 되고자 할 때는 장애를 갖겠지만, 사고하는 측면의 기능이 저하된 것이 아니기에 컴퓨터 프로그래머로서 장애를 가지는 것은 아니다. 정신장애를 가진 사람의 경우 모든 영역에서 언제나 기능력이 저하되어 있는 것은 아니며, 모든 역할에서 장애를 가지고 있는 것도 아니다. 정신재활은 일부분이거나 많은 부분 혹은 모든 영역에서 재기가 가능하다는 신념을 가지고 있다.

희망을 갖는 것은 언제나 필요하지만, 때로는 희망만으로는 불충분하다. 희망찬 자세는 지속적으로 발전하고 있는 정신재활의 기술론과 결합되어야만 한다. 희망과 기술론의 진보는 밀접한 관계를 가지고 있다. 희망은 새로운 기술론을 낳고, 새로운 기술론은 새로운 희망을 낳는 것이다.

재기의 비전과 재활 철학

제2장에서 언급하였듯이, 역사적으로 있어 왔던 오해들과는 대조적으로 정신장애를 가진 사람은 심각한 정신질환으로부터 재기할 수 있다. 개인적인 재기의 경험에 대한 자서전의 등장과 함께, 이러한 '패러다임의 전환'은 재기의 비전을 탄생시켰다.

정신질환으로부터 재기(Recovery)[2]하는 것은 질환 자체로부터 회복(recovery)하는 것보다 더 큰 의미를 지닌다. 정신질환을 가진 사람은 자신의 존재에 대한 차별적 경험, 치료 환경이 일으키는 부적 효과, 자기결정력에 대한 기회의 결핍, 실업의 부정적인 영향 그리고 깨진 꿈으로부터 재기해야 할 것이다. 재기는 긴 시간이 소요되는 복합적인 과정이다.

> 정신질환을 가진 사람은 자신의 존재에 대한 차별적 경험, 치료 환경이 일으키는 부적 효과, 자기결정력에 대한 기회의 결핍, 실업의 부정적인 영향 그리고 깨진 꿈으로부터 재기해야 할 것이다.

재기의 주체는 장애를 가진 사람이다. 치료나 사례관리, 재활에서 조력자의 역할은 재기를 촉진하는 것이다(Anthony,

---

2) 병으로부터 일반적으로 나아짐을 의미하는 회복의 의미는 William Anthony가 이야기하는 재기의 개념과 다르다. 혼동을 피하기 위하여 Recovery보다는 Procovery를 사용하는 것에 대한 논의도 있다-역주.

1991). 흥미롭게도, 재기의 경험은 생각보다 일반적이다. 지속적인 질병의 악화와 재발을 경험하고 있는 사람(예: 다발성 경화증, 암)은 누구든지 재기를 위해 노력한다. 사회적 역할과 정체성의 급격한 변화 가운데 회복의 기쁨과 안도 그리고 상태가 악화되는 것에 대한 잠재된 공포 사이에서 양가감정을 가지면서도 자신의 삶을 전진시키기 위한 노력은 정신장애를 가진 사람의 재기 경험을 잘 비유하고 있다(Farkas, Gagne, & Anthony, 2001). 재기는 질병과 장애 영역 자체를 초월하는, 진정으로 통합된 인간의 경험이다. (조력자를 포함한) 모든 사람들이 삶에서 개인적인 파국(예: 사랑하는 사람의 죽음, 이혼, 유기)을 겪거나 일화적이고 반복적인 사회적 재난(예: 전쟁, 경제난)(Farkas, Gagne, & Anthony, 2001)을 경험하기에, 재기를 향한 도전은 일생의 어느 순간에서 직면하게 되는 과제인 셈이다. 재난으로부터 성공적으로 재기했다고 해서 이러한 경험이 있었다는 사실과 그 영향이 잔존한다는 사실, 이로 인하여 한 사람의 삶이 영원히 변화되어 버렸다는 사실 그리고 재난 사건이 다시 일어날 수도 있다는 사실은 결코 변하지 않는다. 성공적인 재기는 그 사람이 변화되었다는 것과 그로 인해 이러한 사실들의 의미가 달라졌다는 것을 뜻한다. 이 사실들은 더 이상 한 사람의 삶에서 중요한 요소가 되지 못한다. 이 사람은 새로운 흥미와 활동으로 옮겨 가게 된다(Anthony, 1993).

보스턴 대학교의 Spaniol과 동료 연구자들(Spaniol, Gagne, & Koehler, 1999; in press)은 재기에 관한 개념적이고 실증적인 작업에 전념하고 있다. 무엇보다도 이 학자들은 재기의 과정에서 아직까지 배워야 할 것이 많다는 것을 알고 있다. 이들은 정신질환을 가진 사람이 재기해야 할 많은 영역들에 초점을 맞춰 연구하고 있는데, 즉 전문가의 부정적인 태도와 내담자를 평가절하하고, 역량을 저해하는 프로그램 및 서비스 실천과 환경, 질환과 그에 동반하는 치료의 경험, 정신건강 직무자의 조력 기술의 부족, 다양한 기회의 결핍, 사회적 차별 등이 이에 속한다. 정신건강 기관의 직무자들은 정신사회적 관점에서 정신장애를 가진 사람들이 다양하고 반복적인 외상으로부터 재기해야 한다는 것을 이해해야 한다. 실무자가 정신장애를 가진 사람이 자아정체감, 타인과의 유대감, 자신의 삶을 관리하는 힘, 가치를 두는 역할 그리고 스스로에 대한 희망을 다시 찾기 위하여 재기를 향해 노력하고 있음을 이해할 때 재기의 과정에 도움을 줄 수 있다(Farkas & Vallee, 1996).

재기의 비전은 이제 정신재활 철학의 중요한 요소가 되었다. 다가올 수년 안에 재기의 비전은 정신재활의 실무에 근간이 되는 가정을 이끌어 갈 등대와 같은 역할을 할 것이다.

아직까지 재기에 대한 개념이 완전히 이해되지는 않았다 하더라도, 재기의 비전이 정신재활 영역 안으로 통합될 때 정신재활의 실무에 근간이 될 사고를 형성해 나갈 수 있을 것이다. 정신장애로부터 재기하는 과정에 대한 연구들이 아직까지는 광범위하게 진행되고 있지 않은 실정이다. 재기 과정의 쉽게 예측할 수 없는 본질적인 특성은 재기를 신비롭고, 대부분 주관적인 과정으로 만들어 버린다. 심각한 장애를 가진 사람과 외상을 경험한 사람의 말과 행동은 우리로 하여금 그 과정을 어렴풋이 이해할 수 있도록 돕는다(Herman, 1992; Weisburd, 1992). 이러한 자료에서 나온 정보를 기초로 하여 재기에 관한 일련의 가정이 확인되었다.

1. 재기는 전문가의 개입 없이도 가능하다.

재기의 주체는 전문가가 아닌 내담자 자신이다. 전문가의 과업은 재기를 돕는 것이며, 장애를 가진 당사자의 일은 재기하는 것이다. 재기는 내담자의 자연적인 지지체계에 의해서 쉽게 촉진될 수 있다. 만일 재기가 우리 모두가 경험하는 일반적인 인간의 경험이라면, 개인적으로 재기를 경험하는 사람은 그 과정을 통해 타인을 도울 수도 있을 것이다. 자조집단, 가족 그리고 친구는 이러한 현상의 좋은 예다.

정신건강 서비스 제공자의 경우에는 재기를 촉진하는 것이 단순히 정신건강 서비스를 나열하는 것이 아님을 인식하는 것이 중요하다. 또한 정신건강 접근과 직접적으로 관련이 없는 활동과 조직 역시 재기에 필수적인데, 운동, 클럽, 평생교육, 교회 등이 그 예다. 재기를 위한 길은 여러 가지가 있는데, 정신건강제도에 속하지 않기로 선택하는 것이 여기에 포함될 수 있다.

2. 재기가 필요한 사람을 믿어 주고 옆에서 지켜봐 주는 사람의 존재는 재기의 공통 분모가 된다.

한 사람이 재기하는 데에는 자신이 필요로 할 때 '바로 거기에' 있어 줄 것이라고 믿음을 주는 사람이 결정적으로 중요하며, 이는 재기의 개념에 대한 보편적인 인식이다. 재기의 과정에 있는 사람은 비록 자기 스스로를 믿지 않을 때도 자신을 믿어 주었던 사람, 자신의 재기를 격려하면서도 압박하지 않던 사람, 말이 되지 않는 이야기를 해도 이해하고 들어 주려고 노력했던 사람에 대하여 언급한다.

> 한 사람이 재기하는 데에는 자신이 필요로 할 때 '바로 거기에' 있어 줄 것이라고 믿음을 주는 사람이 결정적으로 중요하며, 이는 재기의 개념에 대한 보편적인 인식이다.

재기는 심오한 인간의 경험이며, 타인의 깊은 인간적인 반응에 의해 촉진되는 것이다. 재기는 어느 누구에 의해서라도 촉진될 수 있다. 재기는 모든 사람의 과업이 될 수 있다.

3. 재기의 비전은 정신질환의 원인에 관한 특정한 이론과 관련 있는 것이 아니다.

정신질환의 원인을 생물학적이나 정신사회적인 것으로 간주하면 전문가와 옹호자, 소비자 사이에 심각한 논쟁을 불러일으키게 된다. 재기의 비전을 채택하는 것은 이 논쟁에서 어느 한 가지 입장을 내세운다거나, 의학적이거나 혹은 대안적인 개입법의 사용 여부에 특정한 입장을 가지는 것이 아니다. 재기는 우리가 그것을 생물학적 질병으로 생각하건 아니건 간에 일어날 수 있다. 다른 장애를 가진 사람들(예: 시각장애, 사지 마비)도 장애의 생물학적 특징이 변하지 않거나 더 악화되더라도 재기할 수 있는 것이다.

4. 재기는 증상이 재발하더라도 가능하다.

심각한 정신질환은 일화적인 특성을 가지고 있지만 재기를 막지는 못한다. 일화적인 특성을 갖는 여타의 질환을 가진 사람들(예: 류머티즘 관절염, 다발성 경화증)도 여전히 재기할 수 있다. 심각한 정신과적 증상을 삽화적으로 경험하는 사람들 또한 재기할 수 있다. 어떤 사람은 재기한 이후에 정신과적 증상을 다시는 경험하지 않을 수도 있다.

5. 재기는 증상의 빈도와 기간을 변화시킨다.

재기하고 있는 동안에 증상 악화를 경험하는 사람은 이전보다 더 힘든 강도로 증상을 경험할 수 있다. 한 사람이 재기에 성공한 경우에는 증상의 빈도와 기간이 보다 긍정적으로 변화된 것처럼 나타난다. 즉, 증상의 지속 기간은 짧아지고 기능을 덜 방해하게 된다. 삶의 더욱 많은 부분이 증상으로부터 자유로워진다. 증상이 재발되어도 당사자의 재기에 덜 위협적이 되며, 악화된 이후에도 더 빨리 이전 수준으로 돌아갈 수 있다.

6. 재기는 직선적인 과정이 아닌 것으로 유추된다.

재기의 여정은 성장과 퇴보 그리고 빠른 변화나 거의 변화가 일어나지 않는 기간으로 구성된다. 전반적인 경향은 상승하지만, 순간의 경험은 확고한 '방향성이 있는 것'처럼 느껴지지 않는다. 때로 강렬한 감정은 내담자를 불시에 압도한다. 통찰 또는 성장의 기간은 예기치 않게 발생한다. 재기의 과정은 전혀 체계적이거나 계획적이지 않은 것으로 경험된다.

7. 때로는 병의 결과로부터의 재기가 병 자체의 회복보다 더 어려울 수 있다.

때때로 기능 저하, 장애, 불이익의 문제가 손상의 문제보다 더 어렵다. 가치 있다고 생각하는 일이나 역할을 수행하는 능력이 부재하거나 그로 인하여 자존감이 저하되는 것은 재기의 여정에 방해물이 된다. 내담자가 차별의 대상이 되는 부류에 속하게 되면서 발생하는 장벽은 압도적일 수 있다. 이러한 불이익에는 권리와 동등한 기회의 상실, 취업과 생활에서의 차별 그리고 내담자에게 도움을 제공할 때 서비스 제도 수준에서 발생 가능한 방해물이 포함되는데, 그 예로 자기결정 기회의 부족, 내담자를 무력화하는 치료의 실천을 들 수 있다. 이러한 장애와 불이익은 서로 결합하여 증상이 거의 없는 내담자가 재기하는 것을 제한하기도 한다.

8. 정신질환으로부터 재기하는 것은 내담자가 '실제로 병'을 가진 적이 없었 다는 것을 의미하지 않는다.

어떤 경우에 사람들은 심각한 정신질환으로부터 성공적으로 재기한 사람이 실제로 그 질환을 가진 것이 아니었다고 대수롭게 여기기도 한다. 따라서 그들의 성공이 재기 과정을 시작한 사람에게 본보기로도, 희망의 등대로도 보이지 않는 것이다. 오히려 그것이 상궤를 벗어난 것이며, 보다 부정적이게는 가짜라고 오해하기까지 한다. 그것은 마치 사지 마비가 되었던 사람이 재기한 것을 보고 실제로 척추의 손상이 없었다고 말하는 것과 동일한 것이다. 정신질환에서 회복하였거나 회복하고 있는 사람은 재기의 과정에 관한 지식의 소유자이며, 재기의 여정에 있는 사람을 어떻게 도울 수 있는지를 알려 주는 자원인 셈이다.

정신재활의 사명

재기의 비전은 정신재활의 가치와 원리에 따라 정신재활의 철학적 토대를 형성한다. 정신재활 분야는 그 사명에 의해 정의된다. 일반적으로 동의된 정신재활의 사명은 정신장애를 가진 사람의 기능력을 향상시켜, 그 사람이 선택한 삶의 환경 속에서 지속적이고 전문적인 개입을 최소한으로 받으면서도 성공적이고 만족스러운 삶을 영위할 수 있도록 도와주는 것이다. 이 사명에는 세 가지 중요한 요소가 들어 있다. 첫 번째로, 사명은 재활을 위한 노력에 따르는 전반적인 기대 성과를 명시하고 있으며, 그 성과는 상대적이라는 것이다. 재활은 개입에 의해 기대되는 결과로서 고정된 기능력의 수준을 제시하는 것이 아니다. 또한 재활은 재활 노력의 결과로서 독립성을 증명하는 것이 아니다. 대신 재활 사명은 전문적인 개입을 줄이는 반면 기능력의 향상에 초점을 둔다. 재활은 지원에 가치를 두지만, 정신장애를 가진 사람이 전문가에게만 의존할 때 발생하는 사회적인 고립보다는 자연적인 지원과 전문적인 지원의 조화에 가치를 둔다. 두 번째 요소는 내담자가 자신의 환경에서 성공하고 만족하도록 돕는 것이다. 재활의 가치와 원리에 부합하는 정신재활의 사명은 당사자가 환

재활의 가치와 원리에 부합하는 정신재활의 사명은 당사자가 환경적인 요구(성공)와 개인의 내적 필요(만족) 모두의 측면에서 응수할 수 있도록 돕는 것을 재활 노력이라고 보며, 그 성과를 구체화한다.

경적인 요구(성공)와 개인의 내적 필요(만족) 모두의 측면에서 응수할 수 있도록 돕는 것을 재활 노력이라고 보며, 그 성과를 구체화한다. 마지막으로, 재활의 사명은 실무자가 적절하다고 생각하는 환경을 정신장애를 가진 사람에게 강요하기보다는, 당사자가 선호하는 역할과 환경에 재활 노력을 집중해야 한다는 것을 명확히 밝히고 있다.

여전히 '재기', '재통합' 그리고 '재활'과 같은 용어의 사용에서 몇 가지 혼란스러운 측면이 있지만(Farkas, 1996), 흥미로운 점은 이 장에서 기술된 재활의 가치와 원리에 대해 표현된 것처럼, 정신재활에 대한 일반적인 관점에 대한 합의가 생겨나고 있다는 것이다. 1995년 세계보건기구(WHO) 정신건강 부처의 전 책임자인 Norman Sartorius는 재활을 새로운 방식으로 생각해야 할 필요성이 있다고 언급하였다. 그는 중대하게 보아야 할 다섯 가지 개념을 제시했는데, 이들 대부분은 이 장에서 확인한 재활의 원리 및 가치와 일치하는 것이다. 즉, 내담자와 가족이 인정하는 개선, 협력을 통한 재활, 개별화에 대한 실무자들의 관용, 시간에 따라 달라지는 개인 내적인 변화에 맞추어 제공되는 재활 서비스와 지원, 전체 서비스 제도 속에 통합된 한 부분으로서의 재활이 이에 속한다(Sartorius, 1995). WHO는 정신사회 및 정신재활에 관한 국제적인 합의점을 도출해 냈다.

정신사회재활은 정신장애를 가진 사람에게 기회를 제공하여…… 지역사회에서 독립적으로 기능하는 능력을 최적화하는 과정이다. 이것은 두 가지, 즉 정신장애를 경험한 사람이 가능한 한 최고의 삶을 영유할 수 있도록 당사자의 역량을 향상시키고 환경적인 변화를 도입하는 것을 의미하는데…… 정신질환은 일정한 수준의 장애를 유발한다. 정신재활은 지역사회에서 성공적으로 살아갈 수 있는 방법에 대한 당사자의 선택을 강조하면서, 정신장애를 가진 사람과 사회가 최적의 수준에서 기능하도록 하고, 장애와 불리한 조건을 최소화하는 것을 목적으로 한다(World Health Organization, 1996).

요 약

정신재활의 철학과 재기의 비전은 정신재활의 절차와 정신재활 기술론의 토대가
된다. 재활 모델, 재활 원리 그리고 재기의 비전은 절차와 기술론 양자를 일련의 가
치와 신념 속에서 굳게 자리 잡게 한다. 다음 장에서는 정신재활의 절차와 기술론을
서술하기로 한다.

CHAPTER 05

절차와 기술론

지식이 없는 성실함은 나약하고 쓸모가 없다. 또한 성
실하지 않은 지식은 위험하고 두려운 것이다.

_Samuel Johnson

오늘날 정신재활은 심각한 정신과적 장애를 가진 사람들에게 도움을 제공하는 방법 중의 하나로 인정을 받으며 정신건강 분야에 광범위하게 수용되고 있다. 과거의 오해들은 불식되어 가고, 실험 연구가 수행되기 시작하였으며, 정신재활 철학과 재기의 비전에 대한 명확한 이해가 이루어지고 있다. 그러나 만약 정신재활 절차가 구체화되지 않고 재활 절차를 이행하는데 필요한 기술론이 활용되지 않는다면, 정신재활이 정규적인 접근법으로 채택되는 것은 쉽지 않을 것이다. 보스턴 대학교의 정신재활센터는 오랜 기간 동안 재활의 절차를 이해하고, 실무자들이 정신재활 절차를 적절히 수행하도록 하는 데 필요한 실천기술론을 발전시키기 위해 노력해 왔다. 정신재활의 절차와 재활 절차를 이행하는 데 기본이 되는 실천기술론들을 통칭하여 정신재활 접근법이라고 부른다.

이 장은 정신재활 접근법의 소개에 초점을 맞추고 있다. 먼저 정신재활 절차의 기본 단계에 관해서 합의되어 가는 내용을 제시하고, 다음으로 정신장애를 가진 사람이 재활 절차에 참여하여 이익을 얻을 수 있도록 실무자가 사용할 수 있는 기술론을 제시하고자 한다.

정신재활의 절차

재활 철학은 정신재활의 절차에 방향성을 제시한다. 즉, 장애를 가진 사람이 자신이 선택한 주거, 교육, 사회 및 직업 환경 속에서 기능하며 살아가는 데는 기술과 지원이 필요하다. 정신재활의 절차를 이해할 때는 그 실천 과정을 세 가지 단계로 구분하는 것이 도움이 된다. 여기에는 진단 단계, 계획안 수립 단계, 개입 단계가 있다.

진단 단계에서 재활 실무자(또는 다양한 유형의 지원인)는 내담자로 하여금 자신의 재활 준비도를 평가하고, 재활 목표를 설정하며, 목표와 관련한 기술과 지원의 강점과 결점을 평가할 수 있도록 전 과정에 걸쳐 도움을 제공한다. 증상을 서술하는 전통적인 정신과적 진단과는 달리, 재활 진단에서는 내담자의 현재 기능력을 행동 용어로 기술하고, 스스로가 선택한 주거, 교육, 사회 및 직업적 환경 속에서 현재 그 사람에게 제공되는 환경적 지원의 수준이 어떠한지를 조작적으로 규명한다(Farkas, O'Brien, Cohen, & Anthony, 1994). 이러한 진단적인 정보를 가지고 재활 실무자는 계획안 수립 단계에서 내담자가 재활 계획안을 개발하도록 돕는다. 재활 계획안은 다른 대부분의 치료 계획서와 비교했을 때 크게 두 가지 측면에서 차이가 있다. 첫째로, 일반적인 치료 계획서는 대개 손상을 줄이는 데 초점이 맞추어져 있다(제 4장에서 다룸). 둘째로, 정신재활의 계획안 수립 과정은 절차상 구분되어 있으나, 보통 여타의 치료 계획 수립 양식은 진단과 계획을 하나의 단계로 통합시켜 놓고 있다(Farkas et al., 1994). 재활 계획안은 내담자의 재활 목표를 달성하기 위해 당사자의 기술과 지원을 어떻게 개발할 것인지를 구체화한다. 재활 계획안은 개별화된 서비스 계획안과 유사하지만, 서비스 제공자 또는 서비스 프로그램을 규명하기보다 우선순위가 높은 기술 및 자원 개발에 관한 목표를 설정하고, 그 목표를 성취하기 위한 구체적인 개입법을 규명한다는 중요한 차이점을 가진다. 개입 단계에서는 내담자의 기술을 개발하고, 기능력을 보다 지원할 수 있는 환경을 개발하기 위해 재활 계획안이 이행된다.

정신재활의 절차(즉, 앞서의 세 단계가 수행되는 방법)는 정형성, 구체성, 문서화의 측면에서 매우 다양한 형식으로 발생한다. 가장 일반적인 수준에서의 정신재활 실천은 당사자가 주거, 직업, 교육 및 사회적 목표를 확인하고, 그 목표를 이루기 위해 필요한 기술과 지원을 개발하는 과정으로 구성된다. 몇몇 정신재활 프로그램에서 이러한 절차는 간접적이고, 낮은 수준의 정형성과 문서화 과정을 따르게 된다(예: 클럽하우스). 반면 다른 유형의 정신재활 프로그램에서는 재활 절차가 실무자에 의해 직접 촉진되고 기록되기도 한다(예: 보스턴 대학교에서 개발한 정신재활 접근법을 도입한 프로그램). 구체적인 실천 장면에 따라서 정신재활 절차가 다양한 방식으로 이행 가능하다. 그러나 절차를 기록할 때는 적어도 내담자의 목표와 그 목표를 달성하기 위해 개발된 기술과 지원에 대한 정보가 포함되어야 한다.

이 장에서는 높은 수준의 구체성과 문서화 과정이 나타나는 정신재활의 절차에 대해 기술하고, 이에 대한 예를 제시하고자 한다. 정신재활 절차에 대한 구체적인 내용은 보스턴 대학교에서 개발한 정신재활 접근법에 기초하고 있다. 더하여 여기서는 정신재활 절차가 다양한 재원, 특히 관리의료제도가 요구하는 높은 수준의 책무성과 문서화에 대한 요구를 어떻게 충족시키는지의 예를 구체적으로 제공하고 있다. 여타의 재원들은 문서화 과정과 방법론을 약간 변형하거나 간소화할 것을 요청하는 수준이다. 정신재활 접근법의 포괄성과 책무성을 보여 주기 위하여 정신재활 절차와 핵심 기술을 구체적으로 제시하고자 한다. 이러한 절차가 구체적으로 완전하게 제시될 때, 이에 대한 수정과 응용이 보다 쉽게 이루어질 수 있을 것이다.

> 정신재활 접근법의 포괄성과 책무성을 보여 주기 위하여 정신재활 절차와 핵심 기술을 구체적으로 제시하고자 한다. 이러한 절차가 구체적으로 완전하게 제시될 때, 이에 대한 수정과 응용이 보다 쉽게 이루어질 수 있을 것이다.

재활 진단

내담자가 전반적인 재활 목표를 수립하기에 앞서, 실무자는 먼저 내담자가 재활에 대한 준비도를 갖출 수 있도록 돕는다(Cohen, Anthony, & Farkas, 1997; Farkas, Sullivan, Soydan, & Gagne, 2000). 준비도 평가를 통해 내담자가 재활 활동에 참여하고자 하는 의지가 어느 정도인지를 확인할 수 있다. 재활 목표를 세울 준비가 되어 있지 않은 사람의 경우에는 재활 목표 수립에 대한 의지를 개발시키도록 고안된 학습 활동에 참여하기를 희망할 수 있다. 준비도 개발은 정신재활이 정신장애를 가진 사람에게 제공할 다양한 가능성에 대한 지식과 소망을 고취하도록 돕는다.

재활 진단을 하는 실무자는 먼저 내담자 자신이 앞으로 6~24개월 동안 기능을 수행하며 생활할 수 있는 환경을 선택하도록 한다(즉, 내담자의 전반적인 재활 목표 설정). 예컨대, 존 그레이스와 담당 실무자는 존이 다음 해 10월까지 애프터아워 클럽을 이용하기를 원한다는 점에 동의할 수 있다. 이러한 전반적인 재활 목표는 차후의 기술 평가와 지원(또는 자원) 평가를 위한 토대가 된다.

기능 평가를 통해 실무자와 내담자는 내담자의 전반적인 재활 목표를 달성하는 것과 관련된 기술 중에서 내담자가 수행할 수 있는 기술과 수행할 수 없는 기술에 대한 이해를 높이게 된다. 실무자와 내담자는 내담자가 선택한 환경에서 만족스러운 삶을 살아가는 데 중요한 행동과 그 환경에서 요청되는 행동을 수행하는 데 필요한 특정한 기술을 목록화하고 기술하는 작업을 한다. 예컨대, 존이 애프터아워 클럽을 이용하기 위해 필요한 한 가지 기술로는 자신이 이해한 것을 표현하는 일이다. 존과 담당 실무자는 이러한 기술의 사용을, 존이 애프터아워 클럽에서 회원들과 대화를 할 때 느끼는 감정과 그렇게 느끼는 이유를 말하는 주당 횟수의 백분율로 표시한다. 일단 이렇게 기술 사용에 관한 내용이 서술되면, 존과 실무자는 애프터아워 클럽에서 이 기술에 대해 존이 현재 사용하고 있는 기술 수준과 요구되는 기술 수준을 평가한다.

자원 평가에서는 내담자의 전반적인 재활 목표 달성을 위해 필수적인 지원이 있는가를 평가한다. 실무자는 자원 평가를 통해서 내담자에게 그가 선택한 환경에서 성공적으로 살아가기 위해 필요한 사람, 장소, 사물 및 활동의 목록을 적고, 이를 서술하도록 한다. 목록으로 작성된 자원은 다시 환경적 요구와 개인적 필요에 근거하여 상술된다. 예컨대, 애프터아워 클럽에서는 신규 회원들에게 다른 한 회원을 친구로 사귀라고 요청할 수 있다. 존과 실무자는 이러한 필요 자원을 존이 주말에 집에 있을 때 친구로 지정된 회원이 존에게 전화를 거는 횟수로 서술한다. 일단 자원을 서술하게 되면, 존과 담당 실무자는 자원에 의해 제공받는 현재의 지원 수준과 요구되는 지원 수준을 평가한다. 〈표 5-1〉과 〈표 5-2〉는 존의 기록 자료 중 기능 평가와 자원 평가의 일부분을 예시한 것이다.

재활 계획안 수립

재활 진단을 바탕으로 우선순위가 높은 기술 개발과 자원 개발의 목표가 확인된다. 실무자는 계획안에 포함된 각각의 기술이나 자원 목표를 위해 구체적인 개입법을 선정하고, 그 선택된 개입법을 제공하는 책임자들을 조직하여 맡긴다. 내담자와 실무자는 함께 동의한 재활 계획안에 서명하게 된다. 〈표 5-3〉은 존에 대한 기록 자료 중 재활 계획안의 일부를 보여 주고 있다.

표 5-1   기능 평가 기록표(예)

• 전반적인 재활 목표: 존은 10월까지 애프터아워 클럽에 다닌다.

강점/ 결점	중대한 기술	기술 사용에 관한 서술	기술 평정[1]					
			자발적 사용		촉구된 사용		수 행	
			현재 수준	요구 수준	그렇다	아니다	그렇다	아니다
+	활동 제안 하기	존이 일주일간 다른 회원들과 다음 날의 계획을 논의할 때, 함께해 볼 수 있는 활동을 제안하는 횟수의 백분율	50%	50%				
−	이해한 것 표 현하기	존이 일주일간 다른 클럽 회원들과 이야기할 때, 자신의 느낌과 이유를 말하는 횟수의 백분율	0%	70%		×		×
−	지원 제공 하기	존이 한 달간 고민을 호소하는 회 원에게 위로의 말을 하는 횟수의 백분율	0%	70%		×	×	

표 5-2   자원 평가 기록표(예)

• 전반적인 재활 목표: 존은 10월까지 애프터아워 클럽에 다닌다.

강점/결점	중대한 자원	자원 사용에 대한 서술	현재 수준	요구 수준
−	회원들과 의 접촉	존이 주말에 집에 있는 동안 지정된 클럽 회원에 게 전화를 받은 주당 횟수	0	2
+	용돈	부모님이 존에게 사회 활동비로 100달러씩 주는 월별 횟수	4	4
−	조직화된 활동	클럽하우스에서 존에게 최소한 2시간씩 구조화된 활동 프로그램을 제공해 주는 주당 횟수	4	5

---

1) 내담자의 기술 수준은 세 가지 다른 방식으로 평가된다. '자발적 사용' 칸은 요구되는 기술 사용 수준과
비교했을 때, 표적 환경 내에서 내담자가 현재 자발적으로 기술을 사용하는 최고 수준을 나타낸다. '촉구
된 사용' 칸은 내담자가 표적 환경에서 적어도 한 번은 기술을 수행할 수 있는지(그렇다) 혹은 없는지(아
니다)의 여부를 나타낸다. '수행' 칸은 내담자가 평가 환경이나 학습 환경에서 기술을 수행할 수 있는지
(그렇다) 혹은 없는지(아니다)의 여부를 나타낸다. 만일 내담자의 현재 자발적 기술 사용 수준이 '0'이라
면, 다음에는 촉구된 사용을 평가해 본다. 마찬가지로, 만일 내담자가 촉구했을 때도 응하지 못하는 것(아
니다)으로 평가된다면, 다음에는 기술 수행을 평가한다.

| 표 5-3 | 재활 계획안(예) |

• 전반적인 재활 목표: 존은 10월까지 애프터아워 클럽에 다닌다.

우선적인 기술/자원 개발 목표	개입법	담당자	시작일	완료일
존이 일주일간 다른 클럽 회원들과 이야기할 때, 이 해한 것을 표현할 수 있는 기회의 70% 이상을 활용 한다.	직접기술교육법 기술 프로그래밍	작업 치료사 클럽하우스 직무자	1월 1일 4월 16일	4월 15일 6월 15일
클럽하우스에서는 주당 5회 의 구조화된 활동 프로그 램을 제공한다.	자원 수정	클럽하우스 디렉터	2월 1일	4월 15일

※ 나는 이 계획안을 수립하는 데 참여하였고, 이 계획안은 나의 목표를 반영한다.

내담자 서명: _____

재활 개입법

재활 실무자는 기술 개발과 자원 개발이라는 두 가지 주요 개입법을 사용한다. 이러한 개입법들은 내담자가 기술이나 지원을 활용하는 능력을 향상시켜 준다. 기술을 개발하는 방법에는 두 가지가 있다. 먼저 기능 평가에서 내담자가 어떤 기술을 습득하지 못한 것으로 나타났을 때(즉, 내담자가 평가 상황에서 기술을 수행할 수 없을 때)는 **직접기술교육법**을 사용할 수 있다. 직접기술교육법은 일련의 체계적인 지도 활동을 통해서 내담자가 새로운 행동을 능숙하게 수행할 수 있도록 한다(Cohen, Danley, & Nemec, 1985). 직접기술교육법은 내담자가 필요시에 특정한 기술을 사용할 수 있도록 준비시키기 위해 종합적인 교육법을 사용한다는 점이 특징적이다.

기술을 개발하는 두 번째 방법은 기술 프로그래밍으로, 필요시 내담자가 현재 가지고 있는 기술을 사용할 수 있도록 준비시키기 위해 단계적인 절차를 정해 놓는 것이다. 기술 프로그래밍은 내담자가 이미 수행할 수 있는 기술을 일상적으로 사용하는 데 방해가 되는 것을 극복할 수 있도록 돕기 위해 개발된다. 즉, 기술 프로그래밍을 통해 내담자들은 특정한 환경에서 관련 기술을 필요할 때마다 사용할 수 있도록 준비될 수 있다.

직접기술교육법과 기술 프로그래밍은 상호 보완적이다. 예컨대, 실무자는 직접기술교육법을 사용하여 존이 교육 회기 동안 모의 상황에서 자신이 이해한 것을 표현하는 기술을 수행하도록 할 수 있다. 그런 다음 존과 함께 기술 프로그래밍을 개발하면서 이 기술을 교육 회기 밖에서 사용하는 데 어려움을 주는 방해물을 극복할 수 있도록 일련의 활동을 구성할 수 있다. 일례로, 실무자와 존은 존이 애프터아워 클럽을 이용할 때 이해하기 기술을 사용하는 것을 잊어버리는 것을 극복하도록 도와주는 단계를 고안할 수 있다.

기술 개발 개입법과 달리 지원 개발 개입법은 내담자를 현재 존재하는 자원에 연결(자원 조정)시켜 주거나 내담자가 필요로 하는 특정한 방식으로 기능하지 못하는 자원을 수정(자원 수정)해 주는 것이다. 자원 조정에는 선호하는 자원을 선택하는 것, 자원 사용을 조정하는 것, 내담자가 자원을 사용하는 동안 지원해 주는 것 등이 포함된다. 예컨대, 존이 애프터아워 클럽을 이용하려면 교통편이 필요하다. 존과 실무자는 이동 지원 서비스 제공자를 선택하는 데 있어서 중요시 여기는 가치(예: 비용, 이용 가능성, 신뢰성)를 분명하게 표명해야 할 것이다. 그리고 일단 자원이 선택되면 실무자는 존과 자원이 연결될 수 있도록 도와준다. 실무자는 존과 이동 지원 서비스 제공자(예: 함께 타기)와 함께 노력하여 존이 성공적으로 교통 자원을 이용하지 못하게 하는 방해물을 극복하도록 도울 수 있을 것이다.

자원 수정은 현재 가지고 있는 자원을 내담자의 필요에 보다 잘 부합하도록 변형시키는 기법이다. 예컨대, 존이 주 5일 동안 구조화된 활동에 참여할 수 있도록 실무자와 존은 사회 서비스 프로그램에서 존이 자원봉사자 일을 분담하도록 할 수 있다. 자원 수정 기술에는 특정한 자원에 대한 내담자의 필요에 부응하는 변화를 창출하기 위해서 지역사회 자원이나 지원인들과 협상하는 기술이 포함된다. 자원 조정과 자원 수정은 사례관리 실천과 유사하다(제10장 참조). 자원 조정과 자원 수정이 고전적인 사례관리 개입법에서는 주요한 개입법이 되는 반면에, 재활에서는 이 방법들이 보다 종합적인 재활 접근의 일부가 된다는 점에서 차이를 보인다.

요약하면, 재활 절차는 재활 실무자들이 재활 진단을 하고, 계획안을 수립하며, 내담자들이 자신이 원하는 환경 속에서 성공적이고 만족스러운 삶을 영위하는데 필요한 기술과 지원을 개발하는 활동으로 구성된다. 이 절차는 내담자와 중요한 타인들이 참여하여 이루어 낸다. 내담자를 재활 절차에 참여시키는 실무자의 능력은 실무자의 지식과 기술 수준, 즉 정신재활 실무자기술론에 의해 촉진될 수 있다.

정신재활 실무자기술론

진단하고, 계획안을 수립하며, 개입하는 정신재활의 절차는 실무자가 정신재활의 기술론에 숙련되었을 때 촉진된다(Smith et al., 1994; Whelton, Pawlick, & Cook, 1999). 기술론은 오해를 받고 있는 단어다. 기술론이란 개인적이거나 사회적인 문제를 해결하기 위해, 또는 개인적이거나 사회적인 목표를 달성하기 위하여 과학적인 지식을 응용하는 것으로 간단히 정의된다. 정신재활에서 기술론은 기계 공학과는 구별되는 휴먼테크놀로지(Carkhuff & Berenson, 1976)로 고려될 수 있는데, 휴먼테크놀로지에서는 산업이나 상업적인 목표가 아니라 인적자원을 개발하려는 목표를 가지고 있으며, 이러한 목표를 달성하기 위해 과학적인 지식을 응용한다. 정신재활에서 성취하고자 하는 목표는 지속적인 정신장애를 가진 사람의 장애와 불이익을 줄이는 것과 관련되어 있다.

정신재활 실무자기술론을 정신재활 프로그램 기술론과 혼동해서는 안 된다. 정신재활 실무자 (또는 과정) 기술론은 장애를 가진 사람과 실무자 사이에 무엇이 일어나는지를 구체화한다 (즉, 과정). 반면에 프로그램 수준 기술론은 필수적인 프로그램 구성 요소들을 구체적으로 규명한다. 그러나 프로그램 수준 기술론이 재활 절차 그 자체를 규정하지는 않는다. 잘 정의된 프로그램 수준 기술론의 예로는 ACT(Teague, Drake, & Ackerson, 1995)와 클럽하우스(Beard, Propst, & Malamud, 1982), 지원 고용(Drake, 1998; Rogers, MacDonald-Wilson, Danley, Martin, & Anthony, 1997) 등을 들 수 있다. 이 프로그램들은 프로그램 고유의 특성을 손상 시키지 않으면서도 정신재활 과정 기술론의 요소들을 잘 통합시켜 놓았다(Kramer, Anthony, Rogers, & Kennard, 1999; Rogers, Anthony, Toole, & Brown, 1991)(프로그램 수준 기술론에 대한 더 구체적인 설명은 제9장을 참고).

기술론은 그것이 실무자 기술론이든 프로그램 수준 기술론이든 간에, 과학적인 발전의 특정 단계에서 포괄적이면서도 완전하게 운용된다. 그러면서 실무자기술론을 어느 정도 습득해야 하는지, 정신장애를 가진 사람에게 가장 많은 도움을 주기 위해서는 프로그램 기술론을 프로그램 과정에 얼마나 적용해야 하는지와 같은 질문들이 항상 제기되곤 한다. 결국 기술론은 새로운 과학적 지식이 축적되어 가면서 끊임없이 새롭게 정비되어 간다. '얼마나, 어느 정도'를 묻는 질문에 대한 최선의 답은 제한된 시간과 자원 속에서 되도록 완전하게 기술론을 배우고 이해하여, 온전하게 적용하는 것이라 할 수 있다. 기술론을 충분히 숙지하고 있을 때, 상황에 따라 필요하지 않은 기술론을 합리적인 방식으로 축소하거나 생략할 수 있을 것이다.

정신재활 실무자기술론의 과학적 토대

본문 전체에 언급되고 있는 연구 문헌들이 정신재활 기술론의 과학적인 토대가 된다. 정신건강 분야와 재활 분야의 많은 연구자들이 재활 절차를 연구하고 평가해 왔다. 정신재활 실천에 관한 기술론은 과학적인 방법을 통해 오늘날까지 알게 된 사실들에 많은 부분 기초를 두고 있다.

지식의 발전을 위한 과학적인 방법이나 접근법은 "정보를 수집하고, 평가하고, 보고하는 것에 대한 일련의 객관적인 규칙들"(Cozby, 1989: 5)을 제시한다. "과학적 지식에 이르는 길에는 점검기들이 늘어서 있다. 이 점검기들은 과학자의 활동과 결론을 통제하고 검증하기 위해 생산되고 사용되면서, 과학자에게 자신의 외부에 존재하는 신뢰 가능한 지식을 얻도록 해 준다."(Kerlinger, 1964: 7) 정신재활 기술론은 과학적인 방법에 의해 밝혀진 것을 토대로 하며, 이를 통해서 실무자는 보다 신뢰할 만하고 지속 가능한 기술론을 얻게 된다.

과학적 방법의 본질적인 목적은 사실을 발견하고, 사실을 배우고, 지식을 향상시키는 데 있다(Kerlinger, 1964). 모든 연구 방법론은 과학적인 방법을 기초로 하고 있다. 정신재활에서의 연구 방법론은 필연적으로 다양할 수밖에 없는데, 이는 연구 문제 자체가 다양하기 때문이다. 결과적으로, 정신재활 기술론은 여러 가지 방법론을 사용하여 수집한 자료를 통해 알게 된 것들로부터 개발되어 왔으며, 이 방법론에는 실험 연구와 유사 실험 연구, 조사 연구, 임상 연구, 단일 피험자 실험 설계, 평가 연구, 프로그램 평가 연구, 탐색적 자료 분석 등이 포함된다. 이러한 모든 연구 전략들은 기술론을 개발시킬 수 있는 새로운 지식을 창출해 내는 타당한 방법들인 것이다. 연구 방법의 위계적 수준으로 볼 때, 실험 연구는 그 엄격성의 수준이 가장 높다. 그러나 현재까지 정신재활 기술론을 만들어 낸 가장 큰 지식의 출처는 낮은 수준의 엄격성을 가진 방법론을 사용한 연구들이었다.

> 정신재활 기술론은 여러 가지 방법론을 사용하여 수집한 자료를 통해 알게 된 것들로부터 개발되어 왔으며, 이 방법론에는 실험 연구와 유사 실험 연구, 조사 연구, 임상 연구, 단일 피험자 실험 설계, 평가 연구, 프로그램 평가 연구, 탐색적 자료 분석 등이 포함된다.

정신재활 실천기술론

정신재활 기술론에서는 실무자가 재활 절차를 통해서 내담자를 도와주기 위해 사용하는 지식과 기술을 조작적으로 정의하고 있다. 분명하게 규정된 실무자 기술과 그 기술을 가장 효율적으로 사용하는 방법에 관한 핵심 지식이 정신재활 기술론의 필수적인 요소가 된다.

내담자가 진단하기, 계획안 수립하기, 개입하기의 정신재활 절차에 참여하는 과정을 돕는 데 실무자에게 필요한 기술에 대한 지식이 정신재활 기술론의 근간이 된다. 〈표 5-4〉는 정신재활 절차의 세 단계를 거치는 동안에 실무자가 수행해야 할 활동들을 보여 주고 있다.

정신재활센터에서는 지금까지 내담자를 정신재활 절차에 참여시키는 데 유용하게 사용할 수 있는 70개 이상의 실무자 기술을 확인하고, 조작적으로 정의해 왔다. 이 실무자 기술은 여타의 많은 기술과 실천 현장에 근간을 두고 있다. 인지, 교육,

표 5-4	정신재활 절차의 3단계에서 실무자가 수행해야 할 활동

단 계	활 동	
진단하기	재활 준비도 평가 재활 준비도 개발 **전반적인 재활 목표 수립** • 내담자와 결속하기 • 개인적 기준 규명하기 • 대안적 환경 서술하기 • 목표 선정하기	**기능 평가** • 중대한 기술 목록화하기 • 기술 사용 서술하기 • 기술 기능력 평정하기 • 내담자 지도하기 **자원 평가** • 중대한 자원 목록화하기 • 자원 사용 서술하기 • 자원 사용 평정하기 • 내담자 지도하기
계획안 수립하기	**기술 개발을 위한 계획안 수립** • 우선순위 정하기 • 목표 정의하기 • 개입법 선택하기 • 계획안 작성하기	**자원 개발을 위한 계획안 수립** • 우선순위 정하기 • 목표 정의하기 • 개입법 선택하기 • 계획안 작성하기
개입하기	**직접 기술 교육** • 기술 내용 개요하기 • 수업 계획안 작성하기 • 기술 활용 프로그래밍하기 • 내담자 지도하기 **기술 활용 프로그래밍** • 방해물 규명하기 • 프로그램 개발하기 • 내담자의 활동 지원하기	**자원 조정** • 내담자와 자원을 연계하기 • 문제 해결하기 • 자원 활용 프로그래밍하기 **자원 수정** • 변화에 대한 준비도 평가하기 • 변화 제시하기 • 자원 관련 자문하기 • 자원 훈련시키기

발달, 행동심리학에서 비롯된 내담자 중심 치료와 '개인의 변화 수단 이해하기'와 같은 철학과 기술이 그 예다. 이러한 각각의 철학과 기술은 내담자와 정신재활 접근법을 전반적으로 이해하는 데 기여하고 있다. 예를 들어, 내담자 중심 치료는 존중에 기반을 두고 협력적인 관계를 세워 나가는 데 필요한 철학과 기법에 영향을 주었는데(Rogers, 1961; Carkhuff & Berenson, 1976), 이것은 재활 절차 가운데 사용되는 모

든 기법의 기초를 형성하였다. 인지적인 접근은 내담자를 재활 활동에 참여하도록 이끄는 기법에 기여하였다(Brenner, Hodel, Roder, & Corrigan, 1992). 교육심리학은 기술 교육과 코칭에 관련된 기법에 기여하였다(Carkhuff & Berenson, 1981). 발달심리학은 기술을 직업재활에 적용할 때 '직업 성숙'과 같은 개념을 이해하는 데 기여하였다(Crites, 1961). 행동심리학은 리허설, 보상과 같은 기법의 사용을 적용하는 데 기여하였다(Bellack et al., 1990). 지역사회 발전과 사례연구와 같은 사회복지 기법은 재활 사례관리 또는 자원 조정 및 수정을 개발하는 데 기여하였다(Levine & Fleming, 1984). 이러한 다양한 실무자 기술은 "가르치고 돕는 기술 체계가 만들어질 수 있다."는 근본적인 생각에 기반을 두고 있다(Carkhuff & Berenson, 1976).

이러한 기술을 효과적으로 실행하는 데 소요되는 기술과 지식은 독특한 방식으로 결합되어 정신재활 기술론을 이루고 있다. 각각의 재활 절차 단계를 거치면서 내담자를 지도하기 위해서 실무자는 준비도 평가 및 개발, 전반적인 재활 목표 수립, 기능 평가, 자원 평가, 재활 계획안 수립, 직접기술교육법, 기술 프로그래밍, 자원 조정, 자원 수정에 관한 기술론에 전문성을 가질 필요가 있다. 〈표 5-5〉는 전반적인 재활 목표를 설정하기 위한 기술론의 예를 보여 주고 있다.

실무자기술론은 실무자가 자신의 직무를 보다 효과적으로 수행할 수 있도록

표 5-5 **전반적인 재활 목표를 설정하기 위한 기술론(예)**

활 동	기 술	
내담자와 결속하기	• 오리엔테이션 • 자기노출하기	• 이해함을 표현하기 • 격려하기
개인적 기준 규명하기	• 가치 명료화하기 • 개인적 기준 추론하기	• 경험 분석하기
대안적 환경 서술하기	• 대안 환경 구체화하기 • 대안 환경 조사하기	• 주요한 특성 규명하기
목표 선정하기	• 기준 정의하기 • 목표 구체화하기	• 대안 환경 평정하기

출 처: Cohen, M., Farkas, M., Cohen, B., & Unger, K. (1990). *Psychiatric rehabilitation technology: Setting an overall rehabilitation goal.* Center for Psychiatric Rehabilitation, Boston University, Boston, MA.

도와줄 수 있다. 실무자의 기술 수행이 변화되었다는 것은 분명히 기술론을 학습한 결과로 나타난다. 하지만 이렇게 향상된 기술들은 이 기술들을 사용할 수 있도록 이끌어 주는 현재의 지식에 기반하고 있다. 포괄적인 정신재활 기술론 역시 적절한 때 기술을 수행하고 기술 사용을 어렵게 하는 방해물을 극복하는 데 필요한 지식을 모두 포함하고 있다.

언뜻 보기에 진단하기, 계획안 수립하기, 개입하기의 절차를 따르는 정신재활 과정은 매우 초보적이고 당연하게 보이기 때문에 어떤 특별한 기술론이 필요하지 않은 것으로 생각될 수도 있다. 유감스럽게도 이것은 사실이 아니다. 비슷한 예로서 실험 연구의 절차에서 하나 이상의 실험집단을 하나 이상의 처치 조건에 노출시켜, 그 결과를 처치받지 않은 하나 이상의 통제집단과 비교하여 인과관계의 가능성을 연구하는, 좀 더 철저한 실험 연구를 생각해 볼 수 있다. 대부분의 중학생들이라면 이 실험 연구 절차를 이해할 수 있을 것이다. 그러나 어떤 한 분야에서 실험 연구를 수행하려면 특정한 기술론이 요구되는데, 이러한 기술론이 없이는 그 절차가 구조화를 상실한 비효과적인 것이 되어 버린다. 빈약한 기술론을 가지고도 연구 절차를 수행할 수는 있겠지만, 유용한 성과를 얻을 가능성 또한 줄어드는 것이다. 이것은 정신재활 절차의 경우에도 마찬가지다.

정신재활센터에서는 실무자기술론을 멀티미디어 훈련 패키지로 만들어, 실무자들이 여러 가지 핵심 기술을 배우고 적용할 수 있게 해 왔다(Cohen et al., 1985, 1986, 1990; Cohen, Forbess, & Farkas, 2000; Farkas, Cohen, McNamara, Nemec, & Cohen, 2000). 그리고 1980년대를 기점으로 하여 관련 연구들은 이 기술론을 접하게 된 실무자들의 기술 수준이 높아졌다는 사실을 증명해 왔다(Farkas & Anthony, 1989; Farkas, O'Brien, & Nemec, 1988; Goering, Wasylenki et al., 1988; McNamara, Nemec, & Farkas, 1998; National Institute of Handicapped Research, 1980; Rogers, Cohen, Danley, Hutchinson, & Anthony, 1986).

정신재활센터에서 개발한 기술론에 더하여, 정신재활 접근법과 관련된 새로운 기술론들이 개발되기도 하였다. 정신재활센터에서 개발한 기술론과는 달리, 이 기술론들은 정신재활 절차를 통해 내담자의 진전을 촉진하도록 설계된 것은 아니지만,

동일한 목적을 위해서 적용될 수 있다. 이러한 기술론의 예로는 사회기술훈련 기술론(예: Liberman, Mueser, & Wallace, 1986; Liberman et al., 1998)과 인적자원 개발 기술론(Carkhuff & Berenson, 1976)을 들 수 있다.

최근 정신재활 장면에서 새롭게 주목받고 있는 기술로 인지재활 기술이 있다. (특히, 정신분열병 유형의 진단을 받은 사람에게 적용되는) 인지재활은 최근 연구 논문에 자주 등장하고 있는 치료법이다. 아직 정신재활의 실천 장면에서 보편적으로 사용되고 있지는 않지만, 신경인지를 정신재활의 실천에 적용한 연구 논문들이 발표되고 있다(Spaulding, Fleming, Reed, Sullivan, Storzbach, & Lam, 1999).

인지재활에서는 신경인지의 특정 요소를 개입의 목표로 설정하여, 개입이 성공적이면 재활 성과가 더 좋아질 것이라고 가정한다. 수십 년간 정신분열병에 대한 신경인지 분야의 연구들은 인지, 인식 및 주의와 관련된 정신분열병의 핵심 병리를 연구해 왔다. 현재 이러한 결과들은 치료 장면에까지 확장되었고, 성공적인 신경인지 개입이 기술의 습득 및 수행 노력을 향상시킬 것이라는 가정을 낳고 있다(Green & Nuechterlein, 1999). 인지재활에서는 특정한 신경인지의 결함이 사회적, 직업적 기능 저하를 초래하는 데 중요한 역할을 하기 때문에 재활 성과를 거두기 위해서는 이러한 결함이 다루어져야 한다고 가정하고 있다. 그러나 지금 시점에서는 재활의 성과를 거두기 위해 인지적 결함이 반드시 수정되어야 한다는 가정을 지지하는 근거가 없다(Bellack, Gold, & Buchanan, 1999; Norman et al., 1999).

정신재활의 관점에서, 인지재활이 수행되고 개념화되는 데 다음과 같은 몇 가지 어려움이 있다.

1. 개입을 위해 선택된 특정한 인지 영역은 내담자의 목표가 아닌 치료자의 목표에 근거하고 있는 것으로 보인다.
2. 선택된 특정한 인지 영역은 재활 목표를 이루기 위한 내담자의 능력과는 매우 동떨어진 영역일 수 있다.
3. 치료와 실천에서 실무자와 내담자 사이의 치료 동맹의 중요성이 간과될 수 있다.
4. 개입에 앞서 개입에서 다룰 특정한 결함과 관련된 전반적인 재활 목표를 구체

화하려는 노력이 보이지 않는다.

5. 인지재활에서는 교사/실무자의 기술이 중요한 변인으로 고려되지 않는다.

6. 인지재활에서는 각기 다른 준비도에 대한 이슈가 언급되지 않는 것처럼 보인다.

7. 인지재활에서는 교육 기술이 중요한 변인으로 고려되지 않는다.

인지재활의 긍정적인 특징은 철저히 경험에 근거하려 한다는 것이다. 여기서 언급된 문제점은 후속 연구들에서 보다 심도 있게 다루어질 것이다. 그러나 그때까지 재활의 성과는 내담자가 자신의 재활 목표와 가장 관계 있다고 믿는 기술과 지원에 초점을 맞추어 이루어 가는 재활 절차에서 가장 효과적이면서 효율적으로 얻어진다고 할 수 있겠다.

정신재활 실무자기술론에 대한 저항

어떤 사람들은 정신재활 기술론이 휴먼테크놀로지라기보다는 기계공학적이라는 이유로 채택하기를 싫어한다. 그들은 정신재활 기술론에서 핵심이 되는 대인관계적인 요소를 인식하지 못하는데, 대인관계적인 요소야말로 정신재활 기술론이 인본주의적이라는 것을 보증해 주는 것이다. 그들은 기술론이란 인간 중심과 자기 선택 등의 다양한 재활의 가치를 실천에 적용하는 것임을 이해하지 못한다. 강한 치료적 관계를 형성하지 않았을 때 기술은 의미를 가질 수 없으며, 이를 수행하는 것은 불가능한 일이 된다. 그러므로 기술론은 대인관계를 '대신'하는 것이 아니다. 정신재활 기술론은 관계에 기반을 둘 때 비로소 성공할 수 있는 것이다.

정신재활 기술론을 반대하는 정신건강 전문가들은 많은 사람들이 그러하듯이 의학 실무를 생각하는 것과 같은 방식으로 정신재활을 보고 있다. 의학 교육자들은 의학 기술을 가르칠 때만큼의 전문적인 기술과 열정을 가지고 의학 실무에서의 인간적인 측면에 대해서 교육하지 않는다. 그 결과, 의료 서비스를 전달하는 과정에서 인간관계가 실종되는 경우가 흔하다. 이와는 달리, 정신재활 기술론은 내담자와의 관계를 강조하며, 인간 지향적인 철학에 뿌리를 두고 있다.

어떤 사람들은 기술론 자체를 가치 있는 것으로 평가하지 않기 때문에 정신재활 기술론의 채택을 꺼린다. 반과학기술 세력은 만일 실무자가 적절한 가치관을 가지고 있고 올바로 구조화된 재활 프로그램 속에서 일하기만 한다면, 정신장애를 가진 사람을 도울 수 있을 것이라고 믿는다. 어떤 경우에는 이것이 옳을 수도 있겠지만, 문제는 '이 실무자들이 정신재활의 기술론을 갖춘다면 훨씬 더 도움이 되지 않겠는가? 정신장애를 가진 사람의 주거, 교육 및 직업 성과가 보다 더 향상될 수 있지 않겠는가?' 하는 데 있다. 의학적인 비유를 다시 한 번 사용하자면, 우리는 올바른 가치관을 지니고 있지만 극히 제한된 기술을 가지고 있는 19세기의 의사에서 올바른 가치관과 훌륭한 기술을 겸비한 21세기의 현대적인 의사로 진보할 수 있을 것인가? 21세기의 정신재활 실무자는 인본주의 원리에 토대를 두고 있으면서, 재활 절차를 통해 정신장애를 가진 사람들에게 도움을 주는 기법과 도구를 갖출 수 있는 것이다.

> 21세기의 정신재활 실무자는 인본주의 원리에 토대를 두고 있으면서, 재활 절차를 통해 정신장애를 가진 사람들에게 도움을 주는 기법과 도구를 갖출 수 있는 것이다.

정신재활 기술론과 정신건강 문화

정신재활의 기술론을 채택하는 일은 점진적으로 이루어지는 과정이다. 실무자들과 프로그램 개발자들은 정신재활의 기술과 기법을 실무와 프로그램에 통합시키려는 노력을 하면서 일련의 진화적인 단계를 거쳐 발전해 간다. 이러한 단계적인 진화 절차는 새로운 기술론이 어떻게 한 분야에 정상적으로 통합되는가를 보여 준다. 기술론이 갑자기 채택되는 경우는 거의 없다. 이 과정은 점진적이고, 해를 거듭해가며 수정되는 것이 보통이다.

그러나 만일 정신건강 문화가 정신재활 접근법을 지지하지 않는다면, 이러한 점진적인 채택조차도 불확실해질 것이다. 정신건강 문화란 정신건강 분야에 있는 사람들이 가지고 있는 가치와 규범을 말한다. 다행스럽게도 정책 입안자, 행정가, 소비자, 실무자 등과 같은 사람들이 지향하는 가치가 정신재활의 철학과 점점 더 일치되어 가고 있다.

문화는 어떤 기술론을 채택하는 데 강한 영향력을 행사한다. 기술론의 수용이란 반드시 혁신 그 자체의 가치가 아니라, 오히려 그것을 받아들이려는 문화의 준비도에 의해 결정된다(Rochefort & Goering, 1998). 정신건강 분야를 넘어선 가장 적절한 예로, 일본과 중국이 서구의 기술론을 서로 다르게 받아들인 것을 들 수 있다. 일본과 중국이 서구의 기술론을 수용하는 데 차이를 보인 주요한 이유는, 기술론을 수용하는 데 대한 각국의 문화적 차이와 문화적 영향 때문이다.

　Anthony와 Farkas(1989)가 논의하였듯이, 현재 정신건강 문화에서 일어나고 있는 몇 가지 변화들이 정신재활 기술론을 보다 적극적으로 받아들이도록 이끌고 있다. 한 가지 주요한 변화는 주 정부와 지방 정부의 정신건강 부처에서 규정하고 있는 성과 목표가 바뀌었다는 것이다. 예컨대, 주거와 직업과 관련된 목표는 이제 정신건강의 목표로 수용되었다. 정신건강 실무자들은 정신장애를 가진 사람의 직업과 주거 기능력을 지원하고 있다. 정책 입안자들은 직업 기능력과 주거 기능력이 직업재활국이나 복지부 또는 주택보급 당국만의 관심거리가 아니라, 정신건강 전문가 본연의 영역이라는 것을 이해하기 시작했다. 정신장애를 가지고 있는 사람들의 직업과 주거 영역에서의 성공에 대해 관심을 갖는 주 정부의 정신건강 관리자들이 늘어나고 있다. 과거에 비하면 이것은 큰 변화다. 정신재활 기술론은 이러한 새로운 문화 속에서 성장할 수 있는 것이다.

　이와 관련된 또 다른 변화로 정신건강 문화가 정신장애를 가진 사람을 먼저 한 인격체로 보고, 다음으로 '장애를 가진 사람'으로 보기 시작했다는 점을 들 수 있다. 이러한 문화적인 변화는 수년 전에 신체장애 영역에서 신체장애를 가진 사람들이 "잠깐, 나는 '휠체어 인간'이 아닙니다. 나는 휠체어를 이용하는 사람이란 말입니다."라고 주장했을 때 일어났다. 어느 때부터인가 정신건강 서비스의 소비자들도 "나는 단순히 정신질환자가 아닙니다. 나는 정신질환이나 혹은 몇 가지 정신과적인 문제 또는 몇 가지 정서적인 문제를 가진 사람입니다."라고 말하고 있다. '사람'이란 점이 강조되고 있는 것이다. 장애를 가진 사람은 어느 누구나와 마찬가지로 직업이나 주거, 친구, 위기 상황에서 의지할 수 있는 존재에 대해 소망을 가진 인격체인 것이다. 정신건강 분야는 정신장애를 가진 사람들이 하루 24시간 내내 장애를 가지고 있는 것이 아니라는 것을 알아 가고 있다. 일상의 많은 경우에 전혀 장애를 갖고 있지 않기도 하다. 그들은 일차적으로는 하나의 인격체다. 이러한 사고의 변화는 정신재활의 철학 및 기술론과 일치한다.

정신건강 문화의 또 다른 변화로는 환경이 이제는 한 사람의 재기에 중요한 요인으로 인정되고 있다는 점이다. 단순히 내담자의 강점과 결점을 변화시키기만 하면 내담자가 재기할 것이라는 식으로, 더 이상 내담자를 진공 속에서 평가하고 치료해서는 안 될 것이다. 정신건강 문화는 이제 사람과 환경 모두를 평가해야 한다는 것을 깨닫게 되었다. 환경에는 보다 거시적인 환경과 함께 직접적인 환경이 포함된다(예: 사회보장제도나 사회복지제도는 물론 내담자의 가정). 이러한 환경 체계는 내담자의 재활을 지연시키거나 방해할 수 있다. 내담자의 환경이 방해물이나 혹은 잠재적 촉진제가 된다는 것을 알게 될 때, 정신건강 문화는 환경적인 방해물과 성장 기회를 다루고 있는 재활 철학과 기술론을 보다 쉽게 받아들이게 될 것이다.

정신건강 문화는 지역사회 지원의 중요성을 인식해 가고 있다. 신체재활에서 지원은 항상 중대한 것으로 여겨져 왔다. 신체재활에서의 지원은 목발과 휠체어, 지팡이, 경사로 등과 같이 구체적이다. 정신재활에서도 그 목표가 직업적인 것이든, 사회적인 것이든, 독립적인 삶이든, 교육적인 것이든 간에 지원은 필수적인 것이다. 오늘날의 정신건강 전문가들은 '어떤 지원이 제공되고 있는가?'라는 질문을 자주 한다. 지원 고용, 지원 주거, 지원 교육, 소비자가 운영하는 대체 방안과 같은 프로그램들은 동료 지원이나 전문적인 지원, 편의 서비스 또는 지원 연결망을 제공해 주고 있다. 지원은 이제 하나의 개입 유형으로 받아들여 지게 되었다. 지원을 제공하는 방법에 대해서는 아직도 배워야 할 것이 많지만, 지원 대책은 정신건강 문화에서 일상적인 개입법이 되고 있다. 이러한 변화는 장차 정신재활 기술론이 받아들여질 것에 대한 길조라고 할 수 있다.

현재 소비자와 가족들은 정신건강 전문가들에게 원조 과정에 대해 보다 이해하기 쉬운 방식으로 설명해 줄 것을 요구하고 있다. 그들은 신비하고 기법적으로 치료하는 전문가들을 예전처럼 경외하지 않는다. 다행스럽게도, 정신재활의 실천과 그에 수반되는 기술론은 소비자와 가족들이 이해할 수 있는 방식으로 설명될 수 있다. 정신건강 분야에서 점차 당사자들이 이해하기 쉬운 언어를 사용하게 되면서, 정신재

활 철학과 기술론에 보다 일치하는 문화가 형성되고 있다. 고지된 동의는 원조 절차
가 보다 직접적으로 서술될 수 있는 방법을 보여 주는 한 가지 예다.

정신재활 기술론은 책무성과 비용 절감에 초점을 둔 관리의료제도가 생겨나면서
정신건강 문화에서 더욱 각광받고 있다. 관리의료의 철학에 따라 현재 치료 장면에
서는 치료의 성과를 정확히 수치화하는 것이 강조되고 있다. 조만간 더 나아가서는
성과에 영향을 미치는 과정 요소를 확인하는 과정 평가가 강조될 것이다. 이 장에서
설명한 정신재활 기술론은 정신재활 과정이 구체화되고, 평가되고, 모니터링되는
것을 돕는다. 예를 들어, 정신재활 기술론에 기초한 지원 고용 개입 과정에 대한 분
석 연구는 정신재활 절차의 평가 방식을 잘 보여 주고 있다(Rogers, MacDonald-
Wilson, Danley, Martin, & Anthony, 1997). 정신재활은 그 절차가 잘 정의되어 있기 때
문에 정신장애를 가진 사람과 지원 고용 실무자 사이에 이루어지는 상호작용의 특
성을 추적하고 모니터링하기 위한 양식이 개발 가능하였다. 관련 정보들은 면담 방
식(전화, 개인 면담, 집단 면담 등), 구체적인 면담 시간(일주일 중 또는 하루 중 언제), 면
담이 직업 현장에서 이루어졌는지의 여부뿐만 아니라 실무자의 과정활동(평가, 계획,
교육 등)과 내담자의 지원 고용 활동(선택하기, 획득하기, 유지하기 등)과 관련하여 성
공적으로 수집되었다. 과정 분석의 결과는 향후 정신장애를 가진 사람을 위한 지원
고용 프로그램을 기획할 때 참고할 수 있는 여러 가지 제언점을 제공한다. 예를 들
어, 직업 장면 외에도 정서적인 지원을 제공하기 위해 연락을 수시로, 간략하게 주
는 것(주로 전화로)이 직업 장면에서의 지원을 확대하는 것만큼이나 효과가 있다고
한다. 이러한 제언은 효과적인 자원의 배치에 과정 분석이 유용하게 사용될 수 있음
을 드러내는 좋은 예다.

과정 분석은 정신재활 기술론을 위한 임상 프로토콜이 보편화될 때 보다 활발
하게 이행될 것이다(Anthony, 1998). 임상 지침 또는 임상 방법이라고 불리는 임
상 프로토콜은 정신재활 과정을 기록하고 분석하는 데 유용하게 쓰일 것이다. 정
신재활서비스국제연합(the International Association of Psychosocial Rehabilitation
Services: IAPSRS)은 관리의료 환경에서 사용할 수 있는 정신재활 개입의 실제적인
지침을 제시하였다(IAPSRS, 1997). IAPSRS 실천 지침은 사례관리, 위기 개입, 기초

지원, 권리 보호 등 지역사회지원제도에 속한 요소뿐만 아니라 정신재활 절차의 기본 단계—진단(또는 평가), 계획안 수립, 개입— 를 포함한다. IAPSRS 지침은 현장 평가를 기반으로 이루어진 것이며, 정신재활 장면이 진보하는 것을 반영하기 위해 2년마다 업데이트될 것이다.

정신재활 실무자들은 실천 역량을 향상시키고자 정신재활 기술론을 사용하는 데 있어 그 헌신도에 차이를 보인다. 그러나 정신재활의 기본 철학과 성과에 대해서 의견의 일치가 이루어지고 있으며, 정신건강 문화가 휴먼테크놀로지를 점진적으로 수용하게 되면서 정신재활 절차가 보다 잘 이해되고 있다. 더하여 임상 프로토콜과 지침에 대한 중요성이 강조되면서 점점 더 많은 실무자들과 행정가들이 정신재활 기술론의 가치를 인식하게 될 것이다.

요 약

가장 근본적인 수준에서, 정신재활 절차는 정신장애를 가진 사람들이 목표를 세우고, 그 목표를 달성하기 위해 필요한 기술과 자원을 확인하며, 무엇을 어떻게 해야 할 것인지에 대해 계획안을 세운 뒤, 목표를 성취하는 데 필요한 기술과 지원을 개발할 수 있도록 도와주고자 한다. 모든 정신재활 실무자들과 실천 현장에서는 내담자들이 이러한 절차의 일부 또는 전부에 참여하도록 한다. 그리고 재활 실천 현장이 클럽하우스든 병원이든 낮 병원 프로그램이든 지원 작업 프로그램이든 지역 거주지나 지역 대학이든 간에, 정신재활의 절차는 기술론을 채택함으로써 촉진될 수 있다. 정신재활 기술론은 실무자가 정신재활 절차에서 내담자에게 보다 깊이 있게 개입하고, 보다 강력하게 내담자의 입장에서 행동하며, 보다 명확하게 절차와 성과를 문서화하도록 돕는다. 앞으로 제6장과 제7장에서는 정신재활의 진단, 계획안 수립, 개입법에 대해서 더 자세하게 서술하고 논의할 것이다.

> 재활 실천 현장이 클럽하우스든 병원이든 낮 병원 프로그램이든 지원 작업 프로그램이든 지역 거주지나 지역 대학이든 간에, 정신재활의 절차는 기술론을 채택함으로써 촉진될 수 있다.

CHAPTER 06

진단

인생의 비극은 목표에 도달하지 못한 데 있는 것이 아
니라는 것을 기억하라. 진정한 비극은 도달해야 할 목
표가 없는 데 있다.

_Benjamin E. Mayes

정신재활 진단은 정신장애를 가진 사람들이 전반적인 재활 목표를 정하고, 그 목표를 달성하기 위해 무엇을 해야 하며, 어떤 준비를 해야 하는가를 확인할 수 있도록 도와준다. 정신재활 진단과 전통적인 정신과적 진단을 혼동해서는 안 될 것이다. 각각의 진단은 상이한 목표와 절차 그리고 도구를 이용하는 데, 이 두 가지 진단 모두 유용하고 의미 있는 정보를 제공해 주며, 훈련받은 진단가를 필요로 하고, 포괄적인 치료와 재활 개입에 있어 독자적인 기여를 한다.

이 장은 정신재활 진단에 초점을 맞추고 있다. 그리고 재활 진단과 전통적으로 보다 잘 알려진 정신과적 진단 간의 차이를 밝히기 위하여 각각에 대한 예를 제시하고 있다. 이 두 가지 접근법의 비교를 통해 정신재활 진단의 독특한 공헌점을 확인하게 될 것이다.

전통적인 정신과 진단과 정신재활 진단의 사례

다음의 인용 내용은 정신장애를 가진 한 개인의 파일에서 발췌한 것이다. 이 내담자는 정신과적 진단과 정신재활 진단을 모두 받았다.

로버트는 지역 정신건강 클리닉에서 진료를 받고 있는 32세 독신 남성이다. 그는 현재 부모와 함께 거주하고 있으며, 비디오 대여점에서 점원으로 일주일에 16시간씩 저녁 근무를 하고 있다. 로버트의 부모는 그가 더 오랜 시간 일을 하고, 집안일도 더 많이 돕기를 원하고 있다. 로버트는 삶이 매우 불만족스럽다고 표현한다. 자신이 하고 있는 일이 좋기는 하지만 별로 성과 없는 일이라고 생각하고 있다. 그는 부모의 집에서 지내는 것이 싫지만 독립할 만한 여유가 없다. 로버트는 돈벌이가 될 만한 기술을 배우기 위해 학교에 가고 싶다고 말한다. 고등학교는 졸업했지만, 정신병동에 입원하기 직전에 대학을 자퇴하고서 복학하지 않았다.

로버트는 처음으로 입원을 했던 19세부터 정신과 치료를 받기 시작했다. 27세 이전에 수차례 입원을 하였으며, 지난 5년간은 집에서 머물고 있다. 부모와 의사들은 로버트가 약 복용을 거부하고 마리화나를 사용하는 것이 잦은 재발의 원인이라고 했다. 그는 한 달에 두 번 정신과 의사를 찾아가기만 할 뿐, 지금까지 집단치료와 같은 다른 치료 방법은 거부해 왔다. 로버트는 현재 정신과적 증상에 대처해 나가기 위해 하루에 항정신병약인 올랜재파인 15mg과 항우울제인 세트랄린 75mg을 처방받아 복용하고 있다.

로버트는 현재 자신의 신체 건강 상태에 만족하지 않고 있다. 그는 비만으로 인한 허리 통증이 있으며, 여러 차례 금연을 시도하였으나 담배를 끊지 못하였고, 담배를 입에 달고 살고 있다. 9개월 전 체포되었다가 집행유예로 풀려 나오는 사건이 있기 전까지는 매일 마리화나를 사용했다. 구속된 후부터는 마리화나를 사용하지 않고 있다고 이야기했으며, 약물검사 결과 로버트의 말이 사실임이 확인되었다.

전통적인 정신과 진단(파일에서 인용함)

로버트는 비만이며 단정치 못한 모습을 하고 있다. 그는 사람, 장소 및 시간에 대한 지남력이 있다. 조용하고 다소 내향적이나 로버트의 행동은 사회적으로 용인될 만하다. 로버트는 다소 불안해 보이고, 눈을 거의 마주치지 않는다. 질문에 대해서는 매우 짧게 대답하며 대부분 불완전한 대답이다. 심리검사 결과, 지능은 평균 범위 내에 속하는 것으로 확인되었다.

로버트의 사고 과정에 손상이 있음을 보여 주는 특이한 단어의 사용, 집중력 및 구체성 결여 등의 증거가 확인되었다. 현재 망상이나 환각 증상은 없으며, 자살 또는 살인에 대한 생각을 하지 않는다고 말하였다.

정동적 혼란은 우울증에 한정되어 있는 것으로 보이는데, 이것은 아마도 병전 기능력이 악화된 것에 대한 반응으로 보인다. 현재 조증이나 경조증의 증거는 확인되지 않는다.

◆ DSM-IV-TR
- **축 1**　295.70 정신분열정동장애, 우울형

　　　305.20 카나비스 남용, 초기에 완전한 회복

　　　305.10 니코틴 의존
- **축 2**　301.82 회피형 성격장애(잠정적)
- **축 3**　722.93 디스크 질환, 허리 디스크
- **축 4**　정신사회 및 환경적 문제

　　　취업에 대한 부모의 압력

　　　주거 환경에 대한 불만족

　　　마리화나 복용으로 인한 구속 후 집행유예 상태
- **축 5**　환자 기능 상태 = 55(현재)

정신재활 평가(파일에서 인용함)

로버트는 자신의 삶과 담당 정신과 의사에 대한 불만족을 토로한 후, 클리닉에서 제공하는 재활 프로그램에 의뢰되었다. 그는 삶의 모든 부분(주거, 학습, 직업, 사회 환경)이 불만족스럽게 느껴진다고 이야기하였다. 로버트가 가장 불만족스럽게 여기고 있는 부분은 주거 환경이며, 이를 개선하기 위해 직업을 갖고 싶어 한다. 로버트와 정신재활 전문가 짐은 전반적인 재활 목표를 수립하고 성취하기 위하여, 로버트의 준비도를 평가하기 위해 만남을 가졌다. 전반적인 재활 목표 수립에 대한 로버트의 준비도를 개발한 뒤, 두 사람은 함께 전반적인 재활 목표를 수립하였다.

◆ 전반적인 재활 목표
로버트는 2000년 4월 3일부터 베이 스테이트 아파트에서 살 것이다.

로버트가 이러한 목표를 세운 이유는 이 아파트가 로버트가 주거 환경에서 원하는 요건을 충족하고 있으면서 비용 면에서도 적절하였기 때문이다. 다음으로 로버트와 짐은 전반적인 재활 목표를 이루기 위한 기술과 자원을 평가하였다.

기 술	서 술
활동 계획하기	• 일주일 중 잠자리에 들기 전에 로버트가 다음 날의 활동 계획을 세운 날의 수
	• 현재 수준: 0(기술 결점) / 요구 수준: 5
장 볼 물품 확인하기	• 한 달 중 장을 보러 가기 전에 로버트가 필요한 물품 목록을 작성한 날의 수
	• 현재 수준: 0(기술 결점) / 요구 수준: 4
식사 준비하기	• 일주일 중 로버트 자신이 먹을 저녁을 손수 준비한 날의 수
	• 현재 수준: 7(기술 강점) / 요구 수준: 5
의사 표현하기	• 일주일 동안 로버트가 무시받는다고 느낄 때 자신의 생각과 신념을 다른 사람들에게 이야기하는 시간의 비율
	• 현재 수준: 10%(기술 결점) / 요구 수준: 80%
자 원	서 술
헬스장 동료	• 일주일 동안 로버트가 일하러 가기 전 헬스장에 갈 때 누군가가 동행한 날의 수
	• 현재 수준: 0(자원 결점) / 요구 수준: 3
교통편	• 한 달 동안 로버트가 진료받으러 갈 때 누군가가 차로 데려다 주는 횟수
	• 현재 수준: 4(자원 강점) / 요구 수준: 4

사례에서 보여 주듯이, 재활 진단과 정신과적 진단은 한 사람에 대해 전혀 다른 측면에 초점을 맞추고 있다. 전통적인 정신과적 진단이 시간에 따른 병리와 증상의 발전에 초점을 맞추고 있는 반면, 재활 진단은 정신장애를 가진 사람이 전반적인 재활 목표를 달성하는 데 필요한 기술과 자원에 초점을 두고 있다. 재활 진단에서는 내담자를 특정한 진단 범주에 포함시키기보다는 그 사람이 전반적인 재활목표(로버트의 경우 4월부터 베이 스테이트 아파트에 살게 되는 것)를 달성하는 것과

전통적인 정신과적 진단이 시간에 따른 병리와 증상의 발전에 초점을 맞추고 있는 반면, 재활 진단은 정신장애를 가진 사람이 전반적인 재활 목표를 달성하는 데 필요한 기술과 자원에 초점을 두고 있다.

관련된 기술과 자원을 서술한다.

전통적인 정신과적 진단 절차의 목적은 내담자의 병력, 징후 및 증상을 기초로 해서 내담자가 보이는 병리적인 증상을 서술하는 진단명을 붙이는 데 있다. 이와 달리 재활평가의 목적은 내담자와 중요한 타인들의 관점이나 객관적인 평가를 토대로 하여, 내담자의 전반적인 재활 목표에 미치는 영향력과 관련시켜 내담자의 기술과 환경 자원을 서술하는 데 있다.

두 가지 접근법의 목적이 상이하기 때문에, 진단 절차 역시 다를 것임을 예상할 수 있을 것이다. 정신과적 진단을 하는 실무자에게 정신과적 지식과 구체적인 진단 기법이 필요한 것과 같이, 재활 실무자가 정신재활 진단을 할 때는 독특한 지식과 기법이 요구된다. 실무자가 정신재활 진단을 하는 데 전문성을 지니고자 한다면 정신재활 진단 기법을 숙달해야만 할 것이다.

정신재활 진단을 위한 경험적 근거

정신재활 진단 영역에서 이루어 낸 최근의 발전은 지난 수십 년간 다양한 전문 분야에 종사하는 여러 연구자들이 수행한 경험적 연구들에 기초하고 있다. Anthony 와 동료 연구자들은 이러한 실증 연구들을 고찰하면서 정신장애를 가진 내담자들에 대한 재활 성과가 당사자의 기술과 지역사회 내의 지원 자원의 문제라고 결론을 내렸다.

초기에 관련 연구들을 고찰하면서 Anthony와 Margules(1974)는 장기적인 정신장애를 가진 사람도 증상과는 상관없이 여러 가지 기술을 배울 수 있으며, 또한 지역사회에서 이 기술을 사용할 수 있도록 지원해 주는 포괄적인 재활 프로그램 속에 이러한 기술이 적절히 통합될 때 내담자의 재활 성과에 중요한 영향을 미칠 수 있다고 주장하였다. Anthony 등이 1974년에 문헌 고찰을 한 이래, 여러 다른 연구에서도 재활 성과란 내담자의 기술과 그들이 속해 있는 지역사회의 지원 자원에 영향을 받는 것이라고 보고하고 있다(예: Anthony, 1980; Anthony, 1994; Anthony, Cohen, &

Vitalo, 1978; Anthony, Cohen, & Cohen, 1984; Anthony & Jansen, 1984; Anthony & Liberman, 1986; Arns & Linney, 1995; Cohen & Anthony, 1984; Dion & Anthony, 1987).

재활 성과라는 것이 내담자의 기술과 자원의 결과로 생기는 것이라면, 정신재활 개입법이 기술과 자원의 증진에 초점을 맞추어야 한다는 것은 당연한 일이다. 논리적으로 생각해 보면, 재활 개입법이 내담자의 기술과 지원을 증진시킬 수 있도록 설계되려면, 재활 진단은 내담자가 가지고 있는 현재의 기술과 지원 그리고 앞으로 요구되는 기술과 지원을 평가해야 하는 것이다.

전통적인 정신과 진단 절차가 재활 개입의 처방에 대해서는 많은 정보를 제공하지 못하기 때문에, 고유한 정신재활 진단의 기술론이 요구되는 것이다(제2장의 '오해' 참고). 많은 연구자들은 관련 문헌을 고찰한 뒤에, 재활 성과와 내담자의 정신과적 진단명 및 내담자가 가진 증상의 양상 간에는 관계가 거의 또는 전혀 없다고 보고하였다(Anthony, 1979; Anthony, 1994; Anthony & Jansen, 1984; Anthony, Rogers, Cohen, & Davies, 1995; Arns & Linney, 1995; Cohen & Anthony, 1984; Ikebuchi et al., 1999; Rogers, Anthony, Cohen, & Davies, 1997). 정신과적 진단 또는 정신과적 증상과 재활 성과 간에 관련성이 약하다는 사실은 내담자의 증상과 기능적인 기술 간에 상관이 적다는 사실에서 자연스럽게 도출되는 것이다.

제2장에서 논의하였듯이, 기술 측정치와 증상 측정치 간에 관계가 거의 없는 것으로 나타났다. 예를 들면, Townes 등(1985)은 정신장애를 가진 사람들을 그들이 가지고 있는 독특한 강점과 결점 양상에 따라 6개의 집단으로 분류하였는데, 이러한 분류가 이미 보고되어 있는 정신과적 증상이나 진단과는 전혀 무관하다는 것을 발견했다. Dellario, Goldfield, Farkas 및 Cohen(1984)도 비슷한 결과를 보고하였다. 그들은 동일한 정신과적 입원 환자들을 대상으로 얻어 낸 16개의 증상 측정치와 19개의 기능 측정치와의 상관을 조사했다. 304개의 상관 측정치 중 8개만이 통계적으로 유의미하였고, 이 8개의 상관 측정치 간에도 뚜렷한 양상이 전혀 없었다. 이 정도 규모의 상관 행렬식에서 8개가 통계적으로 유의미한 상관을 보였다는 것은 우연 수준에서 기대될 수 있는 것이다. 보다 최근에 Goethe, Dornelas 및 Fischer(1996)는 군집 분석을 통해서 350명의 연구 참여자들을 기능 수준에 따라 네 집단으로 나누

었다. 기능 수준을 고려할 때 진단명은 고려되지 않았으며, 각 집단을 구분하는 데
도 증상을 고려하지 않았다.

　　요약하면, 경험적인 문헌 고찰을 통해서 두 가지 결론을 도출해 낼
수 있다. 첫째, 현재의 정신과적 진단은 재활을 기술하지도 않고 처
방하지도 않으며, 또한 예측하지도 않는다. 따라서 재활을 위해서는
고유한 진단 기술론이 필요하다. 둘째, 정신재활 진단은 내담자의 기
술과 환경적인 지원을 서술하는 데 초점을 맞출 필요가 있다.

> 현재의 정신과적 진단은 재
> 활을 기술하지도 않고 처방
> 하지도 않으며, 또한 예측하
> 지도 않는다. 따라서 재활을
> 위해서는 고유한 진단 기술
> 론이 필요하다.

정신재활 진단의 구성 요소

　　정신재활 진단은 내담자가 살아가고, 배우고, 사회활동을 하고, 일을 하기로 선택
한 환경 속에서 내담자의 기술과 지원을 평가하기 위해 사용되는 것이다. 정신재활
진단에는 재활 준비도, 전반적인 재활 목표, 기능 평가, 자원 평가의 네 가지 구성
요소가 포함된다.

재활 준비도

　　전반적인 재활 목표를 세우기에 앞서 재활 전문가는 재활 준비도를 평가하며, 필
요한 경우에는 재활 준비도를 개발시킨다. 실제로 재활 준비도를 평가하고 개발하
는 과정은 재활 진단의 선행 과정이 된다. 하지만 이러한 준비도 평가와 개발이 진
단 과정을 시작할 때 첫 번째 과정이라는 점에서 전반적인 진단 과정의 일부분으로
개념화될 수 있다. 준비도를 평가하고 개발시키는 기술은 많은 사람들이 재활 과정
을 시작할 '준비'가 되지 않았다고 느낀다는 것을 지적한 당사자들과 전문가들의 피
드백에 근거하여 만들어졌다. 많은 사람들은 재활 과정을 지금 즉시 시작할 것인가
말 것인가에 대해 '스스로 판단할 수 있도록' 해 주는 기회와 도움을 원했다. 전문가
들은 이러한 이야기에 자극을 받아 준비도 기술을 개발하여 정신재활 진단 과정의

첫 번째 단계로 사용하게 되었다.

재활 준비도는 재활 프로그램을 완수할 수 있는 능력이 아닌, 장애를 가진 사람이 재활에 대해 가지는 흥미도와 자신감을 나타내는 지표다(Cohen, Anthony, & Farkas, 1997; Farkas, Gagne, & Sullivan Soydan, 2000). 대학 진학 또는 운동 프로그램의 참여, 휴가에 대한 준비도가 제각각 다른 것처럼 재활에 대한 준비도 역시 다르다. 재활 실무자들은 잠재적인 재활서비스 이용자가 재활 준비도 수준을 확인할 수 있도록 도와야 하며, 당사자가 재활 준비도를 높이기 원하고 그럴 필요가 있는 경우에는 그 사람이 재활 준비도를 개발할 수 있도록 도와야 한다.

> 재활 준비도는 재활 프로그램을 완수할 수 있는 능력이 아닌, 장애를 가진 사람이 재활에 대해 가지는 흥미도와 자신감을 나타내는 지표다.

재활 준비도 평가하기

재활 준비도를 평가하는 목적은 정신장애를 가진 사람이 재활 활동에 즉각적으로 참여하고자 하는 의향을 얼마나 가지고 있는지를 분명히 하는 데 있다. 지금 현재에는 변화 과정에 별로 참여하고 싶어 하지 않을 수 있지만, 다른 시점에서의 마음 상태도 동일할 것이라고 넘겨짚어서는 안 된다. 평가는 내담자를 재활 프로그램에서 배제하려고 행하는 것이 아니기 때문이다. 이 밖에도 재활 준비도 평가는 준비도의 어떤 영역에서 개발이 더 필요한지를 확인하기 위해 사용된다. 재활에 대해 준비가 된 사람은 최소한 다섯 가지 영역에 있어 준비가 된 사람이다. 이들은 환경상에서의 성공 또는 개인적인 만족의 결핍으로 인해 삶을 변화시키고자 하는 욕구를 강하게 느낀다. 또한 변화를 바람직하며 가능한 것으로 보고, 관계를 형성해 나가는 것에 개방적이며, 자신의 흥미와 가치 그리고 다른 환경에 대한 이해를 가지고 있다.

전문가가 준비도 평가에 당사자를 참여시키는 데 사용하는 기술에는 욕구 추론하기, 변화에 대한 열의 확인하기, 인식 평가하기, 개인적인 친밀성 확인하기가 포함된다(Farkas, Cohen, McNamara, Nemec, & Cohen, 2000). 재활 준비도는 대개 내담자가 재활 프로그램에 참여하기 직전이나 직후에 평가되지만 상황에 따라 가변적이다. 내담자는 재활 과정을 시작할 준비가 되어 있다가도 과정을 진행하는 가운데 실제적으로 변화하는 것에 대해 두려움을 느낄 수 있다. 따라서 준비도 평가는 주기적으로 반복하여 시행될 필요가 있다.

　마지막으로 준비도 평가를 완성하는 데 필요한 기술은 내담자가 방향을 정하도록 돕는 것이다. 준비도 평가의 마지막 단계에서 전문가와 내담자는 평가 결과를 검토하고, 내담자가 원하는 방향을 결정한다. 몇 가지 일반적인 방향에는 다음과 같은 것들이 있다.

- 재활에 대한 준비가 되어 있고, 전반적인 재활 목표를 수립하기 시작한다.
- 현 시점에서는 준비가 되어 있지 않으나 어쨌든 재활을 하기로 결정하며, 그 과정이 단지 좀 더 길어질 뿐이라고 인식한다.
- 준비는 안 되었지만 재활에 대한 관심이 있으며, 재활 프로그램을 성공적으로 수행하는 데 필요한 준비도를 개발하고 싶어 한다.
- 준비가 안 되었으며, 우선적으로 장애를 다루고 싶어서 치료를 받는다.
- 준비가 안 되었으며, 현재 상황에서 자신을 스스로 지지하거나 외부로부터 지지를 받기 위해 일반적인 사례관리 서비스를 원한다.
- 준비가 안 되었으며, 다른 서비스(예: 자조, 기초 지원)를 이용하고 싶어 한다.
- 준비가 안 되었지만, 다른 서비스에 참여하지 않은 채로 단순히 동일한 전문가와의 만남을 지속하는 것을 선택한다.
- 모든 정신건강 서비스를 이용하지 않겠다고 결정한다. 이 마지막 대안은 전문가들이 받아들이기 힘든 선택이다. 그러나 현 시점에서 내담자에게 서비스를 거부할 권한이 없다면, 재활에 대한 어떤 선택도 존재한다고 볼 수 없다.

재활 준비도 개발하기

　준비도 개발의 목적은 재활에 대한 준비가 되어 있지 않은 내담자에게 학습 경험을 창출해 내는 것이다. 이 학습 경험은 재활 개입에 대한 참여를 촉진한다. 준비도 개발 활동은 당사자가 준비도를 개발하기 위해 설계된 활동에 참여하겠다고 선택해야만 시작된다. 전문가와 내담자는 낮은 점수를 받은 준비도 영역을 강화하는 방향으로 변화 과정을 함께 구상한다.

재활 준비도를 개발하기 위해 내담자와 전문가는 유인가와 새로운 개인적인 통찰을 창출하기 위한 동기 강화 활동을 함께 기획한다. 이를 통해 재활 프로그램에 참여할 것인지의 여부를 결정하는 데 있어 그러한 통찰이 내포하는 개인적인 의미를 분명하게 한다. 또한 전문가는 정신장애를 가진 사람에게 그가 재활에 참여하면 중요한 타인들로부터 확실한 지지를 받게 될 것임을 확신시켜 준다(Cohen, Forbess, & Farkas, 2000).

재활 준비도 개발은 대개 점증적인 과정이다. 동기를 이끌어 내기 위해 의도된 활동과 자연스러운 경험 속에서 여러 통찰을 얻고, 재활에 참여할 경우 중요한 타인들이 믿을 만한 지원을 해 줄 것이라는 사실을 깨달은 후에야 재활에 대한 내담자의 의지에 미묘한 변화가 일어나기 시작한다.

준비도 평가와 개발의 예

다음의 기록은 앞서 소개한 로버트에게 시행된 준비도 평가다. 로버트와 전문가 짐은 주거 환경에 대한 재활 목표를 설정하기 위하여 로버트의 준비도를 평가하였다.

◈ 로버트의 준비도 프로필

• 욕구에 대한 요약(5.0 = 높음)

로버트는 부모와 함께 사는 것에 대해 매우 불만족스러워하고 있다. 로버트의 부모 또한 로버트가 독립하기를 원하고 있으며 은근히 압력을 주고 있다.

• 변화에 대한 열의 요약(2.0 = 최소)

로버트는 실패에 대해 큰 두려움을 가지고 있다. 그에게 있어 변화를 성공적으로 이룬 모습을 상상하는 것은 매우 힘든 일이다. 로버트는 부모의 집에서 나올 경우 스스로 집세를 지불하고 다른 부대 비용을 감당할 만한 돈을 벌 수 있을지에 대해 걱정하고 있다. 한편 그는 자신이 독립한다면, 친구들이 편하게 방문할 수 있을 것 이며, 자신만의 시간을 가질 수 있을 것이라고 믿고 있다.

• 개인적인 친밀성에 대한 요약(3.0 = 보통)

로버트는 다른 사람들과 의견을 나누는 것을 좋아하고, 다양한 경험과 신체활동에 참여하는 것을 힘들어하지 않는다. 로버트는 상담가 짐에 대해 좋은 감정을 가지고 있다. 로버트는 짐과 함께 재활을 시작하는 것에 대해 어느 정도 논의하기 시작하 였다.

• 자기 인식에 대한 요약(3.0 = 보통)

로버트는 자신의 가치관에 대한 이해가 있으며, 좋아하는 것과 싫어하는 것을 이야 기할 수 있는 능력이 있다. 그러나 선호하는 주거 환경에 대해서 자세히는 이야기 하지 못한다.

• 환경 인식에 대한 요약(1.0 = 낮음)

로버트는 낯선 환경에서 생활한 경험이 매우 적다. 따라서 여러 가지 대안을 알지 못하며, 다른 주거 환경에서 사는 것이 어떠할지에 대해서도 설명하지 못한다.

• 방향 선택

짐과 로버트는 재활 준비도 개발을 위해 시간을 투자하기로 결정하였다. 두 사람은 로버트가 이미 주거 환경을 선택하고, 획득하고, 유지하고 있는 동료를 만나고 방 문하게 되면, 환경적인 대안에 대한 이해가 확장되고, 성공에 대한 자신감이 향상 될 것이라고 믿는다. 두 사람은 준비도 개발 활동에 참여하고, 2개월 뒤에 준비도를 재평가하기로 한다.

준비도 자료

당사자의 개인적인 선호에 관한 조사 연구들을 통해, 정신장애를 가진 사람들의 대부분이 원래의 지역사회 환경에 소속되고 참여하고 싶어 한다는 결과가 확인되었다(Tanzman, 1993). 재활 준비도 기술은 장애를 가진 사람이 재활에 대해 좀 더 자신감을 가지고, 재활에 대해 알며, 열의를 가지도록 돕기 위해 고안되었다(Cohen & Mynks, 1993). 뉴욕 주 정신건강사무소는 준비도 평가와 개발이 주립시설에서 시행되도록 하고, 낮치료센터와 집중적인 정신재활 치료 프로그램에 대한 의료보험 서비스를 지속하고 있다(Surles, 1991). 아이오와 주는 관리의료 계약에 있어서 위탁된 정신재활 서비스 공급자가 준비도 평가와 개발을 포함할 것을 요구하였다(Ellison et al., 2001).

준비도 개념은 여러 프로젝트에서 연구되어 왔다. 재활 지향의 개별화된 지원 주거 접근의 효과성을 검증하기 위해 설계되었던 한 실험 연구에서는 내담자 준비도 척도를 포함하였다(Shern et al., 2000). 연구 참여자들은 치료 집단 혹은 통제 집단에 무선으로 할당되었다. 노숙을 하던 91명의 심각한 정신장애를 가진 사람들이 재활 서비스를 이용하도록 설정되었다. 이들에게는 개입의 일환으로서 재활 준비도가 정기적으로 평가되었다.

실험 조건하의 연구 참여자들 중 한 번 이상 전반적인 재활 준비도 평가를 받은 사람들(91명 중 76명)은 평균 수준의 재활 준비도 점수를 보고하였다. 전반적인 준비도는 주거와 관련된 두 가지 성과(거리에서 보내는 시간과 쉼터에서 보내는 시간)와 유의한 관련이 있었다. 높은 준비도 점수를 보인 사람들은 상대적으로 거리에서 적은 시간을 보냈으며($r = -.318$, $p<.01$), 쉼터에서 더 많은 시간을 보냈다($r = .413$, $p<.01$)(Felton, 1996, Unpublished data).

두 번째 조사는 두 가지 유형의 직업 개입에 대한 실험 연구였다(Rogers, Martin, Anthony, Massaro, Danley, Crean, & Penk, 2001). 무선 할당이 이루어지기 전에 모든 잠재적인 연구 참여자들은 재활 개입의 참여에 관한 준비도를 결정하도록 설계된 집단에 참여하였다. 무선 할당이 이루어지기 전 연구 집단에 참여하지 않겠다고 이야기한 사람들은 연구에 참여하기로 결정한 사람들보다 변화에 대한 준비도 점수가 낮았다(Rogers et al., 2001). 이와 유사하게 Smith와 동료 연구자들(1998)은 재활 준비도 점수가 증상과 상관없이 재활 집단에 대한 참여를 예측한다는 것을 확인하였다.

재활 준비도 기술은 유사한 방식으로 개발된 여러 다른 개념들과 흡사하다. 중독 분야에서는 동기강화상담이라는 개념이 등장했다(Miller & Rollnick, 1991). 예방 의학 분야에서는 내담자가 행동 변화에 대해 어떻게 결정을 내리는지를 설명하는 변화에 대한 초이론적 모델이 개발되었다(Prochaska, DiClemente, & Norcross, 1992). Prochaska와 동료 연구자들은 변화를 발달 과정으로 보는 모델을 개발하고, 변화에 대한 준비도가 단계에 따라 발전한다고 보았다. 그들은 변화 개입이 성공적이기 위해서는 개개인이 속한 단계에 초점을 맞추어야 한다고 주장하였다. 준비도 평가처럼 Prochaska의 변화 단계는 실무자가 내담자의 현재 상태에 따른 필요를 충족시킬 수 있게 도와준다.

전반적인 재활 목표와 관련된 기능 평가와 자원 평가

전반적인 재활 목표에서는 내담자가 6~24개월 동안 생활하고, 학습하고, 사회활동을 하고, 일을 하기로 선택한 특정한 환경을 규명한다(Cohen, Farkas, Cohen, & Unger, 1991). 특정한 환경이란 내담자가 현재 살고 있거나, 교육을 받고 있거나, 사회활동을 하거나 혹은 일하거나 머무르고 싶은 곳일 수도 있고, 아니면 내담자가 다음 해나 2년 안에 옮기고 싶어 하는 곳일 수도 있다. 전반적인 재활 목표는 내담자와의 일련의 면담을 통해 수립되는데, 여기서 내담자의 개인적인 기준과 대안적인 환경이 탐색된다. 전반적인 재활 목표가 재활 진단에 중요한 이유는 목표를 성취하고자 하는 희망이 내담자로 하여금 진단 과정에 적극적으로 참여할 수 있도록 동기를 불러일으키기 때문이다.

또한 목표를 설정한다는 것은 당사자가 장애를 가지고 있든 그렇지 않든 간에 행동 수행에 영향을 미친다. 많은 실험 연구들도 목표를 설정하는 것이 긍정적인 효과가 있음을 보여 주고 있다(Locke, Shaw, Saari, & Latham, 1981). "목표는 주의를 기울이게 하고, 노력을 촉진하고, 지구력을 증가시키며, 전략 개발을 동기화하고, 행동 수행에 영향을 미친다."(Locke et al., 1981: 125) 이에 더하여 전반적인 재활 목표는 특정한 목표 환경에서의 만족과 성공에 관련된 기술과 지원을 평가하도록 한정함으로써, 내담자에 대한 추후 평가에 초점을 맞춘다. 다음은 전반적인 재활 목표의 예다.

- 2002년 11월까지 여자 친구와 함께 멀버리 하우스에서 살기
- 2003년 6월까지(1년간) 임시 취업장에서 일하기
- 2004년까지(2년간) 우스터 주립대학교의 지원 학습 프로그램에서 공부하기

전반적인 재활 목표를 세울 때 시간을 두고 내담자와 같이 작업하는 것이 중요하다. 그 이유는 만일 이 과정을 소홀히 한다면, 실무자와 내담자가 서로 다른 목표를 추구할 가능성이 높아지기 때문이다.

내담자가 전반적인 재활 목표를 수립해야 할 필요성은 정신재활의 철학과도 일치한다(Anthony, 1982; Cnaan et al., 1988). 전반적인 재활 목표를 세울 때 시간을 두고 내담자와 같이 작업하는 것이 중요하다. 그 이유는 만일 이 과정을 소홀히 한다면, 실무자와 내담자가 서로 다른 목표를 추구할 가능성이 높아지기 때문이다. 연구 결과에 따르면, 실무자들이 내담자들에게 실시한 평가와 내담자 자신들이 실시한 평가에서 재기의 잠재력(Blackman, 1982), 기대 성과(Berzinz, Bednar, & Severy, 1975), 재활의 논점(Leviton, 1973), 불리한 문제에 대한 지각(Tichenor, Thomas, & Kravetz, 1975; Mitchell, Pyle, & Hatsukami, 1983), 기술의 존재 여부(Dellario, Anthony, & Rogers, 1983)와 같은 여러 가지 문항에서 의견의 일치가 거의 혹은 전혀 없는 것으로 나타난 경우가 대부분이었다. 예를 들어, Dimsdale, Klerman 및 Shershow(1979)는 입원 환자 집단에 관하여 연구를 수행한 바 있다. 이 연구에 참여한 실무자들은 통찰을 주요 목표로 삼은 반면, 당사자들은 통찰을 목표 목록의 하위에 두었다. Dimsdale과 동료 연구자들(1979)은 만일 실무자들과 내담자들이 함께 목표를 수립했다면 내담자들이 좀 더 만족했을 것이고, 입원 기간도 좀 더 단축되었을 것이라고 결론지었다. 또 다른 연구에서는 내담자들과 치료진들의

목표가 일치하지 않았을 때에 내담자들이 치료를 통해 이익을 얻지 못하는 것 같았으며, 치료에 대해 실망하였고, 때로는 치료 활동에 응하지 않았다는 것을 보고하고 있다(Goin, Yamamoto, & Silverman, 1965; Lazare, Eisenthal, & Wasserman, 1975; Mitchell et al., 1983).

정신장애를 가진 사람을 목표 설정에 참여시키지 않는 것은 내담자에게 결정이나 선택을 할 수 있는 능력이 없다는 오해에서 비롯되기도 한다. 그러나 어떤 연구자들은 내담자가 선택을 하고 목표 설정을 하지 못하는 것은 그 자신보다 그가 처한 치료적 환경과 관계가 있다고 보았다. 예를 들어, Ryan(1976)은 정신과적 치료 환경 자체가 인생에서 중요한 결정을 할 수 있는 내담자의 능력을 빼앗아 버릴 수도 있고, 또 시설에 입원하는 절차가 당사자의 주도성을 잃게 하고, 잘못된 가치를 믿게 하며, 의사결정 능력을 상실하게 만든다고 하였다(Schmieding, 1968; Goffman, 1961).

또 다른 연구자들은 의사결정 능력이나 목표를 설정하는 능력이 부족한 것은 정신질환이 가지고 있는 병리의 본질이라는 견해를 가지고 있다. 예를 들면, 정신분열병과 관련이 있는 세 가지 유형의 주요 문제에는 양성 증상(예: 환각, 망상), 음성 증상(예: 철수, 목표 지향적 행동 및 동기의 결여), 불안정한 관계(예: 대인적인 유대의 결핍)가 포함되어 있다. 이 세 가지 중에서 음성 증상이 예후 면에서 가장 중요하며, 만성화의 근원이나 결과로 간주되고 있다(Keith & Matthews, 1984; Strauss, Carpenter, & Bartko, 1974; American Psychiatric Association, 1980).

정신장애를 가진 사람이 스스로 선택하거나 자신의 필요를 진술할 수 있는가에 대해서는 의견이 분분하나, 대부분의 사람들은 치료를 할 때 목표를 설정하는 것이 중요하다는 것에는 인식을 같이하고 있다. 어떤 연구 결과에서는 목표 설정 자체가 성과에 영향을 주며(Smith, 1976), 목표 달성은 만족감과 재발률에 영향을 미친다고 하였다(Willer & Miller, 1978). 그렇지만 정신건강 전문가들은 여전히 목표 설정을 실천의 정규적인 부분으로 받아들이지 않고 있으며(Holroyd & Goldenberg, 1978), 특히 바람직한 재활 성과에 대한 소비자의 관점을 반영하는 목표 설정을 거부한다(Farkas, Cohen, & Nemec, 1988).

직업 프로그램과 내담자의 선호를 조사한 몇몇 연구들은 선택과 재활 성과의 관계에 대해 보고하였다(Ackerson, 2000; Becker, Drake, Farabaugh, & Bond, 1996; Bell & Lysaker, 1996). Becker와 동료 연구자들(1996)은 지원고용 프로그램에서 자신이 선택한 직종에 취업한 사람들이 자신이 선호하지 않는 직업 분야에서 일하는 사람들보다 높은 직업 만족도를 보고하였고, 두 배나 더 오랫동안 직장에 다닌다는 것을 발견하였다. Bell과 Lysaker(1996)는 직업 프로그램에서 제대군인들을 세 가지 조건—① 주당 최소 20시간을 일하도록 요청받은 사람, ② 주당 최소 10시간을 일하도록 요청받았지만 본인이 원할 경우 20시간까지도 일할 수 있는 사람, ③ 주당 최대 20시간 안에서 많든 적든 자신이 원하는 시간만큼 일하겠다고 선택한 사람—에 무선 할당하였다. 일할 시간을 선택할 수 있도록 허용된 참여자들은 실제로 다른 조건에 있는 참여자들보다 일주일 동안 더 많은 시간을 일했으며, 낮은 기대 집단에 포함된 참여자들보다 증상이 더 많이 감소되었다. Ackerson(2000)은 앨라배마에서 입원 환자들을 대상으로 하는 정신재활 프로그램을 연구하였는데, 이 프로그램에서 환자들은 퇴원 후 주거 환경에 관하여 스스로 전반적인 재활 목표를 세워야 했다. 연구 결과, 퇴원 후 자신이 목표한 생활 환경에서 살지 못하게 된 사람들은 삶과 생활 환경에 대해 낮은 만족도를 보였다.

전반적인 재활 목표를 설정한 다음에 실무자는 기능 평가를 실시할 수 있는데, 기능 평가란 전반적인 목표를 달성하기 위해 필요한 중대한 기술에 대해 내담자가 가지고 있는 기능력을 평정하는 것이다. 기능 평가에서는 내담자가 중대한 기술을 사용하는 빈도를 평가하는데, 중대한 기술은 관찰 가능한 행동과 기술을 사용하는 상황(예: 무엇을, 어디서, 언제, 누구와)을 분명하게 진술하는 방식으로 서술된다(Cohen, Farkas, & Cohen, 1986). 실무자와 내담자는 기능 평가를 하면서 내담자가 가지고 있는 기술의 강점과 결점의 양상을 완전히 파악하게 된다. 기술의 강점을 이해했을 때 특정한 환경에서 성공할 것이라는 내담자의 자신감이 증가되고, 기술의 결점을 이해했을 때 내담자에게 필요한 기술 개발 개입법을 잘 알 수 있게 된다. 다음은 기능 평가에서 활용될 수 있는 한 가지 중대한 기술, 즉 부정적인 상호 관계를 서술하는 기술에 대한 실례를 보여 준다.

　　부정적인 상호 관계에 대한 서술은 주거기관의 실무자가 조앤에게 이견이 발생한 상황에 대해 물어보았을 때, 조앤이 누가 어떠한 의사 표현을 하였는지를 진술하는 주당 횟수의 백분율로 나타낸다.

- 현재의 기능력 수준: 20%
- 요구되는 기능력 수준: 75%

　　기술 평가가 차후 내담자의 기술을 개발할 때 필수적인 것과 마찬가지로, 자원 평가는 내담자의 지원을 개발하는 데 중요하다. 자원 평가는 내담자가 전반적인 재활 목표를 달성하는 데 필요한 지원의 정도를 평정하는 것이다. 자원 평가를 통해서 사람, 장소, 활동, 사물과 같은 중대한 자원의 이용 정도를 평정한다. 중대한 자원에 대한 평가에서는 관찰 가능한 자원 사용의 특징과 상황이 서술된다. 자원이 사용되고 있는 상태를 이해하게 되면, 내담자가 특정한 환경에서 성공과 만족감을 얻기 위해 의지할 수 있는 자원을 밝혀낼 수 있다. 자원 평가를 통해서 특정한 자원 개발 개입법의 필요성이 확인되기도 한다. 다음은 한 가지 중대한 자원인 교통편에 대한 평가의 예를 보여 준다.

　　교통편은 누군가가 찰스를 집에서 지원고용 작업장까지 출퇴근시켜 주는 주당 일수를 나타낸다.

- 현재의 자원 수준: 3일
- 요구되는 자원 수준: 5일

정신재활의 진단 면담

　　정신재활의 진단은 내담자와의 일련의 면담을 통해 이루어진다. 진단을 위한 면담을 할 때는 다음 두 가지 원리를 지침으로 삼는다. 첫째, 실무자는 최대한 내담자를 면담에 참여시키도록 한다. 둘째, 면담을 하는 동안 얻은 정보는 내담자가 평가 결과를 가장 잘 이해할 수 있는 방식으로 기록한다.

내담자 참여시키기

내담자를 면담에 참여시킨다는 것은 진단의 모든 영역을 수행하는 데 내담자의 적극적인 참여를 촉진한다는 의미다. 내담자가 면담에 참여할 때 재활 진단에 대한 내담자의 주인의식이 증대된다. 실무자는 다음과 같은 세 가지 기술을 사용하여 내담자를 진단 면담에 참여시킨다. 이 세 가지 기술은 오리엔테이션, 정보의 탐색, 이해의 표현(Cohen, Farkas, & Cohen, 1986)이다.

오리엔테이션   오리엔테이션에는 내담자에게 앞으로 수행해야 할 과제와 목표, 실무자와 내담자 각자의 역할 등을 이야기해 주는 것이 포함된다(Cohen, Farkas, & Cohen, 1986). 내담자는 오리엔테이션을 통해 면담이 어떻게 진행되는지와 면담에 어떻게 참여해야 하는지에 대한 분명한 그림을 그릴 수 있게 된다. 예를 들어, 실무자는 기능 평가를 시작할 때 다음과 같이 오리엔테이션을 제공할 수 있다.

> 실무자: 기능 평가를 하면서 가장 우선적으로 해야 할 일은 당신이 가지고 있는 중대한 기술을 나열해 보는 것입니다. 이렇게 목록을 작성해 보면서 당신이 가족과 성공적으로 살아가는 데 필요한 기술을 모두 확인해 볼 수 있습니다. 먼저 나에게 당신이 해 보고 싶은 일들을 말해 주어야 합니다. 예를 들면, 당신은 친구들과 함께 보다 잘 계획된 활동을 하고 싶을 수 있습니다. 두 번째로 당신과 나는 가족이 당신에게 기대하는 행동을 정할 것입니다. 예를 들면, 가족은 당신이 사용한 전화요금을 당신이 직접 지불하기를 바랄 수도 있습니다. 내가 당신을 잘 이해했는지를 확인하기 위하여 당신이 말한 것에 대해 질문하고 요약하기도 할 것입니다. 당

신이 생각하고 느끼는 것을 나에게 솔직하게 이야기해 주기를 바라며, 무엇인가 불분명한 것이 있으면 질문하기를 바랍니다. 질문할 것이 있습니까?

내담자: 없습니다.

실무자: 우리가 하기로 한 것이 무엇인지를 이해했는지 확인하려고 하는데, 앞으로 어떤 일이 진행될 것인가에 대해 저에게 한번 당신의 말로 이야기해 보십시오.

내담자: 그러죠. 저는 제가 하고자 하는 일을 이야기할 것입니다. 그다음 우리는 제 가족이 저에게 원하는 행동에 대해 토론할 것입니다. 저는 당신에게 솔직히 이야기할 것입니다.

실무자가 내담자에게 오리엔테이션을 할 때는 전달 방식이 중요하다. 실무자는 내담자가 이해하기 쉬운 말을 사용하고, 자신이 앞서 이야기한 것을 내담자가 이해하고 있는지를 계속해서 점검하는 것이 좋다.

정보의 탐색   정보의 탐색에는 내담자에게 사실과 의견 및 감정을 물어보는 것이 포함된다(Cohen, Farkas, & Cohen, 1986). 정보의 탐색은 내담자에게 특정한 주제에 관해 이야기할 수 있는 용기를 갖게 해 준다. 직접적으로 질문하기보다는 개방형 질문을 하는 것이 참여를 촉진한다. 예를 들어, 실무자는 중요한 기술을 목록화하는 동안 내담자에게서 정보를 얻기 위해 다음과 같이 말할 수 있다.

실무자: 당신은 분노를 표현하는 것이 왜 당신의 강점이라고 생각합니까?

이해의 표현   이해한 것을 표현한다는 것은 내담자가 느끼고 있거나 생각하고 있는 것을 언어로 표현해 주는 것을 의미한다(Cohen, Farkas, & Cohen, 1986). 이해를 표현해 주는 과정을 통해 내담자는 실무자가 자신을 경청하고 있으며, 자신의 견해를 수용하려 한다는 것을 알게 된다. 예를 들어, 실무자는 중대한 기술을 목록화하는 동안 내담자를 이해하고 있다는 것을 표현하기 위해 다음과 같이 말할 수 있다.

> 내담자: 나는 언니가 나를 막 대한다는 것을 언니에게 인식시키고 싶어요. 언니
> 에게 자기가 나한테 얼마나 잔인하게 구는지 이야기하려 하지만, 도무
> 지 들으려고 하지 않아요.
> 실무자: 언니가 당신에게 상처를 주고 있다는 것을 언니가 이해하려 하지 않기
> 때문에 좌절감을 느끼는군요.
> 내담자: 그래요. 나는 언니에게 계속 이야기하려 했지만 아예 듣지 않아요. 관심
> 이 없나 봐요.
> 실무자: 당신은 언니가 당신의 마음을 상하게 했는지 관심조차 없는 것이 아닌
> 가 하고 생각하고 있군요.
> 내담자: 아, 모르겠어요. 우리는 어릴 때는 참 친하게 지냈어요. 내 탓이겠죠.

실무자가 내담자에게 그의 견해를 이해하고 있다는 것을 보여 주는 것은 당연한 일이다. 연구들에 따르면, 내담자의 중대한 기술에 대한 실무자의 평정과 내담자 본인의 평정 간의 일치 정도는 보통 정도인 것으로 나타나고 있다(Cook, 1983; Dellario, Anthony, & Rogers, 1983). 재활 진단을 위한 면담에는 내담자와 실무자 간의 의견의 일치 정도를 점검하고, 이를 극대화할 수 있도록 설계된 전략이 포함되어 있다.

평가를 하는 데 내담자를 참여시키기 위해 사용하는 세 가지 기술—오리엔테이션, 정보의 탐색, 이해의 표현—은 바꾸어 말하기, 감정에 반응하기, 질문하기와 같은 대인관계 기술과 유사하다. 많은 내담자들은 어떻게 면담에 참여해야 하는지를 알지 못한다. 내담자들은 아마도 당사자를 면담에 참여시키려는 노력은 최소로 하면서, 당사자가 가진 증상과 부적응적인 행동, 손상의 원인에 초점을 두고 있는 정신과적 면담에 익숙해져 있을 것이다. 또한 내담자는 새로운 정보를 효과적으로 처리하는 능력이 부족하여 면담에 참여하는 데 방해를 받고 있을 수 있다(Öhman, Nordby, & d'Elia, 1986; Monti & Fingeret, 1987; Spaulding, Storms, Goodrich, & Sullivan, 1986). 내담자가 면담에 참여하지 않을 때 실무자는 이 세 가지 대인관계 기술

을 사용하여 내담자를 면담에 적극적으로 끌어들여야만 한다.

정보 조직화하기

　정신재활 진단 면담을 통해 얻은 정보는 기관의 자료 기록 요건에 부합하는 방식으로 기록해 두는 것이 일반적이다. 기록은 보통 기록의 상세성 정도와 기록 양식에 따라 달라진다. 준비도 평가, 전반적인 재활 목표, 기능 평가, 자원 평가는 진단 면담의 최종 결과물로 반드시 기록되어야 한다. 이 네 가지 진단 영역은 구체적인 초점을 가지고 있다. 내담자의 파일에 보관되는 진단 정보는 각 기관의 기록 유지 양식과 관계없이 명확성과 간결성 그리고 환경적 특정성이라는 특성을 갖추어 기록되어야 한다.

　예를 들어, 준비도 평가는 준비도 영역에서 내담자의 점수가 어느 정도인지를 알려 준다. 〈표 6-1〉은 실제로 기관에서 준비도 평가 정보를 어떻게 기록하는지에 대한 예를 제공한다.

　전반적인 재활 목표에는 특정한 환경(또는 환경 유형)과 재활 목표를 달성하기로 한 날짜를 표시한다. 보통 전반적인 재활 목표는 기능 평가와 자원 평가 양식 위에 간단하고 간결한 문장으로 기록한다.

　기능 평가는 환경을 구체적이고 분명하며 간단하게 나타내는 동시에 행동적이며 관찰 가능하고 측정 가능한 기술에 초점을 맞추고 있다. 기능 평가를 기록할 때는 중대한 기술의 이름을 적고, 특정한 환경 속에서 필요한 이러한 기술의 사용에 관해서 서술하며, 내담자의 현재 기술 사용 수준과 요구되는 기술 사용 수준을 규명한다. 〈표 6-2〉는 기관에서 전반적인 재활 목표와 기능 평가를 양식에 어떻게 기록할 수 있는지에 대한 예시를 보여 주고 있다. 이 기록 양식은 명확성과 간결성 그리고 환경적 특정성이라는 기록을 보관하는 데 요구되는 중요한 특성을 따르고 있다. 기능 평가를 기록하는 양식에는 재활 목표와 함께 기술 강점 및 결점에 대한 정보가 반드시 포함되어야 한다.

　끝으로, 자원 평가에서도 기능 평가와 마찬가지로 수집된 정보를 관찰 가능하고,

측정 가능하며, 환경적으로 구체적이고, 분명하며, 간결하게 기록해야 한다. 자원 평가에는 내담자의 중대한 자원의 이름을 적고, 필요한 자원 사용에 관한 내용을 서술해 두며, 내담자의 현재 자원 사용 수준과 요구되는 자원 사용 수준을 규명해 둔다.

〈표 6-3〉은 기관에서 기록 보관상의 중요한 특성을 갖춘 양식에 자원 평가를 기록하는 예시를 제시한 것이다. 구체적으로 어떠한 기록 보관 양식이 사용되든지 간에 자원 평가를 기록할 때는 재활의 목표와 함께 자원 강점과 결점에 대한 내용이 포함되어야 한다.

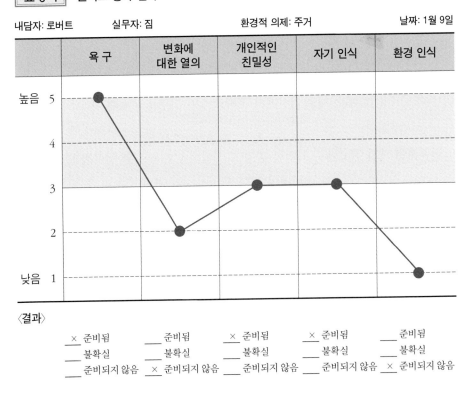

표 6-1   준비도 평가 결과

내담자: 로버트   실무자: 짐   환경적 의제: 주거   날짜: 1월 9일

	욕구	변화에 대한 열의	개인적인 친밀성	자기 인식	환경 인식
높음 5	●				
4					
3			●	●	
2		●			
낮음 1					●

〈결과〉

× 준비됨	___ 준비됨	× 준비됨	× 준비됨	___ 준비됨
___ 불확실	___ 불확실	___ 불확실	___ 불확실	___ 불확실
___ 준비되지 않음	× 준비되지 않음	___ 준비되지 않음	___ 준비되지 않음	× 준비되지 않음

〈종합 결과〉

짐과 로버트는 로버트가 주거 환경을 선택하고 획득하며 유지하는 데 성공을 한 친구들과 교제하고 그들을 방문한다면, 환경적인 대안에 대해 더 많은 이해를 갖게 되고, 자신의 성공을 보다 확신하게 된다는 이점을 얻을 것이라고 생각한다. 두 사람은 준비도 개발 활동에 참여하고, 2개월 내에 로버트의 준비도를 재평가하기로 했다.

표 6-2 기능 평가 기록표(예)

• 전반적인 재활 목표: 로버트는 2000년 4월 3일부터 베이 스테이트 아파트에서 살 것이다.

강점/결점	중대한 기술	기술 사용에 대한 서술	기술 평정[1]					
			자발적 사용		촉구된 사용		수행	
			현재 수준	요구 수준	그렇다	아니다	그렇다	아니다
−	활동 계획하기	잠자리에 들기 전에 다음 날 할 활동에 대한 계획을 세운 주당 일수	0	5		×		×
−	쇼핑 물품 확인하기	장을 보러 가기 전에 사야 할 식료품과 물건 목록을 작성한 주당 일수	0	4		×	×	
+	식사 준비하기	저녁 식사를 하기 위해 로버트가 스스로 음식을 준비한 주당 일수	7	5	×		×	
−	의사 표현하기	다른 사람에게 무시받았다는 느낌을 받았을 때 로버트가 그에 대한 자신의 생각을 표현하는 주당 횟수의 백분율	10%	80%	×		×	

표 6-3 자원 평가 기록표(예)

• 전반적인 재활 목표: 로버트는 2000년 4월 3일부터 베이 스테이트 아파트에서 살 것이다.

강점/결점	중대한 자원	자원 사용에 대한 서술	현재 수준	요구 수준
−	헬스클럽 사람들	일하러 가기 전 체육관에서 운동할 때 다른 사람과 같이 운동한 주당 횟수	0	3
+	교통수단	병원 진료를 받으러 갈 때 다른 사람의 차를 타고 간 월별 횟수	4	4
−	돈	생활비를 쓰고 난 후 월별 남는 돈	200달러	300달러

---

1) 내담자의 기술 수준은 세 가지 다른 방식으로 평가된다. '자발적 사용' 칸은 요구되는 기술 사용 수준과 비교했을 때, 표적 환경 내에서 내담자가 현재 자발적으로 기술을 사용하는 최고 수준을 나타낸다. '촉구된 사용' 칸은 내담자가 표적 환경에서 적어도 한 번은 기술을 수행할 수 있는지(그렇다) 혹은 없는지(아니다)의 여부를 나타낸다. '수행' 칸은 내담자가 평가 환경이나 학습 환경에서 기술을 수행할 수 있는지(그렇다) 혹은 없는지(아니다)의 여부를 나타낸다. 만일 내담자의 현재 자발적 기술 사용 수준이 '0'이라면, 다음에는 촉구 기술 사용을 평가해 본다. 마찬가지로, 만일 내담자가 촉구했을 때도 응하지 못하는 것(아니다)으로 평가된다면, 다음에는 기술 수행을 평가한다.

정신재활의 진단 도구

정신장애를 가진 사람들을 대상으로 사용하는 진단 도구는 도구마다 그 초점을 두는 바가 매우 다양하여 현재 수백 가지가 넘는 진단 도구들이 개발되어 있다. 어떤 도구들은 전통적인 정신과적 진단과 증상에 중점을 두고 있고, 어떤 도구들은 부적응 행동에, 어떤 도구들은 기능력 수준에, 또 다른 도구들은 자원에 초점을 맞추고 있다(이 도구들은 내담자에게 모두 필요하고 유용하다). 많은 도구들은 몇 가지 범주에서 뽑아 낸 문항들로 이루어져 있다. 때때로 이 도구들은 내담자가 어느 정도 프로그램에 참여한 후에 성과를 측정하는 척도로 사용되기도 한다(Blankertz & Cook, 1998; Smith et al., 1998).

몇 가지 개관 연구들에서 정신재활 진단에 사용 가능한 것으로 생각되는 기존의 다양한 도구들을 조사한 바 있다. Anthony와 Farkas(1982)는 자료 수집 전략과 내담자의 잠재적인 특징을 포괄적으로 측정할 수 있는 도구들을 정리하였다. 이들은 유용한 참고표를 만들어서 도구의 초점 집단과 도구 작성자, 도구를 개발하게 된 원래의 집단, 신뢰도와 타당도에 관한 정보를 제시하였다.

Anthony, Cohen 및 Nemec(1987) 그리고 Rosen, Hadzi-Pavlovic 및 Parker (1989)는 현재 사용되고 있는 대부분의 도구들이 정신재활 진단을 하는 데 요구되는 중요한 특성들을 갖추지 못하고 있다고 결론지었다. 정신과적 도구들이 점점 증상이나 병리가 아닌 기술 평가와 자원 평가에 초점을 맞추고 있기는 하지만, 이러한 도구들을 임상적으로 응용하는 데는 여전히 한계가 있다. 가장 뚜렷한 문제로 환경적 특정성이 결여되어 있다는 점이 지적되었는데, 현재 사용되고 있는 도구들은 대부분 표준화가 되어 있어 특정한 환경보다는 일반적인 환경(예: 특정한 직장이라기보다는 일반적인 직장)과 관련된 정보를 제공해 주고 있다.

> 정신과적 도구들이 점점 증상이나 병리가 아닌 기술 평가와 자원 평가에 초점을 맞추고 있기는 하지만, 이러한 도구들을 임상적으로 응용하는 데는 여전히 한계가 있다. 가장 뚜렷한 문제로 환경적 특정성이 결여되어 있다는 점이다.

정신재활과 관련된 평가 도구에 대한 최근의 문헌들은 대부분 성과를 측정하는 데 유용한 도구들에 초점을 맞추고 있다. 정신재활 프로그램에서는 이 같은 도구들을 프로그램 시작 단계에서 사용할 수 있겠으나, 내담자의 재활 계획안을 수립하기 위한 정신재활 진단의 목적으로는 사용할 수 없다. 대신 이러한 도구들은 기관의 프로그램 평가와 연구를 목적으로 프로그램 시행 전후에 사용될 수 있다. IAPSRS 툴킷이 좋은 예가 된다(Human Services Research Institute, 1995). Blankertz와 Cook (1998)은 이러한 도구들을 종합적으로 검토한 결과를 내놓았다(Cook, 1992; Daniels, 1992; Dickerson, 1997; McGlynn, 1993; Mercer-McFadden & Drake, 1992).

임상 평가에 사용하기에 보다 적합한 도구들은 Blankertz와 Cook(1998)이 '현지 소비용' 도구(한 기관에서 개발되어 보편적인 정신 측정 자료가 부족한 도구)라고 부르는 것들이다. 현지 소비용 도구의 좋은 예로서, 정신 측정 자료를 가지고 있는 도구로 Stairways Housing Assessment and Residential Placement Scale(SHARP)(Stairways, updated)이 있다. SHARP는 내담자의 자기 돌봄 능력을 스무 가지 서로 다른 생활 기술 영역으로 평가하도록 고안되었다. 본질적으로, SHARP는 주거 영역에 대한 내담자의 전반적인 재활 목표와 관련된 기능 평가를 수행한다. SHARP와 같은 진단 도구들은 그 도구들이 재활 진단 과정에 독특하게 기여하는 점이 명확하게 확인될 때, 정신재활 절차에서 유용한 역할을 감당하게 된다.

어떤 연구자들은 심리학적 도구나 신경심리학적 도구를 재활의 관점에서 사용할 것을 주장한다(Erickson & Binder, 1986). 신경심리학적 검사를 정신과적 진단과 양성 증상, 기질적 손상 등을 알아내는 데 사용하기보다는, 내담자의 인지적 능력과 결함, 예를 들어, 문제해결 능력, 집중력, 추리력, 사회적 판단력, 정보처리 능력을 알아내는 데 사용하면 보다 도움이 될 것이다. 이 때 그 정보는 재활 개입을 계획하는 데 이용될 수 있다. Erickson과 Binder(1986)는 기존의 도구들에 근거하여 잠정적인 검사 프로토콜을 만들어 제시하였다. 신경심리학적 검사는 내담자를 정신과적 진단에 따라 분류하기보다 정신과적 진단과는 무관한 독특한 능력과 결점을 식별할 수 있는데, 이러한 점은 어떤 유형의 재활 개입법을 적용할 것인가에 대한 분명한 함의를 제공한다(Townes et al., 1985). 그러나 현재까지 신경인지검사는 정신재활 진단에서 특별히 유용하게 사용되지 않고 있다(Norman et al., 1999).

실무자는 이러한 도구들을 통해 얻은 정보를 신중하게 사용해야 하는데, 이 정보는 〈표 6-2〉와 〈표 6-3〉과 같은 환경 특수적인 진단을 돕는 자료 출처 가운데 일부분에 불과하기 때문이다. 현재의 도구 개발 상태에서 현존하는 정신재활 진단 도구들은 임상 실제에서보다 연구와 프로그램 평가에서 더 가치를 갖는다(Smith et al., 1998). 현재 정신장애를 가진 사람들의 전반적인 기능력과 자원을 평정하는 데 이용 가능한 많은 도구들은 실무자보다는 연구자와 평가자들에게 보다 더 유용한 것으로 증명되고 있다(Anthony, Cohen, & Nemec, 1987; Farkas, O'Brien, Cohen, & Anthony, 1994).

임상적인 진단 상황에서 절차 그 자체는 내담자와 함께 시작되고 내담자와 함께 종결되어야 한다. 어떤 도구들을 사용하기에 앞서, 실무자는 내담자가 가지고 있는 기술과 자원의 강점과 결점에 대해 내담자 자신이 가지고 있는 견해를 알아야 한다. 그런 후에 주변의 중요한 타인들로부터 정보를 얻고, 내담자의 기술 기능력을 검사하고, 모의 환경에서 내담자의 기술 기능력을 관찰하면서 진단을 진행할 수 있는 것이다.

일단 자료를 수집하게 되면, 내담자가 진단을 이해할 수 있는 방식으로 정보를 기록하고 재조직해야 한다. 도구가 정신재활 진단보다 우위에 있을 수는 없다. 정신재활 진단은 실무자에게 내담자와의 관계를 발전시킬 수 있는 능력을 요구한다. 진단 면담을 하는 실무자는 훌륭한 대인관계 기술(예: 이해한 것을 표현하는 능력)을 가지고 있어야만 한다. 실무자는 내담자 자신이 이해할 수 있는 정신재활 진단 절차에 내담자를 참여시키는 기술을 가지고 있어야만 하는 것이다.

사실 진단 도구보다는 진단 면담의 초점과 실시하는 방법이 유효한 진단의 초석이 된다. Frey(1984: 35)는 평가 도구의 한계성에 대해 다음과 같이 말했다. "재활 절차에 있어 중요한 모든 것을 단일 측정치를 가지고서 한 사람의 모든 것을 반영하는 방식으로 파악하려고 하는 시도는 어떤 것이라 해도, 좋게 말해서 겉치레일 뿐이다." 또한 Spaulding 등(1986: 574)은 "내담자들이 가지고 있는 개인적인 결점의 군집 형태는 아주 독특하기 때문에 일괄적인 방식을 취하는 치료적 접근을 불가능하게 한다. 아마도 개별 기술적인 평가와 개별화된 치료 방법은 언제나 요청될 것이다."라고 지적한 바 있다. 정신재활 진단은 진단 도구의 정신측정학적 특성보다 전문가들의 전문성에 더 의존하고 있다.

결론적 논평

Frey(1984)에 따르면, 재활(정신재활을 포함)은 1940년대 초부터 여러 학문 분야가 노력을 경주해 온 분야다. 정신재활 분야는 1950년대에 선구적인 정신사회재활센터 (예: 뉴욕의 파운틴 하우스, 보스턴의 센터클럽, 필라델피아의 호라이즌 하우스)에 의해 고 안되었으며, 사실상 1970년대까지는 발전하지 못했었다. 정신재활 분야가 그 시초 부터 다학문적 특성을 추구해 오고 있지만, 초기의 지도자들은 의학 외 분야에 종사 하고 있었다. 정신과적 진단은 많은 경우에 재활과는 특별한 관계가 없는 것으로 인 식되었으며, 이 가정은 이후에 발표된 수많은 경험적인 연구들을 통해 확증되었다 (Anthony, 1979). 그러나 초기에 다수의 재활센터에서는 전통적인 정신과적 진단 기 술론에 대한 대안으로 새로운 진단 기술론을 받아들이기보다, 엉성하게 구조화된 경험적인 평가 접근 방법을 채택했었다.

구체적인 행동 양상을 평가하는 것이 곧 행동수정 개입법을 의미하는 것이라고 보는 잘못된 가정으로 인하여, 정신건강 장면과 재활 장면에서 정신재활 진단법을 채택하는 것이 지연되었다. 실제로 정신재활 진단법을 사용할 때 다양한 장면(예: 정 신사회재활센터, 주 정부의 직업재활국, 지역사회정신건강센터, 작업장, 관리의료기구, 주립 병원)에 종사하는 여러 학문적 배경을 지닌 전문가들(예: 재활상담사, 간호사, 심리학자, 사회복지사, 작업치료사, 정신과 의사)이 협력하여 진행한다면 많은 이점을 경험할 수 있을 것이다. 재활 철학에 토대를 두고 있는 정신재활 진단은 전문 분야 간에, 기관 간에 그리고 내담자 및 그 가족과 더불어 의사소통을 증진시킬 수 있다. 물론 진단 이 단순하고 솔직하다면 의사소통은 보다 촉진될 수 있을 것이다.

정신재활 진단이 가지고 있는 또 다른 독특한 장점을 든다면, 내담자가 진단 절차 를 통해 자신이 당면한 환경을 스스로 통제할 수 있는 정도에 대한 새로운 인식을 가질 수 있다는 점이다. 그리고 기술교육을 지지하는 사람들은 학습을 통한 성취가 내담자의 기술을 향상시킬 뿐만 아니라, 자기효능감을 증가시킬 수 있다고 주장한다. 따라서 정신장애를 가진 사람이 정신재활의 진단에 참여하게 될 때 재기를 위해 보다 적극적인 역할을 수행하게 될 것이다.

미국의 행동관리의료제도의 도입과 다른 나라들의 일반적인 경제적 압박으로 인해 생겨난 기록과 책무성에 대한 관심의 증가는 정신재활 분야가 수집된 진단 정보를 관찰 가능하도록 기록할 것을 요구하고 있다. 또한 미국의 관리의료제도의 근간이 되는 철학은 정신재활 진단 절차를 보다 구체적으로 서술하도록 요구해 왔다. 이 장에서 논의한 기술론과 기록 보관 형식은 새롭게 관심을 받고 있는 기록과 책무성에 대한 필요를 반영하고 있다.

CHAPTER 07

계획안과 개입법

좋은 일을 행하는 것이 좋은 일을 아는 것처럼 쉽다면,
조그만 성당은 큰 성당이 되고, 가난한 사람의 오두막
집은 왕의 궁궐이 될 것이다.

_William Shakespeare

진단을 하는 것이 어렵기는 하지만 개입을 하는 것보다는 쉽다. 과거 정신건강 실무자들은 정신과적 진단을 내리는 데 무척이나 많은 에너지를 소비하면서도, 그 진단을 토대로 하여 정신장애를 가진 사람을 위한 계획안을 수립하고 개입을 하는 일에는 거의 에너지를 쏟지 않았다. 정신재활 진단은 정신재활 접근의 시작에 불과하다. 실무자와 내담자가 알고 있는 사실을 기초로 해서 별다른 실천이 이루어지지 않는다면 큰 성과를 기대하기란 어렵다.

정신재활 계획안은 재활 진단과 재활 개입법을 연결시켜 준다. 정신장애를 가진 사람은 흔히 몇 가지 기술과 자원이 부족한데, 개입법의 목적은 이러한 부족함을 없애는 데 있다. 재활 계획안이란 본질적으로 무엇을, 언제까지, 얼마 동안, 어디서 행하고, 누가 책임을 지는가를 규명하는 것이며, 재활 진단은 왜라는 질문에 대한 답을 제공해 주는 셈이다.

실무자와 내담자는 긴급성과 동기 수준 및 성취의 용이성이라는 기준에 근거하여 기술과 자원 개발 목표에 대한 우선순위를 매긴다. 가장 긴급하고 성취가 용이한 목표가 개입법의 초점이 되는데, 이러한 경우에 내담자의 성취 동기가 높기 때문이다. 실무자는 각각의 기술과 자원 개발 목표를 위해 특정한 개입법을 규명하고, 각각의 개입법을 제공하는 데 책임을 갖는 담당자를 계획안에 포함시킨다. 내담자는 재활 계획안에 자신이 동의했음을 나타내기 위해 계획안에 서명하게 된다. 〈표 7-1〉은 재활 계획안의 예를 보여 주고 있다.

〈표 7-1〉에서 볼 수 있듯이, 재활 개입법을 제공하는 데는 여러 사람들이 참여하게 된다. 계획안에는 재활팀 접근법이 조작적으로 명시되어 있다. 과거의 팀 접근법이 가지고 있는 문제점은 팀 구성원들이 서로가 책임지고 있는 과제를 충분히 이해하지 못했다는 데 있었다. 이것은 내담자를 자주 혼란에 빠뜨리고, 팀 구성원들 간에 알력이 생기게 하였다. 정신재활에서는 팀 전체가 이해할 수 있는 계획안이 마련되지 않으면 팀 접근법을 시행할 수 없다.

> 정신재활에서는 팀 전체가 이해할 수 있는 계획안이 마련되지 않으면 팀 접근법을 시행할 수 없다.

재활팀은 이름뿐인 팀 이상이 되어야 한다. 각각의 구성원은 자신의 개입법을 위한 관찰 가능한 목표를 가지고 있어야만 한다. 재활 계획안이 갖는 섬세함은 내담자

표 7-1   재활 계획안(예)

• 전반적인 재활 목표 : 마이크는 내년 1월까지 노스웨스트에 있는 아파트에서 거주하고자 한다.

우선적인 기술/자원 개발 목표	개입법	담당자	시작일 계획/실제	완료일
마이크는 매주 4회 이웃과 대화할 때 자신의 생각을 말한다.	직접기술 교육	• 제공자: 거주지 상담자 • 감찰자: 마이크와 그룹홈의 관계자	4월 14일/ 4월 20일	5월 29일
마이크는 일주일 동안 집안일을 할 때 이웃에게 도움을 요청할 수 있는 기회의 75% 이상을 활용한다.	기술 프로그래밍	• 제공자: 마이크 • 감찰자: 마이크와 그룹홈의 관계자	6월 1일/ 6월 15일	7월 31일
복지국은 매달 1회 마이크에게 식품구입권을 제공한다.	자원 조정	• 제공자: 사회서비스국 • 감찰자: 마이크와 거주지 상담자	7월 1일/ 7월 1일	7월 31일

※ 나는 이 계획안을 수립하는 데 참여하였고, 이 계획안은 나의 목표를 반영한다.   내담자 서명: _____

가 필요로 하는 기술과 자원의 수 및 유형과 관계될 뿐만 아니라, 고려하고 있는 재활 환경과도 관계가 있다. 많은 내담자들이 섬세하고 세부적인 계획안을 필요로 한다.

이 장은 기술 개발과 지원 개입법의 계획안을 작성하고 이행하는 것과 관련이 있는 주요 논점에 초점을 맞추었다. 먼저 각각의 개입법과 관련이 있는 연구들을 고찰해 보고, 다음으로 이들 개입법에 포함된 논점과 원리를 제시하고자 한다.

연구에 대한 고찰

다양한 전문 학술지에서 정신재활의 주요 개입법에 관한 연구들이 보고되어 왔다. 예컨대, 주요 개입법에 관한 연구들은 인적자원개발훈련(Carkhuff, 1969, 1971, 1974; Carkhuff & Berenson, 1976), 사회기술훈련(Hersen & Bellack, 1976; Dilk & Bond, 1996), 사회학습이론(Paul & Lentz, 1977), 직업재활(Anthony, Howell, & Danley, 1984),

지역사회 지원(Test, 1984) 분야에서 이루어졌다. 다양한 분야에서 이루어진 연구들을 종합해 볼 때, 기술 개발 개입법과 지원 개입법이 지지되고 있음이 분명하다. 또한 네 가지 연구 유형들이 이 두 가지 정신재활 개입법과 가장 많은 관련이 있음을 알 수 있는데, 네 가지 연구 유형들은 다음과 같다.

1. 정신장애를 가진 사람의 기술 습득 능력을 분석하는 연구
2. 정신장애를 가진 사람의 기술과 재활 성과 간의 관계성을 검증하는 연구
3. 기술 개발 개입법과 재활 성과 간의 관계성을 알아보는 연구
4. 지원 개입법과 재활 성과 간의 관계성을 알아보는 연구

정신장애를 가진 사람도 기술을 배울 수 있다

언뜻 보기에 정신장애를 가진 사람이 기술을 배울 수 있는지의 여부를 연구하는 것은 불필요한 것처럼 여겨질 수 있다. 상식적으로 생각해 보면 이들도 기술을 배울 수 있다. 그러나 1960년대 후반과 1970년대 초반까지만 해도 기술 개발 개입법은 정규적인 것으로 여겨지지 않았다. 그 시기 동안 기술훈련에 관한 많은 연구들이 여러 전문지에 발표되었다.

> 언뜻 보기에 정신장애를 가진 사람이 기술을 배울 수 있는지의 여부를 연구하는 것은 불필요한 것처럼 여겨질 수 있다. 상식적으로 생각해 보면 이들도 기술을 배울 수 있다. 그러나 1960년대 후반과 1970년대 초반까지만 해도 기술 개발 개입법은 정규적인 것으로 여겨지지 않았다.

1974년에 Anthony와 Margules는 이러한 논문들을 고찰해 보고, 정신장애를 가진 사람들도 사실상 유용한 기술을 배울 수 있다는 결론을 내렸다(Anthony & Margules, 1974). 구체적으로 말해서, 그들이 검토한 연구에서는 정신장애를 가진 사람이 다양한 신체적 기술과 정서적, 대인관계적 기술 및 지적 기술을 배울 수 있음을 보여 주었다. 예를 들어, 신체적 기능력 영역을 살펴보면 기술훈련 프로그램이 개인위생(Harrand, 1967; Retchless, 1967; Scoles & Fine, 1971; Weinman, Sanders, Kleiner, & Wilson, 1970), 요리(Scoles & Fine, 1971; Weinman et al., 1970), 대중 교통수단 이용(Harrand, 1967), 여가시설 이용(Harrand, 1967), 특별한 직무에 쓰이는 도구의 이용(Shean, 1973), 체력 단련(Dodson & Mullens, 1969)을 포함하

는 여러 영역의 기술에 영향을 주고 있다. 또한 정서적, 대인관계적 기능력 영역에서는 기술훈련 프로그램이 대인관계 기술(Ivey, 1973; Pierce & Drasgow, 1969; Vitalo, 1971), 사회화 기술(Bell, 1970; Weinman et al., 1970), 자기통제 기술(Cheek & Mendelson, 1973; Rutner & Bugle, 1969), 선택적 보상 기술(Swanson & Woolson, 1972) 및 구직을 위한 면접 기술(McClure, 1972; Prazak, 1969)을 증진시켰다. 마지막으로, 지적 기능력 영역에서는 기술훈련 프로그램이 금전관리 기술(Weinman et al., 1970), 구직 기술(McClure, 1972) 및 직업에 응시하는 기술(McClure, 1972; Safieri, 1970)을 향상시켰다.

이러한 많은 초기 연구들에서는 증상 행동의 오랜 과거력을 가지고 장기 입원해 있는 정신장애를 가진 사람들을 훈련시켰다. 그리고 이제는 정신장애를 가진 사람도 기술을 배울 수 있으며, 만성화의 정도나 증상론이 기술 습득을 방해하지 않는다는 사실이 널리 받아들여지고 있다. 이 초기 연구들의 결과는 내담자의 기술을 평가하고 향상시키는 것을 강조하는 정신재활 접근을 지지하고 있다. 1980년대와 1990년대에 사회기술훈련, 인지재활, 행동기술훈련 분야의 연구자들은 정신장애를 가진 사람이 여러 가지 기술을 배울 수 있다는 것을 증명하였다. 기술훈련 연구에 대한 포괄적인 고찰을 통해 정신장애를 가진 사람이 폭넓은 대인관계 기술과 인지 기술을 배울 수 있다는 것을 확인하였다(Benton & Schroeder, 1990; Dilk & Bond, 1996).

앞서 인용한 연구들에서도 알 수 있듯이, 정신재활 접근법에서 사용되는 기술의 개념은 일상생활 기술보다는 훨씬 광범위한 개념이다. 개인 내적 기술과 대인 기술은 평가하고 교육하기에 가장 어려운 영역이다. 그러나 정신장애를 가진 사람들은 이러한 기술 영역에서 많은 도움을 필요로 한다. 최근 들어 더욱 주목받고 있는 기술 영역은 인지 기술이다(Green, 1996; Spaulding et al., 1999). 앞서 논의한 것처럼, 인지재활에서는 기초 신경인지 결함이 내담자의 사회기술 습득을 방해한다고 생각한다. 따라서 기초적인 주의 및 인지 기술이 우선적으로 학습된다면 사회 기술의 습득이 더 효과적이고 효율적으로 이루어질 것이라고 가정한다.

Bellack, Morrison 및 Mueser(1989)는 정신분열병과 관련하여 사회적 문제해결 기술을 검토한 후, 정신분열병을 진단받은 사람이 의사소통 능력과 자신의 말을 다른 사람에게 이해시키는 능력에서 중대한 결함이 있다고 결론지었다. 연구자들의 보고에 따르면, "이러한 손상의 증거는 문제해결 기술의 결함에 대한 증거보다 훨씬 강력하다. 대인관계의 어려움에서 의사소통 기능의 손상이 문제해결 능력의 결함보다도 더 중심적인 요인이 되는 것 같으며, 자신이 바라는 것과 그 논지를 이해시킬 능력이 없다는 점은 정신분열병 환자가 문제해결 훈련에서 배우는 전략을 사용할 수 있는 능력을 심각하게 위협하는 것으로 추론된다."(pp. 111–112) Hogarty(1999)는 중요한 기술 결함이 사회적 인지(사회적 상호작용에서 지혜롭게 행동할 수 있는 능력) 영역에 존재한다고 주장한다. 정신재활센터(1989)에서는 기술훈련법의 한 가지 기술론인 직접기술교육법을 사용하여, 선별된 대인관계 기술의 습득, 응용 및 활용 능력에 효과가 있는지를 연구하였다. 즉, 단일 피험자 실험설계로 여러 연구 참여자들에게 반복 사용하여 몇 가지 독특한 대인관계 기술을 평가하고 가르쳤다. 이러한 기술에는 ① 개인적인 생각 말하기, ② 요청 거절하기, ③ 부정적인 감정 나누기가 포함되었다. 분석에 따르면, 직접기술교육법의 기술론이 이러한 대인관계 기술의 사용에 긍정적이면서도 유의한 영향을 미치는 것으로 나타났다.

기술은 재활 성과와 관련 있다

정신재활 실천에 관한 주요한 연구들에서는 내담자가 가지고 있는 기술과 재활 성과 측정치 간에 관계가 있음을 보여 주고 있다. Arns와 Linney(1995)는 기능적 기술 점수가 내담자의 주거 및 직업적 독립성 정도와 정적인 상관이 있다는 것을 발견하였고, 기술 수준이 진단적 변수보다 재활 성과를 더 잘 예측한다고 결론을 내렸다. 많은 연구들이 작업 적응 기술과 대인관계 기술 및 직업 성과의 측정치 사이의 정적 관계성을 조사하여 왔다. 비교적 적은 수의 연구들(Dellario, Goldfield, Farkas, & Cohen, 1984; Schalock et al., 1995; Smith et al., 1996)에서는 생활 기술 평정치와 비직업적 성과치 사이에 유의한 관계가 있음을 보고하였는데, 생활 기술 점수가 높을수록 정신과 입원병동에서 퇴원, 재입원, 즉각적인 지역사회 적응이 좋아졌다고 보고하였다. 즉, 기술 점수가 높은 것으로 평정된 환자들이 퇴원할 가능성이 높다는 것이다.

내담자의 기술과 직업 성과 간의 관계를 조사한 연구들은 상당한 일치를 보이고 있다. 작업 적응 기술을 평가한 대다수의 연구들에서 그러한 기술들이 미래의 작업 수행과 유의한 관계가 있음이 발견되었다(Anthony et al., 1995; Bond & Fried-meyer, 1987; Bryson, Bell, Greig, & Kaplan, 1999; Cheadle, Cushing, Drew, & Morgan, 1967; Cheadle & Morgan, 1972; Distefano & Pryer, 1970; Ethridge, 1968; Fortune & Eldredge, 1982; Green et al., 1968; Griffiths, 1973; Miskimins, Wilson, Berry, Oetting, & Cole, 1969; Watts, 1978; Wilson et al., 1969). 작업 적응 기술에 대한 전반적인 측정치를 산출하였을 때, 전체 점수는 언제나 미래의 직업 수행을 예측하는 변수로 확인되었다(Bond & Friedmeyer, 1987; Cheadle et al., 1967; Cheadle & Morgan, 1972; Distefano & Pryer, 1970; Ethridge, 1968; Griffiths, 1973; Rogers, Anthony, Toole, & Brown, 1991). 각 연구에서 작업 적응 기술의 평정은 직업상담사와 작업치료사 또는 작업감독자들이 수행하였다. 또한 평정이 이루어진 장소는 다양한 보호 작업 환경이나 모의 작업 환경이었다.

대인관계 기술이나 사회 기술에 대한 측정치 또한 직업 수행을 예측하는 것으로 나타났다(Green et al., 1968; Griffiths, 1974; Gurel & Lorei, 1972; Miskimins et al., 1969; Mowbray et al., 1995; Strauss & Carpenter, 1974; Sturm & Lipton, 1967). 이 자료들 역시 내담자의 사회적 기능력에 대한 지식이 정신장애를 가진 사람의 장래 직업 수행을 예측하는 데 사용될 수 있음을 일관성 있게 시사하고 있다.

사회적 기능력에 대한 개념은 연구들마다 다르게 서술하고 있다. 예를 들어, Green과 동료 연구자들(1968)은 다른 환자들이나 치료 관계자들과 사회적인 접촉을 시작하는 능력을 평정하였고, Miskimins와 동료 연구자들(1969)은 사회 기술을 평정하였으며, Gurel과 Lorei(1972)는 제한적인 정신사회적 기능력에 대한 평정자들의 추정치 간에 유의미한 관계성을 평정하였다. Griffiths(1973)는 사람들과 잘 지내는 것이나 자발적으로 의사소통하는 것과 같은 문항을 평정한 반면, Strauss와 Carpenter(1974)의 연구에서는 개인 및 사회적 관계, 즉 친구들을 만나거나 사회집단 활동에 참여하는 것과 같은 기능력을 추정하였다. 연구들은 사회적 기능력을 측정하는 데 광범위한 문항들을 사용하였지만, 사회적 기능력과 미래의 직업 수행 간에 관계가 발견되었다는 점에서 매우 유사한 결과들을 보고하였다.

정신재활 접근의 초점이 내담자가 가진 증상이 아니라 내담자의 기술이기 때문에, 앞서 제시한 연구들을 내담자의 증상과 재활 성과의 관계를 조사했던 연구들과 비교하는 것은 흥미로운 일이다. 제2장에서 보고하였듯이, 많은 연구들은 정신과적 증상과 미래의 직업 수행에 대한 여러 평정치들 사이에 낮은 상관을 보여 주고 있다.

기술 개발 개입법은 재활 성과에 영향을 준다

정신재활 접근의 핵심은 기술 개발 개입법이 보다 독립적이고 효율적으로 삶을 살고, 배우며, 사회생활을 하고, 일할 수 있는 역량을 증가시킬 것이라는 가정에 있다. Anthony와 Margules(1974: 104)는 몇 가지 연구 자료를 고찰한 초기의 연구에서, "정신장애를 가진 사람도 기술을 배울 수 있다. 지역사회에서 이러한 기술을 사용하는 것을 강화하고 지원하는 포괄적인 재활 프로그램에 이 기술들이 적절히 통합될 때, 정신장애를 가진 사람의 기술은 지역사회 안에서 기능하는 데 영향력을 미치게 된다."라고 시사하였다.

기술 개발 개입법에 대한 대다수의 연구들은 행동주의 심리학 연구의 일환으로 수행되고 있으며, 심각한 정신장애를 가진 사람에게 초점을 두지 않고 있다. 하지만 정신장애를 가진 사람들의 기술 개발과 관련된 기존의 연구들이 몇몇 있으며, 새로운 연구들이 정규적으로 등장하고 있다(Liberman, Mueser, & Wallace, 1986; Marder et al., 1996; Wong et al., 1988). Anthony, Cohen 및 Cohen(1984)은 심각한 정신장애를 가진 사람을 대상으로 수행된 연구를 확인하였다. 내담자가 실제로 기술을 배울 수 있다는 것을 보여 주는 방식 외에도, 많은 연구들은 부가적으로 발생하는 성과 유형들을 조사하였다. 예를 들어, Vitalo(1979)는 장기 퇴원 환자들을 대상으로 기술훈련 접근법과 약물치료를 비교하였는데, 기술훈련 집단에서 새로운 친구의 수와 내담자가 새롭게 참여하는 활동의 수가 유의하게 증가하였음을 보고하였다. Liberman과 동료 연구자들(1998)은 2년 후의 추후 조사에서 내담자들의 독립적인 생활 기술이 향상되었다는 것을 발견하였고, Smith와 동료 연구자들(1996)은 초기 지역사회 적응에 변화가 있었다고 보고하였다.

몇몇 직업 성과 연구에서는 구직 기술 훈련의 효과(Azrin & Philip, 1979; Eisenberg & Cole, 1986; McClure, 1972; Stude & Pauls, 1977; Ugland, 1977)와 의사결정 기술훈련의 효과(Kline & Hoisington, 1981) 및 직업과 작업 적응 기술훈련의 효과(Rubin & Roessler, 1978)를 검토하였다. 각각의 연구는 기술훈련을 받은 심각한 정신장애를 가진 사람들의 집단에서 취업 성과가 좋아졌음을 보고하였다. 예를 들어, Eisenberg 와 Cole(1986)은 통제집단의 12%가 취업한 것에 비해, 구직 기술을 훈련받은 내담자들은 61%가 취업하였음을 보고하였다.

> 중요한 것은 현장에서 최대의 성과를 얻기 위해서는 기술 개발 개입법과 지원 개발 개입법을 상호 배타적인 것이 아니라, 상호 보완적인 것으로 생각하여 모든 절차 속에 양자를 통합해야 한다는 것이다.

이러한 결과들을 종합해서 볼 때, 중요한 것은 현장에서 최대의 성과를 얻기 위해서는 기술 개발 개입법과 지원 개발 개입법을 상호 배타적인 것이 아니라, 상호 보완적인 것으로 생각하여 모든 절차 속에 양자를 통합해야 한다는 것이다. 기술훈련 연구자들은 때때로 이 두 유형의 개입법을 분리하고자 한다. 그러나 대부분의 현장에서 양자의 분리는 가능하지도, 바람직하지도 않다.

지원 개입법은 재활 성과에 영향을 준다

기술 개발 개입법에 더하여, 또 하나의 주된 재활 개입법인 지원 개입법은 내담자가 존재하는 환경 속에서 지원을 증가시키는 일에 초점을 둔다. 기본적으로 환경을 조작하는 연구에는 두 가지 유형이 있는데, 첫 번째 유형의 연구는 내담자가 기능하고 있는 환경에 대한 지원을 증가시키는 것에만 초점을 맞춘 개입전략을 취하고 있다. 두 번째 유형의 연구에서는 내담자의 기술 개발과 지원 개입법을 함께 사용하고 있다. 따라서 내담자의 성과에 두 가지 개입법이 각각 어떤 독자적인 기여를 했는지 규명하는 것은 불가능하다. 먼저 지원 개입에 보다 초점을 맞춘 연구들을 검토하기로 하겠다.

지원 개입법은 내담자에게 지원인, 지원 장소, 지원 활동 또는 지원품을 제공해 준다. 지원인은 필요한 행동이나 여러 가지 역할(옹호자, 사례관리자, 상담가, 고문 등)을 수행하며 지원해 준다(Dougherty et al., 1996; Salokangas, 1996). 사람이나 장소, 활동 또는 물건으로 지원을 향상시키는 일은 환경 내의 자원에 접근하거나 자원을 수정하는 방법으로 이루어진다(보호작업장, 생활시설, 특정한 교통편, 용돈, 퇴원 프로그램 등). 지원인과 지원 장소, 지원 활동 그리고 지원 물품을 구별하는 목적은 단지 환경 수정이 일어나는 방식에 차이가 있다는 것을 밝히기 위한 것이다. 실제에서 이러한 수정은 대부분 동시다발적이다.

> 지원인과 지원 장소, 지원 활동 그리고 지원 물품을 구별하는 목적은 단지 환경 수정이 일어나는 방식에 차이가 있다는 것을 밝히기 위한 것이다. 실제에서 이러한 수정은 대부분 동시다발적이다.

기술 개발 개입법과는 달리 지원 개입법에서 보이는 중요한 특징은 내담자의 행동을 변화시키려는 것이 아니라는 점이다. Katkin, Ginsburg, Rifkin 및 Scott(1971)와 Katkin, Zimmerman, Rosenthal 및 Ginsburg(1975)에 의한 초기 연구들과 Cannady(1982)와 Schoenfeld, Halvey, Hemley van der Velden 및 Ruhf(1986)에 의한 후기 연구들은 지원인이 내담자의 성과에 긍정적인 영향을 미친다는 것을 분명하게 증명하고 있다. 예를 들어, Cannady(1982)는 퇴원한 환자들의 지역사회에 사는 사람들을 고용하여 환자를 지원해 주는 사례관리자로 일하도록 하였다. 그 결과 12개월 동안 입원 일수가 92%나 감소하였다.

Witheridge, Dincin 및 Appleby(1982)는 정신장애를 가진 사람이 재입원의 위험성이 높은 경우에 지원팀을 활용한 연구를 보고하였다. 이 팀은 내담자의 집이나 주거 지역 근방에서 활동하면서, 각각의 내담자를 위해 개별화된 지원 체계를 개발하고자 하였다. 기존의 50명의 참가자 중에서 41명이 지속적으로 프로그램에 참여하였다. 일 년 뒤 추적 자료에서 입원일이 개인당 87.1일에서 36.6일로 감소된 것으로 나타났다.

Stickney, Hall 및 Gardner(1980)는 내담자가 병원에서 퇴원할 때, 지원인과 지원 환경 두 가지를 독립적으로 제공하거나, 두 가지를 통합해서 제공하여 그 효과성을 연구하였다. Stickney 등은 지원인과 환경적 지원 수준을 달리하여 네 가지 퇴원 전 전략을 개발했다. 퇴원 계획안의 목표는 주립 정신병원에서 퇴원하는 400명의 환자들의 지역사회정신건강센터 이용률을 증가시키는 것과 재발률을 감소시키는 것이었다. 연구 결과는 지원인과 환경적 지원의 증가가 내담자가 의뢰에 응하는 비율과 일 년간의 병원 재입원율에 유의한 영향을 미치는 것으로 나타났다. 환경적 지원을 최소로 제공했을 때, 의뢰에의 협조와 재입원율은 각각 22%와 68%였고, 지원인을 증가시켰을 때는 36%와 39%, 지원인과 환경적 지원을 모두 증가시켰을 때는 75%와 28%였다. 즉, 지원 요소를 첨가시킬 때마다 의뢰 순응률은 증가하고 재입원율은 감소하였다.

다른 연구들(Valle, 1981; Weinman & Kleiner, 1978)에서는 지원인과 재활 성과 간의 관계가 검증되었다. 그러나 이 연구들에서는 지원인의 효과를 기술훈련의 영향과 구별할 수가 없었다. Valle(1981)는 지원 상담가의 대인관계 기술 수준과 재활 성과 간의 관계를 연구하였고, 알코올 문제가 있는 내담자의 재발률이 상담사의 대인관계 기술 수준과 유의미한 관계가 있다고 보고했다. 다시 말해, 6개월, 12개월, 18개월, 24개월의 추적 조사 시에 내담자의 음주 행동에 대한 가장 훌륭한 예언지표는 상담사의 대인관계 기술 수준이었다.

Weinman과 Kleiner(1978)는 지원인의 대인관계 기술을 측정하지 않았다. 대신에 병원 기반 개입법의 두 가지 조건, 즉 사회 환경 치료와 전통적인 병원 치료에서 지역사회 지원인들의 효과를 비교하였다. 지원인들의 주요한 역할은 자신이 담당한 내담자들에게 기술을 가르치는 것과 내담자들을 여러 지역사회 자원에 안내해 주는 것이었다. 이 연구의 결과는 사람을 지원해 주는 것과 기술훈련을 결합하는 것이 재발률, 자존감 및 도구적 역할 수행의 면에서 병원을 토대로 한 어떤 치료적 접근보다 월등하다는 것이었다.

몇몇 사례관리 연구들은 기술 개발과 지원 개입법을 결합시키고 있다(사례관리의 개관에 대해서는 제10장 참고). 더불어 지원 고용(Bond, Drake, Becker, & Mueser, 1999), 지원 주거(Ogilvie, 1997), 지원 교육(Mowbray et al., in press) 연구들은 모두 역할 수행 면에서 유의한 효과성을 보고하고 있다. 이러한 개입법들이 지원과 편의 조치에 중점을 두고 있지만, 대다수의 이들 지원 프로그램과 현장에는 기술적인 요소들 역시 포함되어 있다. 따라서 현시점에서 이러한 유형의 개입법이 가지는 기술과 지원 요소들의 성과를 따로 분석해 내는 것은 사실상 불가능하다. 적극적 지역사회 치료에 대한 연구들은 지원 개발 개입과 기술 개발 개입을 효과적으로 결합시킨 아주 좋은 예가 된다(Chinman et al., 1999).

마지막으로, 입원 환자를 대상으로 수행된 몇몇 연구들은 기술훈련 개입법과 여러 가지 보조 서비스를 결합시키고 있는데, 이러한 보조 서비스에는 환자가 퇴원하면 지역사회 지원을 제공받는 것이 포함되어 있다. 이 연구들은 입원 일수가 평균 수준인 장기 입원 환자들을 대상으로 시행되었다. 가장 잘 알려진 연구로는 Gordon Paul(1984)의 연구인데, 이 연구는 전통적인 병동 접근과 환경치료적 접근 및 사회학습적 접근을 비교하고 있다. 이 프로그램을 평가하기 위해 사용된 여러 과정 및 성과 측정치 중에 지역사회 생활 측정치가 있다. 이 측정치에 따르면, 사회학습적 접근이 환경치료보다 나았고, 다음으로 환경치료가 전통적인 입원 환자 프로그램보다 나은 결과를 보였다. 다른 연구들에서는 입원 환자를 위한 기술 지향 프로그램들에 대해 여타의 덜 통제적이고 종합적인 평가들을 실시하였는데, 각 연구들은 지역사회 생활 측정치와 지역사회 기능력 측정치에서 긍정적인 성과를 보고하였다(Becker & Bayer, 1975; Heap et al., 1970; Jacobs & Trick, 1974; Waldeck, Emerson, & Edelstein, 1979).

요약하면, 여러 가지 정신건강 분야와 재활 분야의 연구자들이 수행한 실증 연구들은 다음과 같은 점을 시사한다.

1. 심각한 정신장애를 가진 사람도 기술을 배울 수 있다.
2. 정신장애를 가진 사람의 기술은 재활 성과 측정치와 정적인 상관관계가 있다.
3. 기술 개발 개입법은 정신재활의 성과를 향상시킨다.
4. 지원 개입법은 정신재활의 성과를 향상시킨다.

개입법의 논쟁점과 원리

연구에서 시사하는 바와 같이, 정신장애를 가진 사람이 재활을 위해서 기술을 습득하는 것은 큰 문제가 되지 않는다. 효과적으로 가르칠 수만 있다면 정신장애를 가

> 기술을 습득하거나 학습하는 것은 관련된 환경 속에서 그 기술을 적용하거나 수행하는 것과는 차이가 있다.

진 사람은 기술을 배울 수 있다. 그러나 기술을 습득하거나 학습하는 것은 관련된 환경 속에서 그 기술을 적용하거나 수행하는 것과는 차이가 있다. 학습이란 '내담자가 기술을 습득할 수 있는가?'라는 문제와 관련된다. 반면에, 수행이란 '내담자가 기술을 사용할 것인가?'라는 질문과 관련된다(Goldstein, 1981).

기술의 수행과 적용 또는 일반화의 문제는 기술 개발 개입법에서만 논의되는 것이 아닐 것이다. 이 문제는 역사적으로 일반적인 심리치료 분야에서 이슈가 되어 왔다. 모든 심리치료를 종합해 볼 때, 평균적인 일반화 및 유지 비율은 14%라고 추정되어 왔다(Goldstein & Kanfer, 1979). 이 중요한 논쟁점은 바로 기술 개발 개입법에서도 부딪혀야 하는 하나의 문제인 것이다.

Cohen, Ridley 및 Cohen(1985)은 기술 사용에 관한 문헌 고찰을 바탕으로, 일반화의 가능성을 최대로 높이기 위해 기술 개발 개입법에 포함시켜야 할 11개의 원리를 요약하였다.

1. 목표를 설정하고 개입전략을 선택할 때 내담자를 참여시켜라.
2. 훈련 환경에서 학습에 대한 보상으로 칭찬과 격려, 교육자와 학습자 간의 인간 관계를 활용하라.
3. 관련된 실제 환경 속에서 내담자에게 지원 서비스를 제공하라.
4. 지원인에게 관련 환경 속에서 선택적인 보상을 하는 기술을 사용할 수 있도록 가르쳐라.
5. 내담자에게 외적 보상에 대한 대체물로서 내적 동기를 인식할 수 있도록 가르쳐라.
6. 보상을 점진적으로 지연시키도록 하라.
7. 다양한 상황에서, 그리고 가능하다면 실제 상황에서 기술 수행을 가르쳐라.
8. 동일한 상황에서 기술을 사용하는 여러 가지 방법을 가르쳐라.
9. 자기평가와 자기보상을 하는 법을 가르쳐라.
10. 기술의 기저에 있는 규칙이나 원리를 가르쳐라.

11. 점진적으로 보다 어려운 과제를 제시하라.

이러한 원리들을 통합시킨 기술교육 방법론 중의 하나가 직접기술교육법(direct skills teaching: DST)이다. 직접기술교육법은 어떤 기술을 학습하는 데 필요한 지식을 개괄하고, 각각의 행동 요소를 가르치기 위해 구조화된 수업 계획안을 개발한다. 그 이후 내담자가 각각의 행동 요소를 하나씩 수행해 보거나 모든 행동을 함께 수행하도록 하는 체계적인 방법이다(Cohen, Danley, & Nemec, 1985). 각각의 행동 요소에 대한 이해를 돕는 교수법, 모델링의 경험 그리고 실제 수행이나 연습 수행이 이루어지는 쌍방향적이고 체계적인 기술 개발 과정에 학습자가 참여한다는 점은, 다른 기술들과 비교할 때 DST가 갖는 차이점이다. 다른 여러 기술 개발 기술론들은 내담자에게 기술을 배우는 데 필요한 세부 지식을 가르치고 나서 그 지식을 적용해 기술을 자기 것으로 사용할 수 있게 하거나, 보다 세련된 행동수정 기술을 사용하여 구조화된 연습과 강화를 통해 새로운 행동을 조형해 나가게 한다. 철학적 측면에서 직접기술교육법과 행동수정 기술 간의 차이점은, 직접기술교육법에서는 정신장애를 가진 사람이 학습자의 역할을 하며 교사와 적극적으로 협력하도록 이끈다는 점을 들 수 있다. 적극적인 협력 관계를 통해 내담자는 자신이 선택한 목표와 관련된다고 생각하는 특정한 기술을 습득하는 것을 촉진할 수 있다. 행동수정을 일차적인 기법으로 사용하는 기술 개발 개입법에서 내담자는 '대상자'로 기능하는데, 즉 내담자는 전문가 또는 중요한 타인이 중요하다고 판단한 행동을 강화를 통해서 다소 수동적으로 받아들이는 수혜자의 역할을 한다.

실무자들에게 효과적인 교사가 되는 방법을 가르쳐 주는 실무자 수준의 기술론 개발에 더하여, 내담자 수준의 교육과정이 개발되어 왔다(Anthony, 1998). 이러한 유형의 기술론은 내담자에게 친근한 언어를 사용하여 구체적인 영역(예: 사회 기술, 구직 기술, 학습 기술)에서 내담자가 진단, 계획 및 수행 과정에 참여하고 관여하는 것을 촉진하도록 고안되었다. 내담자 수준의 교육과정 안내서는 실무자가 내담자를 도와 교육과정을 밟아 나가도록 하는 데 사용 가능하다. 그리고 이러한 교육과정을 이행하기 위해서 실무자가 사전에 정신재활 실무자 기술훈련을 받으면 매우 좋겠지만,

반드시 그래야만 하는 것은 아니다.

아마 정신재활 분야에서 가장 잘 알려진 것은 행동재활(특히, 사회기술훈련)과 보스턴 대학교 정신재활센터의 지속적인 기술 개발 노력에서 비롯된 내담자 수준의 교육과정일 것이다. 정신재활센터에서 개발한 '선택－획득－유지(Choose-Get-Keep: CGK)'의 교육과정은 집단 교육과정으로 선택 영역(Danley, Hutchinson, & Restrepo-Toro, 1998)과 유지 영역(Hutchinson & Salafia, 1997)까지 이용 가능한데, CGK 프로그램은 수십 년에 걸친 개발과 시험 단계를 통해 널리 보급되었다. CGK 교육과정은 지원 교육(Unger, Anthony, Sciarappa, & Rogers, 1991)과 지원 주거(Anthony, Brown, Rogers, & Derringer, 1999)에 적용되면서 평가되어 왔다.

새로운 두 가지 교육과정 패키지(건강 교육과정과 재기 교육과정)가 정신재활센터에서 개발되어 현장에서 시험 중에 있다. 이전 판의 건강 교육과정을 적용한 연구들은 이 개입이 심각한 정신질환을 가진 사람의 심리적, 신체적 건강에 상당히 긍정적인 효과를 보인다는 것을 확인하였으며, 건강 서비스가 재기지향 서비스와 통합되어 제공될 때의 기여점을 논의하였다(Hutchinson, Skrinar, & Cross, 1999; Skrinar & Hutchinson, 1994a; Skrinar & Hutchinson, 1994b; Skrinar, Unger, Hutchinson, & Faigenbaum, 1992). 정신장애를 가진 사람들의 전반적인 신체 건강에 대한 관심은 중국 등 다른 나라들에서도 꾸준히 증가하고 있다(Ng, 1992).

재기 교육과정은 내담자가 재기하는 과정을 강화하고, 보다 창의적으로 대처하며, 삶을 충실히 살게 하는 데 필요한 정보와 기술을 제공하기 위해 고안되었다. 재기 교육과정에는 개인 워크북(Spaniol, Koehler, & Hutchinson, 1994a), 지도자 지침(Spaniol, Koehler, & Hutchinson, 1994b), 관련 서적(Spaniol & Koehler, 1994)이 포함되어 있다. 재기 교육과정은 미국 전역에서 장애를 가진 수많은 사람들에게 사용되어 왔으며, 현재 관리의료제도 내에서 그 유용성이 평가되고 있다. 보스턴 대학교 정신재활센터는 재기 교육과정을 스페인어(Restrepo-Toro, 1999)로 번역하였고, 네덜란드 판도 개발하였다.

교육과정은 치료와 재활 분야에서 새로운 행동과 기술 개발을 촉진하는 데 유용한 도구로 등장했다. 사회기술 훈련가들과 연구자들은 매우 활발하게 다양한 모듈의 내담자 교육과정을 고안하고 평가해 왔다. 그 가운데 개발된 몇몇 기술 영역은 기능 저하(예: 대화 기술)에 초점을 맞추었고, 다른 영역들은 손상(예: 약물 관리 및 증상 관리)을 다루는 혁신적인 치료 기술에 유용하게 사용되고 있다(Liberman, Wallace, Blackwell, Eckman, Vaccaro, & Khehnel, 1993; Liberman & Corrigan, 1993). 각 기술 영역은 훈련가 매뉴얼, 참여자 워크북, 실연 비디오로 구성되어 있다. 많은 연구들은 이러한 교육과정이 내담자의 기술 사용을 촉진하는 데 효과가 있다는 것을 보여 주고 있다(Liberman, Vaccaro, & Corrigan, 1995).

앞서 언급하였듯이, 기술 사용을 위해 지속적인 지원을 제공하는 것은 기술이 일반화되는 것을 촉진하는 주된 방법이다. 두 가지 유형의 정신재활 개입법(기술 개발과 지원)은 불가분의 관계에 있다. 기술을 가르치는 사람은 기술의 사용을 지원하는 사람인 것이다(Cohen, Danley, & Nemec, 1985). 정신장애를 가진 사람의 기술 사용은 정교한 토큰경제나 강화 계획이 아닌, 간단한 사회적 강화를 통해서도 향상될 수 있다(Armstrong, Rainwater, & Smith, 1981). 사회적 강화는 비용이 저렴하고, 잘 받아들여질 수 있으며, 보편적이고, 표적 환경에서 바라는 기술을 사용할 수 있도록 하는 데 보다 효과적일 수 있다.

마찬가지로, 지원 개입법을 제공하는 실무자도 내담자에게 단순히 이러한 지원을 제공해 주는 것뿐만 아니라, 자연적인 지원에 접근하는 법을 배울 수 있도록 도와줄 수 있다. 이러한 측면에서 Mitchell(1982)은 내담자가 가지고 있는 기술이 그 사람의 지원 네트워크 규모와 정적인 관계가 있음을 시사하는 자료들을 보고하였다. 정신장애를 가진 사람은 자신의 지원 네트워크를 개발하는 데 적극적인 역할을 할 수 있도록 학습할 수 있다. Mitchell(1982)의 자료에서는 내담자의 독립 수준과 동료의 지원 수준이 정적인 관계에 있음을 보여 주고 있다. 자신이 보다 많은 지원을 받는다고 느낄수록, 그 사람은 보다 독립적으로 행동할 수 있다는 것이다. 이 원리는 정신장애를 가진 사람이 자신이 원하는 지원을 받을 수 있도록 학습되었을 때 보다 독립적으로 기능할 수 있다는 것을 말해 주는 것이다.

또 다른 연구에서는 지원과 성과 간의 관계를 살펴보았다(Greenblatt, Bererra, & Serafetinides, 1982). Dozier, Harris 및 Bergman(1987)은 적정 수준의 네트워크 밀도,

즉 네트워크 구성원들이 서로를 아는 정도가 입원 기간의 감소와 관계가 있음을 발견하였다. Fraser, Fraser 및 Delewski(1985)가 파운틴 하우스 유형의 클럽하우스에서 수행한 연구에서는 입원 기간의 감소가 클럽하우스 회원들의 지원 네트워크에 속해 있는 정신건강 전문가의 수의 증가와 상관이 있음을 보고했다. Sommers(1988)는 내담자에게 중요한 타인이 보이는 태도, 즉 내담자에게 사회적으로 적절한 행동을 하기를 요구하는 태도의 정도가 도구적인 기술 수행과 정적인 상관이 있음을 발견하였다. Baker, Kazarian, Helmes, Ruckman 및 Tower(1987)는 재입원하지 않은 내담자들과 비교했을 때 재입원한 환자들이 그들에게 두 번째로 큰 영향력을 미치는 사람들에 대해 과보호 척도와 비판 척도에서는 더 높게 평정하고, 돌봄 척도에서는 더 낮게 평정했음을 확인하였다.

> 모든 지원의 형태가 중요하기는 하지만, 정신장애를 가진 사람들에게는 인적 지원을 제공해 주는 것이 가장 중요하다.

모든 지원의 형태가 중요하기는 하지만, 정신장애를 가진 사람들에게는 인적 지원을 제공해 주는 것이 가장 중요하다. 다른 사람들에게 지원받고자 하는 것은 인간의 자연스러운 욕망이다. 이러한 욕망이 정신장애를 가진 사람에게 특히 중요한 이유는, 그가 가진 손상 때문에 사회적 출구를 제공하는 활동, 즉 직업, 학교, 가족 활동에서 소외될 수 있기 때문이다(Harris, Bergman, & Bachrach, 1987). 정신장애를 가진 사람에 대한 지원 네트워크를 살펴보면, 규모가 작고 상호성이 결여되어 있으며 가족 분위기가 위압적이고(Weinberg & Marlowe, 1983) 융통성이 없으며 불안정하다는 특징(Morin & Seidman, 1986)을 가지고 있다.

지원 개입법에 관한 연구들은 개념적인 약점과 방법론적인 한계를 가지고 있다(Lieberman, 1986; Starker, 1986; Thoits, 1986). 지원, 지원 네트워크, 지원제도라는 개념은 명확하게 정의되어 있지 않다. 또한 일정하고 신뢰할 만한 도구들도 부족하다. 그러나 이러한 한계에도 불구하고 지원 개입법은 효과적인 재활 개입법으로 받아들여지고 있다.

Kahn과 Quinn(1977)은 지원에 대한 보다 유용한 정의를 제안하며, 지원을 긍정적인 감정과 인정 그리고 도움을 표현하는 인간관계적 교류라고 서술하였다. 긍정적인 감정에는 호감, 칭찬, 존경 및 그 밖의 긍정적인 평가가 포함되고, 인정에는 그 사람의 지각, 신념, 가치관, 태도 또는 행동을 인정해 주는 것이 포함되며, 도움에는 물질과 정보, 시간 그리고 수급권이 포함된다. 동료 내담자와 실무자 및 가족은 다양한 수준과 유형의 인적 지원을 제공할 수 있다. 내담자의 목표가 자신의 독립적인 기능력을 증가시키는 것이라면, 누군가가 그에게 긍정적인 감정과 인정 그리고 도움을 제공해 주는 것은 당연한 일이다.

　연구 문헌을 기초로 하여 내담자에 대한 지원을 개선할 수 있는 개입법이 제안되었다(Harris & Bergman, 1985; Marlowe & Weinberg, 1983). 이러한 개입법들은 다음과 같다.

1. 네트워크 내의 사람들이 보다 지원적일 수 있도록 기존의 네트워크(가족과 친구들)를 수정하는 것
2. 자원봉사자를 활용하여 부가적인 네트워크 구성원을 개발하는 것
3. 유급 봉사자를 활용하여 부가적인 네트워크 구성원을 개발하는 것
4. 지역사회 내에 있는 기존의 자연적인 네트워크(예: 교회, 클럽)에 내담자를 보다 적극적으로 참여시키는 것
5. 지원 네트워크 내에서 유사한 문제를 가지고 있는 사람들의 집단을 형성하는 것
6. 기존의 네트워크 구성원 간의 유대를 강화하는 것
7. 위기 개입 기능을 할 수 있도록 보다 큰 네트워크를 활용하는 것
8. 네트워크의 기능을 확장하는 것

　모든 지원 개입법의 기저에 깔려 있는 기본 원리는, 실무자가 아니라 장애를 가진 당사자가 그 개입법을 지원적인 것으로 인식해야만 한다는 것이다. 아름다움과 마찬가지로, 지원이라는 것도 보고 있는 그 사람의 눈 속에 있는 것이다. 모든 개인적인 관계가 지원적이고 이익이 되는 것은 아니다(George, Blazer, Hughes, & Fowler, 1989). 감정이나 인정 또는 도움은 지원을 받는 사람이 그것이 이익이 된다고 생각해야만 한다. 어떤 사람이 중요하게 생각하는 것이 다른 사람이 생각하는 것과는 다를 수 있듯이, 지원도 마찬가지다.

기술 개발 개입법과 비교해 볼 때, 지원 개발 개입법이 기술 개발 개입법과 같은 정도로 중요하고 근본적인 정신재활 개입법으로서 명확하게 인식된 것은 아주 최근의 일이다. 두 가지 개입법 모두 '도움을 주는 자'와 '도움을 받는 자' 사이의 강한 인간관계 속에서 일어나는 것이다. 아마도 초기 정신재활 기술론이 기술 변화에 주로 초점을 맞추었기 때문에(Anthony, Cohen, & Pierce, 1980; Hersen & Bellack, 1976; Paul & Lentz, 1977), 정신재활에 익숙하지 않은 정신건강 전문가들이 정신재활을 기술훈련으로 협소하게 정의하였던 것 같다. 사람들은 좋은 성과를 내는 데 지원이 중요하다는 것을 인식해 왔으며, 강한 관계 맥락 속에서 일어나는 지원은 언제나 재활의 중요한 특징으로 이해되어 왔다(Anthony, 1979). 그러나 일부 전문가들은 여전히 기술에 비해 지원의 역할을 과소평가하는 경향이 있다.

최근의 연구에서 정신장애를 가진 사람들이 보고한 바에 따르면, 지역사회로 통합하는 데 있어 환경적 지원의 결핍이 기술의 부족보다 더 큰 방해물로 작용한다고 하였다(Mallik, Reeves, & Dellario, 1998). 대조적으로, 전문가들은 장애를 가진 사람들의 보고와는 달리, 개인과 기술의 결함을 더 큰 방해물로 보는 경향이 있다(Mallik, Reeves, & Dellario, 1998).

본질적으로 기술과 지원의 향상은 재활이 이루어졌다는 지표가 된다. 과정이 효과적으로 이행되었을 때 성과의 변화는 자연스럽게 따라온다. 그러나 기술과 지원 분야의 측정이 단순히 과정만을 측정하는 것이라는 생각은 재고되어야 한다. 성과를 측정할 때 고려해야 할 질문은 이러한 기술과 지원의 변화가 과연 역할 수행의 향상을 가져왔는지의 여부에 관한 것이다(예: 정신장애를 가진 사람이 자신이 선택한 주거, 학습, 직업 환경에 만족하고 있는가).

결론적 논평

　정신재활의 진단-계획안 수립-개입의 절차는 비교적 간단하게 서술될 수 있지만, 그것을 제공하는 일은 결코 간단하지 않다. 내담자가 재활 목표에 도달할 수 있는 기회를 증대시키려면, 전문 인력과 효과적인 프로그램과 잘 설계된 서비스 제도가 적재적소에 배치되어야 한다. 다음에 이어질 세 장에서는 이러한 사람과 프로그램 그리고 제도가 어떻게 정신재활의 절차를 촉진할 수 있는지에 초점을 맞추고 있다.

CHAPTER 08

인력

인생은 단 한 번 지나가는 길이다. 그러므로 다른 사람
에게 친절과 선행을 베풀 수 있는 기회가 주어진다면
지금 바로 행하겠다. 다시는 이 길을 지나가지 못할 것
이기에 지체하거나 게을리하지 않겠다.

_William Penn

인력, 프로그램, 제도라는 세 가지 차원은 무엇이 재활 성과를 만들어 내는가를 이해하기 위한 개념적인 틀을 마련해 준다. 근본적으로 심각한 정신장애를 가진 사람의 재활 성과는 내담자와 상호작용을 하는 인력과 프로그램 그리고 서비스 제도의 효과성에 의해 영향을 받게 된다. 그러므로 재활 과정은 인력, 프로그램, 제도를 분석함으로써 보다 효과적으로 연구될 수 있고, 활용될 수 있으며, 변화될 수 있는 것이다. 정신재활의 세 가지 분석 단위는 다음과 같다.

1. 정신장애를 가지고 있는 사람들과 상호작용을 하는 다양한 인력(예: 상담사, 정신과 의사, 가족, 동료 내담자)의 기술, 지식 및 태도
2. 인력이 사용하는 프로그램(예: 동료 모임 프로그램, 지원 작업 프로그램, 독립생활 기술 프로그램)
3. 사람들과 프로그램을 지원하는 서비스 제도(예: 직업재활 기관, 주 정부의 정신건강 부처, 행동관리의료기관)

이 장에서는 인력 차원에 초점을 맞추고자 한다. 정신장애를 가진 사람은 자신의 재활 성과에 중요한 영향을 미칠 수 있는 많은 (자격증이 있거나 자격증이 없는) 사람들과 상호 관계를 맺고 있다. 대개 실무자, 가족 구성원, 동료들(내담자, 이전에 환자였던 사람)은 내담자에게 가장 큰 영향을 미치는 사람들이다. 이때 가장 중요한 요인은 그 인력이 담당하고 있는 역할이 아니라 그들의 능력, 즉 진단하고, 계획안을 수립하며, 개입을 할 때 유용한 방식으로 과업을 수행할 수 있는 능력인 것이다. 인력은 직함이나 자격증 또는 역할이 무엇이든지 간에, 다음과 같은 활동들을 수행하는 데 필수적인 기술과 지식 그리고 태도를 갖추고 있어야 한다.

1. 친밀감을 형성하고 내담자가 원하는 개별적인 지원을 지속적으로 제공하기 위해 내담자와 유대 관계를 맺는다.
2. 내담자가 재활 준비도를 평가할 수 있도록 도움을 준다.
3. 내담자가 재활을 필요로 하고 원할 경우, 재활 준비도를 개발하도록 도움을 준다.

4. 내담자가 스스로 재활 목표를 설정할 수 있도록 도움을 준다.

5. 내담자가 세운 전반적인 재활 목표와 관련해서 당사자가 가지고 있는 기술과 환경적 지원을 평가할 수 있도록 도움을 준다.

6. 내담자가 필요로 하는 기술과 자원을 개발하는 계획안을 세울 수 있도록 도움을 준다.

7. 내담자가 학습해야 할 필요가 있는 새로운 기술을 배울 수 있도록 도움을 준다.

8. 내담자가 이미 가지고 있는 기술을 활용할 수 있도록 도움을 준다.

9. 내담자가 필요로 하는 자원과 연계될 수 있도록 도움을 준다.

10. 내담자에게 제공되는 지원의 정도를 보다 향상시키기 위해 당사자가 가지고 있는 자원을 수정할 수 있도록 도움을 준다.

유대 관계를 맺는 기술이 재활 과정 전체를 통해 사용되는 반면, 앞서 제시된 여타의 활동들은 각자 재활 과정의 진단, 계획안 수립, 개입 단계에서 일어난다. 각각의 활동을 통해 내담자는 자신의 목표에 도달하는 데 필요한 기술과 자원을 얻을 수 있게 된다. 두 번째 활동부터 다섯 번째 활동은 진단 단계에서 이루어진다. 여섯 번째 활동은 계획안 수립 단계에서 수행되며, 일곱 번째부터 열 번째 활동까지는 개입 단계에서 이루어진다.

이러한 활동들을 얼마나 체계적으로 수행하는가 하는 점에서 사람들은 다양한 차이를 보인다. 때때로 사람들은 자신이 그러한 활동을 수행하고 있는지조차 인식하지 못하기도 한다. 모쪼록 정신장애를 가진 사람이 필요로 할 때는 이러한 활동들을 수행할 수 있는 역량을 가진 인력이 도움을 제공할 수 있어야 한다.

미국에서 행동보건의료가 등장하고, 그에 따라 책무성의 중요성이 부각되면서, 심각한 정신질환을 겪는 사람에게 지역사회 지원 서비스를 전달하는 인력의 자격요건이 보다 강조되기 시작하였다. 정신건강서비스센터(Center for Mental Health Services: CMHS)는 심각한 정신질환을 겪는 사람들에게 양질의 서비스를 전달하기 위해 전문가가 갖추어야 할 기본 역량들을 규명하고자 전문가위원회를 소집하였다(Coursey et al., 2000). 여기서 확인된 열두 가지 역량들은 학습과 훈련 그리고 경험을 통해 습득되고 개발될 수 있는 필수적인 지식, 태도, 기술들이 무엇인지를 구체화한다. 흥미롭게도, 앞서 제시된 열 가지 정신재활 활동 모두는 CMHS 연구에서 규명한 전문가의 역량에 포함된다(Coursey et al., 2000).

대인관계 기술은 조력자의 주요 역량을 기술하는 목록들에 항상 포함된다. 조력자가 가지고 있는 대인관계 기술의 중요성은 아무리 강조해도 지나치지 않다. 대인관계 기술은 첫 번째 활동에서는 명백하게 본질적인 것이나, 재활 과정의 모든 활동에 근간을 이루는 것이다. 이해의 표현, 자기노출, 격려하기 등의 기술(Cohen et al., 1988)은 상담(Carkhuff & Anthony, 1979)이나 교육(Aspy, 1973), 약물재활(Valle, 1981)의 실천에서 나타나는 성과와 관련이 있다. 대인관계 기술은 실무자나 가족, 소비자 모두가 사용할 수 있는 것이다.

Goering과 Stylianos(1988)는 현재의 재활 개입법 효과의 일부는 내담자와 실무자 사이에서 이루어지는 관계에 기인한다고 주장한다. 효과적인 재활의 가장 강력한 요소 중의 하나는 치료적 동맹의 강도다(Goering & Stylianos, 1988). Gehrs와 Goering(1994)은 적극적 재활 프로그램에서 초기 관계 형성 단계에 있는 치료자-내담자 22쌍을 대상으로 편의 표본 연구를 수행하였다. 연구자들은 정신분열병 진단을 받은 사람들로 표본이 구성되어 있음에도, 질병이 재활 실무자와 내담자가 인식하는 작업 동맹과 성과 목표 간의 일치도를 만들어 내는 데 부정적인 영향을 주지 않는다는 점을 밝혀냈다. 더불어 그들은 관계에 대한 두 집단의 인식이 어떠한가가 재활 목표의 달성과 밀접한 상관이 있다는 것을 발견하였다. 이러한 결론은 대부분의 정신재활 활동이 대인관계에 강조점을 두고 있다는 사실과 맥을 같이한다.

다른 연구들(특별히 재활 개입을 하지 않으나 심각한 정신장애를 가진 사람 자체에 초점을 둔 연구) 역시 전문가와 내담자 간의 관계와 과정 및 성과 측정치 간에 정적인 상관관계가 있음을 보고하고 있다. 한 사례관리 연구에서는 치료 관계의 강도와 증상, 삶의 질, 약물 반응, 정신건강치료에 대한 만족도 사이에 정적인 관계가 있음을 나타냈다(Solomon, Draine, & Delaney, 1995). 사례관리를 다룬 또 다른 연구에서 Neale과 Rosenheck(1995)은 사례관리자와 내담자 간의 강력한 관계가 증상의 감소, 전반적인 기능의 향상, 지역사회 생활 기술의 개발, 내담자가 인식하는 성과와 관련이 있다고 보고하였다.

또 다른 연구에서는 공감훈련을 받은 입원병동의 직무자들과 공감훈련을 받지 않은 입원병동의 직무자들을 비교했다(Smoot & Gonzales, 1995). 연구 자료는 훈련받기 6개월 전과 훈련받은 6개월 후에 분석되었다. 훈련을 받은 집단은 이직률이 낮았고, 병가와 연차 휴가를 더 적게 사용하였다. 또한 공감훈련을 받은 직무자들이 근무하는 병동에 입원한 내담자들은 자신들의 권리 침해와 관련하여 덜 불평하였고, 직무자들을 덜 비난하는 경향이 있다고 보고되었다. 그리고 비용 편익 분석 결과, 공감 훈련을 받은 집단은 상당한 비용 절감을 보인 반면에, 통제집단에서는 오히려 지출 비용이 증가하였다. 요약하면, 임상 경험과 실증 연구는 모두 정신장애를 가진 사람들과 작업할 때 적절한 대인관계 기술이 실무자들에게 반드시 필요하다는 사실을 뒷받침해 주고 있다.

> 임상 경험과 실증 연구는 모두 정신장애를 가진 사람들과 작업할 때 적절한 대인관계 기술이 실무자들에게 반드시 필요하다는 사실을 뒷받침해 주고 있다.

자격증이 있는 전문가

정신건강 분야에 종사하고 있는 자격증이 있는 전문가들(예: PhD, MSW, OTR, CRC, MS, MA, RN, LPN 또는 MD를 가진 사람)은 때때로 전통적인 전문가 훈련 프로그램을 통해 교육받지 못하였거나(Anthony, 1979), 거의 관심을 두지 않았던 다양한 활동들(Stern & Minkoff, 1979)을 수행해야만 한다. 대다수의 정신건강 전문가들 사이에 만연해 있는 태도는 장기적인 정신장애를 가진 사람을 대상으로 일하는 것은 보상도 없고, 명성을 얻는 일도 아니며, 희망조차 없는 일이라는 것이다(Minkoff, 1987).

심각한 정신장애를 가진 사람과 효과적으로 일하는 데 필요한 기술이 부족하다는 사실은 자격증을 가진 전문가에게 기능 평가나 자원 평가를 실시하거나 재활 계획안을 수립하도록 할 때, 기술을 교육하고, 기술 수행을 지원하는 프로그램을 개발하라고 할 때, 그리고 자원을 조정하거나 수정하도록 요구할 때 분명하게 드러난다(Marshall, 1989). 정신재활 실무자는 정신재활 과정 전반에 걸쳐 내담자를 지도하기 위해서 이러한 기술론에 숙달되어 있어야만 한다(Anthony, 1979; Spaulding, Harig, &

Schwab, 1987). 제5장에서는 정신재활 기술론에 대한 논의를 전개하며, 이러한 기술론으로 훈련받은 사람이 수행할 수 있는 활동과 기술에 대해 열거하고 있다.

기술론에 초점을 두면 상대적으로 학위나 직함의 중요성을 낮추어 보게 된다. 전문가들을 사례관리자나 치료사, 상담사, MD, MSW, RN 등으로 구별하기보다는, 무엇을 잘하는지에 따라 구별하는 것이 보다 합리적이다. 그리고 재활 과정 전반에 걸쳐 내담자를 지도하는 데 필요한 모든 기술을 수행할 수 있는 사람들로 재활팀을 구성하는 것이 보다 실제적인 문제가 된다. 자격증이나 직함으로 팀을 구성하는 것, 예를 들어 2명의 사회복지사, 3명의 정신건강 전문요원, 1명의 심리학자가 프로그램을 운영한다는 식은 합당하지 않다. 특정 유형의 전문적 실무가 법적으로 위임되었을 때(예: 의학적인 관리나 간호사의 간호, 심리검사)를 제외하고는 구성된 인력들이 필요한 모든 활동을 수행할 수 있도록 기능적으로 팀이 조직되어야 한다.

역사적으로, 네 가지 핵심 학문 분야인 심리학, 사회복지학, 정신간호학, 정신의학은 각 분야의 전문가들에게 장기적인 정신장애를 가진 사람을 위해 서비스를 제공하도록 훈련시키기를 주저하고 있다(Anthony, Cohen, & Farkas, 1988; Friday, 1987). Bevilacqua(1984)는 사회복지학, 심리학 및 간호학 분야가 사무실을 중심으로 서비스를 제공하는 개인개업 의료모델을 택하는 것에 대해 비판하였는데, 이 모델을 택함으로써 이들 분야가 정신장애를 가진 사람이 경험하고 있는 환경적, 사회적 문제로부터 격리되었다고 주장하였다. 이러한 결과, 전문가를 양성하는 학교의 교육과정에서도 장기적인 정신질환에 대해서는 주의를 기울이지 않게 되었다. Rapp(1985)과 Gerhart(1985)는 모든 전문 학문 분야의 훈련에서 공통적인 걸림돌이 되는 세 가지 사실을 다음과 같이 지적했다.

1. 관심과 경험을 가진 교수진의 부족
2. 적합한 현장기관과 감독자의 부족
3. 정신장애를 가진 사람과 일하는 것에 대한 학생들의 관심 부족

1984년에 Talbott은 장기적인 정신질환을 가진 사람과 함께 일할 수 있도록 전문

가를 훈련시키는 데 있어서 5년간 진행된 교육적인 발전 사항을 검토하였다(Talbott, 1984). Talbott은 장기적인 정신질환을 가진 사람들을 대상으로 하는 정책과 서비스 전달에 관한 이슈가 큰 관심을 받은 데 비해, 교육과 훈련 문제의 경우에는 그렇지 못했다는 사실에 놀라움을 금치 못했다. Talbott은 정신과 레지던트 프로그램이 기능 평가나 지역사회지원제도의 요소 그리고 장기간에 걸친 사례 모니터링과 같은 내용 영역에 대해서는 거의 주의를 기울이지 않고 있다고 보고하였다. 그는 무엇보다도 의학교육 프로그램들이 지역사회 내의 성공적인 정신재활 프로그램들과 보다 긴밀하게 교류할 것을 권고하고 있다. Cutler의 초기 레지던트 훈련모델(Cutler, Bloom, & Shore, 1981)과 몇 가지 다른 모델들이 주목할 만한 예외이기는 하지만, 1980년대까지는 대부분의 훈련 프로그램들이 필수적인 내용이나 현장 경험을 채택하지 않았다. Stein, Factor 및 Diamond(1987)는 Talbott의 의견에 동의하면서, 장기적인 정신장애를 가진 사람을 치료하는 데 있어서 충분한 교육과정과 경험을 제공해 주는 레지던트 훈련 프로그램이 많지 않다는 것을 확인하였다. 젊은 정신과 의사들은 장기적인 정신장애를 가진 사람들을 치료하기에 매력적인 집단이라고 생각하지 않았다.

사회복지학과 학생들도 보다 최근에 개발된 정신재활 접근보다 정신역동 모델을 공부하는 것을 더 가치 있는 것으로 생각하였다. 교수뿐만 아니라 학생들도 개인개업 심리치료적 사회복지 모델을 더 편하게 받아들였다. Rubin(1985)은 학생들이 정신장애를 가진 사람들을 함께 일하기에 가장 흥미가 생기지 않는 집단으로 평가한 자료를 보고하였다.

Davis(1985)는 대학이 장기적인 정신장애를 가진 사람을 도울 수 있는 정신건강 전문가를 양성하는 문제에 지속적인 관심을 가지고 연구해 왔다. 그는 버지니아 정신건강제도에 속해 있는 내담자들의 특징을 알아보고, 전문가 훈련에 있어 이 자료가 가지는 함의를 검토한 바 있다. 연구 결과, 특히 심리학과와 사회복지학과에서 관련 교육과정과 실습이 부족한 것으로 나타났다(Davis, 1985). Weinberger와 Greenwald(1982)는 재활상담 분야에서 공인된 59개의 대학원 프로그램을 대상으로 재활상담가 훈련에 관해서 조사하였고, 그 결과 7개의 프로그램만이 정신재활에 대한 전문성을 갖추고 있다고 보고하였다. 보다 최근의 조사에서는 정신의학, 심리학, 사회복지학, 작업치료학, 정신간호학, 상담학, 결혼 및 가족치료학, 정신사회(정신과적) 재활학, 사회심리학, 사회학을 포함하는 (네 가지가 아니라) 열 가지 학문 분야의 자료를 가지고 심각한 정신질환과 관련된 직장에서의 문제점을 검토하였다(Center for Mental Health Services, 1998).

오랫동안 핵심 학문에 적절한 사전 서비스 교육과정[1]이 부재해 왔지만, 1970년대와 1980년대에 이르러 사전 서비스 교육과정을 개발하기 위한 지식과 연구 자료가 기하급수적으로 늘어났다(Anthony & Liberman, 1986; Barton, 1999). 따라서 이제는 실험적이고 경험적인 문헌을 기초로 하여 사전 서비스 교육과정을 개발하는 것이 가능해졌다. 정신건강 분야 어디서라도 훈련을 제공할 수 있는 하나의 전문 영역이 규명된 것이다. 사전 서비스 교육과정은 우리가 가진 지식, 즉 장기적인 정신장애를 가진 사람들에게 그들이 선택한 지역사회 내에서 보다 효율적으로 기능할 수 있도록 최선으로 도와줄 수 있는 방법에 관한 현재의 지식을 바탕으로 만들어질 수 있다(Anthony, Cohen, & Farkas, 1988; Farkas & Anthony, 1993; Mueser, Drake, & Bond, 1997). 그 일환으로 정신재활 학부 과정을 개발하는 것이 가능하다(Gill, Pratt, & Barrett, 1997).

> 오랫동안 핵심 학문에 적절한 사전 서비스 교육과정이 부재해 왔지만, 1970년대와 1980년대에 이르러 사전 서비스 교육과정을 개발하기 위한 지식과 연구 자료가 기하급수적으로 늘어났다.

보스턴 대학교 정신재활센터는 1986년도에 정신재활 교육과정을 핵심 훈련 과정으로 채택하도록 하는 요인을 규명하기 위해 국립정신건강연구원(NIMH)으로부터 연구비를 지원받았다. 정신의학, 사회복지학, 심리학, 간호학을 가르치는 35개의 학교들이 연구에 참여하기 위해 지원하였고, 그중 6개 학교가 선정되었다. 각 학교는 센터와 협의한 후, 정신재활 교육을 교육과정에 부분적으로 통합하는 전반적인 계획을 수립하였다. 교수들은 계획에 따라 기존의 교육과정에 맞추어 정신재활의 특정한 구성 요소들을 포함시켰다. 예를 들어, 정신과 의사들은 대개 정신건강 전달체

---

1) 사전 서비스 교육과정(preservice curriculum)은 현장 실무자로서 서비스를 제공하게 되기 전에 이수하는 교육과정을 말하며, 현장 서비스 교육과정(inservice curriculum)은 서비스를 제공하는 실무자로서 지속적으로 받게 되는 훈련을 말한다-역주.

계에서 진단 과정을 수행했기 때문에, 정신재활 진단을 수행하는 방법에 대해 교육을 받았다. 심리학자들은 내담자에게 행동(기술)을 가르쳐 왔는데, 결과적으로 심리학과들은 재활 기술 교육을 교육과정에 통합하기로 하였다. 3년에 걸쳐 수행된 이 프로젝트는 대학들이 새로운 재활 교육과정을 도입하도록 하는 데 다음과 같은 결론을 내렸다.

1. 정신의학, 심리학, 사회복지학, 간호학 관련 학교들은 심각한 정신장애를 가진 사람들의 재활에 대한 새로운 내용을 학습하는 데 흥미를 보인다.
2. 교수진들에게 일반적인 재활이 아닌 정신재활의 교육과정을 보급하는 것이 가능하다.
3. 새로운 내용을 통합하는 데 학교 부서 전체보다는 교수 개개인이 더 많은 관심을 보인다.
4. 현재 심각한 정신장애를 가진 사람들과 상호작용하는 교수들이 정신재활 통합에 대한 필요성을 더 많이 느낀다.
5. 대부분의 학교들이 학생들에게 전문 기술 훈련을 제공할 만한 준비가 되어 있지 않다(〈표 8-1〉 참고).
6. 새로운 교육과정을 도입하는 데는 다음과 같은 종합적인 전략이 요구된다.
   • 정신장애를 가진 사람을 대상으로 일할 때, 이 분야와 관련된 전문가들의 역할을 명확히 할 것
   • 학문적인 내용이 전문가들의 역할과 관련될 것
   • 새로운 교과 내용과 유사한 목표를 가진 수련기관을 확보할 것
   • 교수진이 새로운 교과 내용을 학습할 수 있는 시간을 갖도록 재정 지원을 할 것(Farkas & Anthony, 1990)

불행하게도, 1990년대의 실무자 교육 프로그램은 발전해 가는 정신재활의 지식과 기술론을 따라가지 못했을 뿐만 아니라, 인력 개발에 관한 요구를 충족하지 못했다(Caldwell, Fishbein, & Woods, 1994; Farkas & Anthony, 1993). Blankertz와 동료 연

구자들(1995)은 미국의 정신사회재활 분야 종사자 9,437명을 대상으로 정신사회재활 프로그램에 종사하고 있는 인력의 특성과 훈련에 관한 욕구 조사를 수행하였다. 연구 결과, 전체 인력의 대부분이 직접 서비스를 제공하고 있었으며, 학사나 혹은 그 이하의 학력을 가진 것으로 확인되었다. 이 중 40%는 심리, 사회복지, 간호, 재활 상담 분야에서 훈련을 받은 인력들이었다. 조사를 통해 경력 개발에 있어 지식과 기술을 획득하는 것의 중요성, 특별히 서비스를 직접 전달하는 인력에 대한 교육과 훈련의 필요성을 확인하였다. 훈련 기회에 대한 조사 결과, 정신재활 분야에서 경력을 개발하는 데는 학사 학위가 필수적인데도 그러한 필요에 부응하는 전공 프로그램이 존재하지 않는다는 것이 드러났다(Friday, 1987; Farkas & Furlong-Norman, 1995).

사전 서비스 교육과정은 긍정적인 성과와 관련이 있는 것으로 검증된 변인을 중심으로 개발 가능하다. 성과와 상관 혹은 인과관계가 있는 것으로 확인된 실증 기반의 지식은 성과 향상을 위해 실무자가 수행해야 하는 특정한 활동이 무엇인지를 알려 주며, 이 활동들은 다시 실무자가 이러한 활동들을 수행하는 데 어떠한 기술이 필요한가에 대해 알려 준다. 사전 서비스 교육과정은 실무자가 긍정적인 성과와 관련이 있는 과업들을 잘 이행하고, 관련 지식, 기술 및 태도를 잘 갖출 수 있도록 돕는다.

교육과정의 강도

사전 서비스 훈련 프로그램들은 전문적인 훈련 경험 내용의 강도에 따라 차이를 보인다. 어떤 프로그램에서는 정신재활의 기술을 직접 가르친다. 이들 프로그램에서는 먼저 기술 수행 단계를 설명하고, 기술 수행을 시연해 주며, 감독을 받으면서 기술 수행을 실시해 볼 수 있는 기회를 마련해 준다. 어떤 프로그램에서는 정신재활에 관한 일반적인 지식을 알려 주기는 하지만 기술훈련을 시키지는 않는다. 또 어떤 프로그램에서는 지식을 가르쳐 주고 감독하에 현장실습을 하기도 하지만, 기술을 체계적으로 가르치지는 않는다.

Cohen(1985)은 장기적인 정신장애를 가진 사람들의 재활에 관한 교육을 제공하

| 표 8-1 | 사전 서비스 훈련 프로그램의 훈련 강도 수준 |

	노출 수준	경험 수준	전문가 수준
사 명	지식을 가진 실무자 양성	경험 있는 실무자 양성	기술을 가진 실무자 양성
목 표	지식의 증가	태도 향상, 지식의 증가	기술과 태도의 향상, 지식의 증가
방 법	교육 강좌, 과제	감독하의 현장실습, 교육 강좌, 과제	기술을 토대로 한 교육 강좌, 감독하의 현장실습, 교육 강좌, 과제
평 가	필답고사와 논문	감독의 평가, 내담자와 접촉한 시간, 내담자와의 접촉 유형, 필답고사와 논문	기술 수행에 대한 녹화 평정, 내담자의 만족도, 감독자의 평가, 내담자와 접촉한 시간, 내담자와의 접촉 유형, 필답고사와 논문

출처: Anthony, Cohen, & Farkas (1988).

는 사전 서비스 프로그램을 분류하는 한 가지 방식을 제안하였다. 프로그램들의 교육과정은 강도의 수준에 따라 범주화할 수 있다(〈표 8-1〉 참고).

노출 수준 강도에 포함되는 사전 서비스 프로그램은 교육 강좌 등 수업을 통해서 학생들에게 정신재활에 대한 지식을 쌓아 가도록 한다. 경험 수준 강도의 교육과정에서는 교육 강좌와 더불어 감독하에 현장실습이나 인턴십을 추가한다. 전문가 수준 강도에서는 교육 강좌와 현장실습 경험에 더해, 기술 숙달 강좌가 포함된 교육과정을 두고 있다(Anthony, Cohen, & Farkas, 1988).

분명히 현장에서는 전문 기술을 더 많이 갖추고 있는 실무자들을 필요로 한다. 그러나 많은 국가들에서 정신재활 훈련이라는 개념은 여전히 생소한 것이기에 정신재활을 전문 영역으로 노출시켜 제공하는 것이 매우 중요하다. 노출 수준의 내용은 많은 사람들에게 정신재활의 가능성을 소개할 것이다. 예를 들어, 스웨덴 룬드 대학교의 정신의학과는 최근 교육과정에 정신재활에 대한 개론교육을 포함시켰다. 경험 수준의 과정을 포함하는 것은 보다 많은 노력과 자원을 필요로 한다. 이에 더하여 전문 인력을 키우는 수준은 완전히 다른 차원의 노력을 요구한다. 이러한 전문 실무자를 훈련시키는 교육과정이 있다는 것은 정신장애를 가진 사람을 돕는 분야에 신뢰성을 더해 준다(Minkoff, 1987). 단지 지식과 경험이 있는 실무자와 달리 전문가 수준의 실무자는 특정 기술을 수행하는 능력을 증명해 보일 수가 있다. 전문 실무자는 내담자와의 회기 내용을 녹음하거나 비디오로 녹화하여 자신의 기술을 보여 주게 된다(Rogers et al., 1986). 이를 통해 기술이 발전해 가는 것을 관찰할 수도 있고, 새로 학습한 것을 훈련 전과 훈련 후에 측정해서 알 수도 있다(Anthony, Cohen, & Farkas, 1987).

　Farkas와 Furlong-Norman(1995)은 미국과 캐나다의 현장 서비스와 대학 훈련 프로그램을 조사하였다. 1993년도에 NIMH로부터 심각한 정신질환에 대한 전문훈련 기관으로 인정을 받았거나 장기 훈련을 제공하는 기관 중에서 재활서비스관리국의 연구비 지원 대상 기관으로 선정된 기관의 명단을 검토하여 58개의 대학 프로그램을 선정하였다. 미국 내의 대학 프로그램을 선정하기 위해서 미국정신장애인연맹(NAMI)의 추천을 받기도 하였다. 캐나다의 프로그램들은 정신재활서비스국제연합(IAPSRS)의 캐나다 지부와 정신재활 분야의 지도자들에게 의뢰하여 선정하였다. 이전의 검토에 포함되었던 프로그램들(Friday, 1987) 또한 이 시기까지 유지되고 있는 경우에 연구에 참여할 것을 요청하였다. 선정된 프로그램들 중 53%가 응답을 해왔다. 프로그램들이 정신사회 재활 분야에서 일반적으로 인정되는 직무자의 역량에 관한 주제를 다루는 경우에 연구에 포함하였다(예: Trochim, Cook, & Setze, 1994). 연구 결과, 학생들이 정신재활(또는 정신사회재활) 개념을 접할 수 있는 환경의 수는 늘어나고 있는 반면, 정신재활의 전문 기술 또는 기술 개발을 지원하는 프로그램의 수는 감소한 것으로 드러났다. 46개의 대학 프로그램들은 노출 수준의 학습 과제를 제공하였다. 이 학습 과제 중 일부는 보다 포괄적인 학습 과정의 일부인 세미나 형식으로 제공되었다. 28개의 프로그램들은 노출 수준 및 경험 수준의 프로그램 모두를 제공하였다. 그리고 단지 한 개의 프로그램만이 전문 기술 훈련을 시행하였다.

　전문가 수준의 교육과정의 예로 수십년의 역사를 지닌 보스턴 대학교의 정신재활 석사과정 프로그램을 들 수 있다(Farkas, O'Brien, & Nemec, 1988; McNamara, Nemec,

& Farkas, 1995). 이 프로그램에 등록한 학생들은 재활 지식에 대해 9개의 강좌를 듣게 되는데, 학습 정도는 필답고사와 논문에 의해 평가된다(노출 수준). 학생들은 장기적인 정신장애를 가진 사람이 있는 임상 장면에 참여하면서 감독자에 의해 평정을 받는다(경험 수준). 또한 학생들은 6개의 강좌를 들으면서 기술 수행을 배우고 이에 대해 평가를 받게 된다. 기술 숙달 강좌에는 멀티미디어 훈련기술론 패키지가 사용되는데(Cohen et al., 1985, 1986, 1988, 1990), 이 패키지에는 훈련자 지침, 학생을 위한 참고서, 기술 사용에 대한 시청각 실연교수법이 포함되어 있다. 학생들이 실제로 정신장애를 가진 사람을 대상으로 현장에서 수행하는 회기들은 녹음테이프에 기록되어 관찰되고 평정된다(전문가 수준). 기술 수행은 신뢰도와 타당도가 입증된 척도를 사용해 평정된다(Rogers et al., 1986). 보스턴 대학교 프로그램에 참여한 학생들을 지속적으로 추적 평가한 결과, 졸업 후 5년까지 대략 90%의 졸업생들이 장기적인 정신장애를 가진 집단을 대상으로 일하고 있었다. 학생 만족도 설문 조사에서는 85%의 졸업생들이 이 프로그램에 매우 만족하고 있음을 보여 주었으며, 97%는 이 프로그램을 다른 학생들에게 소개하겠다고 답하였다(McNamara, Nemec, & Farkas, 1995).

요약하면, 문헌 자료는 역사적으로 대부분의 전문가 훈련 프로그램 과정에서 정신장애를 가진 사람들과 관련된 내용이 생략되었다는 것을 보여 준다. 그러나 현재의 활동들을 살펴보면 교육자들의 인식의 고양, 서비스의 변화, 정신장애를 가진 사람들과 가족들의 필요, 정신건강 부처의 지원으로 인해 전문가 훈련 프로그램에 대한 관심이 증가하고 있음을 알 수 있다. 정신재활에 대한 사전 서비스 교육이 증가함에 따라 바라는 점은, 단순히 지식과 경험이 많은 실무자를 양성하기보다는 실제 현장에서 증명된 기술을 수행할 수 있는 실무자를 훈련시키는 데 더 초점을 두었으면 하는 것이다. 많은 이들은 사전 서비스 수준과 현장 서비스 수준을 모두 충족시키는 효과적인 프로그램을 개발하기 위해서는 대학 프로그램과 주립 정신건강 기관 사이에 명확한 협력체계가 확립되어야 한다고 강조한다(Caldwell et al., 1994; Fishbein, 1991; National Association of State Mental Health Program Directors, 1988).

현장 서비스 교육과정

사전 서비스 수준의 교육과정이 더디게 변화하는 것과는 달리, 정신장애를 가진 사람과 함께 일하는 실무자를 위한 현장 서비스 훈련은 눈에 띄게 확대되고 있다. 현장 서비스 교육에 관심을 가지게 되는 이유 중의 하나는 재활 서비스 기관이 정신재활 관련 교육을 받았는지의 여부와 관계없이 실무자를 채용해야 하는 데 있다. 서비스 전달 기관은 보다 전문적으로 훈련된 실무자를 필요로 하지만, 아직까지 관련 교육기관들이 그러한 인력을 제공하지 못하고 있다(Caldwell et al., 1994). Kaiser(1990)는 심각한 정신장애 분야에 적합한 인력을 준비할 수 있는 세 가지 방법을 제시하였다. 첫째, 인력 준비는 지방, 주, 연방 정부의 재정과 프로그램 계획안 수립에 있어서 최우선 순위로 다루어져야 한다. 둘째, 효과적인 인력 준비와 관련된 모든 측면에 있어 협력이 가장 중요한 요소가 된다. 셋째, 전문가들에게 최신 실무 기술을 지속적으로 훈련시키기 위해 장기적인 교육제도를 개발하고 유지해야 한다. 이때 현장 훈련은 학업 프로그램이 제공하는 교육이 무엇이 되든지 간에 그것을 강화하고 유지하도록 함으로써 전반적인 인력 개발에 있어서 필수적인 부분으로 기능하게 된다.

> 정신장애를 가진 사람과 함께 일하는 실무자를 위한 현장 서비스 훈련은 가시적으로 확대되고 있다. 현장 서비스 교육에 관심을 가지는 이유 중의 하나는 재활 서비스 기관이 정신재활 관련 교육을 받았는지의 여부와 관계없이 실무자를 채용해야 하는 데 있다.

일례로, 여러 주에서 정신재활 서비스를 실시하는 것을 주 전체의 주요 정책안으로 발의하였을 때(예: 뉴욕, 앨라배마, 웨스트버지니아), 정신재활 현장 서비스 훈련의 필요성이 고조되었다. 뉴욕 시의 한 연구에서는 정신재활 훈련을 받은 직무자들이 훈련을 받지 않은 직무자들보다 더 다양한 지지 행동을 나타낸다고 보고하였다(Boothroyd & Evans, 1993). 기대한 바와 같이, 재활훈련을 받은 직무자들이 목표 설정 활동의 목적과 중요성을 더 자주 설명하고, 폐쇄형 질문보다 개방형 질문을 더 많이 사용하며, 자기노출, 내용 재진술, 감정 반영 등과 같은 대인관계 기술을 더 많이 사용하였다. 익명성을 보장받은 평가자들에 따르면, 훈련된 직무자가 훈련되지 않은 직무자보다 대인관계를 형성하고, 용기를 북돋워 주며, 침착함과 흥미를 유지하는 것에 더욱 성공적이었다.

Farkas와 Furlong-Norman(1995)은 미국과 캐나다의 현장훈련 제공자를 대상으로 설문조사를 시행하여 93개(24%)의 응답을 확보하였다. 미국과 캐나다의 현 정신건강제도에서 서비스 제공자들을 위한 가장 전형적인 훈련은 정부의 정신건강 부처들에서 제공되고 있다. 46개의 기관이 정신사회적 서비스 역량과 관련된 노출 수준의 훈련을 제공하고 있었다. 이들 46개의 프로그램 중 3개는 소비자들이 운영하는 기관이었다. 26개의 프로그램은 노출 수준과 경험 수준의 훈련 모두를 제공하고 있다고 응답하였다. 여기에는 로스앤젤레스 정신건강국, 파운틴 하우스, 뉴욕의 동료훈련, 오리건의 로럴힐센터, 버몬트의 주거를 통한 지역사회변화센터가 포함된다. 이 조사 연구가 수행된 이래로, IAPSRS는 일련의 훈련 기관들을 설립해 오고 있다. 전문가 수준의 훈련은 8개 기관에서만 제공하고 있었다. 이에 속하는 가장 큰 기관으로 보스턴 대학교의 정신재활센터와 이 기관의 기술 지원 및 훈련 협력체가 되는 보스턴정신재활자문회사가 있다. 두 기관 모두 노출, 경험 및 전문가 수준의 훈련을 제공한다. 조직과 프로그램 및 인력의 역량을 향상시키기를 바라는 기관이나 지방정부, 협회들은 조직과 인력의 변화를 계획하고 성공적으로 실시하기 위해 보스턴 대학교의 정신재활센터 또는 보스턴정신재활자문회사와 계약을 맺는다. 두 기관은 전반적인 조직의 변화를 이끄는 방법으로 인력훈련을 실시하며, 이것은 6개월에서 5년 또는 그 이상의 기간이 걸리는 과정이 된다. 현장 서비스 훈련의 또 다른 중요한 진보로서 IAPSRS에 의해 정신재활 훈련자 등록부가 편찬되었으며, 여기에는 IAPSRS의 엄격한 표준을 충족시키는 정신재활 전문가들이 등록되어 있다.

기능적 전문가

통상적으로 전문가라고 일컬어지는 사람들이 아닌, 기능적 전문가라는 집단이 있다(Carkhuff, 1971). 이러한 사람들은 흔히 비전문가, 준전문가, 동료, 자원봉사자, 평전문가 또는 보조 전문가라고 불린다(Brook, Fantopoulos, Johnston, & Goering, 1989). 기능적 전문가는 공식적인 자격증을 가지고 있지는 않지만, '자격증을 가지고 있는 전문가가 보유한 기능을 수행하는 사람'이라고 정의할 수 있다.

연구에 따르면, 기능적 전문가는 정신건강 분야에서 효과적으로 일할 수 있는 것으로 나타났다. 휴먼 서비스 분야의 방향 설정을 위한 조사 연구에서 Carkhuff(1968)는 기능적 전문가의 활용과 효과에 관한 80편 이상의 논문을 고찰한 뒤, 기능적 전문가가 내담자에게 매우 건설적인 변화를 일으킬 수 있으며 비교적 짧은 시간에 촉진적인 수준에서 기능하도록 훈련될 수 있다고 결론 내렸다. 또한 그들은 직접 비교 연구에서 기능적 전문가의 내담자가 자격증이 있는 전문가의 내담자와 비슷하거나 더 높은 수준의 변화를 보이는 것으로 나타났다고 보고하였다. 10년 후의 또 다른 문헌 고찰에서도 이와 똑같은 결론을 확인해 주고 있다(Anthony & Carkhuff, 1978). 1970년대에 출간된 연구들과 일화적인 보고서(예: Katkin et al., 1971, 1975; Verinis, 1970; Weinman et al., 1970; Gelineau & Evans, 1970; Goldberg, Evans, & Cole, 1973; Koumans, 1969; Lewington, 1975)에서도 앞서 Carkhuff(1968)가 내린 결론을 지지해 주고 있다. 1980년대와 1990년대는 정신장애를 가진 당사자가 기능적 전문가로 기능하는 시대가 되었다(이 장의 '소비자' 부분 참고).

기능적 전문가들이 최선으로 기능하기 위해서는 다음과 같은 점이 고려되어야 한다.

1. 훈련을 받지 않은 일반 인력은 일관된 효과성을 보여 주지 않는다.
2. 기능적 전문가(또는 보조자)는 추가적인 훈련을 받고 책임을 맡게 될 때만 정신장애를 가진 사람에게 유익한 영향을 미칠 수 있다.
3. 기능적 전문가가 가장 잘 실천할 수 있는 재활 활동은 내담자와 관계를 맺고, 개인적인 지원을 제공해 주며, 내담자에게 지역사회에서 보다 생산적으로 기능하기 위해 필요한 기술을 가르치는 일일 것이다.

아마도 가장 잘 알려진 기능적 전문가 프로그램은 정신장애를 가진 사람을 지원하기 위해 설립된 국립자원봉사자기관인 Compeer일 것이다. Compeer, Inc.는 1973년 뉴욕 시 로체스터에서 시작된 비영리 단체로, 지역사회에서 자원봉사자를 모집하여 정신질환으로 인해 치료 서비스를 이용하고 있는 사람들과 연결해 주고 있다. 이 기관은 국제적으로 119개의 지부를 가지고 있으며, 미국 내에서만 4,755명의 사람들을 돕고 있다(Compeer, 1997). 전통적인 정신건강 서비스의 부속 프로그램으로 개발된 Compeer 모델은 정신질환을 가진 사람들에게 자원봉사자 친구를 연결해 줌으로써 이들이 고립되는 것을 막고 지역사회에 보다 잘 통합될 수 있도록 돕고 있다(Skirboll, 1994).

가 족

가족은 내담자의 재활 성과에 영향을 미치는 주요한 자원이다. 정신병원에서 퇴원한 모든 내담자들 중 대략 50~60%는 가정으로 돌아가고(Lamb & Oliphant, 1979; Minkoff, 1979), 50~90%는 가족과 연락하면서 살아간다(Fadden, Bebbington, & Knipers, 1987; Lefley, 1987). 정신장애를 가진 사람이 재활하는 데 가족과 가정환경이 중요하기 때문에, 이들의 긍정적인 영향력을 극대화할 수 있는 방법에 주의를 기울일 필요가 있다. 지역사회 정신건강 옹호자들은 반드시 우선해야 할 사업으로 가족을 위한 서비스를 확대할 것을 요청해 왔다. 특히, 가족들은 정신장애를 가진 가족원들과 적응 단계를 거쳐야 하기 때문에, 내담자를 다루는 지식과 기술을 배울 필요가 있다. 더불어 가족이 적절한 정보와 도움을 잘 제공받도록 하기 위해서 서비스 제공자는 관련 기법을 훈련받을 필요가 있다.

가족이 당면하는 문제는 정신재활의 견지에서 다루어질 수 있는데, 정신재활은 가족 구성원들이 내담자를 돕는 일과 가족의 생활에 미치는 내담자의 영향에 대응해 나가는 데 필요한 기술과 지식의 역량 수준에서 차이가 있다고 본다. 이것은 가족 구성원도 학습 절차를 통하여 필요한 능력과 지식을 개발해야 한다는 것을 의미한다(Anderson, Hogarty, & Reiss, 1980; Miller, 1981).

정신재활과 일치되는 가족 접근법은 가족들에게 정보를 제공해 주고, 그들이 문제 상황을 다룰 수 있는 역량을 증진할 수 있도록 해 준다. 이러한 유형의 가족 개입법은 신체재활에서 사용되는 가족에 대한 접근법과 맥을 같이 한다. 정신재활에서는 인간의 문제를 변화될 수 있고, 관찰과 측정이 가능한 것으로 이해하고자 한다. 예를 들어, 가족 구성원 중 어느 한 사람이 장애를 가진 내담자와 관련된 스트레스 상황을 다룰 수 없을 경우, 재활 접근법에서는 현재 생활 태도에 영향을 준 아동기의 양식에 집중하거나 단순히 약을 처방해 주는 대신, 그 가족이 스트레스 상황을 효과적으로 다룰 수 있도록 하는 지식이나 기술의 습득 방법에 초점을 맞춘다.

1970년대가 되어서야 정신건강제도는 가족과 함께하는 재활 접근의 가치를 인식하기 시작하였다. 제3장에서 언급한 대로 이러한 접근은 종종 가족 심리교육이라고 불렸다(North et al., 1998). 정신재활 철학과 기술론이 가족에 관한 문헌에 도입된 것은 Spaniol과 동료 연구진의 지속적인 연구로 가능했다(Spaniol, Jung, Zipple, & Fitzgerald, 1987; Spaniol, Zipple, Marsh, & Finley, 2000).

가족들은 정신장애를 가진 가족원과 상호작용하는 데 도움이 될 수 있는 구체적인 서비스가 필요하다고 말해 왔다(Spaniol & Zipple, 1988). 우선 가장 많이 반복해서 등장하는 이슈로는, 정신질환에 대해 그리고 정신질환 치료법과 서비스의 이용 가능성 및 실제적인 관리 기법에 대한 지식과 정보가 불충분하다는 것이다(Creer & Wing, 1974; Doll, 1976; Evans, Bullard, & Solomon, 1961; Hatfield, 1979; Hibler, 1978). 특히, 행동 관리와 일상생활의 과제(Creer & Wing, 1974; Hatfield, 1978) 및 정서적 지원(Creer & Wing, 1974; Doll, 1976; Hatfield, 1978; Lamb & Oliphant, 1979)에 관한 필요가 강조되고 있다.

가족을 위한 도움과 지원의 문제는 서비스 제공자에게 어떻게 하면 가족들에게 가장 도움이 될 수 있는지를 교육할 필요가 있다는 점과 관련된다(Starr, 1982). 특히 1970년대 이후로 가족들이 강력하게 지적해 왔던 것은 서비스 제공자가 항상 도움이 되는 것은 아니며, 때로는 가족 구성원이 재활 과정에 참여하고자 할 때 비지원적인 경우도 있다는 점이다(Appleton, 1974; Creer & Wing, 1974; Doll, 1976; Hatfield, 1978). 서비스 제공자는 장애를 가진 가족원이 가정으로 돌아왔을 때 그 가족이 최상의 기능을 할 수 있도록 지원 서비스를 제공해 주어야 한다. 이러한 서비스에는 정신질환에 대한 실제적인 지식을 제공해 주는 것, 실제적인 행동 관리 전략을

> 가족들이 강력하게 지적해 왔던 것은 서비스 제공자가 항상 도움이 되는 것은 아니며, 때로는 가족 구성원이 재활 과정에 참여하고자 할 때 비지원적인 경우도 있다는 점이다.

가르쳐 주는 것 그리고 자원에 관한 정보를 제공해 주는 것이 포함될 수 있다. 홍콩이나 남반구의 여러 나라들과 같이 색다른 종교적, 문화적 신념을 가진 가족들에 대한 교육이 이루어질 때는 전통적인 신념과 가족 전략에 대한 절충안이 반드시 포함되어야 한다(Ng, 1992; Nagaswami, 1995).

Spaniol, Zipple 및 Fitzgerald(1984)에 따르면, 가족들은 정신치료가 그들이 원하는 것을 제공해 주지 않는다고 생각한다. 가족들이 치료에서 원하는 것은 전문가가 치료를 통해 제공하고자 하는 것과는 다르다(Hatfield, Fierstein, & Johnson, 1982). 가족들은 실제적인 충고와 정보를 원하는 반면, 전문가는 가족 역동과 정서적인 표현에 초점을 맞추려고 한다. 또한 가족들은 치료자가 장애와 장애로 인한 결과에 대해서 비난조의 태도와 생각을 가지고 있다고 여긴다. 가족들은 전문가들에 대한 불만으로 인하여 치료를 우선순위에서 낮게 평가하는 경향을 가지고 있다(Hatfield, 1983; Spaniol et al., 1984). 아무리 현재 이용하고 있는 서비스가 못마땅하다고 하더라도, 가족들은 지원과 실제적인 도움을 받기 위해 전문가를 찾기 마련이다. 그로 인해, 전문가와 접촉하는 양에 대한 불만 수준 역시 높아진다. 연구에 참여한 가족들 중 60%가 전문가와 보다 많은 접촉을 원한다고 말했다(Spaniol et al., 1984). 보고된 평균 접촉 수는 한 달에 한 번이 채 되지 않았다. 접촉의 양이 매우 제한적이고, 서비스의 질도 높지 않기 때문에, 정신장애를 가진 가족원이 지역사회로 돌아올 때는 가족들은 전문가로부터 버림받았다는 느낌을 강하게 갖게 된다. Grella와 Grusky(1989)는 가족들이 서비스에 대해 인식하는 만족도가 사례관리자와 접촉하는 상호작용의 양과 관계가 있으며, 이 변인은 서비스 제도의 질과 적용 범위에 대한 만족보다 더 중요하게 가족들의 만족도에 작용하고 있음을 발견했다.

내담자의 가족과 관련된 새로운 접근법들은 가족 관리나 가족 심리교육 접근법으로 분류되는데, 이러한 접근법들은 특히 1980년대에 인기를 끌었다(예: Anderson, Hogarty, & Reiss, 1981; Byalin, Jed, & Lehman, 1982; Falloon et al., 1982; Goldstein & Kopeiken, 1981; Leff et al., 1982; North et al., 1998; Penn & Mueser, 1996). 1980년대에 이 새로운 접근법들 중 다수가 정서 표현(expressed emotion: EE)을 강하게 하는 가족들에게 도움이 필요하다는 가정하에 개발되었는데, 이는 관련 연구들이 정서 표현

의 높은 측정치가 정신장애를 가진 가족 구성원의 재발과 관계가 있다고 보고해 왔기 때문이다(Brown, Birley, & Wing, 1972; Vaughn & Leff, 1976; Falloon et al., 1982). 정서 표현 수준은 Camberwell 가족 면담에 나타난 점수로 추정하게 되는데, 이것은 가족이 표현하는 비판의 수에 대한 평가와 적대감의 존재 또는 가족의 정서 과잉 개입에 대한 평정치로 구성되어 있다. 그러나 정서 표현이라는 개념이 유용한 것인지 혹은 필요한 것인지의 여부에 대해서는 실제적인 문제가 있다. 즉, 가족 개입법은 정서 표현에 대한 개념이 없더라도 성공적으로 진행될 수 있는 것이다(Hatfield, Spaniol, & Zipple, 1987). 연구자들은 정서 표현을 실제로 어떻게 측정하는지, 왜 정서 표현의 정도가 높은 것으로 평가된 가족과 함께 있는 내담자들이 재발을 더 자주 하는지(Mintz, Liberman, Miklowitz, & Mintz, 1987), 또는 정서 표현과 재발 간의 관계가 인과적인 것인지(Hogarty et al., 1988; McCreadie & Phillips, 1988; Parker, Johnston, & Hayward, 1988)에 대해서 알지 못하였다. 그러나 이러한 연구들은 가족이 스스로를 돕고, 또 정신장애를 가진 가족 구성원에게 도움이 되도록 하는 데 그 초점을 두었다는 점에서 의미가 있다.

앞으로의 가족 심리교육은 가족 대 가족의 자조라는 맥락 속에서 이루어질 것이다. 전문가의 참여에 의존하는 가족 개입법은 결코 자연스럽지도, 본질적이지도 않다. 가족 심리교육 개입법은 정서 표현이라는 전문적인 개념 없이도 일어날 수 있을 뿐만 아니라 전문가가 없이도 가능하다. 12주 교육과정으로 구성된 '희망의 여행'은 가족들이 운영하는 가족교육 프로그램의 한 예다(Baxter & Diehl, 1998). 이 과정은 다음과 같은 주제, 즉 "……사고장애, 기분장애, 약물치료, 재활, 공감, 대화, 문제해결 기술, 가족 구성원을 위한 자기 관리법, 효과적인 권익 옹호"(Baxter & Diehl, 1998: 351)에 초점을 두고 있다.

> 가족 심리교육 개입법은 정서 표현이라는 전문 개념 없이도 일어날 수 있을 뿐만 아니라 전문가가 없이도 가능하다.

Zipple과 Spaniol(1987)은 네 가지의 가족 개입법 형태가 가족의 가장 중대한 필요를 모두 또는 부분적으로 충족시켜 준다고 제언한 바 있다. 물론 이 개입법들은 모두 가족 스스로에 의해 수행될 수 있다. 그들은 현존하는 가족 개입법들을 다음과 같이 분류하고 있다.

1. 일차적으로 정보를 제공하기 위해 설계된 교육 개입법
2. 일차적으로 기술을 개발하기 위해 설계된 기술훈련 개입법
3. 일차적으로 스트레스에 대처하기 위해 가족의 정서 능력을 향상시키도록 설계된 지원 개입법
4. 정보, 기술훈련 및 지원을 단일 개입법 속에 통합시킨 통합 개입법

대부분의 모델들이 이 접근법들 중에서 한 가지 이상의 요소를 활용하고 있다는 점에 주목해야 한다. 그러나 이러한 개념적인 구분은 개입법의 핵심 목표에 대해 분명한 그림을 제공해 준다는 점에서 유용하다.

Zipple과 Spaniol(1987)은 여러 가지 가족 개입법을 평가한 성과 연구들을 고찰한 후, 각각의 개입법 유형이 정신질환을 가진 가족원의 재발률을 줄이는 데 동일한 효과성을 지니고 있는 것 같다고 결론지었다. Zipple과 Spaniol(1987)은 이 접근법들의 효과가 유사한 것에 대해 두 가지 가능한 설명을 제시하였다. 첫째, 재발이나 재입원과 같은 전체적인 성과지표는 너무 광범위해서 개입법 간에 유의미한 차이를 포착해 내지 못한다. 따라서 가족의 불만이나 내담자의 만족, 내담자의 기능력 수준, 가족의 기능력 수준, 스트레스 수준과 같은 성과 척도를 사용한다면, 성과의 측면에서 개입법 간에 몇 가지 차이점을 보여 줄 수 있을 것이다. 둘째, 개입법들은 유사한 성과를 가져올 수 있는 핵심적인 특징들을 공유하고 있다. 각 개입법은 가족을 파트너로 참여시키려 하고, 가족에게 개입법에 대한 어느 정도의 통제권을 준다. 각 개입법은 정신장애를 가진 가족원의 장애와 관련하여 가족을 비난하지 않으려 한다. 또한 각 개입법은 가족들이 장애를 가진 가족원에 대해 보다 효과적으로 대응할 수 있도록 도와주고자 한다. 즉, 기술이나 정보, 지원을 제공하거나 혹은 여러 서비스들을 조합하여 제공하기도 한다. 가족 개입법에 대한 보다 정밀한 연구를 검토한 최근의 연구는 Zipple과 Spaniol(1987)의 초기 결론(예: 다양한 가족 개입법들이 저마다 그 효과에 차이가 있다는 증거는 어디에도 없다)을 지지해 준다(Schooler, Keith, Severe, & Matthews, 1995).

몇몇 국가에서는 확대가족을 대상으로 한 연구가 핵가족을 대상으로 연구한 경우

보다 많은 성공을 거두어 왔다. 540개의 아랍 가정을 대상으로 한 연구에서 확대가족은 정신장애를 가진 사람을 지원하는 일에 참여하고자 하는 인내와 의지 면에서 핵가족과 차이를 보였다(El Islam, 1982). 모든 개입법이 서로 필적할 만한 성과를 나타내는 이유에 대하여, 각 개입법들이 가족의 고통이나 내담자의 재발에 관한 특정한 인과 모델을 초월하는 전략들을 포함하고 있다는 주장으로 설명 가능하다. 그러나 어쨌든 이 전략들은 가족들이 전문가들에게 원하거나 필요로 한다고 말해 왔던 것들과 직접적인 관련을 가진다. 예를 들어, 가족이 중심적인 역할을 하는 중국이나 인도, 이탈리아와 같은 나라에서 가족 개입법은 정신장애를 가진 사람을 장기적으로 나아지게 하는 데 중요한 역할을 감당해 왔다(Agnetti, Barbato, & Young, 1993; Nagaswami, 1995; Pearson & Phillips, 1994). 전문가가 이러한 개입법을 학습하여 보다 전통적인 치료 개입법에 첨가하거나 그 대안으로 사용하도록 권유받는 것은 당연한 일이다.

그러나 가족 역할의 혁신에 있어서 가장 극적인 사건은 새로운 가족 개입법이나 새로운 이론의 개발이 아니라, 국제정신분열병협회 등 정신질환을 가진 사람의 가족의 권익을 옹호하는 자조집단이 세계적으로 퍼져 나간 것이다. NAMI는 국제적으로 또 정치적으로 가장 잘 조직화 되어 있는 영향력을 가진 가족 권익 옹호 집단이다. NAMI는 가족들의 욕구에 대한 반응으로, 전문가가 개발한 것이 아닌 정신장애를 가진 가족원이 있는 사람들이 모여 자조집단과 권익 옹호 집단으로 발전시킨 조직이다. 1979년에 공식적으로 출범한 이래, NAMI는 극적으로 성장하여 수백 개의 지부에 20만 명 이상의 회원이 가입해 있다(National Alliance for the Mentally Ill, 2000).

NAMI는 명백히 많은 전문가들이 실천해 온 것보다 더 성공적으로 가족들의 필요에 부응해 오고 있다. 예를 들어, NAMI는 정신건강제도에 변화를 주창하는 강력한 기제로 기능하고 있을 뿐만 아니라, 가족들 간에 상호 지원을 가능하게 한다(Hatfield, 1981). 공통적으로 가지고 있는 문제에 대한 경험을 공유하기 위해 함께 모이는 것은 많은 사람들에게 유용한 것으로 인식되며, 이것은 많은 자조집단들의 초석이 된다(Killilea, 1976, 1982).

NAMI는 성공적인 자조집단으로서, 그 규모와 영향력이 성장하고 있다. 많은 지부들은 정치적인 권익 옹호에 무척 적극적으로 참여하고 있으며(Straw & Young, 1982), 몇몇 지부에서는 정신장애를 가진 사람들에게 직접 서비스를 제공하기 시작하였다 (Shifren-Levine & Spaniol, 1985). 서비스가 확대되기는 하였으나, 여전히 대부분의 집단에서는 회원들을 위한 지원 및 권익 옹호 기능이 핵심적인 영역이 되고 있다.

　　Spiniol과 동료 연구자들(Spaniol, Zipple, Marsh, & Finley, 2000)은 정신재활 전문가들이 가족들과 보다 효과적으로 작업하는 데 요구되는 기본 원리를 제시하였다. 그러나 불행하게도 가족들이 정신장애를 가진 가족원을 대하는 것처럼, 전문가들은 가족들을 대할 준비가 되어 있지 않다. 때문에 최근에는 가족들이 장애를 가진 가족원에게 도움이 되기 위해 어떻게 해야 할지를 스스로 공부하고, 더 나아가 전문가가 가족들에게 보다 효과적으로 다가서기 위해서는 어떻게 해야 하는지를 전문가에게 교육하는 추세다. Spaniol 등(in press)은 지난 10년간 다음의 여러 요인들로 인해 가족과 전문가들 사이에 보다 건설적인 관계가 형성되었다고 주장한다.

- 정신건강제도가 지역사회뿐만 아니라 가족을 중심으로 시행되도록 하는 결과를 양산한 탈기관화의 영향
- 가족의 합법적인 권리와 욕구에 대한 보다 깊은 이해
- 정신장애의 생물학적 기질에 대한 새로운 증거
- 정신장애가 가족에게 미치는 심각한 영향에 대한 근거
- 가족의 긍정적인 기여와 전문성에 대한 인정
- 효과적인 가족 중심 개입 전략의 이용 가능성
- 정신장애를 가진 사람과 가족이 반드시 치료에 참여하도록 지원한 국가 차원의 노력
- 가족들이 보다 적극적으로 주장을 제기하고 정보를 얻고 참여하는 역할을 감당할 수 있도록 촉진한 가족 권익 옹호 운동(Spaniol et al., in press, p. 9)

　　앞으로 다가오는 시대에는 위기에 처한 가족의 경험과 이 위기를 스스로 대처하고 극복하려는 가족의 노력을 이해하는 전문가가 필요하다. 가족에게 도움을 주기

위해 전문가들은 Spaniol 등(in press)이 필수적이라고 언급한 태도와 지식 그리고 기술을 갖출 필요가 있다. 내담자를 정신재활 절차에 참여시키기 위해(이 장 앞부분에서 확인하였던) 정신재활 전문가들이 지녀야 할 중요한 기술들에는 가족과 함께 작업하는 데 필요한 핵심 기술들이 포함되어 있다. 더 나아가 가족을 돕는 전문가들은 성인 자녀를 둔 부모에게 초점을 맞추었던 초기의 가족 연구를 넘어서 새롭게 주어지는 정보에도 익숙해져야 할 것이다. 이제는 어린 형제들, 배우자 그리고 자녀를 양육하고 있는 정신장애를 가진 사람들에 대한 정보가 제공되고 있다.

소비자

제2장에서 언급한 대로, 1990년대에 성취한 가장 주목할 만한 일 중의 하나는 1980년대 정신건강 분야의 발판을 마련하기 시작한 움직임이었던 '동료 운동의 시대가 도래'한 것이다(Chamberlin, 1978, 1984: Zinman, 1982). 1985년 NIMH는 정신건강 서비스를 필요로 하는 사람들을 위한 '제1회 대안책 회의'를 후원하였다. 1988년에 CMHS는 정신장애를 가진 사람들이 운영하는 프로그램의 효과성을 증명하고 평가하기 위한 목적으로 14개의 동료 운영 프로젝트에 재정 지원을 하였다. 이러한 프로젝트에 대하여 질적 분석을 수행한 결과, 소비자가 직접 운영하는 자조 프로그램은 다음과 같은 영역, 즉 자립정신, 자존감, 문제 대처 능력과 역량강화, 서비스에 대한 지식, 권리, 다른 관심사와 전반적인 삶의 질(Van Tosh & del Vecchio, 1998)에서 긍정적인 결과를 가져왔다.

동료 운동이 점점 발전해 가면서 많은 연구자, 기획자, 정책 수립자들이 이 분야에 관심을 기울이기 시작하였다. 그러나 전문가와 건강제도에 대해 동료가 관할하는 집단의 회원들이 가지고 있는 불신으로 인하여 전문가의 개입은 늘 환영받지 못해 왔다. 이로 인해 동료 운영 조직에 대한 경험적인 자료는 매우 빈약하다. 동료 집단과 협력적인 관계를 맺을 수 있었던 몇몇 연구자들만이 이 집단에 관한 연구를 수행하는데 성공을 거둘 수 있었다. 이러한 연구들은 연구 과정에 소비자를 참여시켰다. 그중 Chamberlin, Rogers 및 Ellison (1996)이 사용했던 독특한 방식을 소개하면 다음과 같다. 그들은 동료 자조 프로그램을 연구하고 역량강화를 측정하는 도구를 개발하면서(Rogers, Chamberlin, Ellison, & Crean, 1997) 소비자들을 연구진으로서 설문 개발에서부터 자료 분석과 해석에 이르는 연구의 모든 과정에 참여시키는 접근법을 취하였는데, 이것이 참여행동연구법이다(Rogers & Palmer-Erbs, 1994).

Van Tosh와 del Vecchio(1998)의 연구를 비롯한 '소비자 운영 프로그램'에 대한 연구들은 기술적인 자료 분석에 한정되어 있다(예: Rappaport et al., 1985; Mowbray, Wellwood, & Chamberlin, 1988; Emerick, 1990; Segal, Silverman, & Temkin, 1995; Chamberlin, Rogers, & Ellison, 1996). 이러한 한계에도 불구하고, 이 연구들은 소비자에 의해 운영되는 기관과 소비자들이 서비스 제공자로서 지니는 가치를 이해하는데 도움을 주었다. 예를 들어, 연구 자료는 서비스 이용자가 동료 제공 서비스에 대해 매우 만족하고 있으며, 동료 운영 서비스가 삶의 질, 자존감, 사회생활에 대한 인식을 고양시켜 줄 것이라고 신뢰하는 경향이 있다고 밝혔다(Mowbray & Tan, 1992; Carpinello, Knight, & Jatulis, 1992; Chamberlin, Rogers, & Ellison, 1996). 또 다른 연구 자료에서는 백인이 주 회원인 소비자 운영 기관과 흑인이 대부분인 기관 사이에 차이가 있음을 보고하였다(Chamberlin, Rogers, & Ellison, 1996). 시골 지역에 거주하는 소비자들과 인종이 다른 소비자들은 독특한 문화와 욕구로 인해 자조 활동을 할 때 특정한 접근법을 취하는 것으로 보인다(Waters, 1994; Perez, 1994; Seckinger, 1994).

동료가 제공하는 서비스는 네 가지의 주요 모델—① 동료 운영 서비스(소비자가 관할하는 서비스 기관 안에서 정신장애를 가진 사람들이 서비스를 제공한다), ② 고용인으로서의 동료(정신장애를 가진 사람이 전통적인 정신건강 기관에서 일한다), ③ 자조(소비자가 관할하는 기관 안에서 소비자들이 서로를 지지해 준다), ④ 주도적 동료(전통적인 정신건강 기관의 프로그램 중 일부로서 정신장애를 가진 사람에 의해 개발된 비공식적 프로그램)—을 따르고 있다(Moxley & Mowbray, 1997). 소비자 운동의 리더들은 동료 운영 서비스와 자조 프로그램이야말로 '정신주의'를 떨치고 역량강화를 증진시킬 수 있는 유일한 모델이기 때문에 이 분야가 보다 발전되어야 한다고 강력히 주장한다

(Chamberlin, 1978). 여러 동료 운영 기관은 자생적으로 생겨난 비공식적 동료 지지와 권익 옹호 집단에서부터 발전하여 점차 정신건강 서비스 제도에 반드시 필요한 공식 집단으로 성장하고 있다(Harp & Zinman, 1994). 최근 동료 운영 프로그램은 미국 전역에 걸쳐 시행되면서 다양한 서비스를 제공하고 있는데, 여기에는 정신재활 서비스센터, 주거 프로그램, 교육, 동료상담, 권익 옹호 서비스, 위기 개입, 직업 서비스, 자원 관리, 기초 지원 서비스(음식, 옷, 목욕 시설, 교통수단 등)가 포함된다. 이러한 기관들은 상당히 많은 정신장애를 가진 사람들에게 서비스를 제공하고 있으며, 전통적인 정신건강 서비스 제공자들에게서는 충족될 수 없었던 필요들을 채워 주고 있다.

동료 운영 기관이 정신건강 서비스 제도의 중요한 부분으로 인식되기 시작하면서 주립 기관과 지자체 정신건강 부처, 관리의료 회사, 민간 재단의 후원을 받게 되었다. 동료 운영 기관은 원래 기록이 가장 이루어지지 않는 기관이었는데, 후원자들에 대한 책임을 다하려다 보니 서비스의 결과와 만족도에 대한 자료를 수집하고 기록할 필요성을 느끼게 되었다(Stroul, 1986). 현재의 관리의료와 비용 절감의 시대에는 높은 수준의 효과성을 보이는 서비스에 대해서만 공공자금을 지불하려는 경향이 있다. 자료에 따르면, 동료 운영 기관을 이용하는 사람들 중 대다수가 전통적인 정신건강 서비스를 함께 이용한다고 밝히고 있다(Chamberlin, Rogers, & Ellison, 1996; Segal, Silverman, & Temkin, 1995). 이러한 상황은 동료 관리 서비스가 전통적인 정신건강 서비스와 통합적으로 이용될 때 그 효능과 비용 편익이 어느 정도인지에 대한 의문을 불러일으켰다(Felton et al., 1995). 1998년도에 정신건강서비스센터는 동료 운영 서비스에 대한 연구를 시작하였다. 이 연구에서 얻어진 자료는 향후 정책 수립자들이 정책을 개발하는 데 영향을 미칠 것이다.

동료 운동의 또 다른 역할은 정치활동과 권익 옹호다. 동료 조직은 매년 정기적으로 회의를 열고, 성과 척도(제3장 참고), 고지된 동의, 입원 동의법, 정신건강제도 재정 지원, 관리의료 등과 같은 이슈에 대해 의견을 제시하고 있다. 1990년대에 소비자 리더십은 펜실베이니아, 매사추세츠, 웨스트버지니아의 국립기술협력센터들의 협조하에 주와 지역 수준에서 매우 활발한 활동을 벌였다.

> 자조적인 노력과 정신재활은 양립할 수 있다. 정신재활과 자조의 실제적인 차이는 목표나 가치가 아니라, 서비스 제공자의 배경이다.

제3장에서 언급한 대로, 자조적인 노력과 정신재활은 양립할 수 있다. 정신재활과 자조의 실제적인 차이는 목표나 가치가 아니라, 서비스 제공자의 배경이다. 자조집단을 옹호하는 사람들은 소비자가 지도자와 서비스 제공자가 되는 것의 중요성을 주장한다. 동시에 그들은 지지와 원조의 출처로서 전문성을 가진 사람들을 찾는다. Chamberlin(1989: 215-216)은 다음과 같이 설명하고 있다.

정신재활 접근법과 이전 환자의 자조집단 접근법 간에는 몇 가지 유사점이 있다 (물론 정신재활 접근법이 전문적이며 공식적이라는 점에서 큰 차이가 있기는 하다). 많은 정신건강 개입법들과는 달리, 정신재활은 내담자의 협조와 적극적인 참여에 의존하고 있다. 정신재활 전문가들이 내담자들과 함께 (그들에게 혹은 그들을 위해서가 아니라) 일을 해야 한다고 강조하는 것은 너무나도 빈번히 권위적이거나 위압적이거나 혹은 강제적인 개입을 받아 왔던 사람들에게 공감대를 형성한다. 마찬가지로, 정신재활 접근법이 개별화를 강조한다는 것은 대부분의 내담자들에게 너무나 익숙해져 버린 비인격적이거나 인간성을 상실시키는 실천과 좋은 비교가 된다. 이러한 이유로, 많은 사람들은 이전 환자 자조집단의 회원이 되는 것과 정신재활 전문가의 내담자가 되는 것을 결합한 방식을 선택할 수 있으며, 이러한 방식이 효과적으로 실천되는 것은 당연한 일이다.

서비스 제공자로서 정신장애를 가진 사람들

요즘 들어 부쩍 정신장애를 가진 사람들이 정신건강 서비스 제공자로 고용되는 경우가 많아졌다(Moxley & Mowbray, 1997). 소비자를 정신건강 서비스 제공자로 고용하는 것은 자연적인 발전 현상이며, 소비자의 역할을 보다 확대시키는 일이라고 여겨진다. 동료 중심 및 동료 제공 서비스는 진보적인 정신건강제도에서 근본적인 사항이 되며, 재기 지향의 정신건강제도에서는 필수적인 요소로 여겨진다(Anthony, 1994). 정신재활의 원리와 철학은 소비자가 자신의 재활 과정(Farkas, Anthony, & Cohen, 1989)

및 프로그램 개발과 평가(Danley & Ellison, 1997)에서 그리고 재활 서비스 제공자로서 (Anthony, Cohen, & Farkas, 1990) 적극적인 역할을 수행할 것을 강조해 왔다. 동료 제공자는 정신재활 분야의 인력 속에 가치 있는 구성 요소가 되었다.

정신재활 서비스에 더하여, 소비자들은 다른 정신건강 서비스에서도 제공자 역할을 수행하고 있다(제1장 참고). 역사적으로 보면, 정신건강 소비자로서의 경험이 있는 사람들이 오랫동안 서비스 제공자 역할을 수행했을 가능성이 있지만, 그들이 전문가로서 자신감을 가지고 자신의 경험을 드러내게 된 것은 그리 오래된 일이 아니다. 많은 정신건강 전문가들은 이제 자신의 경험을 '개방하고' 있으며, 정신장애를 가진 사람들이 정신건강 인력에 포함될 수 있도록 모집되고 고용되며 훈련받고 있다. 이들이 전통적인 정신건강 프로그램에서 다양한 역할을 수행하고 있다는 예들이 즐비하다. 매사추세츠에 기반을 둔 기관인 Vinfen Corporation은 정신장애를 가진 사람들에게 치료와 재활 서비스를 제공하면서 당사자들을 직접 서비스 제공자 혹은 행정직 및 관리직으로 고용하고 있다. 이 기관은 기관 자체의 필요에 기반하여 소비자를 모집하여 고용하고 훈련하고 있다(Zipple, Drouin, Armstrong, Brooks, Flynn, & Buckley, 1997).

동시에 정신건강 소비자들은 동료 운영 대안 기관과 자조 프로그램을 확대하여 그 어느 때보다도 정신건강 인력에 대한 직업 기회를 활발하게 창출해 내고 있는 실정이다. 가장 일반적인 동료 운영 프로그램은 정신재활서비스센터다. 예를 들어, 버지니아 샤롯테스빌에 있는 'On Our Own'은 공동체를 구성하여 지원과 권익 옹호, 자조활동을 제공하기 위해 설립된 센터다(Silverman, Blank, & Taylor, 1997). 이 프로그램을 비롯한 여러 동료 운영 대안 기관에서는 정신건강 소비자들이 다양한 서비스들을 제공하고 있다.

많은 사람들이 동료 제공자가 정신건강 인력으로 기능할 때 발생 가능한 이익과 도전에 대해 이야기해 왔다(Armstrong, Korba, & Emard, 1995; Besio & Mahler, 1993; Lyons, Cook, Ruth, Karver, & Slagg, 1996; Mowbray & Tan, 1993; Riffer, 2000; Sherman & Porter, 1991; Solomon & Draine, 1996a; Solomon & Draine, 1996b). 이익은 동료 제공자가 경험하는 이익, 서비스를 제공받는 사람들의 이익 그리고 동료 제공자가 진행하

는 프로그램상의 이익으로 나누어 살펴 볼 수 있다. 동료 제공자들은 정신건강제도에 대해 정신장애를 가진 사람들의 가치와 잠재력에 대한 믿음을 확립해 가면서 역할 모델로서 자리매김하고 있다.

동료 제공자의 경력 개발

정신장애를 가진 사람들이 서비스 제공자로서 고용되기 시작하면서 동료 제공자의 경력 개발에 대한 문제 또한 언급할 필요가 생겨났다. 많은 소비자 제공자들이 정신건강 분야에 종사하기 위해서 학업적 자격요건들을 갖추고 있지만, 어떤 사람들은 이러한 학문적인 환경에 참여하고 성공할 수 있는 기회조차 가지지 못하고 있다. 많은 사람이 취업을 위해 요구되는 학문적인 자격이 없다는 이유로 정신건강 분야에서 안정적으로 일할 수 없어서 좌절을 경험하고 있다. 대다수의 정신건강 기관들은 서비스를 제공하는 데 필요한 역량을 확인하는 방안에 대해서 노력하기보다

> 진심으로 정신장애를 가진 사람을 고용하고자 하는 정신건강 프로그램이라면, 실제 역량과 인생 경험을 근거로 하여 지원자의 자질을 평가할 수 있는 방법을 확보해야 할 것이다.

구직자들이 구비해야 할 자격증의 종류를 구체화한다. 정신재활 분야는 서비스 제공자의 고용 및 승진의 기준으로 실무자의 자격증보다 역량을 더 중요하게 여기고 강조해 왔다. 진심으로 정신장애를 가진 사람을 고용하고자 하는 정신건강 프로그램이라면, 실제 역량과 인생 경험을 근거로 하여 지원자의 자질을 평가할 수 있는 방법을 확보해야 할 것이다.

정신장애를 가진 사람들을 위한 직업 환경 개선에 대한 이해가 확장되면서, 소비자들을 고용하는 정신건강 기관들 사이에서는 관련 전문 지식을 공유할 필요가 생겼다. Mancuso(1990)는 "반성해 보건데, 정신장애를 가진 직무자들에게 더욱 쾌적한 직장이 되기 위해서 필요한 환경적인 수정이란 많은 경우 단지 관리자로서 역할에 충실하는 것이다."(p. 121)라고 제안하였다.

동료 제공자의 경력 개발을 지원하기 위해 권장되는 요소들은 다음과 같다.

- 정신건강 소비자로서의 경험을 가진 사람들을 적극적으로 모집하고 고용함

- 자격증보다 전문가로서의 역량에 대한 강조
- 지속적인 교육과 기술 개발을 위한 기회와 지원
- 정신장애를 가진 사람들에게 제공되는 직업 기회의 범위
- 직업 환경 개선의 일환으로 직무 수행과 직무 공유를 유연하게 실행함
- 훌륭한 관리 훈련을 모든 고용인들에게 확대함
- 유능한 감독관과 관리자 양성을 위한 투자
- 일반적으로, 모든 고용인들의 전문성을 길러 주는 직장이 정신건강 분야에서 성장하기를 바라는 동료 제공자에게 이상적인 곳임

결론적 논평

동료 제공자의 권익 옹호 활동은 정신장애를 가진 사람들의 바람과 필요에 부합하는 동료 운영 서비스와 전문가 운영 서비스 모두의 발전을 나타내는 건강한 지표가 된다. 동료 제공자의 목소리가 보다 뚜렷해질 때 전문가가 이에 귀를 기울일 수 있을 것이다. 정신장애를 가진 사람들이 제공하는 정보를 반영하지 않을 때 프로그램은 침체하기 시작한다. 이론을 개발하거나 전문적인 지식에 대해 글을 쓰고 가르치는 전문가에게 귀를 기울이는 여타의 분야와는 대조적으로, 정신재활 분야는 소비자의 필요와 바람에 대한 관심을 유지해야 한다. 배움의 주된 출처는 책이나 이론이 아닌 소비자와 가족들이다. 동료 제공자와 가족의 자조/권익 옹호 운동이 성장함으로써 그에 대한 관심이 보다 확고히 유지될 수 있다.

> 배움의 주된 출처는 책이나 이론이 아닌 소비자와 가족들이다.

정신재활 분야의 강점은 이 분야가 도움을 주려는 사람들로부터 배우고자 하는 열망이 있다는 점이다. 우리는 때로 그 메시지가 우리에게 고통스러운 것이라 하더라도 끊임없이 당사자들의 목소리에 귀를 기울여야 한다.

전문가, 가족 그리고 소비자를 비롯한 모든 인력들이 자신의 기능을 수행하는 데 필요한 기술과 지식 및 태도를 갖추었을 때 진정한 도움을 제공할 수 있을 것이다.

정신재활은 전문가, 가족, 소비자를 포함한 모든 사람들에게 그들이 맡은 일을 감당하는 데 필요한 기술과 자원을 갖추도록 역량을 강화하기 위한 노력을 기울이고 있다.

CHAPTER 09

프로그램

미덕의 기초는 일관성이다.

_Sir Francis Bacon

지난 30년에 걸쳐 재활 지향 프로그램으로 소개되는 프로그램들이 점점 더 많아지고 있다. 지역사회주거대체안, 지역사회정신건강센터, 정신사회재활센터, 보호작업장 및 지원작업장, 입원 환자 프로그램이 여기에 포함된다. 그러나 재활 지향적인 장면의 특징을 그 서비스가 담고 있다 하더라도 그 장면이 실제로 정신재활 장면인지, 아니면 단순히 전통적인 치료 프로그램의 변형으로서 지역사회 장면에서 제공되는 것인지, 혹은 동일한 치료 프로그램이 새로운 이름으로 제공되는 것인지에 대해서 분명하지 않은 경우가 많다. 예컨대, 어떤 프로그램(예: 사후관리 프로그램, 퇴원 환자 프로그램)은 장기적인 정신장애를 가지고 있는 사람들에게 서비스를 제공하고 있기 때문에, 혹은 증상 인식과 약물 관리에 대한 기술훈련을 실시하고 있다는 연유로 정신재활 프로그램으로 소개된다. 또 어떤 프로그램(예: 의사소통 훈련집단을 운영하는 낮치료센터)은 기능력에 초점을 맞추는 집단치료 회기를 운영하기 때문이라거나, 내담자에게 활동을 제공해 주기 때문에(예: 수공예, 사교교실), 내담자의 재입원을 방지해 줄 수 있는 강력한 지원을 제공해 주기 때문이라고 그 이유를 댄다. 비록 실천 현장이 다르고 명칭도 다를 수는 있지만, 이런 프로그램들은 일관된 재활의 방향성을 가지고 있지 않기 때문에 사실상 정신재활 프로그램이라고 할 수 없다.

재활 프로그램을 구성하고 있는 필수 요소가 무엇인가에 대한 혼란이 있기 때문에, 정신재활 프로그램을 구성하는 관찰 가능한 요소들을 구체화할 필요가 있게 되었다(Anthony, Cohen, & Farkas, 1982; Farkas, Cohen, & Nemec, 1988; Farkas, Anthony, & Cohen, 1989). 어떤 프로그램이 어디에서 실시되든지 간에 정신재활 프로그램은 재활 사명, 재활 절차를 촉진하는 구조, 재활 환경이라는 세 가지 기본적인 요소로 구성되어 있다.

프로그램 사명

많은 프로그램들이 사명선언문을 보유하고 있지만, 이것은 종종 관료주의적인 필요에 의한 것으로 보이기도 하고, 또 공적인 현장 방문이나 평가 검열을 준비할 때만 언급되기도 한다. 이와는 달리, 정신재활 프로그램이 갖는 사명선언문은 프로그램의 활동에 전반적인 방향과 초점을 제시하고, 프로그램 평가의 기준을 제공하며, 프로그램을 개정하는 이론적인 근거를 제공해 준다. 제1장에서 논의하였듯이, 정신재활의 사명은 정신과적 장애를 가진 사람이 스스로 선택한 환경 속에서 최소한의 전문적인 개입을 받으면서 성공적이고 만족스럽게 생활할 수 있도록 그들의 기능력을 증진시키는 데 도움을 주는 것이다. 정신재활 프로그램은 정신재활의 사명과 가치를 조직적인 구조 안에 통합시키는 방향으로 조직화된다. 제4장에서 언급한 인간 지향, 기능력, 지원, 환경적 특정성, 내담자 참여, 선택, 성과 지향, 성장 가능성의 가치들이 프로그램 안의 직무 기술서, 슈퍼비전, 프로그램 정책, 절차, 문서화 및 일반 문화에 반영되어 있다.

프로그램 구조

정신재활 프로그램은 재활 절차를 촉진하도록 구성되어 있으며, 이 절차는 궁극적으로 재활 사명을 달성하는 것을 목적으로 한다. 일반적인 재활 절차에는 평가 또는 진단, 계획안 수립, 다양한 재활 개입법들이 포함된다. 이러한 재활 절차를 구조화하는 데는 재활 운영 지침, 재활 활동, 재활 문서화와 같은 방법이 사용될 수 있다(Center for Psychiatric Rehabilitation, 1989; Farkas, Anthony, & Cohen, 1989). 재활 운영 지침은 재활 서비스가 어떻게 제공될 것인지를 서술한 프로그램 정책과 절차로 이루어진다. 재활 활동은 일상 업무가 운영되는 동안 프로그램에 참여하는 다양한 사람들이 상호작용하는 절차를 조직화한 것이다. 재활 문서화는 재활 서비스의 전달을 기록해 두는 방식으로, 여기에는 내담자의 재활과 관련된 모든 정보를 기록 자료로 남기는 것이 포함된다. 정신재활 프로그램에서 이 세 가지 구조화 방법은 진단, 계획안 수립, 개입의 단계를 거치는 재활 절차를 실시하는 데 근간이 된다.

프로그램 환경

과거에는 대개 재활 프로그램들이 프로그램을 실시하는 장소가 어디에 있는가에 따라 규정되었다. 지역사회 기반의 프로그램이 병원 기반의 프로그램보다 나은지에 관한 논쟁이 계속되고 있는데, 어떤 사람들은 재활 환경이 병원 장면 내에 존재할 수는 없으며, 재활은 지역사회 현장에서만 일어날 수 있는 것이라고 생각했다. 또한 제아무리 병원 환경이 혁신적이라 하더라도, 또 지역사회에 있는 프로그램이 재활의 가치를 거의 나타내지 못한다 하더라도, 지역사회 기반의 프로그램만이 재활 프로그램으로 간주되었다.

정신재활은 분명 지역사회에 초점을 두고 있다. 장애가 있든지 없든지 간에 사람들은 일반적으로 인위적인 현장이 아니라 지역사회라는 실제 세계에서 살아가고, 배우고, 사회활동을 하고, 일을 하고 싶어 한다. 정신장애를 가진 사람들 중 극소수만이 오랫동안 기관에서 생활하는 것을 선호한다(Center for Psychiatric Rehabilitation, 1989; Rogers, Danley, Anthony, Martin, & Walsh, 1994). 물론 정신재활이 지역사회에 초점을 맞추고 있기는 하지만 언제나 지역사회를 기반으로 하는 것은 아니다. 그 주된 이유로 정신과 입원시설이 계속해서 존재하고 있다는 사실을 들 수 있다. 세계의 몇몇 국가들에서는 여전히 병원이 정신건강 서비스를 전달하는 주요 현장으로 기능하고 있다. 어떤 이들은 병원 환경을 개선하려는 노력이 오히려 지역사회 통합에 반하는 기관의 존립을 도모하는 것이라고 우려를 표한다. 정신재활은 병원 장면의 인식과 기능의 변화를 강조하는 동시에 여전히 오랜 기간 동안 병원에 입원해 있어야만 하는 사람들을 간과해서는 안 될 것이다.

> 물론 정신재활이 지역사회에 초점을 맞추고 있기는 하지만 언제나 지역사회를 기반으로 하는 것은 아니다.

정신과 입원시설이 계속해서 존재해야 한다는 데 주로 제시되는 이유들은 다음과 같다. 첫째, 입원 시설은 장기적인 보호와 안전을 제공해 준다(Bachrach, 1976b). 둘째, 주 정부와 지역사회의 정책 구조 면에서 볼 때, 다양한 책임과 지원 조건 및 조직의 구조를 가진 지역사회 현장보다는 입원시설을 지원하고 조직화하며 평가하기가 더 쉽다. 셋째, 어떤 내담자는 안정이 필요할 때 단기간 기관에서 생활하는 것을 선호하기도 한다. 지역사회에서도 이러한 안정을 얻을 수 있다는 사실이 널리 알려져 있지만, 적어도 현재로서는 여전히 선호되지 않고 있다. 이러한 이유들로 인하여 정신과 입원시설은 좋든 싫든 한동안은 계속해서 존재하게 될 것이다.

정신과 입원시설이 존재하는 한, 이들 기관이 정신건강 분야에서 수행할 수 있는 역할을 무시하지 않는 것이 합리적일 것이며, 오히려 정신과 입원시설이 재활 철학을 따르도록 고무하는 것, 즉 내담자가 자신이 선택한 지역사회 속에서 보다 잘 기능할 수 있도록 도움을 주는 데 기여할 수 있도록 하는 것이 좋을 것이다. 입원 기관과 지역사회 현장 양자는 재활 사명을 얼마나 잘 지향하고 있는가 하는 측면에서 평가되어야 할 것이다.

이 장에서 강조하고 있듯이, 정신재활 절차는 프로그램 구조를 형성한다. 마찬가지로 정신재활 철학은 재활 환경을 형성한다고 할 수 있는데, 재활 환경은 정신재활 프로그램이 운영되는 현장들 간의 연결 네트워크와 환경 맥락으로 정의된다(Center for Psychiatric Rehabilitation, 1989; Farkas, Anthony, & Cohen, 1989; Farkas, Cohen, & Forbess, 1998).

현장 네트워크　　　프로그램이 직접 관할하는 프로그램 관련 실천 현장들을 네트워크라고 부른다. 어떤 프로그램이 이용 혹은 연계할 수 없거나 다른 조직의 허가 없이는 내담자를 의뢰할 수 없는 현장은 프로그램 네트워크에 속해 있는 부분은 아니지만, 프로그램이 속해 있는 전체 서비스 제도의 한 부분이라고 할 수 있다. 그러므로 어떤 프로그램이 한 지역 안에 있는 아파트 몇 채를 임대하고 있다고 할 때, 이 아파트는 프로그램의 관할하에 있으면서 프로그램의 현장 네트워크의 일부를 형성하게 된다. 그러나 경쟁력 있는 직장에 취업할 수 있게 지원해 주는 지원 고용 프로그램은 내담자를 취업장에 연결시켜 줄 수는 있지만, 그 취업장을 관리하거나 취업장에 대한 특정한 권한을 가질 수는 없다. 그러므로 직장 자체는 프로그램이 운영되는 전체 체계에 속한 하나의 부분이지, 프로그램 현장 네트워크의 일부가 될 수는 없다. 프로그램 장면은 보통 기관 상호 간의 계약이나 개별적인 연계 또는 사례관리자에 의해 보다 큰 서비스 제도와 연결된다.

　프로그램 실천 현장으로는 주거 장면이나 교육 현장, 사회 현장 혹은 직업 장면이 될 수 있다. 사람들은 모든 환경에서 사회활동을 할 수 있지만, 때로는 사회활동을 일차적인 목적으로 삼는 특정한 현장(예: 클럽이나 사교 조직)이 있다. 클럽이나 사교 조직은 사회 현장이 된다. 이러한 장면은 정신건강 당국(예: 중독클리닉, 사회복귀시설)에서 관리할 수도 있고, 혹은 아파트나 경쟁력 있는 직장 및 대학 프로그램과 같은 자연적인 장면이 될 수도 있다.

환경 맥락　　환경 맥락이란 문화적 신념 혹은 조직의 신념을 일컫는데, 이것은 가구 및 장식물의 배치, 행정 실무, 특정한 재활 절차에 초점을 맞추지 않은 활동 유형에서 드러난다. 재활 환경의 맥락은 물리적인 장치나 일반적인 활동 및 행정적인 실제 영역에서 재활 가치를 나타내는 것이다. 예를 들어, 임상가가 아닌 내담자의 취향에 맞추어 장식을 꾸미는

> 재활 환경의 맥락은 물리적인 장치나 일반적인 활동 및 행정적인 실제 영역에서 재활 가치를 나타내는 것이다.

것은 인간 지향이라는 가치에서 비롯된 것이다. 인간 지향이라는 가치를 나타내는 활동에는 직무자나 내담자의 생일을 축하해 주는 등 중요한 이벤트를 챙겨 주는 것, 직무자들과 내담자들이 서로 친구가 되어 여가 시간에 만나서 활동하도록 격려하는 것이 포함된다. 재활 프로그램은 프로그램 자체 내에서 스포츠나 여가 활동의 기회를 개발해 주기에 앞서 지역사회 내의 활동을 개발하도록 강조하고 있는데, 이는 환경적 특정성과 성과 지향의 가치를 반영한다고 할 수 있다(Farkas & Anthony, 1989). 정신재활 프로그램에서 이러한 활동들은 재활 가치의 틀 안에서 수행된다.

　끝으로, 재활 환경의 맥락에는 프로그램의 행정이 포함된다. 내담자의 참여에 가치를 두는 행정은 직무자의 편의보다는 내담자의 필요를 최대한 반영하는 방식으로 프로그램 운영 시간을 조정할 것이다. 예컨대, 오전 9시부터 오후 5시까지의 기존 프로그램 시간이 아닌 저녁 시간이나 주말에도 프로그램을 운영할 수 있다. 내담자의 참여는 소비자나 이전 환자들이 프로그램을 설계하고 운영하는 일에 얼마나 참여하고 있는지를 통해서도 나타난다. 다른 사람에게 자신의 입장을 표명하는 기술이 부족하거나 이와 관련된 지원을 받지 못하는 내담자들이 참여해야 하는 자문 회

의라면 소비자 참여에 가치를 두는 재활 환경이라고 볼 수 없다. 오히려 재활 환경은 회의에 참여하기를 원하는 내담자가 효과적으로 의견을 전달할 수 있도록 기술과 지원을 제공해 줄 것이다. 나아가 성장과 성과 지향의 프로그램은 이러한 가치에 부합하는 방식으로 직무자들을 대우한다. 직무자들에게 지식과 기술을 개발할 수 있는 기회를 제공해 주고, 직무자들 각자가 이루어 낸 성과에 따라 직무자 효과성을 측정해야 한다.

재활 환경 속에 있는 현장 네트워크와 환경 맥락은 관련된 문화적 신념이 무엇인지를 나타낸다. 예를 들어, 기능과 지원에 가치를 두는 재활 프로그램은 재활이 어떤 상황에서 이루어지는가에 따라 강조하는 부분이 다르다. 미국에서는 기능 향상 또는 기술 개발이라는 개념이 지원보다 더 많이 강조되는데, 왜냐하면 문화적으로 환경 극복과 독립이라는 신념이 중요시되기 때문이다. 캐나다의 경우는 미국보다 이 개념을 덜 강조하나, 두 국가는 모두 재활 프로그램을 통해 개발된 재활 환경 속에서의 내담자 기능력에 중점을 둔다. 북아메리카 지역에서는 아파트에서 독립적으로 사는 것을 최선의 주거 대안으로 여긴다. 다른 나라의 경우 확대가족이 함께 생활하는 것이 더 자연스러운 선택으로 여겨지기도 한다. 서부 유럽의 몇몇 국가에서는 기술 개발보다 지원 주거, 지원 고용, 지원 교육을 강조하는 프로그램 모델을 선호한다. 이것은 유럽 정부가 역사적으로 정책 및 재정 구조에 적용해 온 것처럼, 정부가 국민 모두에게 지원을 제공해야 할 책임이 있다는 신조가 중요하게 여겨져 온 것에 기인한다. 지금까지 이루어진 논의에는 문화적 편견이 반영되어 있으며 어느 정도 과장된 면이 있기는 하지만, 재활 프로그램이 전 세계적으로 어떠한 환경 속에서 이루어지는지에 대한 예를 제공해 주고 있다.

재활 프로그램의 예

전 세계적으로 많은 정신재활 프로그램들이 다양하게 운영되고 있다. 그러나 국내외를 통틀어 프로그램 사명과 구조를 잘 진술하고 있으며, 반복적으로 실시하여 평가되고 있는 프로그램을 찾아보기란 쉽지 않다. 반복 연구와 평가를 가능하도록 촉진하는 것은 프로그램 구조의 구체성에 달려 있다. 여기서는 어느 정도 잘 알려진 정신재활 프로그램 모델에 대해 논의하도록 하겠다.

기술론을 논의할 때 언급하였듯이, 어떤 프로그램은 프로그램을 충실하게 이행하는 데 요구되는 프로그램 구조를 구체적으로 규정하고 있다. 이러한 프로그램 요소가 존재할 때, 그 프로그램은 프로그램 충실도를 지니고 있다고 인정된다. 프로그램 충실도를 측정하는 척도는 정신재활 프로그램과 그 구성 요소를 보다 정밀하게 조사하고자 할 때 중요하게 활용된다(Bond, 1998; McGrew, Bond, Dietzen, & Salyers, 1994; Mueser, Drake, & Bond, 1997). 가장 잘 알려져 있으며 반복적으로 실시되고 있는 정신재활 프로그램 모델로 적극적 지역사회 치료(Assertive Community Treatment: ACT) 프로그램 모델, 클럽하우스 프로그램 모델, 개별 배치 및 지원(Individual Placement and Support: IPS) 프로그램 모델, 선택-획득-유지(Choose-Get-Keep: CGK) 프로그램 모델이 있다.

적극적 지역사회 치료(ACT) 프로그램 모델

Mueser, Bond, Drake 및 Resnick(1998)은 적극적 지역사회 치료(ACT)에 대한 44개의 연구들을 검토하여 그 결과를 요약, 정리하였다. 이들은 선행 연구들(예: Bond, McGrew, & Fekete, 1995; Burns & Santos, 1995)과 같이 ACT가 내담자들이 병원에서 보내는 시간을 줄여 준다고 결론을 내렸는데, 특히 과거에 다른 여러 서비스 이용 경험이 있는 내담자들이 그러하다고 보고하고 있다. 다른 성과(예: 고용, 주거)에 대한 ACT의 효과는 아직까지 분명하게 확인되지 않았다. 따라서 전문가들이 ACT 팀에 합류하여 이 영역에 대한 연구를 수행할 필요가 있을 것이다(Ahrens, Frey, & Burke, 1999; Russert & Frey, 1991).

ACT는 계속적으로 다양한 환경의 여러 집단에 적용되어 대부분 긍정적인 결과를 얻고 있다. 그 예로는 시골 지역사회(Fekete et al., 1998), 도시 지역사회(Wasmer, Pinkerton, Dincin, & Rychlik, 1999), 정신질환을 가진 노숙인(Morse et al., 1997), 정신질환과 중독장애를 중복적으로 가지고 있는 사람(Meisler et al., 1997), 비응급 정신과 내담자들(Salkever et al., 1999)이 있다.

ACT가 내담자의 병원 이용을 감소시키고(Chandler et al., 1999), 내담자와 가족들의 만족도를 증가시킨다는 증거가 제시되고 있지만, 구체적으로 ACT의 어떤 요소들이 그러한 결과를 가져다주는지에 대해서는 확인되지 않았다. ACT에 관하여 보다 실증적인 근거를 마련하기 위하여 후속 연구에서는 ACT의 구성 요소를 분석하여 ACT의 어떤 요소가 치료적 성과를 도출하는 데 가장 효과적인지를 검증해야 할 것이다. 역으로 ACT 구성 요소의 어떤 부분이 더해지거나 빠졌을 때 치료 효과에 영향을 미치는지 확인하는 것도 가능하다. 왜냐하면, ACT 전체가 각 요소들보다 더 영향력이 있기 때문이다. 많은 연구들이 다양한 방법을 사용하여 ACT의 핵심 요인을 조사해 왔다. 다음은 관련 연구들을 통해 확인된 ACT의 주요한 치료적 요소들의 예다.

> 후속 연구에서는 ACT의 구성 요소를 분석하여 ACT의 어떤 요소가 치료적 성과를 도출하는 데 가장 효과적인지를 검증해야 할 것이다. 역으로 ACT 구성 요소의 어떤 부분이 더해지거나 빠졌을 때 치료 효과에 영향을 미치는지 확인하는 것도 가능하다.

- 가정방문, 약 전달, 교통 편의, 전문적 원조 관계(Prince, Demidenko, & Gerber, 2000)
- 내담자와 신뢰 관계를 형성하는 임상가의 능력(Chinman et al., 1999)
- 팀 조정자의 존재: 치료 철학으로서의 내담자에 대한 책임감, 실생활 치료, 적은 사례 수(McGrew, Bond, Dietzen, McKasson, & Miller, 1995)
- 담당 사례 수의 크기(Salkever et al., 1999)
- 담당 사례 수의 크기, 팀 접근(Jerrell, 1999)
- 사례관리자와의 관계(McGrew, Wilson, & Bond, 1996)
- 지역사회 중심, 적극적인 개입, 치료팀의 지속성, 다학제적 팀 접근(McHugo et al., 1999).

재활의 관점으로 비추어 볼 때, 이 분야에 대해 앞으로 더 많은 연구들이 이루어지면 결국 ACT 직무자와 내담자 간에 더 친밀하고 편안한 관계를 형성해 줄 수 있는 적은 담당 사례 수가 ACT의 본질적인 치료적 요소라는 결론이 내려질 것이다. 그러나 이러한 결론이 실증적인 근거 위에 세워지려면 더 많은 연구들이 수행되어야 할 것이다.

ACT는 적어도 세 개의 서로 다른 프로그램 충실도 표준 수칙들이 개발되고 연구되어 왔다는 점에서 특별히 다른 모델들과 구별된다(McGrew, Bond, Dietzen, & Salyers, 1994; Teague, Drake, & Anderson, 1995; Zahrt et al., 1999). 그중 가장 최근에 개발된 것은 Dartmouth ACT 충실도 척도다. 프로그램 표준 수칙은 ACT 모델의 핵심 요소를 잘 설명하고 있는 ACT 프로그램 기술서를 바탕으로 개발되었다. 이러한 표준 수칙이 주목을 받고 있기는 하지만 연구를 위한 충실도 표준 수칙을 정의하는 것은 여전히 어려운 문제가 된다. 어떤 표준 수칙(예: 정신과 직무자에게 요구되는 시간의 수준)에 대해서는 합의가 이루어져 있지 않고, 또 어떤 표준 수칙은 조직화가 어렵기 때문이다.

ACT는 놀라운 속도로 보급되고 있다(Meisler, Detick, & Tremper, 1995; Furlong-Norman, 1997). ACT 모델을 전국적으로 보급하기 위해 NAMI/PACT 를 개발하였다는 점은 주목할 만한 사실이다. 이러한 노력의 일환으로 적극적 지역사회 치료 프로그램(Program of Assertive Community Treatment, Inc.: PACT Inc.)이라는 새로운 조직이 설립되었다. PACT Inc.는 NAMI/PACT 프로그램 표준 수칙을 ACT의 '최고의 표준 수칙'으로 여기고, 이것을 전국적으로 보급하고자 노력하는 소비자들과 가족 구성원, 관리자, 임상가, 연구자들로 구성된 비영리 단체다(Allness & Knoedler, 1999). PACT Inc.는 ACT의 전국적인 표준 수칙을 옹호하고 교육하며, ACT 프로그램이 반복적으로 실시될 수 있도록 지원한다. 이로써 기존의 프로그램과 새로운 프로그램이 ACT 표준 수칙에 부합하게 된다.

그러나 새로운 ACT 프로그램을 규정하는 데 있어 어떤 기준이 적용되어야 하는가에 대해 논란이 일고 있다. 미국정신장애인연맹에 의해 개발되고 있는 PACT 표준과 재활인증위원회 CARF가 소개한 새로운 ACT 표준에는 다소 차이가 있다. CARF는 다양한 정신재활 프로그램을 인증하는 단체다. CARF 표준은 PACT 표준이 내세운 여러 가지 중요한 특징(가령 정신과 의사가 팀에 참여해야 하는 시간, 주당 팀 모임 횟수, 직원 비율, 서비스 적용 범위, 프로그램 기간, 위기 서비스에 대한 팀의 규정)에 동의하지 않는다(Kanapaux, 2000). CARF 표준 수칙은 이러한 부분들에 대해서 NAMI의

PACT 표준 수칙보다 유연성을 가지며, 그 결과 상대적으로 적은 서비스 비용을 발생시킨다. PACT 표준 수칙이 ACT 연구 결과에 순수하게 근거하고 있는 반면, CARF 표준 수칙은 PACT에 대한 현장 검토를 통해 여러 PACT 표준 수칙을 수정하여 통합하고 있다. CARF와 PACT의 표준 수칙 사이에 어떤 조정을 이루어 내기 전에 연구자들은 먼저 ACT의 구성 요소들을 분해하여 살펴보아야 할 것이다.

클럽하우스 프로그램 모델

제2장에서 언급한 대로, 정신재활 분야의 발전에 혁신적인 역할을 한 것은 정신사회재활센터의 설립이었다. 뉴욕 시에 있는 파운틴 하우스는 과거로부터 현재까지도 여전히 가장 잘 알려진 센터이며, 클럽하우스 모델을 개발하여 미국전역과 세계 여러 나라에 보급하는 데 중요한 역할을 담당해 왔다(Propst, 1997; Mastboom, 1992).

> 클럽하우스 서비스를 이용하는 소비자들은 회원으로서 여러 가지 권한, 즉 일을 할 것인지의 여부를 선택하고, 일을 한다면 어디에서 하고, 어떤 직무자와 함께 일하고, 클럽하우스가 보관하고 있는 기록을 열람하며, 평생 동안 언제든지 원하는 때에 다시 들어올 수 있으며, 지역사회 지원 서비스를 이용할 수 있는 등의 권리를 가지게 된다.

치료 공동체로 시작한 클럽하우스 모델은 심각한 정신장애를 가진 사람들과 클럽하우스 내에서 일하는 직무자들로 구성되어 있다. 클럽하우스 서비스를 이용하는 소비자들은 회원으로서 여러 가지 권한, 즉 일을 할 것인지의 여부를 선택하고, 일을 한다면 어디에서 하고, 어떤 직무자와 함께 일하고, 클럽하우스가 보관하고 있는 기록을 열람하며, 평생 동안 언제든지 원하는 때에 다시 들어올 수 있으며, 지역사회 지원 서비스를 이용할 수 있는 등의 권리를 가지게 된다. 클럽하우스의 또 다른 독특한 점은 '맡은 일에 따라 활동하는 하루(work-ordered day)'[1]다. 여기서 회원들과 직무자들은 클럽하우스가 유지되기 위해 반드시 필요한 작업을 함께 수행한다. 클럽하우스를 규정하는 데 있어 중요한 특징은 임시 고용 서비스를 포함한 지원 고용 서비스가 제공된다는 점

---

1) 클럽하우스에서 시행되는 서비스 프로그램이며, 월요일부터 금요일까지 모든 회원은 클럽하우스의 운영에 필요한 모든 일에 참여할 기회를 갖는다. 예를 들면, 행정, 접수, 안내, 식당, 연구, 평가 등의 일이며, 이러한 자발적인 자원적 참여를 통해 회원은 지역사회에서 살아갈 수 있는 생산적인 능력을 갖게 된다-역주.

이다(Macias, Jackson, Schroeder, & Wang, 1999).

최초의 클럽하우스는 1948년에 이전 입원 환자들에 의해 세워진 파운틴 하우스다. 현재 클럽하우스는 미국의 44개 주와 21개의 국가들에서 운영되고 있다. 클럽하우스 모델을 보급하기 위해 클럽하우스의 필수 요소를 정의하는 표준 수칙들이 개발되었다. 1999년을 기점으로 하여 전 세계적으로 340개의 클럽하우스 프로그램이 비영리 단체인 '클럽하우스의 발전을 위한 국제센터(the International Center for Clubhouse Development: ICCD)'를 통해 연계되어 있다. ICCD는 클럽하우스 프로그램 표준 수칙에 따라 훈련과 자문 그리고 자격증을 제공하고 있다(Macias et al., 1999).

클럽하우스 지지자들은 기관 인증 표준 수칙을 개발하기 위해 수행되었던 연구들을 바탕으로 클럽하우스 모델의 프로그램 충실도를 측정하는 연구 도구를 개발하고 있다. 기관 인증 관련 연구 보고서의 내용을 정밀하게 분석한 결과, 7개의 표준 수칙 영역, 즉 회원, 공간, 관계, 맡은 일에 따라 활동하는 하루, 취업, 클럽하우스의 기능, 재정 및 관리 · 운영에서 잠재적인 충실도 항목이 선정되었다. 관찰 가능한 표준 수칙 지표뿐만 아니라 표준 수칙 준수도에 대한 양적 수준 정도를 알 수 있게 되어서 이제는 프로그램 충실도 척도를 개발할 수 있게 되었다. 따라서 클럽하우스 모델의 충실도를 측정 가능한 지표로 발전시키는 기초가 될 것이라는 기대를 해 본다(Wang, Macias, & Jackson, 1999). 클럽하우스 충실도 척도의 개발은 클럽하우스 모델에 대한 실험 연구의 장을 열게 할 것이다.

개별 배치 및 지원(IPS) 프로그램 모델

1990년대에 지원 고용에 관한 새로운 프로그램 모델이 구성되고 연구되면서, 관련 프로그램 표준 수칙이 개발, 보급되었다(Drake, 1998). 개별 배치 및 지원(IPS)은 정신건강 서비스와 재활 서비스가 분리되어 있어 나타나는 문제들을 극복하기 위해 정신건강 임상가들과 취업 전문가들이 협력하여 제공하는 취업 서비스로, 프로그램 구성이 구체적이고 표준화되어 있다. 각 팀에 연계되어 있는 취업 전문가들은 특정한 담당 건에 대해 전반적인 지원 고용 서비스를 제공한다. 취업 전문가들은 임상 서비스를 제공하지 않기 때문에, 응급 상황에서 임상 서비스를 제공하도록 요구되지 않는다(Drake, Becker, Clark, & Mueser, 1999).

IPS는 1990년대에 집중적으로 연구되었다. 실험 연구(Drake, McHugo, Bebout, Becker, Harris, Bond, & Quimby, 1999; Drake, McHugo, Becker, & Anthony, 1996)와 비실험 연구(Drake et al., 1994; Drake, Becker, Biesanz, Wyzik, & Torrey, 1996)는 IPS가 취업률을 극적으로 증가시킨다는 사실을 발견하였다. 현재에는 보다 장기적인 임상 연구들이 진행 중에 있다. 그러나 연구들 간에 임상적 적응도, 자존감, 삶의 질에 대한 긍정적인 효과가 일치하지 않는 경향을 보이고 있어, 이에 관한 후속 연구의 수행이 요청된다(Drake, Becker, Clark, & Mueser, 1999).

IPS 프로그램 모델은 훈련 매뉴얼(Becker & Drake, 1993)과 프로그램 충실도 척도(Bond, Becker, Drake, & Vogler, 1997)를 활용하여 실시될 수 있다. IPS 모델은 경험적으로 확인된 정신장애를 가진 사람을 위한 직업재활 원리(Bond, 1998)에 기반을 두고 있는데, 그 원리는 다음과 같다.

1. 경쟁 고용의 목표
2. 장기간의 사전 취업훈련을 받기보다 직업을 빨리 구하기
3. 재활과 정신건강 서비스의 통합
4. 내담자의 선호와 선택에 기반을 둔 서비스
5. 실제 직장 경험에 기반한 지속적이고 포괄적인 평가
6. 시간제한을 두지 않는 지속적인 지원

> IPS에 대한 연구는 프로그램 연구가 어떻게 효과적이고 효율적으로 이루어질 수 있는가를 보여 주는 본보기가 된다. 10년이 채 안 되는 기간 동안 IPS 모델은 정신장애를 가진 사람을 위한 주요한 지원 고용 프로그램 모델이 되었다.

IPS에 대한 연구는 프로그램 연구가 어떻게 효과적이고 효율적으로 이루어질 수 있는가를 보여 주는 본보기가 된다. 10년이 채 안 되는 기간 동안 IPS 모델은 정신장애를 가진 사람을 위한 주요한 지원 고용 프로그램 모델이 되었다.

이러한 정신재활 프로그램 모델의 예들은 그 프로그램이 우선순위를 두는 재활 가치와 프로그램 환경의 통제 수준에 따라 매우 다

양하다. 예를 들어, ACT는 전형적인 프로그램 기반의 모델로서 특정한 환경 구조 없이 운영되지만, 클럽하우스는 특정한 물리적 환경 또는 환경 네트워크 내에서 이루어진다. 또한 ACT는 치료와 재활을 통합하여 보다 큰 사명과 가치 체계를 가지고 있는 반면, 클럽하우스는 엄격하게 재활의 가치에만 초점을 맞추고 있다.

대부분의 프로그램 기술론은 특정한 프로그램에 종사하는 실무자들이 가져야 할 기술에 대해 상대적으로 관심을 두지 않았다. 개발자들이 프로그램을 대단히 상세하게 만든 데 비해, 프로그램을 가장 효과적으로 운영하기 위해 필요한 실무자의 특수한 기술에 대해서는 구체적인 지침을 분명하게 제시하지 않았던 것이다. 앞서 이야기한 것처럼, 전문 인력과 효과적인 프로그램, 잘 설계된 서비스 제도가 존재할 때 장기적인 정신질환을 가진 사람들이 치료 및 재활 목표를 이루어 갈 수 있는 가능성이 증가한다. 그러나 초기에 ACT, 클럽하우스, IPS와 같은 프로그램 모델들은 인력, 프로그램, 서비스 제도에 대한 이슈를 다루기보다는 프로그램을 기술하고 연구하는 것에 초점을 맞춰 왔다.

대다수의 치료 및 재활 접근법들은 인력과 프로그램 또는 제도의 한 측면만을 강조하면서 시작한다. 그러다가 접근법이 발전되어 가면서 다른 영역들을 강조하게 된다. 예를 들어, ACT는 프로그램 모델로 시작되었지만(Stein & Test, 1980), 점차 인력과 제도의 특징을 강조하게 되었다(Stein, 1990; Thompson, Griffith, & Leaf, 1990). 선택-획득-유지(CGK) 프로그램 모델이 기반을 두고 있는 정신재활 기술론은 처음에는 인력의 기술과 지식 개발을 강조하였으나(Anthony, Cohen, & Pierce, 1980), 이후에는 프로그램(Farkas & Anthony, 1989)과 제도를 운영하는 기술론(Anthony, Cohen, & Kennard, 1990)에 초점을 맞추기 시작하였다.

> 대다수의 치료 및 재활 접근법들은 인력과 프로그램 또는 제도의 한 측면만을 강조하면서 시작한다. 그러다가 접근법이 발전되어 가면서 다른 영역들을 강조하게 된다.

새로운 접근법들이 계속해서 성장하고 발전해 나가면서 초기에 강조했던 초점을 넘어 다른 변화 요소들을 통합하기 시작한다. 어떤 한 분야가 성장하는 또 다른 방법은 다양한 출처에서 제시된 개입법들을 혼합하는 것이다. 이 경우에는 각 개입법이 가진 중요점이 통합되고, 이 통합된 개입법은 개별 개입법이 가진 독특한 특징을 이용하게 된다. 이렇게 잘 통합된 접근법이 앞서 소개한 프로그램 모델들과 Anthony,

Cohen 및 Farkas(1982)에 의해 개발된 정신재활 기술론이라고 할 수 있다.

선택-획득-유지(CGK) 프로그램 모델

선택−획득−유지(CGK) 프로그램 모델은 정신재활 실무자기술론을 통합시킨 프로그램 구조로서 보스턴 대학교에서 개발되었다. CGK 프로그램 모델은 수년에 걸쳐 정신재활 프로그램 모델(Farkas, Cohen, & Nemec, 1988), 역할 회복 프로그램 모델(Forbess & Kennard, 1997), CGK 프로그램 모델(Anthony, Howell, & Danley, 1984) 등의 다양한 이름으로 알려져 왔다. 구체적인 내용을 살펴보면 각각의 프로그램이 조금씩 다른 부분에 초점을 두고 있다는 것을 알 수 있다. 정신재활 프로그램 모델은 어떠한 영역(예: 주거, 교육, 직업)에도 자유롭게 적용될 수 있으며, 정신재활 기술론을 통합하는 데 필요한 프로그램 구조에 초점을 두고 있다. 역할 회복 프로그램 모델 또한 영역에 제한을 받지 않으며, 프로그램의 맥락에 대해서 보다 자세한 정보를 제공한다(예: 관리 및 운영 요건, 다른 정신건강 서비스와의 관계). 역할 회복이란 정신건강제도, 네트워크, 재기 중에 있는 사람들에게 서비스를 제공하는 기관에 지역사회의 지원과 정신재활에 대한 지식 그리고 관련된 기술론을 적용하여, 당사자가 선택한 역할을 완수하고 만족을 느끼도록 하는 것이다. 초기의 CGK 프로그램 모델은 정신재활 기술론을 직업 서비스 제도에 통합시키는 데 필요한 구조적인 요구 사항에 초점을 두었다. 기본적으로 이 세 가지 프로그램 모델들은 모두 정신재활 기술론에 기반을 두었으며, 다양한 기관, 시설, 사명의 맥락 속에서 정신재활 기술론을 지원하는 유사한 조직 구조를 형성하였다.

> CGK 프로그램 모델은 클럽하우스처럼 특수한 현장을 필요로 하는 것이 아니며, ACT 팀처럼 특정한 인력 구성 양식과도 관계가 없다.

CGK 프로그램 모델은 클럽하우스처럼 특수한 현장을 필요로 하는 것이 아니며, ACT 팀처럼 특정한 인력 구성 양식과도 관계가 없다. CGK는 특정한 학문 분야나 현장에 의존하지 않는다. 대신에 소비자가 재활 목표를 선택하고 획득하며 유지할 수 있도록 안내하기 위하여 재활 진단, 계획안 수립, 개입 기술이 활용되는 재활 절차에 초점을 둔다. ACT나 클럽하우스, IPS와 같은 프로그램 모델들은 특정한 절차에 기반하여 프로그램 구성 요소를 규정하지 않는다. 대조적으로 CGK 프로그램 모델은 구체적인 절차에 기반을 두고 있다. 프로그램의 구조가 CGK 절차를 촉진하는데 최적화된 경우에 프로그램의 구성 요소들이 규명될 수 있다. 만약 특정 프로그램 변인(예: 특정한 전문 자격 또는 특수한 프로그램 환경)이 CGK 절차를 형성하는 데 중요하지 않다면 그 요소는 프로그램 모델의 구성 요소로 포함될 수 없다.

CGK 프로그램 모델이 기반을 두고 있는 정신재활 실무자기술론은 여러 환경과 프로그램에 광범위하게 걸쳐 이용되고 기술되면서 긍정적인 평가를 받아 왔다. 이러한 환경 현장과 프로그램을 살펴보면, 지역사회정신건강센터(Nemec et al., 1991), 주립병원(Hart, 1997), 정신사회재활센터(Rogers, Anthony, Toole, & Brown, 1991), 전문화된 정신재활 집중치료 프로그램(Lamberti, Melburg, & Madi, 1998), 노숙인을 위한 프로그램(Shern et al., 2000), 지원 주거 프로그램(Brown, Ridgway, Anthony, & Rogers, 1991), 지원 고용 프로그램(Danley, Rogers, MacDonald-Wilson, & Anthony, 1994), 지원 교육 프로그램(Ellison, Danley, Bromberg, & Palmer-Erbs, 1999; Unger, Anthony, Sciarappa, & Rogers, 1991), 사례관리 프로그램(Goering, Wasylenki, Farkas, Lancee, & Ballantyne, 1988), 병원 전환 프로그램(Anthony, Brown, Rogers, & Derringer, 1999), ACT 프로그램(Kramer, Anthony, Rogers, & Kennard, 1999), 대학 기반의 직업 교육 프로그램(Jacobs, 1997) 등이 있다. 정신재활 기술론에 의해 훈련받은 인력은 정신재활 기술론을 효과적이고 효율적으로 사용할 수 있도록 구조화되어 있는 프로그램 속에서 가장 효과적으로 일할 수 있다. 이와 같이 실무자가 프로그램 모델 안에서 활용할 수 있는 원조 절차와 실천기술이 구체적으로 제시될 때, 그 프로그램 모델은 재연 가능하고 효율적인 모델이 된다.

> 실무자가 프로그램 모델 안에서 활용할 수 있는 원조 절차와 실천기술을 구체적으로 제시될 때, 그 프로그램 모델은 재연 가능하고 효율적인 모델이 된다.

CGK 프로그램 모델은 다양한 지식 체계에 기반하고 있다. 첫 번째 지식의 출처는 실무자들이 정신재활 기술론의 구성 요소를 활용한 재활 개입에 관한 실증 연구다(예: Brown et al., 1991; Goering et al., 1988; Jacobs, 1998; Rogers et al., 1995; Shern et al., 1997; Unger et al., 1991). 두 번째 출처는 내담자의 선호(Ackerson, 2000; Rogers et al., 1991), 내담자의 기술(Dellario, Anthony, & Rogers, 1983), 내담자의 준비도(Cohen,

Anthony, & Farkas, 1997), 내담자의 대처전략(Russinova, Ellison, & Foster, 1999), 내담자의 기능(Dion, Cohen, Anthony, & Waternaux, 1988) 그리고 기타 내담자의 특징 (Dion & Bellario, 1988)과 같은 정신재활의 주요한 요소들을 검토한 실증 연구다. 세 번째 지식의 출처는 정신재활센터와 센터의 자문기관인 보스턴정신재활자문회사 (BCPR Consulting, Inc.)에서 이행한 수백 개의 훈련 및 자문에 관한 지식 체계다 (Anthony, Cohen, & Farkas, 1987; Farkas, Cohen, & Nemec, 1988; Barkley, Farkas, & McKinnon, 1991; Farkas, 2000; Farkas, O'Brien & Nemec, 1988; Gayler & Gagne, 2000; Hart, 1997; Lamberti, Melberg, & Madi, 1998; McNamara, Nemec, & Farkas, 1995; Rogers, Cohen, Danley, Hutchinson, & Anthony, 1986).

정신과적 직업재활 영역에 CGK 프로그램 모델 개념이 최초로 제시된 것은 1984년이었다(Anthony, Howell, & Danley, 1984). 여기에는 지원 고용 분야에 대한 조작적인 세부 사항이 마련되어 있으므로, 관련 프로그램 개발에 관심이 있는 관리자들에게 이용이 가능하다(Danley & MacDonald-Wilson, 1996). 정신재활 기술론을 응용한 내담자를 위한 집단 교육과정이 개발되었으며, 현재 CGK 모델의 선택하기(Danley, Hutchinson, & Restrepo-Toro, 1998)와 유지하기(Hutchinson & Salafia, 1997) 영역에 적용되어 있다. 기존의 교육과정과 이후에 응용된 교육과정 요소들은 모두 지원 교육 (Unger, Anthony, Sciarappa, & Rogers, 1991), 지원 고용(Rogers et al., 1995) 및 지원 주거(Brown, Ridgway, Anthony, & Rogers, 1991) 분야에 적용된 연구들에서 평가되었다.

〈표 9-1〉은 CGK 프로그램 모델의 본질적인 구성 요소들을 보여 주고 있다. 이러한 특징을 가지고 있는 프로그램은 CGK 프로그램 모델에 가장 적합하다고 할 수 있다. 이러한 표준 수칙은 재활 프로그램이 직업, 주거, 교육, 사회 그 어떤 영역에 초점을 두고 있든, 혹은 프로그램 장면이 병원 기반이든 지역사회 기반이든 상관없이 적용될 수 있다. 정신재활이 호평 가운데 재정 지원을 받게 되면서 새로운 정신재활 프로그램들이 유명무실하게 수행될 것에 대한 염려로 인하여 CGK 프로그램 표준 수칙이 개발되었다(Anthony, Cohen, & Farkas, 1982, 1987; Farkas, 1998; Nemec et al., 1991). 1982년에 Anthony, Cohen 및 Farkas (1982)는 「정신재활 프로그램: 나는 그것을 분별해 낼 수 있는가」라는 논문을 발표하였다. 이 논문에는 정신재활 프로그

표 9-1 CGK 정신재활 프로그램 모델 표준 수칙

요소	평가 대상 구성 요소	내용
재활 사명	1. 사명선언문 서술	기관의 사명 속에 내담자가 최소한의 전문적인 개입을 받으면서 자신이 선택한 환경에서 살아갈 수 있도록 기능력을 증대시킨다는 개념이 반영되고 있다는 증거
재활 절차: 진단	1. 재활 준비도 평가	모든 내담자가 재활의 필요성, 변화에 대한 열의, 개인적인 친밀성, 자신과 환경에 대한 인식을 스스로 평가하도록 도움을 받는다는 증거
	2. 재활 준비도 개발	내담자가 재활을 계속해 나갈 것인지 아닌지를 선택하도록 돕는 구조화된 절차가 있으며, 또한 재활에 관심을 가진 내담자가 재활 절차에 참여하는 데 준비되도록 도와주는 일련의 활동이 구비되어 있다는 증거
	3. 전반적인 재활 목표	모든 재활 평가가 향후 18~24개월 동안 지낼 환경에 특수한 목표를 가지고 시작된다는 증거(예: '존은 1월 2일부터는 선라이즈 하우스에서 살고자 한다.' '사라는 6월 2일까지 체즈 프랑스와에서 요리사로 시간제 근무를 하고자 한다.')
	4. 기술 지향적 평가	평가는 증상이나 기질 혹은 일반적 욕구가 아니라 기능에 초점을 둔다는 증거. 이상적으로 기술은 전반적인 재활 목표에서 도출된 것임(예: 기술 – '직무자에게 도움을 요청한다.')
	5. 행동적 명확성	평가의 대상이 되는 기술이 측정될 수 있는 관찰 가능한 행동이라는 증거(예: '사라가 식당에서 환청에 반응하여 말하기 시작할 때 상담사에게 전화를 거는 주당 횟수의 백분율')
	6. 기술 종류의 포괄성	기술이 포괄적으로 평가된다는 증거, 즉 신체적, 정서적, 지적 기술의 강점과 결점(예: 'ADL', '화를 표현하는 법', '여가 시간 계획하기')
	7. 환경의 포괄성	특정한 목표 환경 속에서 내담자가 경험하는 성공과 만족에 영향을 줄 수 있는 생활 환경, 학습 환경, 작업 환경 각각에 관련된 기술이 평가에서 고려된다는 증거
	8. 자원 지향적 평가	자원 강점과 자원 결점이 전반적 평가 속에 목록화된다는 증거(예: '집세', '가족의 관심 정도', '사용 가능한 교통편')
	9. 자원의 명확성	자원 강점과 자원 결점이 전반적인 평가 속에 구체적으로 목록화된다는 증거(예: '집세 지불 기간 이전에 매월 사라에게 지불되는 SSI 보조금의 액수')
	10. 자원 종류의 포괄성	지원인, 지원 장소, 지원품, 지원 활동이 자원 목록에 포함되어 있다는 증거

	11. 참여	내담자가 준비도 평가와 준비도 개발, 전반적인 재활 목표 수립, 필요한 기술과 자원의 생성에 참여하고, 또한 기술과 자원을 강점 및 결점으로 표기하는 것에 동의하고 있다는 증거
재활 절차: 계획안 수립	1. 기술 및 자원 목표	계획안에는 명확한 기술 목표와 자원 목표가 포함된다는 증거(예: '사라가 식당에서 환청에 반응하여 말하기 시작할 때 담당 직무자에게 전화를 거는 주당 횟수 중 40%')
	2. 진단과 후속 개입법과의 통합성	계획안에 있는 기술 목표 혹은 자원 목표가 진단에서 도출되었다는 증거 혹은 계획안에 기술된 개입법이 실제로 계획에 따라 이행된다는 증거
	3. 우선순위 배정	전반적인 재활 목표를 달성하기 위하여 우선순위가 높은 기술 목표와 자원 목표를 선택할 수 있는 체계가 구비되어 있다는 증거
	4. 특정 개입법의 선정	각 목표에 따라 그에 부합하는 특정한 기술 개발 및 자원 개발 개입법을 가지고 있다는 증거
	5. 일정표	계획안 속에 서술된 각 개입법에 대하여 시작에서 완결까지의 날짜가 계획된다는 증거
	6. 책임 소재 확인	계획안 속에 서술된 개별 개입법을 개발하고 실시하며 모니터링하는 책임을 가진 담당자가 명시된다는 증거
	7. 참여	내담자가 계획안을 수립하는 데 참여하였고 그 계획안에 동의한다는 증거. 이상적으로 내담자는 모임에 출석해서 우선순위가 높은 목표와 시간 일정표 등을 결정하는 일에 참여함
재활 절차: 개입	**A. 기술 개발**	
	1. 기술교육 지향	기관이 기술교육을 개입법으로서 가치를 둔다는 증거
	2. 수업 준비	내담자가 학습하게 되는 각 기술이 구체적인 행동요소들을 기술하고 있고 개별행동 요소를 위한 구조화된 학습 계획을 가지고 있다는 증거(예: 기술 커리큘럼)
	3. 기술학습의 모니터링	학습 과정 동안 피드백을 통해 기술 수행을 정교화하는 체계가 존재한다는 증거
	4. 기술 사용 프로그램의 명확성	기술을 필요로 하는 환경 현장에서 기술을 순차적이고 행동적으로 명확한 단계를 가지고 사용함으로써 내담자의 기술 수행도가 증가된다는 증거
	5. 일정표	기술 사용 프로그램 속에 있는 모든 단계가 각자 배정된 계획적인 일정표를 가지고 있다는 증거
	6. 강화물	내담자의 입장에서 필요한 강화물이 결정되었고, 기술 사용 프로그램의 중요한 단계마다 강화물이 적용되었다는 증거
	B. 자원 개발(조정)	
	1. 사례관리 지향	기관이 의뢰 및 연계 기술의 사용을 개입법으로 인정하고 가치를 둔다는 증거

	2. 목표의 명확성	기관이 내담자의 전반적인 재활 목표 및 기능 평가와 자원 평가에 근거해서 의뢰를 한다는 증거
	3. 대체 자원 목록화	의뢰를 할 때 대체 자원이 고려되었다는 증거
	4. 연계를 위한 명확한 계획안	의뢰를 이행하기 위한 체계적인 계획안이 개발되었다는 증거. 최소한 의뢰 담당자, 연계될 날짜, 연계를 수행하기 위한 구체적인 준비 내용이 계획안에 포함됨
	5. 진행 중인 연계를 지원하기 위한 명확한 계획안	일단 의뢰가 되면, 내담자와 자원이 연계를 유지하도록 체계적인 계획안이 개발된다는 증거
	C. 자원 개발(수정/자원 창출)	
	1. 이용 중인 자원 평가	현재 존재하는 자원의 부적절한 요소 혹은 결점에 대한 정보를 수집하기 위하여 체계적인 도구가 개발되었다는 증거
	2. 자원 향상 계획안	자원 속에 있는 결점을 체계적으로 극복하기 위해 계획안을 지속적으로 발전시키는 구조가 존재한다는 증거
	3. 자원 향상 정보	프로그램이나 혹은 적절한 기관을 통하여 계획안이 실행되는 구조가 존재한다는 증거
재활 환경	A. 네트워크	
	1. 네트워크 배열	프로그램의 통제하에 있거나(혹은 사용 가능한), 아니면 (아주 유사한) 자연 발생적 장면 속에 여러 현장이 존재함
	2. 네트워크 적합성	모든 프로그램 활동이 프로그램 참여자들의 선호와 필요에 따라 고안되었다는 증거가 현장에 반영됨
	B. 문화	
	1. 협력 정신	모든 프로그램 활동에서 내담자를 협력자로 참여시킨다는 증거
	2. 가치 양립성	모든 프로그램 활동과 구조가 재활 가치와 일치한다는 증거(예: 프로그램 시간, 감독 방법, 직무자와 내담자가 재활적 가치의 중요성을 공식적으로 인정하는지의 여부)

램과 그 측정의 근거로 요구되는 열 가지 표준 수칙이 제시되고 있다. 더 나아가 Farkas, Cohen 및 Nemec(1988)은 백 가지가 넘는 프로그램을 자문하는 데 사용했던 표준 수칙을 조작적으로 기술하였다. 후에 이 수칙들은 CGK 프로그램 모델의 표준 수칙 속에 통합되었다.

CGK 프로그램 구조   CGK 프로그램의 구조는 정신재활의 절차(즉, 재활 진단, 재활 계획안 수립, 재활 개입)가 순차적으로 진행될 수 있도록 고안되어 있다. CGK 프로그램 구조(즉, 운영 지침, 활동, 문서화)는 기본적으로 내담자들이 자신이 원하는 환경에서 살아가고, 배우고, 사회 활동을 하며, 일하는 장소를 선택할 수 있도록 충분한 기회를 제공하는 것을 지향한다. 이를 통해 내담자가 선택한 그 환경에서 성공을 거두고 만족을 경험하는 데 필요한 기술과 지원을 평가하고 개발할 수 있도록 한다. 정신재활의 절차에 대해서는 제5장~제7장에서 포괄적으로 다루었으므로, 이 장에서는 CGK 프로그램을 설계하는 데서 정신재활 절차가 갖는 몇 가지 함의에 대해서 논의하기로 하겠다.

진단을 위한 CGK 프로그램 구조

진단 운영 지침   CGK 프로그램의 운영 지침에서는 각 내담자를 위해 재활 진단을 수행할 것을 요구한다. 예컨대, 다음 사항의 일부 혹은 전부를 따르도록 한다. 즉, 내담자가 전반적인 재활 목표를 선정하는 일에 참여하는 데 대한 준비도 면에서 평가되어야 한다는 것, 내담자가 목표를 선정하는 일에 참여하는 능력을 키우기 위해 필요한 어떤 도움이라도 받아야 한다는 것, 모든 내담자들에게 기능 평가와 자원 평가를 수행해야 한다는 것, 내담자가 재활 진단에 최대한으로 참여할 수 있도록 프로그램이 조직되어야 한다는 것이다. 또한 진단 절차 속에는 누가 재활 진단 과제를 수행해야 하는지를 세부적으로 열거해야 한다. 모든 유형의 CGK에서는 내담자가 실무자와 협동하여 작업할 수 없는 경우에 프로그램의 '참여' 단계에 적극성을 갖도록 하는 절차가 구체적으로 마련되어야 한다. 참여 단계에서는 증상 완화를 비롯하여 실무자와 함께 '산책하기'와 같은 활동을 통해 내담자가 프로그램에 적극적으로 참여하도록 도와주는 다양한 활동을 포함할 수 있다. 역할 회복 프로그램 같은 CGK 프로그램 모델에서는 전반적인 목표가 설정되기 전에 먼저 내담자와 함께 '장기적인 관점'을 수립한다. 장기적인 관점은 주거, 직업, 교육에서의 역할을 포함하여 3~5년 사이에 당사자의 이상적인 삶의 환경이 어떤 모습일지 생각해 보도록 하는 것

이다. 이러한 작업은 내담자가 소비자와 실무자의 관계를 긍정적으로 인식할 수 있
도록 도와준다. 장기적인 관점을 확인하는 것은 기관 내에서 모든 서비스(예: 치료,
재활, 일반적인 사례관리)를 통합하는 과정을 시작하게 해 준다(Forbess & Kennard,
1997).

또한 CGK 프로그램은 준비도 평가 절차를 서술하고 있다. 준비도 평가 절차는
정신장애를 가진 사람이 재활 절차를 시작하기에 얼마나 준비되었는지를 알게 하기
위한 목적으로, 실무자가 개인적 또는 집단적으로 (기관에 따라서) 내담자를 돕고자
할 때 거쳐야 할 단계적인 지침을 제공해 준다. 그리고 나서 CGK 프로그램은 내담
자가 재활에 대한 준비가 되어 있고, 재활에 관심이 있는지에 따라 수행할 수 있는
여러 가지 절차들을 구체적으로 제시해 준다. CGK 프로그램은 재활에 준비되어 있
지 않으며 관심이 없는 내담자가 다른 유형의 서비스(예: 사례관리, 치료)를 선택하거
나 종합적인 정신건강제도 중에 선택하도록 돕는 절차를 규명하고 있다. 재활에 준
비되지는 않았지만 관심이 있는 내담자가 재활에 준비될 수 있도록 돕는 데 있어서
실무자가 따를 수 있는 절차가 마련되어 있다(Farkas, Sullivan Soydan, & Gagne,
2000).

진단 활동   진단 활동은 재활 진단의 기술론에 규정되어 있는 진단 과제를 중심으
로 진행된다(Cohen et al., 1986, 1990; Farkas et al., 2000). 예컨대, 재활 절차를 밟기
위하여 어떤 프로그램에서는 주로 집단 활동을 계획하기로 결정할 수 있다. 내담자
가 집단 속에서 자신의 재활 준비도를 평가하도록 돕는 활동이 있다. 이러한 활동은
내담자가 개인적인 친밀도에 대한 개방성, 환경과 자신에 대한 인식과 같은 측면에
서 자신의 상태를 이해하도록 돕기 위해 고안되었다(Farkas et al., 2000). 또한 재활에
관심은 있지만 준비되지 않았다고 한 내담자를 대상으로 준비도를 증진시키기 위해
특별히 고안된 여러 가지 집단 활동들이 있다. 이 집단들은 내담자의 자기효능감을
향상시키기 위한 체력훈련을 포함하기도 한다. 명상이나 요가는 자기인식을 높이는
데 도움을 준다(Farkas, 1999; Hutchinson, Bellafato, & Devereux, 1999). 재기 집단
(Granqvist, 1997; Spaniol, Kohler, & Hutchinson, 1994)은 내담자가 미래에 대해 희망을

가지도록 하는 것뿐 아니라 자신의 미래에 영향을 미칠 수 있다고 느끼도록(자기효능감) 돕는다. 그 밖에 지지적인 심리치료도 이러한 지표들에 영향을 줄 수 있다. 재활 절차를 시작하는 데 준비가 된 내담자를 위해서는 전반적인 재활 목표를 세우거나 특정한 상황에서 가치 있는 역할을 선택하도록 돕는 여러 가지 활동이 고안되어 있다. 이러한 프로그램 활동은 전문적인 심리평가자에 의한 면담과 흥미 평가(예: 직업흥미검사, 학업흥미검사)로 시작하여, 재활 실무자와 직접 면담을 통해 그 평가 정보를 내담자에게 맞는 역할과 환경을 선택하는 기준으로 해석하는 작업으로 이어진다. 두 번째 프로그램 활동에는 내담자가 대안적인 환경에 관해 알 수 있도록 여러 가지 가능성을 조사하는 것이 포함된다. 세 번째 활동에서 실무자는 의사결정 방법을 통하여, 내담자가 자신이 수집한 정보를 사용하여 스스로 대안적인 환경을 평가할 수 있도록 이끌어 간다. 내담자가 원하는 경우, 결정 과정에서 자신의 생각을 누군가와 나누어 볼 수 있을 것이다.

목표 설정 절차를 실시하다 보면 어떤 활동들은 사무실이나 집단 회의실에서 가장 잘 수행될 수 있다는 것을 알 수 있다. 내담자와 실무자가 따로 만나거나 혹은 집단으로 모여 내담자의 가치를 명료화하여 문제해결을 위한 계획안을 만들게 된다. 또 다른 목표 설정 활동들은 다양한 현장이나 회의 장소로 이동하거나 여러 사람들과 만나면서 완수할 필요가 있기도 하다(예: 가능한 환경의 탐색, 관련된 사람들로부터 정보를 수집). 프로그램의 정책과 절차가 그러한 목표 설정을 요구할 때는 각 활동에 적당한 양의 시간을 배분하고, 내담자와 직무자의 비율을 충분히 낮게 하여(15 : 1) 실무자가 목표 설정 활동에 참여할 수 있는 충분한 시간을 확보하도록 한다. 내담자의 기술과 자원의 강점 및 결점을 실생활에서 평가하는 작업(기능 평가, 자원 평가)은 보통 개인 수준에서 이루어진다. 정신재활 접근법을 사용한 주거 프로그램, 교육 프로그램 및 직업 프로그램을 고찰한 자료를 보면, 재활 진단을 실시하는 데 할당하는 시간은 직업 현장에서 2주 동안 2~3회기를 가진 것에서부터(Brown & Basel, 1989), 병원 장면에서 전반적인 재활 목표를 설정하는 데 4주 동안 12회기를 가진 것에 이르기까지(Lang & Rio, 1989) 다양하였다. 교육재활 프로그램에서는 기능 평가를 하는 데 8개월 동안 72회기를 부여했고(Hutchinson, Kohn, & Unger, 1989), 반면 지역사회에서 이루어지는 지도감독 아파트 프로그램에서는 기능 평가를 하는 데 2주의 기간 이 소요되었다(Mynks & Graham, 1989). 분명한 것은 재활 진단 절차에 관한 프로그 램 정책이 여러 유형의 프로그램들에서 매우 유사한 것처럼 보이더라도, 진단 활동 은 병원이나 지역사회 장면에서 운영되는 다양한 프로그램 구조의 상이한 할당 시 간과 인력 배치 형태에 부합하는 방식으로 확대 또는 축소될 수 있다.

진단 문서화 기록 자료에서는 진단 과정의 단계들을 문서화하고 내담자의 최종적 인 선택을 기록함으로써 전반적인 재활 목표 설정의 중요성을 반영하고 있다. 진단 과정에 사용된 실제 작업일지는 내담자의 기록이 잘 관리될 수 있는 방식으로 파일 링을 해 두게 된다. 내담자 기록 자료의 형식을 보면, 각 내담자가 선택한 특정한 환 경 속에서 내담자가 가진 기술과 지원을 평정할 것을 요구한다. 제6장의 〈표 6-1〉 〈표 6-2〉〈표 6-3〉은 기록 자료에 나타나 있는 평가 정보의 예를 보여 주고 있다. 내담자는 CGK 프로그램 모델의 모든 기록 자료를 이용할 수 있다. 많은 프로그램들 에서 내담자들은 자기 고유의 신상을 기록하고, 회기 때 기록 자료를 가지고 다니며, 프로그램 파일을 위해 이 기록 자료를 복사한다.

계획안 수립을 위한 CGK 프로그램 구조

계획안 수립의 운영 지침 계획안 수립 단계에서는 진단에서 얻은 정보를 활용하여 우선순위가 높은 기술이나 지원을 선정하고 개발하기 위한 계획안을 수립한다. 개 발하기로 결정한 각각의 기술과 지원은 재활 계획안에서 하나의 목표로 구체화된 다. 각각의 목표에 대한 특정한 개입법이 선정되고, 특정한 사람이 일정한 기간 동 안 개입을 수행할 책임을 맡게 된다. 프로그램 지침에서는 일단 재활 진단이 완료되 면, 계획안 개발 회합에 내담자를 참석시키도록 명시하고 있다. 계획안 수립 절차에 관한 내용에서는 각각의 계획안 수립 과제를 누가 담당하고, 계획안에 포함된 목표 의 우선순위를 어떻게 정하며, 누가 계획안 수행을 모니터링할 책임을 질 것인지, 그리고 목표를 달성하는 과정이 잘 진행되지 않는 경우에 계획안을 수정하는 것은 누가 담당할 것인지에 대해서 구체적으로 다루고 있다.

계획안 수립 활동　계획안 수립 활동을 수행할 때는 내담자와 중요한 타인들이 계획안을 만드는 일에 최대한 참여할 수 있도록 하기 위하여 충분한 시간을 가져야 한다. 계획안 수립 활동에는 계획안을 논의하기 위해 모든 부서와 회합을 가질 뿐 아니라 내담자와 중요한 타인들과 회합을 가지는 것도 포함된다. 실제로 이러한 계획안 수립 절차는 통상적으로 다양한 분야의 직무자들이 수행한다. 어떤 프로그램에서는 사례관리자가 계획안 수립 절차를 조정하고(Goering, Huddart, Wasylenki, & Ballantyne, 1989), 또 어떤 프로그램에서는 정신건강 전문요원이 계획안 수립 절차를 담당한다 (Craig, Peer, & Ross, 1989).

계획안 수립 문서화　계획안을 문서화할 때는 전반적인 재활 목표와 목표의 우선순위, 각각의 목표를 달성하기 위한 개입법, 서로 다른 과제에 대해 책임을 맡은 사람, 계획안을 세우는 데 참여하고 그 계획안에 동의한 내담자, 실무자 및 중요한 타인들의 서명에 대한 규정이 포함된다. 제7장의 〈표 7-1〉에 재활 계획안의 예가 제시되어 있다.

개입을 위한 CGK 프로그램 구조

개입의 운영 지침　개입 단계는 계획안에 포함된 기술 개발 개입법이나 지원/자원 개발 개입법에 따라 수행된다. 기술 개발 개입법에서는 내담자들에게 부족한 기술을 직접 가르쳐 주거나(직접기술교육법), 효율적으로 사용하지 못하는 기술을 사용할 수 있도록 도와준다(기술 프로그래밍). 만일 계획안에 자원 개발이 요구된다면, 내담자를 현재 있는 자원과 연결시켜 주거나(자원 조정), 아니면 자원의 지원 능력을 증진시키기 위해 현재 있는 자원을 수정하는 개입법(자원 수정)을 사용하게 된다.

> 개입법과 관한 지침의 예를 들면, 개입은 가능한 한 내담자의 전반적인 재활 목표 안의 특정화된 환경 속에서 이루어져야 한다는 것이다.

　개입법에 관한 지침의 예를 들면, 개입은 가능한 한 내담자의 전반적인 재활 목표 안의 특정화된 환경 속에서 이루어져야 한다는 것이다. 개입 절차에는 특정한 환경에서 개입이 이루어지는 동안 실무자와 내담자 및 중요한 타인들이 수행해야 할 과제가 구체적으로 명시되어 있다. 또한 재활 환경 내에 있는 사람들로 하여금 내담자가 새로 배운 기술을 사용하는 것을 지원해 줄 수 있도록 하기위해 실무자들이 수행해야 할 단계가 개입 절차에 포함될 수 있다. 예컨대, 내담자가 학습센터에서 주거 관련 기술을 배우고 난 다음, 담당 상담사가 내담자가 주거지에서 그 기술을 사용하는 것을 모니터링한다는 식으로 절차를 구체화할 수 있다 (Rice, Seibold, & Taylor, 1989).

개입 활동   프로그램 활동은 기술 개발과 자원 개발 개입이 확실히 실시되도록 설계된다. 매일의 프로그램 일정에서 개인이나 집단에 제공되는 기술교육 회기를 시간대별로 짠다. 마찬가지로, 모든 내담자들이 자주 필요로 하는 기술 분야에 대해서 학습 계획을 세울 수도 있다. 내담자가 기술을 보다 효과적으로 사용하도록 하기 위해서는 다양한 사람들이 참여하는 것이 중요하다. 즉, 실무자와 동료 조력자는 기술 사용에 방해가 되는 것들을 극복하는 데 필요한 단계를 개발하는 일을 도울 수 있다. 또한 목표 환경 속에 있는 사람들 중에서 내담자가 인식하기에 자신이 중대한 기술을 사용할 때 도움이 되는 사람들을 포함시킬 수 있다. 가족이나 동료, 친구 그리고 선택한 환경 속에서 일하는 서비스 인력이 그 예가 된다. 내담자와 자원을 연계하는 절차에는 직무자가 시간을 할당하여 내담자가 대체 자원을 찾아갈 수 있도록 장비(예: 자동차, 소형 운반차)를 가지고 이동시켜 주고, 또 일단 내담자가 자원을 통해 지원을 받게 되면 지속적으로 도움을 받을 수 있도록 관리하는 일이 포함된다.

개입 문서화   재활 개입에 대한 문서화 과정은 기존의 문서화 절차와 유사하다. 개입이 이루어진 날짜가 기록되며, 기술교육에 사용되는 학습 계획안과 기술 프로그래밍을 하는 동안 만들어진 프로그램이 참조 자료로 포함된다. 자원과의 연계에 대한 정보 역시 기입된다. 그러나 가장 중요한 것은 기술 사용이 향상된 것이든지 혹은 지원이 향상된 것이든지 간에 그 진행 절차를 기록하는 것이다.

프로그램 평가

정신재활 프로그램에서는 프로그램의 운영 지침, 활동, 문서화를 조직화하여 현재 진행되고 있는 프로그램을 평가할 수 있도록 한다. 프로그램이 사명선언문에서 나타내고 있는 가치에 부합하는지를 평가하는 정보가 수집된다(예: 자신이 선택한 환경에 속해 있는 내담자의 수, 그 환경에서 지내는 일수 또는 그 환경에서 내담자의 성공과 만족 정도). 〈표 9-2〉는 재활 사명과 관련된 성과 척도와 프로그램 구조와 관련된 과정 척도를 제시하고 있다. 성과에 따라서 프로그램 절차가 이행되는 방식에 변화가 필요하다거나 또는 서비스 제도에 변화가 필요하다는 것을 시사해 줄 것이다. 예컨대, 내담자가 자신이 선호하는 주거 형태를 이용할 수 없다면, 이 프로그램은 다른 프로그램과 연계하여 정신건강 당국에 주거 정책을 바꾸도록 건의할 수 있을 것이다. 그렇지만 내담자가 자신이 선택한 주거에서도 여전히 성공적이지 못하고 만족하지 못한다는 성과를 보고한다면, 이것은 프로그램 지침, 활동 또는 문서화를 수정할 필요

표 9-2	프로그램 평가
재활 사명	**사명과 관련된 성과 척도의 예**
내담자의 기능력을 향상시켜, 그 사람이 선택한 삶의 환경속에서 전문적인 개입을 최소한으로 받으면서도 성공적이고 만족스러운 삶을 살아가게 한다.	• 자신이 선택한 환경에서 거주하는 내담자의 백분율 • 이전과 비교하여 자신이 선택한 환경에서 거주하는 일수/월 • 자신이 선택한 환경에서 만족하는 내담자의 백분율 • 전문가의 개입을 덜 받으면서 일상의 활동을 수행하는 내담자의 백분율
재활 절차	**절차와 관련된 척도의 예**
평가 → 계획안 수립 → 개입	• 프로그램 활동이 재활 가치와 일치되고 재활 사명을 성취하도록 하는 구체적인 평가 방법과 계획안 그리고 개입법을 중심으로 조직된다는 증거
재활 환경	**환경과 관련된 척도의 예**
프로그램이 실행되는 현장 네트워크/환경 맥락	• 현장의 규칙, 관례, 물리적 공간 장식, 설계, 장소가 재활 가치와 일치된다는 증거

가 있음을 의미한다. 다르게 생각하면, 실무자가 당연히 해야 할 만큼 그 절차를 이행하지 못하고 있다는 사실 혹은 실무자의 지식이나 태도 및 기술에 어떤 변화를 주어야 한다는 사실을 말하고 있는 것이다. 끝으로, 평가 결과는 서비스 제도의 정책을 변경할 필요가 있음을 시사할 수 있다. 예를 들어, 직무자로 하여금 생활, 학습 및 사회화 장소 그리고 직장에 대한 당사자의 선택을 지지해 줄 것을 요구할 수 있다는 것이다.

IAPSRS 툴킷은 프로그램 평가를 비롯하여 다양한 목적(예: 연구 프로젝트의 일부)을 위해 고안되었다. 이 성과 측정 도구는 IAPSRS의 연구위원회가 정신재활 프로그램을 직접적이고 행정적으로 용이하게 평가하기 위해 만든 것이다. 이 툴킷은 직업, 교육, 주거 영역에서 성과를 측정한다. 또한 이 도구는 내담자의 재정 상태, 법적 개입, 입원, 서비스 만족도, 삶의 질에 대한 인식, 숙련도 인식에 대한 정보를 수집한다. 정신재활 프로그램의 효과를 측정하는 척도로서 이 툴킷의 장점은 최소한의 자료를 가지고 정신재활을 평가하고, 증상이 아닌 상태와 역할 기능의 측정을 강조하며, 정신재활의 가치에 기반을 두고, 소비자 수준에서 정보를 수집하며, 기간을 두고 변화를 관찰하고, 훈련 시간이 길지 않고, 높은 안면타당도를 가지고 정보를 기록한다는 점을 들 수 있다(Arns, Rogers, Cook, & Mowbray, 2001). 보스턴 대학교의 정신재활센터는 현재 행동관리의료 환경에서 수행되고 있는 새로운 정신재활 실천을 평가할 때 이 툴킷을 사용하고 있다(Ellison, Anthony, Sheets, Dodds, Yamin, & Barker, 2001).

또한 최근 들어 정신재활 과정을 평가하는 척도가 개발되었다. 이 도구는 실무자와 소비자 간에 정신재활 절차에 관한 일치성을 확고히 하고자 하는 프로그램들에서 사용될 수 있다. 보스턴 대학교 정신재활센터는 타워 재단과 피델리티 재단에서 제공되는 기금을 가지고 정신재활의 절차를 추적하도록 고안된 도구에 대하여 예비 검사를 수행하였다. 이 도구를 통해서 사례관리, 질적 향상, 권익 보호와 같은 다른 서비스의 절차 역시 추적할 수 있다. 실무자는 소비자나 다른 관련자들과 상호작용한 후에 그때마다 이 과정 도구들을 기록한다. 예를 들어, 정신재활을 위한 서비스 과정 모듈은 특정한 진단, 계획안 수립, 개입 활동이 얼마나 오랫동안, 누구와 어디서, 어떤 만남의 형태(전화, 대면 등)로 이루어졌는지에 대한 정보를 수집한다. 이 도구는 컴퓨터상에 기록되며 완성하는 데 불과 몇 분밖에 걸리지 않는다. [그림 9-1]은 이 도구가 컴퓨터 화면상에 개별 서비스 이용자에 대한 정보를 어떻게 나타내고 있는지 그 실례를 보여 주고 있다. 서비스 과정 모듈이 일부 포함되어 있는 완전관리 정보시스템(Center for Psychiatric Rehabilitation, 1997)도 인구통계학적 정보와 성과 도구들을 포함하고 있다. 이 시스템은 현재 사용할 수 있는 유일한 시스템으로 종합적인 과정 측정치를 수집하여 어떤 과정이 특정한 성과를 냈는지를 분석해 준다.

요컨대, CGK 프로그램의 운영 지침, 프로그램 활동, 문서화는 정신재활의 절차가 프로그램 구조 안에 확실히 포함되도록 해 준다. 정신재활의 모든 절차는 특정한 환경 혹은 다양한 환경 속에서 진행된다. 다음 절은 정신재활 프로그램의 환경에 대해 논하고 있다.

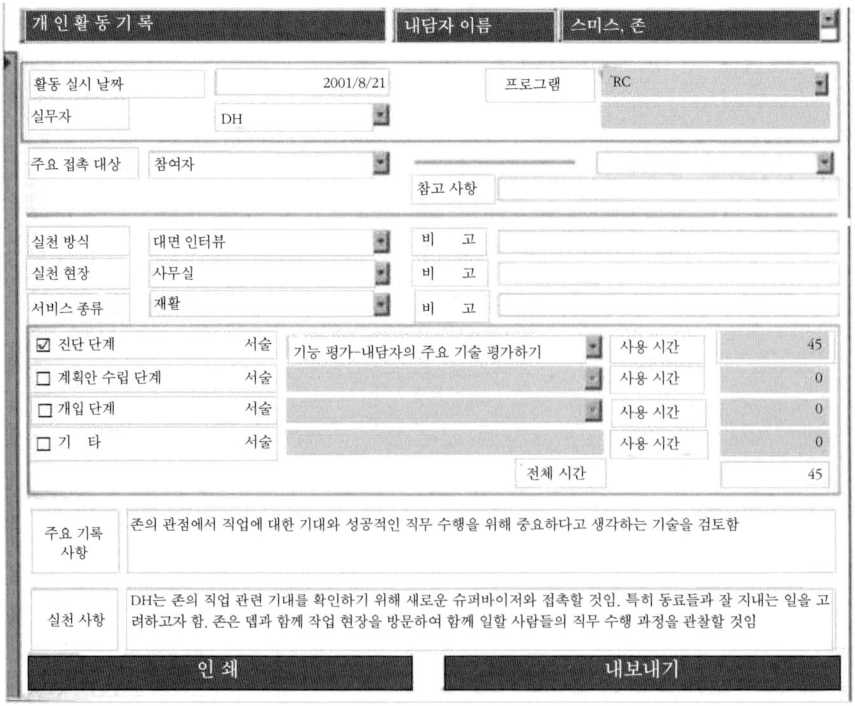

[그림 9-1] 절차 도구(예)

CGK 프로그램의 환경

정신재활 현장에서는 내담자 개인의 독특한 선호에 맞추어 프로그램이 운영된다. 이상적으로 프로그램은 당사자의 선호에 따라 다양한 환경을 포함해야 한다. 예를 들어, 직업재활 프로그램은 이전의 집단에 사용되었던 작업 활동이나 장소를 그대로 사용하기보다는 현재의 집단이 일하기 원하는 장소를 재활 환경으로 포함시킬 필요가 있다. 어떤 사람들은 수위, 원예사, 목공 등 재활 프로그램에서 흔하게 제공되는 육체노동을 하는 직업을 좋아하지만, 어떤 사람들은 회계사, 컴퓨터 프로그래머, 상담사 또는 다른 화이트컬러 직업을 선호할 수도 있다(Russinova, Ellison, & Foster, 1999). 어떤 기관은 정신건강을 관리해 주는가 하면, 또 어떤 기관은 특별한 지원이 없는 일반적인 환경과 같을 수도 있다. 어떤 교육 프로그램은 낮치료 장면에서 혹은 평생교육기관에서 강의를 제공하기도 하고, 아니면 전문대학에 진학하기로 결정한 사람들을 지원하기도 한다. 당사자의 선호에 의해 프로그램이 제공되는 장면이 지정되기도 한다. 정신재활 프로그램은 서비스 이용 당사자의 선호를 확인하고, 이러한 선호에 부합하는 프로그램이 되도록 하는 장치를 가지고 있다.

정신재활 환경은 정신장애를 가진 사람의 선호뿐만 아니라 기술 수준에 맞출 수도 있다. 한 프로그램이 여러 가지 직업 현장이나 교육 현장을 갖추고 있더라도, 내담자의 현재 기술 수준보다 참가 기준이 높으면 당사자의 필요에 적합하지 않는 것이다. 실제로 어떤 집단은 집단 구성원들의 현재 능력에 맞추어 집단을 형성하기도 한다. 이들을 위한 프로그램에서는 동일한 기능적 요구에 부합하는 다양한 환경을 제공해 주어야 한다. 예를 들어, 주거 프로그램 자체는 다양한 기능 수준을 위한 활동들을 보유할 수 있지만, 내담자가 주거 환경을 선택할 때에는 그 사람의 선호가 반영되어야 한다.

돌봄 연속체 제도와는 달리 통합 환경 네트워크에서는 내담자들로 하여금 한 수준에서 다른 수준의 환경으로 옮겨 가도록 요구하지 않는다. 통합 환경 네트워크 프로그램에 참여하는 내담자는 어느 한 환경에서 성공적으로 기능하면서도 그 환경에 머물러 있기로 선택할 수 있다. 즉, 내담자는 기술 수준이 향상되었다 하더라도 환

표 9-3	정신재활 프로그램 수립의 기본 원리

사 명
1. 프로그램은 정신재활 사명선언문을 기반으로 조직되고 평가된다.

구 조
1. 프로그램은 재활 사명을 달성하기 위해 수행되는 진단, 계획안 수립, 개입의 절차를 위한 운영 지침, 활동 및 문서화를 통하여 조직된다.
2. 프로그램은 내담자가 재활 절차에 참여하는 정도를 극대화한다.
3. 프로그램은 개별 내담자가 선택한 목표 환경에 적합한 특정한 기술 개발 활동과 지원 개발 활동을 제공해 준다.
4. 프로그램이 내담자의 목표를 달성했는가에 대해 평가하는 것은 프로그램의 발전과 변화를 위한 방향을 제공해 준다.

환 경
1. 프로그램에는 내담자의 선호와 지역 문화의 상황을 반영하는 실천 장면들이 포함된다.
2. 프로그램은 내담자가 생활하고, 배우고, 일하고, 사회활동을 하는 자연 발생적 환경 혹은 그와 유사한 환경에서 실행된다.
3. 프로그램의 공간 장식, 일반적인 활동 및 행정 실무는 인간 지향, 기능력, 소비자의 참여, 환경적 특정성, 선택, 성과 지향, 지원 및 성장이라는 재활의 가치와 일치한다.

경을 전환하도록 요구받지 않는다. 지원받는 수준이 조정되는 대신, 내담자는 그 환경에 지속적으로 머물러 있다. 이러한 양상은 지원 고용, 지원 주거, 지원 교육이라 불리는 재활 프로그램에서 매우 흔하게 나타난다(Farkas & Anthony, 1989; Farkas, 1996).

요약하면, 재활 환경의 맥락은 재활의 가치와 일치한다. 〈표 9-3〉은 재활 프로그램의 사명과 구조 그리고 환경에 내재된 중요한 원리들을 요약한 것이다.

결론적 논평

현재에는 많은 프로그램들이 정신장애를 가진 사람들에게 서비스를 제공하는데 있어 정신재활의 관점을 채택하고 있다. 그러나 이러한 프로그램들이 내담자의 재활 성과에 영향을 미치기 위해서는 필수적인 기술과 지원을 보유하고 있어야 한다. 제5장~제8장에서는 실무자들이 재활 프로그램을 효과적으로 제공하는 데 필요한 다양한 기술들을 명확히 보여 주고 있다. 다음 제10장에서는 서비스 제도의 기능과 서비스 제도가 어떻게 기관의 프로그램과 인력을 지원해 줄 수 있는지를 서술하고 있다. 인력과 프로그램 및 서비스 제도는 서로가 상승적으로 기능한다. 프로그램이 최대의 효과를 얻기 위해서는 숙련된 인력과 지원적인 서비스 제도를 필요로 하며, 반대로 숙련된 인력은 실천 현장에서 기술을 사용할 수 있도록 지원하는 프로그램과 서비스 제도가 필요하다. 나아가 서비스 제도의 기능이 정신장애를 가진 사람의 삶에 긍정적인 영향을 주고자 할 때 서비스 제도는 숙련된 인력과 우수한 프로그램을 필요로 하게 된다.

CHAPTER 10

서비스 제도

사랑은 우리의 원리이고, 질서는 우리의 기초이며, 진보는 우리의 목표다.

_Auguste Comte

정신재활의 관점에서 조명해 볼 때, 서비스 제도의 가장 기본적인 사명은 정신장애를 가진 사람이 최고 수준의 재활 프로그램에서 숙련된 전문 인력에 의해 도움을 받을 수 있는 기회를 증대시키는 일이다. 본질적으로 서비스 제도의 일차적인 목적은 가장 효과적인 프로그램 속에서 가장 효과적인 인력을 사용하여 정신장애를 가진 사람이 재활의 목표를 성취할 수 있도록 보장해 주는 데 있다. 바꾸어 말하면, 정신장애를 가진 사람을 도와주는 숙련된 인력은 재활 활동을 수행하는 데 효과적인 프로그램으로 지원받고, 인력과 프로그램은 다시 효과적인 서비스 제도에 의해 지원받도록 하는 것을 의미한다.

정신재활에 참여하는 인력이 사용하는 기술론에 대해서는 제5장에서 서술하였고, 재활 목표를 성취할 수 있도록 내담자를 도와주는 일에 종사하는 인력에 대해서는 제8장에서 설명하였다. 프로그램의 사명, 구조, 환경에 대해서는 제9장에서 서술하였다. 이 장에서는 정신재활의 인력과 프로그램이 정신건강 서비스 제도에 통합될 수 있도록 정신건강 서비스 제도의 철학, 정책, 행정 기능이 어떻게 지원해 줄 수 있는가를 다루고 있다.

재활 프로그램 활동과 재활 서비스의 실행은 대부분 약간의 수정만 거치면 다양한 문화에 통합될 수 있는 폭넓은 개념이다. 반면 서비스 제도는 정부와 시민 간의 특정한 사회적 계약에 근거한 국가의 정치, 경제, 문화의 특성에 달려 있다. 어떤 국가의 서비스는 시민에 대한 '정부의 개입'을 줄이기 위해 '최소가 최선이다.'라는 전제하에 고안될 수 있으며, 가능한 한 개인주의에 의존한다(미국이 대표적인 예다). 이와는 달리 서비스가 정부의 대대적인 지원을 받는 형태로 고안될 수도 있는데, 많은 사회민주주의 국가(캐나다, 스칸디나비아, 서유럽의 국가들)에서 그러했듯이 '더 큰 대의를 위하여' 다양한 수준의 개인주의를 포기한다. 이러한 차이는 한 국가가 제공하고자 하는 서비스 제도의 유형과 범위에 영향을 미친다. 예를 들어, 일자리를 공급하는 정부의 위치에 대한 일반적인 기대와 임금을 받는 직업 대(vs.) 의미 있는 일상 활동 중에 어느 것이 우선적인가에 대한 문화적 신념은 자원을 경쟁력 있는 직업 환경에서 일할 수 있는 기회를 창출하는 데 활용할 것인지, 아니면 의미 있는 취미나 자원봉사에 참여하는 기회를 개발하는 데 활용할 것인지를 결정할 것이다. 이러한 차이에도 불구하고 산업화된 국가들은 서비스 제도의 필요성을 인식하거나 재활 노력을 지원하는 제도의 설계에 있어서 비슷한 수준의 발전 양상을 보여 왔다. 재활을 지원하는 제도의 설계에는 시설 돌봄 서비스 개발, 탈기관화 노력, 다양한 유형의 지역사회 제도 개발, 경제적으로 가능한 한 되도록 다양한 종류의 서비스를 제공하고자 하는 노력 등이 포함된다. 이 장에서 제시하는 서비스 제도의 예들은 주로 미국의 경험을 반영하고 있다.

정신재활 접근법을 위한 제도적 지원의 필요성

서비스 제도에 대한 가장 간단한 일반적인 정의를 내린다면, 특정한 집단의 욕구에 부합하기 위해 조직화된 서비스들의 조합이라고 할 수 있다(Sauber, 1983). 잘 알려진 대로, 장기적인 정신과적 문제를 가지고 있는 사람들은 다양한 주거, 직업, 사회 및 교육적 욕구를 가지고 있다. 1800년대와 1950년대 사이에 이러한 여러 가지 필요에 부응한 곳은 주로 주립 기관(처음에는 정신병자 수용소라고 부르다가, 그다음에는 주립병원으로, 현재는 정신건강 기관이나 정신과 기관 또는 센터라고 부른다)이었다. 주립 기관은 정신질환을 가진 사람이 병에 걸려 있는 동안 혹은 필요한 경우에는 평생을 보호받을 수 있는 시설로 기능하였다. 비록 적극적인 치료를 강조하기는 했지만, 사실상 이 집단의 정신건강 사명은 정신질환을 가진 사람을 수용하는 데 있었다. 재활은 병원 내에서 보조 서비스의 일환으로 제공되었으며, 주로 활동을 제공하는 것으로 알려져 있었다. 많은 측면에서, 정신건강 서비스 제도는 개별적인 내담자를 위해서가 아니라 주 정부기관과 전문가들을 지원하기 위해 조직된 것이었다.

> 많은 측면에서, 정신건강 서비스 제도는 개별적인 내담자를 위해서가 아니라 주 정부기관을 지원하기 위해 조직된 것이었다.

항정신성 약물이 발견되면서 약물치료는 기관 내의 장기적인 정신장애를 가진 사람을 치료하는 데 보다 선호되는 치료법으로 자리를 잡아 갔다. 증상을 감소시키기 위해 약물치료를 사용하는 문제는 연방 정부의 보상 정책의 변화 등 다른 많은 요인들과 함께 정신장애를 가진 사람의 권리와 기관

관리의 고비용에 대한 의식을 일깨우면서 탈기관화라는 사회적인 개혁을 가능하게 하였다(Brown, 1982; Rose, 1979; Williams, Bellis, & Wellington, 1980). 유럽에서는 탈기관화가 각기 다른 수준에서 다양하게 일어났다(예: Bennett & Morris, 1982; Semba, Takayanagi, & Kodama, 1993; Van der Veen, 1988). 예를 들어, 네덜란드에서는 탈기관화가 매우 천천히 진행되었는데(Wiersma, Sytema, van Busschbach et al., 1997) 1972년과 1982년 사이에 입원한 내담자 비율을 10% 정도 줄여 나갔다. 미국의 경우는 공공정책의 일환으로 1970년대 후반까지 주립 정신과 시설에 상주하고 있는 인구 비율이 극적으로 감소하였다(Bassuk & Gerson, 1978). 이탈리아에서는 1978년에 탈기관화를 법으로 제정하였는데, 이는 심각한 정신장애를 가진 사람의 시민권을 주창하고자 했던 Basaglia를 비롯한 급진적인 정신과 의사들이 운동을 전개한 결과로 나타난 것이었다. 다른 국가들, 주로 아시아나 아프리카 국가에서는 자원의 부족으로 대규모 국립 시설이 크게 발전하지 못하였고, 그 결과 탈기관화 운동 역시 일어나지 않았다.

　탈기관화가 일어난 곳에서는 심각한 정신질환을 가진 사람을 정신건강제도 속에서 처우하는 방식에서 급진적인 변화가 발생했다. 앞의 장들에서 논의하였듯이, 지속적인 정신병을 가진 많은 사람들이 이제는 지역사회에 있는 주거시설, 작업시설, 교육시설 및 사회시설에서 기능하면서 약물치료를 받고 있다. 그러나 다른 많은 내담자들은 이러한 시설들을 거부하고 정신건강 서비스를 전혀 이용하지 않고 있다. 이처럼 과거에는 심각한 정신장애를 가진 사람이 재활 목표를 달성할 수 있도록 도와주는 데 있어서 주립병원 제도와 지역사회 제도 모두 괄목할 만한 성공을 거두지 못하였다(Anthony, 1992; Anthony et al., 1972, 1978; Anthony & Nemec, 1984).

　더하여, 서비스 제공 장소가 병원에서 지역사회로 옮겨 가면서 서비스가 분산되고 다양화되었다. 또한 서비스가 다양해지면서 정신건강제도의 조직이 복잡해졌다. 이러한 이유로 전에는 주립 정신병원을 중심으로 정신건강제도가 조직되었던 것이, 이제는 다양해진 서비스로 인하여 다수의 지역사회 서비스가 상호 의존적으로 조직될 필요가 생겼다.

　정신장애를 가진 사람을 위한 정신건강 서비스 제도를 설계하는 데서 발생하는 또 하나의 어려운 점은 내담자 집단의 욕구의 다양화와 양적인 확대와 관련이 있다. 많은 서비스 제도들이 장기적인 정신장애를 가진 사람의 개별적인 욕구에 상응할 수 있도록 하라는 권고를 받았으며(예: 직업재활, 사회보장), 심각한 정신장애를 가진 사람이 가지고 있는 주거, 보건의료, 경제, 교육, 직업 및 사회적 지원에 대한 다양한 욕구로 인하여 현존하는 많은 서비스 제도들은 상호 협동 작업을 진행할 필요성을 갖게 되었다. 이렇듯 정신건강 서비스 제도는 서비스를 필요로 하는 사람들이 무시를 당하거나 끝없는 나락으로 빠지지 않도록 예방하는 데 책임을 갖는 일차적인 제도인 것이다. 여기서 우리가 도전해야 할 일은 모든 내담자들의 다양한 욕구에 일관되게 부응할 수 있는 정신건강 서비스 제도를 개발하는 것이다(Reinke & Greenley, 1986). 본질적으로 정신건강 서비스들은 효과적이고 적절해야 할 뿐만 아니라, 쉽게 접근 가능하고 효율성을 갖출 수 있도록 잘 조정되어야 한다. 이것은 단순히 기관에 들어갔다가 나가는 것을 반복하지 않도록 하는 수준으로 내담자를 통제하는 것이 아니다. 다가오는 시대에 우리에게 주어진 과제는 정신장애를 가진 사람의 재기를 돕는 서비스 제도를 개발하는 것이다(Anthony, 1993, 2000; Jacobson & Curtis, 2000).

정신장애와 중독 문제를 가진 사람을 위한 제도의 통합

서비스 제도의 파편화에 따라 국가적인 차원에서 고려되고 있는 심각한 문제의 예로는 두 가지 장애를 동시에 가진, 즉 이중진단을 받은 사람(예: 정신장애와 중독 문제를 함께 가진 사람)을 위한 서비스 제도를 들 수 있다. 1980년대 초반에 와서 정신건강 전문가들과 정책 입안자들은 심각한 정신장애를 가진 사람들이 중독장애를 동시에 가지고 있는 비율이 매우 높다는 것을 인식하게 되었다. 기초 자료를 보면, 중독은 심각한 정신질환을 가진 사람들 사이에서 가장 흔하게 발생하는 문제이며(Bellack & DiClemente, 1999; Regier, Farmer, Rae, Locke, Keith, Judd, & Goodwin, 1990), 이러한 중복장애를 가진 사람들은 입원 비율이 매우 높고(Bartels, Drake, & Wallach, 1995; Haywood et al., 1995), 주거가 불안정하며(Bebout, Drake, Xie, McHugo, & Harris, 1997), 정신과적

> 기초 자료를 보면, 중독은 심각한 정신질환을 가진 사람들 사이에서 가장 흔하게 발생하는 문제다.

인 증상과 아울러 장애가 더욱 심각해지는 경향이 있다(Drake & Wallach, 1989). 문헌 검토를 통해서 정신장애와 중독 문제를 가진 사람이 적절한 서비스를 제공받으려고 할 때 발생하는 어려움이 확인되었는데, 이러한 어려움은 대부분 제도상의 장벽에서 비롯된 것이다(Ridgely, Goldman, & Willenbring, 1990; Ridgely & Dixon, 1995). 치료 자원들이 매우 희박하였을 뿐만 아니라 통합적으로 조정되지 않았으며, 중복장애를 가진 대다수의 사람들은 전통적인 정신건강 프로그램이나 중독치료 프로그램에 적응하지 못하였다(Drake, McLaughlin, Pepper, & Minkoff, 1991). 역사적으로 이중진단을 받은 사람들은 정신건강 환경과 중독 서비스 환경이 통합되지 않은 독립적인 장면에서 치료되었으며, 많은 경우에는 치료조차 받지 못하였다(Osher & Drake, 1996). 이러한 기존의 평행적인(심각한 정신질환을 가진 사람을 위한 시설과 중독 재활을 위한 시설이 개별적으로 존재하는) 제도는 심각한 중독 문제를 가진 내담자의 욕구에 부합하는 데 실패하였다(Drake, Mueser, Clark, & Wallach, 1996).

　기존의 서비스가 중복장애를 가진 사람의 필요에 부응하는 데 실패하면서 정신건강 증진과 중독치료를 통합하는 모델이 개발되고 연구되었다(Drake, Bartels, Teague, Noordsy, & Clark, 1993; Drake, McHugo, Clark, Teague, Xie, Miles, & Ackerson, 1998; Drake, Mercer-McFadden, Mueser, McHugo, & Bond, 1998; Ho, Tsuang, Liberman, Wang, Wilkins, Eckman, & Shaner, 1999; Mercer-McFadden, Drake, Brown, & Fox, 1997; Minkoff & Regner, 1999). 통합치료가 이루어지려면 제도와 프로그램, 인력 수준에서 발생하는 여러 장벽들이 타파되어야 한다. 연방, 주, 지방에 있는 정신건강 행정관들은 정신건강과 중독 관련 제도가 협력할 수 있도록 노력을 기울이기 시작했다(Mercer-McFadden, Drake, Clark, Verven, Noordsy, & Fox, 1998). 이제 '통합치료'라는 개념은 중복장애를 가진 사람을 보다 효과적으로 도와줄 수 있는 방법으로 인정되고 있다. 통합치료는 "……중독치료와 정신질환을 다루는 치료를 통합시키는 것이다. 한 명의 임상가가 정신건강 증진과 중독치료를 통합 프로그램으로 혹은 동일한 기관에서 제공하는 것이다."(Mercer-McFadden et al., 1998: 7) 이중진단을 받은 사람을 위한 자조집단은 공존 장애에 대한 통합적인 대응책으로 조직되었다기보다는 여타의 자조집단과 동일한 우려로부터 시작되었다(Vogel, Knight, Laudet, & Magura,

1998). 자조집단 참여에 관한 현재의 효과성 연구 결과들을 살펴보면, 이런 프로그램들이 긍정적인 영향력을 가진다는 것을 밝히고 있다(Laudet, Magura, Vogel, & Knight, 1999). 한 예비 연구에서는 중복장애 재기집단에 참여하는 것이 중독과 정신과적 증상의 측정치에서 보다 나은 성과를 나타낸다는 것을 일 년 후 추적 조사에서 확인하였다.

효과적인 통합치료를 제공해야 한다는 인식에 대하여 다양한 도전들이 뒤따랐지만, 1990년대를 거쳐 오면서 관련된 많은 개념들이 정립되었다. 중복장애를 가진 사람을 위한 서비스가 필요하다는 인식이 증가하였다. 더하여, 당사자가 선호하는 범위 내에서의 적극적인 아웃리치 서비스의 제공 및 종합적인 CSS 유형의 서비스 제공 등 일반적으로 수용가능한 서비스 원리에 대한 이해 역시 높아졌다. 몇몇 주에서는(예: Ridgeley, Lambert, Goodman, Chichester, & Ralph, 1998) 정신건강제도와 중독서비스 제도가 이러한 필요에 부응하기 위해 협력해 오고 있으며, 정신건강과 중독 전문가들이 이중진단을 받은 사람의 욕구에 부합하는 전문 기술을 개발하기 위해 노력해 오고 있다.

서비스 제도에 대한 연구

많은 연구들에서는 복잡하고 분절적인 서비스 제도가 정신장애를 가진 사람들에게 효과적으로 서비스를 제공하는 데에 방해가 될 수 있다는 점을 언급하고 있다. 그럼에도 불구하고 여러 가지 이유들로 인하여 제도 수준의 연구는 거의 이루어지지 못하였다(Anthony & Blanch, 1989; Leginski, Randolph, & Rog, 1999). 이미 오래전인 1977년에 Armstrong이 정신장애를 가진 사람들에게 직접적인 영향력을 행사하는 11개의 주요 부서와 기관들이 실시한 135개의 연방 정부 프로그램에 대해 보고한 바 있다. Armstrong의 보고에 따르면, 탈기관화의 실패는 많은 부분에 있어 재정 지원의 유인가가 없었다는 점과 프로그램 간에 조정 작업이 부족했다는 점에 기인한다(Armstrong, 1977). 제도의 개발과 통합이 필요하다는 또 다른 증거는 일차진료를 하는 의사와 정신건강 전문가들이 제공하는 서비스들 간에 빈번하게 발생하는 충돌에서 드러나듯이, 신체건강과 정신건강 간의 상호성에 있다(Burns, Burke, & Kessler, 1981). 이와 유사하게, 현재 관리의료 접근에서 핵심 쟁점이 되는 사안은 행동관리의료와 신체 돌봄제도의 통합에 관한 것이다. 또한 자금의 흐름과 관련한 규정 및 적격성 기준에 관한 갈등 역시 제도 개발에 어려움을 유발한다(Dickey & Goldman, 1986). 최근 미국은 관리의료를 융통성 없고 모순된 규제에 대한 적절한 대응으로 보고 있다.

　무엇보다 조정 작업이 부족하면 내담자가 직접적으로 영향을 받게 된다. Tessler (1987)는 내담자가 입원 관리를 받다가 퇴원한 후에 서비스 자원과 연결되지 않을 경우에 전반적인 지역사회 적응력이 떨어지고, 자원에 대한 불평이 많아진다는 것을 밝혀냈다. 한편 실제로는 자원이 불충분하거나 서비스가 부적절하여 실패한 것인데도 조정 작업이 잘못되었기 때문이라고 비난받는 경우가 있다(Solomon, Gordon, & Davis, 1986). 어떤 점에서는 실제로 서비스의 양이 그 질에 영향을 준다. 관련 연구들은 여전히 서비스의 수, 유형 및 조정 작업과 내담자의 성과 간의 관계를 밝혀내지 못하고 있다.

> 실제로는 자원이 불충분하거나 서비스가 부적절하여 실패한 것인데도 조정 작업이 잘못되었기 때문이라고 비난받는 경우가 있다. 어떤 점에서는 실제로 서비스의 양이 그 질에 영향을 준다.

　수년간 서비스 조정에 관한 문제를 다루고자 다양한 시도들이 이루어졌다. 미국의 지역사회정신건강센터(CMHC) 운동은 한 기관에서 일련의 상호 연계된 서비스를 제공하고, 관할 지역의 전역에 걸친 서비스들을 확실하게 이용할 수 있도록 하려는 시도였다. 두 번째 예로는 국립정신건강연구원(NIMH)에서 1970년대 말에 지역사회정신건강센터와 일차보건의료 통합을 시도한 기관들에 재정 지원을 한 연계 사업을 들 수 있다. 이러한 노력들은 정신건강 서비스를 이용하는 집단의 비율이 증가하다는 점 등에서 성공적이었다. 그렇지만 심각한 정신장애를 가진 사람을 위해 서비스들을 조정하는데 있어서는 그다지 성공적이지 않았다(Dowell & Ciarlo, 1983; Goldman, Burns, & Burke, 1980; Tischler, Henisz, Myers, & Garrison, 1972).

　Anthony와 Blanch(1989)는 서비스 통합을 위한 다양한 시도들을 네 가지 유형으로 범주화하였는데, 그 강조점에 따라서 ① 법률적 관계 및 프로그램 모델, ② 재정 지원의 제도적 장치, ③ 기관 상호 간의 연계를 향상시키기 위한 전략, ④ 책임의 분배로 구분하였다. 물론 이러한 유형들을 함께 결합하고자 하는 많은 노력들이 있어 왔다.

1980년대 후반에 로버트우드존슨재단(RWJ Foundation)은 심각한 정신장애를 가진 사람들을 위해 새로운 돌봄제도를 개발하고 평가하는 중요한 일을 착수하였다. 지역사회 수준의 돌봄제도를 개발하기 위하여 경쟁을 통해 9개의 도시가 선정되었다(Shore & Cohen, 1990). 각 시들은 5년간의 시범 기간을 거쳐 공공부문 서비스를 개발하고 조정하는데 중심적인 책임을 담당하는 지역정신건강기관(local mental health authority: LMHA)을 설립하였다. LMHA는 다음의 목표들을 수행하기 위해 노력하였다.

1. 내담자의 필요에 부합할 수 있도록 서비스 조정을 담당하는 사례관리자/사례관리팀을 조직하여 지속적인 돌봄을 제공하도록 한다.
2. 내담자의 필요에 부합하는 방식으로 기금이 사용될 수 있도록 융통성 있는 재정제도를 만든다.
3. 다양한 주거 대안을 개발한다.
4. 지역사회 속에서 내담자를 지원할 수 있도록 다양한 정신사회재활 및 직업재활 프로그램을 강화한다(Morrissey, Calloway et al., 1994: 51-52).

본질적으로 LMHA는 개인 수준에서는 사례관리 기능을 통해 다양한 기관들의 서비스가 연속성을 가질 수 있도록 하였고(Ridgeley et al., 1996), 제도적인 수준에서는 제도의 임상적, 재정적, 행정적 구조를 개발하고자 하였다.

중앙 집권 방식의 제도운영, 상명하달 식의 기획, 기관들 사이의 문화 차이 등의 문제 외에도, 재활의 관점에서 이 제도는 실패하게 되어 있었다. RWJ는 중심적인 책임을 담당하는 기관이 서비스의 지속성을 강화시킬 것이며, 이것이 내담자의 성과를 향상시킬 것이라는 가정에 기초를 두었다. 이와 반대로 정신재활은 정신장애를 가진 사람이 최고 수준의 프로그램에 종사하고 있는 전문 인력에게 도움을 받을 수 있도록 보장해주는 것이 제도의 주목적이 된다고 본다. RWJ는 정신장애를 가진 사람들이 목표를 성취하도록 돕는 데 있어 실무자의 기능력(제8장 참고)과 프로그램의 구조(제9장 참고)를 변화시키고자 노력을 기울이지 않았다. 서비스 제도는 유능한 실무자가 전문적인 기술의 사용을 장려하고 촉진하는 프로그램 현장에서 실천할 수 있도록 지원하고자 존재한다. 실제로 RWJ 제도는 실무자와 프로그램 영역들을 무시한 채 오로지 조직과 재정에만 초점을 두었다. RWJ 프로그램은 운영 결과를 자체적으로 평가하였는데, 예상한 바와 같이 유의미한 변화가 확인되지 않았다(Lehman, Postrado, Ruth, McNary, & Goldman, 1994; Shern, Wilson, Coen et al., 1994).

1980년대의 제도 결함에 대한 반응

1980년대에는 주요한 서비스들이 부족하다는 사실과 기존의 얼마 안 되는 서비스들이 단편화되어 있다는 현실에 대하여 세 가지 주요한 반응이 일어났다. 지역사회지원제도 모델의 개발과 시행, 지원 환경(예: 지원 고용)의 개발, 사례관리 서비스에 대한 새로운 인식이라는 이 반응들은 정신재활의 발전에 자극제의 역할을 담당하였으며, 지금까지도 정신재활을 실천하고 정신건강제도를 설계해 나가는 데 밀접한 영향을 미치고 있다.

지역사회지원제도

1970년대 중반에 NIMH에서는 장기적인 정신장애를 가진 사람을 돕기 위해 서비스를 어떻게 제공해야 하는가에 관한 일련의 회합을 가지면서 지역사회지원제도(community support system: CSS)라는 개념을 개발하였다(Turner & TenHoor, 1978). 현행 서비스에 만족할 수 없다는 인식과 함께 CSS는 심각한 정신과적 장애를 가진 사람을 위해 정신건강제도에 요청되는 일련의 서비스들을 기술하였다(Stroul, 1989). 제1장에서 언급하였듯이, 보스턴 대학교 정신재활센터가 개발한 제도안의 기초로 사용되었던 것이 바로 CSS의 필수 서비스 틀이다(〈표 1-3〉 참고). CSS는 탈기관화의 여파로 초래된 개념적인 진공상태를 메웠다(Test, 1984). CSS는 다음과 같이 정의된다.

취약한 집단을 불필요하게 지역사회로부터 고립시키거나 배제하지 않으면서, 당사자의 필요가 충족되고 잠재력이 개발될 수 있도록 도와주는 일에 헌신하며 관리하고 책임지는 인적 네트워크(Turner & Schifren, 1979: 2)

CSS 개념은 지역사회에서 정신과적 장애를 가진 사람에게 적절한 서비스와 지원을 제공하는데 요청되는 주요한 요소들을 규명하고 있다. [그림 10-1]은 이러한 필수적인 요소들을 그림으로 나타낸 것이다.

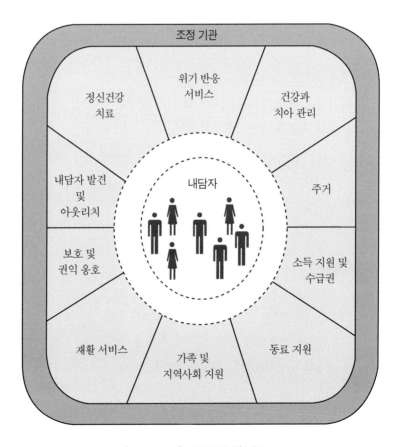

[그림 10-1] 지역사회지원제도

출처: Stroul, B. (1989). Community support systems for persons with a long-term mental illness: A conceptual framework. *Psychosocial Rehabilitation Journal, 12,* 9-26.

1977년에 주 정부와 지역사회가 CSS를 구성하는 포괄적이고 통합적인 서비스를 개발하기 위하여 CSS 발의안을 발족시켰다. 이것은 국립정신건강연구원(NIMH) 지역사회지원프로그램(Community Support Program: CSP)으로 알려지게 되었다. CSP가 창설되면서 주 정부가 CSS를 개발하는 것을 지원하기 위해 연방 정부의 보조금이 각 주의 정신건강 기관에 제공되었다. 모든 주와 컬럼비아 특별지구 및 두 개의 준주가 CSP로부터 연방 정부의 자금을 지원받았다. 또한 기술적인 지원이 정규적으로 제공되었다. 1986년 CSP는 노인이나 노숙인 또는 중독 문제를 가진 청년 중에서 정신과적 장애를 가진 사람들을 위해 지역사회 기반의 접근법을 개발하고 평가하는 시범 연구 과제에 자금을 제공하였다. CSP는 1989년부터 CSS의 필수적인 서비스인 사례 관리, 위기 개입, 정신재활을 평가하기 위해 설계된 연구 과제에 자금을 지원하였다.

CSP가 창설된 이래로 CSS의 필수 구성 요소가 증명되고 평가되어 왔다. 제2장에서 언급하였듯이, Test(1984)는 관련 연구들을 고찰한 뒤에 보다 많은 CSS 기능을 제공하는 프로그램이 상대적으로 적은 CSS 기능을 제공하는 프로그램보다 훨씬 효과적(재입원을 적게 하였고, 사회 적응을 더 잘하였다)이라고 하였다. Anthony와 Blanch(1989)는 CSS와 관련된 자료들을 검토한 뒤, 1980년대의 연구들이 1975년과 1977년 사이에 기존의 CSS 개념에서 고안되었던 일련의 서비스와 지원의 필요성을 증명한다고 결론내렸다. 이처럼 CSS 서비스 요소가 필요하다는 사실은 논리적으로 맞을 뿐만 아니라, 경험적인 자료에 기초를 두고 있다.

나아가 Anthony와 Blanch(1989)는 CSS 관련 연구 경향을 살펴보면서, 정책적인 제언을 통해 정신장애를 가진 사람들을 위한 서비스 구성요소와 전달체계를 변화시킬 수 있는 의미있는 연구들이 폭발적으로 수행될 것이라고 내다보았다. 어떤 연구들은 CSS 구성 요소에 관한 앞으로의 연구 방향을 제언하였다. 가장 중요한 사실은, 이제는 CSS 구성 요소에 관련된 개입법들이 그 실행 과정을 믿을 수 있게 관찰하고, 측정하고 있으며, 모니터링할 수 있는 수준까지 상세하게 서술하고 있다는 것이다. 지금까지 수행된 수많은 유사 실험 연구들과 소규모의 실험 연구들은 CSS에 관한 후속 연구들의 필요성과 실현 가능성을 보여주었다. 1980년대 말부터 측정 가능하고 재현 가능한 CSS 서비스들에 관한 대규모의 종단 연구들이 수행되기 시작하였다. 1990년대에 정신건강서비스센터(CMHS)는 주요한 CSS 서비스 구성 요소들(직업재활, 사례관리, 위기 반응 서비스, 그 외 지원 서비스)을 규명하는 전국적인 규모의 연구들을 방대하게 수행하였다(Jacobs, 1997). 29가지의 프로젝트를 분석한 결과, 대부분의 연구에서 증상, 재활 성과(예: 취업), 서비스 만족도, 서비스 이용 등에서 긍정적인 결과가 나타났다. 현재 CMHS에서 진행되고 있는 연구들은 제도 기획자들과 정책 입안자들이 보다 진일보한 계획을 수립할 수 있도록 도울 것이다.

지원 환경

CSS의 서비스를 제공하는 것과 더불어, 1980년대와 1990년대에는 서비스를 제공하는 새로운 방식들이 생겨나기 시작하였다. 특정한 서비스를 특정한 시설과 묶으려고 했던 전통적인 기존의 패러다임은 공격을 받았고, 정신장애를 가진 사람이 기능하고 있는 환경의 유형을 초월하여 서비스를 당사자에게 '묶는' 것으로 보는 새로운 패러다임이 생겨났다. 이러한 패러다임의 변화는 지원 주거, 지원 교육, 지원 고용이라는 프로그램을 개발해 냈다. 이들 지원 환경은 정신재활의 사명을 실현하는 데 또 다른 진보를 가능하게 하였다. 이러한 환경들은 소비자에게 폭넓은 선택의 여지를 갖도록 하는 융통성 있는 상황을 허용하였는데, 이는 소비자가 보다 통합적인 환경에서 자신에게 필요한 집중적인 지원을 받을 수 있게 되었기 때문이다 (Farkas, 1996). 이처럼 선택의 폭이 늘어나면서 정신장애를 가진 사람이 '자신이 선호하는 환경 속에서 성공하고 만족감을 느낄 수 있는' 가능성이 증가하였다. 일례로, 대학 강의를 듣는데 집중적인 지원이 필요한 사람의 경우에 강사가 정신사회재활센터에서 교과목을 가르치게 하기보다는 실제 캠퍼스에서 강의를 들을 수 있도록 지원할 수 있다.

모든 지원 환경은 정신재활 원리에 근거하고 있는 다음의 공통적인 특징들을 공유하고 있다(Farkas, 1999).

1. 환경은 정신건강제도 또는 재활제도와는 독립적으로 존재한다.

이러한 환경에서 내담자는 규범적인 역할을 수행하게 된다. 지원 환경은 지역사회 내의 일상적인 장면들(예: 학교, 집, 직장)로 구성된다. 이 장면들의 사명은 '돕는 사명'이 아니다. 예를 들어, 아파트는 사람들이 들어가 살도록 지어진 것이다. 그 아파트에 거주하도록 지원을 받는 사람이 살 수도 있고, 장애를 가지고 있지 않은 사람의 집이 될 수도 있다. 고등학교 수업 또는 대학 프로그램과 같은 교육 장면은 정신건강 서비스 제도와는 아주 다른 사명을 이루기 위해 존재한다. 학교는 학생들이 다니는 곳이다. 학교에는 장애를 가진 학생도 있지만 그렇지 않은 학생들도 있다. 일자리는 정신건강 서비스와는 별개로, 개방경제 속에서 이윤을 창출하기 위해 존재한다. 직장에 다니는 사람들의 역할은 노동자, 감독자, 관리인의 역할이지 환자의 역할이 아닌 것이다.

2. 환경에 대한 접근이 특정한 정신건강 서비스를 이용할 때만 가능해서는 안 된다.

이 특징은 첫 번째 특징에 따르는 당연한 결과다. 환경은 정신건강의 사명을 위해 존재하는 것이 아니기에, 특정한 정신건강 서비스를 이용하는 소비자들에게만 주어져서는 안된다. 내담자는 특정한 정신건강 프로그램의 참여여부를 떠나 지원 환경에 접근하기를 원한다. 정신건강제도에서 제공하는 지원과 서비스들은 환경과 독립적이기 때문에 정신장애를 가진 사람이 환경에 들어가기 위해 충족시켜야 하는 조건을 명시할 수 없다. 대신 집주인, 입학 관리자, 인사 관리처가 그 환경에 관한 기준을 세우게 된다.

3. 정신장애를 가진 사람은 자신이 선호하는 환경과 역할을 선택한다. 당사자들은 수동적으로 환경에 놓이지 않는다.

아무도 '자신의 이익을 위해서' 반대로 '누군가를 특정한 독립 수준에 이르도록 돕기 위해서' 세입자를 아파트에 들어와 살게 하거나, 학생들을 학위과정에 입학시키거나, 노동자를 고용하지 않는다. 당사자가 환경을 선택하는 것은 스스로 누리고

자 하는 환경의 가치를 인식하고 있기 때문이다. 지원 환경은 정신장애를 가진 사람의 선호에 의해 결정되는 것이지, 정신건강상의 '기능 수준'을 충족하고 있기 때문에 혹은 실무자의 판단에 의해 결정되지 않는다. 정신장애를 가진 사람이 자신이 선호하는 역할과 환경에 참여하면서 얻게 되는 내적 만족은 성공적인 역할 수행을 방해할 수 있는 개인적, 환경적인 요인들을 극복하는 강력한 동인이 된다.

4. 정신장애를 가진 사람은 연속성을 가진 환경 현장 중에서 어느 하나의 단계를 선택하는 것이 아니라 다양한 환경 현장 중에서 하나를 선택할 수 있다.

이 특징은 앞의 세 가지 특징들을 따르는 것이다. 정신장애를 가진 사람들의 환경은 정신건강 제도와 분리되어 있어서, 당사자가 어떤 환경을 선택할 때는 정신건강상의 조건이 붙지 않아야 한다. 더하여, 정신장애를 가진 사람은 다양하고 상이한 삶의 환경 가운데 하나를 선택하는 것이지, 재활 과정의 연속선상의 특정 단계에 해당하는 환경을 선택하는 것이 아니다. 다시 말하면, 소비자가 선택하고자 하는 삶의 환경과 역할에는 지역사회와 지역 주민이 보편적으로 선택하는 다양한 선택 사항들이 포함되어야만 한다. 이와는 달리 일련의 단계별 삶의 환경을 상정하게 되는 경우에는 정신장애를 가진 사람에 대하여 점진적으로 요구를 높이면서 지원을 줄여 나가게 되는데, 이로써 비단계별 환경이 줄 수 있는 성장이나 선택의 가능성을 허용하지 않게 된다. 예를 들어, 어떤 사람은 집단 내에서 여러 사람과 함께 살고 싶어 하는 반면, 어떤 사람은 그렇지 않다. 어떤 사람은 혼자 사는 것을 좋아하고, 또 어떤 사람은 그렇지 않을 수 있다. 대인관계 기술이 부족한 사람은 관계의 압박감 없이 혼자 사는 것을 좋아하지만, 섬세한 대인관계 기술을 지닌 사람들은 여러 사람과 함께 사는 것을 좋아하며, 또 그렇게 살아갈 수 있다.

5. 정신장애를 가진 사람은 자신이 이용하고자 하는 서비스와 지원을 선택한다.

정신재활은 당사자에게 자신의 목표와 목표를 향한 과정을 직접 설계할 수 있는 기회를 최대한 제공하고자 한다. 사람들은 각자가 좋아하고 유용하다고 느끼는 서비스와 지원 유형에 대해 각기 다른 선호를 보일 수 있다. 선택하지 않았는데 제공되는 '지원'은 (지원이 아닌) 방해물로 경험되며, 좋은 성과를 내지 못할 것이다. 어떤 사람은 명확한 계약을 근거로 제한된 기간동안 제공되는 구조화된 서비스를 좋아한다. 또 어떤 사람은 기간이 정해져 있지 않은 서비스가 더 유용하다고 생각할 수도 있다. 어떤 사람은 강력하고 집중적인 지원을 원하는데, 또 어떤 사람은 그렇지 않다. 대부분의 사람들은 각기 다른 시점에서 다른 유형의 지원을 받기를 원한다. 파트너십이라는 정신재활의 원리는 정신장애를 가진 사람이 자신이 원하는 서비스와 지원을 직접 선택할 때 촉진되는 것이다.

이 다섯가지 특징들은 지원 주거, 지원 교육, 지원 고용 영역에서 분명하게 나타난다. Farkas(1996)는 지원 주거와 지원 교육 그리고 지원 고용을 통해 서비스를 전달하는 데서 발견되는 흐름들을 다음과 같이 고찰하였다.

지원 주거

Farkas(1996)는 다른 여러 나라들과는 달리, 북아메리카 지역의 성인들은 원가족과 함께 생활하지 않는다고 하였다. 이 지역의 지배적인 사회 모델은 18~25세의 젊은이들이 부모의 집을 떠나도록 장려한다. 과거에 주립시설에서 방출되었던 심각한 정신질환을 가진 사람들의 경우, 주거에 대한 대안 없이 부모 또는 친척의 집으로 돌아갔다. 그러나 이들 역시 대부분 독립에 대한 강력한 욕구를 가지고 있었다. 한 연구에서는 정신장애를 가진 사람이 집이나 시설을 떠나 따로 집을 구하고 사는 것을 어렵게 만드는 제도상의 이슈와 직접적으로 관련이 있는 요소들—빈곤, 차별, 주거 대안의 부족—을 규명하였다(Bachrach, 1982; Carling, 1993). 지원 주거가 개념화되기 이전에 북아메리카를 비롯한 여러 지역의 정신건강제도들은 정신장애를 가진 사람이 시설에서 지역사회로 자연스럽게 이동해 갈 수 있도록 다양한 수준의 감독하의 주거 환경(예: 사회복귀훈련시설, 그룹홈, 쉼터)으로 구성된 주거 연속체 모델을 개발하고자 하였다. 개념적으로 주거 연속체 모델은 직선형 모델의 특성을 따르며 상이한 수준의 감독과 규제 및 치료 강도를 가진 일련의 주거 환경들을 포함하고 있다. 주거 연속체 모델은 정신장애를 가진 사람이 연속선상을 따라 환경과 환경을 오가는 동안 기능이 향상되고, 감독에 대한 필요성이 줄고, 서비스 이용이 감소되는 등의 여러 가지 발전이 일어날 것이라고 가정한다. 감독하의 공동주택은 연속선상의 마지막 단계로 개발되었는데, 이 단계에서는 감독과 치료의 강도가 대폭 감소한다.

주거 연속체 모델에 포함되는 다양한 구성 요소들의 효과성을 검증하기 위해 평가 연구가 수행되었다(예: Middelboe et al., 1996; Okin et al., 1995). 그러나 연속체 모델 자체를 대상으로 이루어진 연구가 부재하였는데, 이는 실제적으로 완전한 주거 연속체를 운영하고 있는 정신건강제도가 없었으며 주거 연속체의 구성 요소들을 설명하는 공통적인 전문 용어가 부족했기 때문이다. Carling과 Ridgway(1989)는 주거 연속체 모델에 포함되는 주거 프로그램을 지칭하는 명칭들을 160개 이상 발견하였다.

사실 감독하의 주거 연속체 모델은 일부 정신재활 원리와 통합될 수 있었다(예: Benoit, 1992; Campanelli, Sacks, Heckert et al., 1992; Mills & Hanson, 1991). 그러나 오래지 않아 이 모델이 중요한 결점을 안고 있다는 것이 드러났는데, 엄격히 제한된 시간 내에 다음 단계의 시설로 '이동'할 수 있는 사람이 거의 없었던 것이다. 많은 사례들을 비추어 볼 때, 특정한 주거 환경에서 일정 기간 머문 뒤 다음 단계로 '이동'하게 하여 '독립적인 삶'을 성취하도록 지원한다는 이러한 단순한 가정은 오히려 정신장애를 가진 사람에게 심각한 어려움을 안겨 주었다. 즉, 당사자들은 개별화된 서비스를 제공받기보다 사전에 결정된 프로그램에 적응해야만 했고, 일정한 기간이 지나거나 프로그램의 목표를 성취하고 나서는 강제적으로 다음 단계로 이동해야 했기에 반복적인 주거 장소의 변경에서 오는 스트레스를 겪었으며, 이 단계들을 거치면서 통합보다는 고립을 경험하게 되었다(Carling & Ridgway, 1989; Corin & Harnois, 1991; Saraceno, 1991).

감독하의 주거는 여전히 북아메리카에서 인기를 끌고 있다. 다행히도 정신건강제도들은 심각한 정신장애를 가진 대부분의 사람들이 정신장애를 가지고 있지 않은 사람들과 마찬가지로 집단으로 모여 사는 것을 선호하지 않으며, 치료/재활 서비스와 주거 환경이 서로 연결되어 있기보다는 분리되기를 원한다는 것(Farkas, 1996)을 이해하기 시작하였다. 이런 연구들은 대다수의 사람들이 지원 주거를 선호한다는

표 10-1	지원 환경의 특성

1. 환경은 정신건강제도 또는 재활제도와는 독립적으로 존재한다. 이러한 환경에서 내담자는
   규범적인 역할을 수행하게 된다.
2. 환경에 대한 접근이 특정한 정신건강 서비스를 이용할 때만 가능해서는 안 된다.
3. 정신장애를 가진 사람은 자신이 선호하는 환경과 역할을 선택한다.
4. 정신장애를 가진 사람은 연속성을 가진 환경 현장 중에서 어느 하나의 단계를 선택하는 것
   이 아니라 다양한 환경 현장 중에서 하나를 선택할 수 있다.
5. 정신장애를 가진 사람은 자신이 이용하고자 하는 서비스와 지원을 선택한다.
(Farkas, 1999)

사실을 확인시켜 주면서 지원 주거 개념의 성장을 촉진하도록 정신건강 서비스 제도에 힘을 불어넣어 주고 있다.

지원 주거 접근법은 보스턴 대학교 정신재활센터가 개발한 지역사회 지원 및 재활 원리에서 생겨났다(Parrish, 1990: 10). 〈표 10-1〉에서 설명하고 있는 특성처럼 지원 주거는 지역사회에 통합되어 있다. 주거지 자체가 지역사회 내 일반 주거 지역 속에 있는 것이다. 이 서비스는 기관을 근거로 하여 제공되는 것이 아니며, 하루 24시간 중 언제든지 이용이 가능하다. 여기에는 상주하는 직무자가 없다. 지원 주거 운동은 다양한 유형의 대안적인 주거와 지원 서비스가 발전할 수 있도록 자극하였다. 어떤 동료 집단은 자체적으로 아파트를 임대하여 관리하는 주거 프로젝트를 시행하였다. 어떤 가족 집단은 정신건강제도에서 운영하는 주거에 대한 대안으로 그룹홈을 조직하였다. 어떤 제도에서는 주거를 지원하는 사람들을 조직하여 여러 지역에서 다양한 방식으로 살고 있는 많은 당사자들을 도울 수 있도록 하였다.

Tanzmans(1993)는 1986년과 1992년 사이에 시행된 26개의 소비자 조사 연구를 검토한 뒤, 대부분의 소비자들이 지원 주거 접근법이 갖는 특징을 선호한다는 사실을 발견하였다. 소비자들은 일반적으로 독립된 주거 환경을 선호하는 데 반해, 임상가들과 가족 구성원들은 집단 또는 감독이 이루어지는 환경을 선호하는 경향이 있었다(Tanzman, Wilson, & Yoe, 1992). 이후에 이루어진 연구들도 Tanzman의 1993년 연구 결과에 일반적으로 동의하였다(Casper, 1995; Goldfinger & Shutt, 1996; Owen et al., 1997). 정신재활센터에서는 매사추세츠 주의 전역에 걸쳐 주거에 관한 조사를 시행한 바 있는데(Rogers et al., 1994), 이 연구의 결과 또한 Tanzman의 결론을 지지하였다. 이 연구 결과는 매사추세츠 주의 주거정책에 영향을 미쳐 지원 주거 기금을 확대하도록 만들었다.

지원 주거 선호에 관해서는 성과 연구보다 조사 연구가 더 많이 이루어져 있다. 그러나 지원 주거의 효과성은 여러 연구들의 주제로 다루어져 왔다. Ridgeway와 Rapp(1997)은 14개의 실험 연구와 준실험 연구를 고찰한 바 있는데, 모든 연구 결과에서 지원 주거 서비스가 전통적인 개입법이나 여러 대안적인 개입법 그리고 지원 주거 개입이 이루어지기 전의 내담자들의 생활 상황에 비해 훨씬 더 나은 효과를 보였다고 보고하였다. 이 고찰 연구에서는 주거 성과뿐만 아니라 삶의 질, 비용 감소, 사회적 상호작용 및 기능력과 같은 성과들도 함께 언급되었다.

요약하면, 주거 서비스는 북아메리카의 정신건강 및 재활 서비스의 치료 계획안에 포함된 치료적 선택 사항이라기보다 당사자가 살아가야 할 장소를 갖는 것을 의미한다. 즉, 발전하고 있는 서비스 제도 안에서 이제 주거 장소는 '독립된 생활'을 획득하기 위하여 주거 연속체 중에서 어느 한 단계의 주거시설을 거치는 것이 아니라, 당사자의 선호에 기초하여 주거를 선택하는 것이라고 할 수 있다. 이러한 지원은 정신장애를 가진 사람에게 다른 수준의 지원이 필요할 때마다 다음 단계로 이동하도록 요구하는 것이 아니라, 당사자와 함께 지원이 움직이는 것을 의미한다.

남반구의 소위 개발도상국에서는 사실상 치료와 주거가 직접 연계 되었던 적이 없었기 때문에 이런 문제에 부딪혀 보지 못했을 수 있다. 이 국가들에서는 주거 치료나 주거 재활에 대한 대안이 거의 부재한 실정이다. 그리고 존재하고 있는 서비스들은 다른 나라들에서 제공해 온 서비스에 비해 유연하고 덜 시설 중심적인 경향을 보인다.

지원 교육

현대 사회에서 중등교육 이상의 교육과정은 경력 개발의 꿈을 이루는 주요한 수단이 된다(Mowbray et al., in press). 교육을 받고자 하는 것은 자신의 삶을 되찾는 방향으로 한 단계 도약하는 것과 같다(Farkas, 1996). 안타깝게도 정신장애를 가진 사람들은 교육을 받고자 하는 강한 열망을 가지고 있지만, 실제로 교육의 기회를 확보하는 경우는 드문 편이다(Rogers et al., 1991; Anthony & Unger, 1991). 정신장애는 초기 성인기에 발생하는 경우가 많다. 당사자들은 병을 가지고 있는 상태에서 이전에 좌절되었던 교육 프로그램에 다시 참여하려고 노력하지만, 곧 그렇게 할 수 없다는 것을 깨닫게 된다. 사실 가족과 치료 제공자들이 교육을 받기 위해 노력하는 내담자들을 좌절시키는 경우가 많다. 전국 대표 표본에 속하는 정신장애를 가진 사람들 중 35%가 발병 후에 공교육과정에 등록하였으나, 8%만이 수료하였다고 응답하였다(Navin, Lewis, & Higson, 1989). 대부분의 대학과 직업훈련 프로그램에서 (정신장애가 아닌) 장애학생지원서비스가 제공된 역사가 15년이 지나고 있다. 일례로, 시각장애인은 교과서를 읽을 수 있도록 지원해 주는 서비스를 이용할 수 있다. 그러나 최근까지도 정신장애를 가진 사람이 정신장애를 가지고 있지 않은 사람들과 함께 수업을 받을 수 있도록 지원해주는 보조인 서비스가 제공되지 않았다.

　지원 교육은 정신장애를 가진 사람에게 치료 계획의 일환으로 운영되는 정신건강 제도상의 수업이 아니라, 보통의 학생들처럼 일반 학교에 통합된 '실제' 교육을 받을 수 있는 기회를 제공해 준다. 지원 교육은 정신건강 서비스 장면이 아닌 일반적인 교육 환경에서 교육이 제공되는 경우에 해당하는 것이다. 사실 심각한 정신장애를 가진 사람이 성공적으로 학교생활을 하기 위해서는 캠퍼스 내에서의 집중적인 지원이 필요한 것이 아니다. 대신 그들은 학교에서 요구하는 학문적, 사회적 과제를 해내기 위해 사회적, 정서적, 지적 기술을 응용하는 데 도움이 필요하다(Danley, Sciarappa, & MacDonald-Wilson, 1992). 교육 목표를 지원하기 위해 고안된 종합 서비스에는 일반적으로 세 가지 형태의 지원 교육, 즉 자체 보유 수업(예: 학생이 일반 교육 환경에서 특별한 교육과정으로 운영되는 특수반에서 수업을 듣는 것)(Unger, Danley, Kohn, & Hutchinson, 1987), 이동 지원(예: 학생이 정신건강 서비스 직무자의 도움을 받으며 일반 수업을 듣는 것)(Sullivan, Nicolellis, Danley, & MacDonald-Wilson, 1993), 현장 지원(예: 학생이 교육이 이루어지는 현장 직무자의 도움을 받으면서 일반 수업을 듣는 것)(Furlong-Norman, 1990)이 포함된다. 이 접근법은 학문적 역량을 가지고 있는 심각한 정신장애를 가진 사람들이 실제 교육 현장으로 돌아갈 수 있도록 돕기 위해 개발되었다. 최근에는 내담자들이 다양한 유형의 중등교육 현장으로 돌아갈 수 있도록 돕는 이동 팀이 개발되기에 이르렀다(Sullivan et al., 1993).

보스턴 대학교에서 진행 중에 있는 프로젝트에서는 지원 교육 및 지원 고용 접근법을 어떻게 온전한 교육 프로그램과 취업 프로그램에 통합시킬 수 있는지를 보여주고 있다(Hutchinson, 1998). 기존의 직업 프로그램이 가지고 있는 치명적인 결함들은 미래를 위한 훈련(TFTF) 프로그램의 개발을 자극하였다. 현재 직업재활 프로그램의 일환으로 제시되는 직업들은 대개 입문 수준이며, 고용인들에게 낮은 임금과 발전가능성이 없는 지위를 제공하는 데 그치고 있다. 대부분의 직업들이 수위직, 사무직, 식당 종업원 분야의 일들에 집중되어 있으며, 이런 일자리들은 직업 잠재력이 낮고, 저임금인 경우가 대부분이다. 이러한 지배적인 제도상의 문제에 대응하는 동시에 구직자들에게 컴퓨터를 다룰 수 있는 능력을 강조하는 현 노동시장의 추세에 발맞추기 위해 TFTF 프로그램이 개발되었다.

TFTF 프로그램은 정신장애를 가진 사람이 전문적인 컴퓨터 관련 직종에서 의미 있는 일을 할 수 있는 기회를 제공하기 위해 IBM과 협력하여 개발한 혁신적인 연구기반의 지원 교육/지원 고용 프로그램이다. 이 프로그램은 산업 분야의 표준적인 컴퓨터 기술과 사무 기술을 교육하고, 정신장애를 가진 사람이 직장에서 성공하는 데 필요한 자원과 지원체계를 개발할 수 있도록 도와준다. 일년 과정의 TFTF 프로그램에는 실제 기업에서 이루어지는 2개월 간의 인턴십 과정, 직업 개발 서비스, 지속적인 고용지원이 포함된다. 4년 동안, 매년 15명의 참가자들이 TFTF 프로그램에 등록하여, 지금까지 모두 네 집단(60명)이 수료를 하였다. 참여자들이 성공적으로 교육과정을 밟아 나갈 수 있도록 교실에서 기술과 지원 개입이 제공되었다. 여기에는 동료 지지, 개별 지도, 지역사회 자원과의 연계, 집중적인 현장 서비스 제공 등이 포함된다. 각 개입에 대한 효과는 분기별로 측정되었으며, 인터뷰를 통해 직업 성과, 정신 건강 서비스 이용, 자존감, 여가 시간 활용, 역량강화, 서비스 만족도에 대한 자료가 수집되었다.

현재까지의 연구 결과들은 정신장애를 가진 사람의 경력 개발을 위해 다양한 영역에 초점을 맞추고 있는 이 접근법이 직업 및 심리사회적 성과에 유의한 영향을 미치고 있다고 제언한다. 일일 출석 평균이 90%를 상회하였으며, 참여자들의 일상생활 활동 수준도 상당히 높아졌다. 이 연구자료는 직접적인 성과 외에도, 자존감이나 역량강화의 증진을 보고하고 있다. 또한 정규직과 비정규직 취업률이 유의하게 높아졌고, 그에 따라 참여자의 임금 및 수당도 증가하였다. 직업에 대한 만족도 역시 향상되었다.

지원 고용

심각한 정신장애를 가진 사람들도 돈을 벌 수 있는 직업을 원한다(Rogers et al., 1991). 그러나 작업 기술, 적응, 구직, 취업을 돕기 위해 고안된 전통적인 직업재활 프로그램들은 정신장애를 가진 사람이 직업을 얻고 유지하는 데 별로 성공적이지 못한 것으로 일관되게 보고된다(Bond, 1992). 성공적인 취업은 직장에서 취업 클럽이나 임시취업 프로그램을 통해 지속적이고 용이하게 정신건강 전문가의 개입을 지원받을 수 있을 때 가능하였다(Jacobs, Kardashian, Kreinberg, Poneder, & Simpson, 1984; Bond & Dincin, 1986). 취업 클럽이란 정신건강 전문가가 함께하거나 그렇지 않은 상태에서 정신장애를 가진 사람들이 서로의 구직활동을 지원하는 비공식 조직이다. 취업 클럽은 구직 기회와 면접 기회를 제공하며, 회원들에게 취직자리를 안내한다. 임시취업 프로그램은 제한된 기간 동안 실제적인 직업을 제공한다. 많은 사람들이 직장을 체험할 수 있도록 고용주가 일정한 기간 동안 직장의 한 자리를 제공하는 것이다. 임시취업자가 출근하지 않는 경우에 정신건강 전문가가 그 업무에 대한 책임을 지도록 규정되어 있기 때문에 고용주는 업무에 대한 걱정을 하지 않아도 된다. 각 내담자는 직무 경험을 쌓고 경력을 쌓기 위해 약 6개월 내지 일 년간 그 일을 한다.

지난 10년간 지원 고용 프로그램은 심각한 정신장애를 가진 사람들이 선호하는 직업재활 개입법으로 발전해 왔다(Anthony & Blanch,

> 지난 10년간 지원 고용 프로그램은 심각한 정신장애를 가진 사람들이 선호하는 직업재활 개입법으로 발전해 왔다.

1989). 지원 고용은 장애를 가진 사람이 장애를 가지고 있지 않은 사람들과 정규적으로 접촉하는 통합된 직업 환경에서 18개월 이상 제공되는 지원 서비스를 이용하면서, 최소한 주당 평균 20시간을 근무하는 시간제 또는 전일제 형식의 보수를 받는 자유경쟁 직업을 갖는 것으로 정의된다(National Institute on Disability and Rehabilitation Research, 1989). 이 개입법은 특정한 직업 경험을 쌓기 전에 오랜 시간을 들여 준비하게 하기보다는 상대적으로 짧은 시간 내에 한 직업을 선택하도록 돕고, 그 직업에서 성공할 수 있도록 지원하는 것이다. 지원 고용 프로그램 참여자들은 현재의 직업 시장에서 구할 수 있는 직업을 선택하고, 직장에서 생산적으로 일할 수 있도록 현장 지원과 교육을 제공받게 된다. 지원 고용 프로그램의 '직업 코치'는 관련 직종의 경험을 가지고 있으면서 재활에 대한 훈련을 받은 사람이다. 직업 코치는 프로그램 참여자가 원하는 직업을 선택하도록 돕고, 구직 과정에 도움을 주며, 취업 후에는 직장 밖에서 지원을 제공해 준다(Danley, Sciarappa, & MacDonald-Wilson, 1992). 때로는 프로그램 참여자가 고용주에게 자신이 정신과적 진단을 받은 사람이라고 밝히기도 하고, 어떤 경우에는 밝히지 않는다. 직업 코치는 직장 밖에서 지원을 제공하는데, 전화로, 점심시간에, 또는 퇴근 후에 집에서 도움을 준다. 일반적으로 직업 코치는 프로그램 참여자가 어느 직장에서든 일어나기 마련인 스트레스와 사람들과의 갈등을 다룰 수 있도록 도와준다.

1990년대에 들어 지원 고용에 대한 연구물들이 출간되기 시작했다. 초기 자료들을 검토한 결과(MacDonald-Wilson, Revell, Nguyen, & Peterson, 1991)를 살펴보면, 지원 고용이 효과적인 재활 개입이 되기 위해서는 다음과 같은 특징이 요구되는 것을 알 수 있다.

- 정신장애를 가진 사람은 자신에게 적합한 직업을 얻기 위해서 개인의 가치관을 확인하는 일에 적극적으로 참여해야 한다.
- 초반에 정신장애를 가진 사람이 직업을 선택하도록 도와주는 데 일정한 기간이 요구된다.
- 정신장애를 가진 사람이 자신에게 적합한 직업을 선택할 수 있도록 광범위한

직업 유형에 대한 설명이 제공되어야 한다.

- 직장은 단순 노동의 초보적인 일자리가 아니라, 발전의 기회를 제공하는 장소가 되어야 한다.
- 고용주, 동료, 내담자 모두는 직장 내에서 발생가능한 낙인을 극복할 수 있도록 충분한 교육을 받아야 한다. 지원 활동은 직장 밖과 근무 후에 제공되어야 한다.

비록 관련 연구들이 걸음마 단계에 있기는 하지만 이미 수행된 연구들을 통해 정신장애를 가진 사람이 경쟁력있는 직업을 얻고 유지하도록 돕는 데 지원 고용의 효과성이 확인되고 있다. Mueser, Drake 및 Bond(1997)는 지원 고용에 관한 12개 이상의 실험 연구와 준실험 연구 및 사전 사후 연구들을 검토하였다. 그들은 연구들이 서로 다른 설계 방식으로 수행되었음에도 불구하고 결과들이 모두 일치한다는 결론을 내렸다. 실험 연구를 살펴보면, 58%의 프로그램 참여자들이 경쟁력있는 직업을 얻었으며 통제집단의 경우에는 21%만이 경쟁력있는 직업을 구했다. 근무 시간과 임금에 관한 조사 결과에서도 실험집단이 더 높게 나왔다.

유럽에서는 '사회적 기업' 또는 협동조합 형태의 취업 대안이 개발되었다. 이 대안에서는 장애를 가진 노동자들과 장애를 가지고 있지 않은 노동자들이 함께 협동조합 형태의 기업을 세워 개방경제에서 다른 회사와 경쟁을 하고, 노동자들은 일반적인 수준의 임금을 받는다. 북아메리카의 사회적 기업에서는 소위 내담자 중심의 기업에서부터 내담자들만의 사업에 이르기까지 전 범위의 기업이 운영되고 있으며, 협동조합 형태의 사회적 기업은 고용인과 고용주가 이윤을 공유할 것을 조건으로 한다(Costa, 1994; Grove et al., 1997; Savio & Righetti, 1993). 가장 잘 알려진 협동조합은 이탈리아 트리에스테에 위치해 있는데, 여기에는 지갑 전문점부터 고급 레스토랑, 광고방송 회사, 이사 업체, 여행사에 이르기까지 거의 100개에 가까운 작은 회사들이 모여 하나의 기업을 이루고 있다(Mattioni & Tranquilli, 1998).

고용 분야에 대한 관심이 증가하고 있다. 몇몇 나라에서는 이미 개발되어 있는 것보다 광범위하고 유망한 직업 모델을 발전시키기 위하여 더 많은 지원이 필요하다고 생각하는 반면(예: Cochrane, Goering, & Rogers, 1991) 다른 나라들에서는 경쟁에서 보호반는 일자리들이 최선의 성과를 내는 것으로 인식되고 있다(Eikelmann & Reker, 1993). 정신장애를 가진 사람들이 직장에 유입되도록 지원하는 데는 어려움이 있기 때문에, 정신재활 서비스는 정신건강제도가 보다 폭넓은 기회를 창출할 것을 촉구하고 있다. 일례로 여기에는 임시취업이나 내담자 중심 기업, 파운틴 하우스의 클럽하우스 모델과 같은 대안뿐만 아니라 직업 공유, 지원 고용 등의 취업 대안이 포함될 수 있다. 이러한 직업 기회들은 내담자들이 직업 경력을 개발시켜 나가는 다양한 시점에서 발생하는 다양한 필요들에 부응할 것이다.

요약하면, 지원 환경은 정신재활 원리에 근거하여 정신장애를 가진 사람들에게 다양한 환경과 역할을 선택할 수 있는 기회를 주고, 이러한 선택들이 성공적으로 실행될 수 있도록 유연한 지원을 제공해 준다.

사례관리

> CSS가 특정한 지리적 영역 안에서 살고 있는 모든 심각한 정신과적 장애를 가진 사람들을 위해 보다 나은 서비스 제도를 수립하고자 하는 제도 전반의 전략인 것과는 달리, 사례관리는 한 번에 한명의 내담자를 위해 개별 내담자를 중심으로 보다 나은 서비스 체계를 구축하고자 한다.

사례관리는 CSS에 포함되어 있는 필수 서비스 중 하나다. CSS가 특정한 지리적 영역 안에서 살고 있는 모든 심각한 정신과적 장애를 가진 사람들을 위해 보다 나은 서비스 제도를 수립하고자 하는 제도 전반의 전략인 것과는 달리, 사례관리는 한번에 한 명의 내담자를 위해 개별 내담자를 중심으로 보다 나은 서비스 체계를 구축하고자 한다.

사례관리는 지속적인 정신장애를 가진 사람들이 원하고 요구하는 서비스를 얻을 수 있도록 지원한다(Anthony, Cohen, Farkas, & Cohen, 1988). 이러한 경우에 내담자는 공식적인 정신건강 기관뿐만 아니라, 자신이 선택한 역량있는 사람 또는 기관이나 조직에서 서비스를 제공받을 수 있다.

초기에 사례관리는 제도의 부적절성, 특히 서비스의 경직성, 단편화, 낮은 이용률, 접근성의 어려움에 대한 반응으로 등장한 것으로 여겨졌다(Joint Commission on Accreditation of Hospitals, 1976). 그러나 Anthony, Cohen, Farkas 및 Cohen(1988)은 사례관리를 역기능적 제도에 대한 반응 이상의 것으로 보았는데, 그들은 제도가 어떻게 협력하고 통합되어 있든지 간에 사례관리를 필수적인 기능으로 간주한다. 사례관리는 개별 내담자가 가지고 있는 특정한 서비스에 대한 욕구와 전반적인 재활 목표에 대한 독특하고 개별적인 반응이라고 할 수 있다. 이러한 관점에서 보면, 사례관리는 휴먼 서비스 제도가 가진 인간적인 요소에 생명을 불어넣고 있다고 할 수 있다(Anthony, Cohen, Farkas, & Cohen, 1988).

사례관리 모델   사례관리 모델은 각자가 가지고 있는 철학과 초점 및 활동에 따라 매우 다양하다. 각 모델의 기저를 이루는 가치는 그 모델이 인간 지향적인지, 아니면 질병 지향적인지, 그리고 그 모델이 내담자에 따라 움직이는지, 아니면 서비스 제도에 따라 움직이는지의 여부에 따라 차이를 보인다. 어떤 모델에서는 사례관리 프로그램이 서비스 조정에만 관여하고, 또 어떤 모델에서는 위기 개입 및 재활 그리고 치료 서비스를 함께 제공한다.

사례관리가 초점을 두는 영역은 대부분 모델에 따라 달라진다. 정신건강정책자원센터(Mental Health Policy Resource Center, 1988)에서는 네 가지 주도적인 사례관리 모델, 즉 개인 강점 모델, 적극적 지역사회 치료 프로그램(PACT) 모델, 중개 모델, 재활 사례관리 모델을 규명하였다. 개인 강점 모델은 내담자가 현재 가지고 있는 강점을 지원해 줄 수 있는 자연적인 지역사회 자원을 확보하는 데 중점을 둔다(Mental Health Policy Resource Center, 1988; Modrcin, Rapp, & Chamberlain, 1985). PACT 모델은 적극적인 아웃리치 팀을 활용하여 내담자가 계속해서 지역사회에서 살아갈 수 있도록 포괄적인 서비스를 제공해 준다(Brekke & Test, 1987). 중개 모델은 내담자들을 정신건강 서비스에 연결시켜 주는 데 초점을 맞추고 있으며, 재활 사례관리 모델은 내담자가 선택한 환경에서 성공과 만족을 증진시키도록 내담자가 가지고 있는 기술과 지원을 개발해 주는 데 초점을 두고 있다(Anthony, Cohen, & Cohen, 1983). 정신건강정책자원센터(1988)에서 규명해 낸 모델들에 더하여 잘 알려진 사례관리 모델로 임상 사례관리 모델과 권익 옹호 모델이 있다. 임상 사례관리 모델은 개인상담과 환경 수정을 통해서 내담자를 지원해 주는 데 초점을 맞추고 있으며(Harris & Bergman, 1987a, 1988b, 1988c), 권익 옹호 모델은 내담자의 역량을 강화하는 데 초점을 두고 있다(Rose, 1988). 이와 같이 각 모델들은 그 철학과 초점이 매우 다르기는 하지만, 핵심 활동들에 있어서는 일치된 의견을 가지고 있다. Levine과 Fleming (1984)은 내담자 발견과 아웃리치, 평가 활동, 계획안 수립활동, 연계 활동, 모니터링, 권익 옹호 활동이라는 여섯 가지 핵심적인 사례관리 활동을 규명하였다. 이러한 핵심 활동들은 담당 사례 수, 서비스 장소, 접촉 강도, 접촉 기간, 사례관리자의 자격증과 임금, 인력 배치, 감독 구조, 기관의 문화, 프로그램의 비용 및 주변 서비스 제도의 질의 측면에서 차이를 보이는 다양한 프로그램 환경 속에서 수행된다. 이처럼 사례관리 모델은 프로그램 환경과 서비스 제도에서 다양성을 가질 뿐만 아니라 모델의 실행에서도 차이가 나기 때문에, 서로 다른 사례관리 모델 간에 성과를 비교하는 일에는 어려움이 있다.

사례관리 성과에 관한 연구   대부분의 초기 재활 사례관리 연구들은 사례관리를 실시하는 프로그램의 환경적 특성을 기술하는 연구들로 주를 이루었다(Farkas & Anthony, 1993). 연구 문헌을 살펴보면, 사례관리자의 특징(Intagliata & Baker, 1983; Caragonne, 1981; Goldstrom & Manderscheid, 1983), 사례관리 활동(Baker & Weiss, 1984; Berzon & Lowenstein, 1984; Caragonne, 1983; Intagliata, 1982; Kurtz, Bagarozzi, & Pollane, 1984; Levine & Fleming, 1984; Marlowe, Marlowe, & Willets, 1983), 이상적인 담당 사례 수(Intagliata & Baker, 1983; Schwartz, Goldman, & Churgin, 1982), 팀 사례관리와 비교해서 개인 사례관리가 갖는 상대적인 장점(Turner & Tenhoor, 1978)을 서술하고 있다.

  1980년대에 들어서 사례관리 성과에 대한 연구들이 등장하기 시작했는데 (Anthony, Cohen, Farkas, & Cohen, 1988), 그 결과들은 서로 모순되게 나타났다. 즉, 어떤 연구들은 긍정적인 성과를 보고하였고(Curry, 1981; Goering, Wasylenki, Farkas, Lancee, & Ballantyne, 1988; Modrcin, Rapp, & Poertner, 1988; Muller, 1981; Rapp & Chamberlain, 1985; Rapp & Wintersteen, 1989), 어떤 연구들은 성과가 아주 적은 것으로 나타났다(Cutler, Tatum, & Shore, 1987; Franklin, Solovitz, Mason, Clemons, & Miller, 1987). 몇 가지 연구에서는 PACT 모델을 기초로 한 사례관리 팀들이 효과를 보이

는 것으로 나타났는데, 사례관리 팀은 특정한 내담자 집단에 대해 모든 서비스를 조정해 줄 뿐만 아니라, 직접 서비스를 제공하는 책임을 맡고 있다(Bond, Miller, Krumwied, & Ward, 1988; Bond, Witheridge, Wasmer, Dincin, McRae, Mayes, & Ward, 1989; Borland, McRae, & Lycan, 1989; Brekke & Test, 1987; Field & Yegge, 1982; Test, Knoedler, & Allness, 1985). 이 연구들에 따르면, 특정한 내담자에 대하여 전체적인 책임을 사례관리 팀에 맡기는 것이 탈락률을 감소시킬 수 있으며, 가장 심각한 장애를 가진 내담자들에게 보다 많은 사례관리를 제공해 주고, 입원 수를 줄여 주며, 취업률과 사회활동을 증가시켜 줄 수 있다. 그러나 아직까지 이러한 성공으로 이끄는 구체적인 요인들이 무엇인지 알아내지 못하였다. 어떤 연구자들은 성공의 중요한 요인으로 시간의 연속성을 강조하지만, 또 어떤 연구자들은 사례관리자에 대한 신뢰와 프로그램의 가시성을 강조하고 있다(Grusky et al., 1987; Test et al., 1985).

1990년대에 사례관리 연구를 종합적으로 검토한 문헌들이 등장하였다. 이 문헌들은 주로 집중 사례관리(Intensive Case Management: ICM)라고 불리는 프로그램과 적극적 지역사회 치료(ACT) 팀에 의해 이루어진 사례관리에 초점을 맞추었다(Mueser, Bond, Drake, & Resnick, 1998; Mueser, Drake, & Bond, 1997). 이 두 가지 유형의 사례관리는 모두 한 명의 담당자가 낮은 비율의 사례 수(주로 1 : 10)를 갖는 것이 특징이며, 심각한 정신장애를 가진 사람이 지역사회에서 살기 위해서는 집중적인 지원과 서비스가 필요하다는 신념을 공유하고 있다. ACT 유형의 사례관리는 단일 팀에 의해 서비스가 제공되며, 이 팀은 전체적인 ACT 모델에 부합하는 다른 서비스들을 함께 제공한다.

이 두 가지 유형의 사례관리에 관한 연구 결과들은 사례관리가 병원에서 보내는 시간을 줄이고, 주거 안정성을 향상시키는 것으로 보고하고 있다. 그렇지만 이러한 효과가 다른 기능 영역에까지 일반화되는 것으로 보이지는 않으며, 이는 재활 원리와 일치하는 결과인 것이다. 사례관리 개입이 사회적, 직업적 기능에 영향을 미치고자 할 때는 구체적으로 각 성과에 초점을 맞추어 이를 달성하기 위해 요구되는 재활 프로그램을 서비스 패키지에 포함시켜야 할 것이다.

보스턴 대학교 정신재활센터는 1979년부터 구체적이고, 반복 가능하며, 측정 가능한 사례관리 기술론을 개발해 왔다. 센터에서 최초로 개발한 사례관리 매뉴얼은 『지역사회 서비스 조정 기술』(Cohen, Vitalo, Anthony, & Pierce, 1980)이라고 이름을 붙였다. 그 후 얼마 지나지 않아 지역사회 서비스 조정 활동은 '사례관리'라고 불리기 시작했다. 1986년에 Cohen과 동료 연구자들은 3년간의 기술론 개발 과정에 착수하여 실무자들에게 내담자 지향적인 서비스 조정 접근법을 가르치도록 고안된 종합적인 사례관리 훈련기술론을 만들어 냈다. 이 사례관리 기술론은 네 가지 주요 영역의 활동을 수행하는 데 요구되는 사례관리 기술을 교육한다. 즉, 내담자와 결속하기, 서비스 계획하기, 서비스와 내담자를 연계하기, 서비스 개선을 위한 권익 주장하기가 여기에 포함된다. 이 훈련기술론에 대하여 포괄적인 예비 시험 연구를 수행한 결과, 사례관리 기술을 가르치고 측정하는 것이 가능하며, 적용 과정을 모니터링할 수 있다는 것이 확인되었다(Cohen et al., 1989). 사례관리 기술론과 정신재활 기술론의 결합을 통해 재활 사례관리 접근이 개발되었다(Anthony, Forbess, & Cohen, 1993).

사례관리와 재활의 통합은 다음과 같은 재활 사례관리에 대한 정의를 이끌어 냈다. 즉, 재활 사례관리란 정신장애를 가진 사람이 자신이 원하고 필요로 하는 서비스를 이용하기 위해 협상하는 데 참여하고, 그 사람이 선택한 환경에서 최소한의 전문적인 개입을 받으면서도 성공적이고 만족스러운 삶을 영위하기 위해 기술과 지원을 개발해 나가는 과정을 의미한다.

본질적으로, 재활 사례관리는 중개 모델 기능에 정신재활의 기능을 첨가한 것이다. 개인 지향 접근(중개 모델)에서는 내담자와 관계를 맺고, 서비스를 계획하고, 내담자를 서비스에 연결하고, 서비스의 개선을 위해 노력하는 등의 사례관리 활동을 강조한다(Cohen, Nemec, Farkas, & Forbess, 1988). 반면 재활 사례관리 접근은 재활의 핵심 활동인 준비도 평가 및 개발(Farkas et al., 2000; Cohen et al., 2000)과 전반적인 재활 목표 수립(Cohen et al., 1986), 직접기술교육법(Cohen et al., 1985)으로 시작하여, 여기에 내담자를 위해 자원을 개발해 주는 사례관리 활동을 추가하는 것이다. 사례관리자는 정신장애를 가진 사람이 필요로 하는 기술과 지원의 개발을 돕고, 사례관리자가 직접 제공하지 못하는 다른 서비스(예: 기초 지원 서비스, 자조 서비스, 위기 개입 서비스)에 접근할 수 있도록 지원하는 활동을 한다.

재활 사례관리 활동은 본질적으로 사례관리 서비스와 재활 서비스 양자의 주요한 목표와 관련된 두 가지 성과—① 내담자가 원하고 필요로 하는 서비스에 접근할 수 있도록 돕기(사례관리), ② 내담자가 선택한 역할 속에서 기능을 수행하도록 돕기(재활)—를 갖게 된다(Hutchinson & Farkas, in press). 첫 번째 성과는 서비스의 시작과 이용에 관한 간편한 척도로 평가될 수 있다. 간단히 말하면, 재활 서비스를 이용하고 있는 정신장애를 가진 사람이 진정으로 원하고 필요로 하는 서비스에 연결되어 있으며 참여하고 있는가다. 두 번째

재활 사례관리 활동은 본질적으로 사례관리 서비스와 재활 서비스 양자의 주요한 목표와 관련된 두 가지 성과— ① 내담자가 원하고 필요로 하는 서비스에 접근할 수 있도록 돕기(사례관리), ② 내담자가 선택한 역할 속에서 기능을 수행하도록 돕기(재활)—를 갖게 된다.

성과는 역할 수행에 관한 직접적인 척도로 평가된다. 예를 들어, Goering, Farkas, Wasylenki와 동료 연구자들(1988)은 정신장애를 가진 사람이 특정한 삶의 역할(예: 아파트 주민, 학생, 근로자, 주부)로 기능을 수행한 시간의 양을 측정하는 역할 기능 척도를 개발하여 사용하였다. 지난 20년간 보스턴 대학교 정신재활센터의 직무자들은 센터의 재활 사례관리 기술론이 포함하는 다양한 구성 요소들을 가지고 북아메리카와 유럽에 있는 수백 명의 직무자들에게 전문가 수준의 훈련을 실시하였다. 이 실무자들이 제공한 피드백은 재활 사례관리 기술론과 실천에 관련된 문제를 다듬고 구체화하는 데 많은 도움을 주었다(예: Vallee, Courtemanche, & Boyer, 1998). 이러한 평가에 더하여 자료를 기반으로 하는 세 가지 연구들에서 재활 사례관리를 실무자들에게 훈련한 결과에 대해 평가하였다(Barclay, Farkas, & McKinnon, 1991; Farkas, 1981; National Institute of Mental Health, 1980). 근본적으로 이 훈련 연구들은 재활 사례관리 기술론이 성공적으로 학습되고, 관찰되며, 측정될 수 있다는 것을 증명하였다(Farkas & Anthony, 1993). 따라서 재활 사례관리 개입이 관찰 가능한 방법으로 기술되고, 학습되고, 측정될 수 있었기에 재활 사례관리 기술론에 대한 성과 연구를 수행할 수 있게 되었다. 지난 10년간 몇몇 재활 사례관리 연구들이 수행되었다(Anthony, Brown, Rogers, & Derringer, 1999; Goering, Wasylenki, Farkas, Lancee, & Ballantyne, 1988; Kramer, Anthony, Rogers, & Kennard, 1999; Shern, Tsemberis, Anthony, Lovell, Richmond, Felton, Winarski, & Cohen, 2000). 최초의 재활 사례관리 연구는 Goering, Wasylenki와 동료 연구자들(1988)에 의해서 수행되었는데, 이 연구는 재활 사례관리 개입을 받은 사람

들이 통제집단에 비해 도구적인 역할 기능과 직업 상태, 서비스에 대한 만족도, 사회적인 기능 면에서 보다 나은 성과를 보였다고 보고하였다.

두개의 프로그램 평가 연구에서도 재활 지향 사례관리의 성과를 보고하였다. 오리건 주의 유진 지역에 소재하고 있는 정신사회재활센터에서는 혁신적인 병원 전환 프로젝트의 일환으로 주립병원에서 탈기관화한 내담자 집단에 서비스를 제공하기 위해 다양한 재활 지향 사례관리 기술론을 훈련받은 실무자들을 활용하였다(Anthony, Brown, Rogers, & Derringer, 1999). 이 프로젝트는 퇴원한 내담자의 독립적인 주거 및 직업 상태를 향상시키기 위하여 지역사회 자원을 이용하도록 하는 것에 목표를 두었다. 그 결과, 퇴원한 내담자들은 퇴원 후 2년 내지 2년 반 후에도 병원을 이용하는 빈도가 낮았고, 입원, 위기, 응급실 서비스를 거의 이용하지 않는 것으로 나타났다. 위법 행동과 중독 문제도 거의 없었다. 참가자 21명 중 18명이 지원 주거 환경, 즉 정신사회재활센터에서 지원하는 일반 주거 환경에서 살고 있었다. 전체 기간 중 병원에서 보낸 날은 3.6%에 불과하였고, 참가자의 47.6%가 지역사회 내의 직장에서 일하고 있었다. 프로젝트가 진행된 마지막 해에 참가자가 필요로 했던 지역사회 지원 수준은 개월당 평균 25.86시간이었으며, 참가자별로는 5.3~82.5시간의 범위로 나타났다. 그러나 이 결과에서는 세 명의 참가자들이 보고한 서비스 이용량이 다른 이들에 비해 극단적으로 많아 불균형을 이루고 있다는 점에 주목할 필요가 있다. 한 사람은 개월당 평균 82.5시간을 이용하였으며, 다른 두 사람은 전체 프로젝트의 입원 기간 중 56%를 차지하였고, 이들 중 한 사람은 거주지를 서른다섯 번이나 바꾸었다. 그러나 연구의 막바지에는 이 세 사람도 지원 주거에 머물렀다.

재활 사례관리 개입이 적용된 또 다른 예로 플로리다의 포트 로더데일의 연구를 들 수 있다. 이 지역에서는 플로리다 남부 주립병원이 규모를 줄이게 되면서 재활 사례관리 훈련을 받은 직무자들로 구성된 지역사회 정신건강센터가 ACT 프로그램을 실시하게 되었다(Kramer, Anthony, Rogers, & Kennard, 1999). 이 팀에 의해 서비스를 받은 최초의 80명은 이전에 주립병원에 입원하였거나 최소한 지역사회의 병원에서 제공하는 종합적인 입원 서비스를 이용한 사람들이었다. 연구 결과를 보면, 입원 일수와 주거, 학습, 직업, 사회적 성과 면에서 긍정적인 성과가 있었다. 또한 내담자들의 입원 일수가 약 90% 줄어들면서 상당한 비용 절감 효과가 발생하였다.

재활 사례관리 기술론을 임상적으로 시도한 연구로는 Shern과 동료 연구자들 (2000)이 뉴욕시에서 수행한 것이 유일하다. 연구 참여자들은 심각한 정신장애를 가지고 집 없이 노숙하는 사람들이었다(이들은 쉼터에서 거주하지 않았다). 이 개입은 이전의 전통적인 노숙인 제도가 규범과 힘, 통제를 기반으로 한 것(예: 지역사회 재통합 프로그램에 참여하려면 반드시 단주 상태를 유지해야 하는 것을 필수 조건으로 삼았던 것)과는 달리, 선택과 참여라는 철학에 근거하여 이루어졌다. 이 연구는 재활 사례관리 기술론과 이 기술론이 기반으로 하고 있는 철학이 소위 '기능을 잘하지 못하고 있다'고 여겨지는 집단의 사람들에게 성공적일 수 있을지의 여부를 실험하고자 했다.

연구 결과, 효과성이 확인되었다. 정신재활 사례관리를 받은 실험집단에 있던 사람들(n=91)은 일반적인 치료집단의 사람들과 비교했을 때, 거리에서 보내는 시간이 감소하였고(55% 대 28%), 지역사회 쉼터에서 더 많은 시간을 보냈으며(21% 대 9%), 낮치료 프로그램에 더 많이 참여하였다(53% 대 27%). 게다가 이들은 의식주와 개인적인 욕구를 충족시키려 할 때 어려움을 덜 경험하였고, 삶에 더 큰 만족감을 보였으며, 정신과적 증상도 상당히 감소하였다. 재활 사례관리 기술론이 상당히 구체적으로 잘 기술되어 있기 때문에(Anthony, Forbess, & Cohen, 1993), 정량적 평가(Shern, Trochim, & LaComb, 1995)와 문화기술지적 연구(Lovell & Cohn, 1998)를 통해 이 실험 프로그램이 재활 사례관리 기술론을 충실하게 잘 반영하고 있다는 것을 증명할 수 있었다.

요약하면, 일반적으로 성과 연구의 수행을 어렵게 하는 문제들은 초기 사례관리 연구의 엄격성에도 영향을 미쳐 왔는데, 그 예로 타당도가 검증된 표준화된 성과 척도가 부족했다(Bachrach, 1982a; Farkas & Anthony, 1987; Anthony & Farkas, 1982; Fiske, 1983)는 사실을 들 수 있다. 초기 연구들은 엄격하게 통제되지 않은 경우가 많아 결과를 일반화할 수 없고, 평가를 할 수 없는 경우도 많았다. 여전히 남아 있는 또 다른 중요한 문제는 실무자가 사용한 개입 기술론을 구체적으로 기술하지 않고 있다는 점이다(Strube & Hartmann, 1983). 보다 최근의 사례관리 연구들은 이러한 결점을 극복하고자 노력하고 있다.

1990년대의 관리의료

제2장에서 언급하였듯이, 관리의료제도는 1990년대에 미국에서 극적으로 확대되었다. 불행하게도 정신장애를 가진 사람을 위한 관리의료는 매우 빈약한 상태에서 시작되었는데, 행동관리의료의 지도자들이 1980년대에 시작된 발전사항들(예: CSS, 사례관리, 지원 주거, 지원 교육, 지원 고용 환경)을 고려하지 않았던 것이다. Anthony(1996)는 정신장애를 가진 사람과 관련된 관리의료의 주요 결점을 분석한 바 있다. 지역사회지원프로그램(CSP)에 기반을 둔 제도 계획안과 비교할 때 명백하게 드러나는 관리의료의 한계를 다섯 가지로 요약하면 다음과 같다.

1. CSS가 가진 개념 모델과 비교할 때, 관리의료제도가 기반을 두고 있는 개념 모델은 상대적으로 비현실적이다. CSP가 효과적인 서비스 제도를 유지하기 위해 요구되는 구성요소들을 확인하고 체계화한 데 비하여, 관리의료 회사들은 그러한 노력을 기울이지 않았다.

2. 관리의료는 CSS에 비해 심각한 정신장애를 가진 사람에 대한 실증 연구 기반이 취약하다. CSP는 20년 이상 효과적인 서비스 프로그램 및 제도를 개발하기 위해 자료를 구축하면서 실제적인 함의를 도출하고자 노력해 오고 있다. 심각한 정신질환을 가진 사람에 대한 관리의료제도는 새로운 제도인 만큼 그에 필적할 만한 데이터베이스를 구축하지 못하였다.

3. CSS에 비하여 정신재활, 사례관리, 자조집단 등의 개입법에 관하여 관리의료가 갖는 이해의 수준은 초보적인 수준에 그치고 있다. CSP에 비해 관리의료가 프로그램을 수행하는 데 비현실적인 방법을 사용하는 것은 이러한 개입법을 제대로 이해하지 못하고 있기 때문이다.

4. 관리의료에서 수행되고 있는 사례관리 이용에 관한 조사 연구를 보면, CSS에서 시행하는 사례관리에 비해 여러 가지 면에서 한계를 가지고 있다. 서비스 이용에 관한 연구들을 살펴보면, 사례관리자는 특정한 돌봄 서비스를 지속하거나 이용하기에 앞서 전문가의 승인을 요구하면서 비용을 통제한다. 반대로 CSP 유형의 사례관리자는 정신장애를 가진 사람과 지속적인 협력 관계를 형성하고자 노력하면서 당사자가 원하고 필요로 하는 서비스가 무엇인지를 함께 결정한다.

5. 비용 절감이라는 가치가 CSS의 가치보다 반드시 우위에 있는 것은 아니다. 소비자와 가족의 참여, 역량강화, 재기에 대한 비전과 같은 CSP의 가치는 서비스 제도가 공적으로 관리되든 사적으로 관리되든 관계없이 본질적으로 중요한 가치인 것이다.

다행히도 관리의료제도 수립자들은 정신재활을 관리의료 서비스에 포함시키는 것이 적합하다는 것을 인식하기 시작하였으며, 어떻게 CSS 기반의 행동보건의료제도를 기획해야 하는지를 알아가고 있다. 초기 탈기관화 시대에는 정신재활에 대한 지식 기반이 상대적으로 취약하였지만, 이제 정신재활과 CSS 분야의 전문가들은 관리의료제도가 심각한 정신질환을 가진 사람을 대하는 방식에 영향을 줄 수 있게 되었다. 이들은 성과를 확인하고 측정하는 방법, 주 정부의 관리의료 기획안을 준비하는 방법, 주 정부의 계약서를 작성하는 방법, 제도를 수립하는 방법에 영향력을 행사할 수 있다. 이 전문가들은 관리의료제도의 안팎에 영향을 미치고 있다. 이들은 대내적으로 관리의료 관리자로서, 관리의료 기관의 서비스 제공자로서, 관리의료 기관의 자문가로서 관리의료 정책에 힘을 발휘할 수 있다. 대외적으로는 기획 및 사업개발을 담당하는 주 정부 공무원으로서, 관리의료 기관과 협력하는 기관 또는 서비스 제공자로서, 소비자/가족 권익 옹호자로서, 관리의료의 연구자, 교육자, 국민의 한 사람으로서 관리의료 분야에 영향을 미칠 수 있다. 탈기관화는 악몽이었다. 그러나 관리의료는 결코 악몽이 되어서는 안 된다! 30년간 쌓인

> 다행히도 관리의료제도 수립자들은 정신재활을 관리의료 서비스에 포함시키는 것이 적합하다는 것을 인식하기 시작하였으며, 어떻게 CSS 기반의 행동보건의료제도를 기획해야 하는지를 알아가고 있다.

CSS와 재활의 지식과 경험은 행동관리의료가 전국적으로 시행되고 있는 동안 가만히 방관하고 있지만은 않을 것이다.

정신재활 접근법을 정신건강제도에 통합하기

CSS, 사례관리 서비스, 지원 주거, 지원 교육, 지원 고용, 관리의료 등의 제도적인 발전은 정신재활이 진보해 나가도록 길을 닦아 주었다. 제1장과 제2장에서 언급하였듯이, CSS 개념과 정신재활 접근은 동일한 대상 집단에 초점을 두고 있으며, 철학적인 측면에서도 양립가능하다. 정신재활의 개입전략은 CSS 철학을 이행하는 데 도움이 된다. 그리고 CSS 서비스 제도 개념은 관리의료가 발전해 나갈 수 있는 환경적인 맥락이 무엇인지를 규정해 준다. 그러나 CSS 개념은 관리의료나 공공 정신건강 당국이 운영하는 제도에 정신재활 접근법을 어떻게 통합시킬 수 있는지에 관한 청사진을 제공해 주지 못하고 있다.

정신건강 당국(혹은 관리의료제도)이 정신건강 서비스 제도 속에 정신재활을 통합시키기로 결정한 경우에는 정신재활을 지원하는 방식으로 심각한 정신장애를 가진 사람을 위한 당국의 전반적인 철학과 정책을 규정해야 한다. 더하여, 정신건강 당국은 정신재활의 철학과 정책에 근거하여 행정 기능을 수행해야 한다.

분명하게 규명된 서비스 제도의 철학과 정책은 그 서비스 제도의 토대가 된다. 정신건강 당국은 이상적인 재활 성과에 관한 신념을 반영하고 있는 정신재활 철학을 명확하게 표명하여 서비스 제도에 정신재활 접근법을 통합시키는 첫걸음을 내딛을 수 있을 것이다. 이러한 정신재활의 사명과 바람직한 성과에는 장기적인 정신장애를 가진 사람이 자신이 선택한 주거, 교육, 직업 및 사회적 환경 속에서 독립적으로 살아갈 수 있는 가능성을 극대화하고 성공적으로 기능하고 만족할 수 있도록 도와주는 일이 강조된다. 독립, 유능감, 선택의 자유, 지원받을 권리, 개인적인 만족을 얻을 권리, 정상화, 역량강화, 개별화 및 책무성과 같은 재활의 가치들은 재활의 철학을 말해 주는 지표가 된다. 이러한 가치들은 비용 절감을 강조하는 관리의료의 가치에 반하지는 않지만, 그렇다고 도움이 되는 것도 아니다.

정책은 철학을 실행 지침으로 바꾸어 준다. 정책은 법령, 규정, 규칙, 절차 등에 공식적으로 진술되며, 서비스 제공을 통해 이행된다. 재활을 지원하는 정책은 재활의 실천에 영향을 미치는 바람직한 활동 방침을 지시해 준다. 우선순위가 높은 내담자 집단(예: 심각한 장애를 가진 사람들), 역량강화(예: 온당한 주거 공급), 지속적인 지원(예: 내담자의 변화하는 필요에 부합하는), 우선순위가 높은 프로그램의 수립(예: 직업재활), 내담자가 원하는 프로그램 활동(예: 기술교육), 필수적인 기록 유지(예: 기능 평가 요구)에 대한 정책은 재활을 지원하는 데 중요한 활동들이다.

정신건강제도 정책의 이행

정신건강제도는 서비스 전달을 지원해 주는 행정적인 기능이나 책임을 담당하는 정신건강 당국(예: 주 정부 정신건강국, 관리의료 기관)에 의해 관리된다. Cohen(1989)은 전적으로 정책을 이행할 수 있는 제도에 필수적으로 요구되는 여덟 가지 행정 기능을 규명하고, 각각의 정의를 내렸다. 이 기능에는 계획안 수립, 재정 지원, 관리, 프로그램 개발, 인적 자원 개발, 조정, 평가, 권익 옹호가 포함된다. 〈표 10-2〉는 정신건강 당국의 여덟 가지 행정 기능을 보여 주고 있다. 각각의 기능은 정신재활을 지원하는 철학 및 정책과 일치하는 방향으로 수행되어야 하며, 중요한 행정 역할을 수행하는 자리에 정신장애를 가진 사람을 참여시켜야 한다.

정신건강 당국의 계획안 수립 기능에는 서비스 제도를 설계하는 것이 포함된다. 내담자를 평가하고 새롭고 향상된 서비스를 설계하는 일이 계획안 수립 기능의 일부

표 10-2 정신건강 당국의 8가지 행정 기능

• 계획안 수립	• 재정 지원	• 관리	• 프로그램 개발
• 인적자원 개발	• 조정	• 평가	• 권익 옹호

출처: Cohen, M. R. (1989). Integrating psychiatric rehabilitation into mental health systems. In M. D. Farkas & W. A. Anthony (Eds.), *Psychiatric rehabilitation programs: Putting theory into practice* (pp. 162-191). Baltimore: Johns Hopkins University Press.

가 된다. 정신재활을 지원하는 제도의 계획안은 대상 집단의 사람들이 가장 성취하고 싶어 하는 전반적인 목표(예: 학교에 다니기, 경쟁력있는 직업 갖기, 독립적으로 살아가기)를 규명하고, 내담자의 능력과 선호를 평가하며, 내담자의 기술과 지원을 개발할 수 있는 서비스를 개발하거나 향상시킨다.

정신건강 당국의 재정 지원 기능에는 지원 서비스를 위해 재원을 마련하고 분배하는 것이 포함된다. 정신재활을 지원하는 정신건강 당국은 재활 서비스에 재정을 지원하기 위해 모금을 하고(예: 융통성 있는 자금을 확보하고, 보유하고 있는 자금을 재활 서비스에 재분배하거나, 입법자와 다른 재원에 재활을 홍보하여 채택하게 하는 것), 또한 재활이 일어날 수 있는 방식으로 서비스에 자금을 분배한다(예: 내담자 1인당 적절한 지출).

정신건강 당국의 관리 기능에는 서비스의 운영을 감독하는 것이 포함된다. 계약서 작성, 모니터링, 질적 보증은 관리 기능의 한 부분이다. 정신재활을 지원하는 정신건강 당국은 모든 내담자가 준비된 상태에서 전반적인 재활 목표를 선택하며, 재활 진단과 재활 계획안 수립 및 재활 개입에 참여한다는 증거와 같은 재활지표에 입각하여 계약서(특히 관리의료 계약서)를 작성하고 모니터링한다.

정신건강 당국의 **프로그램 개발** 기능에는 프로그램 행정가에게 자문을 제공하는 것이 포함된다. 정신재활을 지원하는 정신건강 당국은 재활 환경을 설계하는 것과 재활 절차를 중심으로 프로그램을 구성하는 것, 정신재활의 철학과 양립할 수 있는 운영 지침을 개발하는 것에 대해 자문을 제공한다.

정신건강 당국의 인적자원 개발 기능에는 인력을 선발하고 훈련하는 것이 포함된다. 정신재활을 지원하는 당국은 재활 태도와 재활 지식 및 재활 기술의 유무를 기준으로 재활 서비스를 제공할 인력의 고용을 결정한다. 그리고 내담자가 재활하는 데 요구되는 과제에 입각해서 직무 내용을 기술하고, 인력의 재활 태도와 지식 및 기술을 개발하는 사전 서비스 훈련 프로그램과 현장 서비스 훈련 프로그램에 재정을 지원한다.

정신건강 당국의 **조정** 기능에는 기관 상호 간의 협력을 보장해 주는 것이 포함된다. 기관 상호 간의 합의점을 도출해 내고, 기관들 간 훈련 기회를 연계해 주며, 각 기관들을 서로 연결해 주는 지침을 만드는 것은 제도가 가지고 있는 조정 기능의 일부분이다. 조정 기능을 통해 서비스 제도 내에 있는 서로 다른 서비스들 간에 그리고 서비스 제도 자체와 내담자에게 서비스를 제공하고 있는 여타 서비스 제도 간에 협력을 촉구한다. 예컨대, 정신재활을 지원하는 정신건강제도는 정신장애를 가진 사람의 직업 목표를 추구하는 일을 지원하기 위해 직업재활제도와 협력할 수 있다.

정신건강 당국의 평가 기능에는 관리 정보를 분석하는 것과 내담자의 성과에 대해 연구하는 것이 포함된다. 어떤 자료를 수집할 것인지와 어떤 자료 수집 절차를 취할 것인지를 결정하고, 어떤 방식으로 자료에서 결론을 도출해 낼 것인지를 결정하는 것이 제도가 가진 평가 기능의 일부분이다. 정신재활을 지원해 주는 제도는 내담자의 재활 목표 달성, 내담자의 능력(예: 내담자들이 가지고 있는 기술의 강점과 결점)의 향상, 환경 자원의 증가 및 재활 절차의 이행을 평가한다. 수집된 자료는 여러 가지 관점(예: 내담자의 관점, 전문가의 관점, 가족의 관점)에서 통합된다. 자료를 통해 얻은 결론에서는 내담자 변인과 프로그램 변인 및 성과 변인을 연결시켜야 한다.

정신건강 당국의 권익 옹호 기능에는 내담자 집단의 권리를 보호하는 것이 포함된다. 보다 유리한 서비스 적격성 기준을 위해 협상하고, 그것이 지역사회에 더욱 잘 수용되도록 하는 것이 제도가 가지는 권익 옹호 기능의 예가 된다. 정신재활을 지원하는 제도에서는 표준화된 치료에 대한 권리, 주거와 교육, 직업 및 사회적인 기회에 대한 권리 그리고 장기적인 정신과적 문제를 가지고 있는 사람들이 생활하고, 배우고, 일하는 환경을 선택할 수 있는 권리를 옹호한다.

정신건강제도의 환경적 맥락

정신건강제도는 정치 및 경제적 요인 뿐만 아니라 여타의 서비스 전달 체계들을 포함하는 환경적인 맥락 속에서 기능한다(Scott, 1985). [그림 10-2]는 정신건강제도가 어떻게 내담자 집단과 재활 전문 인력 그리고 프로그램을 중심으로 구축되어 있으며, 정신건강 당국으로부터 지원을 받고, 다른 서비스 제도와 상호 작용을 하며, 환경적 맥락에 의해 영향을 받는지를 나타낸다. 환경적 맥락이란 정신재활을 지원

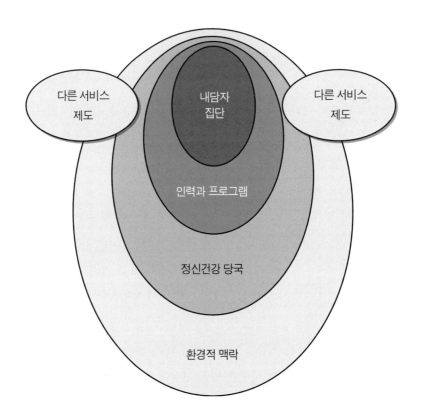

[그림 10-2] 정신건강제도의 횡단적 고찰

출처: Cohen, M. R. (1989). Integrating psychiatric rehabilitation into mental health systems. In M. D. Farkas & W. A. Anthony (Eds.), *Psychiatric rehabilitation programs: Putting theory into practice* (pp. 162-191). Baltimore: Johns Hopkins University Press.

해 주기도 하고, 장벽을 만들기도 하는 서비스 제도의 외적 요소를 일컫는다. 미국의 경우, 환경적 맥락에는 민주주의(권위주의적인 정책과 반대되는)와 같은 국가의 가치를 비롯하여, 각 주와 지역 거주자들의 필요와 소망에 따라 전달 체계를 개별화할 것을 촉구하는 주 정부의 권리가 포함된다. 정치적인 풍토와 경제적인 여건이 서비스 제도를 지원하는 자금의 유용성에 영향을 미치게 된다. 즉, 주 정부와 연방 정부 수준에서 정책과 경제 상황이 재정 자원의 양과 분배에 영향을 미친다. 여론 역시 서비스 전달체계가 기능하는 환경적 맥락에 큰 영향을 미친다.

미국에서는 흔히 환경적 맥락이 정신재활에 혼재된 지원을 제공하게 만드는 상황을 유발한다. 치솟는 보건의료 비용 등의 경제적인 문제가 장애를 가진 사람을 재활시키는 비용을 신중하게 사용하도록 하며, 관리의료 접근법의 출현을 조장해 왔다. 심각한 정신장애를 가진 노숙인에 대한 대중의 여론은 정치인들에게 압력을 가하여, 궁극적으로 정신건강제도에 영향을 미쳐서 정신질환을 가진 노숙인을 당사자의 개인적인 욕구나 목표와는 상관없이 기관에 수용시키거나 혹은 보다 나은 지역사회 서비스를 개발하도록 만든다. 때로 정신건강제도에 그 효과성과 손익을 증명하라는 압력이 가해진다. 따라서 정신재활은 내담자 집단의 인간다운 삶뿐만 아니라 비용 효과성에 근거해서 그 가치를 증명할 수 있어야만 한다. 직업 생산성과 정상적인 주거 생활은 비용 효과성과 인간다움이라는 가치를 모두 만족시켜 주는 재활 목표의 예가 된다.

1990년대의 환경적 맥락은 정신재활의 확산을 촉진하는 입법안에서 시작되었다. 미국 공법 99-660은 심각한 정신질환을 가지고 있는 사람들을 위해 지역사회 기반의 조직적이고 통합적인 돌봄 체계를 구축할 수 있도록 주 수준의 정신건강 계획안을 수립하는 일에 자금을 공급할 수 있도록 하였다(NIMH, 1987). 이 법령은 소비자와 가족들이 계획안 수립 과정에 참여하고 조언을 제공할 수 있는 권한을 부여했다(Kennedy, 1989). 이 법령에는 내담자에게 제공되는 재활 서비스들이 주 정부 계획안에 기술되어야 한다는 말이 구체적으로 명시되어 있다. 더욱이 NIMH가 기술상의 보조 자료로 개발한 주 정부 계획안 모델에는 정신재활의 철학과 원리가 녹아 있다(NIMH, 1987).

공법 99-660의 입법과 CSS의 개념 모델의 점진적인 수용 그리고 정신과적 장애를 가진 사람들과 가족들의 끊임없는 권익 옹호 활동의 영향으로, 장기적인 정신장애를 가진 사람에게 보다 나은 서비스를 제공하고자 하는 정신건강제도 계획안의 수립이 확대되고 있다. 이에 전략적인 계획안을 수립한다는 말이 정신건강제도 행정가들의 핵심 용어가 되었다. 지역 분권주의 대(vs.) 중앙 집권주의, 대안적인 사례 관리 모델, 서비스 적격성 기준의 변화, 새로운 재정 지원 전략, 욕구 평가, 향상된 정보 체계, 어떤 조직적 실체가 관리의료를 구성해야 하는가 등에 대한 논의가 서비스 제도 계획안 수립의 현 추세가 된다.

새롭고 향상된 서비스 제도를 수립하려는 움직임은 물론 전부터 있어 왔다. 가장 주목할 만한 것으로는, 정신장애를 가진 사람을 위한 '수용시설'로 주립 '병원'이 설립되었고, 이후에 탈기관화 현상이 뒤따랐으며, 지역사회 정신건강 서비스가 출현했다는 사실이다. 지난 몇 년간 정신건강제도의 계획안 수립에 나타난 경향을 살펴보면, 먼저 어느 곳에 서비스를 설치할 것인지, 누가 서비스를 시행하고 재정 지원을 할 것인지, 그리고 어떻게 서비스를 조정해야 하는지에 대한 질문에 초점이 맞추어져 있었다.

물론 이러한 중요한 문제들에 대한 해답을 내려야 하지만, 이 문제들은 최우선적인 핵심 문제를 포함하지 않고 있다. '내담자가 무엇을 원하며, 또 어떻게 하면 당사자가 원하는 것을 얻도록 가장 잘 도와줄 수 있을까?' 하는 것이 중요한 문제가 된다. 실증 자료를 통하여 심각한 정신장애를 가진 사람도 원하는 것에 있어서는 우리 모두와 같다는 것이 증명되었다. 실무자들과 내담자들을 대상으로 실시한 수백 개의 인터뷰 축어록을 보면 내담자들은 만족스러운 직장에서 일하고 싶고, 개선된 주거 환경에서 살고 싶으며, 친구를 사귀고 싶다는 목표에 대해 반복해서 이야기하고 있음을 알 수 있다(Rogers, Cohen, Danley, Hutchinson, & Anthony, 1986). 불행하게도, 병원 기반의 제도나 지역사회 기반의 제도 그리고 관리의료제도 모두가 심각한 정신장애를 가진 사람이 원하는 것을 얻도록 도와주는 일에 별로 성공적이지 못하였다(Anthony, 1996; Anthony, Cohen, & Vitalo, 1978; Bachrach, 1983; Talbott, 1983).

정신건강제도 계획안 수립에 있어서 과거의 함정

정신건강제도를 수립하는 데 있어 현 단계의 상황은 관리의료의 출현으로 새로운 자극을 받고 있다. 이러한 상황은 보다 바람직한 서비스 제도를 설계할 수 있는 기회가 되기도 한다. 그러나 새롭게 수립되는 계획들은 자칫 과거로부터 전해 내려오는 함정에 빠져 아무 일도 못하게 될 수 있다. 다음의 여섯 가지 함정은 내담자가 원하는 것을 얻을 수 있도록 지원하는 제도를 수립하는 데 방해가 될 수 있는 요인들이다.

가치의 결여

역사적으로 지금까지는 제도를 수립할 때 가치를 명시하는 작업이 거의 이루어지지 않았다. 관리의료의 경우에는 예외적으로 가치의 결여 문제가 발생하지 않았으나, 그 강조점이 비용의 억제나 책무성으로 한정되어 있다. 가치가 명시되었든 그렇지 않든 간에, 가치는 모든 서비스 제도 계획안의 근간이 된다. 아마도 정신건강 계획안 수립의 토대가 되는 가치에 대해 언급하기를 꺼려 하는 이유는 논쟁이 발생하는 것을 원하지 않기 때문일 것이다. 분명히 정신건강제도의 계획안을 수립할 때 동의와 지지를 얻는 것이 도움이 되겠지만, 서비스를 설계하는 시점에서는 그 토대가 되는 가치(그 근거가 무엇이든지 간에)가 명시되어야 할 필요가 있는 것이다. 예컨대, 서비스 계획안 수립에 지침이 될 수 있는 세 가지 가치로, 선택 극대화하기, 소비자와 전문가의 능력 증대하기, 지원 제공하기를 들 수 있다. 이러한 가치들을 비롯한 여러 가치들이 제도 계획안을 수립하는 기반으로 정해지든 그렇지 않든 상관없이, 하나의 제도란 그것이 지니고 있는 가치만큼만 가치로울 수 있는 것이다(Cohen & Anthony, 1988).

내담자의 목표에 대한 초점의 결여

전통적으로 정신건강제도의 계획안을 수립할 때 서비스 제도를 변화시키려는 목표를 가지고, 그것을 달성하는 데 초점을 맞추어 왔다. 지역사회 내에서 서비스 제공하기, 비용 절감하기, 서비스의 효율성 높이기 등은 우리가 잘 알고 있는 제도의 목표들이다. 물론 이 목표들이 서비스의 제공을 향상시키는 데 중요한 기여를 하지만 결코 이 목표들이 제도 계획안을 이끌게 해서는 안 된다. 즉, 제도의 계획안은 내담자 집단에서 직접 요구하는 목표(예: 만족할 만한 직장)에 따라 수립되고 운영되어야만 한다.

내담자의 목표에 초점을 맞추는 것을 반대하는 일반적인 의견들을 살펴보면, 내담자는 동기가 부족하고, 비현실적이며, 병이 있어서 건설적인 목표를 선택할 수 없다거나, 현재의 자원이 너무나 제한되어 있어서 내담자에게 선택의 기회를 줄 수 없다는 것이다. 그러나 내담자가 자신의 목표에 대해 이야기하는 것에 주의 깊게 귀를 기울여 보면, 정신장애를 가진 대부분의 사람들이 건설적인 목표를 표현할 수 있고, 또 실제로 그렇게 하고 있다는 것을 알게 될 것이다. 내담자의 목표에 초점을 맞추는 것을 반대하는 또 다른 의견은 전문가나 지역주민, 협회 및 입법자들과 같은 집단이 가진 목표에 부응하라는 압박에 기인한다. 이러한 집단들의 목표에 부합하라는 강요가 내담자의 목표에 초점을 두는 것을 어렵게 한다 하더라도, 제도 수립자들은 내담자의 손을 들어 줄 수 있는 용기를 가져야 한다.

내담자가 인지하는 욕구에 대한 초점의 결여

지금까지의 제도 계획안들은 내담자가 지각하는 욕구를 토대로 만들어지지 않았다. 욕구를 평가할 때, 전형적으로 서비스 제공자들은 낮치료 서비스나 사회복귀시설 등 전통적인 서비스 전달 환경에 관한 욕구 조사를 실시한다. 한편 내담자가 운영하는 제도에서는 그들 자신들이 경험하는 고통을 완화할 수 있는 구체적인 도움, 예를 들면 사이좋은 사람들과 함께 생활할 수 있는 독립적인 주거지를 확보하는 일을 지원받는데 대한 인지된 욕구를 평가한다. 내담자들이 어떤 욕구를 가지고 있는지를 알고, 또 그것을 제도 계획안 수립에 적용했을 때 기능적인 서비스 제도 설계가 가능할 것이다.

선호하는 개입 수준에 대한 초점의 결여

어떤 내담자는 다양한 서비스(예: 약물치료, 정신치료, 정신재활)를 원하고 또 이용하고 있으며, 어떤 내담자는 서비스를 거의 혹은 전혀 이용하고 싶어 하지 않는다. 관리의료 이전에 서비스 제도 계획안을 수립할 때는 내담자가 선호하는 개입의 수준, 즉 그들이 실제로 얼마나 많은 도움을 원하는지에 초점이 맞추어지지 않았다. 서비스 제도는 모든 것을 택하든지 아니면 아무 서비스도 이용하지 말 것을 요구하기보다 당사자가 선호하는 것에 부응할 수 있도록 지원의 종류를 다양화하여 서비스를 제공해야 할 것이다.

본질의 결여

서비스 계획안을 수립해 오면서 서비스의 본질에 면밀한 주의를 기울이기보다는 서비스의 구조에 초점을 두어 왔다. 서비스의 특수한 구조(혹은 관리의료 급부금)는 개선된 서비스 제도에 대한 청사진으로 보인다. 그러나 이것은 서비스 제공의 본질—개입법이 누구에 의해, 어떤 환경 속에서, 어떤 목적으로 제공되고 있는가 하는 것—을 놓치고 있는 것이다. 제8장과 제9장에서 논의하였듯이, 향상된 서비스 전달에 요구되는 사명, 프로그램 구조, 성과, 직무자의 능력을 기술하는 것, 즉 서비스 제도의 본질을 명시하는 것은 가능한 일이다.

희망의 결여

재기의 비전이 표명되기 전까지 우리의 비전은 제도 계획안의 수립에 한정되어 있었다. 계획안 수립은 일차적으로 장소의 문제에 관계된 것이었다. 제도의 사명은 정신장애를 가진 사람을 병원에서 지역사회로 이동시키고, 지역 주민과 함께 살아가도록 하는 것이었다. 이제 많은 주 정부가 가진 사명은 서비스 이용자들을 공적인 관리 속에서 서비스 이용에 따라 비용을 지불하는 제도에서 관리의료 속으로 전환시키고자 하는 것으로 보인다. 이전의 제도 계획안에서는 장기적인 정신장애를 가진 사람이 재활 잠재력을 가지고 있다는 믿음을 보여 주지 못했다. 그러나 이제는 제도 계획안을 수립할 때에 내담자의 삶을 향상시켜 줄 수 있는 기술과 지원을 개발하는 기회와 더불어 재기의 기회를 제공해주는 재활 서비스를 설계함으로써 서비스 계획안에 희망을 불어넣을 수 있다. 우리의 비전은 단순히 지역사회 돌봄이나 지역사회 생활 유지 혹은 관리의료가 아니라, 내담자가 자신이 선택한 지역사회 속에서 재기하고 참여를 통하여 지역사회 속에서 성장하는 데 맞추어져야 할 것이다.

요컨대, 정신건강 서비스 제도는 갈림길에 서 있다고 할 수 있다. 관리의료 접근방식은 지속적으로 확대되고 있다. 주 정부가 지역사회 안에서 향상된 서비스를 제공할 것을 기대하고 있는 가운데, 병원은 이제 그 규모가 매우 작아지면서 지역사회 제도의 일부분으로 개념화되고 있다. 재기의 철학을 반영한 서비스 제도가 구체화되고 있다(Anthony, 1993, 2000). 지역사회에 기초한 서비스 제도뿐만 아니라, 내담자의 목표에 부응하는 제도를 계획할 수 있는 기회가 주어진 것이다. 주 정부가 제도 계획안을 수립함에 있어 그 제도에 속한 내담자가 무엇을 원하는지를 이해하는 것부터 시작할 때, 과거의 함정을 피할 수 있는 서비스 제도를 수립할 수 있을 것이다.

> 정신건강 서비스 제도 계획안이 서비스 제도의 핵심 가치(비용 절감에 더하여)를 분명히 해 두지 않는 한, 내담자의 욕구와 선호를 평가하는 것부터 시작하지 않고 내담자의 목표에 따라 추진되지 않는 한, 프로그램의 본질을 구체화하지 않으며 가능한 것에 대한 희망의 비전을 토대로 하지 않는 한, 새로운 정신건강제도는 이전의 제도들보다 더 나아질 수 없을 것이다.

정신건강 서비스 제도 계획안이 서비스 제도의 핵심 가치(비용 절감에 더하여)를 분명히 해 두지 않는 한, 내담자의 욕구와 선호를 평가하는 것부터 시작하지 않고 내담자의 목표에 따라 추진되지 않는 한, 프로그램의 본질을 구체화하지 않으며 가능한 것에 대한 희망의 비전을 토대로 하지 않는 한, 새로운 정신건강제도는 이전의 제도들보다 더 나아질 수 없을 것이다. 내담자와 가족들은 새로운 서비스를 이용하는 당사자에게 이익이 되는 것이 무엇이냐고 물어 올 것이다. 정책 입안자들은 제도 계획안을 수립할 때 이 기본적인 물음에 응답할 필요가 있다. 과거에 계획안을 세울 때 빠졌던 함정을 이번에는 반드시 피해야만 한다.

결론적 논평

서비스 제도 계획안을 얼마나 정교하게 손질했는지, 얼마나 적절한 철학을 담아냈는지, 정책 기획단의 지식이 얼마나 최신의 것인지, 계획한 수립 절차가 얼마나 전략적인지와 관계없이, 서비스 제도 계획안의 성공 여부는 그 제도를 이용하는 사람들을 위해 무엇을 해 주는지에 달려있다. 계획안을 이행하는 실무자와 행정가들이 계획안을 성공적으로 수행하는데 필요한 기술론에 전문성을 가지고 있지 않다면, 계획안을 통해 할 수 있는 것은 아무것도 없을 것이다(Anthony, Cohen, & Kennard, 1989).

　이 장에서 지적하였듯이, 현재 대부분의 서비스 제도 계획안 수립은 계획안의 본질보다는 계획안 수립의 절차에 초점을 맞추고 있다. 관리의료 시대로 접어들면서 미국의 여러 주들은 전략적인 계획안 수립 절차를 채택하고 있다. 다음으로 밟아야 할 필수 단계는 계획된 서비스의 본질을 바꾸는 일이다. 정신재활 분야의 기술적인 진보는 내담자를 위한 서비스의 개선을 위해 요구되는 프로그램 구조와 직무자의 역량을 개발하는데 응용가능한 지식을 양산하였다(Anthony, Cohen, & Farkas, 1987).

　심각한 정신질환을 가진 사람을 돕는 방법은 이제 더 이상 불가사의한 일이 아니다. 기술론이 개발되었고, 응용 가능한 지식을 가지고 있기에, 반복적으로 쉽게 적용하여 프로그램 구조와 직무자의 역량을 변화시킬 수 있다. 이렇게 하여 내담자의 증상을 감소시키고, 내담자의 기술과 지지체계 그리고 역할 수행을 향상시킬 수 있는 것이다(Anthony, Cohen, & Kennard, 1990).

　기술론은 세부 수준에 있어 상당히 다양하다. 그러나 보다 완전하게 개발된 기술론을 살펴보면, 교사가 가르칠 수 있고, 서비스 제공자가 사용할 수 있으며, 행정가가 모니터링할 수 있고, 연구자가 평가할 수 있다. 또한 자문가가 보급할 수 있고, 소비자와 가족들이 관찰할 수 있을 정도까지 발전되어 있다. 서비스 모델과 훈련 교육과정 및 자문 전략도 개발되어 있다. 예컨대, 이러한 기술론들은 정신사회재활센터를 설립하는 방법, 소비자가 운영하는 자조 프로그램을 개발하는 방법, 약물 관리 기술을 가르치는 방법, 목표를 설정하는 방법, 기능 평가를 수행하는 방법, 내담자에게 기술을 가르치는 방법, 내담자와 관계를 맺는 방법, 사례관리 활동을 실천하는 방법이 포괄하고 있다(Anthony, Cohen, & Kennard, 1990).

　기술론을 채택하고 활용하는 것은 어느 정도 기술론을 서술하고 패키지화하는 방법에 달려 있다(Muthard, 1980). 장기적인 정신장애를 가진 사람에게 서비스를 향상시킬 수 있는 몇 가지 유용한 최신 기술론은 무척 세부적으로 기술되어 있으며, 사용이 편리하도록 패키지화되어 있다. 새로운 기술론이 사용되는 것에 관한 문제는 한편으로 개발자들이 그 기술론을 이전시키는 절차에 참여하느냐에 달려 있기도 하다. 또한 기술론을 이전시키는 일에서 중요한 사항은 기술론을 사용하는 사람들의 특성에 있다(Gomory, 1983). 기술론을 사용하는 사람이 많은 지식과 기술을 가지고 있을수록 덜 상세한 기술론이라도 사용 가능한데, 그 이유는 사용자가 필요한 세부 사항을 보탤 수 있기 때문이다.

재활 철학을 기반으로 하는 제도 계획안을 이행하는 것은 새로운 기술론을 채택하게 하거나, 아니면 재활 철학을 저버리게 만들 수도 있다(Anthony, Cohen, & Kennard, 1990). 새로운 기술론의 채택은 서비스 계획안의 수립에서뿐만 아니라, 보다 중요하게는 서비스의 전달에서 변화를 유발할 것이다.

CHAPTER 11

변화를 위한 기술론

살아 있는 동안 우리가 경험하고 있다고 생각하는 많은
변화들은 대부분 단지 우리의 마음에 들었다가 멀어져
가는 사실일 뿐이다.

_Robert Frost

정신재활이 지속적으로 발전하기 위해서는 인력을 훈련시키는 방법과 프로그램을 개발하는 방법 그리고 서비스 제도를 설계하는 방법에서 개선이 이루어져야 할 것이다. 정신재활 실천은 실무자의 전문적인 기술과 지식 및 태도, 혁신적인 프로그램, 정신재활을 지원하는 서비스 제도를 요구한다. 정신재활센터에서 개발한 훈련 기술론과 자문기술론으로 인해 정신재활 기관들은 숙련된 재활 실무자와 실질적인 프로그램을 갖출 수 있게 되었다. 더불어 지금은 클럽하우스, ACT 모델과 같은 다수의 프로그램 모델에 대한 훈련과 자문 서비스가 제공되고 있다.

제8장에서 논의하였듯이, 대부분의 실무자들은 정신재활 관련 지식과 기술 및 프로그램 모델에 대한 공식적인 교육이나 훈련을 받지 못했다. 대신 그들은 정신사회재활 현장에서 직접 경험하면서, 그리고 Beard, Grob, Dincin, Rutman 등과 같은 리더들에게 재활이 무엇인지를 배웠다. 그러나 정신재활의 개념에 대한 인식이 확산되면서 많은 사람들이 재활을 실천하는 데 참여하게 되었다. 이로써 기술 지원에 대한 필요성(즉, 인력훈련, 프로그램 자문, 제도 자문)이 보다 분명해졌다. 1977년, Anthony는 당시의 정신재활에 대해 "전통적인 정신과 접근을 배운 사람들이 전통적인 정신과적 기법을 사용하기 위해서 비전통적인 정신과적 서비스 장면을 개발한 것"(Anthony, 1977: 660)이라고 익살스럽게 그 특성을 묘사하였다. 분명히 정신재활에 관한 전문적인 훈련과 자문이 필요하게 된 것이다.

> 1977년, Anthony는 당시의 정신재활에 대해 "전통적인 정신과 접근을 배운 사람들이 전통적인 정신과적 기법을 사용하기 위해서 비전통적인 정신과적 서비스 장면을 개발한 것"이라고 익살스럽게 그 특성을 묘사하였다.

정신재활 개념이 알려지고 재활 장면들이 발전하면서 정신재활 훈련과 자문의 필요성이 대두되었다. 정신재활 분야의 기본 철학과 원리에 대한 합의가 이루어졌다. 더하여, 관련 연구들은 두 가지 중요한 정신재활 개입법—내담자에 대한 기술교육과 내담자를 위한 환경적 지원의 개발—이 다양한 유형의 재활 성과(예: 내담자의 독립적인 생활과 직업적인 기능의 빈도 및 강도)와 관계가 있음을 보여 주고 있다. 정신재활 철학이 분명해지고, 재활에 대한 실증 연구들이 수행되고, 정신사회재활 장면이 전국적으로 확산되면서, 정신재활 분야에 대한 정의가 가능해졌다. 정신재활 절차가 정리되었고, 정신재활 실행을 위한 실무자기술론과 프로그램 요소들이 확인되었다. 이로써 실무자와 프로그램 그리고 서비스 제도의 변화를 창출하기 위한 기술 지원을 제공할 수 있게 되었다.

실무자 훈련을 위한 훈련기술론

현재에는 정신재활 실무자의 핵심 기술에 대한 관찰과 측정이 가능하다. 이 결과로 실무자에 대한 기술교육 훈련 기술론이 개발되었다. 제8장에서 언급하였듯이, 현재 정신재활 장면에 종사하고 있는 대부분의 실무자들은 학위 과정 중에 정신재활 기술훈련을 거치지 않았으며, 대부분의 대학들은 여전히 정신재활 교육을 제공하지 않고 있다. 이로써 실무자들은 대부분 심각한 정신장애를 다루는 기관에 취직한 다음에야 정신재활 훈련을 받게 된다.

실무자가 특정 프로그램 기관(예: 클럽하우스, 지역사회정신건강센터, 입원병동, 주립 직업재활 사무소)과 관계없이 어떤 기술을 가지고 있을 때, 그 기술은 상당히 유용하게 사용될 것이다. 20년 전에 Anthony, Cohen 및 Pierce(1980)는 실무자 훈련을 목적으로 정신재활 기술을 총괄한 여섯 권의 책을 공동 저술하였다. 이 훈련 프로그램은 정신건강 분야에서 실습 중에 있는 재활상담 전공생들과 직업재활 실무자들을 대상으로 진행된 150시간의 예비 훈련 프로그램을 통하여 평가되었다. 이 평가를 통해 정신재활 기술이 성공적으로 학습되고 측정될 수 있다는 것과 훈련 참여자들이 업무 수행에 있어 새롭게 학습한 기술을 중요한 것으로 인식하고 있다는 것이 확인되었다. 더하여 정신재활 기술 능력을 측정하는 지필평가에서 높은 점수를 받은 실무자들의 내담자들은 보다 이해받고 있고, 깊이 있게 참여하고 있으며, 새로운 기술을 배우고 있다고 보고하였다(National Institute of Handicapped Research, 1980). 이후 정신재활센터는 수백 명의 실무자들에게 정신재활 기술을 훈련하고 평가하였으며(Anthony, Forbess, & Cohen, 1993; Center for Psychiatric Rehabilitation, 1994; Goering, Wasylenki et al., 1988; Rogers et al., 1986), 보스턴 대학교 석사 및 박사 학위 프로그램에 이 기술훈련을 통합시켰다(Farkas, O'Brien, & Nemec, 1988; McNamara, Nemec, & Farkas, 1955). 제5장에서 설명한 대로(〈표 5-4〉 참고), 정신재활센터는 실무자들이 보다 기술적으로 정신재활 절차를 이행할 수 있도록 실무자 수준의 기술론을 개발하기 위해 지속적으로 노력해 오고 있다.

정신재활 훈련 보급 전략의 개발

비록 정신재활 훈련의 필요성과 가치가 입증되었다고 하더라도 정신건강 실무자들을 대규모로 훈련할 수 있는 적절한 기제가 부재하였다. 이에 훈련 보급 전략에 대한 요청이 생겨났다.

신기술론의 보급 및 사용에 관한 연구들에 대한 고찰이 실행 가능성이 높은 전략을 개발하는 데 있어 그 출발점이 되었다(예: Caplan, 1980; Fairweather, 1971; Glaser & Taylor, 1969; Hamilton & Muthard, 1975; Havelock, 1971; Havelock & Benne, 1969; Muthard, 1980; Pelz & Munson, 1980; Soloff, 1972; Switzer, 1965). 연구 문헌들은 이상적으로는 훈련이 조직의 운영에 포함된 지속적인 과정임을 시사하고 있다. 많은 사람들은 조직을 유지하고 성장시키는 데 훈련이 결정적으로 중요한 요소라고 생각한다. 훈련의 시작단계에서부터 주요 인력, 특히 행정가와 실무자들이 적극적으로 참여하는 것이 매우 중요하다(Muthard, 1980). 이처럼 처음부터 훈련에 참여하게 되면 주인의식, 일체감 및 목적의식이 생긴다. 이러한 상황은 참여자들이 훈련의 필요성을 인식할 때 더욱 강화된다(Glaser & Taylor, 1969; Pelz & Munson, 1980).

훈련 경험 및 실증 연구 결과를 기반으로 하여 정신재활 기술을 실무자들에게 보급하기 위해 훈련자 양성 전략이 개발되었다. 이 전략은 다음의 세 가지 주요 요소를 담고 있다.

1. 훈련을 보급하는 서비스 기관을 주의 깊게 선택하고 훈련받을 인력을 신중하게 선정함
2. 훈련자들에게 정신재활 기술을 임상적으로 실행하는 것과 이 기술을 다른 사람들에게 교육하는 것을 훈련시킴

3. 훈련자가 속해 있는 서비스 기관에서 훈련을 계획하고 이행하도록 현장에서
   훈련자를 도와줌

국립정신건강연구원(NIMH)에서 연구비를 지원받아 정신건강 기관의 훈련 보급
전략을 평가하고자 했을 때, 전국에서 100개의 기관이 훈련 장소로 지원하였으며
그중 9개 기관이 선정되었다. 이 기관들의 대표들은 정신재활 기술론과 정신재활
기술을 다른 사람들에게 교육시키는 방법을 훈련받았다. 그리고 나서 이 새로운 훈
련자들은 기관의 재활 직무자들에게 정신재활 기술을 훈련시켰고, 직무자들은 이
기술들을 내담자들에게 사용하게 되었다. 연구 자료 분석을 통해 훈련 보급 전략이
실무자 훈련을 촉진시키고, 정신재활 기술을 사용하도록 하는데 유용한 것으로 밝
혀졌다(Rogers et al., 1986). 훈련자 양성 전략이 개발되고 연구된 이래, 정신재활센터
의 직무자들은 정신재활 기술론으로 100개 이상의 기관을 대표하는 수백 명의 훈련
자들을 양성하였는데, 이 기관들에는 주 정부 정신건강 당국, 지역사회정신건강센
터, 주립 정신병원, 정신사회재활센터, 관리의료 기관, 개인병원 등이 포함된다.

훈련 보급 전략을 지원하는 훈련기술론

실무자들을 훈련시키는 것뿐만 아니라, 훈련자들을 훈련시키는 데도 특별한 전문
지식과 기술론이 필요하다. 훈련 보급 전략을 지원하는 기술론에는 실무자 교재, 훈
련자 패키지, 수석 훈련자 지침서가 포함된다. 여러 실무자 교재(예: Anthony, Cohen,
& Pierce, 1980; Cohen, Danley, & Nemec, 1985; Cohen, Farkas, & Cohen, 1986; Cohen,
Farkas, Cohen, & Unger, 1991; Cohen, Nemec, Farkas, & Forbess, 1988; Cohen, Forbess,
& Farkas, 2000; Farkas, Cohen, McNamara, Nemec, & Cohen, 2000)에서는 실무자에게
정신재활에 관한 기술을 소개하고 있다. 실무자들은 자신이 훈련을 통해 배운 것을
검토하는 데 이 교재들을 사용한다. 훈련자 패키지(예: Cohen et al., 1985, 1986, 1988,
1990, 2000; Farkase et al., 2000)에는 훈련 회기 동안 사용할 수 있도록 세부적인 수업
계획안과 훈련 보조 자료(비디오테이프, 녹음테이프, 슬라이드 등)가 담겨 있다. 패키지

가 중요한 이유는 훈련자의 준비 시간을 줄여 주고, 검증된 프로그램에 훌륭한 훈련 보조 자료를 사용할 수 있기 때문이다. 어떤 지침서들은 수석 훈련자들(즉, 훈련자를 훈련시키는 사람들)에게 새로운 훈련자들을 훈련시키는 방법에 관한 정보를 제공해 준다.

요약하면, 훈련기술론은 정신재활 분야의 굳건한 토대 위에서 만들어진 것이며, 훈련 프로그램은 정신재활 실무자들에게 필수적인 정신재활 기술을 가르쳐 준다. 훈련 프로그램의 보급에는 훈련자 양성 전략이 포함되어 있는데, 이 전략은 훈련자 나 수석 훈련자가 실무자와 다른 훈련자를 가르칠 수 있는 훈련기술론을 사용할 수 있도록 준비시켜 준다.

프로그램 변화를 위한 자문기술론

정신재활의 실천은 실무자가 자신의 능력을 전문적인 수준에서 얼마나 효과적으로 사용할 수 있는가에 달려 있다. 따라서 재활 프로그램은 조직적인 차원의 지원을 제공하여 실무자가 숙련된 기술을 사용할 수 있도록 해 준다.

정신재활의 프로그램 자문은 전형적으로 두 가지 방법으로 이루어진다. 첫 번째 유형의 프로그램 자문은 정신재활 기술론의 훈련과 함께 이루어지며, 특정 프로그램의 환경과 관계없이 정신재활의 진단, 계획안 수립, 개입 과정이 일어날 수 있도록 고안되어 있다(제1유형). 두 번째 유형의 프로그램 자문은 특정 프로그램 모델(예: 클럽하우스 프로그램)에 맞추어 실시하고, 그 특정 프로그램 모델의 표준 수칙에 부합되도록 개발된다(제2유형). 프로그램 자문과 상관없이 새로운 정신재활 프로그램을 개발하는 일이나 전통적 프로그램을 재활 프로그램으로 바꾸는 일은 매우 어려운 일이다(Carling & Broskowski, 1986).

여전히 재활을 지향하는 대다수의 프로그램들은 정신재활에 대한 새로운 지식을 적용하지 않고 있다(Farkas, Cohen, & Nemec, 1988). 정신재활 프로그램을 개발하려면 보통 새로운 환경적인 변화를 만들어 내야 할 뿐만 아니라, 물리적인 환경과 재정 지원, 매일의 운영 방법, 인력 구성, 사명, 프로그램 구조, 자료 보관에서의 변화가 요구된다(Marlowe, Spector, & Bedell, 1983). 그런데도 흔히 프로그램 개발의 책임을 맡은 직무자들은 이러한 변화를 창출해 내는 지식과 기술을 지니지 못하고 있다.

기술 지원의 제공은 기관들이 발전하고 변화하는 데 도움을 주고 있다. 기술 지원은 기술적 전문가가 기술적 비전문가에게 특정한 지식과 기술을 전해 주는 일(Domergue, 1968; Havari, 1974; Sufrin, 1966)을 수반한다. Nemec(1983)은 기술 지원을 다른 유형의 지원(예: 재정 지원, 기술 협력)과 구분하여 훌륭한 논의를 전개한 바 있다. 근본적으로 기술 지원에는 자문이나 훈련 혹은 양자가 모두 포함된다.

자문은 정신재활과 프로그램 개발 및 제도 계획안 수립에 관한 기술적인 지식의 전달이라고 정의할 수 있다. 훈련은 인력을 개발할 목적으로 제공되는 정신재활 태도, 지식 및 기술의 교육이라고 정의된다. 프로그램 자문의 형식은 보통 현장 내에서 이루어지는 일대일의 관계인 반면, 훈련은 현장 밖에서 집단으로 제공되는 것이 일반적이다. 정신건강 분야에서 현장 자문의 예는 수없이 많다. 실례로, NIMH가 정규적으로 새로운 프로그램 개발에 대한 자문을 제공해 왔으며(예: 지역사회정신건강센터 개발, 지역사회지원프로그램 개발), 현재에는 정신건강서비스센터(CMHS) 역시 이러한 자문 기능을 담당하고 있다.

제1유형의 프로그램 자문

프로그램 자문의 첫 번째 유형에서 정신재활 프로그램을 자문하기 위해서는 특정한 지식(즉, 정신재활 프로그램의 요소)과 전문적 자문 기술(즉, 정신재활 프로그램을 개발하는 방법)이 요구된다. 1989년 정신재활센터는 이러한 자문 절차를 네 가지 활동—① 프로그램 준비도를 결정하는 것, ② 프로그램을 평가하는 것, ③ 프로그램의 변화를 제안하는 것, ④ 프로그램의 변화를 창출하는 것(Center for Psychiatric Rehabilitation, 1989; Farkas, Cohen, & Forbess, 1998)—으로 구성하였다. 그 절차를 보면, 먼저 프로그램과 정신재활 접근법이 양립할 수 있는지, 그리고 프로그램이 변화할 수 있는 가능성이 있는지를 평가하기 위하여 신중하게 프로그램을 진단할 것(예:

프로그램의 사명, 구조, 환경 네트워크)을 강조하고 있다.

　프로그램 준비도를 판단하고, 프로그램에 대한 강점과 결점을 평가한 것을 토대로 하여, 자문가는 변화를 위한 계획안을 제안하게 된다. 이 계획안에는 목표 달성을 위한 자문 개입법과 일정을 구체화한다. 다음으로 자문가는 프로그램의 변화를 이끌기 위한 개입을 실시하게 된다. 이러한 개입에는 새로운 사명선언문을 개발하는 것, 새로운 정책안을 수립하는 것, 새로운 프로그램 구조를 설계하는 것, 기록 관리법을 바꾸는 것, 직무기술서를 수정하는 것, 새로운 생활, 학습, 사회, 직업 환경을 창출하는 것이 포함될 수 있다(Farkas, 1992).

　지난 20년 동안 많은 프로그램을 통해 정신재활 실무자 기술론 훈련과 제1유형의 자문 전략을 활용하여 보다 효율적으로 내담자 집단에 정신재활 서비스를 전달할 수 있게 되었다(예: Borys & Fishbein, 1983; Hart, 1996; Lamberti, Melberg, & Madi, 1996; Nemec et al., 1991; Shern et al., 2000; Shern, Trochim, & LaComb, 1995). 주거, 직업, 교육 및 사회 프로그램에서 이루어진 다양한 실무 경험을 고찰했을 때, 새로운 변화가 프로그램 현장의 일상적인 실무에 통합되는 데는 장기간의 집중적인 자문전략이 필요하다는 사실이 확인되었다(Farkas & Anthony, 1989). 하지만 이러한 특정한 자문기술을 가진 자문가가 부족한 실정이었기에 정신재활 프로그램의 개선을 위해 동원 가능한 자문가의 수를 증가시킬 수 있는 특수한 훈련기술론이 요구되었다(Center for Psychiatric Rehabilitation, 1984).

　이러한 필요에 부응하기 위하여 정신재활 프로그램 자문에 대한 전문적인 지식과 기술을 가르치는 훈련 프로그램(Center for Psychiatric Rehabilitation, 1989)이 개발되고 실시되어 평가되었다(Nemec et al., 1991). 웨스트버지니아 주에 소재하고 있는 네 개의 지역사회 기관은 제9장에서 설명한 프로그램 평가 절차를 사용하여 정신재활 접근법과 공존할 수 있는지에 대한 사전 평가를 받았다. 그 후 프로그램 자문가를 양성하기 위하여 훈련 전략을 두 부분으로 나누어 실시하였다. 먼저 10명에게 실무자 기술을 훈련시킨 후, 이 기술을 실제 내담자에게 사용할 수 있도록 하였다. 실무자 훈련을 마친 다음, 훈련을 받은 10명 중 4명에게 프로그램 자문 기술의 학습에 초점을 맞춘 두 번째 단계의 프로그램 자문훈련을 받도록 하였다. 이 훈련 프로그램에서는 프로그램 평가 방법, 프로그램 변화 계획안의 수립 방법, 현재 종사하고 있는 기관의 조직 내에서 정신재활 프로그램을 개발하는 방법 등의 주제를 다루었다.

웨스트버지니아 주의 연구는 약간의 프로그램 자문이라도 영향력이 있다는 긍정적인 결과를 보고하였다. 자문 기간은 8일 이내였으며, 프로그램 평가에 추가적으로 2일이 더 소요되었다. 8일 동안 제공된 자문에는 평가 결과를 토대로 자문 목표를 설정하는 과정이 포함되었다. 총 자문 시간 중에서 적어도 25%는 프로그램 평가의 실시 및 논의와 직접적인 관련이 있었다. 프로그램 평가 절차 자체만의 영향을 부가적인 변화를 촉진한 외부의 영향과 분리하는 것은 불가능하였지만, 이러한 평가 정보를 기관에 제시하는 것 자체가 유의미한 변화를 유도할 수 있는 것이다(Nadler, 1977).

제1유형의 프로그램 자문의 성공에 있어 기관이 자발적으로 자문을 요청하고 적극적으로 그 과정에 참여하는 것이 매우 중요하다. 즉, 기관 스스로가 자문의 필요성을 명확히 인지해야 하며, 기관 직무자들의 태도에 이러한 인식이 반영되어야 하는 것이다. 그렇지 않을 경우에는 자문의 성과에 부정적인 영향이 미칠 수 있다. 자문을 제공할 때는 자문 전략의 효과성에 대한 지속적인 평가와 예기치 못한 방해물을 확인하고 이를 해결하는 작업이 함께 진행되어야 한다. 자문이 완수되면, 바라던 목적과 목표가 얼마나 잘 성취되었는지에 대한 평가가 이루어져야 한다. 이와 함께 자문의 성과에 대한 주관적인 평가가 이루어져야 한다(Nemec et al., 1990).

현재 보스턴 대학교의 정신재활센터와 제휴하고 있는 보스턴정신재활자문회사(BCPR Consulting, Inc.)는 제1유형과 제2유형의 자문을 제공하고 있으며, 제1유형의 프로그램 자문의 경우는 미국 전역에 걸쳐 시행하고 있다. BCPR 자문회사는 정신재활센터와 관리의료 기관, 지역사회정신건강센터, 주립 및 사립 병원, ACT 프로그램, 기업 환경, 미국 내 직업, 교육, 주거, 사회 관련 프로그램에 대한 자문 프로젝트를 계속해서 수행해 나가고 있다. 이 자문 회사는 12명의 정규직 실무자와 20명의 기간제 자문 보조 실무자를 두고 있으며, 매년 평균 30여 개의 다양한 기관 및 프로그램들과 작업을 하고 있다. 한편 보스턴 대학교의 정신재활센터 국제부에서는 미국 외 지역에 자문을 제공하고 있는데, 정신건강 및 재활 기관 그리고 소비자 및 가족 단체 등 광범위한 대상에 자문을 제공하기 위해 센터 내 직무자들과 BCPR 직무자들을 활용하고 있다. 이 센터는 스웨덴을 비롯하여 싱가포르, 캐나다, 멕시코, 오스트레일리아, 뉴질랜드 등 여러 나라에 걸쳐 재기를 지향하는 재활 프로그램 및 서비스 제도의 실행에 대한 자문을 제공하고 있다.

제2유형의 프로그램 자문

제2유형의 프로그램 자문을 제공하는 자문가는 현재 실행 중인 특정한 프로그램 모델에 관한 특수한 지식을 가지고 있어야 한다. 전형적으로 프로그램 설계자와 프로그램 개혁가들은 각 프로그램의 고유한 기준과 자문 과정을 상세히 설명해 왔다.

제2유형의 프로그램 자문을 제공한 초기의 기관은 페어웨더 로지(Fairweather, 1980; Fergus, 1980)와 파운틴 하우스(Propst, 1985)였다. 페어웨더 로지에서는 그들이 제공한 프로그램 자문의 효과성을 연구한 후, 프로그램 자문과 관련하여 몇 가지 사항을 권고하였다. 여기에는 프로그램의 변화를 위한 논의 과정에 다수의 프로그램 직무자와 결정권자들을 참여시키는 것과 구체적인 활동 단계를 규명하기 위해 활동 집단을 구성하는 것의 중요성 등이 포함되었다(Fairweather, 1980).

1977년 이래 파운틴 하우스는 새로운 클럽하우스 개발 및 기존의 클럽하우스 강화를 위해 전국적인 훈련 및 프로그램 자문을 실시해 오고 있다. 대개 지역사회정신건강센터의 낮치료 프로그램이 자문 대상이 된다. 자문을 제공할 기관에 파운틴 하우스 직무자의 현장 방문이 이루어진 후, 프로그램 직무자들은 파운틴 하우스에서 3주간 실제 견습생으로 일하며 훈련을 받을 수 있다. 훈련이 끝나면 프로그램 직무자들은 필요한 경우에 현장 안에서든 밖에서든 자문을 제공받을 수 있다(Propst, 1985). 어느 프로그램 훈련자가 말한 것처럼, "훈련을 받은 동료들은 서비스 모델을 그대로 실시하고, 개별화하며, 개선시켜서 자기 회원들의 삶의 질을 향상시킬 수 있게 된다"(Shoultz, 1985: 2).

제9장에서 논의한 ACT 프로그램(Allness & Knoedler, 1999)과 IPS 프로그램

(Becker & Drake, 1993; Bond, Becker, Drake & Vogler, 1997)은 성공적인 프로그램 자문의 예가 된다. 마찬가지로 지역사회 내에 소재하고 있는 대학들에서 이행된 지원 교육을 위한 자문 역시 성공적인 사례다(Sullivan Soydan et al., 1993). 제2유형의 프로그램 자문의 또 다른 예로, 낮치료(부분 입원) 프로그램을 지원 고용 프로그램 (McCarthy, Thompson, & Olson, 1998)으로 전환하는 시도가 있다. Drake와 동료 연구자들은 이러한 전환에 관하여 다양한 연구를 수행하였다(Bailey, Ricketts, Becker, Xie, & Drake, 1998; Drake, Becker, Biesanz, Torrey, McHugo, & Wyzik, 1994; Torrey, Becker, & Drakel, 1995). 연구의 결과들은 성공적인 자문이 경쟁력 있는 직장에 취업한 사례의 증가, 정신건강제도권 밖에서의 활동의 증가, 부정적인 결과로의 퇴행 감소, 전환에 관한 소비자와 가족의 전반적인 만족도와 유의한 관계가 있다는 것을 보고하였다.

서비스 제도 변화를 위한 제도 자문기술론

앞서 설명하였듯이, 정신재활 접근법은 재활 인력들의 실천, 다양한 서비스 환경들을 구조화하는 프로그램, 특정 지역에 있는 서비스들을 체계화하는 서비스 제도에 필수적인 부분으로 포함되어야 한다. 실무자 훈련 및 프로그램 자문의 발전으로 인하여 제도 자문은 내담자의 성과를 변화시키는 데 강점을 가지고 있다.

정신재활에 종사하는 인력의 태도와 지식 및 기술이 실무자 훈련기술론 속에 잘 기술되고 적용되어 있다는 점에서 제도 자문은 보다 효과적이게 된다. 더불어 제도 자문이 더욱 효과적일 수 있는 또 다른 이유는 재활 절차를 지원해 주는 프로그램의 사명과 구조 및 환경 네트워크가 프로그램 자문을 위한 기술론으로 서술이 가능하기 때문이다. 이로 인해 제도 자문은 실질적인 방향을 가질 수 있게 된다. 따라서 서비스 제도에 포함된 인력과 프로그램이 정신재활을 제공하는 일에 효과적으로 지원받을 수 있도록 대상 집단, 철학, 정책 및 정신건강 당국의 기능을 설계할 수 있다.

정신재활을 서비스 제도 속에 통합시킨 정신건강 당국에서는 정신장애를 가진 사람들을 위해 서비스를 제공하는 데 있어서 정신재활을 지원하는 방식으로, 대상 집단, 철학, 정책 및 기능을 규정하고 있다. 제10장에서 논의한 지역사회지원제도는 정신재활과 조화를 이룰 수 있는 설계의 좋은 예다. 또한 최근의 문헌들은 재정 지원, 계획안 수립, 프로그램 수립 및 인력 구성과 같은 제도 변화의 다양한 요소들에 연구의 초점을 맞추고 있다(예: Anthony, 1993, 2000; Dickey & Goldman, 1986; DeSisto et al., 1995b; Carling, Miller, Daniels, & Randolph, 1987; COSMOS, 1988; Giffort, 1998; Harris & Bergman, 1988a; Jacobson & Curtis, 2000; Jerrell & Larsen, 1985; Leginski, Randolph, & Rog, 1999; Lehman, 1987; Mosher, 1983; Ridgely et al., 1996; Santiago, 1987; Shore & Cohen, 1990; Talbott, Bachrach, & Ross, 1986; Telles & Carling, 1986). 제도의 변화 과정에 대한 이해는 정신재활을 제도에 어떻게 통합시킬지를 계획하는 데 도움이 될 것이다. 많은 주들이 재활 철학을 주 정부 계획안에 반영할 것을 요구하는 미국 공법 99-660을 이행하고 있어(NIMH, 1987), 정신재활과 관련된 제도의 변화에 관해 배울 수 있는 기회가 늘어나고 있다(Anthony, Cohen, & Kennard, 1990).

> 정신재활을 서비스 제도 속에 통합시킨 정신건강 당국에서는 정신장애를 가진 사람들을 위해 서비스를 제공하는 데 있어서 정신재활을 지원하는 방식으로, 대상 집단, 철학, 정책 및 기능을 규정하고 있다.

정신재활을 제도 속에 통합하는 작업은 정신재활의 대상 집단을 특정화하는 일에서부터 시작한다. 넓은 의미에서 정신재활의 대상 집단은 자신이 원하는 수준에서 기능하는 것을 방해하는 정신과적인 손상으로부터 재기 중인 사람들을 의미한다. 특정한 정신건강제도에서는 주거 상태, 연령, 소득과 같은 인구학적 준거를 가지고 더욱 효율적으로 서비스를 제공할 수 있는 대상 집단을 차별화해야 할 것이다. 더불어 재정이 부족한 시기에 대상 집단을 규정할 때는 손상의 심각도를 구체화할 필요가 있다. 그렇지만 이상적인 제도에서는 재활에서 이익을 얻을 수 있고 또 재활에서 이익을 얻고자 하는 모든 사람들이 손상 정도와는 상관없이 서비스 대상 집단이 되어야 한다.

제도의 변화 과정

제도 변화의 원리는 그 제도가 민간기관에 의해 운영되는 것인지, 혹은 공공기관에 의해 운영되는 것인지에 상관없이 모두 적용된다. 여기서 중요한 가정은 자발적으로나(권익 옹호와 법적 요인으로 인하여) 의무에 따라 제도를 관리하는 사람이라면 정신재활을 반드시 제도에 통합시켜야 한다는 것이다. Pierce와 Blanch(1989)는 버몬트 주의 정신건강제도에 정신재활을 통합시킨 경험을 바탕으로 제도의 변화 과정에 관하여 여섯 가지로 결론을 내렸다. 그들이 내린 결론에 따르면, 정신재활을 정신건강제도에 통합시키는 일은 예측이 어려우며, 서비스 기관에 적어도 한 명의 직무자가 옹호자로서 봉사할 준비와 의지가 있어야 하고, 전략을 선택할 시에 융통성이 요구되며, 재활 성과와 연결된 재정 지원이 필요하고, 또한 제도의 변화 과정은 서서히 진행되고 일정하지 않다는 것이다. 그들이 발견한 사항은 새로운 기술론의 보급과 사용에 관한 문헌들의 내용과 일치하고 있다(Anthony, 1998; Giffort, 1998; Caplan, 1980; Hamilton & Muthard, 1975; Havelock & Benme, 1969; Soloff, 1972; Zaltman & Duncan, 1977).

제도의 변화 과정에 있어서 가장 중요한 것은 그 과정이 내담자 지향적이고 재활에 초점을 맞추는 제도 전체의 사명(즉, 내담자가 선택한 환경 속에서 성공적으로 기능하고 만족하면서 독립성이 증가하는 것을 지향하는 사명)에 따라 추진되어야 한다는 점이다. Cohen(1989)에 따르면, 서비스 제도의 변화 과정은 다음과 같은 다섯 가지 주요 단계로 특징지을 수 있다.

1. 분명하게 규정된 대상 집단을 위하여 재활 사명을 표명한다.
2. 재활 사명을 재활 실천으로 변환시키는 정책을 글로 서술한다.
3. 재활 정책에 부합하는 규칙, 규정 및 절차를 글로 서술한다.
4. 사명과 정책에 입각한 재활 성과는 제도가 달성하고자 하는 목표가 된다.
5. 모든 제도의 주요 기능(예: 계획안 수립, 재정 지원, 관리, 인적자원 개발, 조정, 평가 및 권익 옹호)은 재활 성과의 달성을 지원한다.

제도 변화의 원리

대부분의 변화와 마찬가지로, 재활 서비스에 관한 지식이 발달하는 것과 정신건강제도 내에서 이 지식을 사용하는 것 사이에는 상당한 시간적 간격이 있을 것으로 예상된다. Muthard(1980) 그리고 Glaser와 Ross(1971)는 인지적인 자각만으로는 실무상의 변화를 가져오는 데 불충분하다고 주장하였다. Jung과 Spaniol(1981)은 보급과 활용에 관한 문헌들을 종합적으로 고찰하여 그 결과를 요약하면서, 제도 변화와 관련된 15가지 원리를 도출해 냈다. 이러한 원리들은 이상적인 성과물(예: 믿을 수 있고, 관찰할 수 있고, 적절하고, 장점이 있고, 사용하기 쉽고, 적합한 것), 이상적인 절차(예: 지속적인 평가, 이용자의 참여, 전략 개발, 이용자를 위한 지원), 이상적인 맥락(예: 변화를 위한 준비도, 적절한 자원, 환경 내에서 필요성을 느낌)에 초점을 두고 있다. 뉴저지 주(Fishbein & Cassidy, 1989), 버몬트 주(Pierce & Blanch, 1989), 웨스트버지니아 주(Nemec et al., 1990)에서 제도 변화 사례를 분석한 것과 제도 변화에 관한 문헌들을 분석한 것을 토대로, Cohen(1989)은 정신재활 프로그램을 통합시킬 수 있도록 정신건강 서비스 제도를 변화시키기 위한 다음의 열 가지 원리를 도출해 냈다.

1. 제도 변화는 서비스를 이용하는 내담자의 필요와 선호를 중심으로 이루어진다.
2. 제도 변화는 서비스 장면 속에서 변화에 대한 적합성과 준비도(예: 변화가 필요하다고 느끼는 것)를 평가함으로써 촉진된다.
3. 제도 변화는 직무자에게 새로운 기술을 가르치거나 서비스 장면 내에 있는 기존의 기술을 사용할 수 있도록 지원함으로써 촉진된다.
4. 제도 변화는 서비스 장면에서 함께 일하는 동료 제공자 모델에 의해 촉진된다.
5. 제도 변화는 서비스 장면 내에 지원적인 환경을 조성함으로써 촉진된다. 이러한 환경에는 재활 지향적인 관리법을 선택하는 것과 기존의 제도와 공존하는 프로그램 구조를 개발하는 것이 포함된다.
6. 제도 변화는 주 정부 산하의 정신건강 당국의 지원 기능에 의해서 촉진된다. 이러한 지원 기능에는 지원적인 계획안 수립, 프로그램 개발, 인적자원 개발,

관리, 조정, 재정 지원, 평가, 권익 옹호가 포함된다.

7. 제도 변화는 신뢰할 만하고, 관찰 가능하고, 적절하고, 적합하고, 이해하기 쉽고, 접근 가능한 재활기술론을 택함으로써 촉진된다.

8. 제도 변화는 주 정부의 정신건강 당국 관계자와 서비스 장면에 종사하는 직무자들 사이에 이루어지는 긍정적인 대인관계에 의해서 촉진된다. 이러한 관계는 각 기관의 필요와 공동 책임에 부합하는 특징을 갖는다.

9. 제도 변화는 다른 관련 서비스 제도들이 재활 사명을 분명히 지원할 수 있도록 그 제도들을 평가하고 개입함으로써 촉진된다.

10. 제도 변화는 점진적으로 발달해가는 과정으로 충분한 시간(예: 보통 3년 이상)이 요구된다.

요컨대, 정신재활을 정신건강제도에 통합시키는 일은 어려운 도전 과제다. 변화 절차는 힘든 일이며, 특정 대상 집단과 이 집단에 대한 제도의 사명과 재활을 지원하는 정책과 절차에 대한 세심한 정의를 요구한다. 정신재활을 지원하기 위해서는 제도의 모든 기능을 재설계할 필요가 있다.

정신건강제도의 변화에 관한 원리는 또한 정신재활을 관리의료제도에 통합시키는 일에도 적용된다. 통합을 시도할 때 관리의료제도의 간부들에게 정신재활 접근의 필요성을 확신시키는 일이 어려운 경우가 있다. 주 정부에 의해 운용된 대부분의 초기 관리의료제도 내에서는 정신재활이 재정적인 이익을 보장해 주지 못했다. 정신재활이 관리의료제도에서 지원을 받지 못한 것은 전적으로 관리의료제도 관리들의 책임은 아니다. 이 현상은 재원(메디케이드, 정신건강 당국)들이 제시한 지침에서 정신재활 서비스를 포함할 것을 요구하지 않았던 것에 기인한다. 이러한 유감스러운 상황에는 점진적인 변화가 일어나고 있는데, 이제 정신재활 옹호자들과 정신건강 부처의 관료들이 정신재활 서비스가 관리의료제도의 설계 과정에서부터 그 일부로 포함되어야 할 것을 주장하고 있다. Anthony(1996)는 이러한 변화를 지지하고자 정신재활이 관리의료제도 서비스 안에 포함되어야 할 이

> 정신재활이 관리의료제도에서 지원을 받지 못한 것은 전적으로 관리의료제도 관리들의 책임은 아니다. 이 현상은 재원(메디케이드, 정신건강 당국)들이 제시한 지침에서 정신재활 서비스를 포함할 것을 요구하지 않았던 것에 기인한다.

유에 대해 포괄적이고 타당성 있는 근거를 제시하였다.

Anthony(1997)는 먼저 정신재활이 내담자의 역할 수행에 초점을 맞추므로 심각한 정신질환에서 파생되는 손상의 주요한 부분(예: 당사자의 사회적, 직업적 기능 저하)에 대하여 고유한 방식으로 대처하고 있다고 주장하였다(American Psychiatric Association, 1994). 사회적, 직업적 기능의 결함은 심각한 정신질환에 대한 의학적 진단에서 핵심적인 문제가 된다. 관리의료제도라는 개념에서 볼 때, 정신재활은 의학적으로 필수적인 서비스임을 알 수 있다. 이는 정신재활이 내담자의 사회적, 직업적 결함을 특수하게 다루고 있기 때문이다. 질병을 진단하는 데 핵심이 되는 욕구 영역에 초점을 두지 않는 서비스 제도를 구축한다는 것은 있을 수 없는 일이다. 두 번째로 연구 결과들(제2장과 제3장에서 검토되었던)을 보면, 치료 개입만으로는 정신재활이 목표로 삼고 있는 성과를 거두지 못하며, 따라서 사회적, 직업적 기능의 향상을 위해 정신재활 개입이 필요하다는 사실을 지지하고 있다.

> 사회적, 직업적 기능의 결함은 심각한 정신질환에 대한 의학적 진단에서 핵심적인 문제가 된다. 관리의료제도라는 개념에서 볼 때, 정신재활은 의학적으로 필수적인 서비스임을 알 수 있다.

더불어 정신건강 서비스를 이용하고 있는 소비자들이 정신재활 서비스를 간절히 원하고 있다. 더 나아가 연구들을 살펴보면, 한 가지 영역(예: 증상)의 호전이 다른 영역의 기능(예: 직업적 기능)에서 보이는 호전과 거의 상관이 없다는 것을 알 수 있다. 다시 말하면, 당신은 대가를 지불하고 있는 부분에 대해서만 좋은 결과를 얻을 수 있을 것이며, 그렇지 않은 부분에 대해서는 효과를 누리지 못할 것이다.

정신재활이 관리의료제도에 필요한 또 다른 근거로서 정신재활이 관리의료제도 분야에 기여한 유용한 원리를 들 수 있다. 정신재활이 탄생하던 때부터 이 분야의 지도자들은 기본 원리를 제시해 왔다(〈표 4-2〉 참고). 정신재활의 대다수 원리들은 관리의료제도에서 강조하고 있는 내담자의 능동적인 참여, 실용성, 실제 생활 지향성의 원리를 반영하고 있다. 따라서 정신재활의 원리는 관리의료제도가 지향하고자 하는 방향을 촉진시켜 줄 것이다.

또한 이러한 원리의 이면에는 정신재활이 역사적으로 강조해 왔던 가치(내담자를 존중하고, 존엄성을 인정하며, 따뜻한 관심과 배려를 가지고 대하는 것)가 함축되어 있다(〈표 4-3〉 참고). 이러한 가치들은 모든 정신건강제도(특히, 관리의료제도를 포함한)에서 중요하게 여겨진다.

더욱이 메디케이드 기금은 재활 서비스를 지원하게 되어 있다. Schneier(사적인 대화)는 메디케이드 법령의 목적을 "재활 및 여러 다른 서비스를 제공하여 가족과 내담자들이 독립하거나 스스로를 돌볼 수 있는 능력을 기르고 유지하게 하는 것이다."라고 지적하였다. 따라서 사람들은 관리의료제도의 재원이 되는 메디케이드 기금이 재활 서비스를 지원하는 데 사용되어야 한다고 생각할 것이다.

요컨대, Anthony(1996)는 정신재활 서비스의 제공 없이 관리의료제도를 운영하는 것은 윤리적, 실증적, 논리적으로 수용될 수 없다고 주장하였다.

먼저 이것은 윤리적으로 받아들여질 수 없는데, 왜냐하면 심각한 정신질환을 가진 사람들이 사회적, 직업적으로 기능을 이행하지 못한다고 진단을 받았기 때문에 정신재활을 제공하지 않는 것은 질환이 있다고 진단해 놓고 그에 필요한 치료를 의도적으로 제한하는 셈이 된다. 결과적으로 정신재활은 의학적으로 필수적인 요소다.

또한 이것은 실증적으로 받아들여질 수 없는데, 이는 심각한 정신질환을 가진 사람들의 기능 회복을 위해 치료만으로는 부족하며, 정신재활 서비스가 필요하다는 것을 제시하는 자료를 무시하는 것이기 때문이다.

끝으로, 이것은 논리적으로 받아들여질 수 없는데, 왜냐하면 한 사람을 장애인으로 진단하고서 마치 장애가 없는 것처럼 치료한다는 것은 앞뒤가 맞지 않기 때문이다.

정신재활은 관리의료제도의 본질적인 요소라고 보아야 한다. 소비자와 가족, 정신건강 관계자와 실무자, 연구자들은 심각한 정신질환을 가진 사람을 위하여 정신재활을 관리의료제도에 통합시킬 것을 주장해야 한다. 정신재활이 관리의료제도에 통합되지 않는 것은 결코 용인될 수 없는 일이다.

결론적 논평

요컨대, 정신재활에 관한 지식은 급격히 발전해 왔다. 실무자는 더 이상 시행착오를 거치면서—흔히 내담자를 희생시키면서—정신재활을 배우지 않아도 된다. 정신재활 기술론이 개발되었기 때문에 실무자는 전문가로 성장할 수 있으며, 프로그램과 제도를 발전시킬 수 있다. 정신재활 기술론을 보급시키기 위해 필요한 훈련 자문 기술론과 프로그램 자문기술론이 계속해서 개발되고 있다. 또한 실무자를 훈련시키고, 프로그램을 개발하는 기술론과 함께 서비스 제도 변화에 관한 지식이 축적되고 있다. 이들은 정신재활 분야가 가지고 있는 좋은 의도에 힘을 불어넣어 줄 것이며, 정신재활이 지향하는 소망을 실현시킬 것이다. 여기에 리더십은 정신재활의 인력, 프로그램, 제도가 열매를 맺는 데 매우 중요한 역할을 감당하게 될 것이다.

CHAPTER 12

변화를 위한 리더십

리더십은 과학이자 예술이다. 리더십의 도구 중 어떤 것은 단순히 과학적이지 만은 않다. 바로 자기(self)라는 도구가 여기에 속한다.

_William A. Anthony

사람이나 프로그램 그리고 제도가 성공적으로 변화되기 위해서는 기술적인 도움을 주는 방법론이 중요하다. 하지만 이와 동시에 변화를 원하거나 변화를 필요로 하는 프로그램이나 제도 속에서 어떤 리더십이 실행되는가에 따라 변화의 양상이 달라지게 된다. 리더십의 차이가 있다는 사실은 아마도 정신건강 분야에 종사하는 수많은 전문가들이 끊임없이 던지고 있는 다음과 같은 질문들에 답하는 데 어느 정도 도움이 될 수 있을 것이다.

- 왜 어떤 조직은 잘 운영되는 반면에 어떤 조직은 쇠퇴해 가는가?
- 왜 어떤 조직은 급속한 변화를 거치면서도 유연하게 잘 운영되는 반면에 어떤 조직은 경직되어 가는가?
- 왜 어떤 조직은 과거의 그저 그랬던 모습을 극복하고 본보기가 될 만한 조직으로 변모하는 반면에 어떤 조직은 그렇지 못한가?

이러한 질문들은 수년간 정신건강 분야에서 종사하는 사람들을 궁금하게 하기도 하고 때로는 답답하게도 했던 것들이다. 권익 옹호자, 정신장애를 가진 사람 그리고 일반 시민이 호소하는 문제들을 보면, '어떤 프로그램은 대단히 성공적으로 실행되는데, 왜 어떤 프로그램은 성공을 거두지 못하고, 왜 어떤 프로그램에서는 가능한 일이 다른 프로그램에서는 그렇지 못한가?' 하는 질문들로 요약될 수 있다. 사실 어떤 특정한 주의 정신건강 부처나 정신건강센터, 관리의료 기관, 병원, 재활센터 또는 사설 프로그램은 다른 것들보다 더 성공적으로 운영되고 있다.

1979년부터 보스턴 대학교 정신재활센터는 미국 내 대부분의 주와 전 세계 십여 개국의 수많은 정신건강 당국을 비롯하여 다양한 조직과 기관을 대상으로 심각한 정신질환을 가진 사람을 돕는 방법을 개선할 수 있도록 자문을 해 왔다. 우리는 이렇게 다양한 수준의 조직에서 활동하고 있는 리더들이 변화 과정에 얼마나 많은 영향력을 미칠 수 있는지를 지속적으로 목도해 오면서 깊은 인상을 받아 왔다. 결과적으로 우리는 조직이 어떻게 변화할 수 있는가 하는 것은 조직의 리더십이 어떠한가에 따라 근본적으로 달라질 수 있다고 믿게 되었다.

리더십과 공적 자금에 의해 운영되는 조직체

기업체들의 경영 조직이나 정치적 정당 조직과 관련하여 리더십이 갖는 영향력을 고려하는 것은 당연한 이치다(Collins & Boars, 1994). 이러한 분야에서는 '회사 전체의 방향 전환'을 이루었다거나 '제도에 대한 신뢰 회복' 등을 이루었다고 해서 리더가 그 공적을 인정받기도 한다. 경영 분야와는 달리 휴먼 서비스, 특히 심각한 정신질환을 가진 사람을 대상으로 하는 서비스 분야에서는 이러한 리더십의 역할에 대한 논의가 좀처럼 이루어지지 않는다(Anthony, 1993a).

정신건강과 관련한 리더십은 본질적으로 경영 리더십보다 쉽지 않은 일이다. 이러한 상대적인 까다로움은 심각한 정신질환을 가진 사람을 대상으로 하는 대부분의 서비스 프로그램이 국민이 낸 세금으로 운영되고 있다는 사실에 기인한다. 이 프로그램의 운영 자금의 출처가 주 정부의 정신건강 당국이든지 지방 정부나 중앙 정부(메디케이드 또는 메디케어[1]를 통해)든지 간에, 심각한 정신질환을 가지고 있는 사람에게 제공되는 서비스는 세금으로 꾸려지는 것으로 간주된다. 심지어 민간 관리의료 기관이나 민간 비영리 단체를 통해 전달되는 서비스에 대해서도 상당량의 공적 자금이 투입된다는 점에서 리더십에 독특한 압력이 더해진다. 기관의 비효율성과 비효과성은 납세자들에게 부정적인 인상을 심어 주고, 공적인 신뢰를 무너뜨리는 결과를 가져오는 것을 볼 수 있다. 즉, 많은 사람이 기업체의 리더보다 정신건강 관련 기관의 리더들을 주목하고 있다는 것이다.

정신건강 관련 기관의 리더가 일하는 환경을 한번 생각해 보자. 정부나 의회의 책임자들은 정규적으로 기관의 예산을 감사하고 변경한다. 서비스 전달 방식은 법원의 판결에 따라 급격히 변하기도 한다. 대중매체 또한 잘못 경영되고 있는 부분

---

1) 메디케이드(Medicaid)는 미국 연방 정부와 주 정부가 공동으로 재정을 지원하고 주 정부가 운영하는 의료보조제도(social protection program)의 개념으로, 65세 미만의 저소득층과 장애인을 대상으로 한다. 메디케어(Medicare)는 미국 연방 정부가 시행하는 의료보험제도(social insurance program)의 일환으로, 65세 이상의 노인 및 일부 장애인을 대상으로 한다-역주.

이 있지는 않은지 항상 살피고 있다. 시의회나 개인 납세자들도 감시의 눈을 부릅 뜨고 있다. 여러 권익 옹호 집단들 또한 압력을 가하고 있다. 물론 이러한 외부 압력이 존재한다는 것이 공적 자금을 지원받는 기관에서는 효과적인 리더십을 발휘하는 것이 불가능하다는 의미는 아니다. 하지만 이런 경우에는 효과적인 리더십을 발휘하는 것이 보다 복잡한 과정이 되며, 결과적으로 이를 목도하기가 쉽지 않은 것이다.

리더십의 차원

사적 자금이 투입되는 기관과 마찬가지로, 공적 자금이 투입되는 기관에서도 리더십은 다양한 차원에서 발현된다. 장기 입원병동, 정신건강센터의 프로그램, 관리의료기관의 특수 서비스, 그룹홈, 자조집단, 직업재활 프로그램의 작업장과 같은 곳은 모두 리더십이 요구되는 장면이다. 정보의 홍수 속에서 기관들은 조직의 작은 수준들 모두에서 보다 영향력 있는 리더십을 필요로 한다. 리더십은 CEO나 기관의 대표와 같은 최고위 경영자에게만 필요한 것이 아니다. 조직의 상부에서 이루어지는 관례적이며 중앙 집중적인 의사결정은 비효율적인 것으로 보인다. 즉, 리더십은 기관 전체의 각 수준마다 요구되는 것이다.

> 사적 자금이 투입되는 기관과 마찬가지로, 공적 자금이 투입되는 기관에서도 리더십은 다양한 차원에서 발현된다. 장기 입원병동, 정신건강센터의 프로그램, 관리의료기관의 특수 서비스, 그룹홈, 자조집단, 직업재활 프로그램의 작업장과 같은 곳은 모두 리더십이 요구되는 장면이다.

리더십이란 무엇인가

기관의 조직도에서 상대적으로 높은 자리에 있다는 것으로 리더십을 정의할 수 없다면 리더십이란 도대체 무엇일까? 30여 년 전에 Vance Packard(1962)는 리더십을 다음과 같이 정의하였다. "리더십은 본질적으로 자신이 정말 완수되어야 한다고 생각하는 일을 타인들로 하여금 하기를 원하도록 만드는 예술이다."(p. 170) 이후 Packard의 리더십 관점에는 약간의 수정이 가해졌다. 가장 적절한 정의는 아마도

Gary Wills(1994)의 것처럼 보인다. "리더는 자신과 자신을 따르는 사람들이 함께 공유하고 있는 목적을 향해서 나아가도록 다른 사람들을 북돋우는 사람이다."(p. 17) 두 정의는 모두 '따르는 사람들' '목표' 또는 '어떤 일을 하고자 하는 욕구' 등의 중요성을 강조하고 있다. 리더가 자신을 따르는 사람들에 대하여 강압적인 힘을 행사하거나 통제한다는 언급이 없다는 점이 부여하는 의미가 크다. Wills의 두 번째 정의에서 강조되었고, 현재의 리더십에 대한 개념과도 일치하는 것은 전자의 '리더 자신이 완수되어야 한다고 생각하는 일'에 대응하는 개념으로서의 '공유하고 있는 목적'이라는 부분이다.

리더십에 대한 이해를 얻을 수 있는 또 다른 방법은 리더십을 정의하는 잣대를 살펴보는 것이다. Wills(1994)는 리더십을 구성하는 세 가지 요소를 리더, 따르는 사람 그리고 목표로 규명하였다. Nanus(1992)는 여기에다가 환경이라는 중요한 요인을 덧붙였는데, 환경은 리더가 자유롭게 운용할 수 있는 자원과 명확한 경계가 주어져 있는 조직을 말하는 것이었다. Wills와 Nanus의 분석을 종합할 때, 리더십의 중요한 요소들은 아마도 리더, 따르는 사람, 목표 그리고 명확한 경계와 자원을 가진 조직체라고 할 수 있을 것이다.

관리자와 리더

어떤 경우에는 리더십이 아닌 것이 무엇인지를 확인하는 과정을 통해서 리더십의 정의를 보다 쉽게 이해하게 된다. 흔히 리더는 관리자에 비유되곤 한다. Bennis(1989)와 Nanus(1992)는 명확하고 적절하게 조직 관리와 리더십을 구분하고 있다. 관리자가 문제해결 기술이 뛰어난 데 반해 리더는 조직의 미래를 만들어 나간다. 리더가 사람들에게 영감을 불어넣고 영향을 미치는 안내자의 역할을 하는 데 반해, 관리자는 사람들을 조정하고 조직을 운영하는 데 더 능숙하다. Bennis(1989)는 다음과 같이 관리자와 리더의 차이를 간결하게 요약해 주었다.

- 관리자는 조직을 운영하나, 리더는 쇄신한다.
- 관리자는 보편성을 공유하나, 리더는 각자의 고유성을 가진다.
- 관리자는 조직과 구조에 관심을 가지나, 리더는 사람에게 관심을 가진다.
- 관리자는 조정하려 하나, 리더는 신뢰감을 불어넣는다.
- 관리자는 단기적으로 생각하나, 리더는 멀리 내다보는 안목을 가진다.
- 관리자는 '언제' '어떻게'에 관심을 가지나, 리더는 '무엇을' '왜'에 관심을 가진다.
- 관리자는 항상 발밑을 주시하나, 리더는 멀리 지평선을 바라본다.
- 관리자는 모방하나, 리더는 자기만의 것을 창조한다.
- 관리자는 현상 유지를 받아들이나, 리더는 도전한다.
- 관리자는 정해진 규칙을 따르나, 리더는 스스로 일한다.
- 관리자는 일을 제대로 하나, 리더는 제대로 된 일을 한다.

리더십과 조직 관리는 상호 배타적인 것이 아니다(Zipple, Selden, Spaniol, & Bycoff, 1993). 정신건강 영역에서 보면 작은 조직이나 부서의 리더들은 보통 관리자들이다. 사실 많은 리더들이 관리자의 역할을 거치며 성장해 왔다. 그러나 리더와 관리자의 기술과 목표가 너무 상이하기 때문에 좋은 정신건강 관리자가 반드시 좋은 정신건강 리더가 되는 것은 아니며, 그 반대의 경우도 마찬가지다.

정신건강에서 리더십의 필요성

오늘날 정신건강 영역의 리더들은 역설의 시대를 이끌어 나가야만 한다. 현재에는 서로 다른 개념이나 원리들이 동시에 강조되는 것처럼 보이기도 하기 때문이다. 서비스를 이용하는 사람들은 보다 양질의 서비스를 원하는 데 비해, 서비스 제공자들은 끊임없이 예산을 절약해야 하는 입장에 있다. 계속되는 수행 평가는 객관적인 성과 지표뿐만 아니라 소비자의 주관적인 성과를 포함시키도록 요구받고 있다. 의료적 개입만으로 충분하고 그것으로 끝내야 한다고 말하는 사람들이 있는가 하면, 정신사회적 개입의 장점에 대해 피력하는 사람들도 있다. 정신장애를 가진 사람을 정신병원에 수용해야 할 필요성에 대한 논의와 관심이 새롭게 증가하는가 하면, 지역사회에 통합하는 데 초점을 맞추어야 한다고 주장하기도 한다. 비자발적 입원이나 치료 과정에 대한 관심이 증가(비자발적 외래치료와 같은)하는가 하면, 동시에 소비자의 자기 선택의 원칙이 강조되기도 한다. 관리의료의 영향으로 민간기관들이 정신건강 공공서비스 제도에 대단히 빠른 속도로 편입되었으나, 어떤 경우는 따뜻하게 받아들여지고 어떤 경우는 그렇지 못하다.

변화는 실로 대단히 지속적으로 일어나고 있다. 심각한 정신질환에 대한 새로운 패러다임, 새로운 비전, 이전보다 희망적인 측면을 강조하는 보다 정교해진 진단 체계 등은 이미 우리 안에 자리 잡기 시작했다. 새로운 개념과 원리, 기관과 제도에 대한 모델이 지속적으로 제시되고 있다. 그래서 우리 주변은 역설적인 상황으로 가득 차 있다. 바로 이러한 상황이 정신건강의 리더십이 필요한 배경이 되는 것이다. 새로운 개념과 원리, 기관과 제도들이 소개되고 있는 상황에서 우리를 이끌어 나갈 수 있는 리더십이 필요하다. 또한 새로운 재기의 패러다임과 그에 따라 더욱 광범위해진 역할과 새로워진 진단 체계 등의 영향 가운데 안내해 나갈 리더십이 필요하며, 명확해 보이는 역설들의 기저에 놓여 있는 보다 광범위한 주제들 사이를 안내해 갈 리더십이 필요하다. 지금처럼 정신건강 영역에서 리더십이 절실히 필요했던 적은 없었을 것이다.

리더십을 가르칠 수 있는가

그렇다면 어디서 이러한 리더들을 발굴할 것인가? 당연히 현재의 정신건강 관련 종사자들이나 학생, 당사자 그리고 관리자들 가운데서 찾아야 할 것이다. 물론 타고난 리더들이 있기는 하지만 대부분은 만들어지는 것이다. Kouzes와 Posner(1995)는 리더십이 길러질 수 있는 세 가지 방법에 대해 설명하고 있다. 그들에 따르면 리더십은 ① 시행착오, ② 타인, ③ 교육과 훈련을 통해 길러질 수 있다.

정신건강 영역에서는 대부분의 리더들이 시행착오를 거쳐 리더십을 배워 왔다. 불행히도 리더의 실패는 다수의 사람들에게 영향을 미친다. 다른 사람들을 이끄는 기회와 그 경험을 통해 리더십을 배울 수 있는 것은 사실이다. 하지만 그러한 경험이나 기회 자체가 리더로 하여금 훌륭한 리더십을 배울 수 있도록 보증해 주는 것은 아

정신건강 영역에서는 대부분의 리더들이 시행착오를 거쳐 리더십을 배워 왔다. 불행히도 리더들의 실패는 다수의 사람들에게 영향을 미친다.

니며, 실수를 통해 개선점을 찾는 대신에 같은 실수를 계속해서 반복하는 수도 있다. 시행착오를 통해 리더십을 배우려고 할 때는 다른 두 가지 방법이 함께 병행되어야만 효과적일 것이다. 경험은 리더들에게 최고의 스승이기도 하지만, 어떤 사람들에게는 새로운 상황에서 동일한 경험이 반복되는 경우를 볼 수 있다. 또 다른 유형의 리더들은 자신이 경험한 것을 반추해 보거나 타인과 공유하는 시간을 가지지 않는 듯하다. 자신을 되돌아보는 시간이야말로 리더십이 성장할 수 있도록 하는 통찰력을 얻는 기회가 된다.

정신건강 영역의 리더들은 또한 다른 리더들로부터 배울 수 있는데, 개인적으로 자신을 이끌어 주었던 리더들이나 전체적으로 이 분야에 있는 리더들로부터 배울 수 있다. 다른 이의 리더십을 따라가는 경험을 해 봄으로써 미래의 지도자는 좋은 리더십과 나쁜 리더십의 영향을 알 수 있다. 다시 말하면, 다른 사람에게서 리더십을 배우기 위해서는 그 리더십의 어떤 측면이 좋은 리더십과 그렇지 않은 리더십의 차이를 만들어 내는가를 살펴보는 것이 필요하다. 그 누구도 비효과적인 리더를 원하지 않지만, 그 와중에서 리더십을 배우는 사람들은 리더로서 어떤 일을 하지 말아야 할 것인지를 배울 수 있다. 만약 유능한 리더에게 직접적인 배움을 얻지 못했다 해도 그 분야에서 인정받고 있는 리더들을 살펴보면서 간접적인 배움을 얻을 수 있다. 리더들이 쓴 글을 읽거나 학회에 참석하여 강연을 듣거나 리더들의 지도를 받은 사람들을 만나 이야기를 나누어 볼 수 있다. 리더를 직접 만나서 이야기해 볼 수 없다면 그와 함께 일한 사람들과의 대화도 도움이 된다.

리더가 되기 위한 배움의 마지막 방법은 교육과 훈련을 통한 것인데, 이것은 그 자체로서는 중요성이 가장 낮은 전략이다. 리더십 기술은 교실 수업을 통해 배우기가 쉽지 않다. 사실 수업을 통해 얻는 것은 집단 안에서 리더십과 관련한 일반적인 경

험을 되돌아보고, 그 분야에서 인정받고 있는 리더들의 글을 읽거나 그들을 초청해서 대화해 볼 수 있는 기회다. 흥미롭게도 교실에서 수업을 통해 배우는 대인관계 기술이나 문제해결 기술은 리더십에 없어서는 안 될 중요한 부분이다. 정신건강 분야에서 대인관계 기술과 문제해결 기술은 보통 리더십과 관련된 것이라기보다는 임상 기술의 한 부분으로 교육되고 있다. 그러나 유능한 임상가를 만드는 이러한 기술은 또한 효과적인 리더십의 기본이 되는 것이기도 하다.

> 유능한 임상가를 만드는 이러한 기술은 또한 효과적인 리더십의 기본이 되는 것이기도 하다.

Anthony(2001)는 전 세계의 정신건강 분야의 리더들을 면담하면서 무엇이 효과적인 리더십을 구성하고 있는지 알아보았다. 여기서는 면담과 논의를 바탕으로 도출해 낸 여덟 가지의 가장 중요한 리더십 원리를 소개하고 있다(〈표 12-1〉 참고). 이 원리들을 이해하고 이들과 관련하여 자신의 개인 발달기적 과정을 살펴보면 현재와 미래의 리더로서 보다 나은 리더십을 발휘할 수 있을 것이다.

여덟 가지 리더십의 원리는 심각한 정신장애 영역에서 리더십을 발휘하고 효과적인 리더로서 인정받고 있는 사람들과의 면담을 통해서 얻어진 것들이다. 면담에 응한 어떤 리더들은 국내외적으로 잘 알려진 사람들도 있고, 특정 지역 내에서 영향력을 발휘하는 사람들도 있다. 이들은 다양한 정신건강 영역의 배경을 가지고 있는데, 전문적인 교육과 훈련을 받은 사람들도 있고 그렇지 않은 사람들도 있다. 이들 각각이 성취한 리더십은 여덟 가지 원리 가운데 하나 이상의 원리를 따르고 있다.

자신의 리더십 경험을 말해 준 리더들은 모두 한결같이 자신들도 여전히 배워 가는 과정에 있다고 말한다. 그들이 가장 많이 배운 부분은 과업을 통해 리더십을 발휘하면서 자기 자신에 대해 배운 것이라고 한다. Kouzes와 Posne(1995)가 지적하였듯이, 리더십의 성장은 궁극적으로 자기 성장을 의미한다. 음악가는 악기를 가지고 있고, 기술자는 아마도 컴퓨터를 사용하며, 회계사는 계산기를 쓸 수 있는 데 비해, 리더는 자기 자신밖에 가진 것이 없다. 리더는 스스로가 변화를 위한 도구인 것이다.

> 음악가는 악기를 가지고 있고, 기술자는 아마도 컴퓨터를 사용하며, 회계사는 계산기를 쓸 수 있는 데 비해, 리더는 자기 자신밖에 가진 것이 없다. 리더는 스스로가 변화를 위한 도구인 것이다.

Bennis와 Nanus(1985)는 리더와 따르는 사람을 구분 짓는 기준은 바로 자기 스스로를 발전시키고 성장시키는 역량에 있다고 믿었다.

표 12-1 **리더십의 여덟 가지 원리**

- 원리 1. 리더는 공유할 수 있는 비전에 대해 사람들과 소통한다.
  - 리더의 비전은 공유된다.
  - 리더는 지속적으로 비전에 대하여 소통한다.
  - 리더는 비전을 명확히 전달한다.
  - 리더는 비전을 통해 직무자들에게 영감을 불러일으킨다.
  - 리더는 비전이 조직체의 소비자에게도 유용한 것임을 보여 준다.
  - 리더는 비전에 걸맞은 삶을 살아간다.
  - 리더는 비전이 지니고 있는 잠재성을 다른 사람들에게 납득시킬 수 있다.
  - 리더는 비전을 통해 미래를 만들어 간다.

- 원리 2. 리더는 사명을 중심으로 집중화시키고 활동을 통해 분산화한다.
  - 리더는 사명을 통해 조직 전체가 어떻게 그 조직의 소비자들에게 이익이 되도록 할 것인지에 초점을 맞추도록 한다.
  - 리더는 실무적 리더십이 필요한 각각의 과정에 대해 잘 알고 있다.
  - 리더는 실무진들에게 책임과 함께 권한을 위임한다.
  - 리더는 직무자들이 적절한 정보를 스스로 알아보게 한다.
  - 리더는 직무자들이 의사결정 과정에 참여하도록 격려한다.
  - 리더는 세부적인 부분보다는 전체적인 수준에서 관리한다.
  - 조직 전체의 방향을 책임지고 있는 리더들은 실무적 위치에 있는 리더들의 역할 모델을 한다.
  - 리더는 조직의 각 부서가 얻어 내는 각각의 수행 성과에 대해서 알고 있다.
  - 리더는 직무자들에게 모든 실무적 수행 결과가 조직의 사명에 중요하다는 점을 확실히 이해시킨다.
  - 리더는 조직 내의 각기 다른 위치에 있는 구성원들이 서로 소통하도록 격려한다.

- 원리 3. 리더는 조직의 핵심 가치를 찾고, 그 가치를 실현시키는 조직 문화를 창출한다.
  - 리더는 조직의 의사결정에 어떤 가치들이 영향을 미치는지 명확히 한다.
  - 리더는 조직의 가치를 의사결정의 기준과 지침서로 사용한다.
  - 리더는 수행을 분석할 때 그 수행이 조직의 가치에 어떤 영향을 미쳤는가에 따라서 평가한다.
  - 리더는 조직의 가치들이 상충하게 되면 그것을 인정한다.
  - 리더의 말과 행동은 서로 일치한다.
  - 사명을 달성하기 위해 리더가 제시하는 전략은 조직의 가치와 일치한다.
  - 리더가 조직 내에서 보여 주는 행동은 조직의 가치를 잘 반영한다.
  - 리더는 조직의 가치가 조직 내에서 맡고 있는 역할에 상관없이 모든 사람들에게 동일하게 적용된다는 점을 확실히 한다.

• 원리 4. 리더는 직무자들의 역량을 강화하는 방향으로 조직의 구조와 문화를 창출해 간다.
  – 리더는 직무자들을 단순히 비용이 아니라 미래를 위한 투자와 자원이라는 관점에서 바라본다.
  – 리더는 직무자들에게 힘과 권위를 부여한다.
  – 리더는 직무자들이 필요로 하는 정보를 얻을 수 있도록 보장한다.
  – 리더는 어떻게 정보를 처리하는가를 보여 주는 모델이 된다.
  – 리더는 직무자들이 단지 자신의 업무만을 수행하는 것을 넘어서서 자신들의 업무에 대해서 생각해 보
    도록 격려한다.
  – 리더는 자발적으로 수행하는 직무자를 인정해 준다.
  – 리더는 직무자들이 자신의 능력을 확대하거나 위험을 감수할 수 있는 기회를 만들도록 격려한다.
  – 리더는 직무자들의 역량강화에 방해되는 조직의 관습을 제거한다.
  – 리더는 직무자들이 열심히 일할 뿐만 아니라 현명하게 일하도록 독려한다.
  – 리더는 직무자들이 직무 이외의 활동을 할 수 있도록 인정해 준다.

• 원리 5. 리더는 휴먼테크놀로지를 통해서 비전을 실현할 수 있다고 믿는다.
  – 리더는 휴먼테크놀로지들의 가치를 인정하는 조직의 문화를 창출해 낸다.
  – 리더는 직무자들이 지식을 가지는 것과 그 지식을 사용할 수 있는 전문가가 되는 것 간에는 차이가 있
    다는 것을 이해한다.
  – 리더는 직무자 훈련이 사실과 개념에 관한 것뿐만 아니라 기술에도 초점을 두는 것이어야 한다고 믿
    는다.
  – 리더는 직무자의 학위나 자격증 그리고 지위보다는 자기 일에 대해 전문성을 갖는 것이 보다 중요한
    것임을 강조한다.
  – 리더는 조직의 훈련 계획이 조직의 사명과 연관되도록 한다.
  – 리더는 직무자들이 스스로를 잘 돌보고, 다른 사람들과 적절한 관계를 맺을 수 있도록 훈련한다.
  – 리더는 잘 훈련된 직무자일수록 직업 안정성에 대한 불안을 덜 가지게 된다는 것을 알고 있다.

• 원리 6. 리더는 직무자들과 건설적인 관계를 맺는다.
  – 리더는 조직에 대한 직무자의 공헌을 공개적으로 인정해 준다.
  – 리더는 직무자가 어떤 일을 하는지에 대해 들어 주고 관심을 표해 준다.
  – 리더는 직무자들 내에서 신뢰를 구축한다.
  – 리더는 직무자들의 관점을 이해하고 있음을 보여 준다.
  – 리더는 위엄과 존중을 바탕으로 하는 대인관계의 모범이 된다.
  – 리더는 직무자들과 기탄없이 생각을 나눈다.
  – 리더는 현장의 소리에 귀를 기울임으로써 보다 나은 결과를 얻을 수 있음을 안다.
  – 리더는 자신의 관점을 말하기 전에 직무자들의 관점을 우선적으로 이해하면서 이끌어 나간다.

• 원리 7. 리더는 새로운 정보에 접근하고 이용하여 조직이 가진 기존의 요소들을 변화시킨다.
  - 리더는 정보를 사용해서 문제를 새롭고 독특한 방법으로 구상한다.
  - 리더는 정보를 조직의 자본으로 본다.
  - 리더는 정보를 사용하여 조직을 위한 새로운 의미를 창출해 낸다.
  - 리더는 정보를 통해 미래를 예측한다.
  - 리더는 주변 환경과 지속적으로 접촉할 수 있는 기회를 찾는다.
  - 리더는 변화를 주도해 간다.
  - 리더는 변화를 관리하기보다는 시작한다.
  - 리더는 현상 유지가 실제로는 후퇴하는 것임을 안다.
  - 리더는 어떤 일을 잘하고 있을 때가 바로 그 일을 더욱 잘할 수 있는 때라는 것을 안다.
  - 리더는 변화를 일으키기 위해 합의가 필요할 때와 필요 없을 때를 잘 구분할 수 있다.
  - 리더는 변화를 위한 합의가 항상 이루어지지 않더라도 사람들의 개입과 참여를 얻어 낼 수 있다.
  - 리더는 명확한 비전과 가치들이 변화를 위한 합의를 이끌어 낼 수 있음을 안다.
  - 리더는 변화를 위한 계획이 유용하다는 것을 알지만, 계획에 충실한 것이 항상 적절하지는 않다는 것도 안다.
  - 리더는 정보의 변화에 따라 잘 세워진 계획도 변화할 수 있음을 안다.

• 원리 8. 리더는 모범이 되는 직무자들을 중심으로 조직을 성장시켜 나간다.
  - 리더는 직무자의 학습을 극대화하기 위해 모범이 되는 직무자들을 다른 직무자들이 관찰하게 한다.
  - 리더는 모범 직무자들에게 조직의 규제로부터의 자유를 허용하여 그들이 가장 잘할 수 있는 것을 하도록 한다.
  - 리더는 말로써 가르치기보다 모범 직무자의 솔선하는 모습이 더 효과적인 모델이 된다는 것을 안다.
  - 리더는 모범 직무자들에게 필요로 하는 조직의 지원을 받을 수 있도록 한다.
  - 리더는 모범 직무자들이 조직 전체를 위한 기회를 창출해 낸다는 것을 알고 있다.
  - 리더는 모범 직무자들을 관리하기보다는 이끈다.
  - 리더는 모범 직무자들이 실패할 것에 대해 염려하지 않는다.
  - 리더는 모범 직무자들이 내재적 보상으로 더 강력히 동기화된다는 것을 안다.
  - 리더는 조직에 대한 모범 직무자들의 훌륭한 공헌을 공개적으로 인정해 준다.

리더는 자신이 누구인지 잘 이해하고 있으며, 어디로 향하고 있는지를 잘 안다. 또한 자신의 역량을 강화시킬 수 있는 직무자들을 규합하며 일을 해 나간다. 비전에 초점을 맞추면서도 그들의 귀는 스스로의 목소리에 귀를 기울이고 있다. 그들은 자신의 성공뿐만 아니라 실패를 통해서도 듣고 배운다. 그리고 리더는 한 개인으로서도 끊임없이 성장해 나간다.

Terry(1993)는 리더는 절대로 자기 스스로를 속여서는 안 된다고 말했다. Gardner(1995)가 말한 것처럼, 리더는 자신이 추구하는 비전이나 자신이 하는 말에 부합하는 특징을 보여 줄 수 있어야 한다. 만약 리더가 자기 스스로를 잘 조절하지 못한다면 그를 따르는 사람들은 더 이상 리더의 지휘를 받으려 하지 않을 것이다.

Bolman과 Deal(1995)은 『진정한 지도』라는 책에서 성공적인 리더는 자신을 따르는 사람들이 가장 소중하게 여기는 가치와 신념을 스스로 지니고 있는 사람이라고 했다. 그들은 또한 이러한 리더들은 그들을 따르는 사람들로 하여금 우리가 지금 정말 가치 있고 중요하며 세상을 보다 나은 곳으로 변화시키는 일을 하고 있다고 믿게 해 준다. 정신건강 분야의 리더들은 그래서 조직 내에서 함께 일하는 사람들에게 '의미'를 경험하도록 해 주어야 한다. 정신건강 서비스 그 자체로서 의미를 제공해 줄 수 있는 것이어야 하며, 리더들은 그러한 서비스의 가치가 사라지지 않도록 최선을 다해야 할 것이다.

Terry(1993)는 리더의 용기에 대한 개념을 확대시켜 소개한 바 있다. 특히, 그는 용기 있는 리더가 다양성에 대한 두려움을 어떻게 극복해 나가는가에 대해서 설명하였다. 여러 가지 관점을 논의하면서 다양성은 리더가 하는 일을 더욱 도전받게 하기도 하지만 또한 더욱 가치 있게 만들어 주는 것이라고 하였다. 리더는 다양성을 통해 제기된 상이한 관점을 위협으로 보는 것이 아니라 기회로 보는 것이다. 이러한 방식으로 갈등을 단순히 조절하거나 해결하는 것으로 그치는 것이 아니라 성장의 발판으로 사용할 수 있다.

리더들을 면담하는 과정에서 특히 인상 깊었던 것은, 그들 각자가 각기 다른 방법으로 자신을 나타냈다는 점이다. 물론 그들은 나이, 성별, 학문적 전문성 등 여러 측면에서 차이점을 가지고 있었다. 어떤 이들은 다른 사람들보다 더 분석적이었고, 어떤 사람들은 보다 활력이 넘쳤으며, 보다 감성적이거나 생각이 깊은 사람들도 있었다. 그렇다면 과연 공통점은 무엇이었을까? 우리가 보기에 리더들에게는 세 가지 정도의 공통점이 있었다. 정신건강 분야의 리더들은 예외 없이 헌신과 신뢰성 그리고 역량을 지니고 있었다.

첫 번째로 리더들은 모두 비전에 헌신하는 마음을 가지고 있었다. 리더에 따라 본질적으로 각기 다른 비전을 제시하고 있었지만, 그들은 하나같이 자신의 비전에 헌신하고 있었다. 어떤 이들은 보다 강력하게, 어떤 이들은 보다 활력 있게, 또 어떤 이들은 보다 열정적으로 자신의 비전에 대한 헌신을 표현하였지만, 그러한 비전을 성취하기 위해 끊임없이 노력해 나갈 것이라는 그들의 결심에는 차이가 없었다. 비전을 성취하기 위해 리더가 스스로를 성장시켜 나가야 하는 점을 상기해 볼 때, 그 헌신의 대상은 그 자신보다 더 큰 어떤 것에 있다. 따라서 리더의 자기 성장을 위한 노력은 조직의 비전을 위한 헌신의 일부분이었다.

두 번째로 리더들은 신뢰할 수 있는 사람들이었다. 그들의 리더십은 직무자들에 의해서 부여된 것이었다. 따르는 사람이 없이는 리더가 될 수 없듯이, 리더가 될 수 있었던 것은 따르는 사람들이 그를 인정해 주었기 때문이다. 리더를 따르는 사람들은 리더가 신뢰할 만한 인물인지를 보고 리더십을 인정해 준다. 여러 사람들이 각자의 목소리를 내고, 자신의 이익을 확보하고자 노력하며, 서로 다른 방향을 가고자 하더라도 결국 어느 시점에서는 리더를 인정하고 그 리더를 따라 가야 하는 것이다.

마지막으로, 우리가 만나 본 리더들은 모두 리더십의 역량을 지니고 있었다. 그들이 지닌 리더십은 〈표 12-1〉의 기본적인 리더십의 원리와 일치하였다. 물론 각각은 이러한 다수의 원리들이 서로 다른 형태로 섞여서 독특하게 나타나는 것들이었고, 각각 강조되는 리더십의 원리도 달라 보였다. 많은 경우에 이러한 리더들은 리더십 원리에 부응하며 일관성 있는 리더십을 발휘하는 다른 동료들이나 직무자들과 함께 일하고 있었다.

헌신과 신뢰성 그리고 역량을 갖춘 리더는 더 오랫동안 자신의 비전을 이끌어 나간다. 정신건강 영역에서도 서로 경쟁 관계에 있는 비전과 논리들이 존재한다. 이 책에 소개된 정신건강 리더들은 자신의 비전을 보다 널리 알리고 구체화하기 위해 최선의 노력을 다해 왔다. 그들의 비전이 널리 퍼져 나가기 위해서는, 이전 또는 현재의 다른 비전들을 대체하거나 누르거나 보완하거나 아니면 어떤 방법으로든지 더 많은 사람들에게 이야기해야만 하는 것이다(Gardner, 1995).

리더들은 말과 행동을 통해서 비전이 내포하는 세부적인 내용을 보완해 줄 수 있다. 비유, 예화, 전통, 과거의 성공과 실패는 비전을 더욱 면밀하게 만들어 준다. 리

더가 헌신하고 있는 비전이 더욱 정교한 모습을 갖출 때 보다 많은
사람들이 그 비전에 호응하며 따르게 되는 것이다.

리더들은 말과 행동을 통해서 비전이 내포하는 세부적인 내용을 보완해 줄 수 있다. 비유, 예화, 전통, 과거의 성공과 실패는 비전을 더욱 면밀하게 만들어 준다. 리더가 헌신하고 있는 비전이 더욱 정교한 모습을 갖출 때 보다 많은 사람들이 그 비전에 호응하며 따르게 되는 것이다.

결론적 논평

이 장을 시작하면서 언급했던 리더십에 대한 논의의 토대가 되는
전제로 다시 돌아가 보도록 하자. 우리는 누구든지 정신건강 영역의
리더가 될 수 있다는 믿음을 표현하였다. 정신건강 분야에서 리더이건 아니면 리더
를 따르는 사람들이건 간에, 우리 모두는 삶의 특정 영역에서 리더의 역할을 하고
있을 것이다. 이러한 영역에는 사회 조직체나 종교 단체, 혹은 운동을 위한 친목 단
체나 학교와 관련된 조직들이 포함될 수 있다. 분야와 상관없이 우리가 살펴본 여덟
가지 리더십 원리를 잘 적용한다면 우리는 보다 나은 리더로서의 모습을 갖출 수 있
을 것이다.

정신재활에 대한 충분한 지식을 갖추고, 리더십의 원리를 자신이 기능하는 역할
속에 잘 구현하면서 이 책의 제11장에서 소개한 변화를 위한 전략을 잘 사용할 줄
아는 리더라면 이 책의 마지막 장에서 꿈꾸며 그려 놓은 미래를 만들어 나갈 수 있
을 것이다.

CHAPTER 13

미래의 비전

꿈을 꾸는 사람들은 행복하다. 이들은 그 꿈을 현실로
이루기 위해 기꺼이 대가를 치르고자 한다.

_Suenens

정신재활 분야에 종사하고 있는 연구자와 실무자들은 때때로 미래의 비전에 대해 토론하기를 꺼린다. 이와는 달리 정신과적 치료를 시행하거나 연구를 하는 사람들은 미래에 관해 자주 이야기한다. 이들은 PET 스캔(양전자 방출 단층촬영)과 CAT 스캔(컴퓨터 단층촬영)과 같은 새로운 기술에 의해 가능한 돌파구에 대하여, 약물치료의 진보에 대하여, 예방에 대하여, 병의 치유에 대하여 이야기한다. 이들은 자신이 하고 있는 일에 관한 비전을 가지고 있다. 물론 이들 역시 방해물이나 어려운 점, 필요한 시간과 자원에 대해 지적하기도 하지만, 여전히 비전을 가지고 있는 것이다.

반면에 정신재활 전문가들은 흔히 우리가 어디까지 왔는지, 현재 우리가 가지고 있는 자원과 기회에는 어떤 것이 있는지, 아직도 얼마나 더 나아가야 하는지에 대해 이야기한다. 그렇다면 비전과 희망 그리고 장기적인 꿈은 어디에 있는 것일까? 어쩌면 우리는 우리가 약속하는 것을 이루어 내지 못할까 봐 전전긍긍하며 우리의 비전을 과도하게 한정시키고 우리의 꿈을 짓누르고 있는지도 모른다. 잘못된 기대를 불러일으키는 것과 나아가야 할 방향에 대한 비전을 제시하는 것 사이에는 분명한 차이가 있다. 어떤 비전을 향하여 계속해서 일하고 옹호한다면, 그 비전은 우리의 판단을 그르치게 하기보다 힘을 북돋워 줄 것이다. 비전은 헛된 기대를 양산하는 것이 아니라 우리가 하고 있는 일에 대한 열정을 갖도록 해 주는 것이다.

이 마지막 장은 머리로 쓰기보다 가슴으로 쓴 것이다. 여기에는 별다른 참고문헌이 없다. 이 책의 저자들인 우리는 정신재활 분야의 다른 많은 관계자들(정신장애를 가진 사람, 가족, 전문가, 교육자, 행정가, 연구자 등)과 마찬가지로 꿈을 꿀 수 있는 권리를 가지고 있다. 우리는 이 비전을 함께 나누기를 원한다.

꿈을 꾸기 위해 준비하기

미래의 가능성을 향해 마음을 활짝 열기 위해서는 과거에 염두에 두었던 관심사를 잠재워야 할 필요가 있다. 잘못된 방향을 바라보고 있다면 미래를 지향할 수 없다. Winston Churchill이 말한 것처럼, "만약 과거와 현재를 서로 싸우도록 내버려 둔다면, 그 사이에 우리는 미래를 잃어버리게 될 것이다". 우리는 먼저 과거의 잘못을 잠재움으로써 새로운 꿈을 꿀 준비를 갖추게 된다. 다음에 논의할 세 가지 쟁점을 과거의 것으로 인식함으로써 우리는 미래의 비전에 단호하게 직면할 수 있다.

과거의 3가지 쟁점

1. 우리는 병원 서비스가 좋은지 지역사회 서비스가 좋은지의 논쟁을 멈추고 각각이 가장 잘 수행할 수 있는 기능을 규명해야 한다.

우리는 이미 '무엇을' 제공할 것인가보다 '어디서' 서비스를 제공할 것인가에 대한 논쟁에 너무 많은 에너지를 소모해 왔다. 정신건강 서비스를 이용하는 사람들은 여타의 의료 서비스를 이용하는 사람들과 마찬가지로 지역사회에서 생활하는 것을 선호한다. 이에 마땅히 제기되어야 하는 질문은 소비자들이 지역사회에서 보다 만족스럽고 성공적으로 살아갈 수 있도록 병원과 지역사회 서비스가 어떻게 지원할수 있겠는가 하는 것이다.

> 최종적인 분석을 해 볼 때, 병원도 지역사회의 일부다. 병원의 역할은 소비자가 지역사회 내에서 잘 살아갈 수 있도록 도와주는 데 있는 것이지, 그들을 지역사회로부터 격리하는 데 있지 않다.

최종적인 분석을 해 볼 때, 병원도 지역사회의 일부다. 병원의 역할은 소비자가 지역사회 내에서 잘 살아갈 수 있도록 도와주는 데 있는 것이지, 그들을 지역사회로부터 격리하는 데 있지 않다. 그러나 지역사회에 기반을 둔 전문가들이 병원을 마치 외계에 존재하고 있는 것처럼 간주하는 경우가 종종 있다. 병원에 입원해 있지 않은 사람들은 병원에 입원해 있는 사람들을 잊고 지낸다. 그들에게 병문안을 가지 않고, 전화를 걸지도 않으며, 편지조차 쓰지 않는다. 정말인지 다른 행성으로 가 버린 것처럼! 지역사회에 기반을 둔 실무자는 소비자를 따라 병원으로 가야 한다. 그리고 병원은 내담자가 이전보다 역량을 향상시켜 지역사회로 돌아갈 수 있도록 도와주는 데 초점을 맞추어야 한다. 엄밀히 말하면, 병원과 지역사회 프로그램 모두는 지역사회에 초점을 맞추고 있는 것이다. 양자는 내담자가 자신이 원하는 곳에서 살아가고, 배우고, 사회활동을 하며, 일을 할 수 있도록 지원해야 한다.

과거에는 지역사회를 기반으로 한 재활 전문가가 자신이 제공한 프로그램이 단순히 지역사회 내에서 제공된다는 이유 하나만으로 병원의 프로그램보다 더 낮다고 생각하였다. 그러나 이 가정은 옳지 않으며, 결코 진실이 될 수 없다. 병원에서 제공되는 프로그램들도 재활 지향적으로 운영될 수 있으며, 지역사회에 기반을 둔 프로그램과 상호 협력적으로 제공되는 경우에는 내담자에게 긍정적인 재활 성과를 거둘 수 있다. 어떤 장소에서 서비스가 제공되는가에 상관없이, 재활 전문가는 내담자가 전반적인 재활 목표를 성취할 수 있도록 자신이 무엇을 할 수 있는가에 초점을 맞추어야 한다.

2. 우리는 내담자가 지역사회에서 생활을 유지하도록 하는 것이 아니라, 지역사회에 참여하게 하는 일에 노력의 초점을 맞출 필요가 있다.

우리는 이미 정신장애를 가진 사람이 병원에서 지내야 하는 기간을 줄일 수 있는 전략을 가지고 있다. 심각한 정신장애를 가진 사람도 사례관리자, 자원봉사자, 자조집단, 활동보조인과의 연계 등 지역사회 지원과 재활 개입을 받으면서 지역사회에서 생활을 유지할 수 있다.

그렇지만 지역사회 생활이 유지된다고 하더라도, 그것이 잘되고 있다거나 충분하다고 할 수는 없다. 이제는 거의 모든 사람들이 대부분의 시간 동안 지역사회에서 생활을 유지할 수 있다. 이것은 지난날의 목표였다. 앞으로의 목표는 지역사회에의 참여다. 그리고 이것은 이미 지역사회에서 생활을 유지하고 있는 사람들이 지역사회 내에서 보다 성공적이고 큰 만족을 얻으면서 기능할 수 있도록 도와줄 수 있는 것인가 하는 문제이기도 하다.

심각한 신체장애를 가진 사람의 예를 들어 보자. 지역사회에서 생활하는 데 도움이 되는 전동 휠체어를 마련한 당사자가 물어 올 만한 '질문은 내가 살고있는 지역사회에서 휠체어를 타고 갈 수 있는 곳은 어디일까?' 다. 지역사회 건축물의 물리적인 제한 때문에 그가 직장에 가거나 학교에 가거나 여가를 위해 대중교통을 이용할 수 없다면, 지역사회에 참여하는 데 휠체어가 과연 어떤 도움이 된단 말인가?

지역사회에서 생활하고 있는 정신장애를 가진 사람들도 이와 비슷한 처지에 놓여 있다. 이들이 당면하고 있는 장벽은 건축상의 문제가 아니라, 지역사회 주민들의 태도와 프로그램 정책상의 문제다. 우리에게 던져지는 질문들은 동일하다. 즉, 이제 나는 지역사회에서 살아가게 되었는데 내가 갈 수 있는 곳은 어디일까? 차별을 줄이는 프로그램은 어디에 있을까? 정신장애를 가진 당사자가 원하는 직장이나 학교 또는 지역사회에 보다 자연스럽게 통합될 수 있도록 기술 및 지원 개발을 지원하는 프로그램은 어디에 있을까? 이제 우리에게 주어진 도전은 '정신장애를 가진 사람들이 자신이 선택한 지역사회에서 어떻게 하면 보다 나은 삶을 살 수 있도록 도와줄 수 있는가?' 하는 것이다. 지역사회에서의 생활 유지는 단지 지나간 과거의 목표일 따름이다.

3. 우리는 정신과적 치료와 정신재활이 경쟁적인 모형이라기보다 상호 보완적인 모형이라고 생각해야 한다.

때때로 정신재활을 지지하는 사람들이 의학적인 치료에 반대하는 것처럼 인식되기도 한다. 이러한 태도는 좋은 치료와 좋은 재활은 서로 손을 맞잡고 가는 것이라고 믿고 있는 우리를 당혹스럽게 한다. 그러나 치료 전문가들은 여전히 재활 접근법이 재활과 치료 중 어느 한쪽을 택하도록 강요하는 것 같다고 말한다.

우리는 이처럼 지각된 대립이 아마도 재활 전문가들이 '나쁜' 치료라고 생각되는 것들을 불만으로 표현한 것에 기인한다고 생각한다. 즉, 내담자를 치료의 중요한 결정 과정에 참여시키지 않고, 약에 대해 충분히 설명을 해 주지 않거나 내담자의 의견을 충분히 듣지 않고 장기간 약물을 복용하도록 하고, 심각한 정신장애를 가진 사람을 위한 재활의 필요성을 인정하지 않거나 충분히 지원해 주지 않으며, 치료 자체의 한계(예: 약물의 부작용, 약물치료가 기술을 가르쳐주지 않고 심리적 지지를 제공해 줄 수 없다는 분명한 사실)를 인정하지 않는 치료에 대한 불만들일 것이다. 재활 전문가들은 치료 그 자체를 반대하지 않는다.

> 내담자를 치료에 참여시키고, 내담자가 받고 있는 치료가 어떤 것인지 충분히 이해시키며, 재활의 유용성을 인정하고 증진시키기 좋은 치료는 정신재활 접근을 보완해준다. 이러한 좋은 치료와 정신재활은 효능이 높은 조합이 된다.

내담자를 치료에 참여시키고, 내담자가 받고 있는 치료가 어떤 것인지 충분히 이해시키며, 재활의 유용성을 인정하고 증진시키기 좋은 치료는 정신재활 접근을 보완해 준다. 이러한 좋은 치료와 정신재활은 효능이 높은 조합이 된다.

이 마지막 장은 정신재활 실천을 위한 비전과 정신재활 연구를 안내하는 비전에
관한 두 부분으로 구성되어 있다.

미래를 위한 비전

1990년에 재활의 관점으로 미래를 예견하면서, 정신재활의 철학에 대한 전반적
인 동의가 이루어질 것과 정신사회재활센터가 점차적으로 확장되고, 기존의 정신건
강 장면에 재활 접근법이 적용되며, 정신재활 기술론과 연구의 기초 자료가 마련되
고, 점차 정신건강제도의 모든 면에서 서비스 소비자들의 참여에 대한 필요성의 인
식이 증가할 것이라고 전망한 바 있다(Anthony, Cohen, & Farkas, 1990).

정신재활 실천의 비전

1990년대 초반에 우리는 미래의 정신건강 분야에서 정신재활 서비스가 가장
중요하고 필수적인 개입이 될 것이라고 내다보았다. 〈표 13-1〉은 1990년에 표명
되었던 미래의 17개 발전 영역을 기술하고 있다. 우리는 이것이 향후 정신재활
과 정신건강제도가 나아가야 할 방향을 제시하고 있다고 믿는다(Anthony, Cohen,
& Farkas, 1990).

17개의 비전 선언문과 관련된 각 영역에서 진전이 있었으며, 그중 특정한 분야들
은 보다 큰 발전을 이루어 왔다. 1990년대를 거치면서 이루어진 실질적, 개념적,
철학적 발전을 통해 미래를 위한 17개의 선언문이 이제는 보다 적은 수의 포괄적인
비전 선언문으로 변경되어 구성되었으며, 미래의 정신건강과 정신재활의 발전을 위
한 지침으로 기능하고 있다(Anthony, Cohen, & Farkas, 1999). 여기서는 다섯 가지의
비전을 소개하고, 정신건강제도 내에서 이 비전들이 어떠한 중요성을 가지는지를
간단히 설명하고자 한다. 정신건강제도가 관리의료 접근을 취하든지 취하지 않든지
간에 이 비전 선언문은 의의를 가진다(〈표 13-2〉 참고).

| 표 13-1 | 정신건강제도의 비전 |

우리는 꿈꾼다.

1. 우리는 서비스 이용자를 진단명으로 규정하지 않고 하나의 인격체로 보는 정신건강제도를 꿈꾼다.
2. 우리는 정신건강 기관이 현재의 또는 이전의 서비스 이용자들을 충분히 고용하는 정신건강제도를 꿈꾼다.
3. 우리는 정신장애를 가진 사람들도 다른 사람들과 똑같은 열망과 목표를 가지고 있다고 믿는 정신건강제도를 꿈꾼다.
4. 우리는 어떤 새로운 프로그램이 필요한지를 결정할 때 정신장애를 가진 사람이 중추적인 역할을 하는 정신건강제도를 꿈꾼다.
5. 우리는 정신건강제도의 목표에 의해서가 아니라 정신장애를 가진 사람의 목표에 의해서 추진되는 정신건강제도를 꿈꾼다.
6. 우리는 정신장애를 가진 사람의 주거에 대한 욕구와 선호를 충족시키려고 노력하는 정신건강제도를 꿈꾼다.
7. 우리는 실무자가 단계적이고 점진적으로 이루어지는 내담자의 변화에 기쁨을 느끼며, 또 그러한 성취를 돕는 데 대한 보상을 받을 수 있는 정신건강제도를 꿈꾼다.
8. 우리는 DSM 진단에서 정신분열병의 특성을 그 공통적인 경과와 삽화가 반복되면서 점차 황폐해지는 질병이 아니라, '시간이 지남에 따라 기능력이 증진되어 가는 손상'이라고 말할 수 있는 날을 꿈꾼다.
9. 우리는 내담자가 바라는 성과가 직무자의 학위가 아니라 직무자가 가지고 있는 기술, 지식 및 태도에서 영향을 받는다고 깨닫는 정신건강제도를 꿈꾼다.
10. 우리는 내담자와 가족들을 위해 새로운 명칭을 만들어 내기보다 새로운 프로그램을 개발하는 정신건강제도를 꿈꾼다.
11. 우리는 직업재활 서비스가 정신장애를 가진 사람에게 자격 요건을 요구하는 서비스가 아니라 권리를 부여하는 정신건강제도이기를 꿈꾼다.
12. 우리는 정신재활 기술론을 사용하여 정신장애를 가진 사람이 가지고 있는 주거 목표와 직업 목표를 달성할 수 있도록 도와줄 것을 공약하는 정신건강제도를 꿈꾼다.
13. 우리는 누구나 필요로 하고 원하는 횟수와 기간만큼 재활 개입의 기회를 제공하는 정신건강제도를 꿈꾼다.
14. 우리는 정신장애를 가진 사람이 존엄성이라는 궁극의 대가를 희생하지 않고서도 자신이 필요로 하고 원하는 도움을 받을 수 있는 정신건강제도를 꿈꾼다.
15. 우리는 정신장애를 가진 사람이 가지고 있는 긍정적인 속성을 인정하고 평가해 주는 정신건강제도를 꿈꾼다.
16. 우리는 정신장애를 가진 사람에게 투입되는 비용을 절감하기보다 그들의 삶을 향상시키는 데 우선순위를 두는 사회를 꿈꾼다.
17. 우리는 편안한 태도로 다가갈 수 있는 사람들로 이루어진 세상을 꿈꾼다.

표 13-2	새로운 천년을 위한 정신건강제도의 비전

1. 정신장애를 가진 사람이 전인적인 관점에서 긍정적인 속성을 존중받고 그에 따라 대우받는 정신건강 제도
2. 내담자의 주거, 직업, 교육 및 사회적 지위를 향상시키고자 노력하는 정신건강제도
3. 정신장애를 가진 사람이 제도 설계와 실행에 주요한 역할을 담당하는 정신건강제도
4. 정신재활의 과정과 성과를 이루기 위하여 서비스 실무자의 능숙한 기술이 중요하다는 사실을 이해하는 정신건강제도
5. 재기의 비전을 가지고 나아가는 정신건강제도

1. 정신장애를 가진 사람이 전인적인 관점에서 긍정적인 속성을 존중받고 그에 따라 대우받는 정신건강제도

우리는 정신장애를 가진 사람이 가진 수많은 특성과 목표, 열망을 인정하고 평가해 주는 정신건강제도를 꿈꾼다. 역사적으로 정신건강 영역에서는 정신건강 서비스를 이용하는 소비자들을 언급할 때, 긍정적인 측면은 무시하고 부정적인 측면에만 초점을 맞추어 왔다. 최근까지도 정신질환을 가진 것으로 진단받은 청소년들에 대한 문헌에서는 이 집단을 혼란 속에 있고, 무능하고, 마약을 하는 '청년 만성환자'라는 식으로 기술해 왔다. 서비스 이용자들을 설명하는 데 있어서 당사자가 가진 수많은 강점들이 고려되지 않은 것이다(예: 정신분열병의 진단을 받아 온 성공적인 대학생).

불행히도 정신건강 영역에서 지속되어 온 진단명 붙이기의 관행이 내담자의 존재 자체에 진단명을 붙이며 실제의 삶에 영향을 미치고 있다. 사람들은 차별적인 언어를 사용하게 된다. 전문가는 전통적으로 매일 사용해온 용어들 중에서 정신병리를 강조하는 말을 조심해서 사용해야 한다. 왜냐하면, 이러한 용어들이 의도치 않게 내담자가 자신을 병든 사람이라고 규정짓게 할 수 있기 때문이다. 보다 바람직한 용어는 정신분열병을 가진 것으로 최근에 진단을 받은 사람과 같은 표현이 될 것이다. 관리의료가 그 철학과 접근법 면에서 내담자를 존중하는 언어 사용과 양립할 수 없다는 논리는 맞지 않다. 관리의료 역시 정신장애를 가진 사람이 스스로를 만성환자가 아니라 하나의 인격체로 보도록 하는 것에 확고한 관심을 표명하였다. 진단명이 적절한 서비스

를 이용하지 못하고 있는 특정한 집단의 사람들에 대한 관심을 불러일으키기 위해 만들어진 것임에도 불구하고, 진단명의 사용은 오히려 편견을 유발하였다. 진단명을 사용하게 되면서 따라오는 문제로 정신건강제도의 목표치가 낮아져 가고 있다. 정신건강 분야는 진단명 붙이기가 우리 사회에 미치는 부정적인 영향에 대해 계속적인 주의를 기울여야 한다.

정신건강제도는 서비스를 이용하는 소비자에게도 보통의 다른 사람들처럼 목표와 꿈이 있다는 신념을 바탕으로 운영되어야 한다. 정신장애를 가진 사람에게 재활의 목표가 무엇인지를 물어보면, '마음에 드는 직업, 좋은 주거 환경, 애인과 교제하기, 친구 사귀기, 학교에 돌아가기, 심리적인 스트레스를 덜 받기'와 같이 다른 사람들과 거의 동일한 대답을 한다. 소비자가 보통의 환경에서 살아가도록 하는 것은 관리의료의 경제적인 목표에 부합하는 것이다. 분명히 지역사회 구성원의 역할을 수행하는 사람이 환자의 역할을 취하며 많은 서비스를 소비할 수는 없다.

정신장애를 가진 사람이 재활 목표를 성취하는 것을 방해하는 장벽 중의 하나는 바로 당사자들이 재활의 목표를 실현해 나가야 할 환경이 되는 사회다. 괜찮은 직장이나 살 만한 집을 구하는 과정을 막는 것은 접근이 불가능한 건물이 아니라 접근이 불가능한 사람들이다. 고용주, 집주인, 교사, 이웃들은 정신장애를 가진 사람이 재능을 펼칠 수 있도록 촉진하는 힘을 발휘할 수 있다. 이것은 단순히 차별과 편견의 시선을 벗어 버릴 때 가능한 일이다. 차별과 편견은 결국 돌고 돌아서 자신의 삶을 제한시켜 버린다. 차별을 근절하도록 도와야 할 전문가가 계속해서 차별을 하게 된다면, 결코 차별은 줄어들지 않을 것이다. 전문가가 정신장애를 가진 사람의 긍정적인 속성을 강조하며 차별을 근절하기 시작할 때 이러한 노력이 대중매체, 정책 입안자, 공무원, 사업가에게로 이어져 나갈 것이다. 관리의료제도의 지지자들은 정신장애를 가진 사람을 가치 있는 사람으로 대우하는 사회가 되도록 주창해야 할 것이다.

> 정신장애를 가진 사람이 재활 목표를 성취하는 것을 방해하는 장벽 중의 하나는 바로 당사자들이 재활의 목표를 실현해 나가야 할 환경이 되는 사회다. 괜찮은 직장이나 살 만한 집을 구하는 과정을 막는 것은 접근이 불가능한 건물이 아니라 접근이 불가능한 사람들이다.

2. 내담자의 주거, 직업, 교육 및 사회적 지위를 향상시키고자 노력하는 정신 건강제도

우리는 병의 증상을 치료하는 것뿐만 아니라, 지역사회 구성원으로서의 기능을 향상시키는 데 집중하는 정신건강제도를 꿈꾼다. 정신건강제도의 성패는 심각한 정신장애를 가진 사람이 정신건강 기관 안에서가 아니라 지역사회에서 얼마나 잘 기능하는가에 따라 결정된다. 우리는 내담자의 직업적 기능과 주거 기능에 특별히 강조점을 두어 왔다. 생활환경 측면에서, 우리는 정신장애를 가진 사람의 주거 욕구와 선호를 충족시켜 주고자 노력하는 정신건강제도를 꿈꾼다. 지원 주거의 개념은 정신재활 접근에서 시작되었다(Blanch, Carling, & Ridgway, 1988). 우리는 앞으로 정신장애를 가진 사람이 자신의 선택에 따라 주거지를 정하여 살아갈 것을 기대한다. 지원과 서비스는 소비자가 자신이 선호하는 생활환경을 선택하고 획득하여 유지하는 것을 돕도록 설계될 것이다. 지원 주거 접근의 서비스 강도와 기간 및 유형은 당사자가 어디에서 생활하는가가 아니라 무엇을 필요로 하고 원하는가에 맞추어질 것이다. 관리의료제도가 주거서비스를 제공하고 있지는 않지만, 이 제도가 소비자로 하여금 지역사회에서 성공적으로 살아갈 수 있도록 지원하는 것은 경제적으로 이치에 맞는 말이다. 어떤 경우에 이 원리는 사례관리 서비스에도 적용된다.

직업재활 서비스와 관련하여, 우리는 직업재활국의 서비스와 유사 서비스들이 정신장애를 가진 사람에게 자격 요건을 요구하는 서비스가 아니라 권리를 부여하는 제도이기를 기대한다. 심각한 정신장애는 그 자체로 직업재활 서비스의 대상 조건이 되어야 하며, 당사자가 필요로 하는 빈도와 기간만큼 서비스를 이용하도록 해 주어야 한다. 관련 연구 결과들은 누가 직업재활 서비스로부터 이익을 얻을 수 있을지를 예측하는 것이 매우 어렵다는 것을 명확하게 보여 준다. 처음 직업재활 서비스를 이용하고 도움을 얻지 못한 사람이 두 번째 혹은 세 번째 서비스를 통해서는 도움을 받을 수 있다. 직업재활 서비스가 심각한 정신장애를 가진 사람에게 도움이 될지 안 될지를 사전에 결정해 놓는 것은 현실적으로 불가능하며, 직업재활제도의 정책 및 절차에는 이러한 사실이 반영되어야 한다. 정신건강제도 수립자들이 직업재활과 같은 다양한 지원제도를 적절히 활용하고, 정신장애를 가진 사람들이 지역사회의 일원으로 잘 기능할 수 있도록 도와주는 대안적인 지원제도에 현명하게 연계해 주는 것이 중요하다. 제도 수립자들은 지역사회 재활 서비스의 이용과 그 효과성에 대해서 잘 인식하고 있어야 할 것이다.

3. 정신장애를 가진 사람이 제도 설계와 실행에 주요한 역할을 담당하는 정신 건강제도

우리는 소비자가 서비스의 설계, 시행 및 평가에 영향을 미치는 역할을 담당하는 정신건강제도를 꿈꾼다. 정신장애를 가진 사람이 제도의 기획 단계에서 더 많은 역할을 감당할 때 다양하고 새로운 유형의 서비스 프로그램들이 개발될 수 있을 것이다. 우리는 더많은 동료 운영 프로그램과 자조 프로그램을 기대할 수 있으며, 전통적인 낮치료 프로그램 대신에 교육과 직업 활동이 보다 강조되는 프로그램을, 보호 작업장이 아닌 지원 고용 프로그램을, 그룹홈이 아니라 지원 주거 아파트를 바랄 수 있을 것이다. 이러한 프로그램들은 정신건강제도의 재정적인 측면에서 더욱 선호할 만한데, 기존의 낮치료 프로그램이나 집단생활 프로그램보다 직원 고용 및 운영의 측면에서 비용이 덜 들기 때문이다. 이러한 비전에 근접해 갈수록, 우리는 정신건강 기관들이 충분한 수의 정신장애를 가진 사람들을 채용하는 정신건강제도를 기대할 수 있을 것이다. 정신재활 분야에서는 이러한 비전을 이루기 위해 대학 훈련 프로그램이 정신장애로부터 재기 중인 학생을 선발할 것을 제안해 왔다. 몇몇 주의 정신건강 당국에서는 기관의 모든 분야—전문직, 기술직, 사무직, 일반직—에서 정신장애를 가진 사람을 고용하도록 격려하고 있다. 관리의료제도의 조직들은 기존의 조직 구조에 덜 구속되어 있기 때문에 새로운 고용인을 받아들이기 쉽고, 새로운 고용 방향에 보다 부합할 수 있을 것이다. 정신장애를 가진 사람이 다양한 역량을 가지고 정신건강 제도에 참여하게 되고 이로써 더 많은 영향력을 가지게 될 때, 우리는 실무자나 행정가들의 목표가 아니라 정신장애를 가진 사람들의 목표에 의해서 추진되는 정신건강제도를 기대할 수 있을 것이다.

이 비전을 실현하는 데 문제가 되는 점은, 많은 사람들이 정신장애를 가진 사람이 의미 있고 현실적인 목표를 가지고 있다는 것을 믿지 못하는 데 있다. 과거에 정신건강제도 수립자들은 서비스 이용자들의 목표가 제도를 추진하는 원동력이 되는 데 동의하지 않았다. 대신 기관과 제도 전반에 걸친 목표(예: 포괄적인 서비스를 제공한다거나 비용을 절감한다거나 하는 목표)들이 공표되었다. 그러나 우리는 단 한 번도 정신장애를 가진 사람이 포괄적인 서비스를 제공받는 것이 자신의 목표라고 말하는 것을 들은 적이 없다. 이러한 측면에서 관리의료제도의 지지자들은 단순히 비용을 절감하겠다는 기존의 목표를 넘어, 가치를 지향하는 무언가(예: 소비자의 성과가 효율적으로 성취되게 한다)를 제공하겠다는 것을 일차적인 목표로 내세우고 있다. 관리의료제도가 소비자 만족에 관심을 두고 있다는 점에서 관리의료제도 수립자들이 정신장애를 가진 사람들의 생각을 제도 설계에 반영하는 것은 당연한 의무가 될 것이다.

> 정신건강제도 수립자들은 서비스 이용자들의 목표가 제도를 추진하는 원동력이 되는 데 동의하지 않았다. 대신 기관과 제도 전반에 걸친 목표(예: 포괄적인 서비스를 제공한다거나 비용을 절감한다거나 하는 목표)들이 공표되었다. 그러나 우리는 단 한 번도 정신장애를 가진 사람이 포괄적인 서비스를 제공받는 것이 자신의 목표라고 말하는 것을 들은 적이 없다.

4. 정신재활의 과정과 성과를 이루기 위하여 서비스 실무자의 능숙한 기술이 중요하다는 사실을 이해하는 정신건강제도

우리는 기술적으로 훈련된 실무자가 서비스를 제공하는 정신건강제도를 꿈꾼다. 이들은 전문적인 재활 기술을 갖추고 재활의 성과에 영향을 미칠 수 있도록 자신의 기술을 적절히 사용할 줄 아는 사람들이다. 전통적으로 정신장애를 가진 사람과 정규적으로 만나는 사람들은 대부분 심리학, 사회복지학, 상담학, 재활학, 직업치료학, 간호학 학사 또는 석사 학위를 가진 사례관리자들이다. 이들은 보통 심각한 정신질환을 가진 것으로 진단을 받은 사람들에게 정신건강 서비스를 전달하는 직업 경력을 가지고 있다. 또한 이들은 정신질환에 대해 공고한 지식을 가지고 있으며, 소비자를 면밀히 관찰하여 그들의 상태를 정신과 의사에게 보고할 수 있는 능력을 가지고 있다. 대부분의 서비스 실무자들은 개입 계획서에 정신장애를 가진 사람의 최우선적인 목표를 증상의 완화라고 기술한다. 이러한 목표는 정신과 의사와 서비스 실무자의 관점에서 세워지는 것이며, 서비스 소비자의 관점은 최소한도로 반영되는 것이다. 이러한 많은 서비스 실무자들은 소비자와 정기적으로 만나면서 문서화된 치료 계획서에 따라 소비자들에게 지원을 제공하고 있다.

그러나 대부분의 실무자들은 소비자를 관찰하고 약물을 사용하여 도움을 주는 데는 기술이 매우 뛰어나지만, 소비자의 삶을 향상시키는 목표(주거, 직업, 교육, 사회적 목표)를 성취하도록 돕는 정신재활의 기술을 사용하는 능력은 갖추고 있지 않다. 일반적으로 많은 서비스 실무자들은 대학이나 직장에서 정신재활을 효과적으로 제공해 줄 수 있는 기술을 훈련받지 못했다. 정신장애를 가진 사람에게 사용되어야 할 주요한 정신재활 기술은 다음과 같다.

- 재활의 준비도를 진단하고 개발한다.
- 전반적인 재활 목표를 수립한다.
- 전반적인 재활 기술을 성취하기 위해 필요한 기능적인 기술과 자원을 평가한다.
- 소비자들의 기술과 자원을 개발하기 위한 목표를 수립한다.
- 자원을 조정하고 수정하기 위하여 직접기술교육법, 기술 프로그래밍, 재활 사례관리를 통하여 개입한다.

Cohen과 동료 연구자들(1995, 1986, 1988, 1990, 1992, 2000; and Farkas et al., 2000)은 이러한 정신재활의 기술을 수행하는 데 필요한 기술론을 정리하여 패키지화하였다. 이러한 기술론은 관련된 지식 및 기술을 전달하고, 서비스 실무자가 소비자에게 정기적으로 기술을 사용하는 능력을 향상시키도록 고안된 훈련 패키지에 반영되어 있다(제5장 참고). 뉴욕을 비롯한 몇몇 주에서는 이러한 정신재활의 기술을 통원치료 규정에 적용하였고(Sheets, Bucciferro, & O'Brien, 1991), 앨라배마와 같은 여타의 주에서는 내담자를 직접 만나는 직무자들에게 지속적으로 정신재활 기술훈련을 제공하였다(Hart, 1997).

정신장애를 가진 사람은 돌봄 서비스를 제공하는 데 최고의 자격을 갖춘 서비스 실무자에게 도움을 받을 자격이 있다. 그러나 도움을 주는 데 가장 적격인 사람은 반드시 신뢰할 만한 학위를 가지고 있는 전문가가 아니다. 불행히도 학위 취득을 위한 대학교육에서는 정신질환에 관한 전통적인 지식과 기술만을 교육하는 데 그치고 있다. 정신질환을 진단받은 사람을 전인적인 관점으로 보는 지식과 기술이 교육되지 않고 있는 것이다. 재기의 여정에 있는 사람들에게 가장 도움이 된 것이 무엇이며 그 이유를 물었을 때, 그들은 직무자의 특성을 언급했다. 내담자들은 친밀한 관계를 형성하고, 의미 있는 목표를 수립하며, 교육을 제공하고, 지지해 주는 직무자의 기술이 가장 중요했다고 말한다. 직무자는 사람들을 돌보고, 존중해야 하며, 내담자에게 변화할 수 있는 능력이 있다는 믿음을 가져야 한다(Anthony, Cohen, & Farkas, 1999).

현재 대부분의 정신건강 서비스들은 이용 기간에 상관없이 동일한 수준으로 제공되고 있다. 정신재활의 접근을 사용하면 당사자의 필요에 따라 빈번한 접촉에서부터 매우 드문 접촉에 이르기까지 다양한 수준의 서비스를 제공할 수 있다. 또한 일정 기간 동안 정신재활 서비스를 이용하게 되면 대부분 접촉의 빈도가 줄어들게 된다. 즉, 정신건강 기관의 장기적인 비용이 절감되는 것이다. 그러나 서비스 실무자가 따르고 있는 현재의 프로토콜을 개정해야 함과 동시에 서비스 실무자에게 기술훈련을 제공해야 할 필요가 발생하게 된다. 이로써 관리의료제도에서는 직무자에게 필요한 자문과 기술훈련을 제공하기 위해 재정을 지원하는 데 있어 단기적인 비용이 소요될 것이다.

5. 재기의 비전을 가지고 나아가는 정신건강제도

우리는 모든 정신건강제도에서 정신장애를 가진 사람이 재기를 기대할 수 있게 되는 날을 꿈꾼다. 즉, 내담자가 정신질환을 진단받은 초기의 고난의 시기를 지나, 시간이 흐르면서 새로운 삶의 의미와 목적을 발견해 가는 것을 기대한다. 이러한 의미에서 발달장애(예: 다운증후군)를 가진 사람의 예후가 어떻게 변화하여 왔는지를 생각해 보자. 이제 다운증후군을 가진 대부분의 사람들에 대한 예후는 평생 시설에서 산다거나 지역사회로부터 완전히 격리되는 것이 아니다. 다운증후군을 가진 사람이 변했는가? 아니면 다운증후군을 가진 사람을 대하는 우리의 방식이나 사회의 태도가 변했는가? 그렇다면 정신장애를 가진 사람에 대해서도 똑같은 일이 일어날 수는 없는 것인가? 이들의 예후가

장기적인 것은 무엇 때문인가? 얼마나 많은 부분이 진단받은 손상으로 인한 것이며, 얼마나 많은 부분이 재활 중심적인 서비스 제도가 부족하기 때문이고, 재기에 대한 낮은 기대와 정신장애를 가진 사람들에 대한 사회의 태도 때문인가? 관리의료를 포함한 정신건강제도는 재기에 대한 비전과 시간에 따른 기능의 향상에 대하여 상당한 관심을 가지고 있는 것으로 보인다. 실제로 관리의료제도는 서비스 소비자가 상태가 악화되어 오랫동안 많은 서비스를 이용하게 되는 것을 원하지도 기대하지도 않는다. 관리의료의 철학은 재기의 개념과 잘 조화된다. 미국과 캐나다의 몇몇 주와 유럽의 지역들에서는 이미 이러한 비전을 적용하고 있다.

정신장애를 가진 사람들은 대부분 오랜 시간에 걸쳐 천천히 재기하게 된다. 보기에는 작은 성취일지 몰라도, 새롭게 기술을 배우게 된 것, 새로운 활동에 참여하게 된 것, 다시 웃음을 찾게 된 것은 한 사람의 진전에 중요한 척도가 될 수 있다. 정신건강 정보 시스템은 이러한 미묘한 변화를 기록할 수 있는 기능을 갖추고 있어야 한다. 최근 이러한 새로운 성과에 대한 측정치에 수업 참관, 시간제 취업, 지원 고용과 같이 점진적으로 향상되는 성과를 포함하기 시작하였다.

미래의 정신건강제도는 단순히 절감된 비용만을 측정하기보다 삶이 향상된 정도를 측정하는 데 우선순위를 두어야 할 것이다. 삶의 향상과 비용의 절감에는 자연율이 존재한다. 먼저 우리는 정신장애를 가진 사람의 삶을 향상시킬 수 있는 보다 좋은 프로그램을 개발하고 실행해야 한다. 그다음에 그 프로그램이 가능한 한 저비용으로 이용 가능하게 만들어야 할 것이다. 삶의 질의 향상은 비용 절감보다 우선한다. 관리의료제도가 미래에 계속해서 확장되고 성장하려면, 경제적으로 지속 가능해야 할 뿐만 아니라 무엇보다도 삶의 가치를 존중해야 한다.

재기는 시간이 걸리는 과정이며, 재기의 과정 동안 사람들은 다양한 시기에 지원을 받아야 한다. 정신장애를 가진 사람이 재기하는 과정에서 증상을 재경험하는 일이 생기면 곧바로 서비스를 이용할 수 있도록 서비스 제공자와 지속적으로 연결되어 있어야 한다. 정신재활에서는 내담자가 도움을 필요로 할 때면 언제나 당사자의 필요에 기반을 둔 지원 요소가 제공될 수 있어야 한다. 임의로 지원이 제공되는 기간을 한정하지 않아야 하는 것이다. 종종 위기 상황이나 새로운 기회가 있을 때는 간헐적인 지원을 필요로 하기도 한다. 정신장애를 가진 사람은 자신이 필요로 할 때 면 언제나 지원을 받을 수 있다는 사실을 알고 있어야 한다. 정신건강 기관은 재활 의 장기적인 지원 개념에 대하여 걱정할 필요가 없다. 여기서 '장기적'이라는 말은 지원의 기회가 지속된다는 의미이지, 지원을 끊임없이 제공해야 한다는 뜻이 아니 다. 대부분의 사람들은 상황에 따라 필요할 때만 건강관리 지원을 받기를 원하지, 지속적으로 혹은 영원히 지원받기를 원하지 않는다.

정신재활 연구의 비전

정신건강과 정신재활의 실천이 21세기를 위한 비전에 인도되어야 하는 것처럼, 정신건강 및 정신재활 분야의 연구 또한 실천의 비전과 양립하는 비전에 의해 추진 되어야 한다.

정신재활의 연구자들이 겪고 있는 모순은 지난 한 세기 동안 심각한 정신질환 분 야의 토대를 이루는 과학이 그 스스로를 자연과학으로 확립해 가도록 내몰았던 점 에 기인한다. 정신재활을 그 일부로 포괄하는 정신질환의 과학은 객관성과 생화학 적인 특성에 중점을 두고 뇌 속에 있는 인과관계의 발견을 추구하는 것으로 다른 분 야와 구분되어 가고 있다. 지난 10년간 과학적 엄격성을 추구하고자 하는 무분별한 노력은 최고조에 이르렀으며, 이러한 노력 속에서 정신재활 연구의 중요성은 축소 되고 말았다.

그러나 최근 10년 동안 재기의 비전이 보다 널리 받아들여지면서 정신질환 분야, 특히 정신재활의 실천 분야 역시 영향을 받아 왔다(Anthony, 1993). 이 책에서 논의 한 것처럼, 재기의 비전이란 심각한 정신질환에 대한 시각이 극적으로 확장된 것이 며, 지난 한 세기 동안의 그 어떤 개념보다 광범위한 개념이라고 할 수 있다. Harding이 정기적으로 요약하였듯이, 종단연구들은 정신분열병이 점차 상태가 악 화되는 질병이라는 개념을 반박하고 있으며, 재기의 비전에 대한 실증적인 근거가 있음을 증명하고 있다(Harding & Zahniser, 1994).

물리학의 비유

심각한 정신질환 분야에서 재기의 비전을 계속적으로 받아들이고 있는 현상은, 마치 양자론이 전통 물리학에 가져온 것만큼 엄청난 영향력을 미칠 것으로 보인다. 실제 세계의 주관성, 예측 불가능성에 대한 수용, 인과적 사고의 한계에 대한 이해에 초점을 두는 양자론은 재기의 문제와 치유나 성장이라는 '유연하고' 좀 더 주관적인 측정치들에 대해 이해하고 연구하려는 우리에게 지침이 되는 비유라고 할 수 있겠다. 시간이 지나면서 재기의 개념은 정신질환의 과학에 중대한 영향력을 미치게 될 것이다. 그러나 아직까지 과학계에서는 그 영향력의 중요성을 인식하지 못하고 있다.

현대 물리학의 발전과 유사하게, 재기의 비전에 고무된 연구들은 현재의 과학적 측정 및 방법론의 한계를 드러낼 것이며, 정신질환 연구에 새로운 방향성을 제시할 것이다. 심각한 정신질환의 과학 분야에서는 현재 많은 연구에서 드러나고 있는 독단적이고 배타적인 병리학과 생화학적 초점이 지니고 있는 결함을 인식하게 될 것이다. 현재의 이러한 연구의 초점은 특정한 범위의 현상을 설명하는 데 있어서는 탁월한 유용성을 가지고 우리의 지식을 확장시켜 줄 것이다. 그러나 만약 우리가 병리학과 생리학의 범위를 넘어서서 재기와 치유를 연구하고자 한다면 생화학의 결정론과 환원주의는 제한되고 한정적인 것으로 여겨질 것이다. 정신재활 연구 분야가 21세기의 연구로 성장해 나가기 위해서는 정신질환의 과학에 보다 현대적인 접근이 필요하다. 현대 물리학의 근간을 이루는 과학철학은 심각한 정신질환을 연구하고자 하는 과학자들, 특히 자연과학을 따르고자 애쓰는 사람들에게는 많은 것을 가르쳐 줄 수 있을 것이다. 물론 정신재활의 연구를 희생시키는 대신에 말이다.

현대 물리학

20세기 이전의 전통적인 물리학자들은 이 세상을, 혹은 최소한 세상의 일부분이라도 인간의 주관성에 의존하지 않고 객관적으로 설명할 수 있다고 믿었다. 넓게 보면 이러한 믿음은 잘 작용했고, 가장 인상적인 물리학의 발견이 이 세계관으로부터 나왔다. 객관성이란 과학적 결과의 가치를 판단하는 제일의 기준이 되었다. 19세기의 실재성 개념이란 우리의 감각으로 인식할 수 있거나, 기술과학이 증명해 낸 정밀한 도구로 이해될 수 있는 사물이나 사건만을 의미했다. 물질이 실재의 기본이 되었던 것이다. 불행히도 "이러한 틀은 너무 편협하고 완고해서 마음, 인간의 영혼, 인생과 같은 개념들을 위한 공간을 찾기가 어려웠다…… 인생은 자연의 법칙에 의해 지배되고, 인과론에 의하여 완전히 결정되는 물리적, 화학적 과정으로 설명될 뿐이었다……. 과학적인 방법론과 이성적인 사고에 대한 자신감은 인간의 다른 모든 마음의 안전장치를 대체해 버렸다."(Heisenberg, 1958: 197-198)

역설적이게도, 과학 중에서 가장 엄격하다고 하는 물리학은 19세기 후반 직후, 즉 현대 물리학의 시대에 들어서자마자 과학적 객관성의 한계에 대하여 보다 개방적인 태도를 취하기 시작했다. Heisenberg(1958)가 연대기로 설명하였듯이, 원자에 대한 과학적 연구에서 당시의 과학적 결론과 충격적으로 상충되는 결과가 발견된 것은 20세기에 들어서는 시점이었다. 과학자들이 원자를 가지고 실험한 연구의 결과는 이전의 자연세계에 대한 이해가 매우 제한적이었다는 것을 보여 주었다. 한마디로, 그 어떤 측정법을 가지고서도 소립자의 위치와 운동량을 정확하게 측정할 수는 없었다. 19세기 과학자들의 우주, 시간, 물질, 객관성 및 인과관계에 관한 개념은 더 이상 원자 실험과 맞아떨어지지 않았다. 1920년대에 Heisenberg는 과학적 결정론의 한계를 밝혀냈고, 이는 'Heisenberg의 불확정성의 원리'라고 불리게 되었다(Heisenberg, 1958).

간단히 설명하자면, 양자 물리학은 기계적인 뉴턴학설의 세계관과는 확연히 다른 새로운 과학을 이끌어 냈다(Prigogine & Stengers, 1984). 원자는 환경과는 독립적인, 본질상의 속성을 지니고 있지 않다. 원자가 보여 주는 속성은 실험에 의존하고 있다. 우리는 원자의 활동을 결코 확실하게 예측할 수 없다. 단지 앞으로 일어날 일의 가능성을 예측할 뿐이다. 소립자들은 서로 간의 관계 안에서만 이해할 수 있는 것이지, 분리된 존재로는 이해할 수 없다. 즉, 어떤 다른 것들과의 관계 속에서만 관찰될 수 있는 것이다. 양자론에서는 개별적인 사건의 원인이 언제나 명확하게 규명되지 않는다. 각 부분의 속성이 전체를 결정하는 대신에 그 반대로 전체가 각 부분의 행동을 결정하게 된다. 우주는 본질적으로 역동적인 관계의 상호 연결된 망으로 보인다(Capra, 1982). 기회 요인은 단순히 오차 변량의 한 부분이 아니라 불확정성의 이론에서처럼 이론의 한 부분으로 간주된다(Heisenberg, 1958).

심각한 정신질환의 현대 과학

불행히도 20세기의 심각한 정신질환에 대한 우리의 관점을 설명해 주는 것은 19세기 고전 물리학의 설명들이다. 현대 물리학에서 배운 과학적 교훈에 기반을 두고 있는 다음의 여섯 가지 지침은 21세기에 심각한 정신질환 분야의 과학적 토대가 될 것으로 전망된다(〈표 13-3〉 참조).

표 13-3 21세기 심각한 정신질환 분야를 위한 지침

1. 병리학이나 생화학만을 강조하는 정신질환 분야의 현 초점은 심각한 정신질환으로부터의 재기를 이해하는 데 그 응용 가능성을 제한하고 있다.
2. 어디에 초점을 두고 연구하느냐가 그 연구에서 얻을 결과물을 결정한다.
3. 무질서에 관한 연구는 무질서로부터 출현한 질서에 관한 연구를 포함해야 한다.
4. 과학자는 재기와 성장에 관한 연구를 위하여 새로운 언어와 방법론을 창조해야 한다.
5. 과학자는 재기와 치유가 생화학적 기능에 어떻게 영향을 미치는지를 연구해야 한다.
6. 과학자는 외부 환경이 어떻게 심각한 정신질환에 영향을 미치는지를 연구해야 한다.

---

1. 병리학이나 생화학만을 강조하는 정신질환 분야의 현 초점은 심각한 정신질환으로부터의 재기를 이해하는 데 그 응용 가능성을 제한하고 있다.

현대 물리학의 출현을 이끌어 낸 실험 결과들은 고전 물리학이 틀렸음을 증명하는 것이 아니라, 오히려 원자 수준에서는 고전 이론이 더 이상 적용되지 않는다는 사실을 보여 주었다. 이와 같이 내담자가 심각한 정신질환으로부터 실제로 재기한다는 일화적이고 임상적인 증거들은, 만약 우리가 저하된 기능이나 생화학적인 문제들만을 연구한다면, 앞으로 획득하게 될 지식을 상당 부분 제한하는 것임을 암시한다. 뉴턴의 세계관은 어떤 현상의 특정 범위에 대해서는 매우 유용하였다. 현재 강조되고 있는 뇌장애에 대한 연구 또한 유용하지만, 재기와 치유의 관점에서 볼 때는 근본적인 변화가 필요하다. 오늘날 심각한 정신질환 연구의 방향성은 극히 제한되어 있다고 할 수 있다. 이렇게 편협한 생물학적 기능의 관점은 심각한 정신질환을 가진 사람의 전체성과 재기의 가능성을 이해하는 데는 매우 제한적이다.

2. 어디에 초점을 두고 연구하느냐가 그 연구에서 얻을 결과물을 결정한다.

현대 물리학은 기존의 몰가치적이며 객관적인 과학의 가정에 문제를 제기했다. Heisenberg가 말했듯이, 우리가 무언가를 설명하고자 할 때 한 부분을 강조하면 할수록 다른 한 부분은 불확실해진다. 그리고 그 두 부분의 정확한 관계는 불확정성 원리에 의해서 결정된다. 심각한 정신질환을 연구하면서 병리학을 추구한다면 대부분의 경우에 그것을 찾아낼 것이다. 그러나 재기, 치유, 역량강화 등의 차원을 확인하고자 한다면 그것을 확인할 가능성이 높아진다. 과학자들은 측정 방법이 곧 측정 결과에 영향을 미친다는 사실을 인식해야 한다. 양자론에서는 양자의 숫자가 적을 때 관찰하는 행동 자체가 관찰되고 있는 대상을 변화시킨다. 그 어떤 측정의 형태도 중립적일 수는 없다. 심각한 정신질환 분야의 문제는 재기의 가능성을 발견하기 전까지 재기 지향적인 관점을 가지고 당사자를 조망한 적이 거의 없었다는 데 있다. 지금은 우리가 훈련되었기 때문에 내담자가 재기하고 있다는 사실을 확인할 수 있는 것이다. 과학은 과학자가 성장하는 정도, 즉 심각한 정신질환을 가진 사람의 전체성에 대한 보다 넓고 완전한 이해가 향상하는 만큼 발전하게 될 것이다.

3. 무질서에 관한 연구는 무질서로부터 출현한 질서에 관한 연구를 포함해야 한다.

현대 과학은 무질서하거나 혼돈스러운 것처럼 보이는 체계 속에도(Prigonine & Stengers, 1984) 여전히 본질적인 질서가 존재한다는 것을 발견했다. 질서와 조직은 무질서와 혼돈 속에서 '자연적으로' 생겨날 수 있다. 심지어 질서는 예측 가능성이 부재한 상황에서도 존재한다. 내담자의 무질서한 부분만을 연구하게 될 때 그 사람의 온전함에 관한 부분을 놓치게 된다. 따라서 재기의 차원에 대한 연구를 통해 사람들이 어떻게 무질서 속에서 질서를 세워 가는지를 이해할 수 있다. 우리가 뇌장애의 연구에만 총력을 기울여 왔다는 것은 뇌의 정상 기능을 간과해 왔음을 의미한다. 장애가 생긴 뇌만을 연구한다면 우리는 그것밖에 발견할 수 없을 것이다. 우리가 그동안 소홀히 해서 놓친 것들이 무엇이었던가를 생각해 보라.

4. **과학자는 재기와 성장에 관한 연구를 위하여 새로운 용어와 방법론을 창조해야 한다.**

현대 물리학의 결과들은 다음의 내용에 대하여 심각하게 경고하고 있다. "어떤 과학적인 개념들은 그 개념이 속한 분야가 아님에도 불구하고 강제로 적용되고 있다. 반대로 우리는 어떤 과학 분야에서 기존의 개념만으로도 그 현상을 이해하는 데 문제가 없다고 하더라도 새로운 개념의 출현에 대하여 개방된 자세를 취하도록 노력할 것이다."(Heisenberg, 1958: 199) 재기를 비롯하여 역량강화, 자기결정, 치유 등 최근에 등장한 개념들은 심각한 정신질환 분야에 출현한 새로운 용어의 대표적인 예다. 우리는 다른 목적을 위하여 개발된 과학적 방법이나 도구를 가지고 이것들을 완벽하게 연구할 수 없다. 새롭게 확장된 용어는 심각한 정신질환의 과학 역시 확장할 것을 요구한다. 우리가 재기와 같은 차원을 연구할 때는 새로운 도구, 절차, 전략 및 대안적인 지식의 발전에 마음을 열어 놓아야 한다.

5. **과학자는 재기와 치유가 생화학적 기능에 어떻게 영향을 미치는지를 연구해야 한다.**

현재까지 심각한 정신질환을 이해하고자 노력해온 과학자들은 생화학적 기능이 이상 행동에 미치는 영향만을 연구하는 것에 만족하고 있는 듯 하다. 그러나 재기에 대한 연구 결과는 재기의 과정이 내담자의 생리학적 기능에 영향을 미칠 수 있는 가능성을 제언하고 있다. 과학자들은 생리학적 메커니즘이 행동에 미치는 영향에 대해서는 연구해 왔지만, 재기와 같은 심리학적 차원이 심각한 정신질환의 생리학적 차원에 영향을 미칠 수 있는지에 대해서는 거의 연구를 수행하지 않았다. 여러 과학 실험에서 지적하고 있듯이, 생리학적 과정과 심리학적 과정은 복잡하게 얽혀 있다. 그러나 심각한 정신질환 분야에서 우리는 주로 이 복잡한 관계의 한 측면에만 초점을 맞춰 왔다. 우리는 재기의 과정을 이해해 가면서, 한 사람이 재기의 과정에 참여할 때 그것이 그 사람의 생리학적 기능에 영향을 미칠 수 있는 가능성 역시 발견해야 한다. 이러한 생리학적 기능은 다시 한층 더 깊은 재기를 촉진할 수 있을 것이다.

6. 과학자는 외부 환경이 어떻게 심각한 정신질환에 영향을 미치는지를 연구해야 한다.

양자론은 '실제 세계'가 그것이 관찰되고 측정되는 방법과 무관하게 존재하는 것이 아님을 보여 주었다. 측정 행위 자체는 관찰 결과에 영향을 미친다. 사람을 부분으로 나누어 연구하는 환원주의자들의 사고와는 반대로, 전체적인 사고는 사람, 환경 그리고 사람과 환경 간의 관계를 연구하도록 이끈다. 우리는 한 사람의 기능을 부분적으로 낱낱이 연구하기보다는 사람과 환경의 관계성을 주시해야 할 필요가 있다. 이처럼 사람과 환경 간의 관계를 연구하고 변화시킬 때, 우리는 심각한 정신질환 분야의 방대한 연구 성과들을 포괄적으로 이해할 수 있으며 그에 대하여 긍정적인 영향을 미칠 수 있게 된다.

요 약

심각한 정신질환 분야의 많은 과학자들은 인과관계의 패러다임 속에서 발견될 수 있는 세밀한 속성들을 연구하고자 했던 고전 물리학자들을 모방해 왔다. 그러나 현대 물리학자들은 이미 이러한 세계관에서 멀리 벗어났다. 심각한 정신질환 분야의 연구자들은 비과학적이게 될까 봐 두려워하며 보다 전체적인 틀을 채택하는 것에 대해 머뭇거릴 필요가 없다. 오히려 심각한 정신질환의 과학은 보다 확장되어 개념화된 현대과학을 받아들이지 않고서는 21세기 과학으로 전진할 수 없을 것이다 (Capra, 1982). 앞서의 여섯 가지 지침에서 제시한 것처럼, 심각한 정신질환의 과학은 기존의 과학적 틀의 한계를 인식함으로써, 특별히 재기와 성장이 어떻게 일어나는 가에 주목함으로써, 뇌의 장애뿐 아니라 정상 기능을 연구함으로써, 재기 연구를 위한 용어 및 방법론을 창조함으로써, 재기가 생화학적 기능에 미칠 수 있는 영향을 분석함으로써, 그리고 심각한 정신질환을 가진 사람과 환경 간의 관계를 연구함으로써 더욱 발전할 수 있다.

우리는 심각한 정신질환 연구에 현대 과학의 철학을 도입하여, 19세기의 환원주의적이고 결정론적인 사고방식으로 복귀하고자 하는 현재의 경향을 뒤집을 수 있다. 19세기 몇몇 과학자들은 뇌의 생리학과 화학을 토대로 하여 궁극적으로 심리학적 현상을 설명할 수 있다고 생각했다. 양자 이론적 관점에서 보면 이러한 가정에는 어떠한 근거도 없다. "우리가 뇌를 물리화학적 메커니즘으로 취급하면 뇌가 그렇게 작용할 것이라는 데 전혀 의심을 품지 않게 될 것이다. 그러나 우리는 정신적인 현상을 이해하고자 할 때 인간의 마음이 객관적 주체와 주관적 주체로서 심리학의 과학적 연구 과정에 포함될 수 있다는 사실에서부터 시작해야 할 것이다." (Heisenberg, 1958: 106)

최근 뇌 과학 연구와 기술론의 극적인 성과들은 본의 아니게 '어떻게 하면 심각한 정신질환을 가장 잘 연구할 수 있을까?' 하는 문제에서 우리의 사고를 19세기의 틀로 돌아가게 하고 있다. 21세기에 살고 있는 우리는 심각한 정신질환을 연구하기 위해 필요한 모든 차원에 대하여 더 방대한 지식을 갖춰야 하며, 기존의 과학적 이론과 방법을 실행하는 데 그 적용 가능성이 제한되어 있다는 사실을 인식해야 한다(Anthony, Cohen, & Kennard, 1990). 정신재활의 실천이 재기, 치유 및 역량강화 등의 개념을 이론화 과정과 실험에 도입함으로써, 정신재활 분야는 과학성을 상실하는 것이 아니라 오히려 강화하게 될 것이다.

결론적 논평

이상적인 세계에 관해 이야기하는 것은 유쾌한 경험이다. 꿈을 꾸고 희망을 갖는 것은 참으로 쉬운 일이다. 그러나 Benjamin Franklin이 말한 것처럼 "희망만을 가지고 살아간다면 우리는 아마도 굶어 죽을지 모른다". 그렇다면 우리는 우리의 비전을 가지고 어디로 가야 하는 것일까? 이것은 단순한 연습 문제가 아니다. 이것은 우리가 일을 하면서 나아가야 하는, 보다 크고 이상적인 사명을 말하고 있는 것이다. Chesterton의 말을 조금 바꾸어 표현하자면, "이상이란 무언가를 시도한 다음 자신이 원하는 것을 발견하는 것이 아니라, 어렵다고 생각되어서 시도되지 않은 채로 남아 있는 것을 뜻한다". 우리는 정신재활의 실천과 연구 모두를 변화시켜야 한다.

불행히도 뉴턴학설, 환원주의, 인과성 지향의 뇌 과학은 때때로 재활의 과학과 실천으로부터 우리의 관심을 분산시킨다. 정신재활은 뇌 분야가 아닌, 마음과 정신의 영역에서 굉장한 발전을 이룩하고 있다. 뇌의 기능을 이해하고자 하는 고결한 노력이 마음의 열망과 정신의 작용을 이해하고자 하는 우리의 관심을 다른 곳으로 돌리게 해서는 안 될 것이다. 왜냐하면 뇌의 실체를 구성하는 것은 마음의 행복과 정신의 신비한 작용이기 때문이다. 정말로 중요한 것은 정신재활의 과학과 실천의 영역이 되는 마음과 정신, 그리고 재기의 비전이 실현되기를 바라는 우리의 희망인 것이다.

자신의 비전에 가까이 다가설 수 있도록 하는 열쇠는 행동이다. 비전을 위해 치르는 대가, 즉 꿈을 꾸는 데 드는 비용은 자신의 희망과 꿈을 위해 행동하는 것이다. 우리는 힘든 일들을 끝까지 해 나가야 하는데, 이 일은 우리가 꾸는 꿈에 의해 고무되고 또 촉진된다. 행동이 없는 꿈은 기만일 수 있다. 그리고 꿈이 없는 행동은 경솔하고 분별없는 것이 될 수 있다.

정신재활의 비전을 성취하는 일은 축적된 지식과 철학 그리고 우수한 기술론에 달려 있다. 그것은 또한 정신재활 분야에 종사하는 사람들, 그들이 실천하는 프로그램, 그리고 정신재활의 실천을 지원하는 제도에 달려 있다. 실제로 비전이 실현될 때에 정신장애를 경험한 사람의 삶은 그로 인해 보다 향상될 것이다. 이 일은 진실로 우리의 시간과 노력을 기울일 만하고 보람된 사업인 것이다.

Ackerson, B. (2000). Factors influencing life satisfaction in psychiatric rehabilitation. *Psychiatric Rehabilitation Journal, 23*(3), 253-261.

Adler, D. A., Drake, R. E., Berlant, J., Ellison, J. M., & et al. (1987). Treatment of the nonpsychotic chronic patient: A problem of interactive fit. *American Journal of Orthopsychiatry, 57*(4), 579-586.

Agnetti, G., Barbato, A., & Young, J. (1993). A systems view of family interventions in residential psychosocial rehabilitation programs. *International Journal of Mental Health, 22*(3), 73-82.

Ahrens, C., Frey, J., & Burke, S. (1999). An individual job engagement approach for persons with sever mental illness. *Journal of Rehabilitation, 65*(4), 17-24.

Alevizos, P., & Callahan, E. (1977). The assessment of psychotic behavior. In A. Ciminero & K. Calhoun & H. Adams (Eds.), *Handbook of behavioral assessment* (pp. 683-721). New York: John Wiley & Sons.

Allness, D., & Knoedler, W. (1999). Recommended PACT standards for new teams. *National Alliance for the Mentally Ill Homepage, www.nami.org/about/pactstd. html.*

American College of Mental Health Administration. (1997). *The Santa Fe Summit on Behavioral Health.* Pittsburgh, PA: Author.

American Psychiatric Association. (1987). *Diagnostic and statistical manual for mental health disorders* (3rd ed). Washington, D. C.: Author.

American Psychiatric Association. (1994). *Diagnostic and statistical manual for mental disorders* (4th ed). Washington, DC: Author.

Americans with Disabilities Act of 1990. 42 U. S. C. A. 12101 et seq. (West 1993).

Anderson, C. M., Hogarty, G. E., & Reiss, D. J. (1980). Family treatment of adult schizophrenic patients: A psycho-educational approach. *Schizophrenia Bulletin, 6*(3), 490-505.

Anderson, C. M., Hogarty, G. E., & Reiss, D. J. (1981). The psychoeducation family treatment of schizophrenia. In M. Goldstein (Ed.), *New developments in interventions with families of schizophrenics (New Directions for Mental Health Services, No. 12).* San Francisco: Jossey-Bass.

Angelini, D., Potthof, P., & Goldblatt, R. (1980). *Multi-functional assessment instrument.* Unpublished manuscript, Rhode Island Division of Mental Health, Cranston, RI.

Angermeyer, M. C., & Matschinger, H. (1994). Lay beliefs about schizophrenic disorder: The results of a population survey in Germany. *Acta Psychiatrica Scandinavica, 89*(382, Suppl), 39-45.

Anonymous. (1989). How I've managed chronic mental

illness. *Schizophrenia Bulletin, 15,* 635–640.

Anthony, W. A. (1972). Societal rehabilitation: Changing society's attitudes toward the physically and mentally disabled. *Re-habilitation Psychology, 19,* 117–126.

Anthony, W. A. (1977). Psychological rehabilitation: A concept in need of a method. *American Psychologist, 32,* 658–662.

Anthony, W. A. (1979). *The principles of psychiatric rehabilitation.* Baltimore: University Park Press.

Anthony, W. A. (1980). Rehabilitating the person with a psychiatric disability: The state of the art [Special Issue]. *Rehabilitation Counseling Bulletin, 24.*

Anthony, W. A. (1982). Explaining "psychiatric rehabilitation" by an analogy to "physical rehabilitation." *Psychosocial Rehabilitation Journal, 5*(1), 61–65.

Anthony, W. A. (1984). The one-two-three of client evaluation in psychiatric rehabilitation settings. *Psychosocial Rehabilitation Journal, 8*(2), 85–87.

Anthony, W. A. (1992). Psychiatric rehabilitation: Key issues and future policy. *Health Affairs, 11*(3), 164–171.

Anthony, W. A. (1993a). Programs that work: Issues of leadership. *The Journal, 4*(2), 51–53.

Anthony, W. A. (1993b). Recovery from mental illness: The guiding vision of the mental health service system in the 1990's. *Psychosocial Rehabilitation Journal, 16*(4), 11–23.

Anthony, W. A. (1994). Characteristics of people with psychiatric disabilities that are predictive of entry into the rehabilitation process and successful employment outcomes. *Psychosocial Rehabilitation Journal, 17*(3), 3–13.

Anthony, W. A. (1995). *Rehabilitation oriented case management: Briefing papers.* Center manuscript. Boston, MA: Boston University, Center for Psychiatric Rehabilitation.

Anthony, W. A. (1996). We're baaack! Community support program reemerges in a managed care context. *NAMI Advocate, 17,* 4.

Anthony, W. A. (1997). Integrating psychiatric rehabilitation into managed care. *Psychiatric Rehabilitation Journal, 20*(2), 39–44.

Anthony, W. A. (1998). Psychiatric rehabilitation technology: Operationalizing the "black box" of the psychiatric rehabilitation process. In P. W. Corrigan & F. Giffort (Eds.), Building teams for effective psychiatric rehabilitation (pp.

79–87, *New Directions for Mental Health Services, No. 79*). San Francisco: Jossey-Bass.

Anthony, W. A. (2000). A recovery oriented service system: Setting some system level standards. *Psychiatric Rehabilitation Journal, 24*(2), 159–168.

Anthony, W. A. (2001). *Principles of leadership in psychiatric rehabilitation.* Manuscript in preparation.

Anthony, W. A., & Blanch, A. K. (1987). Supported employment for persons who are psychiatrically disabled. *Psychiatric Rehabilitation Journal, 11*(2), 5–23.

Anthony, W. A., & Blanch, A. K. (1989). Research on community support services: What have we learned? *Psychosocial Rehabilitation Journal, 12*(3), 55–81.

Anthony, W. A., Brown, M. A., Rogers, E. S., & Derringer, S. (1999). A supported living/supported employment program for reducing the number of people in institutions. *Psychiatric Rehabilitation Journal, 23*(1), 57–61.

Anthony, W. A., Buell, G. J., Sharratt, S., & Althoff, M. E. (1972). Efficacy of psychiatric rehabilitation. *Psychological Bulletin, 78,* 447–456.

Anthony, W. A., & Carkhuff, R. R. (1976). *The art of health care: A handbook of psychological first aid skills.* Amherst, MA: Human Resource Development Press.

Anthony, W. A., & Carkhuff, R. R. (1978). The functional professional therapeutic agent. In A. Gurman & A. Razin (Eds.), *Effective psychotherapy* (pp. 84–119). London: Pergamon Press.

Anthony, W. A., Cohen, M. R., & Cohen, B. F. (1983). Philosophy, treatment process, and principles of the psychiatric rehabilitation approach. In L. L. Bachrach (Ed.), Deinstitutionalization (*New Directions for Mental Health Services, No. 17,* pp. 67–69). San Francisco: Jossey-Bass.

Anthony, W. A., Cohen, M. R., & Cohen, B. F. (1984). Psychiatric rehabilitation. In A. Talbott (Ed.), *The chronic mental patient: Five years later* (pp. 137–157). Orlando: Grune & Stratton.

Anthony, W. A., Cohen, M. R., & Farkas, M. D. (1982). A psychiatric rehabilitation treatment program: Can I recognize if I see one? *Community Mental Health Journal, 18,* 83–96.

Anthony, W. A., Cohen, M. R., & Farkas, M. D. (1987). Training and technical assistance in psychiatric rehabilitation. In A. T. Meyerson & T. Fine (Eds.), *Psychiatric disability: Clinical, legal, and administrative dimensions* (pp. 251-269). Washington, D. C.: American Psychiatric Press.

Anthony, W. A., Cohen, M. R., & Farkas, M. D. (1988). Professional preservice training for working with the long-term mentally ill. *Community Mental Health Journal, 24,* 258-269.

Anthony, W. A., Cohen, M. R., & Farkas, M. D. (1990). *Psychiatric rehabilitation.* Boston, MA: Boston University, Center for Psychiatric Rehabilitation.

Anthony, W. A., Cohen, M. R., & Farkas, M. D. (1999). The future of psychiatric rehabilitation. *International Journal of Mental Health, 28*(1), 48-68.

Anthony, W. A., Cohen, M. R., & Farkas, M. D., & Cohen, B. F. (1988). Clinical care update: Case management-more than a response to a dysfunctional system. *Community Mental Health Journal, 24,* 219-228.

Anthony, W. A., Cohen, M. R., & Kennard, W. A. (1990). Understanding the current facts and principles of mental health system planning. *American Psychologist, 4,* 1249-1252.

Anthony, W. A., Cohen, M. R., & Nemec, P. B. (1987). Assessment in psychiatric rehabilitation. In B. Bolton (Ed.), *Handbook of measurement and evaluation in rehabilitation* (pp. 299-312). Baltimore: Paul Brooks.

Anthony, W. A., Cohen, M. R., & Pierce, R. M. (1980). *Instructors' guide to the psychiatric rehabilitation practice series.* Baltimore: University Park Press.

Anthony, W. A., Cohen, M. R., & Vitalo, R. L. (1978). The measurement of rehabilitation outcome. *Schizophrenia Bulletin, 4,* 365-383.

Anthony, W. A., & Farkas, M. D. (1982). A client outcome planning model for assessing psychiatric rehabilitation interventions. *Schizophrenia Bulletin, 8,* 13-38.

Anthony, W. A., & Farkas, M. D. (1989). The future of psychiatric rehabilitation. In M. D. Farkas & W. A. Anthony (Eds.), *Psychiatric rehabilitation programs: Putting theory into practice* (pp. 226-239). Baltimore: Johns Hopkins University Press.

Anthony, W. A., Forbess, R., & Cohen, M. R. (1993). *Rehabilitation oriented case management., Case management for mentally ill patients: Theory and Practice* (pp. 99-118). Switzerland: Harwood Academic Publishers.

Anthony, W. A., Howell, J., & Danley, K. S. (1984). Vocational rehabilitation of the psychiatric disabled. In M. Mirabi (Ed.), *The chronically mentally ill: Research and services* (pp. 215-237). Jamaica, NY: Spectrum Publications.

Anthony, W. A., & Jansen, M. A. (1984). Predicting the vocational capacity of the chronically mentally ill: Research and policy implications. *American Psychologist, 39,* 537-544.

Anthony, W. A., Kennard, W. A., O' Brien, W. F., & Forbess, R. (1986). Psychiatric rehabilitation: Past myths and current realities. *Community Mental Health Journal, 22,* 249-264.

Anthony, W. A., & Liberman, R. P. (1986). The practice of psychiatric rehabilitation: Historical, conceptual, and research base. *Schizophrenia Bulletin, 12,* 542-544.

Anthony, W. A., & Margules, A. (1974). Toward improving the efficacy of psychiatric rehabilitation: A skills training approach. *Rehabilitation Psychology, 21,* 101-105.

Anthony, W. A., & Nemec, P. B. (1984). Psychiatric rehabilitation. In A. S. Bellack (Ed.), *Schizophrenic treatment, management, and rehabilitation* (pp. 375-413). Orlando: Grune & Stratton.

Anthony, W. A., Rogers, E. S., Cohen, M., & Davies, R. R. (1995). Relationships between psychiatric symptomatology, work skills, and future vocational performance. *Psychiatric Services, 46*(4), 353-358.

Anthony, W. A., & Stroul, B. (1986). *The community support system: An idea whose time has come- and stayed.* Unpublished manuscript, Boston University, Center for Psychiatric Rehabilitation, Boston.

Anthony, W. A., & Unger, K. V. (1991). Supported education: An additional program resource for young adults with long-term mental illness. *Community Mental Health Journal, 27,* 145-156.

Anttinen, E. E., Jokinen, R., & Ojanen, M. (1985). Progressive integrated system for the rehabilitation of long-term schizophrenic patients. *Acta Psychiatrica Scandinavica, 71*(319), 51-59.

Appleby, L., Desai, P. N., Luchins, D. J., Gibbons, R. D., & et al. (1993). Length of stay and recidivism in schizophrenia: A study of public psychiatric hospital patients. *American Journal of Psychiatry, 150*(1), 72-

76.

Appleton, W. (1974). Mistreatment of patients' families by psychiatrists. *American Journal of Psychiatry, 131,* 655–657.

Aquila, R., Weiden, P. J., & Emanuel, M. (1999). Compliance and the rehabilitation alliance. *Journal of Clinical Psychiatry, 60*(Suppl 19), 23–27.

Armstrong, B. (1977). A federal study of deinstitutionalization: How the government impedes its goal. *Hospital and Community Psychiatry, 28,* 417–425.

Armstrong, H. E., Rainwater, G., & Smith, W. R. (1981). Student-like behavior as a function of contingent social interaction in a psychiatric day treatment program. *Psychological Reports, 48*(2), 495–500.

Armstrong, M. L., Korba, A. M., & Emard, R. (1995). Of mutual benefit: The reciprocal relationship between consumer volunteers and the clients they serve. *Psychiatric Rehabilitation Journal, 19*(2), 45–49.

Arns, P., Rogers, E. S., Cook, J., & Mowbray, C. et al. (2001). The IAPSRS toolkit: Development, utility, and relation to other performance measurement systems. *Psychiatric Rehabilitation Journal, 25*(1), 43–52.

Arns, P. G., & Linney, J. A. (1995). Relating functional skills of severely mentally ill clients to subjective and societal benefits. *Psychiatric Services, 46*(3), 260–265.

Arthur, G., Ellsworth, R. B., & Kroeker, D. (1968). Schizophrenic patient post-hospital community adjustment and readmission. *Social Work, 13,* 78–84.

Aspy, D. (1973). *Toward a technology for humanizing education.* Champaign, IL: Research Press.

Aspy, D., & Roebuck, R. (1977). *Kids don't learn from people the like.* Amherst, MA: Human Resource Development Press.

Atkinson, J. M., Coia, D. A., Gilmour, W. H., & Harper, J. P. (1996). The impact of education groups for people with schizophrenia on social functioning and quality of life. *British Journal of Psychiatry, 168*(2), 199–204.

Aveni, C. A., & Upper, D. (1976). *Training psychiatric patients for community living.* Paper presented at the meeting of the Midwestern Association of Behavior Analysis, Chicago.

Avison, W. R., & Speechley, K. N. (1987). The discharged psychiatric patient: A review of social, social-psychological, and psychiatric correlates of outcome.

American Journal of Psychiatry, 144(1), 10–18.

Awad, A. G., & Hogan, T. P. (1994). Subjective response to neuroleptics and the quality of life: Implications for treatment outcome. *Acta Psychiatrica Scandinavica, 89*(380, Suppl), 27–32.

Ayd, F. (1974). Treatment resistant patients: A moral, legal and therapeutic challenge. In F. Ayd (Ed.), *Rational psychopharmacotherapy and the right to treatment.* Baltimore: Ayd Medical Communications.

Azrin, N., & Philip, R. (1979). The joy club method for the job handicapped: A comparative outcome study. *Rehabilitation Counseling Bulletin,* December, 144–156.

Bachrach, L. L. (1976). *Deinstitutionalization: An analytical review and sociological perspective.* Rockville, MD: National Institute of Mental Health.

Bachrach, L. L. (1976). A note on some recent studies of released mental hospital patients in the community. *American Journal of Psychiatry, 133*(1), 73–75.

Bachrach, L. L. (1980). Overview: Model programs for chronic mental patients. *American Journal of Psychiatry, 137*(9), 1023–1031.

Bachrach, L. L. (1982a). Assessment of outcomes in community support systems: Results, problems, and limitations. *Schizophrenia Bulletin, 8*(1), 39–61.

Bachrach, L. L. (1982b). Program planning for young adult chronic patients. *New Directions for Mental Health Services, 14,* 99–109.

Bachrach, L. L. (1983). New directions in deinstitutionalization planning. *New Directions for Mental Health Services, 17,* 93–106.

Bachrach, L. L. (1986a). Deinstitutionalization: What do the numbers mean? *Hospital and Community Psychiatry, 37* (2), 118–119, 121.

Bachrach, L. L. (1986b). The future of the state mental hospital. *Hospital and Community Psychiatry, 37*(5), 467–474.

Bachrach, L. L. (1987). The context of care for the chronic mental patient with substance abuse problems. *Psychiatric Quarterly, 58*(1), 3–14.

Bachrach, L. L. (1988a). Defining chronic mental illness: A concept paper. *Hospital and Community Psychiatry, 39* (4), 383–388.

Bachrach, L. L. (1988b). On exporting and importing model

programs. *Hospital and Community Psychiatry,* *39*(12), 1257-1258.

Bachrach, L. L. (1989). The legacy of model programs. *Hospital and Community Psychiatry, 40*(3), 234-235.

Bachrach, L. L., Goering, P., & Wasylenki, D. (Eds.). (1994). *Mental health care in Canada.* San Francisco, CA: Jossey-Bass Inc, Publishers.

Bailey, E., Ricketts, S., Becker, D. R., Xie, H., & Drake, R. E. (1998). Conversion of day treatment to supported employment: One year outcomes. *Psychiatric Rehabilitation Journal, 22*(1), 24-29.

Baker, B., Kazarian, S. S., Helmes, E., Ruckman, M., & et al. (1987). Perceived attitudes of schizophrenic inpatients in relation to rehospitalization. *Journal of Consulting and Clinical Psychology, 55*(5), 775-777.

Baker, F., & Weiss, R. S. (1984). The nature of case manager support. *Hospital and Community Psychiatry, 35,* 925-928.

Ballantyne, R. (1983). Community rehabilitation services: A new approach to aftercare. *Network, 3,* 4-6.

Barbee, M. S., Berry, K. L., & Micek, L. A. (1969). Relationship of work therapy to psychiatric length of stay and readmission. *Journal of Consulting and Clinical Psychology, 33*(6), 735-738.

Barclay, K., Farkas, M., & Mackinnon, B. (1991). *Education for psychiatric rehabilitation demonstration project final report.* Ottawa: Canadian Mental Health Association.

Barofsky, I., & Connelly, C. E. (1983). Problem in providing effective care for the chronic psychiatric patient. In I. Barofsky & R. D. Budson (Eds.), *The chronic psychiatric patient in the community* (pp. 83-129). New York: SP Medical and Scientific Books.

Barrett, K. E., Taylor, D. W., Pullo, R. E., & Dunlap, D. A. (1998). The right to refuse medication: Navigating the ambiguity. *Psychiatric Rehabilitation Journal, 21*(3), 241-249.

Bartels, S. J., Drake, R. E., & Wallach, M. A. (1995). Long-term course of substance use disorders among patients with severe mental illness. *Psychiatric Services, 46*(3), 248-251.

Barter, J. T. (1983). California-transformation of mental health care: 1957-1982. In J. A. Talbot (Ed.), Unified health services: Utopia unrealized (*New Directions for Mental Health Services*) (pp. 7-18). San Francisco: Jossey-Bass.

Barton, R. (1999). Psychosocial rehabilitation services in community support systems: A review of outcomes and policy recommendations. *Psychiatric Services, 50*(4), 525-534.

Barton, W. E., & Barton, G. M. (1983). Mental health administration: *Principles and practices (Vol. 1&2).* New York: Human Sciences Press.

Basaglia, F. (1982). Riabilitazione e controllo sociale. In F. Basaglia & F. Basaglia Ongaro (Eds.), *La maggioranza deviante.* Torino: Einaudi.

Bassuk, E. L., & Gerson, S. (1978). Deinstitutionalization and mental health services. *Scientific American, 238(2),* 46-53.

Baxter, E. A., & Diehl, S. (1998). Emotional stages: Consumers and family members recovering from the trauma of mental illness. *Psychiatric Rehabilitation Journal, 21*(4), 349-355.

Beard, J. H., Malamud, T. J., & Rossman, E. (1978). Psychiatric rehabilitation and long-term rehospitalization rates: The findings of two research studies. *Schizophrenia Bulletin, 4*(4), 622-635.

Beard, J. H., Pitt, R. B., Fisher, S. H., & Goertzel, V. (1963). Evaluating the effectiveness of a psychiatric rehabilitation program. *American Journal of Orthopsychiatry, 33*(4), 701-712.

Beard, J. H., Propst, R. N., & Malamud, T. J. (1982). The Fountain House model of psychiatric rehabilitation. *Psychosocial Rehabilitation Journal, 5*(1), 47-53.

Bebout, R. R., Drake, R. E., Xie, H., McHugo, G. J., & Harris, M. (1997). Housing status among formerly homeless dually diagnosed adults. *Psychiatric Services, 48*(7), 936-941.

Becker, D. R., & Drake, R. E. (1993). *A working life: The individual placement and support (IPS) program.* Concord, NH: Dartmouth Psychiatric Research Center.

Becker, D. R., Drake, R. E., Farabaugh, A., & Bond, G. R. (1996). Job preferences of clients with severe psychiatric disorders participating in supported employment programs. *Psychiatric Services, 47*(11), 1223-1226.

Becker, P., & Bayer, C. (1975). Preparing chronic patients for community placement: A four-stage treatment program. *Hospital and Community Psychiatry, 26*(7),

448-450.

Bell, M., & Lysaker, P. (1996). Levels of expectation for work activity in schizophrenia: Clinical and rehabilitation outcomes. *Psychiatric Rehabilitation Journal, 19*(3), 71-76.

Bell, M., & Lysaker, P. (1997). Clinical benefits of paid work activity in schizophrenia: 1-year follow-up. *Schizophrenia Bulletin, 23*(2), 317-328.

Bell, R. L. (1970). Practical applications of psychodrama: Systematic role playing teaches social skills. *Hospital and Community Psychiatry, 21,* 189-191.

Bellack, A. S., & DiClemente, C. C. (1999). Treating substance abuse among patients with schizophrenia. *Psychiatric Services, 50*(1), 75-80.

Bellack, A. S., Gold, J. M., & Buchanan, R. W. (1999). Cognitive rehabilitation for schizophrenia: Problems, prospects, and strategies. *Schizophrenia Bulletin, 25*(2), 257-274.

Bellack, A. S., Morrison, R. L., & Mueser, K. T. (1989). Social problem solving in schizophrenia. *Schizophrenia Bulletin, 15,* 101-116.

Bellack, A. S., Mueser, K. T., Morrison, R. L., Tierney, A., & et al. (1990). Remediation of cognitive deficits in schizophrenia. *American Journal of Psychiatry, 147*(12), 650-655.

Bennett, D. (1970). The value of work in psychiatric rehabilitation. *Social Psychiatry, 5,* 244-250.

Bennett, D. (1987). Psychosocial rehabilitation: Evolution, principles, and application in combating negative symptoms. *International Journal of Mental Health, 16*(4), 46-59.

Bennett, D., & Morris, I. (1982). *Deinstitutionalization in the United Kingdom. International Journal of Mental Health, 11*(4), 5-23.

Bennis, W. G. (1989). *On becoming a leader.* Reading, MA: Adderson-Westey.

Bennis, W. G., & Nanus, B. (1985). *Leaders: The strategies for taking charge.* New York: Harper & Rowe.

Benoit, B. (1992). Promoting the rehabilitative potential of community residential facilities. *Psychosocial Rehabilitation Journal, 15*(3), 109-113.

Benton, M. K., & Schroeder, H. E. (1990). Social skills training with schizophrenics: A meta-analytic evaluation. *Journal of Consulting and Clinical Psychology, 58*(6),

741-747.

Bergen, J. (1997). Maintenance medication in schizophrenia. *Australian Journal of Psychopharmacology, 8,* 47-54.

Berzins, J. I., Bednar, R. L., & Severy, L. J. (1975). The problems of intersource consensus in measuring therapeutic outcomes: New data and multivariate perspectives. *Journal of Abnormal Psychology, 84*(1), 10-19.

Berzon, P., & Lowenstein, B. (1984). A flexible model of case management. In B. Pepper & H. Ryglewicz (Eds.), Advances in treating the young adult chronic patient *(New Directions for Mental Health Services)* (pp. 49-57). San Francisco: Jossey-Bass.

Besio, S. W., & Mahler, J. (1993). Benefits and challenges of using consumer staff in supported housing services. *Hospital and Community Psychiatry, 44*(5), 490-491.

Bevilacqua, J. J. (1984). *Chronic mental illness, A problem in politics.* Paper presented at the National Conference on the chronic Mental Patient, Kansas City, KS, August 3.

Bigelow, D., & Young, D. (1983). *Effectiveness of a case management program.* Unpublished manuscript, University of Washington, Graduate School of Nursing, Seattle.

Blackman, S. (1982). Paraprofessional and patient assessment criteria of patient's recovery: Why the discrepency? *Journal of Clinical Psychology, 37*(4), 903-907.

Blanch, A. K., Carling, P. J., & Ridgway, P. (1988). Normal housing with specialized supports: A psychiatric rehabilitation approach to living in the community. *Rehabilitation Psychology, 33*(1), 47-55.

Blankertz, L., Cook, J., Rogers, E. S., & Hughes, R. (1997). Outcome measures for individuals with severe and persistent mental illness. *Behavioral Healthcare Tomorrow, 6*(4), 62-67.

Blankertz, L., & Cook, J. A. (1998). Choosing and using outcome measures. *Psychiatric Rehabilitation Journal, 22*(2), 167-174.

Blankertz, L., & Robinson, S. (1996). Adding a vocational focus to mental health rehabilitation. *Psychiatric Services, 47*(11), 1216-1222.

Blankertz, L., Robinson, S., Baron, R., Hughes, R., & Rutman,

I. D. (1995). *A national survey of the psychosocial rehabilitation workforce: Report #2*. Philadelphia, PA: Matrix Research Institute.

Bolman, L. G., & Deal, T. E. (1995). *Leading with soul*. San Francisco: Jossey-Bass.

Bolton, B. (1978). Dimensions of client change: A replication. *Rehabilitation Counseling Bulletin, 22*(1), 8-14.

Bolton, B. A. (1974). A factor analysis of personal adjustment and vocational measures of client change. *Rehabilitation Counseling Bulletin, 18,* 99-104.

Bond, G. R. (1984). An economic analysis of psychosocial rehabilitation. *Hospital and community Psychiatry, 35*(4), 356-362.

Bond, G. R. (1992). Vocational rehabilitation. In R. P. Liberman (Ed.), *Handbook of Psychiatric Rehabilitation*. Elmsford, NY: Pergamon.

Bond, G. R. (1998). Principles of the Individual Placement and Support model: Empirical support. *Psychiatric Rehabilitation Journal, 22*(1), 11-23.

Bond, G. R., Becker, D. R., Drake, R. E., & Vogler, K. M. (1997). A fidelity scale for the Individual Placement and Support model of supported employment. *Rehabilitation Counseling Bulletin, 40*(4), 265-284.

Bond, G. R., Clark, R. E., & Drake, R. E. (1995). Cost-effectiveness of rehabilitation. *Psychotherapy and Rehabilitation Research Bulletin, 4,* 26-31.

Bond, G. R., & Dincin, J. (1986). Accelerating entry into transitional employment in a psychosocial rehabilitation agency. *Rehabilitation Psychology, 31*(3), 143-155.

Bond, G. R., Dincin, J., Setze, P. J., & Witheridge, T. F. (1984). The effectiveness of psychiatric rehabilitation: A summary of research at Thresholds. *Psychosocial Rehabilitation Journal, 7*(4), 6-22.

Bond, G. R., Drake, R. E., Becker, D. R., & Mueser, K. T. (1999). Effectiveness of psychiatric rehabilitation approaches for employment of people with severe mental illness. *Journal of Disability Policy Studies, 10*(1), 18-52.

Bond, G. R., Drake, R. E., Mueser, K. T., & Becker, D. R. (1997). An update on supported employment for people with severe mental illness. *Psychiatric Services, 48*(3), 335-346.

Bond, G. R., & Friedmeyer, M. H. (1987). Predictive validity of situational assessment at a psychiatric rehabilitation center. *Rehabilitation Psychology, 32*(2), 99-112.

Bond, G. R., & McDonel, E. C. (1991). Vocational rehabilitation outcomes for persons with psychiatric disabilities: An update. *Journal of Vocational Rehabilitation, 1*(3), 9-20.

Bond, G. R., McGrew, J. H., & Fekete, D. M. (1995). Assertive outreach for frequent users of psychiatric hospitals: A meta-analysis. *The Journal of Mental Health Administration, 22*(1), 4-16.

Bond, G. R., & Meyer, P. (1999). The role of medications in the employment of people with schizophrenia. *Journal of Rehabilitation, 65*(4), 9-16.

Bond, G. R., Miller, L. D., Krumwied, R. D., & Ward, R. S. (1988). Assertive case management in three CMHCs: A controlled study. *Hospital and Community Psychiatry, 39* (4), 411-418.

Bond, G. R., Witheridge, T. F., Wasmer, D., Dincin, J., McRea, S. A., Mayes, J., & Ward, R. S. (1989). Short-term assertive outreach and service coordination: A comparision of two crisis housing alternatives to psychiatric hospitalization. *Hospital and Community Psychiatry, 40,* 177-183.

Bondolfi, G., Dufour, H., Patris, M., Billeter, U., Eap, C. B., Baumann, P., & Risperidone Study, G. (1998). Risperidone versus clozapine in treatment-resistant chronic schizophrenia: A randomized double-blind study. *American Journal of Psychiatry, 155*(4), 499-504.

Boothroyd, R., Skinner, E., Shern, D., & Steinwachs, D. (1998). Feasibility of consumer-based outcome monitoring: A report from the national outcomes reountable. In R. W. Manderscheid & M. J. Henderson (Eds.), *DHHS Pub. No. (SMA) 99-3285*. Washington, D. C.: Supt. of Docs., U. S. Govt. Print. Office.

Boothroyd, R. A., & Evans, M. E. (1993). *The impact of psychiatric rehabilitation on client/staff interactions and proximal outcomes*. Albany, NY: New York State Office of Mental Health, Bureau of Evaluation and Services Research.

Borgaza, C. (1991). Politiche del lavoro e inserimento lavorativo dei soggetti deboli: l'esperienza italiana. *Impresa Sociale, 1,* 5-11.

Borland, A., McRae, J., & Lycan, C. (1989). Outcomes of five years of continuous intensive case management. *Hospital and Community Psychiatry, 40*(4), 369-376.

Borys, S., & Fishbein, S. M. (1983). Partial care technical assistance project: Pretest results (Research and evaluation report). Trenton: New Jersey Division of Mental Health and Hospitals.

Bowker, J. P. (Ed.). (1985). *Education for practice with the chronically mental ill: What works?* Washington, D. C.: Council of Social Work Education

Brady, J. P. (1984). Social skills training for psychiatric patients: 11. Clinical outcome studies. *American Journal of Psychiatry, 141,* 491-498.

Braun, P., Kochansky, G., Shapiro, R., Greenberg, S., Gudeman, J. E., Johnson, S., & Shore, M. F. (1981). Overview: Deinsti- tutionalization of psychiatric patients: A critical review of outcome studies. *American Journal of Psychiatry, 138,* 736-749.

Breier, A., & Strauss, J. S. (1983). Self-control in psychiatric disorders. *Archives of General Psychiatry, 40,* 1141-1145.

Brekke, J. S., Ansel, M., Long, J., Slade, E., & Weinstein, M. (1999). Intensity and continuity of services and functional outcomes in the rehabilitation of persons with schizophrenia. *Psychiatric Services, 50*(2), 248-256.

Brekke, J. S., & Test, M. A. (1987). An empirical analysis of services delivered in a model community support program. *Psychosocial Rehabilitation Journal, 10*(4), 51-61.

Brenner, H. D., Hodel, B., Roder, V., & Corrigan, P. (1992). Treatment of cognitive dysfunctions and behavioral deficits in schizophrenia. *Schizophrenia Bulletin, 18*(1), 21-26.

Brook, S., Fantopoulos, I., Johnston, F., & Goering, P. (1989). Training volunteers to work with the chronic mentally ill in the community. *Hospital and Community Psychiatry, 40*(8), 853-855.

Brooks, G. W. (1981). Vocational rehabilitation. In J. A. Talbott (Ed.), *The chronic mentally ill* (pp. 96-100). New York: Human Sciences Press.

Brown, G. W., Birley, J. L., & Wing, J. K. (1972). Influence of family life on the course of schizophrenic disorders: A replication. *British Journal of Psychiatry, 121*(562), 241-258.

Brown, M. A., & Basel, D. (1989). A five-stage vocational rehabilitation program: Laurel Hill Center, Eugene, Oregon. In M. D. Farkas & W. A. Anthony (Eds.), *Psychiatric rehabilitation programs: Putting theory into practice* (pp. 108-116). Baltimore: Johns Hopkins University Press.

Brown, M. A., Ridgway, P., Anthony, W. A., & Rogers, E. S. (1991). A comparison of supported housing for voluntary and involuntary clients. *Hospital and Community Psychiatry, 42* (11), 1150-1153.

Brown, P. (1982). Approaches to evaluating the outcome of deinstitutionalization: A reply to Christenfeld. *Journal of Psychology, 10,* 276-281.

Bryson, G., Bell, M., Greig, T., & Kaplan, E. (1999). The work behavior inventory: Prediction of future work success of people with schizophrenia. *Psychiatric Rehabilitation Journal, 23*(2), 113-117.

Buchanan, R. W., Breier, A., Kirkpatrick, B., Ball, P., & Carpenter, W. T. (1998). *Journal of Psychiatry, 155*(6), 751-760.

Burns, B. J., Burke, J. D., & Kessler, L. G. (1981). Promoting health-mental health coordination: Federal efforts. In A. Broskowski & E. Marks & S. H. Budman (Eds.), *Linking health and mental health.* Beverly Hills, CA: Sage Publications.

Burns, B. J., & Santos, A. B. (1995). Assertive community treatment: An update of randomized trials. *Psychiatric Services, 46*(7), 669-675.

Byalin, K., Jed, J., & Lehman, S. (1982). *Family intervention with treatmentfactory chronic schizophrenics.* Paper presented at 20th International Congress of Applied Psychology, Edinburgh, Scotland.

Caldwell, B., Fishbein, S., & Woods, J. (1994). Development of an academic career ladder program in psychiatric rehabilitation: A field initiative. *Psychosocial Rehabilitation Journal, 18*(3), 54-66.

Campanelli, P. C., Sacks, J. Y., Heckart, K. E., Ades, Y. J., & et al. (1992). Integrating psychiatric rehabilitation within a community residence framework. *Psychosocial Rehabilitation Journal, 16*(1), 135-153.

Campbell, J. (1998). Assessment of outcomes. In R. W. Mander-scheid & M. J. Henderson (Eds.), *DHHS Pub. No. (SMA) 99-3285.* Washington, D. C.: Supt. of Docs., U. S. Govt. Print. Office.

Canadian Mental Health Association. (1999). *Annual report: Growing into the future*. Toronto: Author.

Cannady, D. (1982). Chronics and cleaning ladies. *Psychosocial Rehabilitation Journal, 5*(1), 13–16.

Caplan, N. (1980). What do we know about knowledge utilization? In L. A. Braskamp & R. D. Brown (Eds.), *New directions for program education (No. 5)*. San Francisco: Jossey-Bass.

Capra, F. (1982). *The turning point: Service, society, and the rising culture change*. New York: Simon & Schuster.

Caragonne, P. (1981). An analysis of the function of the case manager in four mental health social service settings (Doctoral dissertation, University of Michigan). *Dissertation Abstracts International, 41*(7), 3262A.

Caragonne, P. (1983). *A comparison of case management work activity and current models of work activity within the Texas Department of Mental Health and Mental Retardation*. Austin, TX: Texas Department of Mental Health and Mental Retardation.

Carkhuff, R. R. (1968). Differential Functioning of Lay and Professional Helpers. *Journal of Counseling Psychology, 15*(2), 117–126.

Carkhuff, R. R. (1969). *Helping and human relations: A primer for lay and professional helpers: I.* Selection and training. NY: Holt, Rinehart and Winston.

Carkhuff, R. R. (1971). *The development of human resources: Education, psychology and social change*. NY: Holt, Rinehart and Winston.

Carkhuff, R. R. (1974). *The art of problem solving*. Amherst, MA: Human Resources Development Press.

Carkhuff, R. R., & Berenson, B. G. (1976). *Teaching as treatment: An instruction to counseling and psychotherapy*. Amherst, MA: Human Resource Development Press.

Carkhuff, R. R., & Berenson, D. H. (1981). *The skilled teacher: A systematic approach to teaching skills*. Amherst, MA: Human Resource Development Press.

Carkhuff, R. R., & et al. (1979). *The skills of helping: An introduction to counseling skills*. Amherst, MA: Human Resource Development Press.

Carling, P., & Curtis, L. (1997). Implementing supported housing: Current trends and future directions. *New Directions for Mental Health Services, 74*, 79–94.

Carling, P. J. (1993). Housing and supports for persons with mental illness: Emerging approaches to research and practice. *Hospital and Community Psychiatry, 44*(5), 439–449.

Carling, P. J., & Broskowski, A. (1986). Psychosocial rehabilitation programs as a challenge and an opportunity for community mental health centers. *Psychosocial Rehabilitation Journal, 10*(1), 39–48.

Carling, P. J., Miller, S., Daniels, L., & Randolph, F. L. (1987). A state mental health system with no state hospital: The Vermont feasibility study. *Hospital and Community Psychiatry, 38*(6), 617–623.

Carling, P. J., & Ridgeway, P. (1985). *Community residential rehabilitation: An emerging approach to meeting housing needs*. Boston: Center for Psychiatric Rehabilitation, Boston University.

Carling, P. J., & Ridgway, P. (1989). A psychiatric rehabilitation approach to housing. In M. D. Farkas & W. A. Anthony (Eds.), *Psychiatric rehabilitation: Putting theory into practice* (p. 28–33, 69–80). Baltimore: Johns Hopkins University Press.

Carpenter, W. T. (1979). Clinical research methods applicable to the study of treatment effects in chronic schizophrenic patients. In C. F. Bater & T. Melnechuk (Eds.), *Perspectives in schizophrenia research: Presentations and sessions of the VA Advisory Conference on Chronic Schizophrenia*. New York: Raven Press.

Carpenter, W. T., Heinrichs, D. W., & Hanlon, T. E. (1987). A comparative trial of pharmacologic strategies in schizo-phrenia. *American Journal of Psychiatry, 144*(11), 1466–1470.

Carpenter, W. T., McGlashan, T. H., & Strauss, J. S. (1977). The treatment of acute schizophrenia without drugs: An investigation of some current assumptions. *American Journal of Psychiatry, 134*(1), 14–20.

Carpinello, S., Knight, E., & Jatulis, L. (1992). *A study of the meaning of self-help, self-help group processes, and outcomes*. National Association of State Mental Health Program Directors, Proceedings of the 3rd Annual National Conference of State Mental Agency Services Research.

Casper, E. (1995). Reliability and validity of clients' housing preferences. *Continuum, 2*(4), 263–269.

Castaneda, D., & Sommer, R. (1986). Patient housing

options as viewed by parents of the mentally ill. *Hospital and Community Psychiatry, 37,* 1238-1242.

Center for Mental Health Services. Mental Health, United States, 1998. Manderschied, R. W. & Henderson, M. J., eds. *DHHS Pub. No. (SMA)99-3285.* Washington, DC: Supt. of Docs., U. S. Govt. Print. Off.

Center for Psychiatric Rehabilitation. (1984). *Annual report for the National Institute of Handicapped Research.* Boston: Boston University.

Center for Psychiatric Rehabilitation. (1989a). Refocusing on locus. *Hospital and Community Psychiatry, 40,* 418.

Center for Psychiatric Rehabilitation. (1989b). *Research and training center final report (1984- 1989).* Boston: Boston University.

Center for Psychiatric Rehabilitation. (1994). *Research and training center final report (1989-1994).* Boston, MA: Boston University, Center for Psychiatric Rehabilitation.

Center for Psychiatric Rehabilitation. (1997). *Psychiatric rehabilitation management information system.* Boston, MA: Boston University.

Chamberlin, J., & Farkas, M. (1998). Aux U. S. A.: Survivants des traitements psychiatriques, comment faire face au changement? *Practiques en Sante Mentale, 4,* 46-47.

Chamberlin, J. (1978). *On our own: Patientcontrolled alternatives to the mental system.* New York: Hawthorn Books.

Chamberlin, J. (1984). Speaking for ourselves. An overview of the expsychiatric inmates' movement. *Psychosocial Rehabilitation Journal, 8*(2), 56-63.

Chamberlin, J. (1989). Expatient groups and psychiatric rehabilitation. In M. D. Farkas & W. A. Anthony (Eds.), *Psychiatric rehabilitation programs: Putting theory into practice* (pp. 207-216). Baltimore: Johns Hopkins University Press.

Chamberlin, J. (1990). The expatient's movement: Where we've been and where we're going. *Journal of Mind and Behavior, 11*(3-4), 323-336.

Chamberlin, J. (1998). Confessions of a non-compliant patient. *Journal of Psychosocial Nursing, 36*(4), 49-52.

Chamberlin, J., Rogers, E. S., & Ellison, M. L. (1996). Self-help programs: A description of their characteristics and their members. *Psychiatric Rehabilitation Journal, 19*(3), 33-42.

Champney, T. F., & Dzurec, L. C. (1992). Involvement in productive activities and satisfaction with living situation among severely mentally disabled adults. *Hospital and Community Psychiatry, 43*(9), 899-903.

Chandler, D., Hu, T. W., Meisel, J., McGowen, M., & Madison, K. (1997). Mental health costs, other public costs, and family burden among mental health clients in capitated integrated service agencies. *Journal of Mental Health Administration, 24*(2), 178-188.

Chandler, D., Levin, S., & Barry, P. (1999). The menu approach to employment services: Philosophy and five-year outcomes. *Psychiatric Rehabilitation Journal, 23*(1), 24-33.

Chandler, D., Meisel, J., Hu, T. W., McGowen, M., & Madison, K. (1996). Client outcomes in a three-year controlled study of an integrated service agency model. *Psychiatric Services, 47*(12), 1337-1343.

Chandler, D., Spicer, G., Wagner, M., & Hargreaves, W. (1999). Cost-effectiveness of a capitated assertive community treatment program. *Psychiatric Rehabilitation Journal, 22*(4), 327-336.

Cheadle, A. J., Cushing, D., Drew, C. D., & Morgan, R. (1967). The Measurement of the Work Performance of Psychiatric Patients. *British Journal of Psychiatry, 113*(501), 841-846.

Cheadle, A. J., & Morgan, R. (1972). The measurement of work performance of psychiatric patients: A reappraisal. *British Journal of Psychiatry, 120*(557), 437-441.

Cheek, F. E., & Mendelson, M. (1973). Developing behavior modification programs with an emphasis on self control. *Hospital and Community Psychiatry, 24,* 410-416.

Chinman, M., Allende, M., Bailey, P., Maust, J., & Davidson, L. (1999). Therapeutic agents of assertive community treatment. *Psychiatric Quarterly, 70*(2), 137-162.

Ciminero, A., Calhoun, K., & Adams, H. (1977). *Handbook of behavioral assessment.* New York: John Wiley & Sons.

Ciompi, L. (1985). Aging and schizophrenic psychosis. *Acta Psychiatrica Scandinavica, 71*(319), 93-105.

Clark, R. E., & Bond, G. R. (1995). Costs and benefits of vocational programs for people with serious mental illness. In Moscarelli & Santorius (Eds.), *The economics of schizophrenia* (pp. 1-42). Sassex, England: John Wiley

& Sons.

Clarke, J. (1999). Australia & New Zealand. In M. Farkas (Ed.), *International practice in psychosocial/psychiatric rehabilitation* (pp. 52–65). Boston: Center for Psychiatric Rehabilitation.

Cnaan, R. A., Blankertz, L., Messinger, K. W., & Gardner, J. R. (1988). Psychosocial rehabilitation: Toward a definition. *Psychosocial Rehabilitation Journal, 11*(4), 61–77.

Cochrane, J. J., Goering, P., & Rogers, J. M. (1991). Vocational programs and services in Canada. *Canadian Journal of Community Mental Health, 10*(1), 51–63.

Cohen, B. F., & Anthony, W. A. (1984). Functional assessment in psychiatric rehabilitation. In A. S. Halpern & M. J. Fuhrer (Eds.), *Functional assessment in rehabilitation* (pp. 79–100). Baltimore: Paul Brookes.

Cohen, B. F., Ridley, D. E., & Cohen, M. R. (1985). Teaching skills to severely psychiatrically disabled persons. In H. A. Marlowe & R. B. Weinberg (Eds.), *Competence development: Theory and practice in special populations* (pp. 118–145). Springfield, IL: Charles C. Thomas.

Cohen, M., Forbess, R., & Farkas, M. (2000). *Developing readiness for rehabilitation* (Rehabilitation readiness training technology). Boston: Boston University, Center for Psychiatric Rehabilitation.

Cohen, M. R. (1981). *Improving interagency collaboration between vocational rehabilitation and mental health agencies: A conference summary report* (Report). Boston: Boston University, Center for Psychiatric Rehabilitation.

Cohen, M. R. (1985). *Training professional for work with persons with long-term mental illness.* Presentation at the CSP Project Director's meeting, Oct. 16–18, Chicago, IL.

Cohen, M. R. (1989). Integrating psychiatric rehabilitation into mental health systems. In M. D. Farkas & W. A. Anthony (Eds.), *Psychiatric rehabilitation programs: Putting theory into practice* (pp. 162–170, 188–191). Baltimore: Johns Hopkins University Press.

Cohen, M. R., & Anthony, W. A. (1988). A commentary on planning a service system for persons who are severely mentally ill: Avoiding the pitfalls of the past. *Psychosocial Rehabilitation Journal, 12*(1), 69–72.

Cohen, M. R., Anthony, W. A., & Farkas, M. D. (1997). Assessing and developing readiness for psychiatric rehabilitation. *Psychiatric Services, 48*(5), 644–646.

Cohen, M. R., Danley, K. S., & Nemec, P. B. (1985). *Psychiatric rehabilitation training technology: Direct skills teaching* (Trainer package). Boston: Boston University, Center for Psychiatric Rehabilitation.

Cohen, M. R., Farkas, M. D., & Cohen, B. F. (1986). *Psychiatric rehabilitation training technology: Functional assessment* (Trainer package). Boston: Boston University, Center for Psychiatric Rehabilitation.

Cohen, M. R., Farkas, M. D., Cohen, B. F., & Unger, K. V. (1991). *Psychiatric rehabilitation training technology: Setting an overall rehabilitation* (Trainer package). Boston: Boston University, Center for Psychiatric Rehabilitation.

Cohen, M. R., Forbess, R., & Farkas, M. D. (2000). *Psychiatric rehabilitation training technology: Developing readiness for rehabilitation* (Trainer package). Boston: Boston University, Center for Psychiatric Rehabilitation.

Cohen, M. R., & Mynks, D. (Eds.). (1993). *Compendium of activities for assessing and developing readiness for rehabilitation.* Boston: Boston University, Center for Psychiatric Rehabilitation.

Cohen, M. R., Nemec, P., & Farkas, M. (2000). *Connecting for rehabilitation readiness.* Boston: Boston University, Center for Psychiatric Rehabilitation.

Cohen, M. R., Nemec, P. B., Farkas, M. D., & Forbess, R. (1988). *Psychiatric rehabilitation training technology: Case management* (Trainer package). Boston: Boston University, Center for Psychiatric Rehabilitation.

Cohen, M. R., Vitalo, R. L., Anthony, W. A., & Pierce, R. M. (1980). *The psychiatric rehabilitation practice series: Book 6. The skills of community service coordination.* Baltimore: University Park Press.

Collins, J. C., & Porras, J. I. (1994). *Built to last: Successful habits of visionary companies.* New York: Harper Collins.

Compeer. (1997). *Annual report.* Rochester, NY: Author.

Connors, K. A., Graham, R. S., & Pulso, R. (1987). Playing store: Where is the vocational in psychiatric rehabilitation. *Psychosocial Rehabilitation Journal, 10*(3), 21–33.

Cook, D. W. (1983). The accuracy of work evaluator and client predictions of client vocational competency and rehabilitation outcome. *Journal of Rehabilitation, 46-48.*

Cook, J., Pickett, S., Razzano, L., Fitzgibbon, G., Jonikas, J., & Cohler, J. (1996). Rehabilitation services for persons with schizophrenia. *Psychiatric Annals, 26*(2), 97-104.

Cook, J. A. (1992). *Outcome assessment in psychiatric rehabilitation services for persons with severe and persistent mental illness.* Bethesda, MD: Unpublished report, National Institute of Mental Health.

Cook, J. A., & Jonikas, J. A. (1996). Outcomes of psychiatric rehabilitation service delivery. In D. M. Steinwachs & L. M. Flynn (Eds.), Using client outcomes information to improve mental health and substance abuse treatment. *New directions for mental health services, No. 71* (pp. 33-47). San Francisco, CA: Jossey-Bass Inc, Publishers.

Cook, J. A., Pickett, S. A., Razzano, L., Fitzgibbon, G., Jonikas, J. A., & Cohler, J. J. (1996). Rehabilitation services for persons with schizophrenia. *Psychiatric Annals, 26*(2), 97-104.

Corin, E., & Harnois, G. (1991). Problems of continuity and the link between cure, care, and social support of mental patients. *International Journal of Mental Health, 20*(3), 13-22.

Cornhill Associates. (1980). *Needs assessment instrument.* Un-published manuscript. Newton, MA.

Corrigan, P. W., Faber, D., Rashid, F., & Leary, M. (1999). The construct validity of empowerment among consumers of mental health services. *Schizophrenia Research, 38*(1), 77-84.

COSMOS. (1988). *Mental health planning news, 3*(1). Washington, DC: National Technical Assistance Center for Mental Health Planning.

Costa, M. (1994). Mental disability and the cooperative system: Lights and shadows. *International Journal of Mental Health, 23*(1), 71-78.

Cournos, F., McKinnon, K., & Stanley, B. (1991). The effect of involuntary medication. *American Journal of Psychiatry, 148*(April), 489-494.

Coursey, R. D., Curtis, L., Marsh, D. T., Campbell, J., Harding, C., Spaniol, L., Lucksted, A., McKenna, J., Kelley, M., Paulson, R., & Zahniser, J. (2000). Competencies for direct service staff who work with adults with severe mental illness in outpatient public mental health/managed care systems. *Psychiatric Rehabilitation Journal, 23*(4), 370-377.

Cozby, P. C. (1989). *Methods in behavioral research* (4th ed.). Mountain View, CA: Mayfield Publishing Co.

Craig, T. J. H., Peer, S. M., & Ross, M. D. (1989). Psychiatric rehabilitation in a state hospital transitional residence: The Cottage Program at Greystone Park Psychiatric Hospital, Grey-stone Park, New Jersey. In M. D. Farkas & W. A. Anthony (Eds.), *Psychiatric rehabilitation programs: Putting theory into practice* (pp. 57-69). Baltimore: Johns Hopkins University Press.

Creer, C., & Wing, J. K. (1974). *Schizophrenia at home.* London: Institute of Psychiatry.

Crites, J. O. (1961). A model for the measurement of vocational maturity. *Journal of Counseling Psychology, 8,* 255-259.

Cuffel, B. J., Fischer, E. P., Owen, R. R., Jr., & Smith, G. R., Jr. (1997). An instrument for measurement of outcomes of care for schizophrenia: Issues in development and implementation. *Evaluation and the Health Professions, 20*(1), 96-108.

Cummings, N. A. (1998). Spectacular accomplishments and disappointing mistakes: The first decade of managed behavioral care. *Behavioral Healthcare Tomorrow, 7*(4), 61-63.

Curran, T. (1980). A procedure for the assessment of social skills: The simulated social interaction test. In T. Curran & P. Monti (Eds.), *Social skills training: A practical handbook for assessment and treatment.* New York: Guilford Press.

Curry, J. (1981). A study in case management. *Community Support Service Journal, 2,* 15-17.

Cutler, D. L., Bloom, J. D., & Shore, J. H. (1981). Training psychiatrists to work with community support systems for chronically mentally ill persons. *American Journal of Psychiatry, 138,* 98-102.

Cutler, D. L., Tatum, E., & Shore, J. H. (1987). A comparison of schizophrenic patients in different community support treatment approaches. *Community Mental Health Journal, 23*(2), 103-113.

Daniels, L. V. (1992). *Inventory of CSP assessment instruments.* Bethesda, MA: Unpublished report, National Institute of Mental Health Community Support.

Danley, K. S., & Anthony, W. A. (1987). The choose-get-keep model: Serving severely psychiatrically disabled people. *American Rehabilitation, 13*(4), 6-9, 27-29.

Danley, K. S., & Ellison, M. L. (1997). *A handbook for participatory action researchers*. Boston, MA: Boston University, Center for Psychiatric Rehabilitation.

Danley, K., Hutchinson, D., & Restrepo-Toro, M. (1998). *Career planning curriculum for people with psychiatric disabilities*. Boston: Center for Psychiatric Rehabilitation, Boston University.

Danley, K. S., & MacDonald-Wilson, K. (1996). *The choose-get-keep approach to employment support: Operational guidelines*. Boston: Center for Psychiatric Rehabilitation, Boston University.

Danley, K. S., Rogers, E. S., MacDonald-Wilson, K., & Anthony, W. A. (1994). Supported employment for adults with psychiatric disability: Results of an innovative demonstration project. *Rehabilitation Psychology, 39*(2), 279-287.

Danley, K. S., Sciarappa, K., & MacDonald-Wilson, K. L. (1992). *Choose-Get-Keep: Psychiatric rehabilitation approach to supported employment*. (Vol. 53). San Francisco, CA: Jossey-Bass.

Davis, A. E., Dinitz, S., & Pasamanick, B. (1974). *Schizophrenics in the new custodial community: Five years after the experiment*. Columbus, OH: Ohio State University Press.

Davis, K. E. (1985). *Presentation at state of the art training conference*, July 11-12, Richmond, VA.

De Hert, M., McKenzie, K., Pieters, G., Vercruyssen, V., & Peuskens, J. (1997). Rehabilitation and resocialization for the long-term mentally ill in Belgium: Description of services and history of their development. *International Journal of Mental Health, 26*(2), 86-97.

Deegan, P. E. (1988). Recovery: The lived experience of rehabilitation. *Psychosocial Rehabilitation Journal, 11*(4), 11-19.

Deegan, P. E. (1992). The Independent Living Movement and people with psychiatric disabilities: Taking back control over our own lives. *Psychosocial Rehabilitation Journal, 15*(3), 3-19.

Deegan, P. E. (1996). Recovery as a journey of the heart. *Psychiatric Rehabilitation Journal, 19*(3), 91-97.

Dellario, D. J. (1985). The relationship between mental health, vocational rehabilitation interagency functioning, and outcome of psychiatrically disabled persons. *Rehabilitation Counseling Bulletin, 28*(3), 167-170.

Dellario, D. J., & Anthony, W. A. (1981). On the relative effectiveness of institutional and alternative placement for the psychiatrically disabled. *Journal of Social Issues, 37*(3). 21-33.

Dellario, D. J., Anthony, W. A., & Rogers, E. S. (1983). Client-practitioner agreement in the assessment of severely psychiatrically disabled persons' functional skills. *Rehabilitation Psychology, 28,* 243-248.

Dellario, D. J., Goldfield, E., Farkas, M. D., & Cohen, M. R. (1984). Functional assessment of psychiatrically disabled adults: Implications of research findings for functional skills training. In A. S. Halpern & M. J. Fuhrer (Eds.), *Functional assessment in rehabilitation* (pp. 239-525). Baltimore: Paul Brookes.

Dennis, D. L., Buckner, J. C., Lipton, F. R., & Levine, I. S. (1991). A decade of research and services for homeless mentally ill persons: Where do we stand? *American Psychologist, 46*(11), 1129-1138.

DeSisto, M. J., Harding, C. M., McCormick, R. V., Ashikaga, T., & Brooks, G. W. (1995a). The Maine and Vermont three-decade studies of serious mental illness: I. Matched comparisons of cross-sectional outcome. *British Journal of Psychiatry, 167,* 331-338.

DeSisto, M. J., Harding, C. M., McCormick, R. V., Ashikaga, T., & Brooks, G. W. (1995b). The Maine and Vermont three-decade studies of serious mental illness: II. Longitudinal course comparisons. *British Journal of Psychiatry, 167,* 338-341.

Dick, N., & Shepherd, G. (1994). Work and mental health: A preliminary test of Warr's model in sheltered workshops for the mentally ill. *Journal of Mental Health UK, 3*(3), 387-400.

Dickerson, F. B. (1997). Assessing clinical outcomes: The community functioning of persons with serious mental illness. *Psychiatric Services, 48*(7), 897-902.

Dickey, B., Cannon, N. L., McGuire, T. G., & Gudeman, J. E. (1986). The Quarterway House: A two-year cost study of an experimental residential program. *Hospital and Community Psychiatry, 37*(11), 1136-1143.

Dickey, B., & Goldman, H. H. (1986). Public health care for the chronically mentally ill: Financing operating costs issues and options for local leadership. *Administration in Mental Health, 14*(2), 63–77.

Dilk, M. N., & Bond, G. R. (1996). Meta–analytic evaluation of skills training research for individuals with severe mental illness. *Journal of Consulitng and Clinical Psychology, 64* (6), 1337–1346.

Dimsdale, J. E., Klerman, G. L., & Shershow, J. C. (1979). Conflict in treatment goals between patients and staff. *Social Psychiatry, 14*(1), 1–4.

Dincin, J. (1975). Psychiatric rehabilitation. *Schizophrenia Bulletin, 13*, 1–147.

Dincin, J. (1981). A community agency model. In J. A. Talbott (Ed.), *The chronically mentally ill* (pp. 212–226). New York: Human Sciences Press.

Dincin, J., & Witheridge, T. F. (1982). Psychiatric rehabilitation as a deterrent to recidivism. *Hospital and Community Psy–chiatry, 33*(8), 645–650.

Dion, G. L., & Anthony, W. A. (1987). Research in psychiatric rehabilitation: A review of experimental and quasi-experimental studies. *Rehabilitation Counseling Bulletin, 30*, 177–203.

Dion, G. L., & Dellario, D. (1988). Symptom subtypes in persons institutionalized with schizophrenia: Comparison of demographics, outcome and functional skills. *Rehabilitation Psy–chology, 33*(2), 95–104.

Dion, G. L., Dellario, D. J., & Farkas, M. D. (1982). The relationship of maintenance neuroleptic dosage levels to vocational functioning in severely psychiatrically disabled clients: Implications for rehabilitation practicioners. *Psychosocial Rehabilitation Journal, 6*(2), 29–35.

Dion, G. L., Tohen, M., Anthony, W. A., & Waternaux, C. S. (1988). Symptoms and functioning of patients with bipolar disorder six months after hospitalization. *Hospital and Community Psychiatry, 39*, 652–657.

Distefano, M. K., Jr., & Pryer, M. W. (1970). Vocational evaluation and successful placement of psychiatric clients in a vocational rehabilitation program. *American Journal of Occupational Therapy, 24*(3), 205–207.

Dixon, L., Weiden, P., Torres, M., & Lehman, A. (1997). Assertive community treatment and medication compliance in the homeless mentally ill. *American Journal of Psychiatry, 154* (9), 1302–1304.

Docherty, J. P., Sims, S. G., & van Kammen, D. P. (1975). *Maintenance phenothiazine treatment in schizophrenia: A review*. Rockville, MD: National Institute of Mental Health.

Docherty, J. P., & Streeter, M. J. (1996). Measuring outcomes. In L. I. Sederer & B. Dickey (Eds.), *Outcome assessment in clinical practice* (pp. 8–18). Baltimore, MD: Williams & Wilkins.

Dodson, L. C., & Mullens, W. R. (1969). Some effects of jogging on psychiatric hospital patients. *American Corrective Therapy Journal, 23*, 130–134.

Doll, W. (1976). Family coping with the mentally ill: An unan–ticipated problem of deinstitutionalization. *Hospital and Community Psychiatry, 27*(3), 183–185.

Domergue, M. (1968). *Technical assistance: Theory, practice, and policies*. New York: Praeger.

Dottl, S. L., & Greenley, J. R. (1997). Rural–urban differences in psychiatric status and functioning among clients with severe mental illness. *Community Mental Health Journal, 33*(4), 311–321.

Dougherty, S. J., Campana, K. A., Kontos, R. A., Flores, M. K. D., & et al. (1996). Supported education: A qualitative study of the student experience. *Psychiatric Rehabilitation Journal, 19*(3), 59–70.

Douzanis, N., & Carpenter, M. (1981). Predicting the community performance of vocational rehabilitation clients. *Hospital and Community Psychiatry, 32*, 309–412.

Dowell, D. A., & Ciarlo, J. A. (1983). Overview of the Community Mental Health Centers Program from an evaluation perspective. *Community Mental Health Journal, 19*(2), 95–125.

Dozier, M., Harris, M., & Bergman, H. (1987). Social network density and rehospitalization among young adult patients. *Hospital and Community Psychiatry, 38*(1), 61–65.

Drake, R. E. (1998). A brief history of the individual placement and support model. *Psychiatric Rehabilita-tion Journal, 22* (1), 3–7.

Drake, R. E., Becker, D. R., Biesanz, J. C., Torrey, W. C., & et al. (1994). Rehabilitative day treatment vs. supported employment: I. Vocational outcomes. *Community Mental Health Journal, 30*(5), 519–532.

Drake, R. E., Becker, D. R., Biesanz, J. C., & Wyzik, P. F. (1996). Day treatment versus supported employment for persons with severe mental illness: A replication study. *Psy-chiatric Services, 47*(10), 1125–1127.

Drake, R. E., Becker, D. R., Clark, R. E., & Mueser, K. T. (1999). Research on the individual placement and support model of supported employment. *Psychiatric Quarterly, 70,* 289–301.

Drake, R. E., McHugo, G., Becker, D. R., Anthony, W. A., & Clark, R. E. (1996). The New Hampshire study of supported employment for people with severe mental illness. *Journal of Consulting and Clinical Psychology, 64*(2), 391–399.

Drake, R. E., McHugo, G. J., Bebout, R. R., Becker, D. R., Harris, M., Bond, G. R., & Quimby, E. (1999). A randomized clinical trial of supported employment for inner-city patients with severe mental disorders. *Archives of General Psychiatry, 56*(7), 627–633.

Drake, R. E., McHugo, G. J., Clark, R. E., Teague, G. B., Xie, H., Miles K., & Ackerson, T. H. (1998). Assertive community treatment for patients with co-occuring severe mental illness and substance use disorder: A clinical trial. *American Journal of Orthopsychiatry, 68*(2), 201–215.

Drake, R. E., McLaughlin, P., Pepper, B., & Minkoff, K. (1991). Dual diagnosis of major mental illness and substance disorder: An overview. *New Directions for Mental Health Services, 50,* 3–12.

Drake, R. E., Mercer-McFadden, C., Mueser, K., McHugo, G., & Bond, G. (1998). Review of integrated mental health and substance abuse for patients with dual disorders. *Schizop-hrenia Bulletin, 24*(4), 589–607.

Drake, R. E., Mueser, K. T., Clark, R. E., & Wallach, M. (1996). The course, treatment, and outcome of substance disorder in persons with severe mental illness. *American Journal of Orthopsychiatry, 66*(1), 42–51.

Drake, R. E., Noordsey, D., & Ackerson, T. (1995). Integrating mental health and substance abuse treatments for persons with severe mental illness. In A. F. Lehman & L. B. Dixon (Eds.), *Double jeopardy: Chronic mental illness and substance abuse.* New York: Harwood Academic Publishers, Inc., 251–264.

Drake, R. E., Rosenberg, S., & Mueser, K. (1996). Assessing substance use disorder in persons with severe mental illness. *New Directions for Mental Health Services, 70,* 3–17.

Drake, R. E., & Wallach, M. A. (1989). Substance abuse among the chronic mentally ill. *Hospital and Community Psychi-atry, 40*(10), 1041–1046.

Drucker, P. F. (1996). Foreward: Not enough generals were killed. In F. Hesselbein & M. Goldsmith & R. Berkland (Eds.), *The leader of the future* (pp. xi–xv). San Francisco: Jossey-Bass.

Eaton, L. F., & Menolascino, F. J. (1982). Psychiatric disorders in the mentally retarded: Types, problems, and challenges. *American Journal of Psychiatry, 139*(10), 1297–1303.

Eddy, D. M. (1998). Performance measurement: Problems and solutions. *Health Affairs, 17*(4), 7–25.

Eikelmann, B. (1987). Arbeit-ihre bedeutung in therapie und rehabilitation chronisch seelisch kranker. *Psychiatrishe Praxis, 17,* 71–77.

Eikelmann, B., & Reker, T. (1991). A modern therapeutic approach for chronically mentally ill patients: Results of a four-year prospective study. *Acta Psychiatrica Scandinavica, 84*(4), 357–363.

Eikelmann, B., & Reker, T. (1993). A second labour market? Vocational rehabilitation and work integration of chronically mentally ill people in Germany. *Acta Psychiatrica Scandi-navica, 88*(2), 124–129.

Eisenberg, M. G., & Cole, H. W. (1986). A behavioral approach to job seeking for psychiatrically impaired persons. *Journal of Rehabilitation,* April/May/June, 46–49.

El Islam, M. F. (1982). Rehabilitation of schizophrenics by the extended family. *Acta Psychiatrica Scandinavica, 65*(2), 112–119.

Ellison, M. L., Anthony, W. A., Sheets, J., Dodds, W., Yamin, Z., & Barker, W. (2001). *The integration of psychiatric rehabilitation services into managed behavioral health care structures: A state example.* Submitted for publication.

Ellison, M. L., Danley, K. S., Bromberg, C., & Palmer-Erbs, V. K. (1999). Longitudinal outcome of young adults who partici-pated in a psychiatric vocational rehabilitation program. *Psychiatric Rehabilitation Journal, 22*(4), 337–341.

Ellison, M. L., Rogers, E. S., Sciarappa, K., & Cohen, M. (1995). Characteristics of mental health case management: Results of a national survey. *Journal of*

Mental Health Administration, 22(2), 101-112.

Ellsworth, R. B., & et al. (1968). Hospital and community adjustment as perceived by psychiatric patients, their families, and staff. *Journal of Consulting and Clinical psychology, 32*(5, Pt. 2), 1-41.

Emerick, R. E. (1990). Self-help groups for former patients: Relations with mental heath professionals. *Hospital and Community Psychiatry, 41*(4), 401-407.

Englehardt, D. M., & Rosen, B. (1976). Implications of doing treatment for the social rehabilitation of schizophrenic patients. *Schizophrenia Bulletin, 2,* 454-462.

Erickson, R. C. (1975). Outcome studies in mental hospitals: A review. *Psychological Bulletin, 82*(4), 519-540.

Erickson, R. C., & Binder, L. M. (1986). Cognitive deficits among functionally psychotic patients: A rehabilitative perspective. *Journal of Clinical and Experimental Neuropsychology, 8*(3), 257-274.

Erickson, R. C., & Hyerstay, B. J. (1980). Historical perspectives on treatment of the mental ill. In M. S. Gibbs, J. Lachermeyer & J. Sigal (Eds.), *Community psychology: Theroetical and empirical approaches* (pp. 29-63). New York: Gardner Press.

Erlanger, H. S., & Roth, W. (1985). Disability policy. *American Behavioral Scientist, 28,* 319-346.

Ethridge, D. A. (1968). Pre-Vocational Assessment of Rehabilitation Potential of Psychiatric Patients. *American Journal of Occupational Therapy, 22*(3), 161-167.

Evans, A. S., Bullard, D. M., & Solomon, M. H. (1961). The family as a potential resource in the rehabilitation of the chronic schizophrenic patient: A study of 60 patients and their families. *American Journal of Psychiatry, 117,* 1075-1082.

Fadden, G., Bebbington, P., & Kuipers, L. (1987). The burden of care: The impact of functional psychiatric illness on the patient's family. *British Journal of Psychiatry, 150,* 285-292.

Fairweather, G. W. (1971). *Methods of changing mental hospital programs.* (Progress Report to the National Institute of Mental Health No. R12-178887). East Lansing: Michigan State University.

Fairweather, G. W. (Ed.). (1980). The Fairweather Lodge: A twenty-five year retrospective *(New Directions for Mental Health Service, No. 7).* San Francisco: Jossey-Bass.

Falloon, I. R. H., Boyd, J. L., McGill, C. W., Strang, J. S., & Moss, H. B. (1982). Family management training in the community care of schizophrenia. In M. J. Goldstein (Ed.), New developments in interventions with families of schizophrenia *(New Directions for Mental Health Services, No. 12,* pp. 61-77). San Francisco: Jossey-Bass.

Farkas, M. (1992). *Proposal to provide consultation and training for systematic change.* (Unpublished manuscript). Boston: Center for Psychiatric Rehabilitation.

Farkas, M. (1996a). Advances in psychiatric rehabilitation: North America. In C. Vazquez & J. Aldaz (Eds.), *Advances in psychiatric rehabilitation.* Madrid: Siglio XXI.

Farkas, M. (1996b). Recovery, rehabilitation, reintegration: Words vs. meaning. *World Association of Psychosocial Rehabilitation Bulletin, 8*(4), 6-8.

Farkas, M. (1998). *Developing a psychiatric rehabilitation program: From mission to client outcomes.* Presentation. Melbourne, Australia, Praham Mission Program Workshop, July 1998.

Farkas, M. (1999). *International practice in psychosocial/ psychiatric rehabilitation.* Boston, MA: Boston University, Center for Psychiatric Rehabilitation

Farkas, M. (1999a). *"Where have rehabilitation values and research led us?" An update on the field.* Lecture, Nova University, Ft. Lauderdale, FL, November 6-8, 1999.

Farkas, M. (1999b). *Developing readiness for rehabilitation activities at Lugnet and Blekingsborg.* Videoconference presentation. Malmo, Sweeden, Center for Psychiatric Rehabilitation, February 1999.

Farkas, M. (2000). *Beyond a vision of recovery & rehabilitation: The practicalities of transforming a system.* Presentation. Paris, France, World Association of Psychiatric Rehabi-litation Congress, May 6-10, 2000.

Farkas, M., & Anthony, W. A. (1980). Training rehabilitation counselors to work in the state agencies, rehabilitation and mental health facilities. *Rehabilitation Counseling Bulletin, 24*(1), 128-144.

Farkas, M., & Anthony, W. A. (1987). *The development of the rehabilitation model as a response to the shortcomings of the deinstitutionalization movement* (Monograph 1). Boston: Boston University, Center for Psychiatric Rehabilitation.

Farkas, M., & Anthony, W. A. (1990). Factors affecting faculty curriculum development in departments of psychology, psychiatry, rehabilitation, nursing and social work. In D. L. Johnson (Ed.), *Service needs of the seriously mentally ill: Training implications for psychology* (pp. 145–148). Washington, D. C.: American Psychological Association.

Farkas, M., & Anthony, W. A. (1993). Incorporating psychiatric rehabilitation into graduate training programs: Psychiatry, psychology, nursing, and social work. *Psychiatric Rehabilitation and Community Support Monograph, 1, 1.*

Farkas, M., & Anthony, W. A. (1993). Rehabilitation case management research. In M. Harris & H. C. Bergman (Eds.), *Case management for mentally ill patients: Theory and practice.* Switzerland: Harwood Academic Publishers.

Farkas, M., Cohen, M., McNamara, S., Nemec, P., & Cohen, B. (2000). *Psychiatric rehabilitation traning technology: Assessing readiness for rehabilitation* (Trainer package). Boston: Boston University, Center for Psychiatric Rehabilitation.

Farkas, M., Cohen, M. R., & Forbess, R. (1998). *Program consultation training reference manual.* Unpublished manuscript. Boston: Center for Psychiatric Rehabilitation.

Farkas, M., Cohen, M. R., & Forbess, R. (1998). *Psychiatric rehabilitation program reference guide: Program consultant training.* Unpublished manuscript. Boston, MA: Boston University, Center for Psychiatric Rehabilitation.

Farkas, M., & Furlong-Norman, K. (1995). *Psychosocial rehab-ilitation training resources.* Boston, MA: Center for Psychiatric Rehabilitation.

Farkas, M., Gagne, C., & Anthony, W. (2001). Recovery and re-habilitation: A paradigm for the new millenium. *La rehabilitation psicosical integral a la comunitat i amb la communitat, 1*(7/8), 13–16.

Farkas, M., Sullivan Soydan, A., & Gagne, C. (2000). *Introduction to rehabilitation readiness.* Boston: Center for Psychiatric Rehabilitation, Boston University.

Farkas, M. D. (1981). *Outreach case management practitioner training.* Boston: Center for Psychiatric Rehabilitation, Boston University.

Farkas, M. D., & Anthony, W. A. (1981). *The development of the rehabilitation model as a response to the shortcomings of the deinstitutionalization movement* (Monograph 1). Boston: Boston University, Center for Psychiatric Rehabilitation.

Farkas, M. D., & Anthony, W. A. (1987). Outcome analysis in psychiatric rehabilitation. In M. J. Fuhrer (Ed.), *Rehabilitation outcome: Analysis and measurement* (pp. 43–56). Baltimore: Paul Brookes.

Farkas, M. D., & Anthony, W. A. (1989). *Psychiatric rehabilitation programs: Putting theory into practice.* Baltimore, MD: Johns Hopkins University Press.

Farkas, M. D., Anthony, W. A., & Cohen, M. R. (1989). An overview of psychiatric rehabilitation: The approach and its programs. In M. D. Farkas & W. A. Anthony (Eds.), *Psychiatric programs: Putting theory into practice.* Baltimore, MD: Johns Hopkins University Press.

Farkas, M. D., Cohen, M. R., McNamara, S., Nemec, P. B., & Cohen, B. F. (2000). *Assessing readiness for rehabilitation training technology.* Boston, MA: Boston University, Center for Psychiatric Rehabilitation.

Farkas, M. D., Cohen, M. R., & Nemec, P. B. (1988). Psychiatric rehabilitation programs: Putting concepts into practice? *Com-munity Mental Health Journal, 24*(1), 7–21.

Farkas, M. D., O'Brien, W. F., Cohen, M. R., & Anthony, W. A. (1994). Assessment and planning in psychiatric rehabilitation. In J. R. Bedell (Ed.), Psychological assessment and treatment of persons with servere mental disorders (pp. 3–30). Washington, DC: Taylor & Francis.

Farkas, M. D., O'Brien, W. F., & Nemec, P. B. (1988). A graduate level curriculum in psychiatric rehabilitation: Filling a need. *Psychosocial Rehabilitation Journal, 12*(2), 53–66.

Farkas, M. D., Rogers, E. S., & Thurer, S. (1987). Rehabilitation outcome of long-term hospital patients left behind by deinstitutionalization. *Hospital and Community Psychiatry, 38,* 864–870.

Farkas, M. D., & Vallee, C. (1996). De la reapprobation au pouvoir dagir: La dimensio discrete dune reelle readaption. *Sante Mentale au Quebec, XXI*(2), 21–32.

Farr, R. K. (1984). The Los Angeles Skid Row Mental Health Project. *Psychosocial Rehabilitation Journal, 8*(2), 64–

76.

Fekete, D. M., Bond, G. R., McDonel, E. C., Salyers, M., Chen, A., & Miller, L. (1998). Rural assertive community treatment: A field experiment. *Psychiatric Rehabilitation Journal, 21*(4), 371–319.

Felix, R. H. (1967). *Mental illness: Progress and prospect.* New York: Columbia University Press.

Felton, C. J., Stastny, P., Shern, D. L., Blanch, A., & et al. (1995). Consumers as peer specialists on intensive case management teams: Impact on client outcomes. *Psychiatric Services, 46*(10), 1037–1044.

Fenton, W. S., Blyler, C. R., & Heinssen, R. K. (1997). Determinants of medication compliance in schizophrenia: Empirical and clinical findings. *Schizophrenia Bulletin, 23*(4), 637–651.

Fergus, E. O. (1980). Maintaining and advancing the lodge effort. In G. W. Fairweather (Ed.), The Fairweather Lodge: A twenty-five year retrospective *(New Directions for Mental Health service, No. 7,* pp. 46–56). San Francisco: Jossey-Bass.

Field, G., Allness, D., & Knoedler, W. (1980). Application of the Training in Community Living program to rural areas. *Journal of Community Psychology, 8*(1), 9–15.

Field, G., & Yegge, L. (1982). A client outcome study of a community support demonstration project. *Psychosocial Rehabilitation Journal, 6*(2), 15–22.

Fishbein, S. (1991). *Psychosocial academic linkage.* National Institute of Mental Health, Human Resource Development Program grant application.

Fishbein, S. M. (1988). Partial care as a vehicle for rehabilitation of individuals with severe psychiatric disability. *Rehabilitation Psychology, 33*(1), 57–64.

Fishbein, S. M., & Cassidy, K. (1989). A system perspective on psychiatric rehabilitation: New Jersey. In M. D. Farkas & W. A. Anthony (Eds.), *Psychiatric rehabilitation programs: Putting theory into practice* (pp. 179–188). Baltimore: Johns Hopkins University Press.

Fisher, D., & Ahern, L. (1999). People can recover from mental illness. *National Empowerment Center Newsletter,* 8–9.

Fisher, D. B. (1994). Health care reform based on an empowerment model of recovery by people with psychiatric disabilities. *Hospital and Community Psychiatry, 45*(9), 913–915.

Fisher, D. B. (1998). Comments on the article, "The right to refuse medication: Navigating the ambiguity." *Psychiatric Rehabilitation Journal, 21*(3), 250–251.

Fisher, G., Landis, D., & Clark, K. (1988). Case management service provision and client change. *Community Mental Health Journal, 24*(2), 134–142.

Fiske, D. W. (1983). The meta-analytic revolution in outcome research. *Journal of Consulting and Clinical Psychology, 51*(1), 65–75.

Fitz, D., & Evenson, R. (1999). Recommending client residence: A comparison of the St. Louis Inventory of community living skills and global assessment. *Psychiatric Rehabilitation Journal, 23*(2), 107–112.

Forbess, R., & Kennard, W. (1997). *Components, functions, and process of a Role Recovery Operating System.* Marlborough, MA: BCPR.

Foreyt, J. P., & Felton, G. S. (1970). Change in behavior of hospitalized psychiatric patients in a milieu therapy setting. *Psychotherapy: Theory, Research and Practice, 7*(3), 139–141.

Forsyth, R. P., & Fairweather, G. W. (1961). Psychotherapeutic and other hospital treatment criteria: The dilemma. *Journal of Abnormal and Social Psychology, 62,* 598–604.

Fortune, J. R., & Eldredge, G. M. (1982). Predictive validation of the McCarron-Dial Evaluation System for psychiatrically disabled sheltered workshop workers. *Vocational Evalua-tion and Work Adjustment Bulletin, 15*(4), 136–141.

Fountain House. (1976). *Rehabilitation of the mental patient in the community.* Grant #5T24MH14471. Rockville, MD: National Institute of Mental Health.

Fountain House. (1985). *Evaluation of clubhouse model com-munity-based psychiatric rehabilitation: Final report for the National Institute of Handicapped Research* (Contract No. 300-84-0124). Washington, DC: National Institute of Handicapped Research.

Foy, D. W. (1984). Chronic alcoholism: Broad-spectrum clinical programming. In M. Mirabi (Ed.), *The chronically mentally ill: Research and services* (pp. 273–280). Jamaica, NY: Spectrum Publications.

Frank, J. D. (1981). Reply to Telch. *Journal of Consulting and Clinical psychology, 49*(3), 476–477.

Frankie, P. A., Levine, P., Mowbray, C. T., Shriner, W., & et al. (1996). Supported education for persons with psychiatric disabilities: Implementation in an urban setting. *Journal of Mental Health Administration, 23*(4), 406–417.

Franklin, J. L., Solovitz, B., Mason, M., Clemons, J. R., & Miller, G. E. (1987). An evaluation of case management. *American Journal of Public Health, 77,* 674–678.

Franz, M., Lis, S., Plueddemann, K., & Gallhofer, B. (1997). Conventional versus atypical neuroleptics: Subjective quality of life in schizophrenic patients. *British Journal of Psychiatry, 170,* 422–425.

Fraser, M. W., Fraser, M. E., & Delewski, C. H. (1985). The community treatment of the chronically mentally ill: An explora-tory social network analysis. *Psychosocial Rehabilitation Journal, 9*(2), 35–41.

Freeman, H. E., & Simmons, O. G. (1963). *The mental patient comes home.* NY, John Wiley.

Frese, F. (1997). The mental health service consumer's perspective on mandatory treatment. *New Directions for Mental Health Services, 75,* 17–26.

Frey, W. D. (1984). Functional assessment in the 80s: A con-ceptual enigma, a technical challenge. In A. S. Halpern & M. J. Fuhrer (Eds.), *Functional assessment in rehabilitation* (pp. 11–43). Baltimore: Paul Brookes.

Friday, J. C. (1987). *What's available in psychosocial rehabilitation training?* Atlanta: Southern Regional Education Board.

Furlong-Norman, K. (1990). Supported education [Special issue]. *Community Support Network News, 6*(3).

Furlong-Norman, K. (1997). States helping states P/ACT and managed care. *Community Support Network News, 11*(4).

Gaebel, W., & Pietzcker, A. (1987). Prospective study of course of illness in schizophrenia: II. Prediction of outcome. *Schi-zophrenia Bulletin, 13*(2), 299–306.

Gaitz, L. M. (1984). Chronic mental illness in aged patients. In M. Mirabi (Ed.), *The chronically mentally ill: Research and services* (pp. 281–290). Jamaica, NY: Spectrum Publications.

Ganju, V. (1998). From consumer satisfaction to consumer perception of care. *Behavioral Healthcare Tomorrow, 7*(4), 17–18.

Garavan, J., Browne, S., Gervin, M., Lane, A., Larkin, C., & O'Callaghan, E. (1998). Compliance with neuroleptic medication in outpatients with schizophrenia; Relationship to subjective response to neuroleptics: Attitudes to medication and insight. *Comprehensive Psychiatry, 39*(4), 215–219.

Gardner, H. (1995). *Leading minds: An anatomy of leadership.* New York, NY: Basic Books, Inc.

Gardos, G., & Cole, J. O. (1976). Maintenance antipsychotic therapy: Is the cure worse than the disease? *American Journal of Psychiatry, 133*(1), 32–36.

Garske, G., Williams, B., & Schiro-Geist, C. (1999). The financial costs of severe mental illness. *Journal of Rehabilitation, 65*(4), 39–44.

Gay, R. D. (1983). The Georgia experience: Another perspective. *New Directions for Mental Health Services(18),* 67–71.

Gayler, C., & Gagne, C. (2000). *Developing expert practitioners in psychiatric rehabilitation: Training strategies.* Presentation. Paris, France, World Association of Psychosocial Rehabilitation Congress, May 6–10, 2000.

Gehrs, M., & Goering, P. (1994). The relationship between the working alliance and rehabilitation outcomes of schizophrenia. *Psychosocial Rehabilitation Journal, 18*(2), 43–54.

Gelineau, V. A., & Evans, A. S. (1970). Volunteer case aides rehabilitate chronic patients. *Hospital and Community Psychiatry, 21*(3), 90–93.

George, L. K., Blazer, D. G., Hughes, D. C., & Fowler, N. (1989). Social support and the outcome of major depression. *British Journal of Psychiatry, 154,* 478–485.

Gerhart, U. C. (1985). Teaching social workers to work with the chronically mentally ill. In J. P. Bowker (Ed.), *Education for practice with the chronically mentally ill: What works?* Washington, D. C.: Council on Social Work Education.

Giffort, D. W. (1998). A systems approach to developing staff training. *New Directions for Mental Health Services, 79,* 25–33.

Gilbert, D. (1997). States helping states: PACT and managed care. *Community Support Network News, 11*(4), 1, 16.

Gill, K. J., Pratt, C. W., & Barrett, N. (1997). Preparing psy-chiatric rehabilitation specialists through undergraduate education. *Community Mental Health Journal, 33*(4), 323–329.

Gittleman, M. (1974). Coordinating mental health systems. *American Journal of Public Health, 64,* 496–500.

Glaser, E. M., & Ross, U. L. (1971). *Increasing the utilization of applied research results* (NIMH Grant No. 5R12MH0925–2). Washington, D. C.: National Institute of Mental Health.

Glaser, E. M., & Taylor, S. (1969). *Factors influencing the success of applied research.* Final Report on Contract #43–67–1365, National Institute of Mental Health, Department of Health, Education & Welfare, Washington, D. C.

Glasscote, R. M., Gudeman, J. E., & Elpers, R. (1971). *Halfway houses for the mentally ill: A study of programs and problems.* Washington, D. C.: Joint Information Service of the American Psychiatric Association and the National Association for Mental Health.

Goering, P., Sylph, J., Foster, R., Boyles, S., & et al. (1992). Supportive housing: A consumer evaluation study. *International Journal of Social Psychiatry, 38*(2), 107–119.

Goering, P. N., Farkas, M. D., Wasylenki, D. A., Lancee, W. J., & Ballantyne, R. (1988). Improved functioning for case management clients. *Psychosocial Rehabilitation Journal, 12*(1), 3–17.

Goering, P. N., Huddart, C., Wasylenki, D. A., & Ballantyne, R. (1989). The use of rehabilitation case management to develop neccessary supports: Community Rehabilitation Services, Toronto, Ontario. In M. D. Farkas & W. A. Anthony (Eds.), *Psychiatric rehabilitation programs: Putting theory into practice* (pp. 197–207). Baltimore: Johns Hopkins University Press.

Goering, P. N., & Stylianos, S. K. (1988). Exploring the helping relationship between the schizophrenic client and rehabi-litation therapist. *American Journal of Orthopsychiatry, 58*(2), 271–280.

Goering, P. N., Wasylenki, D. A., Farkas, M. D., Lancee, W. J., & Ballantyne, R. (1988). What difference does case management make? *Hospital and Community Psychiatry, 39,* 272–276.

Goering, P. N., Wasylenki, D. A., Lancee, W. J., & Freeman, S. J. (1984). From hospital to community: Six-month and two-year outcomes for 505 patients. *The Journal of Nervous and Mental Disease, 172,* 667–673.

Goethe, J. W., Dornelas, E. A., & Fischer, E. H. (1996). A cluster analytic study of functional outcome after psychiatric hospi-talization. *Comprehensive Psychiatry, 37*(2), 115–121.

Goffman, E. (1961). *Asylums: Essays on the social situation of mental patients and other inmates.* Garden City, NJ: Double-day-Anchor.

Goin, M. K., Yamamoto, J., & Silverman, J. (1965). Therapy congruent with class-linked expectations. Archives of *General Psychiatry, 13*(2), 133–137.

Goldberg, M. F., Evans, A. S., & Cole, K. H. (1973). The utilization and training of volunteers in a psychiatric setting. *British Journal of Social Work, 3*(1), 55–63.

Goldberg, S. C. (1980). Drug and psychosocial therapy in schi-zophrenia: Current status and research needs. *Schizoph-renia Bulletin, 6*(1), 117–121.

Goldfinger, S. M., & Schutt, R. K. (1996). Comparison of clinicians' housing recommendations and preferences of homeless mentally ill persons. *Psychiatric Services, 47*(4), 413–415.

Goldman, H. H., Bums, B. J., & Burke, J. D. (1980). Integrating primary health care and mental health services: A preliminary report. *Public Health Reports, 95,* 535–539.

Goldman, H. H., Gattozzi, A. A., & Taube, C. A. (1981). Defining and counting the chronically mentally ill. *Hospital and Community Psychiatry, 32,* 21–27.

Goldstein, A. P. (1981). *Psychological skill training.* New York: Pergamon Press.

Goldstein, A. P., & Kanfer, F. H. (Eds.). (1979). *Maximizing treatment gains: Transfer enhancement in psychotherapy.* New York: Academic Press.

Goldstein, M. J., & Kopeiken, H. S. (1981). Short-and long-term effects of combining drug and family therapy. In M. J. Goldstein (Ed.), New developments in interventions with families of schizophrenics *(New Directions for Mental Health Services, No. 12,* pp. 5–26). San Francisco: Jossey-Bass.

Goldstrom, I. D., & Manderscheid, R. W. (1982). The chronically ill: A descriptive analysis from the Uniform Client Data Instrument. *Community Support Service Journal, 2*(3), 4–9.

Goldstrom, I. D., & Manderscheid, R. W. (1983). A descriptive analysis of community support program case managers serving the chronically mentally ill.

Community Mental Health Journal, 19(1), 17-26.

Gomory, R. E. (1983). Technology development. *Science, 230*, 576-580.

Goodrick, P. (1988). *Strategies for state and local mental health system planning.* Washington, D. C.: COSMOS Corporation.

Gorin, S. S. (1986). Cost-outcome analysis and service planning in a CMHC. *Hospital and Community Psychiatry, 37*(7), 697-701.

Goss, A. M., & Pate, K. D. (1967). Predicting vocational rehabilitation success for psychiatric patients with psycho-logical tests. *Psychological Reports, 21*(3), 725-730.

Granqvist, G. (1997). *Fran schizofreni till livslust.* Sollentuna: Riks-IFS.

Green, H. J., Miskimins, R. W., & Keil, E. C. (1968). Selection of psychiatric patients for vocational rehabilitation. *Rehabilitation Counseling Bulletin, 11*, 297-302.

Green, M. F. (1996). What are the functional consequences of neurocognitive deficits in schizophrenia? *American Journal of Psychiatry, 153*(3), 321-330.

Green, M. F., & Nuechterlein, K. H. (1999). Should schizophrenia be treated as a neurocognitive disorder? *Schizophrenia Bulletin, 25*(2), 309-319.

Greenblatt, M., Beretta, R. M., & Serafetinides, E. A. (1982). Social networks and mental health: An overview. *American Journal of Psychiatry, 139*(8), 977-984.

Greenley, J. R., Greenberg, J. S., & Brown, R. (1997). Measuring quality of life: A new and practical survey instrument. *Social Work, 42*(3), 244-254.

Gregory, C. C., & Downie, N. M. (1968). Prognostic study of patients who left, returned, and stayed in a psychiatric hospital. *Journal of Counseling Psychology, 15*(3), 232-236.

Grella, C. E., & Grusky, O. (1989). Families of the seriously mentally ill and their stasisfaction with services. *Hospital and Community Psychiatry, 40*(8), 831-835.

Griffiths, R. (1974). Rehabilitation of chronic psychotic patients. *Psychological Medicine, 4*, 316-325.

Griffiths, R. D. (1973). A standardized assessment of the work behaviour of psychiatric patients. *British Journal of Psychiatry, 123*(575), 403-408.

Grinspoon, L., Ewalt, J. R., & Shader, R. I. (1972). *Schizophrenia: Pharmacotherapy and psychother-apy.* Baltimore: Williams and Wilkins.

Grob, S. (1970). Psychiatric social clubs come of age. *Mental Hygiene, 54*(1), 129-136.

Grob, S. (1983). Psychosocial rehabilitation centers: Old wine in a new bottle. In I. Barofsky & R. D. Budson (Eds.), *The chronic psychiatric patient in the community: Principles of treatment* (pp. 265-280). Jamaica, NY: Spectrum Publications.

Grove, B., Freudenberg, M., Harding, A., & O'Flynn, D. (1997). *The social firm handbook: New directions in the employment, rehabilitation, and integration of people with mental health problems.* Brighton, England: Pavilion.

Growick, B. (1979). Another looks at the relationship between vocational and nonvocational client change. *Rehabilitation Counseling Bulletin, 23*, 136-139.

Grusky, O., & Tierney, K. (1989). Evaluating the effectiveness of countywide mental health care systems. *Community Mental Health Bulletin, 25*, 3-19.

Grusky, O., Tierney, K., Anspach, R., Davis, D., & et al. (1986). Descriptive evaluations of community support programs. *International Journal of Mental Health, 15*(4), 26-43.

Grusky, O., Tierney, K., Holstein, J., Anspach, R., Dans, D., Unruh, D., Webster, S., Vandewater, S., & Allen, H. (1985). Models of local mental health delivery systems. *American Behavioral Scientist, 28*(5), 685-703.

Gurel, L., & Lorei, T. W. (1972). Hospital and community ratings of psychopathology as predictors of employment and readmission. *Journal of Consulting and Clinical Psychology, 39*(2), 286-291.

Hafemeister, T. L., & Banks, S. M. (1996). Methodological advances in the use of recidivism rates to assess mental health treatment programs. *Journal of Mental Health Administration, 23*(2), 190-206.

Hall, J. D., Smith K., & Shimkunas, A. (1966). Employment problems of schizophrenic patients. *American Journal of Psychiatry, 123*, 536-540.

Hamilton, L. S., & Muthard, J. E. (1975). *Research utilization specialists in vocational rehabilitation* (Monograph). Gainesville, FL: Rehabilitation Research Institute.

Hammaker, R. (1983). A client outcome evaluation of the statewide implementation of community support services. *Psychosocial Rehabilitation Journal, 7*(1),

2-10.

Handy, C. (1996). The new language of organizing and its implications for leaders. In F. Hesselbein, M. Goldsmith & R. Berkhard (Eds.), *The leader of the future* (pp. 3-9). San Francisco: Jossey-Bass.

Harding, C., & Zahniser, J. (1994). Empirical correction of seven myths about schizophrenia with implications for treatment. *Acta Psychiatrica Scandinavica Supplementum, 90*(Suppl 384), 140-146.

Harding, C. M. (1994). An examination of the complexities in the measurement of recovery in severe psychiatric disorders. In R. J. Ancill, D. Holliday & G. W. MacEwan (Eds.), *Schizophrenia: Exploring the spectrum of psychosis* (pp. 153-169). Chichester: J. Wiley & Sons.

Harding, C. M., Brooks, G. W., Ashikaga, T., Strauss, J. S., & Breier, A. (1987a). The Vermont longitudinal study of persons with severe mental illness: I. Methodology, study sample, and overall status 32 years later. *American Journal of Psychiatry, 144*(6), 718-726.

Harding, C. M., Brooks, G. W., Ashikaga, T., Strauss, J. S., & Breier, A. (1987b). The Vermont longitudinal study of persons with severe mental illness: II. Long-term outcome of subjects who retrospectively met DSM-III criteria for schizophrenia. *American Journal of Psychiatry, 144*(6), 727-735.

Harding, C. M., Strauss, J. S., Hafez, H., & Lieberman, P. B. (1987). Work and mental illness: I. Toward an integration of the rehabilitation process. *Journal of Nervous and Mental Disease, 175*(6), 317-326.

Harding, C. M., Zubin, J., & Strauss, J. S. (1987). Chronicity in schizophrenia: Fact, partial fact, or artifact? *Hospital and Community Psychiatry, 38*(5), 477-486.

Harp, H., & Zinman, S. (1994). Maintaining our roots: The challenge of growth. In H. Harp & S. Zinman (Eds.), *Reaching across II: Maintaining our roots/The challenge of growth*. Sacramento, CA: California Network of Mental Health Clients.

Harrand, G. (1967). Rehabilitation Programs for Chronic Patients: I. Testing the Potential for Independence. *Hospital and Community Psychiatry, 18*(12), 376-377.

Harris, M., & Bergman, H. C. (1985). Networking with young adult chronic patients. *Psychosocial Rehabilitation Journal, 8*(3), 28-35.

Harris, M., & Bergman, H. C. (1987a). Case management with the chronically mentally ill: A clinical perspective. *American Journal of Orthopsychiatry, 57*(2), 296-302.

Harris, M., & Bergman, H. C. (1987b). Differential treatment planning for young adult chronic patients. *Hospital and Community Psychiatry, 38*(6), 638-643.

Harris, M., & Bergman, H. C. (1988a). Capitation financing for the chronic mentally ill: A case management approach. *Hospital and Community Psychiatry, 39*(1), 68-72.

Harris, M., & Bergman, H. C. (1988b). Clinical case management for the chronically mentally ill: A conceptual analysis. *New Directions for Mental Health Services, 40*, 5-13.

Harris, M., & Bergman, H. C. (1988c). Misconceptions about use of case management services by the chronic mentally ill: A utilization analysis. *Hospital and Community Psychiatry, 39*(12), 1276-1280.

Harris, M., Bergman, H. C., & Bachrach, L. L. (1986). Individualized network planning for chronic psychiatric patients. *Psychiatric Quarterly, 58*(1), 51-56.

Harrison, V. (1984). A biologist's view of pain, suffering and marginal life. In F. Dougherty (Ed.), *The depraved, the disabled and the fullness of life*. Delaware: Michael Glazier.

Hart, R. V. (1997). *Final report for the Psychiatric Rehabilitation Task Force for Systems Reform*. Montgomery, AL: Alabama Department of Mental Health and Mental Retardation.

Hartfield, A. B. (1978). Psychological costs of schizophrenia to the family. *Social Work, 23*(5), 355-359.

Hartfield, A. B. (1979). The family as partner in the treatment of mental illness. *Hospital and Community Psychiatry, 30*, 338-340.

Hartfield, A. B. (1981). Self-help groups for families of the mentally ill. *Social Work, 26*(408-413).

Hartfield, A. B. (1983). What families want of family therapists. In W. McFarlane (Ed.), *Family therapy in schizophrenia*. New York: Guilford.

Hartfield, A. B., Fierstein, R., & Johnson, D. M. (1982). Meeting the needs of families of the psychiatrically disabled. *Psycho-social Rehabilitation Journal, 6(1), 27-40*.

Hartfield, A. B., Spaniol, L. J., & Zipple, A. M. (1987). Expressed emotion: A family perspective. *Schizophre-*

nia Bulletin, 13 (221-226).

Havari, D. (1974). *The role of the technical assistance expert*. Organization for Economic Cooperation and Development, Paris.

Havelock, R. G. (1971). *Planning for innovation through dissem-ination and utilization and knowledge*. Ann Arbor: University of Michigan, Institute for Social Research.

Havelock, R. G., & Berme, K. D. (1969). An exploratory study of knowledge utilization. In W. G. Bennis & J. D. NBenne & R. Chien (Eds.), *The planning of change* (2nd ed.). New York: Holt, Reinhart & Winston.

Havens, L. L. (1967). Dependence: Definitions and strategies. *Rehabilitation Record,* March/April, 23-28.

Haywood, T. W., Kravitz, H. M., Grossman, L. S., Cavanaugh, J. L., & et al. (1995). Predicting the "revolving door" pheno-menon among patients with schizophrenic, schizoaffective, and affective disorders. *American Journal of Psychiatry, 152*(6), 856-861.

Heap, R. F., Boblitt, W. E., Moore, C. H., & Hord, J. E. (1970). Behaviour-milieu therapy with chronic neuropsychiatric patients. *Journal of Abnormal Psychology, 76*(3, Pt. 1), 349-354.

Heisenberg, W. (1958). *Physics and philosophy: The revolution in modern science*. New York: Harper.

Herman, J. L. (1992). *Trauma and recovery*. New York, NY: Basic Books, Inc.

Hersen, M. (1979). Limitations and problems in the clinical application of behavioral techniques in psychiatric settings. *Behavior Therapy, 10*(1), 65-80.

Hersen, M., & Bellack, A. S. (1976). Social skills training for chronic psychiatric patients: Rationale, research findings, and future directions. *Comprehensive Psychiatry, 17*(4), 559-580.

Hersen, M., & Bellack, A. S. (1977). The assessment o social skills. In A. Ciminero, K. Calhoun & H. Adams (Eds.), *Handbook of behavioral assessment* (pp. 509-554). New York: John Wiley & Sons.

Herz, M. I., & et al. (1974). Individual versus group aftercare treatment. *American Journal of Psychiatry, 131*(7), 808-812.

Herz, M. I., Szymanski, H. V., & Simon, J. C. (1982). Intermittent medication for stable schizophrenic outpatients: An alternative to maintenance medication. *American Journal of Psychiatry, 139*(7), 918-922.

Hester, T. W. (1998). "Patterns of usual care for schizophrenia: Initial results from the Schizophrenia Patient Outcomes Research Team (PORT) Client Survey": Comment. *Schizophrenia Bulletin, 24*(1), 25-27.

Hibler, M. (1978). The problems as seen by the patient's family. *Hospital and Community Psychiatry, 29*(1), 32-33.

Hillhouse-Jones, J. (1984). Psychiatric rehabilitation training: A trainee's perspective. *Florida Community Support Network Newsletter, 1,* 8.

Ho, A., Tsuang, J., Liberman, R., Wang, R., Wilkins, J., Elkman, T., & Shaner, A. (1999). Achieving effective treatment of patients with chronic psychotic illness and comorbid sub-stance dependence. *American Journal of Psychiatry, 156,* 1765-1770.

Hoffman, D. A. (1980). *The differential effects of self-monitoring, self-reinforcement and performance standards on the production output, job satisfaction and attendance of vocational rehabilitation clients*. Catholic U of America.

Hoffmann, F. L., Capelli, K., & Mastrianni, X. (1997). Measuring treatment outcome for adults and adolescents: Reliability and validity of BASIS-32. *Journal of Mental Health Administration, 24*(3), 316-331.

Hogarty, G. E., & et al. (1986). Family psychoeducation, social skills training, and maintenance chemotherapy in the aftercare treatment of schizophrenia: I. One-year effects of a controlled study on relapse and expressed emotion. *Archives of General Psychiatry, 43*(7), 633-642.

Hogarty, G. E., & Flesher, S. (1999). Development theory for a cognitive enhancement therapy of schizophrenia. *Schizo-phrenia Bulletin, 25*(4), 677-692.

Hogarty, G. E., McEvoy, J. P., Munetz, M., DiBarry, A. L., & et al. (1988). Dose of fluphenazine, familial expressed emotion, and outcome in schizophrenia: Results of a two-year controlled study. *Archives of General Psychiatry, 45*(9), 797-805.

Holcomb, W. R., & Ahr, P. R. (1986). Clinicians' assessments of the service needs of young adult patients in public mental health care. *Hospital and Community Psychiatry, 37*(9), 908-913.

Holley, H. L., Hodges, P., & Jeffers, B. (1998). Moving psychiatric patients from hospital to community. Views of patients, providers, and families. *Psychiatric Services,*

49(4), 513-517.

Hollingsworth, R., & Foreyt, J. P. (1975). Community adjustment of released token economy patients. *Journal of Behavior Therapy and Experimental Psychiatry, 6*(4), 271-274.

Holroyd, J., & Goldenberg, I. (1978). The use of Goal Attainment Scaling to evaluate a ward treatment program for disturbed children. *Journal of Clinical Psychology, 34*(3), 732-739.

Holzner, B., Kemmler, G., & Meise, U. (1998). The impact of work-related rehabilitation on the quality of life of patients with schizophrenia. *Social Psychiatry and Psychiatric Epidemiology, 33*(12), 624-631.

Houghton, J. F. (1982). Maintaining mental health in a turbulent world. *Schizophrenia Bulletin, 8,* 548-552.

Hoult, J. (1986). Community care of the acutely mentally ill. *British Journal of Psychiatry, 149,* 137-144.

Hoult, J., Rosen, A., & Reynolds, I. (1984). Community orientated treatment compared to psychiatric hospital orientated treatment. *Social Science and Medicine, 18*(11), 1005-1010.

Hughes, R. (1999). The meaning of "evidence based" services in PSR. *PSR Connection Newsletter, 2*(1), 10-12.

Human Services Research Institute. (1995). *Toolkit for measuring psychosocial outcomes.* Columbus, MD: International Asso-ciation of Psychosocial Rehabilitation Services.

Hutchinson, D. (1998). *A combined supported education and employment approach to career development.* Workshop presentation, National Rehabilitation Research Conference, Chicago, IL, April 16, 1998.

Hutchinson, D., Bellafato, L., & Devereux, R. (1999). *Healthy lifes-tyles for women with psychiatric disabilities: A wellness program guide.* Boston, MA: Center for Psychiatric Rehabili-tation.

Hutchinson, D., & Farkas, M. (In press). Person-oriented rehabilitation case management. In R. Emard (Ed.), *Case management for persons with serious mental illness.*

Hutchinson, D., & Salafia, R. (1997). *Employment success and satisfaction: A seminar series (Version 1).* Boston: Center for Psychiatric Rehabilitation, Boston University.

Hutchinson, D., Skrinar, G., & Cross, C. (1999). The role of improved physical fitness in rehabilitation recovery. *Psych-iatric Rehabilitation Journal, 22*(4), 355-359.

Hutchinson, D. S., Kohn, L., & Unger, K. V. (1989). A university-based psychiatric rehabilitation program for young adults: Boston University. In M. D. Farkas & W. A. Anthony (Eds.), *Psychiatric rehabilitation programs: Putting theory into practice* (pp. 147-157). Baltimore: Johns Hopkins University Press.

Ikebuchi, E., Iwasaki, S., Sugimoto, T., Miyauchi, M., & Liberman, R. (1999). The factor structure of disability in schizophrenia. *Psychiatric Rehabilitation Skills, 3*(2), 220-230.

Intagliata, J. (1982). Improving the quality of care for the chronically mentally disabled: The role of case management. *Schizophrenia Bulletin, 8,* 655-674.

Intagliata, J., & Baker, F. (1983). Factors affecting case management services for the chronically mentally ill. *Administra-tion in Mental Health, 11,* 75-91.

International Association of Psychosocial Rehabilitation Services. (1997). New Prevalence Estimates of Serious Mental Illness. *Organizational Bulletin, 8*(10).

Ivey, A. E. (1973). Media therapy: Educational change planning for psychiatric patients. *Journal of Counseling Psychology, 20*(4), 338-343.

Jacobs, H. E., Kandashian, S., Kreinbring, R. K., Ponder, R., & Simpson, A. R. (1984). A skills-oriented model for facilita-ting employment among psychiatrically disabled persons. *Rehabilitation Counseling Bulletin, 28*(2), 87-96.

Jacobs, J. (1997). *Major findings of the community support research demonstration projects (1989-1996).* Washington, D. C.: Community Support Program Branch, Substance Abuse and Mental Health Services Administration.

Jacobs, J. (Ed.). (1998). *Community support research demon-stration grants, 1989-1996: Major findings and lessons learned.* Rockville, MD: Center for Mental Services.

Jacobs, M., & Trick, O. (1974). Successful psychiatric rehabilita-tion using an inpatient teaching laboratory: A one-year follow-up study. *American Journal of Psychiatry, 131,* 145-148.

Jacobson, N., & Curtis, L. (2000). Recovery as policy in

mental health services: Strategies emerging from the states. *Psych-iatric Rehabilitation Journal, 23*(4), 333-341.

Jeger, A. M., & McClure, G. (1980). The effects of a behavioral training program on nonprofessionals' endorsement of the psychosocial model. *Journal of Community Psychology, 8*(1), 49-53.

Jensen, K., Spangaard, P., Juel-Neilsen, N., & Voag, V. H. (1978). Experimental psychiatric rehabilitation unity. *International Journal of Social Psychiatry, 24,* 53-57.

Jerrell, J. (1996). Cost-effective treatment for persons with dual disorders. *New Directions for Mental Health Services, 70,* 79-91.

Jerrell, J., & Ridgely, M. S. (1997). Dual diagnosis care for severe and persistent disorders: A comparison of three methods. *Behavioral Healthcare Tomorrow, 6*(3), 28-33.

Jerrell, J. M. (1999). Skill, symptom and satisfaction changes in three service models for people with psychiatric disability. *Psychiatric Rehabilitation Journal, 22*(4), 342-348.

Jerrell, J. M., & Larsen, J. K. (1985). How community mental health centers deal with cutbacks and competition. *Hospital and Community Psychiatry, 36*(11), 1169-1174.

Johnson, D. L. (1998). The right to refuse medication: Freedom and responsibility. *Psychiatric Rehabilitation Journal, 21*(3), 252-254.

Joint Commission of Accreditation of Hospitals. (1976). *Accreditation of community mental healthservice programs.* Chicago: Author.

Jung, H. F., & Spaniol, L. J. (1981). *Planning the utilization of new knowledge and skills: Some basic principles for researchers, administration, and practitioners.* Unpublished manuscripts, Boston University, Center for Psychiatric Rehabilitation, Boston.

Kahn, R. L., & Quinn, R. P. (1977). *Mental health, social adjust-ment, and metropolitan problems.* Research proposal, Uni-versity of Michigan, Ann Arbor.

Kaiser, A. (1990). Focusing on the future on preparing personnel to work with persons with severe disabilities. In A. P. Kaiser & C. M. McWhorter (Eds.), *Preparing personnel to work with persons with severe disabilities* (pp. 1-5). Baltimore: Paul H. Brookes.

Kanapaux, W. (2000). A question of standards. *Behavioral Healthcare Tomorrow, 9*(1), 14-16.

Kane, J., Honigfeld, G., Singer, J., Meltzer, H., & et al. (1988). Clozapine for the treatment-resistant schizophrenic: A double-blind comparison with chlorpromazine. *Archives of General Psychiatry, 45*(9), 789-796.

Kane, J. M. (1987). Low-does and intermittent neuroleptic treatment strategies for schizophrenia: An interview with John Kane. *Psychiatric Annals, 17*(125-130).

Karel, R. B. (1996, November 1). World impact of mental illness for more severe than assumed. *Psychiatric News,* pp. 1, 34-35.

Katkin, S., Ginsburg, M., Rifkin, M. J., & Scott, J. T. (1971). Effectiveness of female volunteers in the treatment of outpatients. *Journal of Counseling Psychology, 18*(2), 97-100.

Katkin, S., Zimmerman, V., Rosenthal, J., & Ginsburg, M. (1975). Using volunteer therapists to reduce hospital readmissions. *Hospital and Community Psychiatry, 26*(3), 151-153.

Katz Garris, L., McCue, M., Garris, R. P., & Herring, J. (1983). Psychiatric rehabilitation: An outcome study. *Rehabilitation Counseling Bulletin, 26*(5), 329-335.

Kaye, H. S. (1998). Is the status of people with disabilities improving? *Disability Statistics Abstract, 21,* 1-4.

Keith, S. J., & Matthews, S. M. (1984). Research overview. In J. A. Talbott (Ed.), *The chronic mental patient: Five years later* (pp. 7-13). Orlando, FL: Grune & Stratton.

Kelner, F. B. (1984). A rehabilitation approach to program diagnosis in technical assistance consultation. *Psychosocial Rehabilitation Journal, 7*(3), 32-43.

Kemp, R., Kirov, G., Everitt, B., Hayward, P., & David, A. (1998). Randomised controlled trial of compliance therapy: 18-month follow-up. *British Journal of Psychiatry, 172,* 413-419.

Kennedy, E. M. (1989). *Community based care for the mentally ill: Simple justice.* Unpublished manuscript, Boston University, Center for Psychiatric Rehabilitation, Boston.

Kerlinger, F. M. (1964). *Foundations of behavioral research.* New York: Holt, Rinehart & Winston.

Kerr, N., & Meyerson, L. (1987). Independence as a goal and a value of people with physical disabilities: Some caveats. *Rehabilitation Psychology, 32*(3), 173-180.

Kiesler, C. A. (1982). Mental hospitals and alternative care: Noninstitutionalization as potential public policy for mental patients. *American Psychologist, 37*(4), 349-360.

Killilea, M. (1976). Mutual help organizations: Interpretations in the literature. In G. Kapplan & M. Killilea (Eds.), *Support systems and mutual help.* Grune & Stratton.

Killilea, M. (1982). Interaction of crisis theory, coping strategies, and social support systems. In H. C. Schulberg & M. Killilea (Eds.), *The modern practice of community mental health.* San Francisco: Jossey-Bass.

Klapow, J. C., Evans, J., Patterson, T. L., & Heaton, R. K. (1997). Direct assessment of functional status in older patients with schizophrenia. *American Journal of Psychiatry, 154*(7), 1022-1024.

Kline, M. N., & Hoisington, V. (1981). Placing the psychiatrically disabled: A look at work values. *Rehabilitation Counseling Bulletin, 24,* 366-369.

Klinkenberg, W. D., & Calsyn, R. J. (1999). Predictors of receiving aftercare 1, 3, and 18 months after a psychiatric emergency room visit. *Psychiatric Quarterly, 70*(1), 39-51.

Knapp, M., Beecham, J., Koutsogeorgopoulou, V., Hallam, A., & et al. (1994). Service use and costs of home-based versus hospital-based care for people with serious mental illness. *British Journal of Psychiatry, 165*(2), 195-203.

Knight, E. (1997). A model for the dissemination of self-help in public mental health systems. *New Directions for Mental Health Services, 74,* 43-51.

Knox, R. A. (1996, September 16). Changing world, changing ailments. *The Boston Globe,* pp. C1-C3.

Kopelowicz, A., Liberman, R. P., Mintz, J., & Zarate, R. (1997). Comparison of efficacy of social skills training for deficit and nondeficit negative symptoms in schizophrenia. *American Journal of Psychiatry, 154*(3), 424-425.

Koumans, A. J. (1969). Reaching the unmotivated patient. *Mental Hygiene, 53*(2), 298-300.

Kouzes, J. M., & Posner, B. Z. (1995). *The leadership challenge: How to keep getting extraordinary things done in organi-zations* (2nd ed.). San Francisco, CA:

Jossey-Bass Inc, Publishers.

Kramer, P., Anthony, W., Rogers, E. S., & Kennard, W. (1999). *Integrating psychiatric rehabilitation technology into assertive community treatment.* Unpublished manuscript. Boston: Center for Psychiatric Rehabilitation, Boston University.

Kuipers, E. (1996). The management of difficult to treat patients with schizophrenia, using non-drug therapies. *British Journal of Psychiatry, 169*(Suppl 31), 41-51.

Kunce, J. T. (1970). Is work therapy really therapeutic? *Rehabilitation Literature, 31*(10), 297-299.

Kurtz, L. F., Bagarozzi, D. A., & Pollane, L. P. (1984). Case management in mental health. *Health and Social Work, 9*(3), 201-211.

Lamb, H. R. (1982). *Treating the long-term mentally ill.* San Francisco: Jossey-Bass.

Lamb, H. R., & Oliphant, E. (1979). Parents of schizophrenics: Advocates for the mentally ill. In L. I. Stein (Ed.), Community support systems for the long-term patient *(New Direction for Mental Health Services, No. 2,* pp. 85-92). San Francisco: Jossey-Bass.

Lamberti, J. S., Melburg, V., & Madi, N. (1998). Intensive psychiatric rehabilitation treatment (IPRT): An overview of a new program. *Psychiatric Quarterly, 69*(3), 211-234.

Landeen, J., Pawlick, J., Woodside, H., Kirkpatrick, H., & Byrne, C. (2000). Hope, quality of life, and symptom severity in individuals with schizophrenia. *Psychiatric Rehabilitation Journal, 23*(4), 364-369.

Lang, E., & Rio, J. (1989). A psychiatric rehabilitation vocational program in a private psychiatric hospital: The New York Hospital-Cornell Medical Center, Westchester Division, White Plains, NY. In M. D. Farkas & W. A. Anthony (Eds.), *Psychiatric rehabilitation programs: Putting theory into practice* (pp. 86-98). Baltimore: Johns Hopkins University Press.

Langsley, D. G., & Kaplan, D. M. (1968). *The treatment of families in crisis.* New York: Grune & Stratton.

Langsley, D. G., Machotka, P., & Flomenhaft, K. (1971). Avoiding mental hospital admission: A follow-up study. *American Journal of Psychiatry, 127*(10), 1391-1394.

Lannon, P. B., Banks, S. M., & Morrissey, J. P. (1988). Community tenure patterns of the New York State CSS population: A longitudinal impact assessment.

Psychosocial Rehabilitation Journal, 11(4), 47-60.

LaPaglia, J. E., (1981). *The use of role-play strategies to teach vocationally related social skills to mentally handicapped persons: Three studies of training and generalization.* Unpublished doctoral dissertation, Vanderbilt University, Nashville, TN.

Larsen, J. K. (1987). Community mental health services in transition. *Community Mental Health Journal, 23*(4), 250-259.

Laudet, A., Magura, S., Vogel, H., & Knight, E. (1999). *Profiles of individuals in dual recovery.* Presentation at the 127th Annual Meeting of the American Public Health Association, Chicago, IL, November 10, 1999.

Lazare, A., Eisenthal, S., & Wasserman, L. (1975). The customer approach to patienthood: Attending to patient requests in a walk-in clinic. *Archives of General Psychiatry, 32*(5), 553-558.

Lecklitner, G. L., & Greenberg, P. D. (1983). Promoting the rights of the chronically mentally ill in the community: A report on the Patient Rights Policy Research Project. *Mental and Physical Disability Law Reporter, 7*(5), 422-429, 439.

Leete, E. (1989). How I perceive and manage my illness. *Schizophrenia Bulletin, 15*(2), 197-200.

Leff, J., Kuiers, L., Berkowitz, R., Eberbein-Vries, R., & Sturgeon, D. A. (1982). Controlled trial of social intervention in the families of schizophrenic patients. *British Journal of Psychiatry, 141,* 121-134.

Lefley, H. P. (1987). Aging parents as caregivers of mentally ill adult children: An emerging social problem. *Hospital and Community Psychiatry, 38,* 1063-1069.

Leginski, W., Randolph, F., & Rog, D. J. (1999). Taking issue: How well are we evaluating system change? *Psychiatric Services, 50*(10), 1257.

Lehman, A. F. (1987). Capitation payment and mental health care: A review of the opportunities and risks. *Hospital and Community Psychiatry, 38*(1), 31-38.

Lehman, A. F., Postrado, L. T., Roth, D., McNary, S. W., & et al. (1994). Continuity of care and client outcomes in the Robert Wood Johnson Foundation Program on Chronic Mental Illness. *Milbank Quarterly, 72*(1), 105-122.

Leighninger, R. D., Jr., Speier, A. H., & Mayeux, D. (1996). How representative is N. A. M. I.? Demographic comparisons of a national N. A. M. I. sample with members and nonmembers of Louisiana mental health support groups. *Psychiatric Re-habilitation Journal, 19*(4), 71-73.

Leitner, L., & Drasgow, J. (1972). Battling recidivism. *Journal of Rehabilitation.* July/August, 29-31.

Levine, I. S., & Fleming, M. (1984). *Human resource develop-ment: Issues in case management.* Rockville, MD: National Institute of Mental Health.

Leviton, G. (1973). Professional and client viewpoints on rehabi-litation issues. *Rehabilitation Psychology, 20,* 1-80.

Lewington, J. (1975). Volunteer case aides in the U. S. A. *International Journal of Social Psychiatry, 21*(3), 205-213.

Liberman, R. P., & Corrigan, P. W. (1993). Designing new psychosocial treatments for schizophrenia. *Psychiatry: In-terpersonal and Biological Processes, 56*(3), 238-249.

Liberman, R. P., & Foy, D. W. (1983). Psychiatric rehabilitation for chronic mental patients. *Psychiatric Annals, 13*(7), 539-545.

Liberman, R. P., Mueser, K. T., & Wallace, C. J. (1986). Social skills training for schizophrenic individuals at risk for relapse. *American Journal of Psychiatry, 143*(4), 523-526.

Liberman, R. P., Mueser, K. T., Wallace, C. J., Jacobs, H. E., & et al. (1986). Training skills in the psychiatrically disabled: Learning coping and competence. *Schizophrenia Bulletin, 12*(4), 631-647.

Liberman, R. P., Vaccaro, J. V., & Corrigan, P. W. (1995). Psychiatric rehabilitation. In H. Kaplan & B. Sadock (Eds.), *Completion textbook of psychiatry* (6th ed.).

Liberman, R. P., Wallace, C. J., Blackwell, G., Kopelowicz, A., Vaccaro, J. V., & Mintz, J. (1998). Skills training versus psychosocial occupational therapy for persons with persistent schizophrenia. *American Journal of Psychiatry, 155*(8), 1087-1091.

Liberman, R. P., Wallace, C. J., Blackwell, G. A., Eckman, T. A., Vaccaro, J. V., & Kuehnel, T. G. (1993). Innovations in skills training for the seriously mentally ill. The UCLA Social and Independent Living Skills Modules. *Innovations & Research, 2,* 43-59.

Lieberman, J. A., Sheitman, B., Chakos, M., Robinson, D.,

Schooler, N., & Keith, S. (1998). The development of treatment resistance in patients with schizophrenia: A clinical and pathophysiologic perspective. *Journal of Clinical Psychopharmacology, 18*(2, Suppl 1), 20s–24s.

Lieberman, M. A. (1986). Social supports: The consequences of psychologizing: A commentary. *Journal of Consulting and Clinical Psychology, 54*(4), 461–465.

Lieh Mak, F., & Lee, P. W. H. (1997). Cognitive deficit measures in schizophrenia: Factor structure and clinical correlates. *American Journal of Psychiatry, 154*(6, Suppl), 39–46.

Linn, M. W. et al. (1979). Day treatment and psychotropic drugs in the aftercare of schizophrenic patients: A veterans administration cooperative study. *Archives of General Psychiatry, 36*(10), 1055–1066.

Littrell, K. H., Herth, K. A., & Hinte, L. E. (1996). The experience of hope in adults with schizophrenia. *Psychiatric Rehabilitation Journal, 19*(4), 61–65.

Locke, E. A., Shaw, K. N., Saari, L. M., & Latham, G. P. (1981). Goal setting and task performance: 1969–1980. *Psychological Bulletin, 90*(1), 125–152.

Lorei, T. W. (1967). Prediction of Community Stay and Employment for Released Psychiatric Patients. *Journal of Consulting Psychology, 31*(4), 349–357.

Lorei, T. W., & Gurel, L. (1973). Demographic characteristics as predictors of posthospital employment and readmission. *Journal of Consulting and Clinical Psychology, 40*(3), 426–430.

Lovell, A. M., & Cohn, S. (1998). The elaboration of "choice" in a program for homeless persons labeled psychiatrically disabled. *Human Organization, 57*(1), 8–20.

Lunt, A. (2000). Rehabilitation: Moving from concept toward theory. *Psychiatric Rehabilitation Journal, 23*, 401–404.

Lyons, J. S., Cook, J. A., Ruth, A. R., Karver, M., & Slagg, N. B. (1996). Service delivery using consumer staff in a mobile crisis assessment program. *Community Mental Health Journal, 32*(1), 33–40.

Lyons, J. S., O'Mahoney, M. T., Miller, S. I., Neme, J., & et al. (1997). Predicting readmission to the psychiatric hospital in a managed care environment: Implications for quality indicators. *American Journal of Psychiatry, 154*(3), 337–340.

Lysaker, P., & Bell, M. (1995). Negative symptoms and vocational impairment in schizophrenia: Repeated measurements of work performance over six months. *Acta Psychiatrica Scandinavica, 91*(3), 205–208.

MacDonald-Wilson, K., Revell, W. G., Nguyen, N., & Peterson, M. E. (1991). Supported employment outcomes for people with psychiatric disability: A comparative analysis. *Journal of Vocational Rehabilitation, 1*(3), 30–44.

Macias, C., Jackson, R., Schroeder, C., & Wang, Q. (1999). What is a clubhouse? Report on the ICCD 1996 Survey of USA Clubhouses. *Community Mental Health Journal, 35*(2), 181–190.

Macias, C., Kinney, R., & Rodican, C. (1995). Transitional employment: An evaluative description of Fountain House practice. *Journal of Vocational Rehabilitation, 5*(2), 151–157.

Makas, E. (1980). Increasing counselor-client communication. *Rehabilitation Literature, 41*(9-sup-10), 235–238.

Mallik, K., Reeves, R. J., & Dellario, D. J. (1998). Barriers to community integration for people with severe and persistent psychiatric disabilities. *Psychiatric Rehabilitation Journal, 22*(2), 175–180.

Man Hong Sui, A. (1997). Predicting employment outcomes for people with chronic psychiatric illness. *Occupational Therapy in Mental Health, 13*(4), 45–48.

Mancuso, L. L. (1990). Reasonable accommodation for workers with psychiatric disabilities. *Psychosocial Rehabilitation Journal, 14*(2), 3–19.

Mandlhate, C. (1999). Africa. In M. Farkas (Ed.), *International practice in psychosocial/psychiatric rehabilitation* (pp. 6–15). Boston: Center for Psychiatric Rehabilitation.

Mantonakis, J. E., Jemos, J. J., Christodoulou, G. N., & Lykouras, E. P. (1982). Short-term social prognosis of schizophrenia. *Acta Psychiatrica Scandinavica, 66*(4), 306–310.

Marder, S. R., Wirshing, W. C., Mintz, J., & McKenzie, J. (1996). Two-year outcome of social skills training and group psychotherapy for outpatients with schizophrenia. *American Journal of Psychiatry, 153*(12), 1585–1592.

Marks, I. M. (1992). Innovations in mental health care delivery. *British Journal of Psychiatry, 160,* 589-597.

Marlowe, H. A., Marlowe, J. L., & Willetts, R. (1983). The mental health counselor as a case manager: Implications for working with the chronically mentally ill. *American Mental Health Counselors Association Journal, 5,* 184-191.

Marlowe, H. A., Spector, P. E., & Bedell, J. R. (1983). Implementing a psychosocial rehabilitation program in a state mental hospital: A case study of organizational change. *Psychosocial Rehabilitation Journal, 6*(3), 2-11.

Marlowe, H. A., & Weinberg, R. (1983). *Proceedings of the 1982 CSP Region 4 Conference.* Tampa, FL: University of South Florida.

Marshall, C. (1989). Skill teaching as training in rehabilitation counselor education. *Rehabilitation Education, 3,* 19-26.

Martin, H. R. (1959). A philosophy of rehabilitation. In M. Greenblatt & B. Simon (Eds.), *Rehabilitation of the mentally ill.* Washington, D. C.: American Association for the Advance-ment of Science.

Mastboom, J. (1992). Forty clubhouses: Models and practices. *Psychosocial Rehabilitation Journal, 16*(2), 9-23.

Matthews, S. M., Roper, M. T., Mosher, L. R., & Menn, A. Z. (1979). A non-neuroleptic treatment for schizophrenia: Analysis of the two-year postdischarge risk of relapse. *Schizo-phrenia Bulletin, 5*(2), 322-333.

Matthews, W. C. (1979). Effects of a work activity program on the self-concept of chronic schizophrenics. *Dissertations Abstracts International, 41,* 358B. (University Microfilms No. 8816281, 98).

Mattioni, F., & Tranquilli, D. (1998). *Social entrepreneurs: The Italian case.* Trieste, Italy: D'Anselmi Editore Hoepli.

McCarthy, D., Thompson, D., & Olson, S. (1998). Planning a statewide project to convert day treatment to supported employment. *Psychiatric Rehabilitation Journal, 22*(1), 30-33.

McClure, D. P. (1972). Placement through improvement of client's job-seeking skills. *Journal of Applied Rehabilitation Counseling, 3,* 188-196.

McCreadie, R. G., & Phillips, K. (1988). The Nithsdale Schizophrenia Survey: VII. Does relatives' high expressed emotion predict relapse? *British Journal of Psychiatry, 152,* 477-481.

McCue, M., & Katz Garris, L. (1985). A survey of psychiatric rehabilitation counseling training needs. *Counselor Educa-tion and Supervision, 24*(3), 291-297.

McDermott, B. (1990). Transforming depression. *The Journal, 1*(4), 13-14.

McGlashan, T. H. (1987). A recovery style from mental illness and long-term outcome. *The Journal of Nervous and Mental Disease, 175,* 681-685.

McGlynn, E. (1993). A review of measures in the clinical domain for research on persons with severe and persistent mental disorders. *Community Support Network News, 9*(4), 8-18.

McGrew, J. H., & Bond, G. R. (1995). Critical ingredients of assertive community treatment: Judgments of the experts. *Journal of Mental Health Administration, 22*(2), 113-125.

McGrew, J. H., Bond, G. R., Dietzen, L., McKasson, M., & et al. (1995). A multisite study of client outcomes in assertive community treatment. *Psychiatric Services, 46*(7), 696-701.

McGrew, J. H., Bond, G. R., Dietzen, L., & Salyers, M. (1994). Measuring the fidelity of implementation of a mental health program model. *Journal of Consulting and Clinical Psychology, 62*(4), 670-678.

McGrew, J. H., Wilson, R. G., & Bond, G. R. (1996). Client perspectives on helpful ingredients of assertive community treatment. *Psychiatric Rehabilitation Journal, 19*(3), 13-21.

McHugo, G. J., Drake, R. E., Teague, G. B., & Xie, H. (1999). Fidelity to assertive community treatment and client outcomes in New Hampshire dual disorders study. *Psychiatric Services, 50*(6), 818-824.

McNamara, S., Nemec, P., & Farkas, M. (1998). Distance learning at Boston University. *Journal of Rehabilitation Ad-ministration, 19*(4), 291-297.

McNees, M. P., Hannah, J. T., Schnelle, J. F., & Bratton, K. M. (1977). The effects of aftercare programs on institutional recidivism. *Journal of Community Psychology, 5*(2), 128-133.

McReynolds, C., Garske, G., & Turpin, J. (1999). Psychiatric rehabilitation: A survey of rehabilitation counseling educa-tion programs. *Journal of Rehabilitation, 65*(4),

45-49.

Mehta, S., & Farina, A. (1997). Is being "sick" really better? Effect of the disease view of mental disorder on stigma. *Journal of Social and Clinical Psychology, 16*(4), 405-419.

Meisler, N., Blankertz, L., Santos, A. B., & McKay, C. (1997). Impact of assertive community treatment of homeless persons with cooccurring severe psychiatric ans substance use disorders. *Community Mental Health Journal, 33*(2), 113-122.

Meisler, N., Detick, A., & Tremper, R. (1995). Statewide dissemination of the Training in Community Living program. *Administration and Policy in Mental Health, 23*(1), 71-76.

Menditto, A. A., Beck, N. C., Stuve, P., Fisher, J. A., & et al. (1996). Effectiveness of clozapine and a social learning program for severely disabled psychiatric inpatients. *Psychiatric Services, 47*(1), 46-51.

Mental Health Policy Resource Center. (1988). *A typology for mental health case management for persons with severe mental illness.* In Report on the state-of-the-art of case management programs. Washington, DC: Author.

Mercer-McFadden, C., & Drake, R. (1992). *A review of outcome measures for assessing homeless populations with severe mental illness cooccuring substance abuse.* Prepared for National Institute of Mental Health. Bethesda, MD.

Mercer-McFadden, C., Drake, R., Brown, N., & Fox, R. (1997). The community support program demonstrations of services for young adults with severe mental illness and substance use disorders, 1987-1991. *Psychiatric Rehabilitation Journal, 20*(3), 13-24.

Mercer-McFadden, C., Drake, R., Clark, R., Verven, N., Noordsey, D., & Fox, T. (1998). *Substance abuse treatment for people with severe mental disorders: A program manager's guide.* Concord, NH: New Hampshire-Dartmouth Psychiatric Research Center.

Meyerson, A. T., & Herman, G. S. (1983). What's new in aftercare? A review of recent literature. *Hospital and Com-munity Psychiatry, 34*(4), 333-342.

Michaux, M. H., Chelst, M. R., Foster, S. A., & Pruin, R. (1972). Day and full-time psychiatrictreatment: A controlled com-parison. *Current Therapy Research,*

14, 279-292.

Middelboe, T., Nordentoft, M., Knudsen, H. C., & Jessen Petersen, B. (1996). Small group homes for the long-term mentally ill. Clinical and social characteristics of the residents. *Nordic Journal of Psychiatry, 50*(4), 297-304.

Miles, D. G. (1983). The Georgia experience: Unifying state and local services around the Balanced Service System model. *New Directions for Mental Health Services (18),* 53-65.

Miles, P. G. (1967). A research-based approach to psychiatric rehabilitation. In M. Roberts (Ed.), *The role of vocational rehabilitation in community mental health.* Washington, D. C.: Rehabilitation Services Administration.

Miller, S., & Wilson, N. (1981). The case for performance contracting. *Administration in Mental Health, 8,* 185-193.

Miller, T. W. (1981). A model for training schizophrenics and families to communicate more effectively. *Hospital and community Psychiatry, 32,* 870-871.

Miller, W. R., & Rollnick, S. (1991). *Motivational interviewing: Preparing people to change addictive behavior.* New York, NY: The Guilford Press.

Mills, P. D., & Hansen, J. C. (1991). Short-term group interventions for mentally ill young adults living in a com-munity residence and their families. *Hospital and Com-munity Psychiatry, 42*(11), 1144-1150.

Minkoff, K. (1979). A map of chronic patients. In J. Talbott (Ed.), *The chronic mental patient.* Washington, D. C.: American Psychiatric Association.

Minkoff, K. (1987). Resistance of mental health professionals to working with the chronic mentally ill. *New Directions for Mental Health Services, 33,* 3-20.

Minkoff, K., & Regner, J. (1999). Innovations in integrated dual diagnosis treatment in public managed care: The Choate dual diagnosis case rate program. *Journal of Psychoactive Drugs, 31*(1), 3-12.

Minkoff, K., & Stern, R. (1985). Paradoxes faced by residents being trained in the psychosocial treatment of people with chronic schizophrenia. *Hospital and Community Psych-iatry, 36*(8), 859-864.

Minsky, S., Reisser, G. G., & Duffy, M. (1995). The eye of the beholder: Housing preferences of inpatients and their treatment teams. *Psychiatric Services, 46*(2), 173–176.

Mintz, L. I., Liberman, R. P., Miklowitz, D. J., & Mintz, J. (1987). Expressed emotion: A call for partnership among relatives, patients, and professionals. *Schizophrenia Bulletin, 13*(2), 227–235.

Miskimins, R. W., Wilson, Berry, Oetting, & Cole. (1969). Person-placement congruence: A framework for vocational counselors. *Personnel and Guidance Journal, 47*(8), 789–793.

Mitchell, J. E., Pyle, R. L., & Hatsukami, D. (1983). A comparative analysis of psychiatric problems listed by patients and physicians. *Hospital and Community Psychiatry, 34*(9), 848–849.

Mitchell, R. E. (1982). Social networks and psychiatric clients: The personal and environmental context. *American Journal of Community Psychology, 10*(4), 387–401.

Modrcin, M., Rapp, C. A., & Chamberlain, J. (1985). *Case management and psychiatrically disabled individuals: Curriculum and training program.* Lawrence, K. S.: Uni-versity of Kansas, School of Social Welfare.

Modrcin, M., Rapp, C. A., & Poertner, J. (1988). The evaluation of case management services with the chronically mentally ill. *Evaluation and Program Planning, 11*(4), 307–314.

Mojtabai, R., Nicholson, R. A., & Neesmith, D. H. (1997). Factors affecting relapse in patients discharged from a public hospital: Results from survival analysis. *Psychiatric Quarterly, 68*(2), 117–129.

Moller, H., von Zerssen, D., Werner-Eilert, K., & Wuschenr-Stockheim, M. (1982). Outcome in schizophrenic and similar paranoid psychoses. *Schizophrenia Bulletin, 8,* 99–108.

Monti, P. M., & et al. (1979). Effect of social skills training groups and social skills bibliotherapy with psychiatric patients. *Journal of Consulting and Clinical Psychology, 47*(1), 189–191.

Monti, P. M., & Fingeret, A. L. (1987). Social perception and communication skills among schizophrenics and nonschizophrenics. *Journal of Clinical Psychology, 43*(2), 197–205.

Moore, D. J., Davis, M., & Mellon, J. (1985). *Academia's re-sponse to state mental health system needs.*

Boulder, CO: Western Interstate Commission for Higher Education.

Morin, R. C., & Seidman, E. (1986). A social network approach and the revolving door patient. *Schizophrenia Bulletin, 12* (2), 262–273.

Morrisey, J. P., Calloway, M., Bartko, W. T., Ridgely, M. S., & et al. (1994). Local mental health authorities and services system change: Evidence from the Robert Wood Johnson Program on Chronic Mental Illness. *Milbank Quarterly, 72*(1), 49–80.

Morrison, R. L., & Bellack, A. S. (1984). Social skills training. In A. S. Bellack (Ed.), *Schizophrenia: Treatment, management, and rehabilitation* (pp. 247–279). Orlando, FL: Grune & Stratton.

Morrissey. J. P., Tausig, M., & Lindsey, M. L. (1985). Community mental health delivery systems: A network perspective. *American Behavioral Scientist, 28*(5), 704–720.

Morse, G. A., Calsyn, R. J., Klinkenberg, W. D., Trusty, M. L., & et al. (1997). An experimental comparison of three types of case management for homeless mentally ill persons. *Psychiatric Services, 48*(4), 497–503.

Mosher, L. R. (1983). Alternatives to psychiatric hospitalization: Why has research failed to be translated into practice? *New England Journal of Medicine, 309*(25), 1579–1580.

Mosher, L. R. (1986). The current status of the community support program: A personal assessment. *Psychosocial Re-habilitation Journal, 9*(3), 3–14.

Mosher, L. R., & Keith, S. J. (1979). Research on the psychosocial treatment of schizophrenia: A summary report. *American Journal of Psychiatry, 136*(5), 623–631.

Mosher, L. R., & Menn, A. Z. (1978). Community residential treatment for schizophrenia: Two-year follow-up. *Hospital and Community Psychiatry, 29*(11), 715–723.

Mowbray, C., Brown, K. S., Sullivan Soydan, A., & Furlong-Normal, K. (In press). *Supported education and psychiatric rehabilitation: Models and methods.* Columbia, MD: International Association of Psychosocial Rehabilitation Services.

Mowbray, C., & Megivern, D. (1992). Higher education and rehabilitation for people with psychiatric disabilities.

Journal of Rehabilitation, 65(4), 31-38.

Mowbray, C. T., Bybee, D., Harris, S. N., & McCrohan, N. (1995). Predictors of work status and future work orientation in people with a psychiatric disability. *Psychiatric Rehabilitation Journal, 19*(2), 17-28.

Mowbray, C. T., & Freddolino, P. P. (1986). Consulting to implement nontraditional community programs for the long-term mentally disabled. *Administration in Mental Health, 14*(2), 122-134.

Mowbray, C. T., & Tan, C. (1992). Evaluation of an innovative consumer-run service model: the drop-in center. *Innovations & Research, 1*(2), 19-24.

Mowbray, C. T., Wellwood, R., & Chamberlain, P. (1988). Project Stay: A consumer-run support service. *Psychosocial Rehabilitation Journal, 12*(1), 33-42.

Moxley, D., & Mowbray, C. (1997). Consumers as providers: Forces and factors legitimizing role innovation in psychiatric rehabilitation. In C. Mowbray, D. Moxley, C. Jasper & L. Howell (Eds.), *Consumers as providers in psychiatric rehabilitation*. Columbia, MD: International Association of Psychosocial Rehabilitation Services.

Mueser, K. T., Bond, G. R., Drake, R. E., & Resnick, S. G. (1998). Models of community care for severe mental illness: A review of research on case management. *Schizophrenia Bulletin, 24*(1), 37-74.

Mueser, K. T., Drake, R. E., & Bond, G. R. (1997). Recent advances in psychiatric rehabilitation for patients with severe mental illness. *Harvard Review of Psychiatry, 5*(3), 123-137.

Mulkern, V. M., & Manderscheid, R. W. (1989). Characteristics of community support program clients in 1980 and 1984. *Hospital and Community Psychiatry, 40*(2), 165-172.

Muller, J. B. (1981). Alabama community support project evaluation of the implementation and initial outcome of a model case manager system. *Community Support Service Journal, 6*, 1-4.

Muthard, J. E. (1980). Putting rehabilitation knowledge to use. *Rehabilitation Monograph, Number 11.* Gainesville, FL: Rehabilitation Research Institute.

Mynks, D. A., & Graham, R. S. (1989). Starting a new psychiatric rehabilitation residential program: ReVisions, Inc., Catonsville, Maryland. In M. D. Farkas & W. A. Anthony (Eds.), *Psychia-tric rehabilitation programs: Putting theory into practice.* Baltimore: Johns Hopkins University Press.

Nadler, D. A. (1977). *How information changes behavior. Feedback and organization development using data based methods.* Reading, MA: Addison-Wesley.

Nagaswami, V. (1995). Psychosocial rehabilitation: The other side of the mountain. *International Journal of Mental Health, 24*(1), 70-81.

Nanos, E. (1992). The patient's perspective: Prosumers. *Journal of Psychosocial Nursing, 30*, 3-4.

Nanus, B. (1992). *Visionary leadership.* San Francisco: Jossey-Bass.

National Advisory Council Substance Abuse and Mental Health Services Administration. (1998). *Improving services for individuals at risk of, or with, cooccuring substance-related and mental health disorders.* Rockville, MD: Addison Wesley.

National Alliance for the Mentally Ill. (2000). Homepage, *www. nami.org/index.html.*

National Association of State Mental Health Program Directors. (1988). *Position paper: Collaboration between universities, colleges, and state mental health agencies to improve services, training administration, and research related to persons who experience long-term mental illness.* Alexandria, VA: Author.

National Institute of Handicapped Research. (1980). A skills training approach in psychiatric rehabilitation. *Rehabilitation Research Brief, 4*(1), Washington, DC.

National Institute of Mental Health. (1980). *Announcement of community support system strategy development and implementation grants.* Rockville, MD: Author.

National Institute of Mental Health. (1987). *Toward a model plan for a comprehensive, community-based mental health system.* Rockville, MD: Division of Education and Service Systems Liasion.

National Institute on Disability and Rehabilitation Research. (1989). Assessing and meeting needs for mental health services. *Rehabilitation Brief, 11*(10), 1-4.

Navin, C. B., Lewis, K. L., & Higson, P. J. (1989). The role of formal education in the rehabilitation of persons with chronic schizophrenia. *Disability, Handicap and Society, 4*(2), 131-143.

Neale, M. S., & Rosenheck, R. A. (1995). Therapeutic

alliance and outcome in a VA intensive case management program. *Psychiatric Services, 46*(7), 719-723.

Nelson, G., Ochocka, J., Griffin, K., & Lord, J. (1998). "Nothing about me, without me": Participatory action research with self-help/mutual aid organizations for psychiatric consumer/ survivors. *American Journal of Community Psychology, 26* (6), 881-912.

Nemec, P., Forbess, R., Farkas, M., Rogers, E. S., & Anthony, W. (1991). Effectiveness of technical assistance in the development of psychiatric rehabilitation programs. *Journal of Health Administration, 18*(1), 1-11.

Nemec, P. B. (1983). *Technical assistance.* Unpublished manu-script, Boston University, Center for Psychiatric Rehabili-tation, Boston.

Nemec, P. B., & Furlong-Norman, K. (1989). Supports for psychiatrically disabled persons. In M. D. Farkas & W. A. Anthony (Eds.), *Psychiatric rehabilitation programs: Putting theory into practice.* Baltimore: Johns Hopkins Univer-sity Press.

New Jersey Division of Mental Health and Hospitals. (1980). *Rules and regulations governing community mental health services and state aid.*

New York State Office of Mental Health. (1979). *CSS-100. Community support systems, NIMH client assessment.* Un-published manuscript, Albany.

New York State Office of Mental Health. (1998). Jobs: People should not face "40 years of unemployment." *OMH Quarterly, 4*(1), 3.

Ng, M. L. (1992). Cultural factors in psychiatric rehabilitation in Hong Kong. *International Journal of Mental Health, 21*(4), 33-38.

Norman, R. M. G., Malla, A. K., Cortese, L., Cheng, S., Diaz, K., McIntosh, E., McLean, T. S., Rickwood, A., & Voruganti, L. P. (1999). Symptoms and cognition as predictors of community functioning: A prospective analysis. *American Journal of Psychiatry, 156*(3), 400-405.

North, C. S., Pollio, D. E., Sachar, B., Hong, B., Isenberg, K., & Bufe, G. (1998). The family as caregiver: A group psychoe-ducation model for schizophrenia. *American Journal of Orthopsychiatry, 68*(1), 39-46.

Ogilvie, R. J. (1997). The state of supported housing for mental health cousumers: A literature review. *Psychiatric Rehabili-tation Journal, 21*(2), 122-131.

Ohman, A., Nordby, H., & d'Elia, G. (1986). Orienting and schi-zophrenia: Stimulus significance, attention, and distraction in a signaled reaction time task. *Journal of Abnormal Psychology, 95,* 326-334.

Okin, R. L., Borus, J. F., Baer, L., & Jones, A. L. (1995). Long-term outcome of state hospital patients discharged into structured community residential settings. *Psychiatric Services, 46*(1), 73-78.

Olfson, M, Mechanic, D., Boyer, C. A., & Hansell, S. (1998). Linking inpatients with schizophrenia to outpatient care. *Psychiatric Services, 49*(7), 911-917.

OMH Quarterly. (June 1998). People should not face 40 years of unemployment., 4(1).

Osher, F. C., & Drake, R. E. (1996). Reversing a history of unmet needs: Approaches to care for persons with co-occurring addictive and mental disorders. *American Journal of Ortho-psychiatry, 66*(1), 4-11.

Owen, C., Rutherford, V., Jones, M., Tennant, C., & et al. (1997). Noncompliance in psychiatric aftercare. *Community Mental Health Journal, 33*(1), 25-34.

Packard, V. (1962). *The pyramid climbers.* New York: McGraw-Hill.

Paisley, W. (1993). Knowledge utilization: The role of new communication technologies. *Journal of the American Society for Information Science, 44*(222-234).

Pandiani, J. A., Banks, S. M., & Schacht, L. M. (1997). An examination of variation in long-term community tenure after psychiatric hospitalization in eight states. *Evaluation and the Health Professions, 20*(2), 131-145.

Parker, G., Johnston, P., & Hayward, L. (1988). Parental "expressed emotion" as a predictor of schizophrenic relapse. *Archives of General Psychiatry, 45*(9), 806-813.

Parrish, J. (1990). Supported housing: A critical component of effective community support. *Psychosocial Rehabilitation Journal, 13*(4), 9-10.

Pasamanick, B., Scarpitti, F., & Dinitz, S. (1967). *Schizophrenics in the community.* New York: Appleton-Century-Crofts.

Paterniti, R., Chellini, F., Sacchetti, G., & Tognelli, M. (1996). Psychiatric rehabilitation and its relation to the social network. *International Journal of Mental*

Health, 25(2), 83-87.

Patterson, R., & Teigen, J. (1973). Conditional and post-hospital generalization of nondelusional responses in chronic psychosis patients. *Journal of Applied Behavior Analysis, 6,* 65-70.

Paul, G. L. (1984). Residential treatment programs and aftercare for the chronically institutionalized. In M. Mirabi (Ed.), *The chronically mentally ill: Research and services* (pp. 239-269). Jamaica, NY: Spectrum Publications.

Paul, G. L., & Lentz, R. J. (1977). *Psychosocial treatment of chronic mental patients: Milieu versus social-learning programs.* Cambridge, MA: Harvard University Press.

Paul, G. L., & Menditto, A. A. (1992). Effectiveness of inpatient treatment programs for mentally ill adults in public psychiatric facilities. *Applied and Preventive Psychology, 1*(1), 41-63.

Paul, G. L., Stuve, P., & Cross, J. V. (1997). Real-world inpatient programs: Shedding some light-A critique. *Applied and Pre-ventive Psychology, 6*(4), 193-204.

Paul, G. L., Tobias, L. L., & Holly, B. L. (1972). Maintenance psychotropic drugs in the presence of active treatment pro-grams. *Archives of General Psychiatry, 27*(106-115).

Pearson, V., & Phillips, M. R. (1994). The social context of psychiatric rehabilitation in China. *British Journal of Psy-chiatry, 165* (Suppl 24), 11-18.

Pelletier, J. R., Rogers, E. S., & Thurer, S. (1985). The mental health needs of individuals with severe physical disability: A consumer advocate perspective. *Rehabilitation Literature, 46,* 186-193.

Pelz, D. C., & Munson, R. C. (1980, January). *A framework for organizational innovating.* Unpublished manuscript, Universtiy of Michigan, Ann Arbor.

Penn, D. L., & Martin, J. (1998). The stigma of severe mental illness: Some potential solutions for a recalcitrant problem. *Psychiatric Quarterly, 69*(3), 235-247.

Penn, D. L., & Mueser, K. T. (1996). Research update on the psychosocial treatment of schizophrenia. *American Journal of Psychiatry, 153*(5), 607-617.

Pepper, B., & Ryglewicz, H. (1982). The young adult chronic patient: Concluding comments. *New Directions for Mental Health Services, 14,* 121-124.

Pepper, B., & Ryglewicz, H. (1983). Unified services: A New York State perspective. *New Directions for Mental Health Services, 18,* 39-47.

Pepper, B., & Ryglewicz, H. (1988). Taking issue: What's in a diagnosis and what isn't. *Hospital and Community Psychiatry, 39,* 7.

Pepper, B., & Ryglewicz, H. (Eds.). (1984). Advances in treating the young adult chronic patient (*New Directions for Mental Health Services, No. 21*). San Francisco: Jossey-Bass.

Perez, C. (1994). Peer or mutual self-help in a Hispanic culture environment. In H. Harp & S. Zinman (Eds.), *Reaching across II: Maintaining our roots. The challenge of growth.* Sacramento, CA: California Network of Mental Health Clients

Peters, B. (1985). Labels. *The Disability Rag (Fall), 33.*

Peterson, G., Drone, I. D., & Munetz, M. (1997). *Community Mental Health Journal, 33*(3), 245-250.

Peterson, R. (1979). What are the needs of the chronic mental patient? In J. A. Talbott (Ed.), *The chronic mental patient: Problems, solutions, and recommendation for a public policy.* Washington, D. C.: American Psychiatric Press.

Phillips, M. R., & Pearson, V. (1994). Future opportunities and challenges for the development of psychiatric rehabilitation in China. *British Journal of Psychiatry, 165*(Suppl 24), 128-142.

Pickar, D., Owen, R. R., Litman, R. E., Konicki, P. E., & et al. (1992). Clinical and biologic response to clozapine in patients with schizophrenia: Crossover comparison with fluphenazine. *Archives of General Psychiatry , 49*(5), 345-353.

Pickett, S. A., Cook, J. A., & Razzano, L. (1999). Psychiatric rehabilitation services and outcomes: An overview. In A. Horwitz & T. Scheid (eds.), *A handbook for the study of mental health: Social contexts, theories, and systems* (pp. 484-492). New York: Cambridge University Press.

Pierce, J., & Blanch, A. K. (1989). A statewide psychosocial rehabilitation system: Vermont. In M. D. Farkas & W. Anthony (Eds.), *Psychiatric rehabilitation programs: Putting theory into practice* (pp. 170-179). Baltimore: Johns Hopkins University Press.

Pierce, R. M., & Dragow, J. (1969). Teaching facilitative interpersonal functioning to psychiatric inpatients.

Journal of Counseling Psychology, 16(4), 295-298.

Pietzcker, A., & Gaebel, W. (1987). Prospective study of course of illness in schizophrenia: I. Outcome at 1 year. *Schizophrenia Bulletin, 13*(2), 287-297.

Pincus, H. A. (1980). Linking general health and mental health systems of care: Conceptual models of implementation. *American Journal of Psychiatry, 137*(3), 315-320.

Polak, P. R. (1978). A comprehensive system of alternatives to psychiatric hospitalization. In L. I. Stein & M. A. Test (Eds.), *Alternatives to mental hospital treatment.* New York: Plenum Press.

Postrado, L. T., & Lehman, A. F. (1995). Quality of life and clinical predictors of rehospitalization of persons with severe mental illness. *Psychiatric Services, 46*(11), 1161-1165.

Power, C. (1979). The time-sample behavior checklist: Observ-ational assessment of patient functioning. *Journal of Be-havioral Assessment, 1*(3), 199-210.

Power, P. W., & Dell Orto, A. E. (Eds.). (1980). *The role of the family in the rehabilitation of the physically disabled.* Austin, TX: PRO-ED.

Prazak, J. A. (1969). Learning job seeking interview skills. In J. Krumboltz & C. Thoreson (Eds.), *Behavioral counseling* (pp. 414-428). New York: Rinehart & Winston.

Priebe, S., Warner, R., Hubschmid, T., & Eckle, I. (1998). Employment, attitudes toward work, and quality of life among people with schizophrenia in three countries. *Schizophrenia Bulletin, 24*(3), 469-477.

Prigonine, I., & Stengers, I. (1984). *Order out of chaos: Man's new dialogue with nature.* New York: Bantam Age Books.

Prince, P. N., Demidenko, N., & Gerber, G. J. (2000). Client and staff members' perceptions of assertive community treatment: The nominal groups technique. *Psychiatric Rehabilitation Journal, 23*(3), 285-288.

Prochaska, J. O., DiClemente, C. C., & Norcross, J. C. (1992). In search of how people change: Applications to addictive behaviors. *American Psychologist, 47*(9), 1102-1114.

Propst, R. (1997). Stages in realizing the international diffusion of a single way of working: The clubhouse model. *New Directions for Mental Health Services, 74,* 53-66.

Propst, R. N. (1985). The Fountain House national training program. *Community Support Network News, 2*(2), 2.

Rapp, C. A. (1985). Research on the chronically mentally ill: Curriculum implications. In J. P. Bowker (Ed.), *Education for practice with the chronically mentally ill: What works?* (pp. 19-49). Washington, D. C.: Council on Social Work Edu-cation.

Rapp, C. A., & Chamberlain, R. (1985). Case management services for the chronically mentally ill. *Social Work, 30*(5), 417-422.

Rapp, C. A., & Wintersteen, R. (1989). The strengths model of case management: Results from twelve demonstra-tions. *Psychosocial Rehabilitation Journal, 13*(1), 23-32.

Rappaport, J., Seidman, E., Toro, P. A., McFadden, L. S., Reischl, T. M., Roberts, L. J., Salem, D. A., Stein, C. H., & Zimmer-man, M. A. (1985). Collaborative research with a mutual help organization. *Social Policy (Winter),* 12-24.

Redfield, J. (1979). Clinical frequencies recording systems: Standardizing staff observations by event recording. *Journal of Behavioral Assessment, 1*(3), 199-210.

Regenold, M., Sherman, M. F., & Fenzel, M. (1999). Getting back to work: Self-efficacy as a predictor of employment outcome. *Psychiatric Rehabilitation Journal, 22*(4), 361-367.

Regier, D. A., Farmer, M. E., Rae, D. S., Myers, J. K., & et al. (1993). One-month prevalence of mental disorders in the United States and sociodemographic characteristics: The Epidemiologic Catchment Area program. *Acta Psychiatrica Scandinavica, 88*(1), 35-47.

Rehabilitation Services Administration. (1995). *Psychiatric dis-abilities by closure categories, FY 1992 and FY 1993.* Washington, DC: RSA.

Reinke, B., & Greenley, J. R. (1986). Organizational analysis of three community support program models. *Hospital and Community Psychiatry, 37*(6), 624-629.

Reischl, T. M., & Rappaport, J. (1988). *Participation in mutual help groups* and coping with acute stressors. Paper presented at the Annual Meeting of the American Psychological Association.

Reiss, S. (1987). Symposium overview: Mental health and

mental retardation. *Mental Retardation, 25,* 323-324.

Reker, T., & Eikelmann, B. (1997). Work therapy for schizophrenic patients: Results of a 3-year prospective study in Germany. *European Archives of Psychiatry and Clinical Neuroscience, 247*(6), 314-319.

Restrepo-Toro, M. E. (Ed.). (1999). *Recuperando la esperanza (The recovery workbook).* Boston: Boston University, Center for Psychiatric Rehabilitation.

Retchless, M. H. (1967). Rehabilitation programs for chronic patients: II. Stepping stones to the community. *Hospital and Community Psychiatry, 18*(12), 377-378.

Rice, D. H., Seibold, M., & Taylor, J. (1989). Psychiatric rehabilitation in a residential setting: Alternatives Unlimited, Inc., Whitinsville, MA. In M. D. Farkas & W. A. Anthony (Eds.), *Psychiatric rehabilitation programs: Putting theory into practice* (pp. 33-47). Baltimore: Johns Hopkins University Press.

Ridgely, M. S., & Dixon, L. B. (1995). Policy and financing issues in the care of people with chronic mental illness and substance abuse disorders. In A. F. Lehman & L. B. Dixon (Eds.), *Double jeopardy: Chronic mental illness and substance abuse.* New York: Harwood Academic Publishers, Inc., 277-295.

Ridgely, M. S., Goldman, H. H., & Willenbring, M. (1990). Barriers to the care of persons with dual diagnoses: Organizational and financing issues. *Schizophrenia Bulletin, 16*(1), 123-132.

Ridgely, M. S., Lambert, D., Goodman, A., Chichester, C. S., & Ralph, R. (1998). Interagency collaboration in services for people with cooccurring mental illness and substance use disorder. *Psychiatric Services, 49*(2), 236-238.

Ridgely, M. S., Morrissey, J. P., Paulson, R. I., Goldman, H. H., & et al. (1996). Characteristics and activities of case managers in the RWJ foundation program on chronic mental illness. *Psychiatric Services, 47*(7), 737-743.

Ridgeway, P. (1988). *The voice of consumers in mental health systems: A call for change.* Unpublished manuscript, Boston University, Center for Psychiatric Rehabilitation, Boston.

Ridgeway, P., & Carling, P. (1987). *A users' guide to needs assessment.* Boston: Center for Psychiatric Rehabilitation, Boston University.

Ridgeway, P., & Rapp, C. (1997). *The active ingredients of effective supported housing: A research synthesis.* University of Kansas: School of Social Welfare.

Riffer, N. W. (2000). Working responsibly with employees with a psychiatric disability. *Psychiatric Rehabilitation Journal, 23*(3), 281-284.

Righetti, A. (1994). The psychiatric service as entrepreneur/social enterprise. *International Journal of Mental Health, 23*(1), 39-59.

Rittenhouse, J. D. (1970). *Without hospitalization: A study of aftercare in the home.* Denver: Swallow Press.

Rochefort, D. A., & Goering, P. (1998). More a link than a division: How Canada has learned from U. S. mental health policy. *Health Affairs, 17*(5), 110.

Rogers, C. R. (1961). *On becoming a person.* Boston: Houghton Mifflin.

Rogers, E. S. (1997). Cost-benefit studies in vocational services. *Psychiatric Rehabilitation Journal, 20*(3), 32-35.

Rogers, E. S., Anthony, W. A., Cohen, M., & Davies, R. R. (1997). Prediction of vocational outcome based on clinical and demographic indicators among vocationally ready clients. *Community Mental Health Journal, 33*(2), 99-112.

Rogers, E. S., Anthony, W. A., & Danley, K. S. (1989). The impact of interagency collaboration on system and client outcome. *Rehabilitation Counseling Bulletin, 33*(2), 100-109.

Rogers, E. S., Anthony, W. A., & Jansen, M. A. (1988). Psychiatric rehabilitation as the preferred response to the needs of individuals with severe psychiatric disability. *Rehabilitation Psychology, 33,* 5-14.

Rogers, E. S., Anthony, W. A., Toole, J., & Brown, M. A. (1991). Vocational outcomes following psychosocial rehabilitation: A longitudinal study of three programs. *Journal of Vocational Rehabilitation, 1*(3), 21-29.

Rogers, E. S., Chamberlin, J., Ellison, M. L., & Crean, T. (1997). A consumer-constructed scale to measure empowerment among users of mental health services. *Psychiatirc Services, 48*(8), 1042-1047.

Rogers, E. S., Cohen, B. F., Danley, K. S., Hutchinson, D., & et al. (1986). Training mental health workers in psychiatric rehabilitation. *Schizophrenia Bulletin, 12*(4), 709-719.

Rogers, E. S., Danley, K., & Anthony, W. A. (1992). *Survey of client preferences for vocational and educational services*. Unpublished manuscript. Boston, MA: Boston University, Center for Psychiatric Rehabilitation.

Rogers, E. S., Danley, K. S., Anthony, W. A., Martin, R., & Walsh, D. (1994). The residential needs and preferences of persons with serious mental illness: A comparison of consumers and family members. *The Journal of Mental Health Administration, 21*(1), 42–51.

Rogers, E, S., MacDonald–Wilson, K., Danley, D., Martin, S., & Anthony, W. A. (1997). A process analysis of supported em–ployment services for persons with serious psychiatric disability: Implications for program design. *Journal of Vocational Rehabilitation, 8*(233–242).

Rogers, E. S., Martin, R., Anthony, W., Massaro, J., Danley, K., & Crean, T. (In press). The demographic and psychosocial predictors of attrition from a vocational research study for persons with psychiatric disabilities. *Journal of Behavioral Health Services & Research.*

Rogers, E. S., Martin, R., Anthony, W., Massaro, J., Danley, K. Crean, T., & Penk, W. (2001). Assessing readiness for change among persons with severe mental illness. *Community Mental Health Journal, 37,* 97–112.

Rogers, E. S., & Palmer–Erbs, V. K. (1994). Participatory action research: Implications for research and evaluation in psychiatric rehabilitation. *Psychosocial Rehabilitation Journal, 18*(2), 3–12.

Rogers, E. S., Sciarappa, K., MacDonald–Wilson, K., & Danley, K. (1995). A benefit cost analysis of a supported employment model for persons with psychiatric disabilities. *Evaluation and Program Planning, 18*(2), 105–115.

Rogers, E. S., Walsh, D., Danley, K. S., & Smith, A. (1991). *Massachusetts client preference assessment: Final report*. Boston, MA: Boston University, Center for Psychiatric Re–habilitation.

Rogers, E. S., Walsh, D., Masotta, L., & Danley, K. (1991). *Massa–chusetts survey of client preferences for community support services. Instrument*. Boston, MA: Boston University, Center for Psychiatric Rehabilitation.

Rose, S. M. (1979). Deciphering deinstitutionalization: complexities in policy and program analysis. *Millbank Memorial Fund Quarterly, 57,* 429–460.

Rose, S. M. (1988). *The empowerment/advocacy model of case management*. Unpublished manuscript, State University of New York at Stony Brook, Stony Brook.

Rosen, A., Hadzi Pavlovic, D., & Parker, G. (1989). The Life Skills Profile: A measure assessing function and disability in schizophrenia. *Schizophrenia Bulletin, 15*(2), 325–337.

Rosen, S. L. (1985). From a survivor's manual. *The Disability Rag (Fall),* 6–7.

Rubin, A. (1985). Effective community–based care of chronic mentally illness: Experimental findings. In J. P. Bowker (Ed.), *Education for practice with the chronically mentally ill: What works?* (pp. 1–17). Washington, D. C.: Council on Social Work Education.

Rubin, J. (1987). Financing care for the seriously mentally ill. In D. Mechanic (Ed.), Improving mental health services: What the social sciences can tell us *(New Directions for Mental Health Services, No. 36).* San Francisco: Jossey–Bass.

Rubin, S. E., & Roessler, R. T. (1978). Guidelines for successful vocational rehabilitation of the psychiatrically disabled. *Rehabilitation Literature, 39*(3), 70–74.

Ruiz, P. (1997). Issues in the psychiatric care of Hispanics. *Psychiatric Services, 48*(4), 539–540.

Russert, M. G., & Frey, J. L. (1991). The PACT vocational model: A step into the future. *Psychosocial Rehabilitation Journal, 14*(4), 7–18.

Russinova, Z. (1999). Providers' hope–inspiring competence as a factor optimizing psychiatric rehabilitation outcomes. *Journal of Rehabilitation, 65*(4), 50–57.

Russinova, Z., Ellison, M., & Foster, R. (1999). *Survey of professionals and managers with psychiatric disabilities*. Presentation at IAPSRS 24th annual conference. Minneapolis, MN, May 10–14.

Russo, J., Roy Byrne, P., Jaffe, C., Ries, R., Dagadakis, C., Dwyer O'Connor, E., & Reeder, D. (1997). The relationship of patient–administered outcome assessments to quality of life and physician ratings: Validity of the BASIS-32. *Journal of Mental Health Administration, 24*(2), 200–214.

Rutman, I. D. (1987). The psychosocial rehabilitation movement in the United States. In A. T. Meyerson & T. Fine (Eds.), *Psychiatric disability: Clinical, legal, and administrative dimensions* (pp. 197–220).

Washington, D. C.: American Psychiatric Press.

Rutner, I. T., & Bugle, C. (1969). An experimental procedure for the modification of psychotic behavior. *Journal of Consul-ting and Clinical Psychology, 33*(6), 651-653.

Ryan, C. S., Sherman, P. S., & Robinson, D. R. (1999). Predictors of decompensation among consumers of an intensive case management program. *Behavior Therapy, 30,* 453-473.

Ryan, E. R., & Bell, M. D. (1985). *Rehabilitation of chronic psychiatric patients: A randomized clinical study.* Paper presented at the meeting of the American Psychiatric Association, Los Angeles.

Ryan, W. (1976). *Blaming the victim.* New York: Vintage Books.

Saarento, O., Oeiesvold, T., Goestas, G., Lindhardt, A., & et al. (1995). The nordic comparative study on sectorized psy-chiatry: II. Resources of the psychiatric services and treated incidence. *Acta Psychiatrica Scandinavica, 92*(3), 202-207.

Safieri, D. (1970). Using an educational model in a sheltered workshop program. *Mental Hygiene, 54,* 140-143.

Salit, S. A., Kuhn, E. M., Hartz, A. J., Vu, J. M., & Mosso, A. L. (1998). Hospitalization costs associated with homelessness in New York City. *The New England Journal of Medicine, 338*(24), 1734-1763.

Salkever, D., Domino, M. E., Burns, B. J., Santos, A. B., Deci, P. A., Dias, J., Wagner, H. R., Faldowski, R. A., & Paolone, J. (1999). Assertive community treatment for people with severe mental illness: The effect on hospital use and costs. *Health Services Research, 34*(2), 577-601.

Salkever, D., Goldman, H. H., Purushothaman, M., & Shinogle, J. (2000). Disability management, employee health and fringe benefits, and long-term disability claims for mental disorders: An empirical exploration. *Milbank Quarterly.*

Salokangas, R. K. R. (1996). Living situation and social network in schizophrenia: A prospective 5-year follow-up study. *Journal of Psychiatry, 50*(1), 35-42.

SAMHSA. (1993). *SAMHSA strategic plan.* Washington, DC: DHHS.

Santiago, J. M. (1987). Reforming a system of care: The Arizona experiment. *Hospital and Community Psychiatry, 38*(3), 270-273.

Santos, A. B., Henggeler, S. W., Burns, B. J., & Arana, G. W. (1995). Research on field-based services: Models for reform in the delivery of mental health care to populations with complex clinical problems. *American Journal of Psychiatry, 152*(8), 1111-1123.

Saraceno, B. (1991). Between continuity and abandonment. *International Journal of Mental Health, 20*(3), 41-47.

Saraceno, B. (1995). *La fine dell intrattenimento.* Milano: Etas Libri.

Saraceno, B. (1997). Psychosocial rehabilitation as a public health strategy. *Psychiatric Rehabilitation Journal, 20*(4), 10-15.

Saraceno, B., & Barbato, A. (1995). Evaluation of psychiatric rehabilitation. *International Journal of Mental Health, 24* (1), 93-104.

Saraceno, B., & Tognoni, G. (1989). Methodological lessons from the Italian experience. *International Journal of Social Psychiatry, 35*(1), 98-109.

Sartorius, N. (1995). Rehabilitation and quality of life. *International Journal of Mental Health, 24*(1), 7-13.

Sauber, S. R. (1983). *The human services delivery system.* New York: Columbia University Press.

Savio, M., & Righetti, A. (1993). Cooperatives as a social enterprise in Italy: A place for social integration and rehabilitation. *Acta Psychiatrica Scandinavica, 88*(4), 238-242.

Schalock, R. L., Touchstone, F., Nelson, G., Weber, L., & et al. (1995). A multivariate analysis of mental hospital recidivism. *Journal of Mental Health Administration, 22*(4), 358-367.

Schene, A. H., van Wijngaarden, B., & Koeter, M. W. J. (1998). Family caregivers in schizophrenia: Domains and distress. *Schizophrenia Bulletin, 24*(4), 609-618.

Schmieding, N. J. (1968). Institutionalization: A conceptual approach. *Perspectives in Psychiatric Care, 6*(5), 205-211.

Schoenfeld, P., Halevy, J., Hemley Van der Velden, E., & Ruhf, L. (1986). Long-term outcome of network therapy. *Hospital and Community Psychiatry, 37*(4), 373-376.

Schooler, N. R., & Keith, S. J. (1983). *Treatment strategies in schizophrenia study.* Study protocol for the National Institute of Mental Health Cooperative Agreement

Program, Rockville, MD.

Schooler, N. R., Keith, S. J., Severe, J. B., & Matthews, S. (1989). Acute treatment response and short-term outcome in sch-izophrenia: First results of the NIMH treatment strategies in schizophrenia study. *Psychopharmacology Bulletin.*

Schooler, N. R., Keith, S. J., Severe, J. B., & Matthews, S. M. (1995). Maintenance treatment of schizophrenia: A review of dose reduction and family treatment strategies. *Psychiatric Quarterly, 66*(4), 279-343.

Schooler, N. R., & Severe, J. B. (1984). Efficacy of drug treat-ment for chronic schizophrenia study. In M. Mirabi (Ed.), *The chronically mentally ill: Research and services* (pp. 125-142). Jamaica, NY: Spectrum Publications.

Schulberg, H. C. (1981). Outcome evaluations in the mental health field. *Community Mental Health Journal, 17*(2), 132-142.

Schutt, R. K., & Goldfinger, S. M. (1996). Housing preferences and perceptions of health and functioning among homeless mentally ill persons. *Psychiatric Services, 47*(4), 381-386.

Schwartz, C., Myers, J., & Astrachan, B. (1975). Concordance of multiple assessments of the outcome of schizophrenia. *Archives of General Psychiatry, 32,* 1221-1227.

Schwartz, H. I., & Blank, K. (1986). Shifting competency during hospitalization: A model for informed consent decisions. *Hospital and Community Psychiatry, 37*(12), 1256-1260.

Schwartz, S. R., Goldman, H. H., & Churgin, S. (1982). Case management for the chronic mentally ill: Models and dimensions. *Hospital and Community Psychiatry, 33*(12), 1006-1009.

Scoles, P., & Fine, E. W. (1971). Aftercare and rehabilitation in a community mental health center. *Social Work, 16*(3), 75-82.

Scott, W. R. (1985). Systems within systems: The mental health sector. *American Behavioral Scientist, 28*(5), 601-618.

Scott, W. R., & Black, B. L. (1986). *The organization of mental health services: Societal and community systems.* Beverly Hills, CA: Sage Publications.

Seckinger, S. (1994). Where in the world is rural America? In H. Harp & S. Zinman (Eds.), *Reaching across II: Maintaining our roots/The challenge of growth.* Sacramento, CA: California Network of Mental Health Clients.

Segal, S. P., Silverman, C., & Temkin, T. (1995). Characteristics and service use of long-term members of self-help agencies for mental health clients. *Psychiatric Services, 46*(3), 269-274.

Semba, T., Takayanagi, I., & Kodama, M. (1993). Rehabilitation of the mentally disabled in Japan. *International Journal of Mental Health, 22*(1), 61-68.

Seyfried, E. (1987). Providing gainful employment for emotionally disabled persons: A model of vocational integration. *Inter-national Journal of Rehabilitation Research, 10*(4, Suppl 5), 215-220.

Shaffer, I. A. (1997). Treatment outcomes: Economic and ethical considerations. *Psychiatric Annals, 27*(2), 104-107.

Sharac, J. A., Yoder, B., & Sullivan, A. P. (1995). Consumers as supported educated mentors. In C. Mowbray et al. (Ed.), *Mental health consumers as providers.* Baltimore, MD: International Association of Psychosocial Rehabilitation.

Shean, G. (1973). An effective and self-supporting program of community living for chronic patients. *Hospital and Community Psychiatry, 24,* 97-99.

Shepherd, G. (1978). Social skills training: The generalization problem. Some further data. *Behaviour Research and Therapy, 16*(4), 287-288.

Shepherd, G. (1998). Developments in psychosocial rehabilitation for early psychosis. *International Clinical Psychopharmacology, 13*(Suppl 1), S53-S57.

Shepherd, G., Muijen, M., & Cooney, M. (1996). Residential care in hospital and in the community-quality of care and quality of life. *British Journal of Psychiatry, 168*(4), 448-456.

Shera, W., & Delva Tauiliili, J. (1996). Changing MSW students' attitudes towards the severely mentally ill. *Community Mental Health Journal, 32*(2), 159-169.

Sherman, P. S., & Porter, R. (1991). Mental health consumers as case management aides. *Hospital and Community Psychia-try, 42*(5), 494-498.

Shern, D. L., Trochim, W. M. K., & LaComb, C. A. (1995). The use of concept mapping for assessing fidelity of model transfer: An example from psychiatric rehabilitation. *Evaluation and Program Planning, 18*(2), 143-153.

Shern, D. L., Tsemberis, S., Anthony, W. A., Lovell, A. M., Richmond, L., Felton, V. J., Winarski, J., & Cohen, M. (2000). Serving street dwelling individuals with psychiatric disabilities: Outcomes of a psychiatric rehabilitation clinical trial. *American Journal of Public Health, 90*, 1873-1878.

Shern, D. L., Tsemberis, S., Winarski, J., Cope, N., Cohen, M. R., & Anthony, W. A. (1997). The effectiveness of psychiatric rehabilitation for persons who are street dwelling with serious disability related to mental illness. In W. R. Breakey and J. W. Thompson (Eds.), *Mentally ill and homeless: Special programs for special needs.* Amsterdam, Netherlands: Harwood Academic.

Shern, D. L., Wilson, N. Z., Coen, A. S., Patrick, D. C., & et al. (1994). Client outcomes: II. Longitudinal client data from the Colorado Treatment Outcome Study. *Milbank Quarterly, 72*(1), 123-148.

Shifren-Levine, I., & Spaniol, L. J. (1985). The role of families of the severely mentally ill in the development of community support services. *Psychosocial Rehabilitation Journal, 8*(4), 83-94.

Shore, M., & Cohen, M. D. (1990). The Robert Wood Johnson Foundation program on chronic mental illness: An overview. *Hospital and Community Psychiatry, 41*(11), 1212-1216.

Shoultz, B. (1985). A trainee's perspective. *Community Support Network News, 2*(2), 2.

Shrestha, D. (1988). Mental health care and psychosocial rehabili-tation in Nepal. *International Journal of Mental Health, 17*(3), 33-37.

Silverman, S. H., Blank, M. B., & Taylor, L. C. (1997). On our own: Preliminary findings from a consumer-run service model. *Psychiatric Rehabilitation Journal, 21*(2), 151-159.

Skirboll, B. (1994). The Compeer model: Client rehabilitation and economic benefits. *Psychosocial Rehabilitation Journal, 18*(2), 89-94.

Skrinar, G., & Hutchinson, D. (1994). Psychiatric disorders and exercise. In T. Fahey (Ed.), *Encyclopedia of sports medicine physiology.* New York: Garland Publishing.

Skrinar, G., & Hutchinson, D. (1994a). Exercise training and

perceptual responses in adults with chronic mental illness. *Medicine and Science in Sports and Exercise, 26*(5).

Skrinar, G., Unger, K. V., Hutchinson, D., & Faigenbaum, A. D. (1992). Effects of exercise training in young adults with psy-chiatric disabilities. *Canadian Journal of Rehabilitation, 5*(3), 151-157.

Slaton, G., & Westphal. (1999). The Slaton-Westphal Functional Assessment Inventory for Adults with Psychiatric Disability: Development of an instrument to measure functional status and psychiatric rehabilitation outcome. *Psychiatric Rehabilitation Journal, 23*(2).

Smith, A., Cardillo, J. E., Smith, S. C., & Amezaga, J. A. M. (1998). Improvement scaling (rehabilitation version): A new approach to measuring progress of patients in achieving their individual rehabilitation goals. *Medical Care, 36*(3), 333-347.

Smith, D. L. (1976). Goal attainment scaling as an adjunct to counseling. *Journal of Counseling Psychology, 23*, 22-27.

Smith, G. R., Manderscheid, R. W., Flynn, L. M., & Steinwachs, D. M. (1997). Principles for assessment of patient outcomes in mental health care. *Psychiatric Services, 48*(8), 1033-1036.

Smith, T. E., Hull, J. W., MacKain, S. J., Wallace, C. J., Rattenni, L. A., Goodman, M., Anthony, D. T., & Kentros, M. K. (1996). Training hospitalized patients with schizophrenia in community reintegration skills. *Psychiatric Services, 47*(10), 1099-1103.

Smith, T. E., Hull, J. W., Romanelli, S., Fertuck, E., & Weiss, K. A. (1999). Symptoms and neurocognition as rate limiters in skills training for psychotic patients. *American Journal of Psychiatry, 156*(11), 1817-1818.

Smith, T. E., Rio, J., Hull, J. W., Hedayat Harris, A., Goodman, M., & Anthony, D. T. (1997). Differential effects of symptoms on rehabilitation and adjustment in people with schizophrenia. *Psychiatric Rehabilitation Journal, 21*(2), 141-143.

Smith, T. E., Woo Ming, A. M., Lang, E., DeFelice, L., & et al. (1994). Rehabilitation psychiatry in the inpatient treatment of a woman with paranoid schizophrenia. *Hospital and Community Psychiatry, 45*(12), 1179-1181.

Smoot, S. L., & Gonzales, J. L. (1994). Cost effective

communication skills training for state hospital employees. *Psychiatric Services, 46*(8), 819–822.

Soloff, A. (1972). The utilization of research. *Rehabilitation Literature, 33,* 66–72.

Solomon, P., & Draine, J. (1996a). Perspectives concerning consumers as case managers. *Community Mental Health Journal, 32*(1), 41–46.

Solomon, P., & Draine, J. (1996b). Service delivery differences between consumer and nonconsumer case managers in mental health. *Research on Social Work Practice, 6*(2), 193–207.

Solomon, P., Draine, J., & Delaney, M. A. (1995). The working alliance and consumer case management. *Journal of Mental Health Administration, 22*(2), 126–134.

Solomon, P., Gordon, B., & Davis, J. M. (1983). An assessment of aftercare services within a community mental health system. *Psychosocial Rehabilitation Journal, 7*(2), 33–39.

Solomon, P., Gordon, B., & Davis, J. M. (1986). Reconceptualizing assumptions about community mental health. *Hospital and Community Psychiatry, 37*(7), 708–712.

Sommers, L. (1988). The influence of environmental factors on the community adjustment of the mentally ill. *The Journal of Nervous and Mental Disease, 176,* 221–226.

Song, L., Biegel, D. E., & Johnsen, J. A. (1998). Predictors of psychiatric rehospitalization for persons with serious and persistent mental illness. *Psychiatric Rehabilitation Journal, 22*(2), 155–166.

Spaniol, L. (1991). Editorial. *Psychosocial Rehabilitation Journal, 14*(4). Center for Psychiatric Rehabilitation, Boston University.

Spaniol, L., Gagne, C., & Koehler, M. (1999). Recovery from serious mental illness: What it is and how to support people in their recovery. In R. P. Marinelli & A. E. Dell Orto (Eds.), *The psychological and social impact of disability* (fourth edition). New York: Springer Publishing.

Spaniol, L., Gagne, C., & Koehler, M. (In press). The recovery framework in rehabilitation: Concepts and practices from the field of serious mental illness. In J. R. Finch & D. Moxley (Eds.), *Sourcebook of rehabilitation and mental health services*. New York: Plenum.

Spaniol, L., & Koehler, M. (Eds.). (1994). *The experience of recovery*. Boston: Center for Psychiatric Rehabilitation, Boston University.

Spaniol, L., Koehler, M., & Hutchinson, D. (1994a). *Recovery workbook: Practical coping and empowerment strategies for people with psychiatric disability*. Boston: Center for Psychiatric Rehabilitation, Boston University.

Spaniol, L., Koehler, M., & Hutchinson, D. (1994b). *Leaders' guide: the recovery workbook*. Boston: Center for Psychiatric Rehabilitation, Boston University.

Spaniol, L. J., Jung, H. F., Zipple, A. M., & Fitzgerald, S. (1987). Families as a resource in the rehabilitation of the severely psychiatrically disabled. In A. B. Hatfield & H. P. Lefley (Eds.), *Families of the mentally ill: Coping and adaptation*. New York: Guilford Press.

Spaniol, L. J., & Zipple, A. M. (1988). Family and professional perceptions of family needs and coping strengths. *Rehabili-tation Psychology, 33,* 37–45.

Spaniol, L. J., Zipple, A. M., & Fitzgerald, S. (1984). How professionald can share power with families: Practical approaches to working with families of the mentally ill. *Psychosocial Rehabilitation Journal, 8*(2), 77–84.

Spaniol, L., Koehler, M., & Hutchinson, D. (1994). *The recovery workbook: Practical coping and empowerment strategies for people with psychiatric disability*. Boston, MA: Boston University, Center for Psychiatric Rehabilitation.

Spaniol, L., Zipple, A. M., Marsh, D. T., & Finley, L. (Eds.). (2000). *The role of the family in psychiatric rehabilitation: A workbook*. Boston, MA: Center for Psychiatric Rehabilitation.

Spaulding, W., Harig, R., & Schwab, L. O. (1987). Preferred clinical skills for transitional living specialists. *Psychosocial Rehabilitation Journal, 11*(1), 5–21.

Spaulding, W. D. (1999). State hospitals in the twenty-first century: A reformulation. In W. D. Spaulding (Ed.), The role of the state hospital in the twenty-first century. *New Directions for Mental Health Services, No. 84.* San Francisco: Jossey-Bass, Inc., 113–122.

Spaulding, W. D., Fleming, S. K., Reed, D., Sullivan, M., Storzbach, D., & Lam, M. (1999). Cognitive functioning in schizophrenia: Implications for psychiatric rehabilitation. *Schizophrenia Bulletin, 25*(2), 275–289.

Spaulding, W. D., Storms, L. H., Goodrich, V., & Sullivan, M. (1986). Applications of experimental psychopathology in psychiatric rehabilitation. *Schizophrenia Bulletin, 12*(4), 560-577.

Spivak, G., Siegel, J., Sklaver, D., Deuschle, L., & Garrett, L. (1982). The long-term patient in the community: Lifestyle patterns and treatment implications. *Hospital and Commu-nity Psychiatry, 33,* 291-295.

Srebnik, D., Hendryx, M., Stevenson, J., Caverly, S., & et al. (1997). Development of outcome indicators for monitoring the quality of public mental health care. *Psychiatric Services, 48*(7), 903-909.

Stairways. (Undated). *Stairways Housing Assessment and Residential Placement Scale.* Erie, PA: Stairways.

Stanton, A. H., & et al. (1984). Effects of psychotherapy in schizophrenia: I. Design and implementation of a controlled study. *Schizophrenia Bulletin, 10*(4), 520-563.

Starker, J. (1986). Methodological and conceptual issues in research on social support. *Hospital and Community Psy-chiatry, 37*(5), 485-490.

Starr, S. R. (1982). National Alliance for the Mentally Ill: The first two years. *Psychosocial Rehabilitation Journal, 5*(1), 3-4.

Stawar, T. L., & Allred, B. W. (1999). Why people discontinue psychotropic medications: Differences in staff and resident perceptions in an intensive residential treatment program. *Psychiatric Rehabilitation Journal, 22*(4), 410-412.

Stefansson, C. G., Cullberg, J., & Steinholtz Ekecrantz, L. (1990). From community mental health services to specialized psychiatry: The effects of a change in policy on patient accessibility and care utilization. *Acta Psychiatrica Scandinavica, 82*(2), 157-164.

Stein, C. H. (1984). Assessing individual change among members in a mutual help organization. Paper presented at the Annual Meeting of the American Psychological Association, Toronto, Ontario.

Stein, L. I. (1990). Comments by Leonard Stein. *Hospital and Community Psychiatry, 41*(6), 649-651.

Stein, L. I. (1992). Innovating against the current. *New Directions in Mental Health Services, 56,* 5-22.

Stein, L. I., Barry, K. L., Van Dien, G., Hollingsworth, E. J., & Sweeney, J. K. (1999). Work and social support: A comparison of consumers who have achieved stability in ACT and clubhouse programs. *Community Mental Health Journal, 35*(2), 193-204.

Stein, L. I., Factor, R. M., & Diamond, R. J. (1987). Training psychiatrists in the treatment of chronically disabled patients. In A. T. Meyerson & T. Fine (Eds.), *Psychiatric disability: Clinical, legal, and administrative dimensions* (pp. 271-283). Washington, D. C.: American Psychiatric Press.

Stein, L. I., & Test, M. A. (1980). Alternative to menal hospital treat-ment: I. Conceptual model, treatment program, and clinical evaluation. *Archives of General Psychiatry, 37*(4), 392-397.

Stein, L. I., & Test, M. A. (Eds.). (1978). *Alternatives to mental hospital treatment.* New York: Plenum Press.

Steinwachs, D., Fischer, E., & Lehman, A. (1996). Outcomes assessment: Information for improving mental health care. *New Directions for Mental Health Services, 71,* 49-57.

Stern, R., & Minkoff, K. (1979). Paradoxes in programming for chronic patients in a community clinic. *Hospital and Com-munity Psychiatry, 30,* 613-617.

Stickney, S. K., Hall, R. L., & Gardner, E. R. (1980). The effect of referral procedures on aftercare compliance. *Hospital and Community Psychiatry, 31,* 567-569.

Stoddard, S., Jans, L., Ripple, J., & Kraus, L. (1998). *Chartbook on work and disability in the United States, 1998. An InfoUse Report.* Washington, D. C.: U. S. National Institute on Disability and Rehabilitation Research.

Stoil, M. J. (1998). Critical mandates: Prevention and health promotion. *Behavioral Health care Tomorrow, 7*(4), 19-23.

Strauss, J. S. (1986). Discussion: What does rehabilitation accom-plish? *Schizophrenia Bulletin, 12,* 720-723.

Strauss, J. S., & Carpenter, W. T. (1972). The prediction of outcome in schizophrenia: 1. Characteristics of outcome. *Archives of General Psychiatry, 27,* 739-746.

Strauss, J. S., & Carpenter, W. T. (1974). The prediction of outcome in schizophrenia: 11. Relationships between predictor and outcome variables. *Archives of General Psychiatry, 31,* 37-42.

Strauss, J. S., Carpenter, W. T., & Bartko, J. J. (1974). Part III. Speculation on the processes that underlie schizophrenic symptoms and signs. *Schizophrenia Bulletin, 11,* 61-69.

Straw, P., & Young, B. (1982). *Awakenings: A self-help group organization kit.* Washington, D. C.: National Alliance for the Mentally Ill.

Strong, S. (1998). Meaningful work in supportive environments: Experiences with the recovery process. *American Journal of Occupational Therapy, 52*(1), 31-38.

Stroul, B. (1989). Community support systems for persons with long-term mental illness: A conceptual framework. *Psychosocial Rehabilitation Journal, 12,* 9-26.

Stroul, B. A. (1986). *Models of community support system: Approaches to helping persons with long-term illness.* Rockville, MD: National Institute of Mental Health Community Support Program.

Strube, M. J., & Hartmann, D. P. (1983). Meta-analysis: Techniques, application, and functions. *Journal of Consulting and Clinical Psychology, 51,* 14-27.

Struening, E. L., & Padgett, D. K. (1990). Physical health status, substance use and abuse, and mental disorders among home-less adults. *Journal of Social Issues, 46*(4), 65-81.

Stubbins, J. (1982). The clinical attitude in rehabilitation: A cross-cultural view. *World Rehabilitation Fund Monograph, 16.* New York: World Rehabilitation Fund.

Stude, E. W., & Pauls, T. (1977). The use of a job seeking skills group in developing placement readiness. *Journal of Applied Rehabilitation Counseling, 8*(2), 115-120.

Sturm, I. E., & Lipton, H. (1967). Some Social and Vocational Predictors of Psychiatric Hospitalization Outcome. *Journal of Clinical Psychology, 23*(3), 301-307.

Stuve, P., & Menditto, A. (1999). State hospitals in the new millennium: Rehabilitating the "not ready for rehab players." In W. D. Spaulding (Ed.), The role of the state hospital in the twenty-first century. *New Directions for Mental Health Services, No. 84.* San Francisco: Jossey-Bass, Inc., 35-46.

Sue, S., McKinney, H. L., & Allen, D. B. (1976). Predictors of the duration of therapy for clients in the community mental health system. *Community Mental Health Journal, 12*(4), 365-375.

Sufrin, S. C. (1966). *Technical assistance: Theory and guidelines.* Syracuse, NY: Syracuse University Press.

Sullivan, A. P., Nicolellis, D., Danley, K. S., & MacDonald-Wilson, K. (1993). Choose-get-keep: A psychiatric rehabilitation approach to supported education. *Psychosocial Rehabilitation Journal, 17*(1), 55-68.

Summers, F. (1981). The post-acute functioning of the schizophrenic. *Journal of Clinical Psychology, 37*(4), 705-714.

Surles, R. C. (1991). *New York State Office of Mental Health outpatient regulations handbook.* Albany: Office of Mental Health.

Swanson, M. G., & Woolson, A. M. (1972). A new approach to the use of learning theory with psychiatric patients. *Perspectives in Psychiatric Care, 10,* 55-68.

Swett, C. (1995). Symptom severity and number of previous psychiatric admissions as predictors of readmission. *Psy-chiatric Services, 46*(5), 482-485.

Swigar, M. E., Astrachan, B., Levine, M. A., Mayfield, V., & et al. (1991). Single and repeated admissions to a mental health center: Demographic, clinical and use of service characteristics. *International Journal of Social Psychiatry, 37*(4), 259-266.

Switzer, M. E. (1965). *Research and demonstration grant program* (revised). Washington, D. C.: Vocational Rehabilitation Administration, U. S. Department of Health, Education, and Welfare.

Talbot, H. S. (1984). A concept of rehabilitation. *Rehabilitation Literature, 45,* 152-158.

Talbott, J. A. (1983). The future of unified mental health services. *New Directions for Mental Health Services, 18,* 107-111.

Talbott, J. A. (1984). Education and training for treatment and care of the chronically mentally ill. In J. A. Talbott (Ed.), *The chronic mental patient: Five years later* (pp. 91-101). Orlando, FL: Grune & Stratton.

Talbott, J. A. (1986). *Chronically mentally ill young adults (18-40) with substance abuse problems: A review of relevent literature and the creation of a research agenda.* Report submitted to Alcohol, Drug Abuse, and Mental Health Ad-ministration, Washington, D. C.

Talbott, J. A., Bachrach, L. L., & Ross, L. (1986). Noncompliance and mental health systems. *Psychiatric Annals, 16*(10), 596-599.

Tanzman, B. (1993). An overview of surveys of mental

health consumers' preferences for housing and support services. *Hospital and Community Psychiatry, 44*(5), 450-455.

Tanzman, B. H., Wllson, S. F., & Yoe, J. T. (1992). Mental health consumers' preferences for housing and support: The Vermont Study. In J. W. Jacobson, S. N. Burchard & et al. (Eds.), *Community living for people with developmental and psychiatric disabilities.* Baltimore, MD: Johns Hopkins University Press.

Task Force on Tardive Dyskinesia. (1979). *Report of the American Psychiatric Association Task Force on later neurological effects of antipsychotic drugs.* Washington, DC: U. S. Government Printing Office.

Teague, G. B., Drake, R. E., & Ackerson, T. H. (1995). Evaluating use of continuous treatment teams for persons with mental illness and substance abuse. *Psychiatric Services, 46*(7), 689-695.

Telles, L., & Carling, P. J. (1986). Brief report. *Psychosocial Rehabilitation Journal, 10*(1), 61-65.

Terry, W. (1993). *Authentic leadership: Courage in action.* San Francisco: Jossey-Bass.

Tessler, R. C. (1987). Continuity of care and client outcome. *Psychosocial Rehabilitation Journal, 1*(1), 39-53.

Tessler, R. C., & Goldman, H. H. (1982). *The chronically mentally ill: Assessing community support programs.* Cambridge, MA: Ballinger Press.

Tessler, R. C., & Manderscheid, R. W. (1982). Factors affecting adjustment to community living. *Hospital and Community Psychiatry, 33,* 203-207.

Test, M. A. (1984). Community support programs. In A. S. Bellack (Ed.), *Schizophrenia treatment, management, and rehabilitation* (pp. 347-373). Orlando, FL: Grune & Stratton.

Test, M. A., Knoedler, W. H., & Allness, D. J. (1985). The long-term treatment of young schizophrenics in a community support program. *New Directions for Mental Health Services, 26,* 17-27.

Test, M. A., & Stein, L. I. (1978). Community treatment of the chronic patient: Research overview. *Schizophrenia Bulletin, 4*(3), 350-364.

Test, M. A., & Stein, L. L. (1977). Treating the chronically disabled patient: A total community approach. *Social Policy, 8*(May/June), 16.

Thara, Deva, & Takashi. (1999). Asia. In M. Farkas (Ed.), *International practice in psychosocial/psychiatric rehabilitation* (pp. 20-49). Boston: Center for Psychiatric Rehabilitation.

Thoits, P. A. (1986). Social supports as coping assistance. *Journal of Consulting and Clinical Psychology, 54,* 416-423.

Thomas, J. (2000). A problem-solving approach to symptom management. *Psychiatric Rehabilitation Journal, 23*(3), 289-291.

Thompson, K. S., Griffith, E. E., & Leaf, P. J. (1990). A historical review of the Madison model of community care. *Hospital and Community Psychiatry, 41*(6), 625-634.

Thornicroft, G. (1991). Social deprivation and rates of treated mental disorder: Developing statistical models to predict psychiatric service utilisation. *British Journal of Psychiatry, 158,* 475-484.

Thornicroft, G., & Breakey, W. R. (1991). The COSTAR Pro-gramme. 1: Improving social networks of the long-term mentally ill. *British Journal of Psychiatry, 159,* 245-249.

Thornicroft, G., Margolius, O., & Jones, D. (1992). The TAPS project: VI. New long-stay psychiatric patients and social deprivation. *British Journal of Psychiatry, 161,* 621-624.

Tichenor, D. F., Thomas, K. R., & Kravetz, S. P. (1975). Client-counselor congruence in perceiving handicapping problems. *Rehabilitation Counseling Bulletin, 19*(1), 299-304.

Tischler, G. L., Henisz, J., Myers, J. K., & Garrison, V. (1972). The impact of catchmenting. *Administration in Mental Health,* 22-29.

Torrey, W., Clark, R., Becker, D., Wyzik, P., & Drake, R. (1997). Switching from rehabilitative day treatment to supported employment. *Continuum, 4*(1), 27-38.

Torrey, W. C., Becker, D. R., & Drake, R. E. (1995). Rehabilita-tive day treatment vs. supported employment: II. Consumer, family and staff reactions to a program change. *Psychosocial Rehabilitation Journal, 18*(3), 67-75.

Townes, B. D., & et al. (1985). Neurobehavioral approach to classification of psychiatric patients using a competency model. *Journal of Consulting and Clinical Psychology, 53*(1), 33-42.

Tracey, D., Briddell, D., & Wilson, G. (1974). Generalization of verbal conditioning to verbal and non-verbal behavior: Group therapy with chronic psychiatric patients. *Journal of Applied Behavior Analysis, 7,* 391-402.

Trainor, J., Pomeroy, E., Pape, B., Church, K., & et al. (1992). Building a framework for support: Developing a sector-based policy model for people with serious mental illness. *Canada's Mental Health, 40*(1), 25-29.

Trochim, W. M. K., Cook, J. A., & Setze, R. J. (1994). Using concept mapping to develop a conceptual framework of staff's views of a supported employment program for individuals with severe mental illness. *Journal of Consulting and Clinical Psychology, 62*(4), 766-775.

Turkat, D., & Buzzell, V. M. (1983). Recidivism and employment rates among psychosocial rehabilitation clients. *Hospital and Community Psychiatry, 34*(8), 741-742.

Turner, J. C., & TenHoor, W. J. (1978). The NIMH Community Support Program: Pilot approach to a needed social reform. *Schizophrenia Bulletin, 4*(3), 319-349.

Turner, J. E., & Shifren, I. (1979). Community support system: How comprehensive? In L. I. Stein (Ed.), Community support systems for the longterm patient (*New Directions for Mental Health services, 2,* 1-14). San Francisco: Jossey-Bass.

Turner, R. J. (1977). Jobs and schizophrenia. *Social Policy (May/June),* 32-40.

Ugland, R. P. (1977). Job seekers' aids: A systematic approach for organizing employer contacts. *Rehabilitation Counse-ling Bulletin, 22,* 107-115.

Unger, K. V., & Anthony, W. A. (1984). Are families satisfied with services to young adult chronic patients? A recent survey and a proposed alternative. In B. Pepper & H. Ryglewicz (Eds.), Advances in treating the young adult chronic patient (*New Directions for Mental Health Services, No. 21,* pp. 91-97). San Francisco: Jossey-Bass.

Unger, K. V., Anthony, W. A., Sciarappa, K., & Rogers, E. S. (1991). Development and evaluation of a supported educa-tion program for young adults with long-term mental illness. *Hospital and Community Psychiatry, 42,* 838-842.

Unger, K. V., Danley, K. S., Kohn, L., & Hutchinson, D. (1987). Rehabilitation through education: A university-based continuing education program for young adults with psychiatric disabilities on a university campus. *Psychosocial Rehabilitation Journal, 10*(3), 35-49.

United States Department of Health and Human Services. (1980). *Toward a national plan for the chronically mentally ill.* Report to the Secretary by the Department of Health and Human Services Steering Committee on the Chronically Mentally Ill. Washington, DC: U. S. Government Printing Office.

Unzicker, R. (1989). On my own: A personal journey through madness and reemergence. *Psychosocial Rehabilitation Journal, 13*(1), 71-77.

Valle, S. K. (1981). Interpersonal functioning of alcoholism counselors and treatment outcome. *Journal of Studies on Alcohol, 42,* 783-790.

Vallee, C., Courtemanche, N., & Boyer, T. (1998). Illustration d'une pratique de suivi communataire en equipe. *Sante Mentale au Quebec, 23*(2), 48-69.

Van der Veen, H. (1988). Rehabilitation in Dutch mental health care. *International Journal of Mental Health, 17*(3), 24-32.

Van Dongen, C. J. (1996). Quality of life and self-esteem in working and nonworking persons with mental illness. *Community Mental Health Journal, 32*(6), 535-548.

van Nieuwenhuizen, C., Schene, A. H., Boevink, W. A., & Wolf, J. R. L. M. (1997). Measuring the quality of life of clients with severe mental illness: A review of instruments. *Psychiatric Rehabilitation Journal, 20*(4), 33-41.

Van Tosh, L., & del Vecchio, P. (1998). *Consumer/ survivor-operated self-help programs: A technical report.* Substance Abuse and Mental Health Services Administration, U. S. Department of Health and Human Services.

Vaughn, C. E., & Leff, J. P. (1976). The influence of family and social factors on the course of psychiatric illness: A com-parison of schizophrenic and depressed neurotic patients. *British Journal of Psychiatry, 129,* 125-137.

Vaughn, D., & Leff, J. (1981). Patterns of emotional response in relatives of schizophrenic patients. *Schizophrenia Bulletin, 7,* 43-44.

Verinis, J. S. (1970). Therapeutic effectiveness of untrained volunteers with chronic patients. *Journal of Consulting and Clinical Psychology, 34*(2), 152-155.

Viale, G., Mechling, L., Maislin, G., Durkin, M., Engelhart, L., & Lawrence, B. J. (1997). Impact of risperidone on the use of mental health care resources. *Psychiatric Services, 48*(9), 1153-1159.

Vitalo, R. L. (1971). Teaching improved interpersonal functioning as a preferred mode of treatment. *Journal of Clinical Psychology, 27*(2), 166-171.

Vitalo, R. L. (1979). An application in an aftercare setting. In W. A. Anthony (Ed.), *The principles of psychiatric rehabilitation* (pp. 193-202). Baltimore: University Park Press.

Vogel, H., Knight, E., Laudet, A., & Magura, S. (1998). Double trouble in recovery: Self-help for people with dual diagnosis. *Psychiatric Rehabilitation Journal, 21*(4), 356-364.

Wahlbeck, K., Cheine, M., Essali, A., & Adams, C. (1999). Evidence of clozapine's effectiveness in schizophrenia: A systematic review and meta-analysis of randomized trials. *American Journal of Psychiatry, 156*(7), 990-999.

Waldeck, J. P., Emerson, S., & Edelstein, B. (1979). COPE: A systematic approach to moving chronic patients into the community. *Hospital and Community Psychiatry, 30*, 551-554.

Walker, R. (1972). Social disability of 150 mental patients one month after hospital discharge. *Rehabilitation Literature, 33*(11), 326-329.

Walker, R., & McCourt, J. (1965). Employment experience among 200 schizophrenic patients in hospital and after discharge. *American Journal of Psychiatry, 122*(3), 316-319.

Walker, R., Winick, W., Frost, E. S., & Lieberman, J. M. (1969). Social restoration of hospitalized psychiatric patients through a program of special employment in industry. *Rehabilitation Literature, 30*(10), 297-303.

Wallace, C. J., & et al. (1980). A review and critique of social skills training with schizophrenic patients. *Schizophrenia Bulletin, 6*(1), 42-63.

Walsh, D. (1990). *The supported learning project program description*. Unpublished manuscript. Boston, MA: Boston University, Center for Psychiatric Rehabilitation.

Walsh, J. (1996). Social network changes over 20 months

for clients receiving assertive case management services. *Psychiatric Rehabilitation Journal, 19*(3), 81-85.

Wang, Q., Macias, C., & Jackson, R. (1999). First step in the development of a Clubhouse fidelity instrument: Content analysis of Clubhouse certification reports. *Psychiatric Rehabilitation Journal, 22*(3), 294-301.

Ware, N. C., & Goldfinger, S. M. (1997). Poverty and rehabilitation in severe psychiatric disorders. *Psychiatric Rehabilitation Journal, 21*(1), 3-9.

Waskow, I., & Parloff, M. (Eds.). (1975). *Psychotherapy change measures* (AIM 74-120). Rockville, MD: National Institute of Mental Health.

Wasmer, D., Pinkerton, M., Dincin, J., & Rychlik, K. (1999). Impact of flexible duration assertive community treatment: Program utilization patterns and state hospital use. *Journal of Rehabilitation, 65*(4), 25-30.

Wasylenki, D., & et al. (1985). Psychiatric aftercare in a metropolitan setting. *Canadian Journal of Psychiatry, 30*(5), 329-336.

Wasylenki, D., Goering, P., & MacNaughton, E. (1994). Planning mental health services: Background and key issues. In L. L. Bachrach & P. Goering (Eds.), Mental health care in Canada. *New directions for mental health services, 61: The Jossey Bass social and behavioral science series* (pp. 21-29). San Francisco, CA: Jossey-Bass Inc, Publishers.

Wasylenki, D. A., Goering, P., Lancee, W. J., Fischer, L., & Freeman, S. J. (1981). Psychiatric aftercare: Identified needs versus referral patterns. *American Journal of Psychiatry, 138*(9), 1228-1231.

Waters, R. (1994). Perspectives! The African American community. In H. Harp & S. Zinman (Eds.), *Reaching across II: Maintaining our roots/The challenge of growth*. Sacramento, CA: California Network of Mental Health Clients.

Watts, F. N. (1978). A study of work behaviour in a psychiatric rehabilitation unit. *British Journal of Social and Clinical Psychology, 17*(1), 85-92.

Watts, F. N., & Bennett, D. H. (1977). Previous occupational stability as a predictor of employment after psychiatric rehabilitation. *Psychological Medicine, 7*(4), 709-712.

Webb, L. J., & Cox, R. D. (1976). Social rehabilitation: A theory, program, and evaluation. *Rehabilitation*

Literature, 37(6), 172-175.

Wechsler, H. (1960). The expatient organization: A survey. *Journal of Social Issues, 16*(2), 47-53.

Weich, S., & Lewis, G. (1995). Home-v. hospital-based care for people with serious mental illness. *British Journal of Psychiatry, 166,* 120.

Weiden, P. J., Shaw, E., & Mann, J. J. (1986). Causes of neuroleptic noncompliance. *Psychiatric Annals, 16*(10), 571-575.

Weinberg, R. B., & Marlowe, H. A. (1983). Recognizing the social in psychosocial competence: The importance of social network interventions. *Psychosocial Rehabilitation Journal, 6*(4), 25-34.

Weinberger, J., & Greenwald, M. (1982). Training and curricula in psychiatric hospitalization: A survey of core accredited programs. *Rehabilitation Counseling Bulletin, 25*(5), 287-290.

Weiner, L., Becker, A., & Friedman, T. T. (1967). *Home treatment: Spearhead of community psychiatry.* Pittsburgh, PA: University of Pittsburgh Press.

Weinman, B., Kleiner, R., Yu, J. H., & Tillson, V. A. (1974). Social treatment of the chronic psychotic patient in the community. *Journal of Community Psychology, 2*(4), 358-365.

Weinman, B., & Kleiner, R. J. (1978). The impact of community living and community member intervention on the adjustment of the chronic psychosis patient. In L. I. Stein & M. Test (Eds.), *Alternatives to mental hospital treatment.* New York: Plenum Press.

Weinman, B., Sanders, R., Kleiner, R., & Wilson, S. (1970). Community based treatment of the chronic psychotic. *Community Mental Health Journal, 6*(1), 13-21.

Weisburd, D. (1992). A vision of recovery. *The Journal, 5*(3), 1-2.

Wessler, R. L., & Iven, D. (1970). Social characteristics of patients readmitted to a community mental health center. *Community Mental Health Journal, 6*(1), 69-74.

Whelton, C., Pawlick, J., & Cook, P. E. (1999). Growing with people with a psychiatric disability in a psychosocial reha-bilitation program. *Psychiatric Rehabilitation Journal, 22* (3), 290-293.

White, S. L. (1981). Human resource development: The future through people. *Administration in Mental Health, 14,* 199-207.

Wiersma, D., Sytema, S., van Busschbach, J., Schreurs, M., Kroon, H., & Driessen, G. (1997). Prevalence of long-term mental health care utilization in the Netherlands. *Acta Psychiatrica Scandinavica, 96*(4), 247-253.

Wilder, J. F., Levin, G., & Zwerling, J. (1966). A two-year follow-up evaluation of acute psychotic patients treated in a day hospital. *American Journal of Psychiatry, 122,* 1011-1095.

Willer, B., & Miller, G. H. (1978). On the relationship of client satisfaction to client characteristics and outcome of treatment. Journal of *Clinical Psychology, 34*(1), 157-160.

Willets, R. (1980). Advocacy and the mentally ill. *Social work, 25*(5), 372-377.

Williams, A. (1993). Mental health services in Australia. *Inter-national Journal of Mental Health, 22*(1), 69-85.

Williams, D. H., Bellis, E. C., & Wellington, S. W. (1980). Deinstitutionalization and social policy: Historical perspectives and present dilemmas. *American Journal of Ortho-psychiatry, 50*(1), 54-64.

Wills, G. (1994). *Certain trumpets.* New York: Simon & Schuster.

Wilson, L. T., Berry, K. L., & Miskimins, R. W. (1969). An assessment of characteristics related to vocational success among restored psychiatric patients. *The Vocational Guidance Quarterly, 18,* 110-114.

Witheridge, T. F., Dincin, J., & Appleby, L. (1982). Working with the most frequent recidivists: A total team approach to assertive resource management. *Psychosocial Rehabilitation Journal, 5*(1), 9-11.

Wolkon, G. H. (1970). Characteristics of clients and continuity of care into the community. *Community Mental Health Journal, 6*(3), 215-221.

Wolkon, G. H., Karmen, M., & Tanaka, H. T. (1971). Evaluation of a social rehabilitation program for recently released psychiatric patients. *Community Mental Health Journal, 7*(4), 312-322.

Wolkon, G. H., & Tanaka, H. T. (1966). Outcome of a social rehabilitation service for released psychiatric patients: A descriptive study. *Social Work, 11*(2), 53-61.

Wong, S. E., Flanagan, S. G., Kuehnel, T. G., Liberman, R. P., & et al. (1988). Training chronic mental patients to independently practice personal grooming skills. *Hospital and Community Psychiatry, 39*(8), 874–879.

Wood, P. H. (1980). Appreciating the consequences of disease: The classification of impairments, disability, and handicaps. *The WHO Chronicle, 34,* 376–380.

World Health Organization. (1996). *Psychosocial rehabilitation: A consensus statement.* Geneva: WHO/MND/96.2.

World Health Organization. (1997). *ICIDH–2: International classification of impairment, activities, and participation. A manual of dimensions of disablement and functioning.* Beta–1 draft for field trials. Geneva: Author.

Wowra, S. A., & McCarter, R. (1999). Validation of the Empowerment Scale with an outpatient mental health population. *Psychiatric Services, 50*(7), 959–961.

Woy, J. R., & Dellario, D. J. (1985). Issues in the linkage and integration of treatment and rehabilitation services for chronically mentally ill persons. *Administration in Mental Health, 12,* 155–165.

Wright, B. A. (1960). *Physical disability: A psychological approach.* NY: Harper.

Wright, B. A. (1981). Value–laden beliefs and principles for rehabilitation. *Rehabilitation Literature, 42,* 266–269.

Wright, G. N. (1980). *Total rehabilitation.* Boston: Little, Brown.

Yastrebov, V. S. (1990). The organization of mental health care in the USSR: Past and present. *International Journal of Mental Health, 19*(4), 25–44.

Zahrt, D. M., Bond, G. R., Salyers, M. P., & Teague, G. B.

(1999). Dartmouth ACT fidelity scale: Application in a statewide project. *Mental Health Services Research,* submitted.

Zaltman, G., & Duncan, R. (1977). *Strategies for planned change.* NY: John Wiley & Sons.

Zani, B., McFarland, B., Wachal, M., Barker, S., & Barron, N. (1999). Statewide replication of predictive validation for the Multnomah Community Ability Scale. *Community Mental Health Journal, 35*(3), 223–229.

Zinman, S. (1982). A patientrun residence. *Psychosocial Rehabilitation Journal, 6*(1), 3–11.

Zinman, S., Harp, H., & Budd, S. (1987). *Reaching across: Mental health clients helping each other.* Sacramento: California Network of Mental Health Clients.

Zipple, A., Drouin, M., Armstrong, M., Brooks, M., Flynn, J., & Buckley, W. (1997). Consumers as colleagues: Moving beyond ADA compliance. In C. T. Mowbray, D. P. Moxley, C. A. Jasper & L. L. Howell (Eds.), *Consumers as providers in psychiatric rehabilitation* (pp. 406–418). Columbia, MD: Colbourn House Publishing & Marketing.

Zipple, A. M., Selden, D., Spaniol, L., & Bycoff, S. (1993). Leading for the future: Essential characteristics of successful psychosocial rehabilitation program managers. *Psychosocial Rehabilitation Journal, 16*(4), 85–94.

Zipple, A. M., & Spaniol, L. J. (1987). Current educational and supportive models of family intervention. In A. B. Hatfield & H. P. Lefley (Eds.), *Families of the mentally ill: Coping and adaptation.* New York: Guilford Press.

찾 아 보 기

저자 소개

William Anthony, Ph.D.

보스턴 대학교 정신재활센터장 및 보스턴 대학교 재활상담학과 교수로 재직하였다. 100여 편 이상의 학술논문을 저술하였으며, 14권의 교재와 수십 편의 북 챕터를 저술하였다. 미국정신장애인연맹(NAMI)의 최우수 서비스 상과 미합중국 대통령 상을 수여받는 등 연구자, 교육자, 임상가로서 많은 상을 수상하였다.

Mikal Cohen, Ph.D.

보스턴 대학교 정신재활센터의 공동센터장으로, 보스턴 대학교 재활상담학과 연구 부교수를 역임하였다. 정신재활 및 사례관리 훈련기술론을 개발하였으며, 여러 편의 학술논문과 책, 북 챕터 등을 저술하였다.

Marianne Farkas, Sc.D.

보스턴 대학교 정신건강센터 산하의 연구·훈련센터 공동 책임연구원 및 세계보건기구 정신재활협력센터 책임자다. 또한 보스턴 대학교 재활상담학과 연구 부교수로 재직 중이다. 35편이 넘는 학술논문, 3권의 교재, 11편의 북 챕터, 6개의 멀티미디어 패키지를 공동 집필하였다. 정신재활 분야의 공헌을 인정받아 정신재활서비스국제연합(IAPSRS)의 존 비어드 상을 포함한 많은 상을 수상하였다.

Cheryl Gagne, Sc.D.

보스턴 대학교 정신재활센터의 공동 선임훈련가 및 보스턴 대학교 재활상담학과 강사다. 재기와 역량강화 영역에서 광범위한 연구와 저술 활동을 하고 있다.

역자 소개

신성만
보스턴 대학교 재활상담학 박사
한동대학교 상담심리학과 교수
하버드 의대 정신과 연구원
Asian Pacific Counseling and Treatment Center 정신재활상담전문가
재활심리전문가
중독상담수련감독자

〈주요 역서〉
 정신재활(공역, 박학사, 2010)
 동기강화상담(공역, 시그마프레스, 2006) 외 다수

손명자
고려대학교 심리학 박사
계명대학교 심리학과 명예교수
새미래심리건강연구소 소장
보스턴 대학교 정신재활센터 연구원
임상심리전문가
정신보건 임상심리사 1급
중독심리전문가 1급
정신장애인 가족 교육 및 자문
정신보건 전문가 훈련 워크숍 실시

〈주요 저서 및 역서〉
 정신장애인을 위한 정신재활 교육 프로그램(공저, 정신재활, 2004)
 정신분열병과 가족(공저, 정신재활, 2003)
 정신재활(1판, 역, 성원사, 1998)
 동기강화상담(공역, 시그마프레스, 2006) 외 다수

김준영
서울대학교 사회복지학 석사
한동대학교 사회복지학과 및 상담대학원 외래교수
서울대학교 글로벌사회공헌단 연구원
서울대학교 대학생활문화원 전문상담원
서울대학교 사회복지연구소 연구원

정신재활
Psychiatric Rehabilitation(2nd ed.)

2014년 3월 10일 1판 1쇄 인쇄
2014년 3월 20일 1판 1쇄 발행

지은이 • William Anthony · Mikal Cohen
　　　　Marianne Farkas · Cheryl Gagne
옮긴이 • 신성만 · 손명자 · 김준영
펴낸이 • 김진환
펴낸곳 • (주) **학지사**
　　　　121-838 서울특별시 마포구 양화로 15길 20 마인드월드빌딩 5층
대표전화 • 02)330-5114　　팩스 • 02)324-2345
등록번호 • 제313-2006-000265호

홈페이지 • http://www.hakjisa.co.kr
커뮤니티 • http://cafe.naver.com/hakjisa

ISBN 978-89-997-0115-3 93180

정가 22,000원

인터넷 학술논문 원문 서비스 **뉴논문** www.newnonmun.com

이 도서의 국립중앙도서관 출판시도서목록(CIP)은 서지정보유통지
원시스템 홈페이지(http://seoji.nl.go.kr)와 국가자료공동목록시스템
(http://www.nl.go.kr/kolisnet)에서 이용하실 수 있습니다.
(CIP제어번호: CIP2014004075)